Peter Eicher (Hrsg.) · Der Klerikerstreit

Peter Eicher (Hrsg.)

Der Klerikerstreit

Die Auseinandersetzung um Eugen Drewermann

Kösel

ISBN 3-466-20326-0

Druck und Bindung: Kösel, Kempten
Umschlag: Elisabeth Petersen, Glonn, unter Verwendung eines Fotos von Eugen Drewermann, KNA, Frankfurt/M., und eines Gemäldes von einem Schweizer Maler, 1769: Tridentinisches Konzil – Sitzung der Kirchenversammlung in der Kathedrale von Trient, Archiv für Kunst und Geschichte, Berlin

1 2 3 4 5 · 94 93 92 91 90

Inhalt

IV. Dokumente

V. In eigener Sache

Anhang

Vorwort

Eugen Drewermanns Buch »Kleriker, Psychogramm eines Ideals« wirkt in dreifachem Sinne skandalös: Es enthüllt die skandalösen Zustände des katholischen Klerus, es beruft sich auf das Skandalon, welches das Evangelium für diese Kirche bedeutet und es hört auf die neuzeitliche Religionskritik für die Umkehr der Kirche selbst.
Skandalchroniken über Geldgeschäfte, erotische Verwirrungen und politische Machenschaften in der Hierarchie und in den Klöstern gab es eh und je genug. Aber Eugen Drewermann befriedigt nicht die Schaulust jener, die immer schon gewußt haben, daß hinter Götterstatuen Priester sitzen und daß die Bordelle in der Nähe der Tempel zu finden sind. Der Skandal, den er analysiert, ist vielmehr das Leiden der Kleriker selbst: die unerhörte psychische Not der Priester, der Nonnen und der Mönche. So kommt es ihm nicht auf den rechthaberischen Triumph über eine Kaste von Heilsbürokraten an, sondern auf die heilsame Form des Mitleidens mit Menschen, die sich in der Kirche in den Dienst des Evangeliums stellen wollten. Der Paderborner Therapeut lehrt die verzerrten Lebensformen der Kleriker gerade aus dem Übermaß ihres guten Willens verstehen: So wird die Dramatik der persönlichen Verstrickungen in die Widersprüche zwischen ihrer Person und ihrem amtlichem Auftrag aus dem Kern der Sache selber verständlich.
Zum Kern der Sache führte ihn die geduldige Aufarbeitung der Nöte, welche die Existenz von Klerikern prägen: der Nöte, die dem tiefen Verlust ihres Selbstwertes und dem scheinbaren Gewinn an Unendlichkeitswert entspringen, den sie mit ihrer amtlich festgestellten Berufung und Sendung ein für allemal zu erlangen hoffen. Furchtlos und in seiner Weise gütig spricht Eugen Drewermann den Leidenden und den Scheiternden im Klerus das Recht auf jene Barmherzigkeit zu, die sie allen anderen verkünden, ohne daraus zu leben. Für die Analyse dieses Leidens setzt er alle Mittel der – nunmehr gerade ein Jahrhundert alten – Psychoanalyse und ihrer tiefenpsychologischen Erweiterungen ein. Aber gerade dies, daß die seelischen Nöte der Kleriker wie die psychischen Erkrankungen aller anderen Menschen verständlich und damit auch heilbar werden könnten, wirkt wie ein Schock auf die Berufenen. Sie hören auf, die Ausnahme zu sein. Immer und immer wieder haben wir Eheleute uns vom Klerus die Beschränkheit, das Scheitern und das Elend unserer Liebesverhältnisse und unserer familiären Defizite vor-

halten lassen müssen. Es tut gut, nun mit derselben Genauigkeit und Vehemenz auch einmal die Beschränktheit, das Scheitern und das Elend der klerikalen Existenzen von einem selber priesterlichen Theologen durchanalysiert zu sehen. Das bringt uns näher.
Skandalös wirkt aber – tiefer gesehen – auch die Freiheit des Evangeliums, wenn sie gegenüber jenen »Hirten« in Anspruch genommen wird, die sie mit hunderten von Gesetzen zu sichern und durchzusetzen suchen. Nach dem Ausweis des Neuen Testaments lag das Skandalon der Verkündigung, der Lebensart und der Hinrichtung des Galiläers aus Nazaret vor allem darin, daß er ein für allemal das Tödliche am Gesetz durchbrach: den am Gesetz Gescheiterten sprach er Gottes unbedingte Liebe zu – an den im Sinne des Gesetzes Gerechten ging er vorüber. Daß allein die Liebe den Menschen dazu aufzurichten vermag, seinen Mitmenschen gerecht zu werden, diese fundamentale Erkenntnis des Evangeliums sinkt bei dem Privatdozenten von der Theologischen Fakultät Paderborn endlich nicht mehr zur Erbaulichkeit herab: Sie wird zum Stern auf dem Weg der Erlösung. Freilich: damit wird der Grundpunkt der Reformation berührt und der Sinn der Nachfolge und des Priestertums vom Evangelium her definiert. Die Katastrophe der priesterlichen Vergesetzlichung der Gnade wird durch die Analyse ihrer gnadenlosen Folgen spürbar gemacht und zwar mit Mitteln, die heute jedermann verständlich sind.
Man möchte meinen, daß dreihundert Jahre Religionskritik genügt hätten, um auch die Augen der Christen für das Leiden zu öffnen, das die Kirchen den Glaubenden bereiten. Doch obwohl seit *Spinoza* und *Voltaire* über *Feuerbach* und *Marx* bis zu *Freud* und *Bloch* die moderne Gesellschaft über die falschen Ansprüche der Kirchen mit nachhaltigem Erfolg aufgeklärt worden ist, hat doch der Klerus der Kirchen durch diese Kritik sich selber noch nicht zur Umkehr bewegen lassen. Er konnte und wollte nicht sehen, in wie hohem Maße die neuzeitliche Religionskritik auch gerade die kirchlichen Vergötzungen Gottes und die christliche Abkehr vom befreienden und erlösenden Evangelium freilegte und durchsichtig machte. Der Kritik müde, überließ die demokratisierte Gesellschaft den Kirchen schließlich die Macht zur Ausgestaltung ihrer inneren Herrschaftsformen: Die Religionsgemeinschaften wurden im Rahmen der für alle geltenden Gesetze frei, sich selber nach ihrer eigenen Art zu organisieren. Und so stehen wir heute vor dem erstaunlichen Phänomen, daß der gesellschaftliche Ertrag der Religionskritik (wie die Religionsfreiheit und die Toleranz, die Achtung vor der Menschenwürde und die Gleichheit aller vor dem Gesetz) auch von den Kirchen in Anspruch genommen wird, der humane Gewinn dieser Kritik, der zur Glaubwürdigkeit der christlichen Existenz Wesentliches beitragen könnte, jedoch von den Kirchen noch

immer verleugnet wird. Weil Eugen Drewermann ohne Angst vor der Umkehr an dieser Religionskritik alles prüft und das Gute davon aufzubehalten weiß, wirkt auch diese seine Durcharbeitung der neuzeitlichen Aufklärung skandalös. Die Frage ist aber, ob die Verdrängung von Reformation und Religionskritik nicht erst die Krankheit bewirkte, an welcher der Klerus nach seinen erschütternden Zeugnissen selber leidet.

»Antiklerikale Kleriker mag ich nicht.« Mit diesem Urteil des gesunden Menschenverstands distanzierte sich Albert Camus von zwei Figuren. Er traf zuerst die Kleriker, die sich selbst verachten, indem sie ihre berechtigten Anliegen durch den Spott über ihre eigene Kirche vor anderen verbergen und so die anderen ebenso wie sich selber täuschen. Aber Camus Urteil zielte auch auf die liberalen Kritiker, die das religiöse Ideal ihrer Jugendzeit mit dem Sarkasmus gegenüber den real existierenden Religionen verdrängen und als Antiklerikale von dieser ungeklärten Bindung an das überhöhte Ideal nicht loskommen. Ist Eugen Drewermann ein antiklerikaler Kleriker? Werden in seiner unerbittlichen Analyse des Leidens, das die Priester, Nonnen und Mönche sich selbst und anderen bereiten, die Esel nur geschlagen, damit sie gut therapiert hinfort umso williger die Lasten ihrer Ämter zu tragen vermöchten? Verrät sich Selbsthaß zur eigenen priesterlichen Existenz auf den 900 Seiten Text seiner schockierenden Analysen? Oder kommt jetzt endlich zum Vorschein, daß Eugen Drewermanns psychologisches Verständnis der Religion und sein poetisches und therapeutisches Verhältnis zum Galiläer von Nazaret doch zum heimlichen Ziele hatte, die Kirche von Innen heraus zu Fall zu bringen? Hat er ein trojanisches Pferd durch die bewehrten Mauern der katholischen Priesterkirche geschafft?

Der in diesem Band veröffentlichte Briefwechsel zwischen dem priesterlichen Kritiker und seinem Ortsbischof zeigt, daß jedenfalls dieser Adressat Eugen Drewermanns Werk und insbesondere sein Klerikerbuch erst einmal als eine Ungeheuerlichkeit verstand, als Regelverletzung und Aufkündigung des gebotenen Gehorsams. Lange Zeit verstand der Bischof das kirchenrechtlich gebotene »Gespräch… mit dem Ziel, die Frage so zu klären, daß ein Verfahren sich erübrigt« (5 der Verfahrensordnung) nur als die Aufforderung an den öffentlich bereits negativ Beurteilten, sich zu unterwerfen: »die von mir beanstandeten Texte sind von Ihnen öffentlich zu widerrufen« (6.6.1990). Aber konnte dies der Sinn jener Aufforderung sein, welche die vatikanische Kongregation für die Glaubenslehre – sicherlich auch im Blick auf das Verfahren um Eugen Drewermann – mit dem Datum vom 24. Mai 1990 »inständig« an die Bischöfe richtete, »vertrauensvolle Beziehungen mit den Theologen zu halten und zu entfalten, gemeinsam den Geist der Annahme des Wortes

und des Dienstes an ihm zu pflegen und eine Gemeinschaft der Liebe, wo gewisse mit dem Menschsein hier auf Erden verbundene Hindernisse leichter überwunden werden können«? (Instruktion über die kirchliche Berufung des Theologen vom 24. Mai 1990, unterzeichnet von Joseph Kardinal Ratzinger) Im Klima der Angst, das niemand scharfsinniger analysiert hat, als der Paderborner Theologe und Psychotherapeut, kann »die Gemeinschaft der Liebe« und die gemeinsame Annahme des Wortes Gottes nicht Ereignis werden; im amtlichen Mißtrauen wirkt selbst die Aufklärung des Leidens nicht heilsam: sie führt zu neuem Schmerz. Erst als am 6. Juli 1990 aus dem formell angesetzten Verfahrensbeginn ein wirkliches Gespräch wurde, zerbrach das Szenario der formellen Rechtsansprüche. Es zeigte sich, daß trotz der sehr unterschiedlichen Einschätzung der faktischen Situation der katholischen Kirche und trotz der verschiedenen Wertung vieler theologischer Fachfragen kein un überbrückbarer Dissens zwischen der katholischen Lehre, die der Erzbischof von Paderborn gewahrt sehen will, und der tiefenpsychologischen Deutung der Glaubenssymbole durch Eugen Drewermann besteht. »Weitgehende Übereinstimmung in wichtigen Punkten«, so ließ der Erzbischof unmittelbar nach dem langen Gespräch verlauten, wären zwischen ihm und Eugen Drewermann in den zentralen Themenbereichen des Priesterverständnisses, des Eides und des Versprechens der Kleriker auf Lebenszeit, der Unauflöslichkeit der Ehe, der Menschwerdung Christi und des Verhältnisses von Offenbarung und Geschichte zustande gekommen. Es zeichnete sich die Hoffnung ab, daß an die Stelle von Lehramtsentzug und Unterwerfungsforderung eine gegenseitige Verständigung trotz der harten Kritik an den klerikalen Zuständen möglich würde. Denn im Gespräch wurde nicht nur klar, daß Eugen Drewermann mit seiner neuen theologischen Perspektive tiefliegende Probleme der christlichen Existenz in der Moderne auf eine heilsame Weise zu lösen sucht, sondern es wurde auch deutlich, daß der Schmerz der Kritik allein der Therapie im Sinne des Evangeliums dienen soll. Der Fortgang der Gespräche wird zeigen, ob der Anfang der Verständigung zu jener Neubesinnung führt, welche dann in der Tat ein rechtliches Verfahren erübrigte. Wenn die Einsicht wachsen würde, daß es im Klerikerstreit nicht um die Bestreitung von Dogmen, sondern um die Befreiung auch des Klerus zum wahren Leben aus dem Evangelium geht, dann wäre in der Tat auch für die Erneuerung der Gemeinden sehr viel erreicht.
Der vorliegende Band führt das Gespräch auf seine Weise. Er hilft, den Konflikt selbst zu verstehen: die Schärfe des therapeutischen Kritikers und den Widerstand des Oberhirten. Dies geschieht im *ersten Teil* durch die Ausformulierung der Proteste selbst: durch die Aufarbeitung der Vorbehalte an Eugen Drewermanns Konzentration auf die Psychologie (Sölle, Steffensky, Eicher) und durch die Analyse der Ausgrenzung

eines Kritikers, der nach der Meinung fundamentalistischer Katholiken zu »Fall« gebracht werden sollte (Schwarzenthal, Hasenhüttl). Die Verständigung verlangt aber auch die Prüfung der psychologischen Befunde selbst. Sie wird im *zweiten Teil* durch die Erfahrung von Therapeuten (Deiniger, Thomas, Pflüger) und durch Zeugnisse von Betroffenen (in Briefen und in der Analyse von van der Minde) durchgeführt. Weil die Analyse von Negativbefunden zwar zur Sensibilisierung des eigenen Leidens, aber noch nicht zur Reform der ursächlich dafür verantwortlichen Strukturen führt, wirft Eugen Drewermanns Aufklärung mit Notwendigkeit die alten Fragen der praktischen Kirchenreform auf neue Weise auf. Deshalb suchen die Beiträge des *dritten Teils* von der Analyse der psychischen Nöte zur Erneuerung der christlichen Gemeinden heute zu führen. Das verlangt nicht nur die Erinnerung an die Befreiung vom sakralen Opferpriestertum durch Jesus von Nazaret (Hoffmann) und an die reformatorische Erneuerung in der katholischen und evangelischen Kirche (Wohlmut, Jeziorowski), sondern auch das Anfachen dieser Glut in der Asche für die Gegenwart der Gemeinden und für die Ausbildung von Gemeindeleitern und Gemeindeleiterinnen (Eicher, Mette, Mödl). Schließlich muß aber der Leser selber prüfen können, wie die Öffentlichkeit und der zuständige Bischof Eugen Drewermanns Theologie bisher wahrgenommen hat und nach welchen kirchlichen Regeln das Verfahren durchgeführt wird. Neben der Analyse der ersten Presseberichte und der kirchlichen Verfahrensordnung gibt der Briefwechsel zwischen Erzbischof Dr. Johannes Joachim Degenhardt und Eugen Drewermann, der im *vierten Teil* erstmals vollständig veröffentlicht wird, einen Einblick in den »Prozeß«, der in seiner unfaßbaren Präzision von niemandem genauer als von Franz Kafka erfaßt worden ist. Geduldig sucht Eugen Drewermann im *fünften Teil* trotz allem etwas Licht in das Dunkel des bisherigen Verfahrens und auch eine neue Zuversicht aus dem Zuspruch und Anspruch des Evangeliums zu gewinnen.

Die Einsicht in die Widerstandskraft des offiziellen Klerus besagt nicht auch schon das Einverständnis mit ihr. Im Gegenteil: Im Protest, in der psychologischen Einschätzung des Krankheitsbefundes und im Aufweis der Wege zur dringend anstehenden Kirchenreform werden die befreienden Perspektiven von Eugen Drewermanns Klerikeranalyse erst recht sichtbar. Diese angstfreie Diskussion muß kritische Rückfragen an Drewermanns Psychoanalyse der amtlichen Lebensform der Kleriker durchaus nicht vermeiden, weil sie auf Heilung und nicht auf die Rechtfertigung unhaltbarer Zustände aus ist. Wenn erst einmal anerkannt wird – und das ist allen Autoren dieses Bandes gemeinsam -, daß das Evangelium, das die Kleriker verkünden, dazu da ist, um das Leiden, das sie sich selbst und anderen bereiten, aus der Welt zu

schaffen, dann kann der Skandal des Buches heilsam werden. Heillos ist nur der Skandal, den Drewermann aufdeckt, nicht die Tatsache, daß er ihn mit der »Geduld des Messers« veröffentlicht hat. Denn die Opfer des klerikalen Systems bezeugen durch ihre Wunden und durch ihre Krankheit die Unwiderlegbarkeit der therapeutischen Anklage: Was habt ihr aus ihnen gemacht? Erst die Scham und die Schande vor dem Anblick der zerstörten Leben von Klerikern kann das Empfinden wachsen lassen, daß Heilung notwendig, Reform geboten und Umkehr nicht mehr aufzuschieben ist. Und so arbeiten alle Beiträge dieses Bandes auf ihre sehr verschiedene Weise daran, durch das Trauma der Klerikerkirche hindurch den Traum des Evangeliums wiederzufinden...
Ich muß freimütig gestehen, daß mir der Klerus nach der Lektüre dieser abgründigen Therapie erstmals wieder liebenswürdig geworden ist. Denn symphatisch kann nur werden, wer auch in seinen Deformationen verständlich ist. Die furchterregende Macht des tabuisierten Innenlebens der Orden und der Pfarrherrschaften, der Theologenkreise und der Ordinariate, der Generalvikariate und der vatikanischen Behörden erhält durch Drewermanns Analysen ein wahrhaft menschliches Antlitz: ein Gesicht, welches das innere Leiden nicht mehr verbergen muß. Dieser Anblick des Klerus läßt ahnen, welcher abgründigen Not seine zur Schau getragene Selbstsicherheit wirklich entspringt. Den Antiklerikalen werden damit die Waffen des Hasses ruhig aus der Hand genommen: Sie wissen künftig, daß sie es mit Menschen zu tun haben, die mehr als alle anderen an ihrer Institution zu leiden haben.
Nein, Drewermanns »Kleriker« ist kein Pfaffenspiegel, sondern das für alle Laien befreiende Ereignis der Wahrhaftigkeit im Klerus selbst. Endlich bekommen wir nicht mehr nur zu hören, was die Eheleute, die Politiker und die Industriellen und schließlich auch die »einfachen Gläubigen« alles tun müßten, um Christen zu werden. Endlich hören wir, daß die Verkündiger des Evangeliums dieses Evangeliums selber am allermeisten bedürften, um sich und andere am Stern der Erlösung orientieren zu können. Mit allen Mitteln psychoanalytischer und tiefenpsychologischer Einfühlung sucht Eugen Drewermann nicht ohne Witz, Entlarvungskunst und Aufschrei das Priesterliche in *jeder* Existenz, wie sie von Gott gerufen wird, wahrhaft freizulegen. Und so findet er in seinem jüngsten Buch (endlich!) auch seinen Weg zum Verständnis Martin Luthers. Der katholische Klerus, der sich solchermaßen selber aufzuklären weiß, hört damit auf, das Ziel des Spottes zu sein. Er wird zu jenem integrierten Teil des Volkes Gottes, dem wie allen anderen der Ruf zur Umkehr und die Zusage der unbedingten Liebe Gottes gilt.
Würde dieses Buch von dem Klerus verurteilt, aus dem es stammt und den es doch von seinen falschen Lasten zu befreien sucht, dann würde

es im Bittersten seiner Wahrheit recht erhalten. Dann würde der Klerus den Ruf seines Propheten zum Schweigen bringen und hinfort in der Verstockung leben. Und dadurch würde der katholische Klerus erst recht sein neu gewonnene Liebenswürdigkeit verlieren. Weil Drewermanns Buch den Klerus nicht verurteilt, sondern psychologisch zum Verständnis bringt, könnte es zwar unter Inanspruchnahme eines Kirchenrechts, das der kirchlichen Obrigkeit alle, den »Untergebenen« fast keine Rechte einräumt, juristisch als unzuträglich für die offizielle Doktrin klassifiziert werden. Aber genau dies würde den Klerus erst zu dem machen, was Drewermanns amtskirchliche Kritiker als bösartige Fiktion von sich weisen.

Das heißt nicht, daß die kontroverse Diskussion über die psychologischen Hypothesen, über die historischen Annahmen und die theologischen Perspektiven Eugen Drewermanns nicht notwendig blieben. Ganz im Gegenteil: Die Therapie kann ohne das Wachsen der Widerstände gar nicht gelingen. Und der Widerstand müßte meines Erachtens aus dem von der Theologie der Neuzeit totgeschwiegenen Bekenntnis Israels erwachsen, dem Eugen Drewermann im Klerikerbuch attestierte, daß es »noch weit aussichtsloser dem Diesseits verhaftet« blieb »als jede andere Religionsform« (494)! Da der Paderborner Kierkegaard im Christentum die verlorene Diesseitigkeit wieder zu finden sucht, wird er sie nicht finden, ohne bis zur Wurzel des Ölbaums vorzudringen: bis zu Gottes Bund mit Israel. Seine eigene Flucht nach Ägypten könnte sich dann als die Vorbereitung zum Exodus aus dem Reich der Pharaonen erweisen… Diese Umkehr würde seine grundlegende Einsicht allerdings erst recht zur Geltung bringen: Das *Volk*, das durch Gottes Wort zusammengerufen und auf seine Befreiung hin orientiert wird, braucht nach der Verheißung Israels keine geistliche Kaste zur Gottesbelehrung und zum Ereignis der Versöhnung: Denn »meine Weisung lege ich in ihr Inneres, ich schreibe sie auf ihr Herz: so werde ich ihnen zum Gott und sie werden mir zum Volk. Und niemand braucht die Seinen noch zu belehren, kein Bruder den anderen. Sie alle werden mich erkennen, groß und klein. Denn ich vergebe ihre Schuld und ihrer Sünden will ich nicht mehr gedenken« (Jer 31,33f.). Die Wahrnehmung dieser Verheißung macht freilich den Kern des ganzen Werkes von Eugen Drewermann aus. Warum sollten wir vergessen, daß es Israels Verheißung war und bleibt?

»Kommt es auf Wahrheit an, wirft jeder Großgesinnte die allerfeinsten Manieren ab«, heißt es in Kafkas Bericht für eine Akademie. In diesem Bericht an die Herrschaften der Akademie gesteht das in fünfjährigem Ausbildungsprozeß dressierte Affentier, wie ihm mit seiner »vorwärts gepeitschten Entwicklung« das ganze Tor, das der freie Himmel über der Erde ihm einst war, immer niedriger und enger wurde, bis es hinter

seinen Gitterstäben bei Hagenbeck keinen Ausweg mehr fand: »Ich hatte keinen Ausweg, mußte mir ihn aber verschaffen, denn ohne ihn konnte ich nicht leben.« Das in seinen Instinkten von der menschlichen Institution gefangen genommene Tier sah nur den einen Fluchtweg: Es beschloß, ein Mensch zu werden: »Ach man lernt, wenn man muß; man lernt, wenn man einen Ausweg will; man lernt rücksichtslos.«
Was der Affe im Käfig gelernt hat? Wie er den Gitterstäben entkam? Nur dies: Er lernte sprechen. Die Mitteilung, das Gespräch, die Offenbarung der geheimen Gedanken, das war der Ausweg. Es könnte ja sein, daß dieser Ausweg aus dem Tabu auch die Kleriker menschlicher machte: gesprächsfähig, offen und selbstkritisch, an die Erde gebunden und kurz und gut so liebenswert wie alle anderen Menschen auch.
Ist es wirklich zu viel verlangt, daß dieser Ausweg des Gesprächs in der Kirche Gottes von ihren menschlichen Oberhirten nicht auch noch versperrt wird?
Es trifft sich, daß dieser Band zum 50. Geburtstag von Eugen Drewermann fertiggestellt wurde. Zwar war er nicht als ein Geschenk an den merkwürdig heilsamen Theologen von Paderborn konzipiert und er will erst recht kein Ersatz für eine akademische Festschrift sein. Aber ganz ohne Dankbarkeit für die Sprache der Zuversicht, welche dieser Kleriker neu buchstabieren lernte, soll diese Auseinandersetzung doch nicht veröffentlicht werden. Denn wenn ohne Liebe alles nichts ist, dann ist es auch nicht wenig, so viel der Liebe anzuvertrauen, wie dieser Therapeut und Literat es trotz aller Verhältnisse zu tun wagt.
Ganz herzlich danke ich Herrn Peter Ewers für die Zusammenstellung der Dokumentation, meinem Mitarbeiter, Herrn Christoph Menz für das Mitlesen der Korrekturen und für mancherlei Trost in der trostlosen Situation des Paderborner »Prozesses«. Der Dank gilt auch Frau Ursula Ledwinka, die das Erscheinen dieses Gesprächsbandes in nützlicher Frist durch ihre rasche und sorgfältige Aufnahme der Manuskripte auf Disketten – nicht ohne Überstunden – möglich gemacht hat. Mir bleibt die leise Hoffnung, daß dieser Band die Verhärtung mancher Herzen bricht und das freimütige Gespräch auch in der Kirche Gottes mit ermöglichen hilft. Der Erzbischof von Paderborn, Dr. Johannes Joachim Degenhardt, hat durch seine gegenwärtige Gesprächsbereitschaft die Hoffnung aufkommen lassen, daß auch in der katholischen Kirche ein Theologe nicht schon deshalb verurteilt wird, weil er das prophetische Amt ernst nimmt. Das bischöfliche Amt gewinnt an Achtung, wenn es auch diese Seite der biblischen Realistik erträgt.

Paderborn, den 8. Juli 1990 Peter Eicher

Einleitung
»Wollüstlinge, Geldraffer und Gottesnarren«

Peter Eicher

»Viel ist dir noch zu wandern beschieden«

Aljoscha wollte für die Unsterblichkeit leben und keinerlei Kompromisse eingehen. Immer mächtiger »brannte ein geheimnisvolles, tiefinneres und flammendes Entzücken in seinem Herzen empor«. Aljoscha, der zwanzigjährige Held von Dostojewskis letztem Werk »Die Brüder Karamasow«, träumte von jener Macht, die am Ende noch die Gerechtigkeit auf Erden wiederherstellen würde und von der Zeit, in der alle einander lieben und weder reich noch arm, weder hoch noch niedrig sein würden: Er glühte in der Erwartung auf das Reich des Erlösers. In dieser Verfassung war Aljoscha unbedingt bereit, wenn es denn sein müßte, unverzüglich alles, besonders aber sein eigenes Leben zu opfern, um der Wahrheit zu leben. Wie Dostojewski bemerkte, war sein junger Held weder ein Fanatiker, noch mystisch veranlagt. Aber in der Höhle der Laster und des Verbrechens der Karamasows war er der einzig Keusche. Früh schon sonderte er sich ab in einen Winkel, um dort Bücher zu lesen: ein »Jüngling in der Art der Gottesnarren«.
In Dostojewskis Lebenssumme von 1880 sind die vier sehr ungleichen Gebrüder Karamasow auf sehr ungleiche Weise an der plötzlichen Ausführung des lange vorbereiteten Bösen beteiligt: am Vatermord. Aljoscha verdrängt sein Entsetzen über den wollüstigen und geldbegabten Vater, indem er sich von der Welt überhaupt abwendet: Er flieht ins Kloster. So ringt er den keimenden Vaterhaß nieder. Iwan, sein intellektueller Bruder, wird durch seine theoretischen Erwägungen über die Vernichtung des Bösen zum Versucher des dritten, des soldatischen Bruders Dmitrij. Dieser spricht die Tötungswünsche offen aus und schreckt erst mit der Waffe in der Hand vor dem Zuschlagen zurück. Unerkannt erschlug aber wenig später der vierte im Bund, der uneheliche Triebmensch Smerdjakow, den abscheulichen Vater. Vor Gericht wird jedoch nur Dmitrij für schuldig erklärt. Trotz diesem offensichtlichen Justizirrtum werden vor Dostojewskis innerem Gerichtshof des Gewissens alle vier Brüder auf ihre Weise in die Schuld verstrickt: auch gerade der junge Mönch Aljoscha, der noch vor der Tat der Familie der

Täter entfloh. Denn es gibt keine Erlösung ohne den Schmerz der offenen Anerkennung des Bösen, an dem alle beteiligt sind.
In der Einleitung zu den »Brüdern Karamasow« kam Dostojewski alles darauf an, die tiefe Ambivalenz seines klerikalen Helden Aljoscha aufzuzeigen. Hatte er doch den Weg ins Kloster nur gewählt, weil er »ihm sozusagen einen idealen Ausweg wies für seine Seele, die aus dem Dunkel der Weltenübel sich losrang zum Licht der Liebe«. Diese Liebe, die Aljoscha in der Begegnung mit dem berühmten Mönchspriester, dem russischen Starzen Sossima entzündete, wurde von Dostojewski jedoch nicht religiös idealisiert, sondern – in schärfster Beobachtung des seelischen Vorgangs – auf Aljoschas Bindung an die früh verstorbene und in seiner Erinnerung idealisierte Mutter zurückgeführt. Es ist die Umarmung der Mutter, ihre Liebkosung und das in der Tiefe lebendige Bild ihrer Gegenwart, das ihn vor der Welt der Wollust des Vaters zurückhält und ihn gleichzeitig zwanghaft an die Mutter Kirche bindet. Aber der Starez Sossima, der mönchisch-priesterliche Seelenarzt, kennt den Weg der Erlösung und weiß deshalb um die Vergeblichkeit der religiösen Versicherung vor dem Leben. Für den Menschen auf der Flucht vor sich selbst wird das Kloster nach seiner Erfahrung vom »erprobten Werkzeug zur sittlichen Wiedergeburt des Menschen aus der Knechtschaft zur Freiheit« zum Ort satanischen Hochmuts und das heißt zur Kette, die alle Freiheit niederhält und die Menschen knechtet. Und deshalb jagt er sterbend seinen Novizen, den Aljoscha, hinaus in die Welt: »Nicht hier ist vorderhand dein Platz... Viel ist dir noch zu wandern beschieden. Und auch heiraten wirst du müssen, du sollst es. Alles wirst du durchleben müssen, bevor du von neuem erwachen wirst. Such dein Glück im Leid. Arbeite, arbeite unentwegt.«
Eugen Drewermann, Paderborner Privatdozent für katholische Theologie und priesterlicher Therapeut hat mit seinem neunhundert Seiten starken Buch »Kleriker, Psychogramm eines Ideals« mit dostojewskischem Schlangenblick die Fluchtexistenz der römisch-katholischen Kleriker systematisch wie noch keiner vor ihm an den Tag gebracht. Wie Dostojewski seinen Aljoscha, so löst Drewermann die Priester und Ordensleute aus ihren falschen Bindungen, um sie zuerst einmal zu sich selbst und zu ihren Mitmenschen zu bringen. Denn wie sich Aljoschas Traum vom Gottesreich auf Erden und wie sich sein eiliges Selbstopfer als eine Flucht vor dem Verhängnis erweisen, welche das Böse mitbewirken, so führt nach Eugen Drewermann das idealisierte Bild vom Priesterberuf und vom Ordensleben die Männer und die Frauen, die sich der Kirche opfern, zu ihrer Selbstzerstörung und zur destruktiven Herrschaft über andere. In seinem letzten Roman zeigte Dostojewski, daß der Weg zur Versöhnung und Gerechtigkeit nur möglich ist, wenn die Brüder ihre Lebenslüge ohne Ekel permanent beobachten lernen

und dabei selbst an ihren schlechten Handlungen nicht mehr verzweifeln. Durch die Analyse des Schreckens, der Kleriker und Ordensleute in ihren Institutionen gefangehält und sie selber nicht zur befreienden Wahrheit des Evangeliums kommen läßt, will Drewermann wie Dostojewski nur eines: die Ketten des Verhängnisses so sichtbar machen, daß sie zerrissen werden können:

»Dieses Buch will zeigen, daß man auch und gerade als Priester, Ordensschwester, Pater oder Bruder gewisse Probleme getrost haben darf, ja, sozusagen haben muß, um überhaupt zum Kleriker zu taugen, und daß es sich unbedingt lohnt, offen darüber zu sprechen, stets geleitet von der Überzeugung, daß nicht das Bestehen, sondern das Verschweigen und Verdrängen psychischer Schwierigkeiten die eigentlichen Konflikte allererst schafft und die vorhandenen Konflikte am Ende erst unlösbar macht. Dieses Buch will ein Plädoyer sein... für all die, welche sich für unwürdig, für gescheitert, für verflucht halten, die sich als chronische Heuchler, als bedienstete Lügner, als lebende Charaktermasken empfinden, die sich in ihren Frustrationen und Dekompensationen zu innerlich Haltlosen, zu Süchtigen, zu vermeintlich oder wirklich Perversen verkommen fühlen – es will darüber hinaus auch ein Plädoyer einlegen für all die ungelebten bzw. mit Schuldgefühlen abgelehnten Seiten der menschlichen Psyche im Schatten der offiziellen Lebensform der Kleriker..., indem es die Problematik dort verankert, wo sie ersichtlich ihren Ursprung hat: in den objektiv vorgegebenen Strukturen, in denen die katholische Kirche den Lebensweg ihrer treuesten und ergebensten Anhänger regelt.« (27)

Das Drama, das Eugen Drewermann vor den Augen der Leser entrollt, spielt also zwischen der Existenz der *einzelnen*, die sich zur Hingabe für die Sache Gottes berufen fühlen und der Maschinerie der totalen *Institution*, welche die zerbrechliche Disposition der sich erwählt Fühlenden ohne Rücksicht auf die Tragödien ihres psychischen Lebens für ihren amtlichen Auftrag kirchlich gebraucht. Wie Dostojewski am verbrecherischen Sturz und an der inneren Heilung der Karamasows ein Bild für das allgemeine Verhältnis zwischen dem äußeren Gesetz der Justiz und dem seelischen Weg zur Versöhnung der Menschen zeichnet, so wirkt Drewermanns Psychogramm des Klerus als ein starkes Bild für den Berufsmenschen überhaupt, für die Ärzteschaft und den Stand der Richter, für die Hierarchien des Militärs und des industriellen Managements, der Wissenschaft und der Politik. Anders als den Soziologen, die das Verhältnis von Individuum und Amtsperson seit Max Weber in funktionaler Hinsicht gründlich aufgeklärt haben, geht es dem Seelen-Sorger aus Paderborn aber nicht um eine funktionale Verbesserungen der Hierarchie der Kirche, sondern, ja – worum eigentlich?

Weil es das leichteste ist, ein anstößiges Buch zu verurteilen oder zu bejubeln, bevor es verstanden ist, ist der etwas schwierigere Weg zu gehen: Es ist erstens zu verstehen, was Drewermann *will*, zweitens zu fragen, welchen *Befund* er an den Tag bringt und drittens kritisch zu diskutieren, was für theoretische *Erklärungen* er von der Sache zu geben weiß.

Was Drewermann will

Was *das Erste*, die Intention des Werkes, betrifft, so ist kein Zweifel möglich: Drewermann agiert nicht antiklerikal, er sucht das Priesterliche in der modernen Welt vielmehr neu zum Leben zu erwecken. Dazu muß es von Grund auf erneuert werden. Diese Erneuerung kann aber nach Drewermann nicht von der historischen Bibelwissenschaft und nicht von der bloßen Wiederholung des Werks der Reformatoren kommen, sondern allein aus der tiefenpsychologisch durchgearbeiteten Psyche der religiösen Existenz. Im Gegensatz zum römischen Lehramt nimmt der Priester und Privatdozent Eugen Drewermann das Resultat der reformatorischen Erkenntnis und der historisch-kritischen Bibelwissenschaft furchtlos zur Kenntnis: daß Jesus kein Sakrament der Priesterweihe eingesetzt hatte, keine Priesterkirche gründen wollte und seine Kirche schon gar nicht einer Hierarchie anvertraute. Aber soweit ging doch auch schon der Konsens der Bibelwissenschafter, den der katholische Neutestamentler Paul Hoffmann in dem Sammelband »Priesterkirche« (Düsseldorf ^{2}1989) pointiert veröffentlichte, und das wissen, wie etwa der Blick in die einschlägigen Artikel des »Neuen Handbuchs theologischer Grundbegriffe« (München 1984f.) zeigt, doch seit längerer Zeit auch katholische Systematiker.
Ganz eindeutig will Drewermann bei diesem negativen Resultat jedoch nicht stehenbleiben. Er fängt den Schock dieser reformatorischen und historischen Erkenntnis vielmehr auf, indem er dem Priesterlichen in der Kirche eine *neue* Aufgabe und eine *neue* Begründung gibt. Die moderne Welt, so argumentiert Drewermann, brauche mehr als alles andere religiöse Seel-Sorger im dostojewskischen Sinn des Wortes: Schwestern und Brüder, die ihre in Schuld verstrickten Mitmenschen in ihre Arme schließen; Menschen, die ihre sich zu Tode schuftenden Zeitgenossen ins Freie ihrer Träume und ihrer Zeit zum Leben führen; Christen, die gegen den tödlichen Mißbrauch der Erde und der Körper aus der Auferweckung von den Toten leben, um gegen alle Verplanung das Unscheinbare zu retten; Mitmenschen, die nicht richten, sondern vergeben, die andere nicht gebrauchen, sondern aus der tiefsten Wurzel

der Beruhigung und des Jubels dazusein lernen: aus Gottes Abstieg in die Not seiner Geschöpfe:
»Jesus ist nie als Priester aufgetreten, und er hat nie daran gedacht, im Bruch mit dem Volk des Bundes eine eigene Kirche mit einem eigenen Stand von Priestern zu gründen... Nicht historisch, wohl aber tiefenpsychologisch läßt sich die Gestalt und Funktion des Priesters in der katholischen Kirche begründen: Eine Religion, die der Erlösung des Menschen dienen will, bedarf derartiger Bilder und Sakramente, da sie in der Psyche des Menschen tief verankert sind... Das Bemühen der Kirche sollte dahin gehen, nicht: Priester auszubilden, sondern *das Priesterliche* in den heranwachsenden Menschen so intensiv zu fördern als nur möglich..., warnt doch die Bibel ausdrücklich davor, Menschen nach politischem Kalkül in planbares, verrechenbares Material zu verwandeln. Nicht der Bestand ihrer Institutionen, sondern die Wahrheit des Menschen sollte das oberste Ziel aller kirchlichen Erziehung bilden: *die Integration des christlichen Schattens* ist mithin keine Ketzerei, sondern das wichtigste Erfordernis unserer Zeit.« (733ff.) Kommt doch der Religion in den psychischen, politischen und ökologischen Verheerungen der Gegenwart die Aufgabe zu, »Asylstätten des Absoluten einzurichten, an denen es möglich ist,... vom Endlichen ins Unendliche sich führen zu lassen.« (31)
Weil Carl Gustav Jung noch und noch die Erfahrung gemacht hatte, daß die seelisch zerstörten Kranken den Seelenarzt in eine priesterliche Rolle zwingen, indem sie von ihm verlangen, von ihrem Leiden erlöst zu werden, setzte schon der Begründer der Tiefenpsychologie auf die Kooperation mit den Theologen. Gut zwanzig Jahre nach seinem Tod hat er in Eugen Drewermann sein theologisches »alter ego« gefunden. Denn der priesterliche Tiefenpsychologe aus Paderborn will den katholischen Klerus gerade dadurch heilen, daß er ihm die Aufgabe anvertraut, für die Zeitgenossen den christlichen Weg zur Erlösung als religiöse Therapie zu bahnen. Dazu aber bedarf der Klerus erst einmal selbst der schonungslosen Psychoanalyse seiner unwahren Existenzform. Anders als bei Dostojewski geht es in Eugen Drewermanns »Psychogramm eines Ideals« jedoch nicht um die Frage, durch welche Therapie der einzelne Kleriker zur Umkehr nach Innen und zur Heilung seines heillos zerrissenen Selbst komme. Das kritische Buch analysiert das Leiden und gibt keine therapeutischen Rezepte, Methoden und Ratschläge. Es hat vielmehr eine institutionskritische Pointe: es will zeigen, was an den Apparaturen der geistlichen Macht sich ändern muß, damit die Kleriker sich von Grund auf ändern können. Das wird in der Auseinandersetzung mit der neueren politischen Theologie zu bedenken sein.

Der Befund

Was ergibt also – *zweitens* – der Befund dieser Psychoanalyse der klerikalen Daseinsform insgesamt? Um es mit einem Satz zu sagen: das Psychogramm einer selbstzerstörerischen, weil moralischen Verkennung der Botschaft von der Versöhnung, das Elendsbild der Unterdrückung, die im Namen der Befreiung geschieht und eine Summe des Leidens, die aus der Angst vor der Erlösung selbst erwächst. Dem Leser, der sich von den Windungen des Zug um Zug angezogenen Schraubstocks der psychischen Wahrheitsfindung mitnehmen läßt, ergeht es wie den vatermörderischen Karamasows: sie finden durch die Härte der äußeren Verurteilung zur inneren Anerkennung des heilsamen Gerichtes der Wahrheit. Die erste Schraube der psychoanalytischen Aufklärung preßt das Mißverhältnis zwischen dem Erwählungsbewußtsein der Kleriker und ihrer psychischen Disposition zum Außenseiterdasein hervor. Was im Bewußtsein als eine besondere »Erwählung« angenommen wird, zeigt sich seelisch bedingt durch die ungelöste und verdrängte Bindung an die problematische familiäre Ausgangssituation, wobei wie bei Aljoscha die Bindung an die von ihrem Mann frustrierte und deshalb erst noch zu erlösende Mutter eine entscheidende Rolle spielt: »Deinem Vater nach bist du ein Wüstling, deiner Mutter nach ein Gottesnarr«, schrie Dmitrij seinem Bruder-Mönchlein ins Gesicht. Diese Spaltung ist längst bekannt. Aber neu ist die Verbindung, die Drewermann in der zweiten Drehung der analytischen Schraube aufdeckt: der bewußte Mißbrauch dieser latent neurotischen Disposition durch die geistliche Bürokratie: »Wie kann der Wunsch entstehen, die eigene Existenz vollständig an die Charaktermaske des Offiziellen zu delegieren, um, statt selber zu sein, das Allgemeine zu werden?... Welche Einflüsse bringen einen Menschen dahin, sein Ich gänzlich dem Diktat des Überichs zu unterwerfen und gerade die verinnerlichte Form von Zwang und Außenlenkung für die eigentliche Wahrheit des eigenen Lebens zu erklären?« (59)

Für das – psychisch gesehen – katastrophale Selbstopfer von Klerikern, Ordensfrauen und Ordensmännern wirkt nach Drewermann die labile Disposition der einzelnen und das Angebot der totalen Lebensversicherung durch die kirchliche Hierarchie verhängnisvoll zusammen. Die im Schuldbewußtsein fixierte Nichtigkeit der Kandidaten des Jenseits läßt ihre Aufnahme in das vergöttlichte Amt als Erlösung vom Ich erfahren, ohne zu ahnen, daß der »Psychoterror« (93) der amtlichen Überforderung, daß die Höllenangst vor der Freiheit des Denkens und daß die Vereinnahmung des eigenen Lebens durch die kontrollierenden Beamten des Heils statt zur befreienden Erlösung zur Vernichtung des eigenen Selbst führt. An diesem Punkt wird Drewermann am schärfsten. Denn die Besetzung des eigenen Lebensraumes bis in die Kleidung

hinein und der eigenen Lebenszeit, die eine Pensionierung nicht einmal denkbar sein läßt, die Beherrschung des Gewissens durch die Amtsmoral und jeglicher Tätigkeit durch das Reglement, das alles macht die Kleriker psychisch gesehen zu lebenslänglich Verdammten: »Die *katholische Kirche* darf uneingeschränkt als dasjenige System gelten, das am konsequentesten, am dauerhaftesten und am erfahrungsreichsten in der Geschichte Europas, ja, einzigartig, wirklich exklusiv in dieser Hinsicht in der Geschichte der Menschheit insgesamt, die psychische Entfremdung seiner Mitglieder vorangetrieben und ausgebaut hat... Allein der katholischen Kirche blieb es vorbehalten, christlicher als Christus selber sein zu wollen und ein Modell von Gemeinschaft zu errichten, in dem nichts Persönliches, also auch keine Beziehungen persönlicher Sympathie mehr existieren dürfen.« (188f.)
In seiner großen Weinpresse der Wahrheit trennt Eugen Drewermann schließlich mit drei vollständigen Umdrehungen die psychischen Bitterwasser der mönchisch-klerikalen Grundgesetze – Armut, Gehorsam und Keuschheit – vom guten Wein des Evangeliums. Der Weinberg des Herrn werde zerstört, wenn die *Armut* ein verbales Ideal von hochversicherten und kleinbürgerlich-feudalen Kirchenbeamten bleibt, wenn der *Gehorsam* zwangsneurotisch ein autoritäres System stabil halten soll und wenn die *Ehelosigkeit* als Zwangsvoraussetzung zum kirchlichen Dienst die Unreife, Angst und Mutterbindung an die Kirche so fixiere, daß das sexuelle Leben der Kleriker nur noch in perverser und geheimer Form sich Bahn brechen kann. Ob es zutrifft, daß die gesetzliche Idealisierung der Armut eines wohlhabenden Klerus psychoanalytisch auf frühkindlich orale Fixierungen zurückzuführen sei, ob die infantile Gehorsamsabhängigkeit auf die ungelösten analen Kindheitskonflikte zurückgehe und ob schließlich auch noch die Unterwerfung unter den Zwangszölibat dem verdrängten Ödipus-Komplex der Kleriker zu verdanken sei, das mag dahingestellt bleiben. Sicher ist, daß Drewermann sich mit den Reformatoren darin nicht täuscht, daß der Ruf des Evangeliums die Freiheit der Christenmenschen dafür aufrichtet, daß in den Gemeinden die Mitmenschen einander gerecht und dienstbar werden können. Auch gegen eine rein ethische oder politische Theologie insistiert Drewermann unerbittlich darauf, daß ohne psychische Annahme der wesentlichen Armut unserer Existenz keine hilfreiche Solidarität mit den wirtschaftlich real arm Gemachten und ohne psychische Annahme des Selbst kein kritischer Gehorsam und keine freie Ehelosigkeit oder eheliche Treue möglich ist: »Die Frage ist nicht, wie der einzelne Priester, die einzelne Ordensschwester mit Hilfe der evangelischen Räte noch intensiver, nützlicher, produktiver, solidarischer und loyaler dem Gesamtsystem Kirche unterstellt werden kann, sondern umgekehrt: wie der einzelne

dahin zu finden vermag, den Wert und die Größe seiner eigenen Persönlichkeit wiederzuentdecken und aus diesem Erleben heraus die evangelischen Räte wie selbstverständlich zu befolgen.« (672)

Der Begründungszusammenhang

Wie gut wird diese psychotherapeutische Aufklärung der römisch-katholischen Kirchenverfassung eigentlich begründet? Das ist die *dritte* und zur Beurteilung der ganzen Analyse nicht unwichtige Frage nach der Theologie und den theoretischen Annahmen Drewermanns. An der Antwort scheiden sich die Geister. Ich will sie schon in dieser Einleitung nicht vermeiden und dazu die drei entscheidenden Brennpunkte der Diskussion auch offen nennen:

Die *erste* Frage zielt auf das Verhältnis von Psychologie und Theologie. Reduziert Drewermann die Inhalte und die Weisungen der biblischen Botschaft auf ihre psychologische Wirkungskraft? Wird Gottes Offenbarung unter das Gericht der psychologischen Hypothesen gebracht? Verlieren die auf der Subjektstufe ausgelegten biblischen Texte ihren objektiven Gehalt: ihren Ausdruckscharakter für Gottes eigenes Sprechen? Die Antwort kann bei sorgfältiger Lektüre und bei einer Einschränkung nur ein klares »Nein« sein. Die Einschränkung betrifft Eugen Drewermanns bewußte Konzentration auf die Prüfung, ob die kirchliche Bibelauslegung ihrem Inhalt entsprechend befreiend, versöhnend und erlösend wirke oder zu einem destruktiven Gesetz in den Händen der Kleriker geworden sei. Der Offenbarungscharakter der biblischen Verheißungen wird dabei nicht problematisiert, sondern vorausgesetzt. Unbestritten bleibt, daß die kirchlichen Lehren von der Erlösung auch historisch-kritisch auf ihre biblische Herkunft zu beziehen sind. Aber als noch viel notwendiger hat Eugen Drewermann die Aufgabe erkannt, die psychisch unheilvollen Bibelauslegungen der Kirche und der Schulexegese selber zu erklären. Um zu verstehen, warum die evangelische Botschaft von der Gnade in der kirchlichen Lehre und in der theologischen Auslegung wiederum den Gesetzen der Kirche und den Gesetzmäßigkeiten der historischen Wissenschaften unterworfen wurde, sind die kirchlichen und professoralen Existenzen in ihrem Verhältnis zum Evangelium erst selbst zu verstehen. Dafür aber eignet sich nichts besser als die psychoanalytische Analyse der amtlichen Kleriker und Berufstheologen. Nicht das Evangelium, wohl aber seinen – unerhörtes Leiden schaffenden – Mißbrauch durch die Amtskirche will Drewermann zerstören. Das Evangelium verlangt nach seelischer Aneignung, bedarf der Annahme durch die menschliche Existenz – und diese Aneignung im Glauben muß mit allen Mitteln moderner Psychologie frei diskutiert werden können, damit sie nicht zum Terror von kompensatorischen Idealisierungen wird. So wäre denn die Psychologie nicht das Kriterium für die Wahrheit von Gottes Offenbarung, sondern ein kritisches Instrumentarium, um den zwanghaften Charakter der kirchlichen Verkennung des Evangeliums Schritt für Schritt erkennen und überwinden zu können.

Die *zweite* Frage geht an Eugen Drewermanns Religionsphilosophie. Will er nicht eine neue Religion in der Zeitgenossenschaft von New Age und romantischer Postmoderne? Steht er nicht – wenn man's genau nimmt – im Gefolge des großen Schleiermacher, der vor 150 Jahren eine allgemeine neuprotestantische Religiosität mit dem Gefühl der schlechthinnigen Abhängigkeit jeder menschlichen Existenz begründete? Lehrt er nicht Religion statt Offenbarung?

In der Tat: Drewermann fundiert seine religiöse Therapie »metaphysisch«, das heißt mit der seinsmäßigen Unsicherheit der menschlichen Freiheit im Kosmos. Und er sucht mit großer Energie nach einer global religiösen Weltanschauung, die den im Kosmos frierenden Menschen einen absoluten Halt, ja die Wärme der unendlichen Liebe zu geben vermöchte. Gewiß haben solches auch Romano Guardini, Hans Urs von Balthasar und insbesondere Karl Rahner auf ihre Weise den Zeitgenossen zu vermitteln versucht. Aber ihre Zuversicht in die allgemeine Religiosität der Menschen, in ihre »von Natur aus christliche Seele«, war doch noch fest in der katholischen Lehre von der Harmonie zwischen dem Unendlichkeitsstreben der menschlichen *Natur* und der *übernatürlichen* Gnade als der Ermöglichung und Vollendung dieser Dynamik auf Gott hin begründet. Eugen Drewermanns Sicht des Menschen wirkt dagegen geradezu tragisch: auf Erlösung angewiesen fürchtet der Mensch in seiner abgründigen Freiheit nichts mehr, als von Gott geliebt, gefunden und wirklich erlöst zu werden. Die unerlöste Freiheit aber muß in der Angst um sich selber existieren, was sie zwanghaft zur Konstruktion von Sicherungsverhältnissen führt, die ihre Angst erst recht begründen. Weil er mit dieser anthropologischen Einsicht die biblisch verkündete Erlösung nicht auf eine angeblich feststehende *Natur*, sondern auf die *Freiheit* in der Geschichte ihrer Selbstverwirklichung bezieht, denkt er moderner und kritischer als seine katholischen Vorgänger. Das geniale seiner Einsicht besteht dabei schlicht darin, daß er die konkrete Bestimmung der menschlichen Freiheit nicht spekulativ, und erst recht nicht idealistisch versteht, sondern sie aus der ihr eigenen Vorstellungskraft zu verstehen weiß: aus ihrer Traumsprache, ihren Mythen und Kulten, aus ihren Fiktionen in der Sprache der Religionen, der Literatur und der darstellenden Künste. Die Entschlüsselung dieser Vorstellungen erlaubt es, die biologische und psychische Bedingtheit der menschlichen Freiheit zu analysieren und ihr auch in ihrem biographischen Wachstum nachzugehen. Das aber erlaubt es, den Menschen als Hörer des Wortes und als Visionär des Unsichtbaren in seiner eigenen Sprache zu Wort kommen zu lassen und damit auch die Sprache seines Leidens an sich selbst und seiner Angst vor Gott verstehen zu lernen. Führt das zu einer Religion der Selbsterlösung? Zu einem Priestertum, das aufhört, Gottes Offenbarung zu bezeugen, weil es – dichterisch und therapeutisch – nur noch von der Sehnsucht, der Liebe und der Verzweiflung der Menschen selber zu künden weiß?

Anders als Schleiermacher und durchaus wie Martin Luther und Johannes Calvin nimmt der Paderborner Kierkegaard die Sünde radikal ernst. Aber wie Karl Barth die Sünde nicht als die den Menschen beherrschende Wirklichkeit verkündet wissen wollte, sondern als die durch die Macht der Versöhnung Jesu Christi ständig aus der Welt getragene Unwirklichkeit des Menschen, so will Eugen Drewermann die kirchliche Verkündigung als heilendes Geschehen, als Tiefentherapie vom Leiden der Sünde, als Befreiung von der Angst vor der Erlösung verstanden wissen. Wer in der katholischen Kirche Eugen Drewermann anklagt, er lehre eine natürliche Psycho-*Religion* statt die biblische Wort-*Offenbarung*, der muß allererst zu verstehen suchen, was für diesen theologischen Therapeuten »Religion« heißt: Sie ist das heilsame Wahrnehmen von Gottes Liebe in allen Lebensbezügen. Allein die religiöse Wahrnehmung von Gottes freier Zuwendung zum geängsteten, in sich verspannten und an sich selber leidenden Menschen geht nach Drewermann bis an die Wurzel der Sünde: sie allein vermag die Freiheit, die sich vor Gottes barmherziger Anerkennung ihrer Endlichkeit fürchtet, von der Angst zu befreien, von Gott selbst geliebt zu sein. Nur wenn »die Erlösung von der Angst, bzw. von der Verformung des Daseins im Bannkreis einer sich selbst überlassenen Dynamik der Angst« auch psychologisch verstanden wird, meint Eugen Drewermann, versteht man »das eigentliche Anliegen K.Barths, daß man auf Christus schauen muß, um zu wissen, was der Mensch von Gott her ist und sein kann.« (Tiefenpsychologie und Exegese, Bd.2, Olten 1985, 32) In einer durch und durch seelorgerlichen Erweiterung der Offenbarungstheologie Barths will Drewermann sich nicht mit der ständig neuen Formulierung des Zuspruchs und Anspruchs des Wortes Gottes begnügen, sondern sein Ankommen beim Menschen auch menschlich verstanden wissen. Und so scheut er sich nicht vor einer »natürlichen Religion«, wenn sie nur nicht – wie Barth zu recht fürchtete – des Menschen eigene Flucht vor dem lebendigen Gott durch religiöse Konstruktionen rationalisiert, sondern die Bedürftigkeit aller Menschen nach der Erlösung und ihre Wahrnehmung von Gottes erlösender Liebe konkret bestimmt. Und konkret heißt: in der psychoanalytischen Frei-

legung der Leiden jedes Menschen ohne Gott und im tiefenpsychologischen Verstehen der Symbole, durch die Gott sich dem Menschen nahe bringt. So wird bei Eugen Drewermann das Religiöse der menschlichen Existenz nicht unabhängig von der Selbstoffenbarung Gottes bestimmt – aber die menschliche Existenz wird auch nicht ohne die Aufarbeitung ihres jeweiligen Selbstverständnisses und ihrer eigenen Vorstellungen von Gott auf die Erlösung bezogen. Und deshalb müssen die Träume und Bilder, die Symbole und Mythen, die Märchen und Legenden der Völker verstanden werden, um das Evangelium recht zu verstehen; denn in ihnen offenbart sich die Sehnsucht nach Erlösung ebenso, wie die Sprache, mit deren Hilfe Gottes eigene Offenbarung in der ihr eigenen Tiefe erst vernommen werden kann.
Im übrigen würde auch eine Offenbarungstheologie, welche – wie die von Karl Barth – die anthropologischen Vermittlungen vermeidet, um allein Gottes Wort die Ehre zu geben, die Verfassung des real existierenden Katholizismus so stark erschüttern wie ihre psychoanalytische Aufklärung. Es mutet merkwürdig an, wenn heute eine strikte Unterscheidung von Religion und Offenbarung gegen Drewermanns angebliche Abtrennung der allgemeinen Religion von der besonderen biblischen Offenbarung ins Feld geführt wird, nachdem bis vor wenigen Jahren doch eben diese Unterscheidung als der Grundmangel der Theologie Karl Barths aus katholischer Sicht ausgegeben wurde. Der lehramtliche Streit um Drewermanns Werk stößt jedoch bezeichnenderweise nicht bis zur Diskussion der konkreten biblischen Gehalte selber vor: Er blieb bisher so abstrakt wie möglich, um die konkreten Fragen, die das Evangelium der klerikalen Religiosität stellt, erst gar nicht diskutieren zu müssen. So kreisen die Anklagen mehr um die philosophischen Voraussetzungen von Eugen Drewermanns existenzbezogenem Denken, weniger um seine biblische Wahrheit. Es wäre jedoch für beide Teile sehr gut, wenn die Diskussion auf das Niveau des Fragens nach der Wahrheit von Gottes befreiendem und richtendem Wort käme, wie es das Alt- und Neutestamentliche Evangelium konkret bezeugt. Denn das Evangelium erlöst uns zuallererst von den Opfern, die der Mensch Gott glaubt bringen zu müssen, um vor ihm überhaupt existieren zu dürfen.
Und so bleibt die *letzte* Frage nach Eugen Drewermanns Umgang mit dem biblischen Zeugnis. Keine Frage: Er will diesem und keinem anderen Wort der Wahrheit Geltung verschaffen. Aber er bleibt methodisch bei seinem Leisten: Er ist fasziniert, wenn nicht berauscht, von der psychisch universalen Erhellungskraft dieser Botschaft. Soll man ihm dies verübeln – und das prophetische Licht der jüdisch-christlichen Botschaft wiederum unter den Scheffel der kirchlichen oder gar der römisch-katholischen Aneignung stellen? Ist die Wahrheit der Bibel das Eigentum der Kirchen? Wer von denen, die Christus als das Licht der

Welt und den Gott Israels als den Schöpfer Himmels und der Erde verkünden, wollte dies behaupten? Die umgekehrte Frage an Eugen Drewermann ist allerdings, ob nach dem Zeugnis des Evangeliums die Priesterfrage überhaupt solchermaßen ins Zentrum der Kirche gehört, wie er es voraussetzt. Gewiß: die Kritik am Mißbrauch des seelsorgerlichen Charismas durch die amtliche Hierarchie und die Analyse des Leidens, die der priesterliche Klerus sich selbst und allen anderen durch seine »Wesensverschiedenheit« von allen anderen Glaubenden zufügt, bleibt notwendig und berechtigt. Aber warum will Eugen Drewermann, nachdem er anerkannt hat, daß Jesus Christus die Seinen vom blutigen Opferpriestertum und von jeder amtlichen Vereinnahmung der Religion befreit hat, »die Gestalt und Funktion des Priesters in der katholischen Kirche« nun doch noch einmal verteidigen und retten? Offensichtlich, weil er von einem, wie er sagt, »ethnologischen und religionspsychologischen« Bedarf der menschlichen Seele an den priesterlichen Symbolen und Sakramenten ausgeht (733). Dürfen die Christen ihre historisch gewachsene Kirchenordnung, wenn sie für Glaubende und Nichtglaubende zum Ärgernis wird, durch den Hinweis auf einen angeblich universalen seelischen Bedarf verteidigen und aufrecht erhalten? Oder dürfen sie Gottes gutes Wort, das sie ein für allemal von den falschen Bedürfnissen nach religiösen Sicherheiten befreit hat, zum Anlaß nehmen, einer Kirchenordnung zu widerstehen, die ein Priestertum in den Mittelpunkt rückt, das sich – ohne jeden Anhalt im Evangelium – selber sakralisiert? Die Gemeindevorsteher sind auch nach dem Neuen Testament wichtig: aber nicht wichtiger als alle anderen Dienste in der Gemeinde und in der Alltagswelt auch. Denn *alle* diese Dienste sind in ihrer Menschlichkeit – und allzu menschlich ist nun auch der priesterliche Dienst – in Christus geheiligt. Eine Kirche, in der alle Glaubenden nur priesterlich wirken würden, wäre nicht die Kirche Jesu Christi: sie wäre deren klerikale Karikatur.

Dostojewski hat als Dichter gezeigt, wie jeder einzelne der karamasowschen Sippe zu jedem anderen gehört, weil jeder einen Teil der anderen in sich selbst trägt: es sind »Wollüstlinge, Geldraffer und Gottesnarren«. Wie der Gottesnarr Aljoscha die Heilung für sein Selbst und die Kraft zur Versöhnung der anderen nur findet, indem er die seelischen Anteile seiner Brüder in sich entdeckt und im realen Leben durcharbeitet, so kommen der wollüstige Bruder Dmitrij und der atheistische Theoretiker Iwan nur auf die Bahn der Erlösung, indem sie in sich zulassen, auch Aljoschas, auch Gottesnarren zu sein. Eugen Drewermann befreit die Christen dazu, selber priesterlich zu sein; die Priester, Ordensfrauen und Ordensmänner aber dazu, selber menschlich zu werden. Das ist viel – ein Grund zur Dankbarkeit und ein Grund zum rechten Klerikerstreit.

I. Der Protest

Heilung und Befreiung

Dorothee Sölle

Was immer die Großinstitution mit Eugen Drewermann vorhat, das Psychogramm des Elends, das er nachzeichnet, wird durch weitere Willkürakte nur bestätigt. Es ist nicht einfach rhetorische Bescheidenheit, wenn er in seinem offenenen Brief an den Erzbischof Johannes Joachim Degenhardt feststellt »Es geht nicht um mich«, es geht tatsächlich um den Konflikt zwischen Macht und Geist, Apparat und Botschaft, Struktur und Ereignis. Nur reicht der Konflikt diesmal in eine andere Tiefe als zum Beispiel der, den Hans Küng so tapfer ausgefochten hat. Beide, Küng und Drewermann, sind Christen, Jesusnachfolger, die nicht wegen ihrer Abweichung oder Untreue in Konflikte geraten sind, sondern wegen ihres Glaubens, ihrer Treue, ihrem Festhalten an dem, was die Großinstitution bis zur Unkenntlichkeit entstellt.
Was die Kirche Jesu Christi unter den Bedingungen einer pluralistischen Liberalität am meisten bedroht, ist ja nicht der Feind von außen; Todesschwadrone sind für uns nicht vorgesehen. Weder der abgetakelte Kommunismus noch der taufrische Konsumismus können die Kirche daran hindern, ihrem eigenen Auftrag treu zu bleiben; es war und ist immer sie selber, die Geist und Freiheit knebelt und die Liebe verrät. Die 80 000 Menschen, die jährlich der Kirche den Rücken kehren, bezeugen vor allem die Unglaubwürdigkeit der Institution, ihre Unfähigkeit zu heilen und zu befreien.
Genau an diesem Punkt setzt Drewermanns Kritik an der Institution ein. Fachtheologisch gesprochen greift er nicht nur die entstelle »fides quae creditur« also bestimmte Glaubensinhalte an, sondern die neurotisierte »fides qua creditur«. Nicht nur die Vergötzung bestimmter in Schrift

und Dogma vorgegebener Inhalte, die der historischen, psychologischen und feministischen Kritik nicht standhalten können, sind sein Thema, sondern die Art von Glauben selber, welche die Institution verlangt und produziert, wird radikal in Frage gestellt. Die Struktur autoritärer Religion biegt die humanitären Inhalte der Religion Jesu um (ich benutze hier das von Erich Fromm entwickelte Begriffspaar). »Unsere Kirche hat die Kraft zu heilen längst verloren. Sie verwaltet nur noch die Gebärden und die Erinnerungsgespräche an das, was Jesus getan und gewollt hat.« Autoritäre Religion »das Sprechen in Sachen Gottes von oben herab« entmündigt die Menschen und hält sie abhängig. Es verinnerlicht »sich als eine Form von Gewalt in ihren Herzen« und macht ihnen »ständige Ängste und Schuldgefühle..., selber zu denken, selber zu fühlen und den eigenen Erfahrungen zu trauen.« Drewermann versucht, gewaltfrei zu denken – etwas, das in der europäischen Theologiegeschichte mit ihrer Besessenheit von Gehorsam und Selbstverzicht gerade derer, die nie gelernt haben, ihr eigenes Leben zu leben, wenig Tradition hat. Sein Ansatz ist in einem tiefen Sinn gegen alle Herrschaft, auch die sogenannte heilige Herrschaft, die Hierarchie gerichtet. Die Hierarchie produziert Angst, während Drewermann von Jesus sagt, daß »seine Güte allen Angst machte, oder besser..., die ständig geronnene, die gefrorene Angst aller abschmolz und zu einer drohenden Sturzflut anschwellen ließ« (Markuskommentar, S. 537).
Ich will ein paralleles Beispiel erzählen, an dem mir die Tiefe gegenwärtiger und zukünftiger struktureller Konflikte klar geworden ist. Ein katholischer Freund aus den USA berichtete über die Folgen des Hirtenbriefs der US-Bischöfe zur Frage von Krieg und Frieden. Die nach Rom zitierte Kommission sei eine Woche dort geblieben und habe einen Nachmittag lang über die Inhalte von Atomkrieg und Abschreckungsideologie gesprochen. Und worum ging es in der übrigen Zeit, wollte ich wissen. Antwort: um die Methode. Daß nämlich dieser wie alle neueren Pastoralbriefe aus den USA zunächst in einer Erstfassung veröffentlicht, in den Gemeinden gelesen und breit diskutiert wurde, schien mehr als ungewöhnlich. Ein offizielles kirchliches Dokument stellt sich der öffentlichen Kritik, wird überarbeitet und neugeschrieben, weitere Vorschläge und Kritiken werden mitberücksichtigt, ehe es dann seine endgültige Gestalt findet. Dieses langwierige demokratische Verfahren ist viel gefährlicher für Rom als inhaltliche Äußerungen zu Militarismus, Wirtschaftsordnung und Sexismus es je sein können.
So auch das Werk von Eugen Drewermann. Er entlarvt den erzwungenen, durch Angst lebendig gehaltenen neurotischen Glauben. Er benutzt die Psychoanalyse als Methode zur Befreiungsarbeit. »Es geht darum,

daß die Psychoanalyse heute der Ort ist, an welchem seelisches Leid am intensivsten ernst genommen wird.« Das ist der Sitz im Leben von Drewermanns Theologie. Sein Thema ist die Angst der Menschen, wie sie aus den psycho-sexuellen und religiösen Zwangsmechanismen entsteht. Sein wichtigster theologischer Lehrer ist Sören Kierkegaard. Sein Ziel ist die Befreiung der Theologie von der Angst, die »strukturell krank« macht, weil sie Denken und Fühlen zerreißt und die Angst etwa in den Motiven der Lebens- und Machtsicherung verewigt. Die Angst kann »erst im Ausblick auf Gott überwunden werden« aber die Großinstitution benutzt die mit der menschlichen Sexualität vermittelte Angst, um ihre Macht neurotisierend zu sichern.

Als eine Frau, die seit langem an einer Befreiungstheologie für Menschen unter dem Industrialismus arbeitet, frage ich mich, ob dieses Denken komplementär zu den gegenwärtigen Befreiungstheologien steht oder eher adversativ. Ist es eine notwendige Voraussetzung für die Befreiung auf das Reich Gottes hin, daß die Seele des einzelnen Menschen von der Angst geheilt werde? Oder ist die Bekehrung zum gewaltfreien Leben miteinander, zur öffentlichen Absage an die Gewalt, die unsere Wirtschaft, »unsere Sicherheit« und unsere Ausplünderung der Erde vorantreibt, das Thema der Befreiung? Müssen wir erst geheiligt werden, um dann anders zu leben? Oder ist individuelle Heilung und politische Konversion zum Leben ein Prozeß? Meine persönliche Erfahrung ist, daß die Angst nicht nur auf der Couch, sondern auch in den Erfahrungen des Widerstands erkannt und benannt wird. Der Kampf ist der Lehrer, wie Che Guevara sagte. Meine Freiheit von der Angst, ein verächtliches, nichts bewirkendes Wesen zu sein, leuchtet immer wieder in der Gemeinsamkeit mit anderen Frauen und Männern auf. In unseren Versuchen, zu beten und das Gerechte zu tun. Der gesellschaftliche Name für das, was Drewermann Angst nennt, heißt innerhalb der christlichen Kultur des Widerstandes Ohnmacht. Es ist unsere Glaubenslosigkeit, die weiß, daß »wir ja doch nichts machen können«. Aber Gott teilt Gottes Macht mit uns, holt uns aus dem Gefängnis von Ohnmacht und Angst heraus.

Der Begriff der Selbstverwirklichung scheint mir, gemessen am Reich Gottes, zu klein. Gott liebt das ganze Volk Gottes, die ganze Erde und nicht nur individuelle Seelen. Der Psychoboom unserer Kultur ist mir suspekt, weil er die harte Realität der Banken und Bomben ausläßt und die höchstwillkommene Entpolitisierung der Mittelklasse festschreibt. Ich kann Drewermann nicht zustimmen, wenn er meint, »daß Gott nur innerlich zu unserem Herzen redet, daß alle religiöse Wahrheit nicht im Äußeren zu finden ist und daß Gott nicht ein Teil der Welt, kein ›Faktum‹ der Historie« sei. Ich glaube, daß Gott Israel aus Ägypten geführt hat und auch die Menschen in der DDR aus ihrem

Ägypten befreit hat, auch wenn die meisten von ihnen zur Zeit um das Goldene Kalb tanzen. In einem gewissen Sinn bin ich mit der Befreiungstheologie sehr viel jüdischer als Drewermann, der an manchen Stellen am traditionellen christlichen Antijudaismus teilhat, etwa in der Entschuldung des Imperiums und Schuldzuweisung an die Juden für den Tod Jesu. Drewermann traut der ägyptischen Tradition von Traum und Traumdeutung mehr als der alttestamentlichen Insistenz auf Recht und Gerechtigkeit.
Trotz dieser Einwände möchte ich die Frage, ob eine umfassende psychoanalytische Deutung der Botschaft Jesu als Heilung der Angst sich komplementär zur Befreiungstheologie verhält, bejahen. Drewermanns Beitrag ist unverzichtbar aus zwei Gründen: weil er das seelische Leid ernst nimmt und an der Befreiung derer, »die ihr Leben lang, verkrüppelt und *verhockt* vor Angst, gehindert wurden, sich selbst ins Leben zu wagen« arbeitet. Und sodann, weil er für die Weltkirche etwas tut, was die lateinamerikanischen Befreiungstheologen nicht leisten können, aber brauchen; er fordert die Großinstitution in ihrem Versuch, Macht durch Angst zu stabilisieren, heraus, und benennt die autoritäre Religion als »eine Form der Gewalt«.
Drewermann nimmt, soweit ich sehe, nicht Bezug auf die feministische Theologie, obwohl sein Denken an vielen Stellen in einer außerordentlichen Nähe zu ihr steht. In jedem Fall ist es nichtsexistisch, sondern menschheitlich und ganzheitlich. Sexualität und Seele werden so in die Anthropologie integriert, daß die Verwechslung des Menschen mit dem Mann kaum aufkommen kann. Sein Verständnis für die Rolle einzelner Frauen im Neuen Testament ist hoch entwickelt; ihre Bedeutung für die urchristliche Kirche (vgl. Schüssler Fiorenza) fällt freilich dem aufs Individuum verengten Blick zum Opfer. Aber auch sein pastorales Eintreten für die, die von kirchlichen Moralvorstellungen psycho-sexuell beschädigt sind, ist feministisch, insofern es die Opfer patriarchal-klerikaler Gewalt beim Namen nennt: an Sadisten Gefesselte, Geschiedene, Wiederverheiratete, Menschen, die Verhütungsmittel benutzen, und alle, die Angst haben, frei zu sein. Auf wen träfen diese Formen der verinnerlichten Gewalt mehr zu als auf Frauen, die am meisten Opfer der autoritären Zwangsreligion waren und sind?! Feministisch ist seine Theologie auch in der Befreiung des Fühlens, in seinem Versuch zur Ganzheitlichkeit, vor allem aber in der Anwendung der psychoanalytischen Methode. Diese Gemeinsamkeiten mit der Form der Befreiungstheologie, die innerhalb der reichen Welt die wichtigste sein wird, sind evident. Strittig bleibt, ob die Befreiung über die Heilung der krankgemachten Seele hinaus auch Heilung des in der Tat totkranken Gemeinwesens bedeutet. Es ist ja nicht so, als seien die vom Kleriker-Syndrom weniger betroffenen Christen heil und angstfrei. Die

spirituelle Leere der ersten Welt, ihre absolute Geistlosigkeit ist uns von mächtigeren Institutionen aufgezwungen als den römischen. Weil das Leiden der lebendigen Menschen, die in eine Mörderwelt hineinwachsen, nach Gott-in-uns und Gott-uns-voraus nur so schreit, läßt sich auch Heilung und Befreiung nicht trennen. Mit weniger als der ganzen Erlösung können wir uns nicht zufrieden geben.

Die Macht nimmt der Wahrheit die Stimme

Fulbert Steffensky

Ich erinnere mich an einen Besuch in der DDR vor einigen Jahren und an ein Gespräch, das ich mit einem evangelischen Pfarrer hatte. Dieser Pfarrer war kurz zuvor bei seiner Partnergemeinde in der Bundesrepublik. In dieser Gemeinde, so sagte der Pfarrer, habe ich erfahren, wie schlimm die Lage der Schwarzen in Süd-Afrika sei. Ich fragte ihn erstaunt, warum er in die Bundesrepublik fahren müsse, um dieses zu erfahren. Schließlich war die offizielle Politik der DDR viel früher und viel energischer solidarisch mit den Schwarzen als die der Bundesrepublik. Darauf der Pfarrer: »Hier kann man ja nichts glauben.« Viel schlimmer als die Lüge scheint zu sein, daß Menschen gezwungen sind, in einer geistigen Landschaft zu leben, in der die Wahrheit unannehmbar geworden ist, obwohl sie täglich und öffentlich genannt wird. Die Macht zerstört die Wahrheitsfähigkeit und die Glaubensfähigkeit der Menschen. Sie macht Menschen nicht nur in einem unmittelbaren Sinn leiden, indem sie sich der Macht beugen und sie internalisieren. Das ist nur ein Fall der Entfremdung des Menschen von seiner eigenen Erkenntnis und vom eigenen Gewissen. Der andere ist, daß die Glaubensfähigkeit überhaupt zerstört wird.

Für das römische System möchte ich die Beichte als Beispiel für die Entfremdung des Menschen von seinem Gewissen nennen. Ich halte die Beichte für eines der weisesten Instrumente spiritueller Tradition. Niemals ist es Menschen gelungen, ohne Selbsteröffnung und ohne Geständnis der eigenen Niederlagen auszukommen. Weise und menschenfreundlich ist die Idee, daß der Mensch nicht sein eigener Lehrer und Meister, sein eigener Beurteiler sein muß und einer, der sich selbst vergibt. Einmal ist die Beichte als Instrument der Macht verkommen auf die Weise, wie sie Drewermann beschreibt. Menschen werden in ihrem Gewissen besetzt. Ihre Erkenntnis und ihre Entscheidung werden diskutiert. Sie werden in falsche Ängste gestürzt, und sie lernen, ihrem eigenen Lebensglück zu mißtrauen. Sie werden mit falschen Fragen und falschen Wichtigkeiten beschäftigt, die sie von den eigenen Lebenswichtigkeiten abhalten. Zu belegen braucht man das nicht. Die römische Sexuallehre und die Beichte als Instrument ihrer Durchsetzung sind ein ausreichender Beleg.

Es gibt eine leidensfreiere, aber nicht weniger schlimme Schändung des Gewissens durch die Beichte: Menschen können lernen, daß Religion etwas Äußerliches ist; daß sie im Vollzug von Ritualen besteht, die das Herz und das Gewissen überhaupt nicht mehr betreffen und berühren müssen. Als ich ein junger Theologe war, hörte ich in einer Wirtschaft das Gespräch von zwei Männern, die offensichtlich gerade von der Beichte kamen. Aus dem Gespräch ging hervor, daß beide gebeichtet hatten, gegen die Sexualmoral der römischen Kirche verstoßen zu haben. Der eine war losgesprochen worden, der andere nicht. Nun erklärte der glücklich Losgesprochene dem anderen, *wie* man dies beichten müsse, um losgesprochen zu werden. Dies ist ein Beispiel dafür, wie Menschen unter autoritären Systemen versuchen, halbwegs ungeschoren davonzukommen. Und es ist ein Beispiel für die Zerstörung von Innerlichkeit, von Gewissen und wirklicher Aneignung des Glaubens. Diese Art Verödung der Glaubenslandschaft bringt das römische System wohl noch häufiger hervor als das von Drewermann beschriebene schutzlose und unmittelbare Leiden unter dem römischen Verhängnis.

Das Kleriker-Buch von Drewermann arbeitet an der Glaubens- und Wahrheitsfähigkeit der Subjekte. Es will kein theologisches Buch sein. Aber es gibt eine theologisch-anthropologische Grundvoraussetzung, von der her Drewermann denkt, kritisiert, verhöhnt. Es ist der Begriff Gnade. Das Leben ist gut, bevor wir es gut gemacht haben. Keiner braucht sich selbst zu erjagen und zu erlegen, um sich einem unversöhnten Gott als Opfer zu bringen. Die Niederlagen des Lebens löschen das Leben nicht aus. Vielleicht ist dies der schwerste Glaubenssatz, denn es ist nicht leicht, sich trösten zu lassen. Es ist nicht leicht, darauf zu verzichten, sich selber herzustellen, sich selber zu beweisen und sich selber zu erobern. Wer den Satz von der Gnade verstanden hat, braucht nicht funktionalistisch mit sich selbst umzugehen, und er braucht andere nicht zu funktionalisieren. Freiheit ist also die legitime Tochter der Gnade. Der Mensch ist nicht zu etwas da, nicht einmal um Gott zu dienen. Er ist »sunder Warumbe«, weil er geliebt ist. Das ist die theologische Nachricht, die hinter jedem Satz des Buches steht und die in unseren Kirchen so oft verschwiegen wurde. Außer dem Glauben sagt uns diese Nachricht niemand, auch nicht die Psychoanalyse. Darum ist Drewermann in diesem Buch mehr als Analytiker einer Zerstörungsgeschichte. Er ist Theologe.

So müßte ich mich eigentlich ohne Einschränkung über dieses Buch freuen. Ich gestehe aber, daß ich es nicht gern gelesen habe, und zwar aus verschiedenen Gründen. Vielleicht läßt sich niemand gern erinnern an die vertanen Chancen der eigenen Tradition. Aber ich habe mich auch gefragt, ob da, wo Drewermann kämpft noch unsere Front ist.

Drewermann kämpft gegen ein beinahe archaisches System; gegen eine Maschinerie, die dem Subjekt selten erlaubt, bei sich selbst zu sein; die eigenen Gedanken zu denken, ein eigenes Gewissen und eigene Gefühle zu haben. Er kämpft gegen die verdrängten Lebenslandschaften, die das Subjekt ersticken. Ich lebe in einer Großstadt, in der es – zumindest kirchlich gesehen – überhaupt keine Oktroys gibt; in der Menschen an der Beliebigkeit und an der Optionslosigkeit ersticken und Beute ihrer eigenen Visionslosigkeit, Leere und Ungeprägtheit werden. Drewermann kämpft gegen eine neurotisch überfigurierte Landschaft. Das größere Leiden heute aber ist da, wo die Menschlichkeit erstirbt an der sanften Ideelosigkeit und an der depressiven Unterkonturiertheit des Lebens.

In einem Seminar haben wir einmal den Zusammenhang von Tradition und Identität behandelt. Die Teilnehmer des Seminars kamen überwiegend aus der Großstadt und kannten traditional vorgeformte Situationen kaum. Durch einen Zufall waren einige Studierende dabei, die früher zu Freikirchen gehörten, diese aber verlassen hatten. Sie kämpften gegen ihre eigene Vergangenheit und beklagten sich über die Restriktionen, die sie dort erleiden mußten. Eine Hamburger Studentin sagte schließlich zu ihnen: »Ihr habt es gut. Ihr könnt wenigstens von etwas weggehen!«

Dies aber ist kein Einwand gegen Drewermanns Buch. Und wenn, dann nur ein leichter; der nämlich gegen die Universalisierung von Paderborn. Offensichtlich gibt es Menschen genug, die leiden, wie Drewermann beschreibt. Das Buch mußte allein schon deswegen geschrieben werden, weil das römische System sich selber nicht offen korrigiert. Seine Art der Korrektur ist eher das lautlose Vergessen. Und das ist zu wenig, und es ist keine wirkliche Form der Bearbeitung.

Was mir das Kleriker Buch schwer macht, ist seine rasende Systematik. Der französische Ethnologe Lévi-Strauss sagte einmal in einer Bemerkung über sich selbst und seine kritischen Kollegen in Frankreich, sie könnten noch den absonderlichsten Bräuchen und Einrichtungen fremder Kulturen Weisheit abgewinnen. Im eigenen Land und in der eigenen Kultur und Tradition dagegen könnten sie nur Abfall und Korruption sehen. Was mich stört bei Drewermann, ist seine widerspruchsfreie Beschreibung dessen, was er vorfindet, als Zerstörungsgeschichte. Selbst im Jünglingsopfer der mittelamerikanischen Indios, einer ausgesprochenen zwanghaften Kultur, kann er Weisheit und Schönheit lesen. Den Gedanken der Stundenschemata von Gebeten und Hymnen auf den Sonnengott Altägyptens betrachtet Drewermann wohlwollend. Das Stundengebet der katholischen Kleriker wird ausschließlich als Instrument der Depersonalisierung beschrieben. Natürlich kann auch dieses Gebet ein Mittel der Entfremdung sein, wo es als reine Ordnungsverpflichtung aufgefaßt wird. Und vielleicht muß man auch zugestehen, daß Korruption und Entfremdung immer der Fall ist, wo man das Leben hauptsächlich durch Vollzug von Ordnungen gerettet sieht. Aber bei Drewermann findet die Verfallsbeschreibung überhaupt keinen Einspruch mehr. Wenn man zum Klerus gehört, sitzt man bereits – so liest es sich – in einer Falle der Verdammtheit, aus der es kaum einen Ausweg gibt. So gut wie alles aus der katholischen Tradition wird zum Fallstrick und zur Fessel des Subjekts. Arbeiten kann man aber nur an Widersprüchlichkeiten. Eine so pessimistische Lesart der eigenen Tradition raubt jede Hoffung auf Erneuerung.

Ich sage das nicht als Vorwurf gegen Drewermann. Ein Mensch kann nicht alles. Und wer als katholischer Kleriker ein Nosograph des Klerus ist, ist damit auch sein eigener Nosograph. Und in diesem Falle Ausgewogenheit zu verlangen, wäre albern. Nur, muß sich Drewermann diese Kritik gefallen lassen; eine Kritik, die die Handlungsmöglichkeiten im Katholizismus behauptet und offen lassen will.

Noch ein anderes macht Drewermann unmöglich, »ausgewogen« zu bleiben. Er kämpft als selbst Verwundeter gegen ein Ganzes, gegen ein System. Er setzt sich nicht wie Rahner mit der Meßopfertheologie auseinander; nicht mit dem Papsttum wie Küng. Er hat das System vor Augen, in dem er auch das Beste faul werden sieht; das System, das ihn selber trifft mit seinen Verfahren und mit seinen Undurchsichtigkeiten. Es ist immer ein Existenzkampf und keine akademisch-theologische Debatte. Diese existentielle Wundhcit prägt auch die Sprache Drewermanns. Sammelwütig häuft er Beispiel auf Beispiel zum Beleg seines Gedankens. Es ist, als wolle er den Leser mit der Fülle seiner Belege zum Glauben an seine Thesen zwingen. Bilder werden gehäuft und überschlagen sich, und mehr als einmal wird die Sprache schlicht Kitsch wie an dieser Stelle, wo er über die Gefühlsunfähgkeit des Klerus spricht: »Wie frierende Tiere, die sich im Winter an die Türen der Häuser drängen, um wenigtens räumlich den Orten der Wärme nahe zu sein, zu denen ihnen selber der Zugang verwehrt ist, so wärmen sich die Kleriker ihre verforenen Münder am Diskutieren über die Küsse anderer, nur daß es ihnen selber nie wirklich warm dabei werden darf.« (S. 144f.)

Wie gesagt, ich lese das Kleriker-Buch nicht mit Zuneigung, aber mit Respekt. Es gibt aber Passagen, bei denen ich weder Zuneigung noch Respekt aufbringen kann. So ist es bei Drewermanns Auseinandersetzung mit der Politischen Theologie und bei seiner Darstellung und Behandlung von J.B. Metz. Wie zwanghaft feindbedürftig ist Drewermann eigentlich, daß er Menschen so karrikieren muß, die auf andere Weise und auf anderen Feldern an der Befreiung des Subjekts arbeiten. »Es sind heute wesentlich Theologen, die vehement den Satz verteidigen, *alles sei Politik*... Der Satz: Alles ist Politik, ist an sich noch

weit weniger zutreffend als die absurde Behauptung, alles sei Physik oder Biochemie...«.(S. 697). Bei welchen politischen Theologen findet er den Satz von der Allgegenwart des Politischen so banal ausgelegt? Sicher nicht bei Metz. Und kann Drewermann wirklich bezweifeln, daß die Weltzugänge des Menschen, seine Selbstauffassung, seine inneren Bilder, seine Glaubens- und Hoffnungsfähigkeit, damit also auch seine Religiosität abhängig sind von den sozialen und ökonomischen Ordnungen, in denen er lebt? In diesem Sinn hat der Satz von der Totalität des Politischen sein Recht. »*Wesentlich* müssen die Menschen nicht von politischer Ungerechtigkeit, von sozialer Armut, von ökonomischer Ausbeutung und dergleichen mehr erlöst werden, sondern von der *Angst*, die auf allen Ebenen des menschlichen Daseins... jene Symtome des Unheils hervortreiben muß, solange sie dauert...« (S. 671). Weiß Drewermann eigentlich nicht, wie Hunger, Folter, Gefängnis, Arbeitslosigkeit die Menschen in ihrem Wesen trifft, stört oder zerstört? Oder welches idealistisch-untreffbare Wesen ist hier gemeint?
Ich kann die Einwände Drewermanns gegen eine kurzfristige Politisierung der Theologie verstehen. Ich kann verstehen, wenn er sich gegen einen ohnmächtigen politischen Moralismus wendet und gegen die politische Funktionalisierung christlicher Traditionen. Aber das ist doch wirklich nicht die Hauptgefahr in Kirche und Gesellschaft. Die Hauptgefahr ist doch die Morallosigkeit unserer Institutionen. Die Hauptgefahr unserer Kirchen ist doch die säuberliche Trennung zwischen innen und außen; zwischen »Geistlichem« und »Weltlichem«; zwischen dem »Religiös-Eigentlichen« und dem realen Leben und den realen Schmerzen und Zerstörungen der Menschen.
Politisches Engagement, so Drewermann, gehe bei Metz einher mit seiner Pflicht zur psychologischen Blindheit (S. 666). An keiner einzigen Stelle spricht Metz gegen Psychologie oder Psychoanalyse. Ihm wird keine Verachtung psychischen Leidens und seiner Bearbeitung nachzuweisen sein. Zu Recht aber wendet er sich gegen eine überall sich ausbreitende Selbstversessenheit und Selbstbesetztheit der Subjekte, welche die alte Entfremdung in Systemen ablöst und Menschen zu Gefangenen ihrer eigenen Herzen macht. Zu Recht spricht er gegen eine psychologistische Selbstprovinzialisierung, in der in der Tat nichts mehr wahrgenommen und nichts mehr gesucht wird als die eigene Seele. Und diese Identitätssüchtigkeit tut genau das, was Metz beschreibt, sie saugt die Phantasie für fremdes Leiden auf. Außerdem ist dieser Zwang, sich seinen eigenen Namen zu verschaffen, der Zwang zur Selbstbesorgung zum Scheitern verurteilt. Es ist eine neue Variante des Versuchs, aus dem Gesetz zu leben, auf den die paulinische Gesetzeskritik zutrifft. Gegen diese Art Selbstbesetzung spricht übrigens

nicht nur Metz. Man lese etwa nach, was Thomas Ziehe als Psychoanalytiker dazu zu sagen hat.
Drewermann müßte verstehen, daß man sich nicht Feind sein muß, nur weil man an verschieden Fronten kämpft. Er selbst kämpft gegen eine falsche Strenge des Christentums, in der die Sache durch das Opfer, das zu bringen war, gerechtfertigt wurde. Metz setzt das voraus, worum Drewermann kämpft, nämlich die Subjektivität des Menschen. Er setzt voraus, daß ihm Denken, Gewissen, Entscheidungsfähigkeit, Glück und Identität zugetraut sind. Dann aber fragt er neu nach den Grundoptionen der jüdisch-christlichen Tradition. Keine Option aber, kein ernsthafter Gedanke, keine Lebensvision ist ohne Strenge zu haben. Die Optionslosigkeit einer Gesellschaft und einer Kirche kann man auch daran erkennen, daß nichts mehr gefordert wird und daß man für nichts mehr einstehen muß. Das Christentum ist keine Einrichtung zur Rettung einer sanften Normalität. In diesem Sinn ist das Ordensbuch von Metz, das Drewermann so angreift, ein strenges Buch. Es ist aber nicht die sich selber rechtfertigende Strenge, sondern die Konsequenz des Christentums in einer verfallenen Welt.
Was ist nötig heute? Einmal die Schonungslosigkeit der eigenen Tradition gegenüber; das also, was Drewermann in seinem Buch leistet. Ein Kerngedanke der jüdisch-christlichen Tradition ist das Gedächtnis des Leidens, die Erinnerung der Opfer. Und an erster Stelle der Opfer, die im Namen des Christentums zu solchen gemacht wurden. Nichts ehrt den Menschen mehr, nichts braucht mehr Erwachsenheit und Glauben an Gott, als der eigenen Vergangenheit ins Gesicht sehen zu können. Auch das ist eine Form des Glaubens an die Gnade.
Aber das kann nicht alles sein in einer Zeit der Erstickung des Geistes und des Schwindens der Lebensvisionen. Notwendig ist, alles noch einmal durchzusehen und zu fragen, ob man davon leben kann – jeden Satz dieser Tradition, jeden Brauch und jede Einrichtung. Die christliche Tradition ist nicht nur Korruption. Sie enthält auch die Weisheit der Toten, die ein Leben versucht haben. Wir Traditionskritiker leben selber noch von den Bildern, dem Ethos und vom Reichtum unserer Geschichte. Sonst könnten wir wahrscheinlich gar nicht kritisieren. Wovon aber werden unsere Kinder leben, wenn wir uns in der Geste der Entlarvung erschöpfen?

Politisch oder privat?

Wider falsche Alternativen in der Theologie

Von Peter Eicher

Die Gesellschaft und der einzelne

In seinem Glauben hat Israel erfahren, daß der »Seher« seines Elends, daß der »Hörer« seiner Klage und daß der »Kenner« seines Leids »herabgestiegen« ist, um sein Volk den Händen der Unterdrücker zu entreißen und es einzuweisen in den langen Weg der Befreiung. Von diesem Wege heißt es, daß er zum Land führe, in dem »Milch und Honig fließen« (Ex 3,7f.): ein starkes Symbol für die Sättigung wie in Kindertagen und für den Geschmack an der Süsse eines Lebens, das in Arbeit nicht aufgeht. Der Einzige, der einen solchen Weg verhieß, offenbart sich nach dem biblischem Zeugnis als der Retter aus der Unterdrückung, indem er sich selber vergegenwärtigt: Er fordert die Befreiung »um der Gerechtigkeit willen« nicht ohne sich »aus Liebe« in seiner Freiheit selber preiszugeben: »Ich bin, der ich mit dir sein will, dein Gott, der dich aus Ägypten geführt, aus dem Haus der Unterdrückung.« (20,2)

Die gesellschaftliche Befreiung gründet biblisch in der Wahrnehmung von Gottes eigener Gegenwart. Es ist wahr, daß die Christen in ihrer Verkündigung diese Zuversicht in den Einzigen als den Befreier aus der realen Unterdrückung stark verdrängten. Aber ganz vergessen konnten sie niemals, daß der Dienst der Versöhnung die Aufrichtung der Gerechtigkeit in dieser Weltzeit zu bezeugen hat und daß die Botschaft von der Auferweckung der Toten nicht auf den Himmel von privaten Seligen zielt, sondern auf das Kommen des Reiches, das die Völker aus ihrer tödlichen Ungerechtigkeit befreit: »Sieh da: das Menschengeschlecht unter Gottes Zelt. Er wird in ihrer Mitte wohnen und sie werden seine Völker sein. Er selbst, ihr Gott, wird bei ihnen sein. Jede Träne wird er von ihren Augen wischen und der Tod wird nicht mehr sein und das Leiden und das Schreien und das Elend: sie sind nicht mehr. Siehe da: ich mache alles neu.« (Offb 21,3f.) Das Evangelium zerstört nicht Israels Verheißung, sondern macht sie erst recht stark. Denn es entzündet seine Hoffnung in den Herzen eines jeden

Glaubenden für alle Völker: die Hoffnung auf Gerechtigkeit, die in Gottes offenbarer Liebe gründet.
In den Verhältnissen der modernen Industriegesellschaften nahmen nun aber die Human- und die Sozialwissenschaften die Analyse der subjektiven Entfremdungen und der objektiven Unterdrückungsverhältnisse aus dieser Zuversicht der Glaubenden heraus. Denn die Wirksamkeit der modernen Wirtschaft, der bürokratisierten Gesellschaft und der durch sie gesteuerten Politik setzten die säkulare Distanzierung von den Hoffnungen und Geltungsansprüchen religiöser Erwartungen ebenso voraus wie die modernen Wissenschaften. Für die Analyse des gesellschaftlichen und psychischen Elends in den modernisierten Verhältnissen wurde die religiöse Zuversicht selbst zum Objekt einer Kritik, die ihre Hoffnungen allein noch auf die politischen Veränderungen der Verhältnisse und auf die psychologische Stärkung der verstümmelten Einzelseelen setzen konnte. Die Erwartung der Glaubenden, die Verkündigung der Kirchen und die Reflexion der Theologien wurde eingegrenzt in den privatisierten Bereich, wo sie kompensatorisch zum Kältestrom der wissenschaftlich-technischen Revolutionierung alles Bestehenden allenfalls noch die innere Temperatur der Seelen, die Familienmoral und das Freiheitsbewußtsein der Subjekte auf ihre vormoderne Weise stabil halten durften. Aber gerade weil das christliche Bekennen originär im erinnerungsstarken Aufbrechen aus den Verhältnissen der Unterdrückung gründet und die Hoffnung auf einen neuen Himmel und eine neue Erde wachhält, läßt es sich nicht privatisieren: Das glaubende Handeln der Christen zielt auf Verhältnisse, in denen die Menschen einander gerecht werden können. Und deshalb muß jede biblisch orientierte Theologie die entfremdenden und unterdrückerischen Verhältnisse ihrer eigenen Gegenwart auch mit deren eigenen Mitteln zu verstehen suchen. Ohne Kenntnis des konkreten Leidens und der real existierenden Ungerechtigkeit kann das Evangelium nicht hilfreich und nicht befreiend verkündet werden. Und ohne Sinn für die Dramatik der menschlichen Lie besgeschichten kann die abgründige Verheißung vom unbedingten Geliebtsein aller aneinander Schuldigen, aller von der Erde Verdammten und aller von den Menschen Ungeliebten nur abstrakt gedacht, aber nicht wirklich hilfreich und konkret heilsam zugesagt werden. Jede Theologie, die in der modernen Gesellschaft zu verstehen sucht, wie sich die Botschaft von der Erlösung auf die *einzelnen* in den real existierenden *Verhältnis sen* bezieht, kommt dabei jedoch in die große Schwierigkeit, es zugleich mit der Not und der Hoffnung der Individuen und mit dem Elend und der erfolgreichen Macht der Gesellschaft zu tun zu bekommen.
Nun stehen aber die Wissenschaften, mit denen die moderne Gesellschaft das ihr eigene Elend und die ihr eigene Größe zu analysieren

suchen, in derselben Schwierigkeit wie ihre Bürger auch: Sie sind gespalten in die Wahrnehmung ihres öffentlichen Seins und in ihr privates Bewußtsein. Die unaufhebbare Differenz zwischen den *soziologisch* orientierten Gesellschaftswissenschaften und den *psychologisch* orientierten Analysen der Individuen kann durch eine friedliche Arbeitsteilung nicht gelöst werden. Der Konflikt zwischen den Erklärungen des »Äußeren« und dem Verstehen des »Inneren« weist selber auf den unheilbaren Riß zwischen den Notwendigkeiten der gesellschaftlichen Produktion und der Liebesbedürftigkeit der Subjekte hin: Die »öffentlichen Interessen« und die »privaten Bedürfnisse« entsprechen sich nicht. In der Tat haben seit dem Beginn des 19.Jahrhunderts erst die Soziologie und dann die Kritik der politischen Ökonomie vorrangig die Triebkräfte und die Entfremdungen der *gesellschaftlichen* Verhältnisse zu verstehen gesucht, wie sie durch die politischen Umstürze und durch die revolutionäre Produktionsweise der modernen Industrie geschaffen wurden. Die materialistische Kritik an den repressiven Verhältnissen und die soziologische Analyse der modernen »Rationalisierung« brachte dabei wissenschaftlich schärfer und politisch wirksamer als jede kirchliche Moral den Klassenantagonismus (K.Marx) und die Unbrüderlichkeit (M.Weber) der neuen Wirtschaftsgesellschaft an den Tag. Trotzdem dispensierte sich die katholische Theologie bis zur neueren politischen Theologie und bis zur Theologie der Befreiung davon, die Gehalte ihrer eigenen Soziallehre auf die Einsichten dieser kritischen Gesellschaftswissenschaften zu beziehen. Ein Grund dafür mag in der lange undurchschauten Privatisierung der Glaubensgehalte und der mehr oder weniger erfolgreichen Abtrennung der »katholischen Lebenswelt« von der modernen Gesellschaft liegen. Die über hundert Jahre der katholischen Theologie von der kirchlichen Hierarchie aufgenötigte Dispens von den sozialwissenschaftlichen Erkenntnissen ihrer Zeit macht verständlich, warum die kirchliche Verkündigung immer weniger in der Lage war, den befreienden Anspruch und den erlösenden Zuspruch der biblischen Botschaft wirksam auf die zeitgenössische Gesellschaft zu beziehen. An die Stelle des befreienden Zeugnisses für die Welt trat mehr und mehr die defensive Rechtfertigung der noch halb feudalistischen Verhältnisse der kirchlichen Hierarchie selbst. Warum aber verschließt dieselbe Hierarchie sich bis heute auch der kritischen Erforschung des psychischen *Leidens der einzelnen* in dieser Gesellschaft?

Die wissenschaftliche Analyse der psychischen Verfassung der Menschen, die in der modernen Gesellschaft arbeiten, lieben und sterben, ließ bis zum Ende des 19.Jahrhunderts auf sich warten. Die Psychoanalyse, die sich seit nunmehr einem Jahrhundert kritisch den seelischen Leiden der einzelnen zuwandte, kam weder aus den Gesellschafts-, noch aus den Geisteswissenschaften, sondern aus der Medizin, die sich als Naturwissenschaft mit humanistischem Interesse verstand. Mit Sigmund Freud setzte ein Verstehen des subjektiven Leidens ein, das die bisher unverständliche Dramatik der unbewußten Antriebe der einzelnen in ihrer Auseinandersetzung mit den Forderungen der Gesellschaft zu verstehen lehrte. Die Psychoanalyse zeigte ja nicht nur, wie die unbewußt wirksamen Triebe biologisch-physiologisch bedingt sind, sondern auch wie sie durch die Kindheitsphasen jedes Individuums geprägt werden. Aus der Analyse der familialen Sozialisation ergab sich Schritt für Schritt die Einsicht in den Prozeß, in welchem die Triebe, die Normen und das Ich der einzelnen von der gesellschaftlichen Realität herausgefordert, verletzt und umgeformt werden. Aus der Therapie der leidenden einzelnen entstand eine Theorie von der grundlegenden Grammatik jeder Biographie und damit zugleich eine Hilfe zum Verständnis gesellschaftlicher Verhältnisse überhaupt. »Als Tiefenpsychologie«, meinte Sigmund Freud, als »Lehre vom seelisch Unbewußten kann die Psychoanalyse all den Wissenschaften unentbehrlich werden, die sich mit der Entstehungsgeschichte der menschlichen Kultur und ihren großen Institutionen wie Kunst, Religion und Gesellschaftsordnung beschäftigen.« (GW XIV, 283f.) Carl Gustav Jung setzte seine Hoffnung später auf eine Tiefenpsychologie, die aus den unbewußt gewordenen Bildern der Kulturgeschichte wenigstens noch die Kräfte für ein »integriertes« Bewußtsein heraufholen könnte. Dabei kamen zwar die Schwierigkeiten der seelischen Anpassung an die äußeren Verhältnisse scharf in den Blick, die Absurdität und die zum Himmel schreiende Ungerechtigkeit der Gesellschaft jedoch, an die sich die Individuen anzupassen hätten, blieben außen vor, obwohl doch eben diese Gesellschaft sich nach den kolonialistischen Verheerungen und den sozialen Verwüstungen der Frühindustrialisierung auch noch zu zwei Weltkriegen hinreißen ließ. Sigmund Freud – kulturkritischer als Carl Gustav Jung – war deshalb bei seiner Überzeugung geblieben, daß unter den Verhältnissen der modernen Kultur der Schmerz der Triebverzichte als Preis für die Anpassung an ihre grausame Realität zu bezahlen ist. Er beanspruchte nicht, die Gesellschaft psychoanalytisch zu erklären, aber er wußte, warum in ihr das seelische Leiden nicht aus der Welt geschafft wird. Als Theorie und als Therapie protestiert die Psychoanalyse deshalb bis heute gegen eine Kultur, die das seelische Leiden braucht, um in ihrem Sinne erfolgreich zu sein. Kann das der Grund sein, warum sich das katholische Lehramt gegen die psychoanalytische Aufklärung des Leidens im Klerus und am Klerus so entschieden verwahrt?

Seelische Not und gesellschaftliches Elend

Eugen Drewermann hat die katholische Theologie in seinem ganzen bisherigen Werk auf die Frage zu stoßen versucht, wie Erlösung heilsam verkündet werden könne, wenn sie nicht auf die psychische Not der Glaubenden und Nichtglaubenden selbst bezogen wird. In kritischer Eigenständigkeit hat er die huntertjährige Erfahrung der psychoanalytischen und tiefenpsychologischen Schulen erstmals zur theologischen Erschließung der faktischen Erlösungsbedürftigkeit aller Menschen beigezogen. Er glaubte zeigen zu können, daß vor allem die existentielle Angst der Freiheit um sich selbst die psychisch faßbare Not des Menschen ohne Gott bestimme und der Beruhigung dieser Angst deshalb eine zentrale Funktion jeden Redens von Gott zukomme. Aber genau diese Stoßrichtung, die auf die Minderung der seelischen Nöte der einzelnen zielt und sich deshalb weniger an den Gesellschaftswissenschaften als an der Psychologie orientiert, wird ihm von vielen Kritischen unter den Theologen nun deutlich zum Vorwurf gemacht. Obwohl sein erstes Werk den »*Strukturen* des Bösen« (1977f.) galt und seine erste Kritik des christlichen Ethos als Thema »Der tödliche Fortschritt« (1981) und »Der Krieg und das Christentum« (1982) sich vorgenommen hatte, und obwohl auch Eugen Drewermanns neustes Buch zu den »Klerikern« keine Summe von Einzelfallbeschreibungen, sondern eine kritische Analyse der klerikalen Struktur gibt, welche die einzelnen in ihr nicht zum Leben aus dem Glauben kommen läßt, wird doch seine psychoanalytische und tiefenpsychologische Vermittlung der Theologie selber schon als Mangel angesehen. Die psychologische Konzentration auf das Leiden der einzelnen führe, so die Kritik, bei Drewermann zur Blindheit gegenüber den notwendigen Veränderung der gesellschaftlichen Verhältnisse. Kuno Füssel, selber an einer materialistischen Bibelauslegung orientiert, sprach die latenten Vorwürfe offen aus (Publik-Forum 1990, Nr.8, 14-16): Eugen Drewermanns Verständnis des Evangeliums stelle eine »extreme Individualisierung und Privatisierung« dar, weil er in seiner Orientierung an der *psychischen* Dimension die gegenseitige Beziehung zwischen dem Leiden der Subjekte und den repressiven *gesellschaftlichen* Strukturen ausblende: »Nichts wird erwähnt von jener grundsätzlichen Problematik von Theorie und Praxis, Bewußtsein und Realität, subjektivem Faktor und objektiven Bedingungen, welche die politische Diskussion der letzten Jahre bewegt hat... es tritt die – im ganzen Klerikerbuch betriebene – Aufdeckung der Neurosen des Priestertums an die Stelle der notwendigen Gesellschaftskritik.« Kuno Füssel vermutet, daß Eugen Drewermann dabei nur deshalb »die ganze Dialektik der Wechselwirkung zwischen Ichstruktur und Gesellschaftsstruktur ausblendet«, weil er

»ungewollt den Status quo« verteidige und er sprach »den bösen Verdacht« offen aus, »daß die Ideologie der freien Marktwirtschaft und eine individualistisch verstandene Therapie sich nicht ohne Grund so gut vertragen.«
Nun weiß auch Kuno Füssel, daß die methodische Trennung von Soziologie und Psychologie in keiner Synthese aufzuheben ist, weil in den Verhältnissen der Industriegesellschaft die Bedürftigkeit der Psyche nicht befriedigt werden kann und weil – tiefer gesehen – der Wunsch der menschlichen Psyche weit hinausschießt über die Konstruktion auch noch der besten aller Welten. Erlösung wird noch nicht Ereignis, wo Strukturen verbessert werden, auch wenn der Kampf um gerechtere Verhältnisse unabdingbar zu ihrer Erwartung gehören. Wie aber sollte Erlösung erwartet werden können, wenn sie in ihrer psychischen Heilungskraft nicht verständlich gemacht wird oder wenn durch die moralisch-repressive Form ihrer Verkündigung seelisches Leiden erst recht vermehrt wird. Sollte die Psychoanalyse und die Tiefenpsychologie dafür getadelt werden, daß sie mit dem Verstehen seelischer Not nicht zugleich schon die gesellschaftlichen Verhältnisse verändert? Kann von ihr eine zureichende Erklärung des gesellschaftlichen Elends erwartet werden, wenn die gesellschaftlichen Verhältnisse auf die seelischen Bedürfnisse in hohem Maße keine Rücksicht nehmen? Es trifft zu, daß die Einsicht in die »subjektiven Bedingung der objektiven Irrationalität«, welche die analytische Psychologie nach Theodor W. Adorno ermöglicht (Sociologica, Frankfurt 1955, 11), noch keine Erklärung für die objektiven Gesetze der gesellschaftlichen Wirklichkeit abgibt. Ist sie deshalb auch schon entbehrlich? Die Psychologie aus purem Interesse an den notwendigen politischen Veränderungen ignorieren zu wollen, würde heißen, den einzelnen und sein Leiden aus dem gesellschaftlichen Bewußtsein zu exkommunizieren. Auch umgekehrt gilt, daß ein sozialkritisches Verstehen der wirtschaftlichen, politischen und kulturellen Verhältnisse nicht deshalb desavouiert werden kann, weil es die Einzelbiographien nicht zureichend zur Sprache bringt. Denn wie wollten sich die einzelnen recht verstehen, wenn sie nicht auch sehen lernten, wie wenig die Gesellschaftsentwicklung auf sie selber Rücksicht nimmt? Weil es unmöglich ist, die Psychologie in den Sozialwissenschaften und die Sozialwissenschaften in der Psychologie aufgehen zu lassen, bleibt nur die permanente Schärfung beider aneinander: So kommt der abgrundtiefe Konflikt des modernen Bewußtseins an den Tag. Es ist für jede Theologie durchaus nötig, um diesen ungelösten Konflikt zu wissen, weil dieses Wissen auch erkennen läßt, warum die Kirche als gesellschaftlich verfaßte Größe selber nicht erlösend wirken kann. Die Illusionen einer »integrierten Gemeinde« und der falschen Versprechungen der »Communio« in der hierar-

chischen Kirche hat Eugen Drewermann deshalb schärfstens kritisiert: nicht um die Erlösungsbotschaft in ihrer Ermutigung zum befreienden Handeln zu desavouieren, sondern um sie davor zu bewahren, äußere Verhältnisse (seien es kirchliche oder gesellschaftliche) für die erlösende Wirklichkeit selbst zu halten.

Auch Kuno Füssel anerkennt, daß nach Eugen Drewermann die Psychoanalyse und der Kampf um gerechtere Verhältnisse sich nicht ausschließen, sondern wesentlich ergänzen. Wenn er moniert, daß Drewermann dafür die politische Diskussion der Psychoanalyse in den letzten Jahren, wie sie u.a. Alfred Lorenzer und Klaus Holzkamp geführt haben, zur Kenntnis hätte nehmen müssen, dann übersieht er, wie stark der Paderborner Kritiker die Intention dieser Diskussion selber angenommen hat. »Man kann nicht mit den Mitteln der Psychoanalyse einen einzelnen von seinen verinnerlichten Zwängen befreien wollen, ohne zugleich die objektiven gesellschaftlich vorgegebenen Strukturen von Zwang und Gewalt bewußt zu machen und dagegen anzukämpfen.« Das könnte ein Zitat aus Alfred Lorenzers eigener Begründung für die Notwendigkeit sein, die Psychoanalyse politisch und die Kritik der politischen Ökonomie psychoanalytisch zu begreifen. Es ist aber Zitat aus Eugen Drewermanns Begründung für die »wesensnotwendige Parallelität und Konvergenz« zwischen der Psychoanalyse und der Theologie der Befreiung (An ihren Früchten sollt ihr sie erkennen, Olten 1988, 130). Denn indem die Psychoanalyse das persönliche Elend zu Bewußtsein bringe, ließe sie zugleich die Gewalt der gesellschaftlichen und kirchlichen Strukturen erkennen, die das subjektive Leiden systematisch provozierten. Die psychologische Interaktion, darin ist sich Eugen Drewermann mit Alfred Lorenzer und Paulo Freire einig, stärke aber zugleich den Lebensmut, den die Solidarität im Kampf gegen die objektiv zerstörerischen Verhältnisse einfordert.

Daß diese innere Befreiung zur Solidarität im politischen Kampf eine politische Theorie weder hervorbringen noch ersetzen kann, ist selbstverständlich. Unverständlich bleibt deshalb die Kritik, wie sie Kuno Füssel vorträgt, es werde durch Drewermanns Insistieren auf der politisch unverzweckbaren Würde des Menschen die Politik selber »zu Gunsten einer kollektiven Psychotherapie zurückgewiesen.« Die Theologie der Befreiung hat viel unbefangener von allem Anfang an die psychoanalytische Theorie und Praxis als notwendigen Teil der Befreiung begriffen. Freilich nahm die europäische Sicht an ihrem Aufbruch – begeistert oder konsterniert – vor allem ihre politische Konsequenz wahr. Sie übersah, wie tief diese Theologie von allem Anfang an in der biblischen Spiritualität verankert war, und wie genau in dieser Spiritualität die Befreiung aus ungerechten Verhältnissen mit der Befreiung aus der psychischen Not der einzelnen sich vermittelte. Unter ausdrücklichem Rekurs auf Sigmund Freud und auf die Sehnsucht des modernen Menschen nach einer inneren Befreiung, die keine Flucht vor sozialer Konfrontation und keine Internalisierung von Unterdrückung bedeute, formulierte schon Gustavo Gutiérrez in seinem Grundbuch »Theologie der Befreiung«, daß »die Forderungen nach einer Befreiung auf kollektiver und geschichtlicher Ebene nicht immer in gebührender Weise die psychologische Befreiung miteinschließen. Letztere beinhaltet Dimensionen, die in ersterer nicht vorhanden oder nicht zureichend in sie integriert sind. Es geht jedoch nicht darum, beide Aspekte voneinander zu trennen oder sie einander leichtfertig gegenüberzustellen« (München, Mainz 1973, 35). Es ist zuzugeben, daß die leichtfertigen Gegenüberstellungen, die Füssel vornimmt, auch auf einige Formulierungen in Eugen Drewermanns »Kleriker«-Buch aufmerksam machen, die entgegen seiner ausdrücklichen Intention selber mit schlechten Alternativen argumentieren.

Psychologische Interaktion und politische Aktion

Wenn alles darauf ankommt, die psychologische Interaktion und die politische Aktion nicht zu trennen, so gilt es doch unterscheiden zu lernen zwischen der *Befreiung* von der verinnerlichten Gewalt und dem *Kampf* gegen die unterdrückerischen Verhältnisse. Die biblische Exodusverheißung und ihre Radikalisierung in der messianischen Aufrichtung der Gerechtigkeit geben uns keine Rezepte zur Organisation des gerechten Marktes und auch keine Anweisungen zur Therapie der seelischen Verkrüppelungen an die Hand. Politisch kann eine dem Evangelium verpflichtete Theologie allein dadurch wirken, daß sie durch die Anamnese der befreienden Verheißungsgeschichte die Glaubenden dazu befreit, solidaritätsfähig zu werden mit den politisch, wirtschaftlich und industriell hilfreichen Kräften in der Gesellschaft. Ganz richtig hat deshalb Johann Baptist Metz die narrative Theologie zur Voraussetzung des politischen Handelns der Christen gemacht. Eugen Drewermann hat ihn *dafür* gelobt. Er beklagt jedoch, daß Metz in seiner neuen politischen Theologie diese Zuversicht in das Erzählen nicht durchhält, sondern die Glaubenden allgemein und den Klerus insbesondere unter den moralischen Druck der Emanzipationsforderung stellt. Metz übersah bisher, daß die Theologie nicht nur in der politischen, sondern durchaus auch in einer therapeutischen Verantwortung steht. Gerade den Tätern des Wortes, die unter der Überforderung durch das Gesetz zerbrechen, spricht das Evangelium das Recht auf Leben zu. Wo das eigene Leben unter der Last der kirchlichen Anfor-

derungen gar nicht mehr wahrgenommen werden kann, da darf die Theologie nicht nocheinmal Solidarität mit den Anderen einfordern, da hat sie vielmehr selbst konkret der Barmherzigkeit Raum zu geben, die nach dem Evangelium gerade den in ihrer Schuld Verfangenen gilt. Dafür aber ist es nicht nur hilfreich, sondern notwendig, daß sich die Theologie auf die Wissenschaft und auf die Heilkunst bezieht, die psychisches Elend zu verstehen vermag. Eine Theologie, welche die gerade an der moralischen Überforderung des kirchlichen Glaubens Leidenden noch einmal nur in die öffentliche Verantwortung stellen würde, müßte an der Not der einzelnen vorbeigehen. Und das glaubt Eugen Drewermann bei Johann Baptist Metz kritisieren zu müssen.
Denn um die Orden noch in ihrem Sterben zu ermutigen, hatte Metz in einem Essay »Zeit der Orden? Zur Mystik und Politik der Nachfolge« (Freiburg, Basel, Wien 1977) aus den einladenden Nachfolgeerzählungen des Evangeliums auch politisch wirksame »Tugenden« gemacht. Die *Armut* der Orden hätte demnach ein Protest gegen die Gewalt des Habens, der *Zölibat* eine Befähigung zur hilfreichen Begleitung der Einsamen und der *Gehorsam* ein Zeichen der Nähe für die Entmündigten, Bevormundeten und Unterdrückten zu sein. Ein schlechter Trost, meinte Eugen Drewermann angesichts des possessiven Besitzbürgertums, der Triebunterdrückung und der Infantilisierung in den real existierenden Orden. Und deshalb verordnete er der politischen Instrumentalisierung von Idealen, die faktisch unterdrückerisch wirken, allererst ihre psychoanalytische Aufklärung. Denn wie gesagt: die psychologische Befreiung und der Kampf um die Abschaffung repressiver Strukturen bedingen einander wesentlich. Und beide kritischen Perspektiven fordern dazu heraus, sozial und psychisch nicht alles beim alten zu lassen.
Eugen Drewermanns kritische Analyse der repressiven Struktur und der zerstörerischen Idealisierung des Klerus tritt nicht an die Stelle der notwendigen Gesellschaftskritik: Sie *ist* eine notwendige Form der Gesellschaftskritik. Aber auch die neue politische Theologie wollte einst die politisch repressiven Implikationen der Kirche in ihr selber freilegen. Wie könnte sie an Drewermanns Strukturkritik der klerikalen Kirche mit dem starren Blick auf die gesellschaftlichen Probleme draußen vor der Tür vorbeigehen, ohne selbst politisch blind zu werden? Wenn Kuno Füssels »politische Theologie« die langen Wanderungen durch die narrativ erschlossenen Seelengeschichten der neurotisierten, gedemütigten und dann noch verachteten Nonnen, Mönche und Kleriker als einen Weg in die extreme Individualisierung denunziert, dann denunziert sie auch die Insistenz auf dem »Subjekt« aller Emanzipation. Es gibt aber, meinte J.B. Metz, nichts politischeres als die Befreiung der Subjekte zu ihrer eigenen Würde. Wie soll diese im Raum der

Gesellschaft aufgerichtet werden, wenn die Analyse ihrer Unterdrükkung im Raum der Kirche schon als Privatisierung denunziert wird? Zwischen Kuno Füssels Verdacht, Eugen Drewermann stabilisiere ungewollt den Status quo und werde doch »aus machtpolitischen Gründen zum Bruch« mit dem Lehramt gedrängt, klafft ein schmerzlicher Widerspruch. Soll Eugen Drewermann Kuno Füssels Rat, einen Entzug der kirchlichen Lehrerlaubnis nicht allzu tragisch zu nehmen, wie den Rat des Erzbischofs von Paderborn befolgen, freiwillig auf das Lehramt zu verzichten, weil die Psychoanalyse doch keine Kirche und die Kirche keine analytische Aufklärung brauche? Nur mit Trauer und Empörung kann, wer dem Recht und damit der Grundlage politischen Handelns verpflichtet ist, in einer Kirche leben, in der die von Theologen wie Kuno Füssel bevorzugten Methoden materialistischer Dialektik durch das Lehramt von der theologischen Diskussion ausgeschlossen werden. Eine solche Exkommunikation einer wissenschaftlichen Methodik durch eine weitere zu stabilisieren, hieße den Kampf um die Freiheit der Theologie als Wissenschaft aufzugeben: Was wäre unpolitischer als dies?

Die falsche Alternative zwischen Jesus als dem *heilsamen* »Parabolisten par excellence« (Nietzsche) und dem *politischen* »Umstürzler« ist bekanntlich tödlich ausgegangen. Das politische Mißverständnis der Reich-Gottes-Verkündigung und das Ärgernis an den wundersamen Heilungen Jesu hat ihn ans Kreuz gebracht. Ich halte es nicht für Antijudaismus, sondern als Vollendung der Prophetie, wenn die Evangelien das Umstürzende des machtvollen und des heilsamen Handelns Jesu in seiner Ankündigung der Tempelzerstörung und in der Vertreibung der Opferhändler aus dem Tempel sahen. Das heißt aber, daß Jesu Sturz des Klerus und seine Beendigung der Priesterherrschaft (die in der innerjüdischen Kritik durchaus ihre Vorbereitung fand) auch heute für das Christentum revolutionär wirkt: so revolutionär wie Jesu unbedingte Zuwendung zu allen, die von den Forderungen des Gesetzes vernichtet waren. Das führt Eugen Drewermann drastisch vor Augen. Und deshalb wirkt sein Psychogramm dort politisch, wo die Theologie zuallererst strukturverändernd und heilend zu wirken hat: in der Kirche selbst.

Diffamierung der Kritik – Ausgrenzung des Kritikers

Zu einigen Vefahren amtskirchlicher Konfliktbewältigung

Rainer Schwarzenthal

Anläßlich akuter Konfliktkonstellationen zwischen Repräsentaten katholischer Amtskirche einerseits und populären Theologen andererseits haben Diskussionen über innerkirchlichen Umgang mit Abweichlern Hochkonjunktur. Derartige Auseinandersetzungen sind der Öffentlichkeit beispielsweise unter Floskeln wie »der Fall Küng«, »der Fall Boff«[1] bekannt.

Bereits bei oberflächlicher Betrachtung fällt auf, daß die Repräsentanten der amtskirchliche Konfliktpartei nicht in den – sicherlich zweifelhaften – Genuß gelangen, zu einem »Fall« auserkoren zu werden. Von einem »Fall Wojtyla«oder einem »Fall Ratzinger« dürfte man bisher noch nichts vernommen haben.

Bevor jedoch die Frage beantwortet werden kann, wieso letzteren obengenannte »Ehre« nicht, Eugen Drewermann jedoch sehr wohl zuteil zu werden droht, scheint es angebracht, einmal näher zu erkunden, was es heißt, ein »Fall für die Kirche« zu sein. Wie bzw. unter welchen Bedingungen wird man zu einem »Fall für die Kirche«?

Zu einem »Fall« wird eine Person nicht aus sich selbst heraus, nicht losgelöst von den Erwartungen und Einstellungen ihrer direkten und weiteren Umgebung. Erst mit der *Abweichung*, präziser formuliert: mit einem Verhalten oder aufgrund einer Eigenschaft, das bzw. die von *anderen als Abweichung klassifiziert* werden, ist die logische wie empirische Voraussetzung gegeben, sinnvollerweise von einem »Fall« zu sprechen, der das Sanktions- oder Therapiebedürfnis einzelner oder einer gesellschaftlichen Gruppe hervorruft. Es ist die erfolgreiche Zuschreibung von Stigmata zur Unterscheidung von normal und anormal, von krank und gesund, von gläubig und ungläubig, von rechtgläubig und häretisch, von katholisch und nicht mehr katholisch, welche einen »Fall« als einen solchen, eine Abweichung erst als eine solche sichtbar macht. »Fällt jemand aus der Rolle«, so wird er/sie dadurch zu einem »Fall«, daß er/sie mit der Verletzung von Rollenverpflichtungen das diese tragende herrschende Normensystem (Gesetze, Moralnormen etc.), das wiederum zum Schutz gesellschaftlicher Institutionen installiert worden ist, zu bedrohen scheint. Denn die Rolle »ist der Ort, an dem die Institution gelebt wird. Wie die einzelnen Menschen ihre Rolle spielen, sich mit ihr identifizieren, so funktioniert die Institution. Jede Weigerung, die zugedachte Rolle zu übernehmen (bzw. in der Kirche Laie oder Kleriker zu spielen), ist ein Angriff auf die Institution. Wer die Rollenverpflichtungen eines Laien auf die Kleriker überträgt oder umgekehrt, der stellt die bestehende Klassennormierung der Kirche in Frage, bedroht die Institution«[2], d.h. wird zu einem »Fall« für die Kontrollbehörden der Kirche. Dies ist in der Kirche nicht anders als im Staat oder in einem Industriebetrieb.

Existieren in der Kirche also Normen und Instanzen, die deren Einhaltung kontrollieren, kann man nicht umhin, die *Kirche als ein gesellschaftliches, institutionelles Gebilde* zu verstehen. Zumindest diejenigen, die eine Kontrolle der Rollenverpflichtungen in der Kirche für unerläßlich erachten, scheinen von der Zwangsläufigkeit des Auftretens abweichenden Verhaltens überzeugt zu sein, würde sich doch ansonsten eine institutionalisierte Verhaltenskontrolle erübrigen. Schon dies – neben soziologischen Gründen[3] – macht plausibel, daß das Phänomen des abweichenden Verhaltens (auch) in der Kirche eine normale Erscheinung ist. Die derzeit vor staatlichen Arbeitsgerichten anhängigen Kündigungsverfahren gegen kirchliche Mitarbeiter, die Auseinandersetzungen zwischen einem beträchtlichen Teil der Hochschultheologie und den Bischöfen, jene zwischen Bischöfen und kirchlichen Jugendverbänden (BDKJ, KJG, CAJ), zwischen Bischöfen und einzelnen Priestern oder Priestergruppen geben Zeugnis von Existenz, Vielfalt und Häufigkeit von abweichendem Verhalten und Konflikten innerhalb der katholischen Kirche. Die öffentlichkeitswirksam diskutierten »Fälle Küng, Boff« etc. bilden dementsprechend lediglich die Spitze eines Eisberges, die auf einem noch kaum erforschten Dunkelfeld in der Öffentlichkeit weniger diskutierter »kleinerer Fälle« ruht.

Gemeinsam ist den »großen« wie den »kleinen Fällen« jedoch, daß die diesen innewohnenden Konflikte – z.B. solche aufgrund eines vom kirchlichen Lehramt abweichenden Ehe- und Zölibatsverständnisses, solche aufgrund von unterschiedlichen Vorstellungen über innerkirchliche Mitwirkungsrechte oder die Ordination der Frau – *personalisiert*, d.h. in Kategorien einer persönlichen Problematik des von den amtskirchlichen Normen Abweichenden umgedeutet werden. Die strukturellen Probleme der Priesterausbildung und des Priesterberufs bzw. die Favorisierung eines volltheologischen Laienstudiums z.B. werden als solche des fehlenden persönlichen Mutes, des Mangels an persönlicher Entschlossenheit interpretiert. Oder der seine Laisierung betreibende Priester wird im offiziellen Laisierungsverfahren auf Anzeichen einer psychischen Defizienz hin untersucht. Das derzeitige Laisierungsverfahren funktioniert als eine Zeremonie erfolgreicher Degradierung, als Mechanismus der Rekonstruktion einer anderen, neuen Persönlichkeit des zu laisierenden Priesters, in dem es darum geht, die Psychologie des Bittstellers aus dem Blickwinkel seiner »schon seit jeher bestehenden Defizienz« neu zu formulieren. Die mögliche Pathologie kirchlicher Institutionen oder Strukturen wird auf diese Weise listig in ein persönliches Problem der den amtskirchlichen Repräsentanten gegenüberstehenden Konfliktpartei umgemünzt; komplexe innerkirchliche Strukturprobleme werden so in für die Organisationsroutinen kirchlicher Administration *isolierbare Größen fragmentiert* und damit *handhabbar* gemacht – auf daß der »Fall erledigt« werden kann, ohne die Selbstkritik an der Recht- und Zweckmäßigkeit des organisatorischen und theologischen Status quo der Kirche strapazieren zu müssen.

Das Konfliktbewältigungsverfahren der Personalisierung bzw. Individualisierung ist ohne psychischen oder gesellschaftlichen *Machtgebrauch* nicht denkbar. Nun ist es kein Geheimnis, daß die legalen amtskirchlichen Repräsentanten, die als Kleriker auch die Verwaltung der Heilsgüter monopolisieren, diejenigen sind, die den maßgeblichen Rahmen dessen abstecken, was einem Katholiken kirchenrechtlich und moralisch verboten ist und welches Verhalten mit welchen negativen Sanktionen belegt wird. Das kirchliche Lehramt, das für sich in Anspruch nimmt, die authentische Interpretation der Heiligen Schrift legitimerweise vornehmen zu dürfen, sieht sich ebenso befugt, jene Normen, die das psychische und gesellschaftliche Dasein des Katholiken regulieren, entscheidend zu bestimmen. Doch die amtskirchliche Machtausübung bleibt nicht auf diese *Definitionsmacht* beschränkt: Auch die gesellschaftliche Form der Kirche selbst, jene Institutionen also, durch die das Christentum – angeblich in seiner ganzen Wahrheit[4] – repräsentiert wird, unterwerfen die Repräsentanten der Amtskirche ihrer Gestaltungsmacht und Kontrollgewalt[5].

Spätestens hier wird begreiflich, warum Repräsentanten des amtskirchlichen Machtzentrums nicht in den »Genuß« kommen, zu einem »Fall« zu werden. Diese entfernen sich logischerweise davon, selbst Adressat ihrer Normforderungen zu sein: Die unterstellte Irrtumslosigkeit eines solchen Lehramtes enthebt es der Notwendigkeit, selber zum Gegenstand seiner Initiativen normativer Regulierungen zu werden. Aus der Absolutheit seiner Ethik folgt für das Lehramt die ethische Absolutheit seiner innerkirchlichen und gesellschaftlichen Position. Aus einer Instanz, welche die »Wahrheit« sucht wird eine Instanz, welche »die Wahrheit« besitzt, »die Wahrheit« verwaltet, »die Wahrheit« lehrt. Das Lehramt verwandelt sich zu einem unangreifbaren Wert und folgert daraus seine kirchliche und gesellschaftliche Unangreifbarkeit und

Unverzichtbarkeit. Die Verwaltungsbehörde der konfessionell-katholischen Glaubensinhalte sakralisiert sich selbst und damit auch die von ihr legitimierten kirchlichen Institutionen und Ordnungen. Was folgt daraus? Zuerst die *Immunisierung* kirchlicher Institutionen, dann die *Pathologisierung* innerkirchlicher Konflikte und daraus schließlich auch die *Stigmatisierung* all jener Phänomene, welche die Legitimität gegenwärtiger Kirchenstruktur bzw. lehramtlich für maßgeblich befundenen Theologie in Frage zu stellen drohen. Diese Art ideologischer Absicherung des kirchlichen Status quo vor äußerer oder innerer Anfechtung bleibt so lange unverfänglich, wie damit keinerlei Auswirkungen auf menschliches Verhalten, auf gesellschaftliche Resourcenverteilung verbunden ist. Wird hingegen seitens der Repräsentanten eines solchen kirchlichen Systems Macht ausgeübt, werden Entscheidungen über Zugangsmöglichkeiten zu gesellschaftlichen Mangelgütern (gutbezahlte Positionen in kirchlicher Verwaltung und theologischer Wissenschaft, angesichts der Arbeitslosigkeit bei Sozialberufen selbst eine bezahlte Berufstätigkeit u.v.a.m.) von der Loyalität gegenüber dem sich selbst immunisierenden kirchlichen Verwaltungsapparat und dessen Normen abhängig gemacht, geht es weniger um die Problematik der Annäherung an *Grundwahrheiten des Christentums* als um die Stabilisierung der *gesellschaftlichen Organisationsstruktur* der Kirche, um das für jede gesellschaftliche Organisation zu lösende Problem der Vermeidung von Abweichungen von deren Ordungsnormen und gleichzeitiger Vermeidung totaler sozialer Kontrolle[6]. Bei einer solchen Kirche geht es letztlich um die Wahrung einer blutleeren, unter anderen historischen Bedingungen einmal etablierten, an die Organisationsform heutiger gesellschaftlicher Großgebilde angepaßten bürokratisierten Religionsform. »Die Einheit, die als Konformität und Uniformität ausgelegt wird, verstellt den Blick dafür, daß Konflikte Zeichen für Leben und Vielfalt sind. So wird der Konflikt zu etwas Pathologischem herabgemindert, das Spaltung und Schisma verursacht. Die schlichteste und einfachste Lösung besteht in seiner Beseitigung«[7], bzw. in der Ausgrenzung desjenigen, welcher mit seinem »abweichendem Verhalten«, zu dem in der katholischen Kirche faktisch auch Kirchenkritik gehört, zur »Heraufbeschwörung des Konfliktes« beigetragen hat. Denn solange das dogmatische und lehr- (oder besser: leerformel-) hafte »Verständnis von Offenbarung und Heil in Jesus Christus fortbesteht, müssen wir unweigerlicher damit rechnen, daß die Freiheit zu divergierendem Denken in der Kirche unterdrückt wird. Dabei wird die Repression mit dem besten Gewissen durchgeführt werden, in der Annahme, eine heilige Pflicht zu erfüllen, und mit dem einzigen Willen, das göttliche Recht der Offenbarung zu erhalten, angesichts dessen jedes menschliche Recht weichen muß.«[8]

Hiermit spätestens sind wir auch inhaltlich bei den Argumentationen und dem Konflikt um Eugen Drewermann angelangt, dessen »Abweichung« wohl eher in seiner unverblümten Kritik kirchlicher Strukturen als in seiner psychoanalytischen Bibelauslegung zu suchen ist. Nicht umsonst drohen amtskirchliche Sanktionen gerade nach Erscheinen seines Buches »Kleriker« konkretere Konturen anzunehmen.
Einen wesentlichen Vorwurf gegen Drewermann formuliert Bischof Degenhardt folgendermaßen: »Die Kritik Drewermanns an der katholischen Kirche ist polemisch, einseitig, verletzend.«[9] Diese Kritik beruhe auf einem »Verständnis von Kirche, das die Aussagen des Zweiten Vatikanischen Konzils nicht beachtet, daß nämlich die Kirche Jesu Christi das Volk Gottes, der Leib Christi, ein Geheimnis (Mysterium) des Glaubens *ist*; er sieht offensichtlich nur einseitig und verzerrrend die Kirche als System, als Organisation, als Machtinstrument.«[10] Inwiefern einzelne Inhalte der Kritik Drewermanns an System, Organisation etc. möglicherweise konstruktive Elemente einer von Seiten Degenhardts als positiv bewerteten Art von Kritik – (»Manche – auch scharfe – Kritik kann heilsam für die Kirche, für ihre Amtsträger und für die gläubigen Gemeindemitglieder sein«)[11] – beinhalten, geht aus den Ausführungen des Bischofs nicht hervor, d.h. mit den eigentlichen Inhalten der Kirchenkritik setzt sich der Bischof nicht auseinander. Die Dimensionen der Analysen Drewermanns werden lapidar als einseitig diffamiert: ein durchaus übliches Verfahren amtskirchen Umgangs mit Kritik, wie z.B. schon die Auseinandersetzung der Glaubenskongregation mit der Kirchenkritik Leonardo Boffs gezeigt hat.
Eine mögliche Einseitigkeit der begrifflichen Dimensionen des Zweiten Vatikanischen Konzils bei der Betrachtung von Kirche wird seitens des Bischofs überhaupt nicht in Erwägung gezogen. Ob mit den von Bischof Degenhardt favorisierten Begriffen wie »Volk Gottes«, »Leib Christi«, »Geheimnis (Mysterium) des Glaubens« (s.o.) die tatsächliche Situation katholischer Kirche, das heißt das wirkliche Denken und Verhalten ihrer Mitglieder überhaupt angemessen erfaßt werden kann, scheint zweifelhaft. Vielmehr handelt es sich hierbei um ein Sprachspiel, unter dessen leerformelhaften Begriffen sich eine breite Vielfalt an Vorstellungen von einem christlichen Soll-Zustand von Kirche subsummieren läßt, ohne Bezug zur Realität kirchlichen Lebens haben zu müssen. So läßt sich das »Mysterium« nur schwer oder überhaupt nicht plausibel operationalisieren und zur Beschreibung empirisch feststellbaren Verhaltens heranziehen. Die erlebbare Wirklichkeit von Kirche wird hinter einem Schleier des Geheiminsvollen verborgen und dem menschlichen Erklärungsvermögen entzogen. Die institutionelle Gestalt der Kirche, der identifizierbare bürokratische Apparat kirchlicher Selbstorganisation, amtskirchliches Machthandeln, Sanktionshan-

deln u.v.a.m. sollen damit hinter eine für eine nüchterne, sachgerechte Reflexion unübersteigbare Grenze zurückgenommen werden. Nicht zuletzt in dem sich darin offenbarenden Fehlen der Voraussetzung für die Selbstkritik der Kirche, nämlich »daß sie ihr eigenes jetziges geschichtliches Stadium *nicht mit ihrem absoluten Wesen* und mit dem ganzen geschichtlichen Auftrag ihres Werdens schlechthin identifiziert«[12], manifestiert sich die ideologische Bedingung für die Pathologisierung des Konflikts, für die *Diffamierung der Kritik* und letztlich für die *Ausgrenzung des Kritikers* – und all dies geschieht mit dem besten Gewissen. Denn indem die Kritik am (vermeintlich) Absoluten justiziabel gemacht wird, gerät dieses Absolutum in die Verfügungsgewalt einer gesellschaftlichen Institution. Das Absolutum wird auf das hin reduziert, was die Repräsentanten einer solchen Institution dafür halten. Die Abweichung von den Normen der Institution wird so zum Affront gegen das Absolute selbst. »Das verletzte religiöse Gefühl begibt sich damit in einen Zwiespalt. Weil es kein Vertrauen hat zur Vollkommenheit des göttlichen Wesens, an das es sich wendet, versucht es seinen unvollkommenen Gott per Menschengesetz gegen die Lästerung zu schützen«[13]. Das Vertrauen in die Vollkommenheit Gottes und in die Kraft des Glaubens wird ersetzt durch den Glauben an die selbst geschaffenen kirchlichen Institutionen. Aus der Vollkommenheit und Verletzlichkeit des eigenen Gottesbildes konstruiert die religiöse Angst einen verletzlichen und unvollkommenen Gott, den sie mittels Dogmen über die Geschichte retten, mittels Kirchengesetz und Kirchenzucht vor offener Infragestellung schützen zu müssen glaubt. Vor diesem Hintergrund erhält folgende Schlußfolgerung erstaunliche Plausibilität: Wenn die Kirche »evangelisch radikaler« wäre, brauchte sie vermutlich gesetzlich nicht so »rigoros« zu sein. Rigorosität stammt eher aus Angst, Radikalität aus Freiheit, aus der Freiheit des Rufes Christi.[14]

Was anderes als eine in ihrer äußeren Form erstarrte bürokratisierte kirchliche Organisation und dogmatisierte kirchliche Lehre kritisiert Drewermann mit seiner Analyse der Klerikerinstitution? Was anderes greift er an, als daß das Problem der immer nur unvollkommen zu bewältigenden Annäherung an Christus anstatt im Vertrauen auf die in der Freiheit und im Charisma des einzelnen zur Wirkung gelangenden Kraft des Geistes und des Herzens mit der Berechenbarkeit normierten Rollenverhaltens zu lösen versucht wird?

Die Ignorierung der Tatsache, daß abweichendes Verhalten in der Kirche ein *normales* Phänomen ist, verstellt den Blick für die *Notwendigkeit* von Kritik und Abweichung in ihr. Angesichts der offensichtlichen kirchlichen Strukturprobleme bzw. Pathologien ist es nur allzu verständlich, wenn in bezug auf diese ein gesunder Mensch zu einem

Rebellen, zu einem Abweichler wird. Hieraus hervorgehende innerkirchliche Konflikte halten nicht nur notwendigen Änderungen den Weg offen, in einigen Fällen bereiten sie diese konkret vor[15]. Abweichendes Verhalten und Kritik in der Kirche sind oft »wirklich bloß eine Antizipation der zukünftigen Moral, der erste Schritt zu dem, was sein wird. ...Die Gedankenfreiheit, deren wir uns heute erfreuen, wäre niemals proklamiert worden, wenn die sie verbietenden Normen nicht verletzt worden wären«[16]. Eine für die Zunkunft der katholischen Kirche folgenschwere Frage, »die bis an ihre Wurzeln reicht«, wird sein, »ob sie bereit ist und ob es ihr gelingt, mit den Konflikten kritischer Freiheit zu leben und sie als ein Moment an sich selbst zu begreifen« (J.B. Metz)[17].

Aussperrung zerstört die Kirche

Gotthold Hasenhüttl

Bei Münster lebt heute ein über hundertjähriger Jesuit, dem viele Jahre in Rom die spirituelle Bildung der Priesteramtskandidaten anvertraut war. Wenn er über das Entscheidende am Priesterberuf sprach, nannte er nie den Zölibat, nie den Gehorsam, nie die Machtausübung im Namen Christi und die so oft beteuerte »Verantwortung«. Kein Tor soll der Priester zuschlagen, nicht in die alte doktrinäre Kerbe der katholischen Kirche hineinhauen, sondern Menschen von Angst befreien, indem er selbst sich zuvor von den Ängsten und Skrupeln befreit hat, in die ihn die Institution und die falsche christliche Erziehung hineinmanövriert haben. Er soll einen sokratisch-maieutischen Dienst leisten, der ihn selbst schließlich überflüssig macht.

Verschiedene Ansätze der Befreiungsarbeit finden wir in der Kirche. Da ist die Inkulturation in Afrika, die Befreiungstheologie in Lateinamerika (teilweise auch in Asien) und in Europa (wie in den USA) die feministische Theologie und die psychoanalytische Methode, um Bibel und Theologie zu interpretieren. Befreiung von Angst und internalisiertem autoritärem System will Drewermann's Buch: Kleriker, Psychogramm eines Ideals, leisten. Wer es unvoreingenommen liest, der wird befreiende Erfahrung (die vielleicht auch schmerzt) machen. Ein Bewußtsein, das sich ängstlich an eine Führerinstitution klammert, hat Furcht vor der Befreiung. Der in die Objektivität extrapolierte Maßstab, muß ins Subjekt zurückgeholt werden. Woher kommt es, daß dieses anregende, aufschließende und aufgeschlossene Buch, ja überhaupt diese Methode so viel Widerspruch hervorruft und die kirchliche Behörde zum Einschreiten veranlaßt? Könnte es sein, daß F. Nietzsche mit seinem Urteil über klerikale Strukturen recht hat? »Die Priester sind, wie bekannt, die bösesten Feinde … die ganz großen Hasser in der Weltgeschichte … (aber) auch die geistreichsten Hasser; gegen den Geist der priesterlichen Rache kommt überhaupt aller übriger Geist kaum in Betracht« (Zur Genealogie der Moral, Nr. 7, 1. Abh.). Und er fährt fort: »Christliche Priester sind tückische Zwerge, sie sind eine Mischung von Eisbär und Fuchs. Der Eisbär, die kalte, geschmeidige Tigerkatze, und der Fuchs, der Trügerisch-Überlegene! Sie reißen Wunden in die Menschenherzen und heilen sie, indem sie Gift in sie schütten« (ebd. Nr. 15, 3 Abh.). Ist darin nicht alttestamentlich-prophe-

tische Kritik an einem System und ihren Trägern enthalten, das im Namen Gottes auftritt, jedoch den Menschen entfremdet, in unmündiger Abhängigkeit unterjocht und so dämonisch wird? Was ist das für eine Institution, die Objekte des »Hasses« braucht, d.h. Menschen maßregelt, um sich selbst zu bestätigen? Ist dieser institutionell-klerikale »Haß« nicht wirklich Gift für die Menschen, die ihre Integrität und Identität zerstört? Was ist das für eine Kirche, die ihre Identität und Selbstgewißheit durch Aussonderung anstrebt? Durch die ganze Kirchengeschichte zieht sich ein wirklich roter, d.h. blutiger Faden, der durch immer neu verfeinerte Methoden sich kritischer Stimmen zu entledigen sucht. Die meisten Theologen allerdings, rütteln an diesem Grundsatz nicht. Selbst moderne, kritische Theologen stellt das Recht der Kirche, Menschen auszuschließen und zu verurteilen, nicht in Frage. Die Forderung besteht lediglich darin, mit diesen menschlicher umzugehen und nur im Extremfall gegen Abweichler vorzugehen, dort nämlich, wo es um Sein oder Nichtsein der Kirche selbst geht. Auch die von der Kirche Verurteilten selbst, billigen ihr grundsätzlich das Recht auf Ausschluß zu. Weder Luther (der ausschloß und verurteilte) noch heutige Theologen problematisieren diesen Rechtsanspruch der Kirche.
Nur wenn Ausschlußverfahren grundsätzlich als unchristlich erkannt werden, ist eine radikale Änderung kirchlichen Selbstverständnisses zu erwarten. Keine Tür soll zugeschlagen werden. Jesus benötigte offenbar den Ausschluß und die Verketzerung nicht, um seine Identität, seine Vollmacht zu wahren. Wo aber christlich-freiheitliche Vollmacht und Selbstbestimmung in Macht und Herrschaft des Menschen über den Menschen pervertiert, dort ist der Folterknecht schon zur Stelle. Jesus schließt niemanden aus, und selbst wenn er den einen oder anderen Geheilten nicht mit sich ziehen läßt, dann ist dies kein Heilsausschluß, sondern jeder soll Heil in Fülle erfahren (Mk 5,18 f.). Genauso hat auch der Mensch Anteil am Heil, der das Böse, den zweideutigen Dämon austreibt, sich aber Jesus nicht anschließt. Die Mentalität der Jünger will solchem Treiben ein Ende setzen – sakramentale Handlung ohne Weihe durch Jesusnachfolge darf nicht sein! – Jesus weist diese Denkart streng zurück (Mk 9,38 f.). Als sich viele von Jesus abwandten, stellte er nur die Frage »wollt auch ihr gehen?«, ohne auszuschließen, ohne zu verurteilen. Gehen-lassen, wie im Gleichnis vom »verlorenen Sohn«, ist eine positive Haltung, dem gegenüber, der einen anderen Weg einschlägt. Ausschließen ist eine negative Haltung, die Türen und Fenster verriegelt und den Andersdenkenden eliminiert. Sicher, die Jüngerschar war keine »Kirche«, aber sie war offene Lebensgemeinschaft, in der Heil für den Menschen erfahrbar wurde. Soll die Kirche wirklich weniger sein? Grundsätzlicher Verzicht auf Anschluß und Verurteilung prägt die je-

suanische Nachfolge, und alle Ausschlußmechanismen, alle »Verketzerung« ist Herrschaft, Gewalt und Unterdrückung des Menschen und nicht jesuanische, freiheitliche Vollmacht. Abweichler und sogenannte »Ketzer« sind ja keine Willkürerscheinung in der Kirche, sondern Ausdruck eines unterschwelligen, weitgehend unterdrückten menschlichen Anliegens. Andersdenkende, »Ketzer« sind eine »gefährliche Erinnerung« an Lebensmöglichkeiten, die durch bestimmte institutionelle Mechanismen unterdrückt oder ausgeschlossen wurden und nun ihr Recht einfordern. »Jeder wirkliche Ketzer ist Ausdruck, ist Gesandter jener Kräfte, die aus dem Untergrund eines Zeitalters, einer Generation nach Umgestaltung von Glauben und Leben drängen; er ist Mund des noch Unsagbaren, des Ungestalteten, das im Untergrund brodelt« (H. Herrmann, Ketzer in Deutschland, Köln 1978, 35). Gerade die, die von der »Linie« abweichen, fordern unabgegoltene Werte der Menschheit ein, die sonst eindimensional verkümmern. Ernst Bloch hat nicht unrecht, wenn er schreibt: »Das Christentum hat Ketzer hervorgebracht, das ist das beste, was eine Religion überhaupt hervorbringen kann.« Daß sie aber verketzert wurden, das ist das Unglück jeder Religion. Es ist das große Unglück der Geschichte des Christentums. Dabei gab es immer, wenn auch nur wenige, Mahner, die dazu riefen, in der Kirche doch anders zu verfahren, nicht das Beispiel an politischen und religiösen Gruppierungen zu nehmen, für die Ausschlußverfahren konstitutiv sind. Origenes im 3. Jh. bereits war ein solcher Mahner in der Kirche. Sie dürfe nicht dem staatlichen Vorbild folgen, sondern habe der jesuanischen Botschaft Raum zu geben. So wie es viele verschiedene ärztliche Heilmethoden gebe, die von Arzt zu Arzt und auch von Patient zu Patient variieren, so müsse es christlich verschiedene Schriftinterpretationen geben und verschiedene Auslegungen der Frohbotschaft. Ein Fortschritt in der Erkenntnis sei nur dann zu erzielen, wenn diese verschiedenen Ansichten im Dialog miteinander blieben und als christlich einander anerkennen würden (vgl. contra Celsum 3,12 - 13). Wäre dies nicht eine Mahnung an die »Hirten, Oberhirten und Oberstenhirten« heute in der Kirche? So wie Johannes XXIII. gesagt hat, daß er nicht unfehlbar ist, weil er nie etwas Unfehlbares sagen werde, so sollte heute wahr werden, daß die Kirche kein Ausschlußverfahren kennt, da sie für alle offen ist und niemanden maßregelt. Wie anders würde eine solche Kirche in der heutigen Welt wirken, wie anziehend wäre sie, welch ein »Vorbild« für Staat und Gesellschaft!
Die Kirche müßte das Herrschaftsprinzip verlassen. Statt des Gehorsamsprinzips müßte das dialogische Prinzip »herrschen«. Die Psychoanalyse ist, wie wir wissen, dialogisch aufgebaut. Genau das ist das »Empörende« dieser Methode. Sie paßt nicht in das kirchliche Selbstverständnis, vor allem nicht, weil der Dialog zu einem universal gültigen Grund-

satz wird. Auf den Dialog sich einlassen, bedeutet sich selbst in seiner Existenz in Frage stellen lassen, heißt, seine eigenen Ansichten und Werte zu hinterfragen und den eigenen Maßstab nicht mehr absolut setzen. Das aber bedeutet für eine monarchische Diktatur höchste Gefahr. Jedes Herrschaftssystem lebt vom Gehorsam der Untertanen und ohne Gehorsam funktioniert die heiligste Herrschaft nicht. Jesus hat nie von Herrschaft gesprochen, nie zum Gehorsam aufgefordert. Ein einziges Mal wird berichtet, daß das Volk den Priestern und Schriftgelehrten gehorchte und die Folge war das Todesurteil für Jesus. Nicht Gehorsam ist die »wahre Tugend«, sondern die Bereitschaft auf den anderen zu hören, ihn in Liebe anzunehmen, ohne sich selbst zu entfremden. Wo die Kirche sich als rein und makellos versteht, wo sie im Besitz der reinen Lehre und Wahrheit ist, da ist der Dialog geradezu unsinnig und wird als widergöttlich begriffen. Freiheit des Gewissens in der Kirche wird zur »absurden Wahnidee« (Gregor XVI., DS 2730) und jeder Andersdenkende ist ein »Adversarius« (Gegner) mit dem man nicht diskutiert, sondern der nach einmaliger Ermahnung gebrandmarkt wird; er ist »verstockt« (pertinaciter), von der Wahrheit abgefallen. Die Wahrheit existiert im Modus der Unterwerfung, und nur wer sich im Gehorsam unterwirft, darf gewiß sein, das Heil zu erlangen, sich selbst zu finden. »Dem römischen Papst sich zu unterwerfen, ist für alle Menschen unbedingt zum Heil notwendig. Das erklären, behaupten, definieren und verkünden Wir« (Bonifaz VIII., DS 875). Damit ist es klar: wer den Dialog als Methode der Wahrheitsfindung ansieht, ist ungehorsam und verstößt gegen die »Heilige Herrschaft«. Niemandem ist es daher erlaubt, sich ein Urteil über die Spitze der Hierarchie anzumaßen (Vaticanum I, DS 3075). Aus diesem Selbstverständnis der Kirche heraus (ein anderes zeigte sich kurzfristig im Vaticanum II), ist schließlich auch der seit 1989 geltende Treueeid zu verstehen: »Ich... will... der Kirche... gehorchen... und die Autorität des römischen Papstes verteidigen; ebenso auch die Vorrechte der päpstlichen Legaten und Verwalter. Was aber von jemandem dagegen unternommen wird, will ich dem obersten Hirten aufrichtig melden«. Dieser Eid, den jeder leisten muß, der ein kirchliches Amt bekleiden will, kennt nur die Befehls-Gehorsamsstruktur. Wer sich ihr nicht beugt, ist sofort zu denunzieren. Hier stehen wir im 12. Jhdt., in dem durch das Edikt »Ad abolendam« (Lucius III., 1184) die Denunziationspflicht eingeführt wurde (vom 4. Laterankonzil 1215 bestätigt). Wer kein Denunziant ist, muß mit den härtesten Strafen rechnen. Wo ist hier noch die Botschaft Jesu hörbar? Im Denunziantentum? Im Eichmanngehorsam gegenüber dem Papst?

Mit der Frage nach der Berechtigung des Ausschlusses, der Aussperrung und nach der Berechtigung des alles freies Denken verschlingenden Gehorsamprinzips steht das System selbst auf dem Spiel.

Wenn der Lebensstil, der Luxus oder die Herrschsucht mancher Kirchenfürsten kritisiert wird, dann mag der eine oder andere sich empören, aber an die »Substanz« des Systems geht es nicht. Wir alle sind Sünder, und die Kirche besteht aus Sündern. Da kann es eben vorkommen, daß ein Hierarch sein Amt nicht recht verwaltet, sogar mißbraucht. Ganz anders ist es jedoch, wenn das System selbst als schuldig angesehen wird, wenn die Strukturen der Kirche, wie sie faktisch bestehen, nicht als gottgewollt und unschuldig anerkannt werden. Dann hört der Spaß der Kritik auf, dann tritt der Ernstfall ein. Es antwortet der Geist Gregor XVI.: »Es ist völlig absurd und im höchsten Maß eine Verleumdung zu sagen, die Kirche bedürfe einer ... Erneuerung ... als ob man glauben könnte, die Kirche wäre Fehlern, Unwissenheit oder irgendeiner anderen menschlichen Unvollkommenheit ausgesetzt« (»Mirari vos« Nr. 6). Die Kirche als Institution ist unschuldig, markellos und rein, sie ist göttlichen Ursprungs.

Genau an diesem Selbstverständnis der Kirche setzt heute die Kritik an, und die Psychoanalyse wie auch die Soziologie zeigen die Anmaßung und Unhaltbarkeit eines solchen hybriden Anspruchs auf. Nicht nur »böse Menschen« gefährden das Zusammenleben und die Entfaltung der Menschen, sondern die Strukturen selbst zwängen Menschen in die Entfremdung, das System selbst ist für Menschen äußerst gefährlich. Sicher, schnell kann man in dieser Kirche ins Unrecht gesetzt werden. Johannes Paul II. spricht immer wieder davon, daß wir keine Reformatoren der Kirche brauchen, keine Strukturveränderer, sondern Heilige! Als ob man gegen die »Heiligkeit« wäre, wenn man erkennt, daß die ungerechten Verhältnisse, die strukturell bedingte Sünde, die Menschen daran hindern, das Heil zu finden und selbst geheilt zu werden. Nur die Veränderung der Verhältnisbestimmung in der Kirche selbst kann zur Befreiung beitragen, und nicht fromme, religiöse Appelle, welche die Bedingung der Möglichkeit recht zu leben nicht schaffen, vielmehr die Herrschaft des Menschen über den Menschen festigen. So ist es nicht zufällig, daß die Befreiungstheologie und die psychoanalytisch geprägte Theologie ganz besonders ins Kreuzfeuer der kirchlichen Auseinandersetzung geraten sind. Beide nämlich erkennen, daß die Strukturen der Kirche selbst »sündig« sind und einem selbstentfremdeten Leben Vorschub leisten. Bei allem guten Willen kann das Leben nicht gelingen und glücken. Ohne psychoanalytische Aufarbeitung und ohne Kritik an den bestehenden Sozialstrukturen ist erlöstes Dasein für die meisten nicht möglich. Die Forderung, über das bewußte einzelne Subjekt hinauszugehen und seine Vorstrukturierung zu erkennen, verbindet die Befreiungstheologie mit der theologischen Psychoanalyse. Wenn auch die einen den Primat auf die Sozialstrukturen legen, die Psychoanalyse auf die Dimension nicht reflektierter Bewußtseins-

vorgänge, so stehen doch beide in einem dialektischen Verhältnis zueinander. (Drewermann ist m.E. in diesem Punkt zu widersprechen, da er die soziale Dimension als sekundär bezeichnet und nicht dialektisch zur Psychoanalyse bestimmt). Die Befreiung der Psyche ist ebenso notwendig, wie die Befreiung aus sozialer Verstrickung. Eines ist ohne das andere nicht möglich. Daher betont auch die Befreiungstheologie, daß nur dann der Mensch wirklich befreit und erlöst ist, wenn er in allen menschlichen Dimensionen, psychologisch, soziologisch und religiös sich dem Befreiungsprozeß stellt, bzw. ihn vollzieht. So ist es selbstverständlich, daß die bestehenden Systeme von beiden theologischen Richtungen in Frage gestellt werden, weil sie den Menschen in Unfreiheit und Angst gefangen halten. Die kirchliche Institution droht diesen Theologen mit Systemzwang, um sie gefügig zu machen. Der konkrete Mensch soll unterjocht werden.
Ein echter Dialog wird strikt abgelehnt. Die Verhörmethode, die schon Ignatius von Loyola verurteilt hat (Geistl. Übungen, 22), wird angewendet. Das dialogische Denken beider theologischer Neuansätze steht der »amtlichen Methode« entgegen. Da ein freier Dialog nicht repressiv ist, sondern Ängste abbaut und die sozialen Verhältnisse verändert, ist er der ärgste Feind der bestehenden Kirchenstruktur in der Wahrheit verordnet und nicht dialogisch eingelöst wird. Dies ist wohl das größte Mißverständnis der Verkündigung der Frohbotschaft, die froh, befreiend, erlösend wirken will. Der konkrete Mensch soll aufatmen und zu sich selbst finden. Die Befreiungstheologie wie die Psychoanalyse lebt von der dialogischen Methode, die, wie jeder vernünftige Philosoph seit Platon weiß, der Weg der konkreten Erfahrung der Wahrheit ist.
Eine Gemeinschaft glaubender, hoffender und liebender Menschen, die nicht von Angst und Macht geprägt ist, wird daher grundsätzlich jeden an ihr teilnehmen lassen und keine Ausschlußverfahren kennen. So wird die befreiende Vollmachtserfahrung, die die Menschen um Jesus machten, auch in unserer Zeit nachvollzogen. Die neuen theologischen Ansätze können dazu wesentlich beitragen. Die Kirche selbst beseitigt sich in ihrem Wesen, wenn sie ausschließt, nicht dialogbreit ist und sich keiner Strukturveränderung unterzieht. Nur wenn diese Selbstzerstörung aufhört, wird in der Kirche das menschliche Antlitz Gottes erscheinen.

II. Der psychologische Befund

Streitgespräch

Bernd Deininger

Sprachlosigkeit

Johann Wolfgang von Goethe mißt dem Gespräch eine ganz besondere Bedeutung bei. Er spricht in »dem Märchen« davon, daß das Gespräch erquicklicher als Licht und herrlicher als Gold sei.

Im Gespräch erleben wir die elementarste, wie auch die höchste mündliche Mitteilung von Mensch zu Mensch. Diesen zentralen Elementen begegnen wir auch im therapeutischen Gespräch.

Was für das einzelne Individuum im therapeutischen Gespräch wesentlich ist, läßt sich auch auf die Kirche übertragen. Auch die Kirche als Institution will im Gespräch die frohe Botschaft des Evangeliums verkündigen, was heißt, daß sie mit dieser Verkündigung ins Gespräch mit den Gläubigen treten will. Denn in der mitgeteilten frohen Botschaft darf sich jeder einzelne mit seinen Sorgen und Problemen verstanden und angenommen fühlen.

In vielen Beispielen, die in den Evangelien berichtet werden, wendet sich der historische Jesus gerade den sorgenbeladenen Menschen in ganz besonderer Weise zu. Teilweise haben die Menschen die Sprache verloren, haben ihre Sorgen und Nöte so in sich integriert, daß sie diese keinem mehr mitteilen können oder wollen. Dem irdischen Jesus aber gelang es mit allen, auch mit den ganz auf sich selbst Zurückgezogenen ins Gespräch zu kommen. Das heißt, daß die Kirche, die in der Nachfolge Jesu steht, ebenso den Auftrag hätte, auf den einzelnen zuzugehen und ihn »ins Gespräch zu bringen«. Dem verstehenden Zuhören kommt also im Gespräch eine ganz besondere Bedeutung zu.

Auch Hiob sagte zu seinen redseligen Freunden: »Höret doch meiner Rede zu und lasset mir das Eueren Trost sein« (Hiob 21, 2). Hier spüren wir, wie das Gespräch von der Korrespondenz zwischen offenem Wort und offenem Ohr abhängt. Das zeigen uns das Alte Testament und in ganz besonderer Weise das Neue Testament.
Wie sieht es aber heute in der Kirche aus?
Eugen Drewermann weist in seinem Buch »Die Kleriker« darauf hin, wie notwendig einerseits das Gespräch zwischen Gläubigen und Kirche, zwischen Kleriker und Oberen ist, wie das Gespräch aber behindert, ja geradezu zum Stillstand gebracht wird. Der Sachverhalt, den Drewermann beschreibt, läßt sich so ausdrücken:
Gespräche zwischen Herr und Knecht, sobald ihr Verhältnis nicht ausdrücklich zur Sprache gebracht, sondern stillschweigend vorausgesetzt wird, sind stets von einer unterschwelligen Sprachlosigkeit bestimmt, die übrigens auch den Herrn betrifft, sofern er vom Knecht nur das Echo seiner eigenen Rede zu hören bekommt.
Sieht dieser Sachverhalt nicht oft auch in der Kirche so aus, daß der Herr, somit der Abt oder der Bischof, nur das Echo seiner Rede hören will? »Ich möcht'sicher sein, daß da keine Kluft mehr ist zwischen uns, sag', daß da keine Kluft ist! – ich nehm's als einen Befehl, Herr Puntila, daß keine Kluft ist!« (B. Brecht, Herr Puntila und sein Knecht Matthi).
Die Freiheit des Wortes wohnt nur unter freien paritätischen Partnern. Auch aus der Lebensgeschichte Jesu, wie sie in den Evangelien überliefert ist, läßt sich das vernehmen. Jeden Menschen, auch den geringsten, hat er als freien eigenständigen Partner ernst genommen. Wird heute auch noch der Kleriker, die Ordensschwester, der gläubige Christ von der Kirche als Gegenüber wahrgenommen?
Drewermann stellt dies in seinem Buch in Abrede. Er weist nach, und das an vielen Beispielen, daß sich der Kleriker nicht als freier paritätischer Partner im Dialog mit seiner Kirche fühlen darf. Vielmehr wird er gezwungen, seine Freiheit aufzugeben und sich ganz unter eine äußere Dominanz zu stellen. Möglicherweise hat dieser Sachverhalt, der wohl über die Kleriker hinaus auch den christlichen Laien betrifft, dazu geführt, daß zunehmend mehr Menschen, wenn sie in seelischen Nöten ein Gespräch wollen, nicht mehr auf den Rat der Kirche zurückgreifen, sondern außerhalb dieser für sich eine Lösung ihrer Probleme suchen.
Dies trifft auch in ganz besonderer Weise für das therapeutische Gespräch und die Psychotherapie zu. Die Zeiten, als der Priester noch »Seelsorger« war, sind für viele Menschen längst vorbei. Um die Seele kümmern sich heute andere: ärztliche und psychologische Psychotherapeuten, die es in einer jahrelangen Ausbildung gelernt haben, den anderen als gleichberechtigten Menschen anzunehmen und ihn dort, wo

seine Not am größten ist, abzuholen. Dies, zumindest auf das seelsorgliche Gespräch als therapeutisches Gespräch bezogen, sollte ja auch eigentlich eine Grundaufgabe der Priester sein. Sicherlich ist nicht zu erwarten, daß jeder Priester bei den Ratsuchenden und mit Problemen beladenen Menschen eine Psychotherapie durchführt, darum kann es hier nicht gehen. Dem einzelnen sollte aber doch vermittelt werden, daß ihn sein Gegenüber versteht, im zuhört und ihm so den Weg öffnet, Lösungen für sich zu suchen. Dies setzt aber voraus, und das hat Drewermann in seinem Buch immer wieder betont, daß der Seelsorger selbst lernt, mit seinen eigenen neurotischen Verhaltensmustern umzugehen, damit er erst in die Lage versetzt wird, andere mit ihren Störungen zu verstehen. Wenn der Kleriker selbst Sprachlosigkeit im Umgang mit seiner Kirche erlebt, wie soll er dann die frohe Botschaft in eine lebendige Sprache umsetzen können?
In den »Klerikern« stellt Drewermann an Hand der »Evangelischen Räte« dar, wie sich die Persönlichkeitsstrukturen der Kleriker an die vorgegebenen Kirchenstrukturen anpassen. Er zeigt an der Armut die Konflikte der Oralität, an dem Gehorsam die Konflikte der Analität und an der Keuschheit die Konflikte der ödipalen Situation. Für manche Kleriker bedeutet das Einlassen auf die Evangelischen Räte in der heutigen Zeit ein Herauslösen aus den jeweils vertrauten Sozialbeziehungen. Es ist bekannt, daß psychische Auffälligkeiten offensichtlich ein Phänomen gestörter Sozialbeziehungen ist. Wenn sich nun aber ein Kleriker von den Sozialnormen der Kirche – die zweifellos in der Gesellschaft einen hohen Stellenwert haben – ablösen will, kann dies zweierlei bedeuten. Der Verstoß gegen diese Sozialnormen wird nicht nur als Verfehlung gegenüber menschlichen Übereinkünften wahrgenommen, sondern auch als Verstoß gegen Gott und sein Gebot und somit als Sünde empfunden.
Das heißt, und dies erlebe ich auch oft in meiner therapeutischen Arbeit mit Priestern und Ordensleuten, daß ein »sich lösen von den Sozialnormen der Kirche« vom einzelnen so tief empfunden wird, daß sie an den Rand des Suizids gelangen. Wenn es durch das therapeutische Gespräch gelingt, den Priestern oder den Ordensleuten zu vermitteln, daß Gott sie annimmt und daß es in der Kirche Jesu Christi nicht darum gehen kann, Sozialnormen zu erfüllen, so bleibt aber noch die soziale Deklassierung, die der einzelne erlebt, wenn er sich gegen die Institution Kirche stellt.
Drewermann hat dies an mehreren Beispielen, insbesondere in bezug auf die Laisierung (Seite 645 ff.) dargestellt. Mit zwei psychotherapeutischen Fallbeispielen, möchte ich aus der Sicht eines Psychotherapeuten versuchen, zu den Überlegungen Drewermanns , die er in seinem Buch »Die Kleriker« dargestellt hat, weitere Erfahrungen beizutragen.

Am Leben vorbei

Ich berichte zuerst über eine 45-jährige Frau, die sich seit vier Jahren in meiner Behandlung befindet. Zur Biographie darf folgendes mitgeteilt werden:

Die Patientin wuchs in einem konservativ, katholischen Milieu auf. Sie ist die Zweite von vier Kindern. Sie hat eine ältere Schwester (+2), sowie eine jüngere Schwester (-2) und einen jüngeren Bruder (-4). Sie berichtete, daß das Familienleben vorbildlich und religiös geprägt gewesen sei. Konflikte habe es in der Kindheit keine geben dürfen, da der Vater dies nicht wünschte. Der Vater sei ein strenger, aber religiöser Mann gewesen, der immer Sorge getragen habe, daß die Kinder gut versorgt seien. Sie habe große Angst vor dem Vater gehabt, habe sich immer bemüht, ihm alles recht zu machen, ihm nie zu widersprechen und sich ihm unterzuordnen. Gleiches habe auch die Mutter getan. Immer habe die Mutter ihr mitgeteilt, daß dem Vater zu gehorchen sei und daß es keinen Widerspruch geben dürfe. Als Kind sei sie von ihrer älteren Schwester oft unterdrückt worden, sie habe aber nie gewagt, dies den Eltern mitzuteilen, da sie vor weiteren Repressionen der Schwester noch mehr Angst hatte.

Viel Freiraum habe der um vier Jahre jüngere Bruder gehabt. Er sei in vielen Dingen den Mädchen vorgezogen worden, sei der Liebling der Mutter und des Vaters gewesen. Da sie in der Schule sehr gut gewesen war, habe man sie aufs Gymnasium geschickt. Der Vater habe aber eine Krankheit entwickelt und sei im Alter von knapp fünfzig Jahren verstorben. Sie habe deshalb das Gymnasium verlasssen müssen. Dies habe sie sehr betroffen, sie habe sich aber dem Wunsch der älteren Schwester und dem der Mutter gefügt.

Nach dem Weggang aus der Schule sei sie in ein Kloster gekommen, habe dort erst als Hauswirtschafterin gelernt und sei mit neunzehn Jahren dann in den Orden eingetreten. Da die Oberin sie für begabt hielt, wurde sie auf die Pädagogische Hochschule geschickt; dort versagte sie aber, wurde depressiv, entwickelte zunehmend körperliche Beschwerden, so daß sie in das Mutterhaus zurückgeschickt wurde. Über lange Jahre wurde sie dann mit den einfachsten Arbeiten betraut (Putzarbeiten u.ä.), was sie wortlos hinnahm. Von den anderen Schwestern schloß sie sich immer mehr ab, wurde immer niedergeschlagener und matter. Mehrmals wurde sie vom Mutterhaus in andere Häuser beordert, immer wieder aber entwickelte sie Ängste und machte auf die anderen Schwestern den Eindruck, als ob sie starr und unfreundlich sei. Häufig wurde sie von ihren Vorgesetzten ermahnt, sich zusammenzureißen, zu gehorchen, sich unterzuordnen und sich nicht von den anderen Schwestern abzuschließen. Dies führte dazu, daß sie eines Tages Depersonalisationsgefühle entwickelte, das Gefühl hatte, ihr Ich habe sich aufgelöst, manchmal auch, ihr Ich sei wie zwei. Zunehmend stellten sich auch Zwangssymptome in Form von ständig wiederholenden Handlungen ein. Diese Zustände häuften sich, man legte ihr Bußgebete auf und vermittelte ihr den Eindruck, daß möglicherweise ihre psychischen Störungen auf ihr »sündiges« Leben zurückzuführen seien. Diese Erkenntnis, sie sei Sünderin und könne mit Gott nicht mehr versöhnt werden, führte zu einem Selbstmordversuch mit Schlaftabletten, der sie dann erstmals in psychiatrische Behandlung brachte. Nach diesem Selbstmordversuch wurde ihr angeraten, den Orden zu verlassen, was sie auch tat.

Nach dem Austritt aus dem Orden erholte sie sich kurzzeitig, absolvierte eine Ausbildung zur Krankenschwester und arbeitete dann in diesem Beruf. Während der ganzen Zeit war sie aber von Schuldgefühlen geplagt, machte sich Vorwürfe, daß sie aus dem Orden gegangen sei und daß sie vor Gott nie gerecht werden könne. Sie blieb unverheiratet und suchte weiterhin ständig Kontakt zu Ordensfrauen. Regelmäßig besuchte sie Exerzitien, ihre ganze Freizeit und den Urlaub verbrachte sie als Gast in verschiedenen Klöstern.

Der aktuelle Anlaß, warum sie in psychotherapeutische Behandlung kam, waren erneut aufgetretene depressive Zustände und ständig rezidivierende Wirbelsäulenbeschwerden, die bei der Arbeit auftraten, wo sie sich zunehmend überfordert fühlte und die Anforderungen, welche die Stationsschwester (eine Ordensfrau) an sie richtete, nicht erfüllen konnte. Zudem bemerkte sie aufkeimende sexuelle Wünsche.

Zur Psychodynamik sind folgende Aspekte erwähnenswert:

Schon in ihrer frühesten Kindheit wurde ihr, insbesondere von der Mutter, vermittelt, daß sie sich unter- und einzuordnen habe. Eigene Triebwünsche durfte es nicht geben, vielmehr war es wichtig, sich für andere aufzuopfern und eigene Bedürfnisse hintanzustellen. Dies führte bei der Patientin dazu, daß alle oral-kaptativen Wünsche verdrängt werden mußten, Neid- und Haßgefühle nicht ausgelebt werden durften. Der Vater, den sie als strengen religiösen Mann beschrieb, wurde von ihr idealisiert, alles was er tat, wurde als richtig erachtet. So war es ihr dann auch im späteren Leben nicht möglich, einen Partner zu finden, da so gut wie der Vater ja niemand anderer sein konnte. Als sie nach dem Tod des Vaters die Schule verlassen mußte, durfte sie wieder keine Aggressionen entwickeln, sondern mußte alles wortlos hinnehmen und sich erneut einfügen.

Aufkeimende aggressive Impulse wurden verdrängt und wurden in depressiven Verstimmungen ausgelebt. Der Weg in die klösterliche Gemeinschaft war dann fast zwingend die Folge; so konnte sie für den

idealisierten Vater weiter als Jungfrau leben und in der Identifikation mit den Ordensregeln sowohl auf ihre oral-kaptativen, als auch auf die anal-sadistischen Triebimpulse verzichten.
Lange Jahre gelang es ihr so, sämtliche Triebwünsche zu verdrängen. Die Umwelt tat ein übriges hinzu. Nach ihrem Suizidversuch wurde sie mit Schuldgefühlen beladen und als Versagerin abgestempelt, aus dem Orden entlassen. Obwohl sie diesem mehr als zwanzig Jahre gedient hatte, bekam sie keinerlei finanzielle Unterstützung, vielmehr wurde ihr mitgeteilt, daß sie an ihrem Zustand ja selbst Schuld sei. Dies nahm die Patientin wieder erneut widerspruchslos hin. Verzichten und Dulden waren ihr die vertrautesten Eigenschaften.
In den ersten Jahren gestaltete sich der therapeutische Prozeß außerordentlich schwierig, insbesondere deshalb, weil bei jeder aggressiven Triebregung sofort bei der Patientin starke Schuldgefühle auftraten, was sie immer wieder in schwere depressive Phasen stürzte, als Ausdruck ihrer Unfähigkeit, aggressive Impulse zu integrieren.
Nur sehr langsam gelang es ihr, zumindest in Träumen, aggressive Handlungen zuzulassen und zu bearbeiten. Im weiteren Verlauf spürte sie ihre starke Einsamkeit, hatte das Gefühl, am Leben vorbeigelebt zu haben und litt sehr darunter, keinen Partner und keine eigene Familie zu besitzen. Wünsche nach Zärtlichkeit, die sich immer mehr breit machten, wurden von ihr als schwere Sünde empfunden und gebeichtet. Sie entwickelte dann Spaltungstendenzen, indem sie einerseits alle Träume und Gedanken, die sie hatte, einem Priester mitteilte, andererseits gleiches in die Therapie einbrachte. Dies führte zu einer erheblichen Verwirrung und bestätigte ihr Gefühl, wie aus »zwei Ichs« zu bestehen. Von dem Priester wurde sie aufgefordert, alles Unkeusche von sich fernzuhalten, in der Therapie hingegen wurde ihr deutlich, daß Zärtlichkeit und Sexualität ureigene menschliche Wünsche sind, die deshalb integriert werden sollten. Nach einem Traum, in dem sie sich in ihrem Bett liegend sah, mit breitgespreizten Beinen und eine Ziege sie mit der Zunge zum Orgasmus brachte, entwickelte sie eine psychotische Episode. Der Traum war für sie so ungeheuerlich, daß sie Zuflucht in eine Wahnwelt nehmen mußte. Über einen langen Zeitraum lebte sie so ständig am Rande der Realität und mußte auch mit Medikamenten behandelt werden. Erst ganz langsam gelang es ihr, zu akzeptieren, daß sexuelle Wünsche auch für sie zu ihrem Menschsein gehören und daß Gott den Menschen mit seiner Sexualität geschaffen hat. Mit dieser Erkenntnis erfolgte auch eine Distanzierung von ihrem religiös strafenden Über-Ich und sie konnte darüber hinaus zunehmend akzeptieren, daß sie »vor Gott schwach sein darf« und daß ihre Rechtfertigung vor Gott aus dessen Gnade und nicht um ihrer eigenen guten Werke willen erfolgt.

Die Behandlung dauerte insgesamt vier Jahre, und noch immer bedarf sie frequenter Sitzungen, um sich zu versichern, daß Neidgefühle, Wut, Aggression und Sexualität zu ihrem Menschsein dazugehören.

Der Leidensweg

Zum zweiten möchte ich von einem 35-jährigen Priester berichten, der jetzt seit drei Jahren in meiner Behandlung steht.
Der Patient wuchs in einem kleinen Ort in Norddeutschland auf. Der Vater war Handwerker; ihn beschreibt er als sehr sparsam und streng. Als Kind habe er ausschließlich Ängste vor dem Vater gehabt. Er konnte ihm nie etwas rechtmachen, sei oft von ihm bestraft worden. Die Mutter habe sich dem Vater ganz untergeordnet. Sie war ständig krank, insbesondere litt sie unter Unterleibsbeschwerden und Blasenschmerzen. Sie habe sich in ihren Erziehungsformen dem Vater angepaßt, habe ihm wie auch der Vater, viele Normen und Regeln auferlegt. Da die Mutter eine »Sauberkeitsfanatikerin« war, durfte er als Kleinkind kaum spielen, geschweige denn, sich schmutzig machen. An Zärtlichkeiten und Körperkontakt von Seiten der Mutter könne er sich nicht erinnern. Den engsten Kontakt als Kind habe er zur Großmutter mütterlicherseits gepflegt, die ihn ins Herz geschlossen hatte und ihn häufig gegenüber den Eltern in Schutz nahm. Als Kind sei er viel bei ihr gewesen; er wisse noch, daß er sich häufig hinter ihrem Rock versteckt habe, wenn der Vater ihn wegen irgendetwas bestrafen wollte.
Ein Bruder sei ihm in allen Dingen vorgezogen worden. Er habe immer das schönere Zimmer besessen, sei vom Vater nicht so streng behandelt worden, und auch die Mutter habe ihm mehr Zuwendung als ihm selbst gegeben. Anfangs habe er dem Bruder gegenüber Schutzfunktionen gehabt, später habe er sich von ihm abgesetzt. Insgesamt habe er sich aber immer als den Schwächeren empfunden. Schon als Kind habe er starke sexuelle Wünsche gehabt, habe auch Doktorspiele mit Nachbarskindern gemacht, aber immer sofort auch Schuldgefühle dabei bekommen. In den ersten Volksschuljahren habe er fast täglich gebeichtet, habe sich in der Pubertät das Onanieren verboten. Ein Schockerlebnis sei für ihn gewesen, als ein Freund des Vaters mit ihm onanierte, als er zwölf Jahre alt gewesen war. Dies habe ihn einerseits abgestoßen, andererseits habe er dabei auch Lust empfunden. Für Mädchen habe er sich kaum interessiert. Er habe sich schon sehr früh in der katholischen Jugendarbeit engagiert und bemerkt, daß er sich mehr zu jüngeren Buben hingezogen fühlte. Diesem Problem habe er aber weiter keine Beachtung geschenkt. Nach der Schulzeit habe er mit dem Theologiestudium begonnen, habe sehr zurückgezogen gelebt und sei, obwohl er

gemerkt habe, daß er nur schwer auf Sexualität verzichten könne, den Weg zum Priesterberuf eingegangen. Immer wieder habe er in diesem Bereich die stärksten Anfechtungen erlebt.
Der Patient suchte meine Sprechstunde auf, da er zunehmend unter Arbeitsstörungen litt und von starken Angstanfällen heimgesucht wurde. Der intrapsychische Konflikt bestand in einem ständigen Zurückdrängenmüssen seiner Triebwünsche zugunsten eines fordernden Über-Ichs, welches nicht enttäuscht werden darf, damit Zuwendung nicht abgezogen wird. Diesen Sachverhalt erlebte er ständig in seiner Kindheit, wo er immer wieder versuchte, es dem Vater und der Mutter recht zu machen. In allen Bereichen der Versorgung wurde ihm zwar der Bruder vorgezogen, trotzdem fand der Patient immer wieder Erklärungen, insbesondere am Anfang der Therapie, warum dies habe so sein müssen. Geprägt wurde seine Kindheit durch die positive Beziehung, die er zur Großmutter hatte, der er es auch zu verdanken hat, daß er zumindest in geringem Ausmaß Selbstwertgefühl besitzt. Von der Mutter war er so enttäuscht, daß er im späteren Leben keine Frauenbeziehungen mehr eingehen konnte. Sie hatte sich einerseits gegen den Vater nie auf seine Seite gestellt, andererseits Männer dadurch entwertet, daß sie sich sexuell entzog. Das Machtgefüge der Eltern äußerte sich so, daß die Mutter sich zwar dem Vater unterordnete, der Preis dafür aber der sexuelle Entzug war, den die Mutter durch ihren ständigen Unterleibserkrankungen kaschierte.
Im Verlauf der Therapie stellte der Patient fest, daß er homosexuelle Neigungen hat, die aber unausgelebt blieben. Die Erkenntnis, daß er sich schon in der Jugendzeit zu jungen Buben hingezogen fühlte, verunsicherte ihn stark, was dazu führte, daß sich auch seine Ängste weiter verstärkten. In der Auseinandersetzung mit seinem Männerbild gelang es ihm dann aber, aggressive Impulse zuerst in Träumen, später aber dann auch dem Vater gegenüber zuzulassen, was zu einer erheblichen Stärkung seines Selbstbewußtseins führte. Deutlich wurden ihm hierbei auch die Identifikationen mit den Idealen seiner Mutter. Insbesondere stellte er fest, daß ihn ja auch sein Beruf zu einem »mächtigen Eunuchen« machte.
Es gelang ihm, sich zunehmend von den mannigfachen Anforderungen in der Pfarrei, die er sich aufgeladen hatte, zu distanzieren, was zu großen Spannungen innerhalb der Gemeinde führte. Er war nun nicht mehr der ständig arbeitende und dienende Mensch ohne eigene Wünsche, sondern spürte zunehmend, wie wichtig es für ihn war, sich auch abzugrenzen und Schwerpunkte zu setzen. In der Auseinandersetzung mit seiner Sexualität geriet er aber weiter unter Druck. Zudem wurde ihm deutlich, daß er die geforderten Regeln (Armut, Keuschheit, Gehorsam) nur einhielt, um »Gott nicht zu enttäuschen« – ein Me-

chanismus, den er aus seiner Kindheit in Beziehung zu den Eltern kannte.
Am Ende der Behandlung gelang es ihm zumindest partiell seine sexuellen Neigungen zu integrieren (er lebte sie in Selbstbefriedigung aus), was ihn dann wieder arbeitsfähiger machte und ihn soweit stabilisierte, daß Selbstmordgedanken und Arbeitsstörungen völlig verschwanden. Während der ganzen Behandlungszeit versuchte er immer wieder, mit seinem Generalvikar und den ihm vorgesetzten Stellen Kontakt aufzunehmen und Verständnis für seine Probleme (auf die Arbeit bezogen) zu erreichen, was ihm aber mißlang. Gespräche wurden von den Vorgesetzten meist abgebrochen, in die oberen Etagen der Hierarchie drang er nie vor. So mußte er die bittere Erkenntnis machen, daß er Verständnis nicht innerhalb der Kirche, sondern außerhalb derselben suchten mußte.
Die Behandlung war mit großen Leiden und Schmerzen für den Patienten verbunden. Die Erkenntnis, daß er von Seiten der Hierarchie der Kirche, die ja seine existentielle Heimat ist, kein Verständnis erhielt, erschütterte ihn dabei am meisten.

Zusammenfassend läßt sich aus diesen beiden Berichten und den vielen anderen Therapien, die ich mit Patienten aus dem kirchlichen Bereich habe, sagen, daß mir die Sprachlosigkeit, die die »Institution Kirche« ihren Mitarbeitern vermittelt, am stärksten auffällt. Diese Sprachlosigkeit wird trotz aller neurotischen Strukturen, die die Betroffenen im einzelnen aufweisen, in den Therapien am stärksten wahrgenommen und erschütternd registriert. Diese konstituiert auch die Einsamkeit, in der sich viele Priester und Ordensleute befinden und die sie wohl immer mehr in eine innere Emigration hineintreibt. Für wesentlich halte ich, daß diese Sprachlosigkeit angegangen wird. Dies würde aber bedeuten, daß die »Oberen« nicht nur das Echo ihrer Rede hören sollten, sondern daß sie sich auf den anderen in der Weise einlassen, als sie das Gelingen eines Gesprächs von der wechselseitigen Aufgeschlossenheit von Freiheit und Abhängigkeit, Aktivität und Passivität abhängig machen. Diese wechselseitige Aufgeschlossenheit findet im therapeutischen Gespräch statt und prägt meines Erachtens auch wesentlich die Gespräche, die Jesus mit den Menschen seiner Zeit führte.

Zum Trost

Klaus Thomas

Berlin, den 15. Mai 1990

Lieber Herr Drewermann!

Soeben habe ich wieder eines Ihrer Bücher bis zum Ende durchgearbeitet: »Psychoanalyse und Moraltheologie«. Da drängt es mich, Ihnen zu danken, Sie zu ermutigen und Ihnen, falls Sie das wünschen, aus meiner ärztlichen Sicht einige, zum Teil ergänzende Ratschläge für Ihre zahlreichen Leser beifügen. Darf ich mich dabei zunächst auf das Buch über Moraltheologie beziehen und erst danach auf Ihr umstrittenes Werk über die »Kleriker« und auf einige Grundfragen Ihres Gesamtwerkes eingehen?

Daß ich als Pfarrer meine evangelische Überzeugung und Konfession vertrete, trennt uns als Psychoanalytiker nicht; nur pflege ich sprachlich in meinen Arbeiten als »kirchliche Amtsträger« zu bezeichnen, was Sie mit dem etwas etwas engeren Begriff als »Kleriker« benennen.

Hier nun einige Gründe meiner Dankbarkeit: Sie nennen als Untertitel Ihrer moraltheologischen Untersuchung »Wege und Umwege der Liebe«. Dabei zeigen Sie Ihr Grundanliegen als ein gütiger und verstehender Seelsorger und Beichtvater; erst in den späteren Werken begegnen Sie mir als der tapfere Streiter für die von Ihnen erkannte Wahrheit. Wenn ich die Auseinandersetzungen über Ihr Werk und Ihre Person lese, stehe ich oft unter dem Eindruck, Ihre Kritiker erkennen nicht mehr den Seelsorger hinter Ihren kämpferisch-deutlichen, nicht immer sanften Worten.

Ihre Erfahrungen dürften sich nicht grundsätzlich von den unseren unterscheiden: Wir hatten bisher in ärztlicher, sexualmedizinischer Praxis rund 1.600 »kirchliche Amtsträger« zu beraten und zu behandeln, unter ihnen über 300 römisch-katholische Priester. Weit über die Hälfte von ihnen litten unter schweren Nöten in den (einander überschneidenden) Gebieten von *Liebe und Sexualität.*

Von der erdrückenden Mehrzahl Ihrer Priesterkollegen erwartet Ihre Kirche zwar einerseits, daß sie ihre leidenden und fragenden Gemeindemitglieder sachkundig beraten. Dazu liegen auch nicht wenige mo-

raltheologische Ethikbücher vor. Liebe, auch körperliche Liebe, läßt sich aber nicht – auch aus noch so klugen Büchern – erlernen. Ihren Priesterbrüdern aber ist mindestens jegliche praktische Fachkenntnis auf diesen Gebieten nicht erlaubt, während Sie in Ihren Werken überall spürbar zurückgreifen können auf die Erfahrungen und Grundlagenforschungen der lebensnahen praktischen Psychoanalyse. Darum kennen Sie die Eltern- und die Übertragungsliebe, die Unterschiede zwischen den Wesensgesetzen des Glaubens und nur äußeren moralischen Geboten. Sie wissen um den Ursprung und die Heilung von sogenannten Perversionen, die Entstehung von Voyeurismus und Exhibitionismus, von Sadismus und Masochismus. Sie haben sich gründlich mit dem schwierigen Problem der Homosexualität auseinandergesetzt.
Wenn Ihnen, lieber Herr Drewermann, dann ein Gesprächspartner vielleicht gar entrüstet, antworten würde: »Aber von solchen Sünden sprechen wir doch nicht!«, dann müßten Sie vermutlich sehr ähnlich antworten wie wir: »Da ist es ja!« Unter unseren Ratsuchenden waren es 65 bis 94 % dieser Gruppen, die von Beruf aus als Kleriker unter solchen Krankheitszeichen aufs tiefste gelitten haben (bis hin zur Selbstmordgefahr), und niemand hat mit ihnen darüber gesprochen, geschweige denn ein hilfreiches, verstehendes, erbarmendes Wort mittragender Seelsorge gefunden. Und das tun Sie, endlich, soweit ich sehen kann nach dem wegweisenden Buch von Prof. I.H.Schultz über »Organstörungen und Perversionen im Liebesleben« (Basel 1952) befreiend und kundig. Dieses Buch von Schulz habe ich in den ersten 15 Jahren unserer »Ärztlichen Lebensmüdenbetreuung« so häufig an Selbstmordgefährdete verliehen, bis nur mehr ein Stoß zerlesener Blätter übrig geblieben war. 50 der vielen Leser aber hatten sich zum Teil überschwänglich bedankt mit den Worten: »Dieses Buch hat mir das Leben gerettet!«
Als ich in meinem »Handbuch der Selbstmordverhütung« (Stuttgart 1964) die Krankengeschichten der ersten 232 »kirchlichen Amtsträger« veröffentlichte, die durch »ekklesiogene Neurosen« in erschütternde Verzweiflung und vielfach auch in Suizidgefahr geraten waren, fand ich mich äußerst heftig angegriffen: Wie könnte ich nur die »Heilige Kirche« beschuldigen, ihre Diener krank zu machen. Das seien doch ohnehin nur ganz wenige, deren Schicksal ich nicht verallgemeinern dürfte. Nun wissen Sie besser als ich, daß es nicht die »Gemeinschaft der Gläubigen« ist, die die Menschen krank macht, sondern es sind Fehlhaltungen und Irrtümer einer menschlich-allzu-menschlichen Organisation, die hier nicht ausnahmsweise die ihnen anvertrauten Menschen in ein abgrundtiefes Elend stürzen. Damals meldeten sich auf das Handbuchkapitel 90 »Kleriker« neu mit ihren sexuellen Nöten, und seither sind es viele hundert geworden.

Schuldig würden wir werden, Sie und ich, wenn wir dies wissen und doch schweigen würden. Lieber Herr Drewermann, ich kenne nicht die Leser Ihrer Bücher, sondern weiß nur, daß es nicht wenige sind. Aber ich kenne die Leiden der Kleriker, und ich danke ihnen in deren Namen und vesichere Sie: Sie haben vielen das Leben gerettet.
Ob Sie dabei mit irgendeiner Aussage gegen ein Lehrangebot Ihrer Kirche verstoßen haben, das kann ich nicht beurteilen; daß Sie aber dem Gebot der Barmherzigkeit treu geblieben sind, das unser Herr Christus als das höchste bezeichnet hat, davon haben mich Ihre Berichte und die eigenen ärztlichen Erfahrungen überzeugt.
Mein zweites Anliegen ist es, Sie zu ermutigen. Brauchen Sie denn zusätzlich Mut? Zeigen nicht Ihre überaus offenen Bücher, daß Ihnen wie nur wenigen Männern der Kirchengeschichte dieser Mut geschenkt wurde? Haben Sie nicht Freunde und Anhänger, die in großer Zahl sich um Sie scharen?!
Doch ich denke an die vielen ratsuchenden Amtsbrüder, die sich von der Kirche verlassen fühlten und deren innerste Verzweiflung in dem Zweifel gipfelte: Bin ich nun von Gott berufen in mein Amt oder nicht? Falls Ihnen Ihre Kirche die Lehrerlaubnis entziehen sollte, so stehen Sie vielleicht ohne Anfechtung über einer Verurteilung, die Sie innerlich als einen irrigen Verwaltungsakt abtun können. Aber auch Sie bedürfen, wie unsere »Beichtkinder« der Fürbitte. Darf ich es wagen, sie in die Form der Sätze des höchsten Hohenpriesters zu kleiden?!
Selig sind die Kleriker, die sich von Gott in ihr Amt berufen wissen; denn die Last des Zweifelns ist ihnen genommen. Selig sind die Kleriker, für die ihre Berufung durch Gott mit dem Ruf und dem Segen ihrer Kirche eine Einheit bilden. Bitterste Anfechtung aber erleiden die Kleriker, die ihre anfängliche eigene Berufungsgewißheit und ihr gemeinsames Gelöbnis später als einen – tiefen-psychologisch verständlichen und erklärbaren – Irrtum erkennen. Wer hat dann geirrt?
War es etwa die Amtskirche mit ihrem Ruf, und steht sie höher und ist sie gültiger als die vorhandene oder fehlende (nur »subjektive«) Gewißheit des »Klerikers«? Läßt sich die »Berufungsgewissheit« eines Priesters durch einen »Dienstauftrag« ersetzen? Und kann ein fehlender oder entzogener Dienstauftrag eine fortbestehende Berufungsgewißheit auslöschen? Ist der kirchliche Dienstauftrag dann mit der Berufung Gottes gleichzusetzen?
Selig sind die Kleriker, die ihrer Kirche keinen Irrtum oder Fehler zutrauen. Freilich müssen sie dann ihre Kirche fast mit Gott gleichsetzen und Geschichte und Wirklichkeit entweder verzerren oder verdrängen.
Selig aber sind die ehrlichen und mutigen Kleriker, die sogar dann an ihrer göttlichen Berufung festhalten können, weil und wenn sie mit

Siegfried Behn (Bonn 1914) wissen: Echte »Wandlungs-, Berufungs- und Offenbarungserlebnisse« wurzeln unzerstörbar tief und zwingend fest in der Seele.
Wozu und wohin der lebendige Gott Sie, lieber Herr Drewermann, berufen hat, das weiß ich nicht; aber unter allen Heiligen, die ich verehre, steht Martin Luther an oberster Stelle. Der aber sagte: »Lasse niemand den Glauben daran fahren, daß Gott durch ihn eine große Tat tun will!« Um diesen Glauben für Sie bete ich; nach meiner Überzeugung ist er wichtiger als alle drohende kirchliche Entziehung einer Lehrbefugnis.
Mein drittes Anliegen, lieber Herr Drewermann, hängt mit den beiden erstgenannten eng zusammen. Bitte, fassen Sie es nicht als eine schulmeisterliche Besserwisserei auf, wenn ich von einem meiner eigenen Forschungsgebiete der neurologischen, psychiatrischen und psychotherapeutischen Arbeit her Ihre theologische, philosophische und germanistische Wissenschaft ergänzen, bestätigen und zum Teil auch in ein etwas anderes Licht rücken will im Sinne einer brüderlichen Hilfe:
Seit einigen Jahren bemüht sich die neurologische Hemisphärenforschung in der ganzen Welt darum, die unterschiedlichen Aufgaben und Erlebnisweisen des rechten und des linken Gehirns zu erfassen und zu erkennen. (In ganz bescheidenem Umfang arbeite ich selbst am physiologischen Institut der Universität Witten-Herdecke an diesen Aufgaben mit.) Außer einigen grundsätzlichen Werken ist zu diesem Thema noch kaum etwas veröffentlicht worden.
Schon jetzt aber scheint gesichert, daß die linke Hälfte des menschlichen Gehirns mehr die Aufgaben der Ratio, des kühl berechnenden Verstandes, der Logik und der Naturwissenschaften wahrnimmt, die rechte Hirnhälfte dagegen die der Emotionen, des Gemüts, der Kunst und der Affekte vertritt. Diese Aufzählung ist (hier absichtlich) noch äußerst unvollständig geblieben. Denn mir liegt hier nur an einem ersten Versuch, diese Zweiteilung einmal auf die Theologie anzuwenden, und zwar auf Ihre Bücher und Reden.
Logisch folgen da einander die Gedankengänge. Klar, wenn auch differenziert, wirkt der Aufbau, systematisch das Denken. Ja unsere Kirchen leiden heute unter der Einseitigkeit und »Linkslastigkeit« eines verstandesmäßigen »*Kopf*glaubens«. Aber das ist eben nicht Ihre Schuld und Ihre Sicht; denn nicht das Paragraphendenken eines Kirchenrechtlers, sondern die warme, mitfühlende Anteilnahme des Seelsorgers (*rechte* Hirnhälfte!) ist Ihr Anliegen. Ihnen, lieber Herr Drewermann, geht es offenkundig nicht um den »Kopfglauben«, sondern um die »*Herzensfrömmigkeit*«. So viel rationale Kontrolle brauchen wir in unserer Glaubenshaltung, daß wir mit Gottes Hilfe vor den Gefahren der Schwärmerei bewahrt bleiben. Aber so viel lodernde Liebe tut

unseren Kirchen Not, daß wir mit Paulus in aller Demut uns rühmen könnten um deswillen, was wir getan und was wir erlitten haben (2 Kor 11).

Ihre Anliegen tragen Sie stets sachlich vor (im Sinn von Fritz Künkel), auch wenn Sie gelegentlich zornig und heftig werden; aber Sie vermeiden das Ausweichen in eine Sachdiskussion, wenn es um die Not einer Menschenseele geht (nach dem Wort und dem Vorbild des großen Arztes und Seelsorgers Paul Tournier).

Immer wieder begegnet mir bei Ihnen das nötige und so seltene Hervortreten (die Neurologen nennen es die »Dominanz«) der rechten Hirnhälfte. Davon sollen nur wenige Beispiele die Bedeutung Ihrer Bücher hervorheben: Ich höre Sie nicht nach der theoretischen Exegese der Schriftstellen fragen, sondern nach der *praktischen Anwendung*. Also Ihr Anliegen ist nicht nur: »Was bedeutet dieses Wort? sondern, »was will es mir sagen?« Ich höre Sie nicht die Gebote der Kirche zitieren, sondern *zur Buße rufen*. Sie fragen nicht formalistisch nach der Wahrheit als einer äußeren Übereinstimmung zwischen Wirklichkeit, Erkenntnis und Äußerung, sondern nach der innersten Wahrheit als Wesen des Menschen. Sie beeindrucken jeden Hörer und Leser durch die Überfülle des Wissens, das Ihnen jederzeit zum Zitieren aus einer reichen Kenntnis der Literatur zur Verfügung steht; aber Sie wollen nicht das Wissen erweitern, sondern das *Gewissen* vertiefen. Dem *Leben* fühlen Sie sich zuerst verpflichtet, nicht der Lehre; aber die Lehre darf nicht dem Leben widersprechen.

Ihr Anliegen ist nicht in erster Linie ein theoretisches Bekenntnis mit den Lippen, sondern eine innerste Erkenntnis der Erfahrung und der Liebe (Phil 1,9). Besonders die Leidenden haben es Ihnen angetan, daß Sie sie wirklich verstehen und nicht irgendeine fragwürdige »Trauerarbeit« mit ihnen leisten, sondern sie wirklich *trösten*. Absichtlich habe ich mit allen diesen Beispielen, deren Reihe sich noch lange fortsetzen ließe, zentrale Belange der rechten Hirnhälfte aufgezählt, weil ich darin einen Hauptbeitrag sehe, den Sie der gegenwärtigen Kirche leisten wie kaum ein zweiter. Niemand kann darauf verzichten.

Darf ich noch einmal mit einem Wort des Apostel Paulus (in der Übersetzung Luthers) zusammenfassen, welche alte Weisheit der Heiligen Schrift Sie im Licht der modernsten Hemisphärenforschung neu verstehen gelehrt haben (Eph. 3,19) »...daß ihr erkennt, daß Christum liebhaben viel besser ist als alles Wissen!«

Wahrscheinlich ist Ihnen, lieber Herr Drewermann, bewußt, welchen wesentlichen Beitrag Sie mit Ihren Büchern zur Psychohygiene leisten, zur seelischen Gesundheitserhaltung und -pflege unserer Gemeinden. Es ist eine Tatsache, aber es darf nicht so bleiben, daß durch die Verkündigung und durch die Erziehung in unseren Kirchen unzählige

gesunde junge Menschen seelisch krank werden, nämlich größtenteils an den sogenannten »ekklesiogenen Neurosen«. Sie haben frühzeitig erkannt und sich eingereiht unter die tatkräftigen Künder der Wahrheit: Jesus ist gekommen als der »Heiland«, der Heilende, der Kranken gesund, aber nicht die Gesunden krank macht.
Darf ich weiterhin dankbar hervorheben, wie Sie der biblisch christlichen Ethik ihren rechten Platz in der Lebensordnung der Kirche – wenn auch nicht wiedergegeben – so ihn doch nachdrücklich betont haben: Wer sich nicht selbst bejaht, kann auch seinen Schöpfer nicht bejahen. Sie haben an die Stelle der noch immer verbreiteten Leibesfeindlichkeit das dankbare *Annehmen* der Körperlichkeit betont.
Es bleibt mir völlig unerständlich, wie sich im letzten Jahrhundert nach einigen tastenden Vorversuchen (z.B. bei dem erwähnten I.H.Schultz) von Kinsey über Giese und Haberle bis zu Hertoft und Masters und Johnson eine eigenständige *Wissenschaft der Sexualmedizin* gebildet hat, an deren beachtlichen Weltkongressen (z.B. Paris 1974, Heidelberg 1985) ich niemals einen Verteter der Kirchen habe das Wort ergreifen oder in Veröffentlichungen die Ergebnisse hätte diskutieren sehen. Sie bilden mit Ihrem Werk »Psychoanalyse und Moraltheologie« eine der seltenen Ausnahmen. Sie verschweigen nicht, wie häufig und wie brennend gerade unter »Klerikern« die Neurosen und Fehlwege vorkommen. Aber wo finden sich die fachkundigen Seelsorger, die den vielfach zu Tode betrübten Brüdern beistehen können? Wo sonst finden kirchliche Amtsträger in diesen wichtigsten Lebensfragen eine Antwort?
Bedarf es eines Beispiels? In unserer Ärztlichen Lebensmüdenbetreuung haben wir bisher über 1.300 »Onanieskrupulanten« – vielfach zu Tode verzweifelt, weil ihr Ringen vergeblich bleiben muße – behandelt. 97 % von ihnen waren durch kirchliche, »ekklesiogen« neurotische Erziehung geängstet. Einige waren zusätzlich mit unerträglichen Schuldgefühlen belastet, weil sie zwangsneurotisch der (von Alfons von Liguori) sogenannten »sakrilegischen« Onanie verfallen waren, d.h. die Jungfrau Maria oder der Gekreuzigte selbst mußten ihnen als Objekte ihrer sexuellen Phantasien dienen. Die meisten Betroffenen, ausschließlich kirchliche Amtsträger, waren völlig unfähig, den ausschließlich krankhaften Charakter ihrer Phantasien zu erkennen. Ihnen allen konnte in relativ kurzer Zeit geholfen werden.
Handelt es sich bei dieser Gruppe um seltene Sonderbeispiele, so ist es doch Allgemeingut sexualmedizinischer Wissenschaft, daß die Selbstbefriedigung beim männlichen Geschlecht mindestens im Jugendalter absolut verbreitet ist, bei Mädchen und Frauen zu etwa 50 %. Diese völlig harmlosen und üblichen, vorbereitenden Spiele werden erst dann bedenklich, ja gefährlich, wenn sie mit dem Makel des Sündhaften

belegt, fortschreitend zur Zerstörung des Selbstwertbewußtseins führen. Sie ersticken dann unter dem Einfluß einer kirchlichen Pseudoseelsorge das Wachstum der Vertrauensbeziehungen zu Gott und lenken von der eigentlichen ethischen Aufgabe, der Arbeit am eigenen Charakter unter der Leitung des Vorbildes Jesu ab.
Hier hat Jahrhunderte hindurch und bis in die Gegenwart hinein eine »ekklesiogen-neurotisierende« Erziehung wahre Tragödien der Entwicklung heraufbeschworen, die Gewissen bis zu Kastrationsversuchen (im 20 Jahrhundert!) gepeinigt und nicht zuletzt die erotischen Phantasien so verdrängt, daß die eheliche Gemeinschaft zu einer bloßen Körperbefriedigung verkümmerte, bis sie zerbrach.
Sie selbst, lieber Herr Drewermann, sind so ausführlich auf die moraltheologischen Probleme der Perversionen im eigentlichen Sinn eingegangen, daß sich hier dazu Einzelheiten erübrigen. Aber das Wagnis drängt mich, einige Ihrer Erkenntnisse fortzusetzen und zuzuspitzen, so wie unsere ärztlichen und seelsorgerlichen Erfahrungen es gelehrt haben.
a) Schwerste Sünde ist es, etwas »Sünde« zu nennen, was nicht Sünde ist – davon war (beim dem Onanieproblem) soeben die Rede – aber mindestens so schwer wiegt die Verzerrung, nicht mehr als Sünde zu bezeichnen, was doch Sünde ist. Sie lieber Herr Drewermann, haben in ihren Büchern zahlreiche Beispiele von neurotischen Schuldgefühlen mitgeteilt, die durch falsche Erziehung entstanden waren und nichts mit objektiver Schuld zu tun haben. Noch immer werden in erheblicher Zahl »ekklesiogen-neurotische« Schuldgefühle gezüchtet; darf ich ergänzen: mindestens so häufig fanden wir unter den Beichtwilligen Fromme mit depressiven, manchmal gar wahnhaften Schuldgefühlen, die wiederum nichts mit echter Sünde zu tun hatten.
Unter hundert evangelischen wie katholichen Beichtwilligen fanden wir über 60 mit krankhaften, unechten Schuldgefühlen. Eigentlich müßte jeder »Kleriker« hier zuverlässig unterscheiden können; aber wer lehrt es ihn?
b) Kirchliche ethische Verhaltensnormen im Grenzbereich zur Medizin und zur Physiologie setzen meist voraus, der Mensch könne sein Verhalten vom Willen her befriedigend steuern. Das trifft im Bereich der Sexualität nur recht bedingt zu; die Triebbetätigung richtet sich hier weithin nach anderen, z.B. hormonellen Faktoren. Das sei durch ein typisches Beispiel belegt: Der 42-jährige Inhaber einer mittelgroßen Firma fühlte sich gezwungen, täglich 8 - 10 mal Geschlechtsverkehr auszuüben. Seine Ehefrau war dazu weder fähig noch bereit. Von vielen Seiten, auch von einem Ihnen bekannten Priester, wurde er mit Vorwürfen überschüttet, die mit seinen Gewissensbedenken zuammentrafen. (Bereitwillige Frauen standen ihm in seiner Firma ausreichend zur

Verfügung.) In einer Mittagspause versuchte er in seinem Büro, sich beide Hoden abzuschneiden. Blutüberströmt und besinnungslos wurde er in ein nahes Krankenhaus gebracht, wo ihm Teile eines Hodens wieder angenäht werden konnten. Von dieser Zeit an war er der treueste und recht gemäßigte Ehemann.

c) Andererseits ergab sich bei den ersten sechs (von acht) evangelischen Pfarrern bei der notwendigen körperlichen Untersuchung in unserer ärztlichen Beratungsstelle ein beachtlicher Befund: Diese Pfarrer waren hauptamtlich damit beschäftigt, in Jugendkreisen oder Gemeinden Vorträge über »Sittlichkeitsfragen« zu halten. Bei ihnen allen lag eine Unterentwicklung des Genitales vor. (Die meisten hatten einen Hoden-Längsdurchmesser von höchstens zwei cm und ließen auch weitere Kennzeichen einer konstitutinellen Triebschwäche erkennen.)

Bei einem 38-jährigen Priester lag eine Hypophysenerkrankung vor mit einer Zwitterbildung. Seine voll entwickelte weibliche Brust hatte er 20 Jahre hindurch nur mit größter Mühe vor allen anderen Menschen verheimlichen können. Bei ihm lag eine Lebensgefahr vor, die eine sofortige Gehirnoperation erforderlich machte. Bei dieser Gelegenheit wurden auch die Brüste entfernt. In seiner falschen Scham wagte er zwei Jahrzente hindurch nicht, sich irgendjemandem anzuvertrauen.

Diese Beispiele sollen belegen: ein Urteil oder auch nur ein Raten in den Fragen der sexuellen Triebbetätigung, die so eng mit anderen theologischen und ethischen Fragen zuammenghängt ist nicht möglich ohne eine genaue Kenntnis der jeweiligen medizinischen und hormonellen Grundlagen.

d) Nach S. Freud lautet ein Lebensziel: Aus »Es« muß »Ich« werden. Wichtiger noch ist die Harmonie zwischen »Es« und »Über-Ich«. Manche Neurotiker bedürfen vornehmlich einer Einsicht in die verdrängten, »unbewußten« Anteile ihres Seelenlebens. Ebenso bedeutsam aber ist die Erforschung des »Über-Ich« und der Gewissensstrebungen. Beide können überstark mit ihren Forderungen das Leben belasten oder auch so weitgehend verkümmern, daß sie ihren Dienst als Leitmaßstäbe nicht mehr wahrnehmen können. Die Einheit der lebendigen Gesamtpersönlichkeit mit der Harmonie zwischen Trieb- und Gewissensstrebungen bildet die Grundlage der Charaktererziehung.

e) Verbreitet wird als Seelsorge ausgegeben ein Trost, der mit dem Hinweis auf Jesus Christus das Entbehren der zwischenmenschlichen Liebe erträglich machen oder gar fordern will. Eine verlorene oder zerstörte Gemeinschaft zwischen zwei Liebenden kann aber nicht durch ein Werterleben auf einer anderen Ebene ausgeglichen werden. Solche verfehlte Seelsorge vermehrt nur das Leiden und weckt zusätzliche Glaubenszweifel.

f) Nicht negative sexuelle Lasterkataloge, sondern Gewissens-, Gesinnungs- und Personalethik sollten das Verhalten bestimmen. Viele katholische Werke zur Pastoralmedizin pflegten – mindestens früher – die verschiedenen Arten sündhafter Verfehlungen aufzuzählen und in ihrem Schweregrad zu beurteilen. (Nicht nur das sechsbändige »Handbuch der Patoralmedizin« von Prof. Dr. theol. Dr. jur. A. Niedermeyer mit zehntausenden von Paragraphen bietet dafür ein negatives Beispiel.) Das Gewissen darf aber nicht entmutigt oder einseitig auf sexuelle Verfehlungen fixiert werden; maßgebend ist vielmehr die Gesinnung nach Philipper 2,5 »ein jeglicher sei gesinnt wie Jesus Christus auch war«.
g) Eine verbreitete kirchliche Sexualmoral erweckt den Eindruck, als wären Äußerungen der Sexualität vor und außerhalb der Ehe grundsätzlich als sündhaft, in der Ehe dagegen als erlaubt zu betrachten. Viele Verhaltensweisen von seelischer Grausamkeit und Rücksichtslosigkeit, Streitsucht, und Unwahrhaftigkeit werden von solchem vereinfachten Schablonendenken nicht erfaßt.
Eine (besonders in der katholischen Kirche) verbreitete »christliche Ethik« geht von der Utopie aus, junge Mädchen wüchsen nach der Pubertät ohne geschlechtliche Regungen oder Wünsche auf. Zwar kommt dies vor, und eine volle geschlechtliche Erlebnisfähigkeit entwickelt sich zumeist recht langsam; häufiger aber bleiben sexuelle Wünsche und Handlungen auch dann noch unterdrückt, wenn eine verfehlte Erziehung sie jahrelang als Sünde hingestellt hat. Mehrere hundert Male fanden wir pietistisch oder katholisch erzogene Mädchen, die den harten Bruch zwischen dem Kampf gegen sündhafte Versuchungen und der neuen, angeblich Freude bringenden »ehelichen Pflicht« nicht nachvollziehen konnten. An dieser Frage sahen wir mehrere hundert Ehen zerbrechen.
h) Albert Schweitzer lehrte die »Ehrfurcht vor dem Leben«. Sie schließt die Ehrfurcht vor der Liebe und der Sexualität ein. In theologischer Sicht gehören die Probleme der Sexualität nicht so sehr zu denen des zweiten Artikels des Glaubensbekenntnisses, zur Sündenvergebung, sondern zum ersten Artikel mit seinem Urteil über die gesamte Schöpfung: Sie ist sehr gut.
i) Von Bertalanffy, der große Biologe, prägte das Leitwort von der »Selbstbejahung« und Funktionslust alles Lebendigen. Er sagte: »Das Auge will sehen und hat Freude am Sehen, das Ohr will hören und hat Freude am Hören; jeder Muskel will sich betätigen und hat Freude daran.« Sexualität und Erotik sind dazu bestimmt, Freude zu spenden und zu erfahren, nicht aber Ängste und Schuldgefühle, durch die wir schon einige Tausend Menschen seelisch schwer erkranken sahen, nicht zuletzt kirchliche Amtsträger.

Die brennend wichtige Aufgabe biblischer Sexualseelsorge sollte unter dem Wort des Paulus stehen »Nicht daß wir Herrn seien über euren Glauben, sondern Gehilfen eurer Freude« (2 Kor 1,24).
Sie lieber Herr Drewermann, haben inzwischen in weiten Teilen der Christenheit ein offenes Ohr für ihre Anliegen gefunden. Schenke Ihnen Gott die Vollmacht und die Weisheit, daß Ihre Einsichten Früchte tragen, besonders unter den schwer leidenden »Klerikern«. Lassen Sie sich dann nicht von Einzelheiten entmutigen, wenn Ihre Kleriker mit einigem Recht hinweisen auf jene Teile der psychoanalytischen Lehre, die heute als überholt gelten müssen; auch treffen manche Merkmale der »Tiefenpsychologie«, die sicher mit der Psychoanalyse nicht identisch ist, nicht auf alle tiefenpsychologischen Methoden zu, von denen einige Kollegen heute über 6.000 unterscheiden wollen.
Uns geht es um Ihre Grunderkenntis: Viele Verhaltensweisen und Erkrankungen der »Kleriker« sind nur aus einer tieferen seelischen Schicht zu verstehen und zu beheben. Wie aber könnte dies geschehen? Wir brauchen einen umfassenden Unterricht in Seelsorge mit praktischer Erfahrung für die jungen Priester. Ein solcher Unterricht ist durch das bloße Übernehmen von Erkenntnissen des Behaviourismus und der Lerntheorie nicht zu ersetzen. Wir brauchen nicht eine neue Technik, sondern eine neue Herzensfrömmigkeit, die freilich einem umfassenden psychologischen Wissen nicht entgegensteht, sich vielmehr mit ihm verbünden muß. (Ganz persönlich bevorzuge ich den Ausdruck »Tiefenseelsorge«, damit auch die »pneumatische« Seite der Seelsorge zu ihrem Recht kommt. Das betonte mit Recht Werner Gruehn besonders nachhaltig.)
Zu solcher neuen Glaubenshaltung müßte eine sorgfältige empirische Kenntnis treten, die die moderne Forschungsergebnisse der psychosomatischen Medizin ebenso berücksichtigt wie die der Hypnosewissenschaften (einschließlich des Autogenen Trainings) und der Religionspsychologie sowie der Sexualmedizin. Äußerliche Maßnahmen der Verwaltung reichen nicht aus zu einer Erneuerung der Herzensfrömmigkeit.
Gewiß wäre die Aufhebung des Zölibates eine Tat der Barmherzigkeit und der Befreiung für zahllose Kleriker; aber an den Anfang einer solchen seelsorgerlichen Tat wüßte ich am liebsten eine Kenntnis der Ehenöte und -schwierigkeiten gestellt, damit nicht eine Gruppe von Nöten nur eine andere ersetzt. Immer wieder freue ich mich, wenn ich das ernste Streben von Priestern um eine geistliche Erneuerung und Vertiefung miterleben kann. Hier kommt den Exerzitien und den Bruderschaften außerordentliche Bedeutung zu. Zu dieser »spirituellen« Vertiefung müßte jedoch eine praktische Lebensnähe treten, an der es oft fehlt.

Wie gut, daß es in Ihrer Kirche, lieber Herr Drewermann, Ehevorbereitungskurse gibt. Umfassend kenne ich sie nicht, doch habe ich Grund anzunehmen, daß gerade entscheidende Fragen des Ehelebens dabei ausgeklammert werden.
Neue Offenheit, neue Glaubenstiefe, neue Herzensfrömmigkeit, neue Sicht für die Tatsachen und ein verständnisvolles praktisch hilfreiches Eingehen auf die Nöte der »Kleriker« (z.B. mit Vertrauensleuten in jedem Bistum), das wären lösbare Aufgaben, ja Notwendigkeiten.
Wenn Sie sich dafür einsetzen, könnte daraus eine praktische Tat werden, auf die unsere Kirche warten.

In herzlicher Verbundenheit

bleibe ich Ihr

Klaus Thomas

Klerikale Existenz: Identifikation oder Individuation?

Peter Pflüger

Das skandalöse Buch

Zugegeben: »Kleriker« ist ein unanständiges Buch. Der Autor nimmt kein Blatt vor den Mund, tut so, als dürfe man alles aussprechen, was man weiß, als gäbe es kein ungeschriebenes Gesetz, Unsagbares nicht zu sagen, und er öffnet Türen zu Kammer, in denen heimlich verborgen wird, was der Besucher der Wohnung nicht zu Gesicht bekommen darf, um den Eindruck von Ordnung und Ordentlichkeit zu wahren. Schlimmer noch: Er bittet die Gäste in diese Kammern, führt ihnen Stück für Stück das Versteckt gehaltene vor Augen und erklärt gerade dies für den eigentlichen Schatz der Hausleute, von welchem diese selbst jedoch wohl kaum noch Ahnung haben.

Was Wunder, daß da Verwirrung und Irritation entsteht; daß heftige Ablehnung provoziert wird auf Seiten derer, die sich für die Ordnung verantwortlich fühlen und zuerst vielleicht zaghafte, dann aber leidenschaftliche Zustimmung von Seiten derjenigen, die spüren, daß da etwas ans Licht kommen darf, das voll Angst und Unsicherheit im Verborgenen gehalten werden mußte.

Im Klartext: Ist es nicht erstaunlich, wie sehr die äußeren Ereignisse um den Versuch Eugen Drewermanns, den Menschen in seiner psychischen Ganzheit und nicht nur seine bewußten Anteile in sein Forschen einzubeziehen, die innere Situation der Kirche widerspiegeln? Da hört man zum Beispiel bezüglich seiner moraltheologischen und exegetischen Arbeiten zwar von mancher Seite eine gewisse Affirmation, was die Bedeutung dieses Denkansatzes anbetrifft. Und mancherorts lassen sich auch Versuche ausmachen, überkommene Positionen anhand Drewermannscher Fragen neu zu bedenken. Andererseits entlarvt dann freilich eine zynisch arrogante Sprache eine Haltung, die Drewermann gleich gar nicht ernst zu nehmen bereit scheint, wie sie zum Beispiel Walter Kasper deutlich genug erkennen läßt.

Im wesentlichen aber erschöpfen sich die Stellungnahmen doch auf ausgrenzende Feststellungen, was nun davon mit kirchlicher Lehre – immer freilich bezogen auf die Tradition – noch zu vereinbaren sei und

was nicht. Auf einen Nenner gebracht: robuste Abwehr statt vorsichtig fragender Annäherung.
Wenn nun aber die Angst, den vermeintlichen Besitz zu verlieren, schon im theologisch-wissenschaftlichen Bereich so heftige Reaktionen hervorruft, was kann man dann erst dort erwarten, wo es buchstäblich ans klerikale Mark geht?
Eugen Drewermann bleibt sich treu: Er nimmt – und das ist ein Skandal im Raum der schreibenden Theologenzunft – keine Rücksicht darauf, was die Oberen, die Kollegen gerne hören möchten, sondern äußert seine Meinung: gelegen und ungelegen.
Nun ist ja Binsenwahrheit, daß eine Sache erst dann annähernd vollständig vor Augen steht, wenn ihr Inhalt nicht fortlaufend wiederholt, sondern wenn auch gegen den Strich gebürstet wird. Sprich: wenn sichtbar werden darf, was unter dem kleidsamen Fell tatsächlich steckt. Jedermann wird dem unverzüglich zustimmen, der sich zum Beispiel neben den herkömmlichen, im wesentlichen selektiv-affirmativen Darstellungen der Kirchengeschichte etwa die schonungs- und damit notwendigerweise auch schamlose Offenlegung kirchenhistorischer Fakten von Karlheinz Deschner zu Gemüte führt. Wie anders, wahrer, menschlicher, anziehender würden die Religionsbücher der Schule aussehen, wenn statt der abschreckend stromlinienförmigen Historiengestalt die ganze menschliche Wirklichkeit konkreter Religionsgeschichte erkennbar und damit nachvollziehbar würde.
Unanständig also sind die »Kleriker«, und schamlos sind sie auch. Und gerade mit dem Versuch, Wesentliches nicht unter dem Deckmantel von Scham verborgen zu halten, nähert sich Eugen Drewermann der Wirklichkeit des Klerikers an: er beschreibt nicht, was sowieso im Licht steht und jedermann erkennbar ist, sondern er deutet auf den Schatten, welchen die Gestalt wirft, die im Lichte steht. Wo Licht ist, muß auch Schatten sein. Und je heller das Licht, umso schärfer treten die Konturen des Schattens zutage. Licht und Schatten machen die Ganzheit, jedes für sich alleine bleibt Teilstück, buchstäblich Halbwahrheit, und damit letztlich Lüge.
Freilich: ein solches Licht-Schatten-Psychogramm ließe sich von jedem auch nur einigermaßen abgrenzbaren Existential erstellen: vom Politiker, vom Arzt, vom Professor, vom Therapeuten, vom Kaufmann, vom Patrioten, vom Single, von der Mutter, von der Feministin zum Beispiel und von jedem einzelnen von uns Menschen ja überdies und sowieso. Und jedesmal würde Schattenmaterial ans Tageslicht gefördert, das zutiefst erschrecken läßt.
Muß denn aber unbedingt ans Licht gezerrt werden, wird man wohl fragen, was so sanft im Dunkeln ruht? Darf sich denn der Politiker nicht für sein Vaterland verdient gemacht haben (obwohl er sich zunächst

und zuerst für sich selbst verdient gemacht hat)? Darf eine Mutter nicht ihr Leben für ihr Kind geopfert haben (obwohl sie es zunächst doch für sich selbst gewonnen hat)? Sie dürfen! Der Unterschied aber ist, daß Kirche einen Anspruch auf Wahrhaftigkeit und Wahrheit geltend macht, der so umfassend ist, daß er faktisch kaum mehr realisiert zu werden vermag – außer man identifizierte sich in höchstem Maß mit dem System. Ein Maß, das dann allerdings auch darüber bestimmt, wie weit der einzelne seinem eigenen Schatten und dessen Antrieben ausgeliefert ist. Denn: Was scheinbar sanft im Dunkeln ruht, ist unkontrolliert und unkontrollierbar auf höchste Weise virulent und bestimmt das Verhalten des Menschen wesentlich mehr, als alle seine bewußten Ichkomponenten. Wo ließe das sich besser aufzeigen als gerade an der Geschichte des Christentums, und zwar von seinen ersten Lebensjahren an?

Eugen Drewermann geht einen essentiellen Schritt auf diese Ganzheit am Beispiel des Klerikers zu. Ein unerläßlich wichtiger Schritt, wenn freilich auch nur einer. Er argumentiert im wesentlichen von einem kausal-genetischen Entwicklungsbild des Menschen her, das in sich begründet ist. Weitere Schritte auf anderen Ebenen aber müssen und werden sicherlich folgen, von ihm, von anderen. Denn es geht dabei ja um nicht weniger als um die Suche nach neuen Möglichkeiten zu einer lebendigen Existenz, deren Begründung vom einzelnen primär aus seiner eigenen Mitte heraus erfahren werden kann und von dort her unmittelbar evident ist. Mag dann für denjenigen Menschen, der dies möchte, auch noch ein äußerer, etwa kirchlicher Auftrag hinzukommen.

Damit fokussiert sich unsere Problemstellung im wesentlichen auf zwei Ziele hin. Einmal müßte die Analytische Psychologie – eine andere psychologische Richtung, auch die klassische Psychoanalyse, vermag das mutmaßlich wohl kaum zu leisten – den Archetyp des Priesters in einer differenzierten und zugleich umfassenden Weise erforschen und in seiner filigranen Struktur so darstellen, daß den in dieser Richtung suchenden Menschen der Blick geöffnet und ein Seelenanteil erkennbar wird, der zeitlos ist und allem religiös Institutionellen vorausgeht. Es versteht sich von selbst, daß dieser archetypische Anteil der Seele nicht identisch ist mit dem, was kirchlicherseits »priesterlich« genannt wird, wohl aber, daß dies kirchlich »Priesterliche« zur geistlich entleerten, weil nur objektivierte Rituale nachvollziehenden Lohnarbeiterexistenz ausgehöhlt würde, wenn es nicht gelänge, eben dieses archetypische Existential zu konstellieren. Daß katholische Kirche und Theologie in ihrem Verständnis von Amtspriestertum diese vorgegebene archetypische Disposition nicht zur Kenntnis nehmen, scheint mir die zentrale Ursache für die Stagnation seelischer Lebendigkeit und psychischer

Reifung vieler Kritiker in Not zu sein – immerhin würde damit, sollte sich Kirche dieser Realität stellen, die ganze hierarchische Struktur (die Julius Döpfner in einem natürlich privaten Gespräch »gottverfluchte Hierarchie« genannt hat) ihrer überkommen Begründung beraubt und auf einer völlig neuen Ebene installiert.

Das Wesen dieses Archetyps, soweit schon zugänglich, auch nur annähernd adäquat zu beschreiben, würde den Rahmen dieses kleinen Beitrags weit überschreiten.

Mir liegt jedoch daran, exemplarisch auf einige wenige zentrale Erfahrungsbereiche im Leben des Klerikers – des Priesters wie der Ordensfrau – einzugehen, deren Bewußtmachung und Modifikation mitzuhelfen vermag, sowohl der vielfachen Lebensnot zu steuern, wie allerhand Schutt beiseite zu räumen, der den Weg zum Kern des Archetypischen verstellt. Mithin also ein wahrhaft therapeutisches Geschehen, welches durch den innerenseelischen Prozeß einer sich lösenden Außenanpassung an vorgegebene Glaubens- und Verhaltenskodices und einer zunehmenden Innenanpassung an eigene religiöse Urbilder gekennzeichnet ist. Dieser Entwicklungsprozeß von überich-orientierter Abhängigkeit, welche die individuelle Lebens- und Glaubensmöglichkeit des einzelnen nicht berücksichtigt, hin zu tatsächlicher Selb-Ständigkeit ist ein Weg sukzessive wachsender Freiheit, allerdings auch entsprechend zunehmender Eigenverantwortlichkeit, bei welcher der einzelne sich mitnichten auf jedwede Form von Amt und Autorität berufen kann, wo es vielmehr eines denkbar großen Vertrauens in die Autorität des Göttlichen im Menschen selbst bedarf.

Hierbei ist freilich zu bedenken, daß auf diesem erlösenden Weg mit größtem unbewußtem Widerstand zu rechnen ist. Psyche unterliegt nun einmal der Gesetzlichkeit, den Status quo nach Kräften beizubehalten. Ablösung seither existenzsichernder Abhängigkeiten ist im Regelfall dermaßen angstbesetzt, daß Loslösung und Selbstwerdung die entscheidenden Entwicklungsschritte schlechthin darstellen. Es sind Prozesse, die, einmal eingeleitet, ein Leben lang dauern, den Menschen aus dem Staunen aber auch nicht mehr entlassen: Beginn zum Beispiel einer Religion, in der nicht mehr »für wahr zu halten« ist, sondern in der in einer je neuen Weise vertrauend frei gelebt werden kann.

Keine Angst, (sehr geehrte Herren Bischöfe): Dies unterwandert nicht kirchliches Leben, sondern macht den Menschen erst fähig, anstatt affirmativ-gehorsam nunmehr frei, weil im eigenen Inneren gründend und vertrauend sicher zu sein. Denn glauben im Sinne von für wahr halten dessen, was am Erfahrungs- und Evidenzpotential vorbeiführt, das würde fortan zur Farce. Wo mangels Symbolverständnis aber innerpsychische, menschheitsumfassende, religionsgeschichtliche Urbilder konkretistisch interpretiert werden, damit ihren eigentlichen,

transzendenten und allumfassenden Sinn verlieren und in geradezu unfassbarer Weise trivialisiert werden – bestes und allbekanntes Beispiel: das biologistische Verständnis von Jungfrauengeburt –, dort ist im eigenen Glaubenshaushalt aufzuräumen freilich dringend geboten. Ein jüngstes Beispiel solcher Verstümmelung offensichtlich mangels Symbolkenntnis oder -verständnis ist in Johannes Joachim Degenhardts Presserklärung zur Auseinandersetzung mit Eugen Drewermann dokumentiert.
Ich greife also drei Bereiche aus dem seelischen Potential heraus, die obwohl nur ausschnitthaft Wirklichkeit widerspiegelnd, aus Erfahrung eine zentrale Rolle im Konfliktpotential wie im Reifungsprozeß der Klerikerpersönlichkeit spielen. Bereiche, denen in vielen Klerikertherapien Schlüsselfunktion zukommt, deren einzelne Schritte oft nicht unbedingt eines Therapeuten, wohl aber eines vertrauten Begleiters bedürfen, der selbst zu sich gefunden hat und der bereit ist, durch dunkle Stunden nahezubleiben und Mut zu machen, wo die Angst schon scheitern ließe. Die Angst vor der strafenden Mutter Kirche, vor allem aber die Angst vor den eigenen Abgründen, dem Abstürzen in ein Nichts. Denn die tragende Kraft in diesem Prozeß ist Vertrauen in das Selbst, das der Kleriker von Seiten der Kirche zugunsten von Gehorsam gerade nicht hat lernen dürfen, dem er indirekt sogar durch Eid hat abschwören müssen.
Läßt sich verstehen, wie schwer es sein muß, eine solchermaßen hoch stabilisierte Verdrängung wirklichen Selbstvertrauens zu durchbrechen?

Glauben aus erster Hand

Not mit dem Glauben: ein erstes, zentrales Konflikterfahrnis in vielen Klerikerexistenzen. »Ich kann nicht mehr glauben«: häufig der Beginn eines Gesprächs, in dem das innere Zerwürfnis eines Menschen mit der Geschichte der eigenen Existenz zutage drängt. Wo kein Rückgriff auf gewohnte Antworten aus dem Sprachinventar der Kirche mehr taugt und der Hinweis auf erforderliche Demutshaltung nur als Hohn herüberkommt. Wo theologische Inhalte, »Glaubensartikel«, einfach uninteressant geworden sind, leer, Phrasen, Gerede, klingende Schelle. Wo sich der Eindruck eingeschlichen hat, Bruchstücke aus einem Lehrgebäude weitergeben, »verkünden« zu sollen, die mit Leben wenig und mit Erfahrung nichts zu tun haben und die den »Hörer des Wortes« genau so unberührt, gelangweilt, einfach egal entlassen, weil sowohl Evidenz wie Plausibilität mangeln. Und ein verhängnisvoller Kreislauf beginnt: Wer seine Botschaft dermaßen in Frage gestellt erlebt, erfährt sich selbst in Frage gestellt, sein Tun zunächst, dann den Sinn seiner beruflichen Existenz und schließlich, weil ihm aufgrund seiner Klerikerexistenz kein anderer Erfahrungsbereich als sinngebend zur Verfügung steht, sein Leben überhaupt. Kopf-hoch-Appelle, gut gemeintes Aufmuntern von Mitschwestern oder Mitbrüdern helfen nicht mehr, theologische Tröstung über schuldfreien Glaubenszweifel oder gar Schuldzuweisung erschweren die Situation. Depressivität – meines Erachtens das Hauptleiden von Klerikern, denen der stupide Ausweg schizoiden Aufspaltens nicht zur Verfügung steht – ist die fast unausweichliche Folge.

Der Kreislauf geht weiter – wo sich die nach innen gewendete, frustbedingte Depressivität als Aggressivität lösend nach außen richten kann, nimmt sie offensichtlich häufig die Form gleichermaßen intensiver wie rationaler Kritik an, die sich in heftigen Vorwürfen äußert (und oftmals die erste wirklich eigene theologische Position des Betroffenen zu sein scheint): Wie kann eine Lehre *vor* die Erfahrung gestellt werden? Wie kann Abstraktes *über* Konkretem stehen? Warum hält Kirche oder Theologie an Sprachregelungen und Ausdrucksformen fest, auch wenn sich Sprache und Lebensanforderungen weit von den Ausgangspositionen entfernt haben? Warum darf es nicht die Sprache, das Erfahrungsinventar des heutigen Jedermann sein, in denen sich das Ewige sein Aggiornamento sucht? Warum wiederholt Kirche monoton ihr Angebot, ohne nach Verstehbarkeit zu fragen? Warum gibt sie erfahrungsferne Antworten auf nicht gestellte Fragen? Warum hält sie verbissen an unhaltbaren Forderungen fest? Warum vesperrt sie den Zugang zu ewigen Bildern, indem sie sich den Zugang zum Symbol versperrt (als wäre Symbol nicht unendlich viel mehr als jeder Konkretismus)?

Eingestandenermaßen klingt diese (beispielhafte) Aufzählung einseitig, destruktiv. Sie gibt aber wohl cum grano salis wieder, was an Not, Enttäuschung bis zur Verzweiflung das Ärgernis Kirche in Klerikern erwirken kann. Natürlich nicht bei den sowieso eher lauen Typen, freilich auch nicht dort, wo Selbstverständlichkeit oder kräftiges Durchhalten die innere Stimme leise bleiben läßt. Und ohne Frage gibt es Ordensschwestern, Priester, denen diese Existenzform kein Problem bereitet. Aber die anderen, gerade und vor allem die sensiblen, differenzierten, suchenden?

Hier nun aber, gerade an dieser Stelle bitterer Kirchenerfahrung, kann für solche Kleriker ein Wendepunkt ihrer religiösen Selbsterfahrung liegen. Denn was sie bis dahin deprimierend als Defizit des Glaubens interpretierten, treu der gelernten Vorgabe ihrer Sozialisation, kann sich plötzlich als erster, zwar äußerst schmerzhafter, aber im Sinne des Wortes not-wendiger Schritt zur Geburt eines eigenen Glaubens erweisen, und damit – in der Sprache der Theologie – als Gnade. Warum?

Religion als Ausdruck psychischer Wirklichkeit des Menschen unterliegt wie alle innerseelischen Gestalten dem Prozeß des Wachsens und des Reifens. Ein Kind erfährt sich, um Welt als Lebensboden unter die Füße zu bekommen, durch Jahre hindurch in einem lebensnotwendigen Imitations- und Identifikationsprozeß gegenüber Eltern oder frühen Bezugspersonen. Soll im Laufe des Lebens aber eigenes seelisch-geistiges Leben entstehen, sollen eigene innere Potentiale sich entfalten können, ist Trennung, Abschied, Weggang erforderlich, ja unumgänglich. Wie massiv auch hier sich Widerstand gebärdet, sehen wir an der letztlich kleinen Zahl der wirklich selbst-gewordenen Menschen: Meistens siegt der unbewußte Trieb, erneut zu konstellieren, was von Anfang an gegolten hat.
Soll ein imitierender und identifizierender Glaube sich im Laufe des Lebens in einen erwachsenen, also der Außenorientierung entwachsenen und damit authentischen Glauben wandeln, dann bedarf es konsequenterweise des Abnabelns vom Kreislauf immer gleicher Inhalte, des Abstillens von der Brust der Mutter Kirche, des Suchens nach den eigenen seelischen Nahrungsquellen und damit nach dem inneren Ursprung persönlicher Religion. Dies ist der Weg zur Mündigkeit des Glaubens. Der Mündige ist nicht mehr Sohn und Tochter seiner Mutter Kirche, er ist Partner, steht ihr selbstverantwortlich gegenüber, hört ihr Wort, wählt kritisch wie selbstkritisch, weist zurück, wo es geboten scheint, prüft, was sinnvoll dünkt, nimmt an, was Leben fördert. Er darf getrost erlernten Glauben auch verlernen im Wissen, daß das eigentliche weil eigene des (christlichen) Glaubens nie verloren gehen kann. Er untersteht einem neuen Gehorsam, von dem ihn niemand zu entpflichten vermag: dem Gehorsam sich selbst gegenüber, dem Horchen auf die Offenbarung, die jeder Mensch in seiner eigenen »Sprache«, seinem eigenen Leben erhält.
Der notwendige weil notlösende Weg für viele Kleriker wird also über die Rückführung des Glaubens auf die eigenen inneren Bilder gehen, über den Mut, Stück für Stück das überkommene anhand eigener Identifizierbarkeit zu überprüfen, und statt nach einem Christus der Kirche nach »meinem Christus«, meiner Schuld, meiner Erlösung, meinem Himmel, meinem Gott zu fragen. Eine solche Neufindung des Glaubens läßt auf kathartische Weise die Aufhebung der Trennung von Erfahrung und Transzendenz erleben und vermag überdies Zugang zu schaffen zu individuellen Glaubenserfahrungen anderer. Ein solcher Mensch erfährt betroffen, wie aus einem Glauben aus zweiter Hand ein Glaube aus erster Hand geworden ist: authentisch und wahr. Er braucht Dogmen nicht länger mehr als Denkschablonen abzutun, sondern vermag sie dort zu akzeptieren, wo, soweit und solange sie innerer Erfahrbarkeit entsprechen. Mit anderen Worten: der möglicherweise fast

überfordernde Schritt, in Selbstverantwortung, Freiheit und Selbständigkeit die Vollidentifikation mit dem Glauben der Kirche (und damit die Teilidentifikation mit den Glaubensbildern der eigenen Seele) aufzugeben zugunsten einer Vollidentifikation mit den Glaubensbildern der eigenen Seele (und der nur partiellen, dafür aber ehrlichen Identifikation mit dem Glauben der Kirche) – dieser Schritt wird darüber entscheiden, ob es gelingt, zu einem wahrhaft erotischen Glauben zu kommen. Der, das ist gewiß, ist heilsam weil tatsächlich erlösend.

Die Integration des Schattens

Not mit der Kirche: ein zweites, zentrales Konflikterfahrnis von Klerikern. Über die Jahre des Lebens im kirchlichen Raum muß sich notgedrungen das frühe und im Regelfall stark verinnerlichte Bild der Kirche wandeln, dasjenige Bild, aufgrund dessen der Kleriker sich erst entscheiden konnte, sein Leben fortan im Innenraum dieser Gemeinschaft zu verbringen. Es muß anfangs ein geradezu unvorstellbarer Sog von ihm ausgegangen sein, um alle anderen Bedürfnisrichtungen eliminieren oder zweitrangig werden zu lassen. Mit der Zeit sammeln sich nun aber möglicherweise Erfahrungen über Erfahrungen an, die nicht mehr darüber hinwegsehen lassen, daß die Licht- auch eine Kehrseite hat: den mächtigen Schatten. Und was sich anfangs noch verdrängen, vielleicht als marginal erdulden ließ, wird mehr als nur ein Ärgernis: Es wird zum Prüfstein für die Richtigkeit der eigenen Lebensentscheidung.
Zwei Faktoren treffen hier zusammen. Einerseits eine – wie man ja kaum bestreiten dürfte – irreale und illusionäre Selbstdarstellung der Kirche, wo unter Ausgrenzung der dunklen, negativen Anteile ein Bild einer heiligen, in sich guten, vollkommenen Gemeinschaft gezeichnet wird, deren Lebensfundament Liebe und deren Aufgabe das Bewahren und Verkünden absoluter Wahrheit sei. Zum anderen eine ebenso überhöhte, illusionäre Erwartung des angehenden Klerikers aufgrund massiver Projektionen und selektiver Wahrnehmung der Wirklichkeit von Kirche.
Im Laufe zunehmender Erfahrung und wachsender Ernüchterung findet sich der Kleriker nun etwa in der Rolle des Ehegatten wieder, der nach Ablaufen der Verliebtheit und damit der durch sie bedingten selektiven Wahrnehmung jetzt viele vorher ausgeblendete Persönlichkeitsanteile am Partner zu entdecken beginnt und sich unversehens vor der Frage wiederfindet, wie es überhaupt zur früheren Entscheidung kommen konnte.
In dieser Situation nun, die sich für nicht wenige Kleriker als überaus heikel erweist und nach meiner Erfahrung die weitere klerikale Existenz

häufig mehr in Frage stellt als etwa das Problem des Zölibats – es handelt sich ja um massive narzißtische Kränkung übertragener Elternbeziehung – steht die Trennung von der bislang lebentragenden, projizierten Idealgestalt der Mutter Kirche an. Die trockene Nennung dieses Sachverhaltes läßt nicht ahnen, welch massive inneren Kämpfe bei diesem Abschied ausgelöst werden.

Es geht darum, den inneren Prozeß der Wandlung von dem als Illusion entlarvten Idealbild hin zur Realgestalt zu durchleben, zu durchleiden. Durch alle Stufen hindurch, bis der nach Wahrheit im Sinne von Ganzheit Suchende dort angelangt ist, wo die Kirche nichts von ihrer Größe verloren, aber die Dimension des Schreckens hinzugewonnen hat. Wo eingestanden werden darf, daß diese Gemeinschaft, die ein solches Potential an Nächstenliebe immer wieder zu entfalten vermochte und vermag, zu ungeheuerlichen Verbrechen im Laufe ihrer Geschichte fähig war und ist; wo neben Wahrhaftigkeit Verlogenheit, neben Befreiung Unterdrückung, neben Fürsorge Ausbeutung, neben Demut Arroganz, neben Brüderlichkeit Feindschaft, neben Hilfsbereitschaft Herrschsucht, neben Freigebigkeit Habgier, kurz: neben jeder Position auch ihre Negation existiert. Heute genau wie gestern, morgen sicherlich nicht weniger als heute.

Eine Kirche also, die getreues Abbild jedes einzelnen ihrer Glieder ist in Stärke wie in Schwäche. Die gleichermaßen verehrungs- wie verabscheuungswürdig, liebens- wie verachtenswert ist. Es geht also darum, diesen Schatten der Kirche anzunehmen, zu integrieren, wie man heute sagt. Dies hat freilich nichts zu tun mit gutheißen, entschuldigen, herunterspielen. Sondern meint: Verantwortung zu übernehmen für den eigenen Anteil an dieser Schattengestalt im Bewußtsein, daß jeder einzelne im Kollektiv der projizierten eigenen Gestalt begegnet.

Konkret bedeutet dieser Schritt im Reifungsprozeß des Klerikers, sich auf den Kampf mit der dunklen Seite des matriarchalen Aspektes der Kirche einzulassen. In einer unseligen Verwechslung von Männerherrschaft (oder Männerwirtschaft) und Patriarchat, die heute allerorten herrscht, wird übersehen, daß die katholische Kirche trotz mancher patriarchaler Anteile gerade kein Patriarchat ist, sondern im wesentlichen Urzüge des Matriarchates trägt. Der heranwachsende Klerikersohn darf sich der Fürsorge, des Schutzes, der lebenerhaltenden Geborgenheit durch die Große Mutter gewiß sein – solange er deren narzißtischen Bedürfnissen entspricht, d.h. Kind nach ihrem Bilde bleibt. Folgt er aber seinen eigenen Anlagen, versucht er sich selbst treu zu sein, läßt er wachsen, was seinem, nicht aber ihrem Wertebild entspricht, beginnt er eigene Wege zu gehen, ihre Wahrheit zu hinterfragen, neue Antworten zu suchen: Er wird sich entwürdigt und fallengelassen, ausgestoßen und entrechtet erfahren. Ob dies in der Lebenskrise eines Klerikers nun als innerpsychischer Prozeß durchlitten werden muß oder sich auch in der äußeren Auseindersetzung konkretisiert, ist nicht allein entscheidend. Entscheidend aber ist, ob der Betroffene die Auseindandersetzung wagt und seiner Seele damit die Chance öffnet, zu eigenem Leben und damit zu neuem Sinn zu finden. Der, auch das ist gewiß, trägt mehr als jede Mutter.

Die Integration des Eros

Not mit der Erotik: Neben einem freien Zugang zu evidenten Glauben und neben einer Akzeptanz des realen Kirchenbildes ist die Erfordernis eines freien, unverstellten und unbelasteten Zuganges zur Erotik des eigenen Leibes ein drittes, allerdings äußerst wichtiges Moment des Individuationsweges des Klerikers. Daß wir es hier mit einer äußergewöhnlich massiven Blockade im emotionalen Bereich der Kleriker zu tun haben, ist in der von Amts wegen gewollten Verkümmerung dieser zentralen Lebenserfahrung begründet, die wohl die meisten Kleriker Analphabeten der Zärtlichkeit bleiben läßt. Daß dem so ist, hängt mit einer moralischen Einstellung zur Körpererotik zusammen, die an Irrwitz nichts zu wünschen übrig läßt – dies aufzuzeigen ist vielerorts ausführlich schon geschehen – und einer daraus entstehenden und tiefgründenden, umfassenden Angst vor allen Höhen und Abgründen sexuell-sinnlicher Erfahrung. Eine höchst sonderbare Mischung aus Dämonisierung und materialistischer Engführung bestimmt seit der Mitte des ersten Jahrtausends die kirchliche Sexualethik, wobei nur die Schwerpunkte phasenhaft wechseln.
Es steht also eine oftmals geradezu fundamentale Hemmung auf Klerikerseite dagegen, in einem Entwicklungs- und Gesundungsprozeß die Trennung von Leib und Seele, von körperlicher Sinnlichkeit und Gefühl aufzulösen. Wie unerläßlich wichtig jedoch dieser Schritt ist, wird deutlich, wenn wir das volle Ausmaß an Lebensbehinderung erkennen, das der Verleugnung oder Entwertung von Sexualität entspringt. Hier sei in keiner Weise eine aus freien Stücken zeitweise gelebte Enthaltsamkeit gescholten, bei welcher allerdings als selbstverständlich vorausgesetzt ist, daß man dasjenige, worauf man verzichtet, nicht nur vom Hörensagen, sondern aus persönlicher Erfahrung kennt und dadurch dem Verzicht (erst) Sinn zu geben vermag.
Viele Kleriker leben nun ja eine hetero- oder homophile Beziehung, wo von Glück geredet werden kann, wenn sie schuldfrei gelingt. Sie vermag sonst möglicherweise anstatt zu befreien nur noch enger einzuschnüren und auf dem Umweg über zunehmende subjektive Schulderfahrung (so sachbezogen Schuld ja nicht entstehen kann) in Depression

zu münden. Für andere Kleriker wiederum – was meine Kenntnis anbetrifft, recht wenige – ist das Bedürfnis nach Zärtlichkeit, Erotik, Sexualität von schwachem Sog und wenig Antriebskraft. Für viele aber wird trotz aller Hoffnung und Wünsche der Weg zur zärtlich-erotischen Erfahrung mit anderen Menschen, mit einem anderen Menschen, verschlossen bleiben. So bleibt der Ausweg in die Phantasie und die Begegnung mit sich selbst.
Onanie: über diese Form erotischer Begegnung mit dem Leib zu sprechen, fällt den meisten Menschen schwer. Eugen Drewermanns Wort von einer eigentümlichen Schamkultur, in der es Gesichtsverlust bedeute, eigenste Gefühle zu zeigen, hat hier besondere Berechtigung. Doch wie sollen diese Menschen anders, wenn ihnen der Zugang durch einen Dschungel von Vorurteilen verstellt ist, die zwar einer Nachprüfung nicht standzuhalten, wohl aber mit teilweise erstaunlicher Konstanz zu beharren und fortzuwirken vermögen. (Es soll hier nicht verhehlt werden, daß auch Psychoanalyse eine wenig rühmliche Historie auf diesem Gebiet aufzuweisen hat). Ob Eugen Drewermann seine sachlich so schwer nachvollziehbare frühere Position zu diesem Thema in »Wege und Umwege der Liebe« (Psychoanalyse und Moraltheologie, Bd. 2, Mainz) noch aufrechterhalten mag? Er müßte sich dann gegen diesen Weg hier klar verwahren. Doch worum geht es?
Im Gegensatz zu der bis heute vom obersten kirchlichen Lehramt vertretenen biologisch-materialistischen Position (von welcher sich ja viele Bischöfe distanziert haben und die Bußpraxis landauf landab nur noch wenig Notiz nimmt) muß die sexuelle Begegnung des Menschen mit seinem eigenen Körper gerade dort, wo andere sexuelle Erlebensweisen nicht, noch nicht oder nicht mehr gegeben sind, als in sich gut, sinnvoll und verantwortungsvoller Pflege wert erachtet werden. Es gibt nicht einen einzigen bibeltheologischen, keinen stichhaltigen moraltheologischen, keinen entwicklungs- oder beziehungspsychologischen, keinen tiefenpsychologischen, keinen sozialethischen Grund hiergegen. Keuschheit – braucht das noch erwähnt werden? – meint ja nicht Enthaltsamkeit, meint vielmehr die vertrauensvolle, verantwortete Hingabe an die Schöpfung in Gestalt des Leibes: des Leibes des vertrauten Menschen, des eigenen Leibes. So wenig, um eine alte Ansicht aufzugreifen, der Leib der Begegnung mit Gott im Wege stehen kann, so sehr kann die zärtliche und liebevolle Begegnung mit dem Leib geradezu ein Weg auf Gott hin sein. Auf einen Gott, der im zärtlichen wie auch im rauschhaften Erleben in seiner Schöpfung gegenwärtig ist.
Wie anachronistisch und abwertend, wie entsetzlich entwürdigend mutet aber an, unter welch erniedrigenden inneren wie äußeren Umständen diese erotische Begegnung mit dem eigenen Leib, die doch ein Fest der Schöpfung sein könnte, bei Klerikern sich ereignet, die noch im Diktat

überkommener Moralen gefangen sind! Verbannt, verschwiegen, verleugnet vor offenem und wachem Zu- und Eingestehen sich selbst gegenüber. Ein flüchtiges Entladen mit schalem Nachgeschmack, der die beglückende Phantasie im sehnsuchtsvollen Blick in ein wohl nie erreichbares Land rasch wieder löscht – wo dieser Blick an sich doch schon so wertvoll ist!

Hier muß die Hilfe einer befreienden, notlösenden Therapie ansetzen: Es geht darum, daß der noch in Gewissensangst gefangene Kleriker im Schutz einer vertrauensvoll haltenden Begleitung langsam, Schritt für Schritt, das Ghetto vermeintlicher Schuld zu verlassen wagt und in wachsender innerer Freiheit den eigenen Leib erotisch zu erfahren lernt. Zwei Aspekte sind hierbei von großer Bedeutung. Zum einen gilt es, das bei Klerikern meist denkbar schwache Vertrauen in das eigene Urteil und die Richtigkeit eigener Entscheidung zu entwickeln und zu stärken, wo seither die Identifikation mit den Normen des Amtes dominierte. Reifende Authentizität, Autonomie und Identität sind unerläßliche Voraussetzung, den Gehorsam-und-Schuld-Mechanismus durchbrechen zu können.

Zum anderen: Die erotische Erfahrung des Leibes, auch des eigenen, bedarf einer Gestaltung, die dem seelischen Wert dieses Geschehens gerecht wird und es aus der Bannmeile verbotener Lust herauszuführen vermag. Sie wären Zeichen einer durch und durch religiösen Haltung: der Achtung der Schöpfung, der Wertschätzung der Sittlichkeit, der Verlebendigung der Leiblichkeit, der Würdigung der Sinnlichkeit, der Wahrung der Keuschheit, wahrhaftiger Keuschheit. Diese ist, und auch das ist gewiß, erlösend und beglückend zugleich.

Zum Schluß nochmals: Manche Kleriker finden in der Identifikation mit dem Amt ein Stück Identität, und dies mag ihnen genügen. Andere leiden unter der Gespaltenheit von Sollen und Können. Und wiederum andere, viel mehr, als kirchenöffentlich bekannt, leben in seelischer Not, weil Zugänge zu Lebensmöglichkeiten verschlossen sind, die sie alleine nicht aufzubrechen vermögen. Ihre Lebensenergie ist geblockt, die Begeisterung verloren, der Sinn verschüttet, die Hoffnung geschwunden. Keine Mühe sollte zu groß sein, die eingesperrten Energien freizusetzen, um das Leben wieder als Glück und den Beruf wieder als Reichtum erfahren zu können.

Mit diesen drei beschriebenen Schritten sind partielle Erfahrungen auf diesem Wege wiedergegeben. Freilich: Die Kürze eines Essays kann mögliche Mißverständnisse nicht ausschließen. Ausführlicheres an anderer Stelle wird klären helfen. Dies aber darf nicht daran hindern, die Sache beim Namen zu nennen.

Aus den Briefen an Eugen Drewermann

Sehr geehrter Herr Doktor,

Schon bei der Ankündigung und Besprechung Ihres Buches im »Spiegel« Nr. 44, hatte ich mir von meiner Familie kein anderes Weihnachtsgeschenk mehr gewünscht, als dieses Buch und die Zeit, es lesen zu können – und diese habe ich mir jetzt genommen. Ich kann Ihnen gar nicht sagen, wie wohl das tut, wenn man in all seinen Ansichten, die man bisher für sich selbst als gültig gehalten hat, von so kompetenter Seite eine so eindeutige Bestätigung erfährt.
Ich wurde 1960 zum Priester geweiht, weil es meine Eltern schon vor meiner Geburt, anläßlich einer Audienz bei Pius XI. gelobt hatten. Den Wortlaut der Ansprache bei dieser Audienz konnte ich noch ermitteln: »... Leider müssen wir gestehen... daß oft, leider allzu oft Eltern... sich mit der Berufung ihrer Kinder zum Priesterstand nicht zufrieden erklären. Ohne Scheu bekämpfen sie mit allen Mitteln den göttlichen Ruf... Welche höhere Würde könnten... Eltern ihren Kindern wünschen?... Eine schmerzliche Erfahrung lehrt, daß ein verratener Beruf – man halte dieses Wort nicht für zu scharf – eine Quelle der Tränen nicht nur für den Sohn, den Gott rief, sondern auch für die Eltern sind;...verhüte Gott, daß solche Tränen zu ewigen Tränen werden.« Daraufhin wurde von meinen Eltern an Ort und Stelle das feierliche Gelübde abgelegt, mich, den damals noch nicht einmal empfangenen, der nimmersatten katholischen Kirche in den Magen zu schieben. Schon bei meiner Geburt ließ meine Mutter ins Familienalbum schreiben: »Wenn aus dieser Kreatur noch ein Mensch wird, dann soll er ein Priester werden.« Meine Mutter hat mir später immer wieder vorgehalten, daß ich durch meine Geburt – es soll eine Miß- bzw. Zangengeburt gewesen sein – schuld sei, daß sie ihre gesundheitsstrotzende Natur eingebüßt hätte, und dafür hätte ich dieses Opfer zu bringen. Dazu müssen Sie wissen, daß mein Vater nach seinem eigenen Bekenntnis meine Mutter nie geliebt hat. Meine Kindheitserziehung war darum ganz auf absoluten Gehorsam und auf tägliche körperliche Züchtigung eingestellt. Mein Vater brauchte ja stets ein Objekt, an dem er seine angestauten Aggressionen ablassen konnte. Als kommissarischer Bürgermeister während des Faschismus – im Dorfe noch heute bekannt als »Hitler von ...« – duldete er keinen Widerspruch und übte eine unumschränkte Gewalt aus: Es gab kaum jemand, der es gewagt hätte, anderer Meinung zu sein.

Ohne jedwede Motivation hieb er fast jeden Tag einen Haselstock an meinem nackten Hintern in Stücke. Nach dieser Zeremonie hieß es für mich vor diesem meinem »Gott-Vater« niederknien und beten: Es kam auch vor, daß das seine Wut noch mehr beflügelte, und er weiter einhieb. Wenn mein Vater aus der Gemeindekanzlei heimkam, vermied ich es mit großer Sorgfalt, ihm in die Hände zu laufen.
Im Jahre 1947 kam ich ins Knabenseminar und erreichte dann im Jahre 1956 den Abschluß der »privaten Hausmatura« ohne staatliche Anerkennung. Gesundheitlich war ich schwer angeschlagen wegen einer starken »Herzneurose«, die völlig falsch behandelt worden war (kein Turnen, kein Ausgang aus dem Haus, ständiger Aufenthalt im Krankenzimmer). Meinen in einem unverzeihlichen Anfall von Verwegenheit mit 21 Jahren geäußerten Wunsch, Medizin zu studieren, wußte man mit einem Herzanfall meiner Mutter und mit gut gezielten und professionell gekonnten Ohrfeigen meines »Vater-Gottes« zunichte zu machen. Und dabei verehrte ich meinen Vater über alles, er war mein Idealbild. Er hatte mich auch zu seinem Geschöpf geformt, und ich muß sagen, er hat gute Arbeit geleistet, denn über 50 Jahre mußte ich alt werden, um mich aus den Händen dieses Tyrannen zu befreien.
Das Theologiestudium ließ ich über mich ergehen, ohne mich dagegen zu streuben, denn ich war ja dazu auf der Welt, einmal das Aushängeschild der Familie zu werden und gleichzeitig das Gelübde meiner Eltern zu erfüllen. Mein letzter Versuch, dem ausweglosen Schicksal zu entrinnen, war ein mißglückter Selbstmordversuch am Tage meiner Priesterweihe – es gibt einen noch lebenden Zeugen dafür. Durch die Skrutinien mich durchzulügen, fiel mir gar nicht schwer, denn mein Herr Vater hatte alles fest im Griff und hatte für alles vorgebaut.
Und jetzt fiel ich in die Hände der brutalsten und rücksichtslosesten Autorität dieser Welt, in die der »heiligen« und die Nächstenliebe predigenden, aber sie nicht haltenden »Mutter Kirche«. Die allerschlimmsten und entlegensten Posten, für die sonst jeder Hund zu schade war, hatte man mir zugewiesen. Wegen meines Hanges, mich besonders der Randgruppen der Gesellschaft, und derer, die in der Kirche nicht zu sehen waren, anzunehmen, verschaffte ich mir einen recht schlechten Ruf bei meiner Obrigkeit. Ich war zwar immer noch vom absoluten Gehorsam gegenüber der Kurie geprägt, aber die Kurie war weit entfernt von meinen Seelsorgeposten (ich hatte gleichzeitig mehrere zu betreuen) und ich brauchte nicht zu befürchten, daß jemand mich in diesem Nest besucht. So legte ich mir eine härtere Haut zu. Die Briefe, die eintrödelten – die Post wurde nur einmal in der Woche ausgetragen – wurden von mir einfach ignoriert, auch die vom Bischof. Denn in jedem dieser Briefe wurden Zahlungen an die Kurie verlangt. Ich hatte kein Geld (25 000 Lire = 33 DM Monatsgehalt; davon war

die Haushälterin mit 35 000 Lire zu bezahlen!). Durch Musikstunden, die ich im Hauptort an der Mittelschule hielt, verschaffte ich mir einen »heimlichen« Nebenverdienst, den mir die Kurie untersagte und bei den Opfersammlungen an den Sonntagen gab es nachweislich nie mehr als 1000 Lire = 1,35 DM. Das reichte niemals aus für Kerzen, Opferwein, Hostien, Paramentenerneuerung, Anschaffung einer Heizung (über 1500 m Meereshöhe) und Heizöl. Das mußte alles mit meinem Musikgeld bezahlt werden. Die Bevölkerung liebte mich und ich sie. Sie versorgte mich mit allen notwendigen Lebensmitteln, aber sonst hatte auch sie kein Geld. Sie lebte ja ausschließlich nur von den Erzeugnissen der Landwirtschaft. Es gab im Winter keine Verbindung mit der Außenwelt, ich war der einzige, der sich einen Weg durch metertiefen Schnee bahnen mußte. Dazu kamen bei mir noch die überaus großen Skrupel bei der Vorstellung von meinem »Vater-Gott-Bild«, der nur wartete, mit seiner Keule zuschlagen zu können. Und diesen Gott mußte ich jeden Tage auf den Altar zaubern. Sehr oft gelang es mir, die Wandlungworte einfach zu übergehen, aber das war auch schon aufgefallen unter den Meßbesuchern, sie machten mich schon darauf aufmerksam, aber sie zeigten Verständnis mit meiner »sogenannten Vergangenheit«. Mir galt die Nächstenliebe als oberstes Gebot des Christentums, und dieses habe ich stets geachtet, aber ich liebte inzwischen auch etwas zu sehr das »andere Geschlecht«. Zwar ist mir kein Verstoß in der Pfarrei nachweisbar, dafür machte ich außerhalb der Gemeinde, vor allem auch in Nachtlokalen keinen Hehl aus meiner Neigung. Ich war mir dessen auch bewußt, daß das meiner Obrigkeit nicht verborgen bleiben konnte, und ich habe mich darüber gewundert, daß nie ein Verweis einlangte. Denn der hätte mir vielleicht gut getan.

Statt dessen langte ein andersgearteter Verweis ein, der meine bisherige Grundfeste, nämlich die Nächstenliebe zum Einstürzen brachte: »Daß Sie Ihre Pflichtsammlungen nicht eingeschickt haben, zeugt von einer ganz gröblichen Mißachtung der kirchlichen Autorität, und die kirchliche Autorität ihrerseits wird Ihre Autorität als Kuraten nicht mehr anerkennen, Ihnen keine Kongruaanweisungen mehr ausstellen, Ihnen keine Missio Canonica mehr erteilen...« Jetzt wußte ich es genau: Die Nächstenliebe war nur für die Predigt ein Thema... und ich dachte immer, Nächstenliebe zu predigen und sie zu halten sei dasselbe. Bei meiner Vorsprache beim Bischof versuchte mich dieser zu besänftigen mit den Worten: »Von Ihrer Selbstlosigkeit haben wir viel gehört, es ist Ihnen großes Unrecht geschehen, wir werden die Sache sofort in Ordnung bringen, der Generalvikar ist jedenfalls zu einer friedlichen Aussprache bereit. Sie sehen jetzt alles etwas zu kraß, wir bieten Ihnen sofort eine bessere Seelsorgestelle an...« Aber ich war fest überzeugt, daß das der günstigste Augenblick war, eine Wende in meinem Leben einzuschlagen. Als letzte Karte spielte ich auch noch meine Schwierigkeiten mit der Keuschheit und dem Zölibat aus, aber auch dafür wußte der Bischof Rat. Eine Versetzung nach Deutschland, eine Gemeinde, wo ich öfters Aushilfe geleistet hatte, habe den Wunsch geäußert, mich zum Seelsorger »anzufordern«. Dies war allerdings ein sehr verlockendes Angebot, aber ich durfte jetzt nicht mehr weich werden. Auch die Bedenkzeit, die mir der Bischof anbot, schlug ich aus, ich hatte ja inzwischen schon meine heutige Frau kennengelernt, und ich wollte möglichst bald heiraten. Falls es sich machen ließe, wollte ich auf die kirchliche Dispens warten, aber nach zwei Jahren vergeblichen Wartens heirateten wir zivil. Die Folge war Exkommunikation, aber die machte mir nichts aus. Schlimmer waren die anderen Folgen: öffentliche Diffamierung durch den Klerus im ganzen Land (besonders von den Kanzeln). Durch den Einfluß, den die Kirche noch in unserem Lande ausübte, brachte sie es fertig, ein Zusammentreffen zwischen mir und meiner Braut zu verbieten, mir auch den Anspruch als Musiklehrer in der Mittelschule abzusprechen (der Schulamtsleiter war Priester), ja die Direktoren bekamen das Verbot, mich anzustellen. Auch bei der Ablegung meines Abiturs mit 35 Jahren, versuchte man mir die Reife absprechen zu lassen, was aber nicht gelang. Die eigentlichen Schikanen fingen erst jetzt richtig an. Natürlich mischte auch mein Vater kräftig mit, er ließ z.B. mein nach Rom geschicktes Laisierungsgesuch rückgängig machen, beschimpfte mich wegen des Vergehens gegen das vierte und achte Gebot Gottes. Er nannte mich den größten Verbrecher des Landes, er schimpfte mich einen Taugenichts und machte mich verantwortlich für den möglicherweise zu früh eintretenden Tod meiner Eltern (Vater ist heuer gestorben). Zu unserer zivilen Hochzeit vor zwanzig Jahren hatte er auch noch einen Wunsch bereit: »Alles Unglück, das es auf der Erde gibt, wünsche ich euch«. Von meiner Frau sagte er: »Wenn der Teufel eine Seele will, dann schickt er ein Weib«. Und von dieser meiner Frau hatte er sich monatelang pflegen lassen, als er pflegebedürftig war. Er hat sie aber nie als seine Schwiegertochter anerkannt, ebenso wie er meine drei Kinder nicht als seine Enkelkinder anerkannte. Er hat mich auch praktisch und faktisch enterbt, denn obwohl mein Vater ein wohlhabender Mann war, hatte er alles vor seinem Tode seinen anderen drei Kindern verschenkt. Als ältester Sohn ging ich also leer aus, obwohl ich die Hälfte meines Lebens nur für ihn da war. Aber diese Tatsache und der Beerdigungstag meines Vaters haben mich von einer mehr als 50 Jahre währenden und mich beherrschenden Zwangsneurose befreit...

Jetzt darf ich aber nicht mein Schreiben mit diesen pessimistischen Erörterungen abschließen, denn vom Augenblick meines Austritts an hat mich das Glück sozusagen verfolgt. Nach dem Eintreffen der Dispens aus Rom, nahm mich die Kirche wieder in ihren Schoß auf (was ich nicht als Glück bezeichnen möchte, denn ich wäre viel lieber draußen). Die Trauung wurde weder in der Kirche noch vor Zeugen vorgenommen, sondern bloß in einer Klosterzelle mit vorgezogenem Vorhang. Aber meine Ehe ist sehr glücklich, drei Prachtkinder machen unsere Familie beneidenswert und ich konnte mit 40 Jahren mein Universitätsstudium abschließen, einen Beruf finden und ein Eigenheim bauen. Und jetzt endlich kam auch noch die Befreiung vom Joch der Kirchen- und Vaterautorität...

Sollte Sie den Weg einmal hierher führen in die von Klerus nur so wimmelnde einstige Bischofsstadt mit ihrer Theologischen Hochschule, mit lauter verklemmten und rückständigen Hochschullehrern (Theologen der alten Schule), so würde ich mich überaus freuen. Wäre es anders, so würde ich es heute noch wagen, ein Theologiestudium zu beginnen. Gerne würde ich dazu helfen , ein Gottesbild, fern von jedem autoritären Einfluß unter das Volk zu tragen. Ich nehme an, daß Sie die gleichen Beweggründe noch im Priesterstand ausharren lassen, weil man nur von dieser Position aus etwas ändern kann, und weil nicht die ganze Kirche eine Mafiaorganisation sein muß, obwohl sich Christus ganz bestimmt nicht mit einer solchen Institution identifizieren könnte. Die katholische Kirche hat geradezu antichristliche Kennzeichen, wie sie sonst in kaum einer Gemeinschaft so gehäuft anzutreffen sind.

Mit der Hoffnung, es mögen sehr viele Menschen, vor allem auch Kleriker, Ihr Buch lesen und seinen Inhalt auf sich wirken lassen, verbleibe ich

Ihr in allem eines Sinnes seiender und von Ihren Gedanken begeisterter

Dr...

Lieber Herr Drewermann,

ich bin seit zehn Jahren Gemeindereferentin, habe drei Liebesbeziehungen zu Priestern hinter mir, und bin seit Kindertagen an in die katholische Kirche verflochten.

Beruflich spürte ich lange Jahre eine latente Unzufriedenheit; so im Umgang mit den Pfarrern, mit denen ich zu tun hatte, die mich weder als Mensch, noch als partnerschaftliche Mitarbeiterin, noch als Frau, ernst nahmen; dann aber auch Unzufriedenheit mit mir selbst, mit dem, was ich tat oder bewirkte, weil dies am Kern der Menschen vorbeiging, – und ich dann, wenns darauf ankam, hilflos dastand, und mein Reden

von Gott (Gott sei Dank!) kläglich versagte. Also machte ich mich auf, zu lernen: TZI-Ausbildung, Berater-Ausbildung, usw. Das half mir, veränderte mich, machte mich freier, wahrhaftiger, direkter, mutiger und sensibler, – und veränderte damit auch meine Arbeit, mit dem Ergebnis, daß ich für viele kirchliche Insider und Kirchengänger wesentlich unbequemer wurde, für die am Rande (der Kirche) jedoch mehr und mehr so etwas wie Freundin. Die Strukturen und Verhaltensmuster derer, die meinen, *die* Kirche und *die* Gemeinde zu sein, änderten sich keineswegs. Das brachte zunehmend mehr Konflikte, die mich nicht mehr gesund und frei leben ließen. Jetzt bin ich an der Grenze, und steige konsequenterweise aus diesem Beruf aus. Ich will nicht weiter dazu beitragen, daß überholte Strukturen der Kirche aufrecht erhalten werden können, die das Leben verhindern.
Ich bekam Ihr Buch in die Hand, just als bei mir diese gründliche Reflexion meines Lebens in der Kirche anstand. Ich entdeckte in Ihrem Buch die Analysen und Wahrheiten, die ich schon lange so empfunden, und um die ich innerlich gewußt, weil ich sie erfahren habe. Zum ersten Mal jedoch werden für mich die krankmachenden Punkte so konkret benannt (was sehr befreiend ist), und ausführlich begründet. Mein Herz tat sich immer mehr auf, und ich entdeckte sehr bald, daß ich persönlich an diesem Buch nicht vorbeikam. Ich mußte mich noch einmal, – und mit meinem jetzigen Wissen, der eigenen Wahrheit stellen. Ich bin kein Kleriker, und dennoch treffen so viele Punkte genau, wohl auch, weil sich meine sozialen Beziehungen lange Zeit über im Umfeld von Klerikern und Ordensschwestern und Kolleginnen, – (wie das so allgemein bei uns üblich ist!) bewegten.
Ich sah wieder, und diesmal deutlicher und klarer, meine Verletzungen der Seele, die von Klerikermund her rührten, angefangen von den kirchlichen Erziehungsmaximen der Kinder- und Jugendtage, über meine Beziehungen zu Priestern in der Zeit als erwachende Frau (und das über 15 Jahre hinweg!), wobei ich alle drei Priester, wie Sie sehr richtig feststellen, als doppelbödig, scheinheilig und völlig hilflos der Liebe gegenüber erlebt habe, ja bedacht, daß diese Liebe heimlich bleibt, und den Amtsstatus nicht berührt. Ich war gerade 15 Jahre alt, als ich mich, mit ganzem Herzen suchend (wohl nach einem zärtlichen Vater) in den offenen Armen des Kaplans wiederfand, der mich vergewaltigend für seine Bedürfnisse ausnutzte! Und ich weiß, daß ich kein Einzelfall bin. Und dann gibt es in diesem meinem Beruf die speziellen Unterdrückungen, daß ich, obwohl den Pfarrern bald an Kompetenz überlegen, immer in der zweiten oder dritten Reihe der Hierarchie zu stehen hatte. Auch da bin ich kein Einzelfall, und wie viele Kolleginnen leiden unter Schamgefühl darunter, unterdrücken ihre berechtigte Wut als Frauen.

Gut, die Gemeindearbeit gab mir all die Jahre auch Sicherheit und viel Anerkennung und Geborgenheit, die ich von meiner Großfamilie her kenne. Und jetzt die Trennung von der zweiten Großfamilie, reif! Wie lange es andauert, endlich erwachsen zu werden, für sich ganz selbst zu wünschen und zu handeln, selbst zu sein.
Diese harte Reflexionsarbeit wurde sehr bald auch durch körperliche Symptome, wie starke Herzschmerzen, miserable Blut- und Leberwerte, unterstützt. Das zwang mich zur inneren und äußeren Distanzierung von der Arbeit. Gerade das war für mich wahnsinnig schwer, und ich saß lange im Widerstand. Heute glaube ich, daß dieser Widerstand auch die Angst vor der Frage war: Wer bin ich jetzt ohne die Identifizierungen mit meiner Tätigkeit in der Kirche?…
Ich komme in diesem Buch mit meiner Biographie vor, und ich sah mich zeitweise wie in einem Spiegel, den Sie mir hinhalten. Ich bin erschrocken über das, was mir der Spiegel zeigt, und nachdem ich meine Realität so unmittelbar sehen lernte, bin ich sicher auch daran gereift.
Beruflich werde ich mich zukünftig mehr den Frauen widmen, und nebenher eine Supervisionsausbildung machen. Auch das sind Früchte meines Selbstwerdungsprozesses…
Danke, daß es Sie (in der Kirche) gibt!
Mit dem Wunsch für ein fruchtbares neues Jahr
grüße ich Sie herzlich

Ihre

Sehr geehrter Herr Doktor Drewermann!

Nachdem ich Ihr Buch »Kleriker« gelesen habe, komme ich nicht umhin, Ihnen zu schreiben.
Das was Sie beschreiben und analysieren, habe ich selbst hautnah erleben, durchleben müssen als streng katholisch erzogenes Einzelkind. Das Endergebnis war eine paranoide psychotische Erkrankung, schwere Herzneurosen, totaler Zusammenbruch und Berufsaufgabe. Dauer der Krankheit acht Jahre mit Klinikenaufenthalten in Kassel, Hersfeld, Merxhausen und zuletzt Uni-Psychiatrie Göttingen.
Der Prozeß der Wiedergesundung dauerte sehr lang. Herausgerettet hat mich der totale Verzicht auf Medikamente, meine frühere wieder aufgenommene sportliche Langlauftätigkeit und das allmähliche Ablegen des gesamten anerzogenen klerikalen Glaubensverhaltens in Verbindung mit einer über Jahre dauernden Psychotherapie, durch die ich zum

überwiegenden Teil wieder gesund geworden bin. In den letzten Jahren trat zudem im Verlaufe einer Manie eine Schreibexplosion ein, in der ich mich total auslassen konnte und die Krankheit wie flüssige Tinte verschrieb.
Nach dem Lesen vieler Bücher von Alice Miller, G. Denzler, C.H. Mallet, U.R. Heinemann, H. Mynarek usw. erscheint mir Ihr Buch wie eine Offenbarung, die die letzten Reste einer zerstörerischen klerikalen »Religionsität« in mir vernichten könnte.

Mit vorzüglicher Hochachtung!

Sehr geehrter Herr Drewermann,

als Sie mir am 19.9. in Luzern Ihr Buch unterzeichneten: »Ich steige hinab in die Barke der Sonne«, habe ich Ihnen gesagt, daß Ihr Vortrag darüber für mich sehr heilend war. Im Kapitel »Vergeben können« lese ich: »Am Ende ist all das, was war, womöglich nur der lange Weg, auf dem wir diejenigen Menschen wurden, die wir sind – wunderbare Menschen, würden wir uns selber sehen können, wie Gott ganz sicher jeden Tag uns sieht und wie er möchte, daß wir selbst nur eines Tages sehen lernen.« Diese Gedanken haben mich tief beeindruckt. Dieser Glaube ist mir verloren gegangen!
Ihr neuestes Buch »Kleriker« hat mich sehr betroffen gemacht, ja erschüttert. Vieles könnte meine eigene Geschichte sein. Ich mußte oft nachdenken und weinen. Obwohl ich annehmen muß, daß Sie viele Briefe erhalten, erlaube ich mir Ihnen zu schreiben mit der Hoffnung der Kanaanäischen Frau und der herzlichen Bitte an Sie, mir zu helfen. Ihre Bücher, ebenso das Gespräch am Fernsehen mit Erwin Koller, zeigen mir, daß Sie eine Sprache sprechen, die ich in der Kirche noch nie gehört habe. »Nackte bekleiden«, sie so anschauen, daß sie sich nicht mehr schämen müssen, das bringen wohl nur einige Priester in dieser Kirche fertig. Daß wir aber überhaupt nackt dastehen, ist wohl die Schuld der Kirche, die uns über Jahre falsche Schuldgefühle einredete. Beim Lesen des Kleriker-Buches habe ich gespürt, wie ich vieles verdrängt habe.
Ich bin seit 15 Jahren verheiratet, Mutter von 2 Mädchen und einem Zwillingsjungen. Mein Mann war zwei Jahre im Priesterseminar, studierte dann Medizin und arbeitet jetzt als Psychiater. Eigentlich bin ich glücklich verheiratet, zufrieden mit meiner Aufgabe als Mutter, wenn auch die letzten Jahre sehr anstrengend gewesen sind. Trotzdem leide ich, daß ich vor meiner Heirat eine Bekanntschaft hatte mit einem Priester aus Bayern, die 3 Jahre andauerte und die ich nie vergessen

konnte, obwohl ich weiß, daß ich mit jenem Priester keine Partnerschaft hätte leben können; aber ich liebte ihn. Ich habe auch nicht den Eindruck, daß ich mit dem falschen Mann verheiratet bin. Mein Mann hat viele Eigenschaften, die ich sehr schätze und er hat sehr viel zu meiner Entwicklung beigetragen.

Als ich 14 Jahre alt war starb mein Vater. Meine Mutter mußte 4 Kinder allein erziehen, in sehr bescheidenen Verhältnissen. Mit 19 Jahren bin ich in einen Orden eingetreten, mit dem Wunsch Krankenschwester zu werden. Nach 6 Monaten mußte ich das Postulat verlassen wegen einer Scheuermannschen Krankheit. Auf vielen Umwegen konnte ich trotzdem Krankenschwester werden und war 10 Jahre im Krankenhaus und in der Ausbildung für Krankenkschwestern tätig. Ich hatte noch immer den Wunsch Ordensschwester zu werden, als ich nach dem Diplom diesen Priester kennenlernte. Die ersten Erfahrungen von Geborgenheit wirkten sehr stark auf mich. Ob das überhaupt Liebe war oder ob damals ein krankhaftes Abhänggkeitsverhältnis begann, ist mir nicht mehr klar. (Er war 12 Jahre älter als ich!) Auf jeden Fall begann für mich eine äußerst schwierige Zeit. Ich war hin und her gerissen zwischen Liebe und »meiner Berufung«, die ich sehr ernst nahm. Er sagte mir, daß er ohne mich nicht mehr leben könnte, aber seinen Beruf nicht aufgeben möchte. Auf der anderen Seite war ich angeblich die dauernde Versuchung für ihn und ebenso in den Augen seiner Verwandten. Sexuelle Beziehungen hatten wir keine, trotzdem kam es immer wieder zu Körperkontakten, die ich nicht verkraftete in dieser Situation. Ich fühlte mich jedesmal ausgenutzt und erniedrigt, weil ich es gar nicht wollte und ich mich nicht wehren konnte. Ich bekam sexuelle Schwierigkeiten, die ich zuvor nie kannte und ich litt sehr unter Schuldgefühlen. Manchmal hatte ich den Eindruck süchtig oder gar pervers veranlagt zu sein. An der Kirche und ihrem Machtgefüge begann ich heftig zu zweifeln und ich wurde sehr kritisch. Nach drei Jahren hatte ich endlich den Mut ihm zu sagen, daß ich mir zuliebe einen Schluß machen müßte, allerdings mit weinendem Herzen. Ich hatte damals noch keine Ahnung, daß ich noch Jahre nicht von ihm loskommen würde.

Was mich so beschäftigt, ist die Tatsache, daß ich immer noch an ihn denken muß, wenn ich mit meinem Mann sexuell zusammen bin, daß ich fast nur Lust empfinden kann, wenn ich an diesen Priester denke, obwohl der Versuch ihn endlich zu vergessen genau so stark ist. Immer wieder irgendwie der alte Wunsch nach körperlicher Vereinigung, den ich damals sicher hatte, aber nicht leben konnte und wollte in jener Situation! Zudem hätte ich mehr Grund wütend zu sein, über alles, was er mir angetan hatte. Ich habe immer wieder versucht mit meinem Mann darüber zu reden. Aber ich merke, daß ich jetzt an meine Grenzen stoße. Zudem möchte ich meinen Mann nicht verletzen, da ich ja weiß, daß er

es ernst mit mir meint. In all den vergangenen Jahren habe ich Sexualität als eine sehr starke, bereichende Kraft kennengelernt, ohne die ich nicht leben möchte.
Natürlich hat man uns immer wieder gesagt, daß eine Frau vom ersten Mann nicht loskommt. Ich dachte aber immer, daß eine solche Bindung ohne sexuelle Beziehung gar nicht möglich ist und habe mich dabei sehr getäuscht. Somit wird die sexuelle Begegnung nicht immer so befreiend, wie sie sein könnte, und ich habe nachher oft Schuldgefühle gegenüber meinem Mann. Er hat mir auch immer wieder gesagt, daß Phantasien völlig normal wären. Aber die Phantasie an einen bestimmten Menschen, den man liebte, scheint mir problematischer zu sein. Es ist wie ein Teufelskreis geworden, und ich weiß doch nicht, wie ich es ändern kann. Ich kann mich nicht mehr genau erinnern, ob es immer so war.
Nachdem ich zwei Jahre verheiratet war, hat mir dieser Priester einen Brief geschrieben, und mir darin mitgeteilt, daß er in einer Psychotherapie sei und gespürt hätte, daß ich die einzige Frau gewesen sei, mit der er die Kraft gehabt hätte, ein neues Leben zu beginnen, was ich jedoch bezweifelte. Das tat mir sehr weh und hat mich schockiert. Ich wagte nicht ihm zu schreiben, sondern teilte seinem Freund mit, er möge ihm ausrichten, daß ich keinerlei Kontakte mehr wünschte. Ob damals wieder alles aufflackerte, was nie verarbeitet war, weiß ich nicht. Oft habe ich überlegt, ob ich aus der Kirche austreten sollte um Distanz zu gewinnen. Andererseits bin ich eben immer noch in der Kirche beheimatet, und wir haben unsere Kinder auch taufen lassen und sie sind in der Pfarrgemeinde voll integriert. Ich bin ebenfalls für verschiedene Aufgaben in der Pfarrei engagiert, trotzdem steht für mich diese Frage immer im Raum. In dieser Situation nun lese ich Ihre Bücher, die fast wie Arzneimittel wirken. Jahrelang habe ich mir nicht eingestanden, Hilfe in Anspruch zu nehmen und auf Selbstheilung gehofft. Aber immer wenn ich ruhig werden möchte, um mein Leben neu auszurichten, so kommt all das an die Oberfläche. Von der Vernunft her gesehen, muß ich mir selber sagen, daß all das nichts mit Schuld zu tun haben kann, auch nicht mit Ehebruch und trotzdem höre ich immer irgendwie die Kirche in meinen Ohren und in meinem Innern, die mich verurteilt. Obwohl sich mein Gottesbild verändert hat, kommt mir alles in den Sinn, wenn ich an einer Eucharistiefeier teilnehme, und ich habe auch ein schlechtes Gewissen.
Sie beschreiben in Ihrem Buch was »Netze auswerfen« bedeuten könnte. Ich glaube, daß ich es jetzt endlich tun muß, die Netze auswerfen, um endlich zu mir selber zu kommen. Ich fühle mich irgendwie gefangen von der Idee, von diesem Priester nicht loszukommen. Glauben Sie, daß es dafür Heilung gibt, daß Befreiung möglich ist? Ich konnte noch nie mit jemandem darüber sprechen.

Zum Schluß möchte ich Ihnen herzlich danken, daß Sie zuhören – auch dafür, daß Sie diese Arbeit: »Kleriker« an die Öffentlichkeit bringen. Für die kommende Zeit wünsche ich Ihnen viel Kraft; es wird an Kritik und Verleumdung nicht fehlen. Im Frauengottesdienst haben einige Frauen spontan Kerzen für Sie angezündet mit einer Fürbitte, vielleicht freut Sie das!

Herzliche Grüßen und vielen Dank

Ihre

Physiotherapeutin:
»Was passiert denn nun mit all den Klerikern, die sich nach Lektüre Ihres Buches entschlossen haben, neue Pfade zu beschreiten... ungezählte Seelenpanzer bleiben hartnäckig, dessen darf man gewiß sein...«

Junge Frau:
»Ich könnte Ihnen von früher Jugend an bis jetzt viele Beispiele klerikalen Hochmuts und schlimmster Diskriminierung berichten... Ein Priester und ich verliebten uns ineinander, aber statt zu diesem Ereignis zu stehen, überschüttete dieser Kleriker mich mit Unterstellungen, Vorwürfen, Projektionen und Diskriminierungen...Er benahm sich in meinen Augen... unmenschlich... Ich sei nur eine unter vielen Freundinnen...«

Ehemalige Novizin (Musikerin):
»...schon beim Lesen eine gradezu heilsame Wirkung... hat mir geholfen, klarer zu erkennen, woran ich im Kloster gescheitert bin... und woran ich in der Kirche kranke... allem Künstlerischen, Phantasievollen, Intuitiven und Kreativen, das in Kirche und Kloster kaum eine Lebenschance hat... im Kloster habe ich seinerzeit damit begonnen, alles Phantasievolle, Intuitive und Originelle in mir auszurotten... Mit diesem Unfug aufgehört zu haben, verdanke ich der Lektüre Ihres Buches...«

Katholischer Bischof:
»... Ich hoffe, Sie geben die konkrete Kirche nicht auf. Sie hat ja noch andere Seiten als die, die bei uns ins Auge springen...«

Frau:
»...was Sie schreiben, entspricht den Tatsachen – aber noch weit mehr... eine Betroffene und Getretene... was mir widerfahren ist, ist

das grausamste, was ein Mensch nur erfahren kann… wie weit Zölibat ausgelegt wird, wie hinterhältig, wie verlogen man sein Leben trotzdem zu leben weiß, sogar auf höchster Ebene, habe ich auf grausamste Weise erfahren. Erniedrigt, gedemütigt wollte ich sterben und bin leider durch einen sehr dummen nicht vorhersehbaren Zufall ins Leben zurück… dankbar bin ich meinen Rettern nicht…«

Studentin:
»… das Thema Ihres Buches bewegt mich schon mein ganzes Leben lang… weil ich traumatische Erfahrungen mit den männlichen Klerikern gemacht habe…«

Frau:
»…konvertierte ich aus freiem Willen in die katholische Kirche. Seit 24 Jahren wurde ich dann von diesen Gesetzen fast erdrückt.«

Ordensfrau:
»…bin über 25 Jahre Ordensfrau und fühle mich… durch Ihre Thesen betroffen. Wie kommen Sie darauf, die Bindung, die Gelübde als Forderung der Kirche zu interpretieren? Durch den Anruf Gottes und Seine Führung habe ich in der Kirche Gott mein Leben zurückgeschenkt. Ich werde Sie in Gottes Arme werfen, damit es Ihnen wieder besser geht…«

Katholischer Dekan:
»Wenn Sie der irrigen Meinung sind, daß ein 25-jähriger Priesteramtskandidat die Tragweite seines Versprechens der Ehelosigkeit doch nicht abschätzen kann, was ist dann mit dem Treueversprechen der Eheleute… Ihre Pseudotheologie erfordert daher mit Recht, daß gegen Sie ein Lehrverfahren… eingeleitet wurde…«

Ordensfrau:
»Das Bild, das Sie vom Ordensband… aufgezeigt haben, hat mich verletzt und empört… nehme Anstoß sowohl an den … Beispielen… unter Ihrem Niveau… als auch an der Verallgemeinerung…Daß das Ordensleben einer geistlichen Berufung entspricht, ist Ihren Darlegungen nicht zu entnehmen… Wir kranken im persönlichen wie im gesellschaftlichen Bereich bekanntlich nicht an Zwängen, sondern an einem falsch verstandenen Freiheitsdrang…«

Evangelischer Pfarrer:
»…warum ziehen Sie nicht die Konsequenz und werden evangelisch?

Dann brauchen Sie für vieles keine tiefenpsychologische Begründung mehr...«

Ältere Ärztin:
»... Was aber bezwecken Sie mit Ihrem neuesten Buch über die Kleriker? Sie bieten es in freiem Verkauf den Menschen an, die gar nicht ernsthaft Stellung dazu nehmen können... Sie sollten...lieber zum Heiligen Geist beten...Breiten Sie Ihre Probleme vor Ihrem Bischof oder in Rom aus, sprechen Sie mit theologisch gebildeten Menschen. Vor allem entsetzt mich, daß Sie Menschen, die sowieso durch ihren Wohlstand geistige Werte gering schätzen, Probleme vorsetzen oder Einblicke geben wollen, die sie nicht verkraften können...«

Sehr geehrter Herr Drewermann,

nun hat die dumm-dreiste wie arrogante Läuteaktion mein Vorhaben, Ihnen zu schreiben, noch einmal bestärkt; es klang wie eine Bestätigung.
Eigentlich möchte ich Ihnen erzählen, wie es mir mit Ihrem Buch: »Kleriker – Psychogramm eines Ideals« ergangen ist. Ich nehme an, daß Sie als Schreiber gern von Ihren Lesern und Leserinnen hören.
Als ich die Rezension der ZEIT las, war ich wie elektrifiziert; zum ersten Mal habe ich ein druckfrisches Buch quasi dem Buchhändler »aus der Hand gerissen«. Meine ganzen Zwanzigerjahre habe ich als Benediktinerin in einem kleinen Priorat verbracht, bis ich sozusagen nicht mehr konnte und buchstäblich vor dem Verrücktwerden »in die Welt« geflohen bin. Seit einiger Zeit arbeite ich an der Beschreibung dieser Erfahrungen, die ich gern veröffentlichen möchte. Manchmal frage ich mich, wenn ich meine Erinnerungen an all die heute unglaublich klingenden Situationen hervorkrame, ob ich nicht Täuschungen unterliege, so fremd erscheint mir die damalige Welt. Ihr Buch bestätigt mich, meine Erfahrungen sind nicht einmal so singulär. Vor allem hat es die ganze klingelnde Sprache hervorgeholt, vor deren hehren Wörtern ich damals schier verzweifelt bin und die ich wahrscheinlich deshalb in die hinterste Ecke im untersten Keller meines Bewußtseins versteckt habe.
Zwar habe ich mit wechselndem Gewinn in Therapien mitgearbeitet, schließlich bin ich selbst Therapeutin geworden, aber auch nach meiner Erfahrung ist die klösterliche Innenwelt normalen Therapeuten trotz aller Einfühlung viel zu fremd und unheimlich. Ich konnte mit Hilfe Ihres Buches einiges, was übriggeblieben ist, abarbeiten. Grund genug,

Ihnen für das seitenstarke Werk zu danken. Die Tatsache, daß wir das Geburtsjahr teilen, hat in mir ein leises Bruder-Schwester-Gefühl geweckt. Ich hoffe, Sie mißverstehen das nicht als Geringschätzung. In meiner Kindheit spielte der Priester-Bruder meines Vaters für unsere Familie eine überaus wichtige Rolle. Beim Lesen Ihres Buches tauchte in mir gelegentlich das Bild von zwei klugen Kindern auf, die die Erwachsenen zwar durchschauen, aber milde lächelnd, gelegentlich verständnisinnig feixend das Spiel nicht stören.
Doch zurück zum erwachsenen Ernst. Mehr als alle formulierten Einsichten in psychische Konflikte haben mich zwei Erfahrungen aus meiner schrecklichen klösterlichen Welt befreit. Die erste war, daß ich einfach überleben mußte, als ich fortgelaufen war. Damals habe ich gewußt, ich muß mit Menschen reden, trotz aller Angst das Studium riskieren, immer wieder anfangen, nach vorn weiterkriechen und sei es mit »zerschundenen Knien«. Die andere zutiefst befreiende Erfahrung habe ich in einer bioenergetischen Gruppe gemacht. Dort wurde es mir zum ersten Mal in meinem Leben möglich, mit Wohlgefallen meinen Körper zu bewohnen, die merkwürdige Spaltung zwischen Seele und Körper aufzuheben.
Es würde mich freuen, wenn sich unsere Lebenswege gelegentlich kreuzten, so daß ich Sie kennenlernen könnte.
Vorerst wünsche ich Ihnen ein gutes neues Jahr

Ihre

Sehr geehrter Herr Dr. Drewermann,

endlich komme ich dazu, Ihnen für Ihr mutiges Buch »Kleriker« zu danken. Als Betroffene und Kirchengeschädigte habe ich lange auf eine Veröffentlichung dieser Art gewartet. Als Heimatvertriebene aus Südmähren, aus einer kinderreichen, katholischen Familie war ich 15 Jahre im Kloster und kann aus sehr leidvoller eigener Erfahrung bestätigen, was Sie in Ihrem Buch über das kirchliche System sagen. Es ist sehr, sehr schwer die Schäden dieses krankmachenden Systems zu überwinden. Mein Therapeut hat ähnlich wie Sie gesprochen. Er war ein wirklicher Christ und ein guter Priester, hatte aber unter unserer Kirche sehr zu leiden. Obwohl er nicht im Entferntesten kirchenfeindlich war, sagte er mir, ich sei zu 98 % kirchengeschädigt. Mein ehemaliges Kloster ist nicht einmal bereit materiell mir zu geben, was es mir für 15 Jahre schwere Arbeit schuldet, geschweige für die körperlichen Schäden, die man einem durch grobfahrlässige Ausbeutung zugefügt hat. Von seelischen Dingen hat man ohnehin nicht die geringste Ahnung.

Seit Jahren wende ich mich an das Kloster, den Bischof: noch immer behandelt man mich wie eine Entmündigte.
Obwohl ich gute therapeutische Hilfe hatte, bin ich immer noch am Kämpfen und innerlich noch nicht ganz frei, wie ich es als wirkliche Christin sein müßte, wie es Luther scheinbar war und Marcion, der wirkliche Christ, den seine Kirche allerdings auch ausgestoßen hat. Frau Dr. Hanna Wolff sagte mir: »Schon der erste Christ starb am Kreuz!« Daß man da noch auf Zweitausendjahre »Christentum« stolz sein kann! Die Lage unserer Welt und der Menschheit sprechen eine sehr deutliche Sprache, wie es um die Salz-Wirkung des sogenannten Christentums bestellt ist. Aber es ist eben nicht leicht, die eigene Blindheit zu erkennen, wenn man doch ein so frommes Leben führt. Auch das weiß ich aus eigener Erfahrung. Aber man muß doch spätestens nach einigen Jahren ehrlichen Bemühens merken, ob man innerlich voran kommt oder nicht! Das müßten doch gerade religiöse Menschen merken. Gottlob, daß es mir in meinem Leben meistens schlecht ging, so daß ich immer auf der Suche war nach der Wahrheit und nach Hilfe und sie schließlich auch fand.
Beste Wünsche für Sie, herzlichen Dank für Ihren Mut
und freundliche Grüße
Ihre

Die Erfahrung mit den Erfahrungen

Berichte von betroffenen Priestern und Frauen zum Zölibatskonflikt

Hans-Jürgen van der Minde

Die Situation

Hin und wieder finde ich bei der Suche nach bestimmten Unterlagen einen höchst bemerkenswerten Brief meines ehemaligen Bischofs: »Entsprechend dem Beschluß der Vollversammlung der Bischofskonferenz vom soundsovielten teile ich Ihnen mit, daß Sie mit sofortiger Wirkung suspendiert werden. Damit erlöschen Ihre priesterlichen Ämter und Aufgaben, die Sie innehatten. Sie dürfen keine priesterlichen Funktionen mehr ausüben. Sie haben keine kirchliche Jurisdiktion und keinen kirchlichen Lehrauftrag mehr und haben sich aller Weihehandlungen zu enthalten. Es bleibt Ihnen aber die Asolutionsvollmacht in Todesgefahr.«

So oder ähnlich formulierte Briefe flattern Jahr für Jahr in jeder Diözese der Welt denjenigen Priestern ins Haus, die dem Bischof ihre Absicht mitteilen, heiraten zu wollen. Die wohlgesetzten Worte bedeuten für den betreffenden Priester die endgültige Entlassung aus seinem bisherigen Beruf, den Auszug aus der Gemeinde, Abschied von den Menschen, mit denen er als Pfarrer oder Kaplan oft über Jahre hin vertraut war. Sie zwingen den Adressaten, sich nach einem neuen Beruf umzusehen oder ein ganz anderes Studium aufzunehmen.

Doch sind das nur äußere Fakten, hinter denen sich die eigentliche Dramatik in Form von Ängsten, Zweifeln, Schamgefühl, Auflehnung und Wut verbirgt. Denn wer kann schon ermessen und nachempfinden, was es heißt, Predigt, Gottesdienst, Unterricht, Gruppenarbeit, Freizeit- und Ferienunternehmungen aufzugeben, das Studierte, Erlernte, durch langjährige Erfahrung Gesammelte und Gewonnene als nicht mehr Gefragtes und Gebrauchtes beiseite legen zu müssen, theologische Bücher, Aufsätze, selbst verfaßte Predigten und Vorträge in Kisten zu verpacken und eines Tages dem Müll zu übergeben.

Dennoch, so gewiß die Jahreszeiten kommen und gehen, werden solche Briefe aus den bischöflichen Palais und den Ordinariaten auch weiterhin hinausgehen, werden Suspensionen geschrieben, Entlassungen aus-

gesprochen, die Gemeinden ihre Pfarrer verlieren, die Priester ihre Existenz aufgeben. Und obwohl die Entscheidung eines Priesters zur Ehe seit langem keine Einzelproblematik mehr darstellt, sondern inzwischen Zigtausende betrifft, wird noch immer von Verrat, Abfall, Abtrünnigkeit und Treulosigkeit gesprochen. Es wird weiterhin so getan, als ob es am guten Willen, am festen Glauben fehle, als ob das Sakrament der Priesterweihe an sich schon Garantie für die Einhaltung des Zölibats sei, das Gebet Kraft gebe, um auch mit den größten Schwierigkeiten fertig zu werden.
Von dieser offiziellen Position her sind Diskussionen im innerkirchlichen Raum über den Zölibat immer wieder abgewiegelt worden, so während des zweiten Vatikanischen Konzils, so auf der Gemeinsamen Synode der Bistümer oder so auch anläßlich der Ordentlichen Bischofssynode in Rom 1967. Und auch heute reagieren Papst und Bischöfe zumeist durch Schweigen und Nichtbeachtung angesichts von Argumenten der Theologen und Psychologen, von Äußerungen der Betroffenen und von Voten seitens der Gemeinde. Die Strategie ist deutlich: Beim Zölibatskonflikt handelt es sich nicht um eine Krise der Kirche, vielmehr um das Versagen einzelner.

Die Bedingungen

Wie aber sehen die Betroffenen selber ihre innerkirchliche Beurteilung bzw. Verurteilung? Wie begründen sie ihre Entscheidung? Und – vor allem – wie stehen sie als Verheiratete weiterhin zum Priesterberuf? Aus einer Fülle von mir zugesandten Berichten möchte ich ein paar signifikante auswählen, um die Hauptproblematik der Priesterbeziehungen zu markieren.
In erster Linie entscheidend für alle war der Wunsch, Priester zu werden; das bedeutete konkret, mit Menschen zu tun zu haben, sie für Christus und seine Frohbotschaft zu gewinnen. Der Zölibat wird dabei als Eintrittsbedingung für diesen Beruf »in Kauf genommen, ohne auch nur im Entferntesten eine Ahnung von den lebensbeschränkenden Folgen zu haben«, wie Klaus Thoma in seinem Brief schreibt. Wichtig ist auch dessen folgende Bemerkung: »Mir fehlte nicht nur jedes Wissen, sondern auch jede Ahnung von der Bedeutung der ehelichen Gemeinschaft...«
Diese Feststellung gilt wohl für die meisten Priester: Eine innere Auseinandersetzung um Bedeutung und Folgen einer lebenslangen Ehelosigkeit hat kaum je wirklich stattgefunden. Aber genauso gilt auch: Es fehlte das Einüben in Freundschaft und Partnerschaft mit

Mädchen und Frauen, wie es bei anderen Jugendlichen oder jungen Männern üblich ist.
Viele Priester haben als Schüler durch ihren Aufenthalt in diözesan- oder ordenseigenen Internaten, andere durch ihre Ministrantentätigkeit oder Zugehörigkeit zu reinen Jungengruppen niemals oder selten solche Kontakte knüpfen können, so daß wichtige persönliche Erfahrungen im Entwicklungsprozeß fehlen. Solch »jungenbündlerische Erziehung« setzt sich für die 18-20-jährigen Theologiestudenten, die später Priester werden wollen, durch den verpflichtenden Eintritt in die bischöflichen Konvikte oder Ordenshochschulen fort. Selbst wenn in den letzten Jahrzehnten diese Anstalten kräftig reformiert wurden, so ändert das nichts an dem dort vorherrschenden Jungmänner-Klima. Zwar gibt es auch hier Beziehungen und Beziehungskrisen, Freundschaften und Eifersüchteleien. Aber diese Kontakte bilden nur einen dürftigen Ersatz für die so notwendige Auseinandersetzung mit dem anderen Geschlecht.

Die Folgen

Diese Begegnung geschieht unweigerlich mit dem Beginn der Gemeindetätigkeit. Hier begegnet der junge Priester einer anderen Welt als der, die er sechs Jahre lang im Konvikt und Seminar oder im Kloster erlebt hat. An die Stelle der bisherigen Gemeinschaft tritt das Alleinsein. Die alten Freunde sind oft weit entfernt an anderen Orten. Man telefoniert hin und wieder, besucht sich gelegentlich, aber jeder lebt nun für sich allein. Haushälterinnen stehen nur selten zur Verfügung und werden häufig auch gar nicht gewünscht. Der Priester wird in materieller und geistiger Hinsicht zum Selbstversorger.
Auf der anderen Seite findet er sich in einem veränderten Beziehungsgeflecht vor. Jungen und Mädchen, Frauen und Männer bilden nun den Adressatenkreis, mit dem er täglich zu tun hat. Während die alten Freundschaften verblassen, treten neue an die Stelle. Denn auch die Gemeinde ist und bleibt – wenigstens für die kontaktfreudigen Priester – nicht einfach eine amorphe Masse, sondern aus ihr profilieren sich bald jene heraus, mit denen man etwa gut zusammen arbeiten oder mit denen man angeregt sprechen, mit denen man fröhlich feiern oder mit denen man angenehme Wanderungen machen kann. Und bei manchem Seelsorger werden sich außer den selbstverständlichen Gefühlen von Sympathie, Zuneigung und Freundschaft eben auch bisher kaum gekannte Erfahrungen von Liebe gegenüber einem Mädchen, einer Frau einstellen. Die Frage ist dabei nicht, warum ein Priester sich verliebt – das kann sie nur für denjenigen sein, für den Priester von vornherein fleisch- und gefühlloses Wesen sind –, sondern die Frage muß lauten, wie sich diese

Liebe gegen alle konkreten Schwierigkeiten und Hindernisse innerhalb der Kirche durchzusetzen vermag. Denn Ungewohntes tut sich da auf, mit dem man zunächst nicht wirklich umzugehen weiß. Neben neuen Glücksgefühlen treten Ängste auf. Abwehrmechanismen werden entwickelt, Trennungen vereinbart, doch irgendwann drängt sich Endgültiges durch. Anstelle romantischer Erinnerungen finden wir eher Reminiszenzen an die tragikomische Phase des »Sich-Verstecken-Müssens«, von dem jedes Paar amüsant und zugleich gequält stundenlang erzählen kann. Es ist die Zeit enormer Spannungen und Auseinandersetzungen, aber auch die Zeit des Zusammenwachsens und des stärker werdenden Gefühls der Zusammengehörigkeit. Damit verbindet sich die nun gemeinsame unausweichliche und geradezu ausweglose Auseinandersetzung mit dem vorgegebenen Gesetz. Ausweglos – weil auf der einen Seite der Glaube an einen menschenfreundlichen Gott steht, vor dem diese Liebe keine Spur von Schuld und Sünde an und in sich tragen kann, auf der anderen Seite aber die kirchliche Institution mit ihren gesetzlichen Mechanismen und der Drohgebärde zukünftiger Strafaktionen. Und doch werden nun die Motive zum Zusammenbleiben mehr und mehr deutlich. Trotz aller Ängste und Verwirrungen, trotz aller Auseinandersetzungen und Ausweglosigkeit wird für Frau und Mann deutlich: Unsere Beziehung, unsere Liebe schenken dem Leben etwas Neues.

Das Neue

Die Erfahrung dieser neuen Lebensdimension wird besonders deutlich in dem gemeinsamen Bericht eines Paares, das sich mit den fiktiven Namen Vera und Lars bezeichnet, weil der Mann noch amtierender Priester ist. Indem beide im Wechsel von »Wir« und jeweiligem »Ich« ihre Gefühle und Empfindungen erzählen, spiegelt der Bericht inhaltlich und stilistisch Zugehörigkeit und Zusammengehörigkeit wider: »Denn eigentlich wollen wir zusammen leben und auftreten, weil wir unserem Leben gegenseitig viel mehr Tiefe und Wert geben. Wir wollen ganz sein – wer nur einen Teil von uns beiden akzeptiert, der kennt wirklich nur die halbe Wahrheit.« Vera und Lars, jeder einzelne ist nur ein Teil, jeder für sich stellt nur die halbe Wirklichkeit dar: »Seit wir uns kennen, ist unser Leben ein Rhythmus zu zweit.«
Die für die beiden überraschende und beglückende Feststellung »seit wir uns kennen« kollidiert erheblich mit der verbreiteten Auffassung, der Priester habe ja schließlich bei seiner Weihe wissen müssen, auf was er sich da eingelassen habe. Hat er das wirklich? Steht dahinter nicht die fatale Vorstellung, der Mensch habe mit etwa 25 Jahren seine Entwicklung ein für allemal abgeschlossen, und das weitere Leben

könne oder müsse nun geradlinig und überschaubar bis zum Ende ablaufen. Unkenntnis der klerikalen Biographie wie auch eigene Starre und Unveränderlichkeit bestimmen ein solches Denken. Als ob es in der Entwicklung eines Menschen keine neuen Entdeckungen von bisher unerforschten Höhen und Tiefen in sich gäbe! Und – wie bereits ausgeführt – Partnerschaft und Liebe sind für die meisten Priester in der Tat solche neuen Entdeckungen, wie wir es in der Lebensbeschreibung von Edgar Büttner dokumentiert finden: »Die Erfahrung, geliebt zu werden und jemanden zu lieben – ganz und gar mit Haut und Haar – das war so neu, so umwerfend, wie wohl bei den Liebespaaren aller Zeiten. – Aber unter welchen Umständen wurde sie gelebt? Da war zuerst die eigene Unsicherheit. Darfst du deinen Gefühlen trauen? Wie echt ist deine Zuneigung, wie dauerhaft deine Liebe, wenn du bis zum Alter von 29 Jahren noch nie in den Armen einer Frau gelegen hast?«
Um nicht mißverstanden zu werden: Entwicklungen und Entfaltungen sind nicht für jeden Menschen an Sexualität, enge Partnerschaft oder Ehe gebunden, aber doch für die meisten, und sicherlich auch für zahlreiche Priester, selbst wenn die Kirche das nicht wahrhaben will und sich immer noch mit aller Vehemenz dagegen sträubt.
Arme Vera! Armer Lars! Für Euch ist deshalb kaum mehr Platz in dieser Kirche wie für die vielen anderen Paare, die die gleichen Erfahrungen machten, die das gleiche Empfinden füreinander haben: »Dabei tut es so gut, zu zweit zu sein, das läßt aufleben…«
»Aufleben« – Das mag manchen Kirchenmann erschrecken, für den sich priesterliches Leben nach den Vorstellungen von Verzicht und Opfer zu vollziehen hat. Und zudem die prägnante Aussage: »Unsere Liebe ist Gottesbegegnung.« Diese Äußerung werden andere Paare genauso nachsprechen und damit bezeugen können, daß ein Widerspruch zwischen Priesterberuf und der Liebe eines Priesters zu einer Frau für sie nicht besteht. »Ich behielt die ungebrochene Freude an meinem Beruf«, bekennt z.B. Joachim Vobbe, nachdem er seine jetzige Frau kennen- und liebengelernt hat und zunächst weiterhin in der Gemeinde tätig war. Und auch heute arbeitet er mit vielen anderen Priestern, die den gleichen Weg gegangen sind, als verheiratete Pfarrer in der alt-katholischen Kirche und zeigt damit Möglichkeiten auf, die ebenfalls von der Schwesterkirche realisiert werden könnten.

Ausblicke

Doch ist eine Ergänzung notwendig. Viele verheiratete Priester stehen dem Priestertum durchaus distanziert gegenüber. Sie wollen nicht einfach »zurück« ins Amt, sondern arbeiten mit anderen kritischen Christen in Reformgruppen und Basisgemeinden für eine erneuerte Kirche und ein neues Verständnis des Priesteramtes. Die Stellungnahme von Edgar Büttner ist für viele typisch: »Gelegentlich wird die Frage gestellt, ob ich in meinem früheren Beruf zurückkehren würde, wenn der Zölibat aufgehoben würde. Vor einigen Jahren noch hätte ich diese Frage bejaht. Jetzt mache ich die Antwort abhängig von konkreten kirchenpolitischen Reformen, beantworte sie also mit Nein.«

»Kirchenpolitische Reformen« beinhalten mehr als nur die Aufhebung der Zölibatsverpflichtung. Das Gesetz ist für die meisten verheirateten Priester lediglich Symptom einer tiefer liegenden Krankheit der Kirche, deren Ursachen kritisch durchleuchtet und deren Auswirkungen auf die Menschen, besonders auch auf die Priester, ernsthaft aufgearbeitet werden müßten.

Solche Auswirkungen zeigen sich natürlich auch in der Ehe mit einem Priester. Die offenherzigen Reflexionen von Mechthild und Friedrich Himmelmann sind hierfür ein Beispiel. Sie warnen vor dem kurzsichtigen Urteil, mit der Eheschließung zwischen der geliebten Frau und dem betreffenden Priester seien alle Probleme endgültig überwunden. Die Folgen einer langjährigen »jungen-« bzw. »männerbündlerischen Er-ziehung«, die Auswirkungen vom »Größenwahn der Berufung« bleiben bestehen und erschweren eine so enge Partnerschaft. »Erst in den letzten Jahren habe ich begriffen, wie partnerschaftsunfähig und familienablehnend die Erziehung zum Priesteramt diese Männer gemacht hat«, schreibt Mechthild, »Wo haben sie gelernt, 24 Stunden durchzuhalten, jeden Tag, jede Woche, solange ihre Kraft in der Familie nötig ist?« Das sind zweifellos ernüchternde Worte, die die Zölibatsproblematik noch ein Stück weiter fortschreiben. Die Ergänzung lesen wir bei ihrem Mann Friedrich: »Bis 1980 habe ich mein Priester-Rollen-Spiel auszublenden versucht, aber es gelang nicht. Das äußerte sich z.B. als Machtgehabe in der Familie, als Kinderverhalten (»keiner liebt mich«), als Identitätsproblem mit der Vaterrolle u.a.m.«

Die beiden kritischen Berichte machen die Folgen für die Priester deutlich. Die Priesterfrauen müssen sich lange mit der verinnerlichten Bindung ihrer Männer an die »Mutter Kirche« und den oft jahrzehntelangen Einflüssen herumplagen. Unsicherheiten und Schuldgefühle quälen sie: »Wen liebt er mehr, seinen Beruf oder mich? Bin ich es dann schuld, wenn er seinen geliebten Beruf nicht mehr ausüben darf? Bin ich die Verführerin, wie es viele Leute heute noch oft sehen«. Solche Fragen, wie wir sie hier im Bericht von Cornelia Birrewitz lesen können, werden wohl alle Frauen einmal gestellt haben.

Immerhin stehen die Frauen und verheirateten Priester mit ihrer Entscheidung und ihren spezifischen Problemen heute nicht mehr allein da. In Reformgruppen und Gemeindeinitiativen finden sie Unterstützung und Anerkennung und Solidarität. Vor allem die »Initiative der vom Zölibat betroffenen Frauen« und die »Vereinigung katholischer Priester und ihrer Frauen e.V.« bieten den verheirateten Paaren wie auch Priestern im Amt und ihren Partnerinnen Hilfe und Unterstützung an. Und nicht zuletzt bedeutet das Klerikerbuch von Eugen Drewermann für sie Ermutigung, den Weg in Partnerschaft und Ehe nicht als Versagen, vielmehr als Entscheidung aus innerer Wahrhaftigkeit zu bejahen.

Es dauert lange, bis sich der Nebel auflöst

Klaus Thoma

Lieber Hans-Jürgen!

Einen Erfahrungsbericht willst Du von mir haben. Von mir, oder nicht besser von uns, von meiner Frau und mir? Für uns ist es lange her, am Christkönigsfest 1971 habe ich zum letzten Mal die Vorabendmesse gehalten – aber nicht durchgehalten. Einer meiner Meßdiener half mir während der Kommunion in die Sakristei und brachte mich zum Arzt. Inzwischen ist der hilfreiche junge Mann Pate eines unserer Kinder. Aus heutiger Sicht ging es von dem damaligen Zusammenbruch an nur bergauf. Er hatte die Entscheidung gebracht, wenn ich es auch damals noch nicht wußte.

Die ersten Monate waren furchtbar, besonders auch für meine Frau. Sie verließ um meinetwillen ihre Arbeitsstelle, wozu sie niemand zwang, denn sie war im Staatsdienst und wohnte noch nicht einmal am Ort meiner Pfarrgemeinde. Sie ging weit fort in eine Universitätsstadt, wo sie und ich niemanden kannten, wo ich aber ein neues Studium beginnen konnte. Dann aber hörte sie zu Weihnachten Sätze wie: »Ich glaube, ich muß doch meine Tätigkeit als Pfarrer wieder aufnehmen.« Irres Gerede, da mir auf der anderen Seite klar war, daß ich niemals den Menschen im Stich lassen würde, mit dem ich auf Ehe hin vertraut geworden war.

Aber wie war es dazu gekommen? Wie entwickelte ich mich als zölibatärer Priester, der über zehn Jahre unangefochten seinen Dienst tat bis zu diesem dramatischen Punkt? Bei meiner Begeisterung für das Evangelium und für den Dienst in der Kirche, die ich mit vielen anderen teilte, hatte ich in der zweiten Hälfte der fünfziger Jahre bei der Priesterweihe den Zölibat in Kauf genommen, ohne auch nur im entferntesten eine Ahnung von den lebensbeschränkenden Folgen zu haben. Der Zölibat war für mich lange eine Sache, die ich mit den üblichen Argumenten vertrat, verteidigte und propagierte. Doch sollten mich verschiedene innere und äußere Erlebnisse zu einer Änderung meiner so scheinsicheren Position vorbereiten.

- Ein Stoß zur Erschütterung der Scheinsicherheit war das heranreifende Alter mit seiner Kinderlosigkeit. Und viele Leute sagten mir: »Sie wären der geborene Familienvater.«
- Ein anderer Stoß kam aus der wachsenden Kenntnis über die Bedeutung der Freundschaft von Mann und Frau. Ich habe damals sehr viel über diese Freundschaft nachgedacht, aber, lieber Hans-Jürgen, ich kann es Dir heute nicht mehr zeitauthentisch mitteilen. Zu stark wirken die 14 Jahre von wachsender Freundschaft und wachsender Zusammenarbeit mit meiner Frau in mir. Hier kann ich nur sagen: All das hat in mir Jahre vor unserer Begegung, die zur Liebe wurde, vorgeklungen.
- Die dritte Bedingung, daß die Zölibatsituaton erschüttert wurde, war der frische Wind des zweiten Vatikanischen Konzils. Alteingeschliffene Denkweisen und praktische Gewohnheiten wurden neu in den Blick genommen, das ganze kirchliche Leben wurde als etwas geschichtlich Gewordenes und weiter sich Entwickelndes gesehen. Die Hoffnung wurde wach für eine Ehe des geweihten Priesters. Breit wurde es diskutiert und von vielen als notwenig erkannt. Bald wird es den verheirateten Priester geben, so meinte ich, und die scheinzölibatäre Sicherheit hatte sich in Nebel aufgelöst.

Behalte das Wort Nebel im Sinn! Es dauert lange, bis sich der Nebel für mich auflöste. Zunächst sagte ich, sagen wir, im Hinblick auf die gewünschte, erhoffte Kirchenentwicklung: Fünf Jahre können wir warten. Bis dahin ist das Zölibatsgesetz aufgehoben. Letzteres wiederum sagte nur ich. Doch fünf Jahre waren mir zum Warten nicht gegeben. Vorher kam der physische Zusammenbruch am Vorabend des Christkönigsfestes 1971; vielleicht mitausgelöst durch die neuerlichen Nachrichten aus Rom, daß am »heiligen« Zölibat festgehalten würde; vor allem aber verursacht, weil ich mich selber übernommen hatte.

Was war geschehen? Wie war es geschehen? Eigentlich kannte ich meine 13 Jahre jüngere Frau von Kindertagen an. Aber das kann man vergesssen. Vergessen kann man auch, daß sie als sechzehnjähriges Mädchen in unserem Sommerlager kochte. Ich nahm sie so wenig wahr wie die anderen Mädchen. Meine jungenbündlerische Erziehung war noch mehr wirksam als die spätere Zölibatsforderung als Weihebedingung. Nein, als sie längst nicht mehr im Städchen lebte, mit der Berufsausbildung fertig war, in einem Mädchenbund eine hohe Leitungsfunktion hatte, mich einmal nach der Sonntagsmesse zufällig traf und um Rat in ihrer neuen Funktion anging, da war es geschehen und

für immer geschehen. Das wußte sie nicht, das wußte ich nicht, aber in den nächsten drei Jahren wurden wir uns vertraut.
Wir arbeiteten zusammen, d.h. organisierten Gruppenleiterschulungen, Dekanatstage, moderne Gottesdienste und vieles andere. Bald verbrachten wir unsere spärliche Freizeit zusammen. Wir liehen uns in der Nachbarschaft bei einem Bauern Pferde und ritten durch Wald und Flur oder fuhren ab und zu in die nächste Stadt zu Konzerten, und dies alles meistens mit größeren Cliquen von jungen Leuten. Dann fuhren wir 1970 auf Ferienfahrt, zufällig waren es drei Männer und drei Frauen. Eine ganz tolle kamaradschaftliche Fahrt, und wir beide lernten, daß wir zusammen gehörten. Aber meine Frau hatte es als letzte begriffen. Die treibende Kraft war ich. Nie wäre es ihr in den Sinn gekommen, daß ein Priester ein Ehepartner sein könnte, also mehr als ein Freund und einer, mit dem man gut zusamenarbeiten konnte. Die Erziehung in unseren Elternhäusern und die Auffassung der kirchlichen Öffentlichkeit stand davor.
Als mir meine persönliche Liebe zu ihr klar wurde, sagte ich es ihr. Beim ersten Mal, erst an ihrem Geburtstag, begriff sie endlich und war unwahrscheinlich verwirrt, wie ihre Freundin, mit der sie zusammenwohnte, dann auch sagte. In der Öffentlichkeit blieb alles, wie es bisher war. Ich fuhr in der knappen Freizeit einmal in der Woche zu ihr, und wir zogen mit unserer Clique los. Sie besuchte mich im Pfarrhaus der Gemeinde, in der ich inzwischen Pfarrer geworden war. Ich nahm sie auch zu Gelegenheiten und Empfängen mit, wo man eigentlich nur den Pfarrer erwartete. Doch begann auch die Unruhe zu wachsen, die Unruhe, einen Weg zu beschreiten, der von der kirchlichen Öffentlichkeit mißbilligt wurde. Die Treffen verloren ihre unbeschwerte Selbstverständlichkeit. Ich wollte nicht mehr von jedem gesehen werden, wenn ich zu ihr fuhr. Die Eltern begriffen bald unsere Liebe, aber sie konnten sich den letzten Schritt nicht vorstellen, sie sahen auch klarer als ich die Konsequenzen. Sie litten, nach unserem Schritt litten sie sehr. Sie waren die Zielscheibe von Gerede, von Vorwürfen. Von einzelnen wurden sie nicht mehr gegrüßt.
Irgendwann in der zweiten Hälfte des Jahres 1971 wurde unser Verhältnis dann auch vom Klerus wahrgenommen. Ich fuhr zum Bischof, der Verständnis zeigte, bekümmert war, zu nichts drängte. Der Dechant versuchte ein Gespräch. Es scheiterte, wohl auch an meiner Verschlossenheit oder abwehrenden Haltung. Ich wollte eben schon längst nicht mehr zurück. Der alte Prinzipal und Vorgänger im Amt reiste an, traf mich nicht, ich fuhr zu ihm – ich weiß nicht mehr, wie das Gespräch verlief. Nach meinem Schritt schrieb er mir, ich hätte ihn sehr enttäuscht. Nach Jahren wurde das alles anders. Wir konnten ihn mit den Kindern besuchen, und er freute sich.

Als ich dann schließlich gehen mußte, war ich mir selber das allergrößte Kontakthindernis. Das Bewußtsein, die Vorstellung, so viele Menschen enttäuscht zu haben, trieb mich fort. Es war mir nur unter größter Überwindung möglich, diesen oder jenen zu besuchen oder ihm zu schreiben. Später hörte ich von manchem, daß er gern Kontakt gehabt hätte, selber aber nicht wußte, ob eine Beziehung von mir auch noch erwünscht war. Als das erste Kind 1973 geboren wurde und wir eine Anzeige aufgaben, da meldeten sich viele und drückten ihre Freude aus, endlich wieder zu wissen, wo sie uns finden konnten.
Beim Umzug halfen Scharen von Kindern, den Reichtum eines deutschen Klerikers, der vor allem in einem Haufen von Büchern stand, in den Lastwagen zu packen. Dann war für Jahre alles aus. Nicht alles! Ein paar beherzte Jugendliche verteilten vor der Kirchentür ein Flugblatt, in dem sie gegen Geschwätz und Gerede polemisierten. Der Bischof kam in die Gemeinde und hat – wie mir erzählt wurde – eine versöhnliche Predigt gehalten.
Ich begann ein Zweitstudium, wartete ein Jahr (nur) auf die »Laisierung« und war noch jahrelang kreislaufmäßig so mitgenommen, daß ich bei Spaziergängen mit unserer kleinen Tochter oft nicht wußte, ob ich heil nach Hause kommen würde. Aber, was die Heirat anbelangt, kann ich Gott nur danken, daß es so gekommen ist. Keine meiner persönlichen Hoffnungen wurde enttäuscht.

Es grüßt Dich Dein Klaus

Qualvolle Alternative

Edgar Büttner

Die folgenden Ausführungen haben das Thema Zölibat und Lebensgeschichte zum Gegenstand. Es geht also nicht um sattsam bekannte biblische, kirchenhistorische und psychologische Argumente für oder gegen den Zölibat. Ich denke, daß gute Gründe für eine Aufhebung dieses Gesetzes sprechen. Mir geht es darum, einen Einblick in einen Teil meiner Lebensgeschichte zu geben, der deutlich macht, wie vielschichtig menschliche Motivationen oft sein können und wie sich Menschen auch in existentiellen Fragen irren können. Schuld sehe ich dabei auf allen Seiten, also auch auf der Seite der Kirchenoberen, die am Gesetz festhalten. Schuldgefühle vermag ich dort nicht festzustellen. Dennoch geht es nicht um Schuldzuweisung, sondern darum, Hilfen für das Verstehen in dieser nicht unbedeutenden Frage zu geben.

Kindheit und Jugend

Ich bin 1952 geboren und in Kitzingen aufgewachsen, einer Kreisstadt mit ca. 25 000 Einwohnern. Die Hälfte der Bevölkerung ist evangelisch, die andere katholisch. Meine Eltern sind sehr religiös. Mein Vater gehört der CSA und der KAB an. Er stand für mich immer eher im Hintergrund. Meine Mutter ist der eigentliche Mittelpunkt der Familie. Sie ist zielbewußt und couragiert. Meine Schwester, Jahrgang 1953, hatte es in meiner Erinnerung schwer, sich gegen mich zu behaupten.

Nach Aussagen meiner Mutter, Bekannten und Verwandten galt ich als »braves Kind«, das wenig Probleme machte. Meine erste Erinnerung ist eine Szene im Kindergarten: Ich sehe, wie ein Mädchen einem Jungen ungerechtfertigterweise Spielzeug wegnimmt. Er ist kleiner als sie. Er kann sich nicht wehren. – Warum hat sich mir diese Szene eingeprägt? Warum kam gerade sie in psychotherapeutischen Gesprächen anläßlich meines Aussteigens aus dem Zölibat zum Vorschein? Hat sich bei mir schon in der frühen Kindheit ein bedrohliches Bild von Frauen eingegraben? Ich komme nicht darum herum, diese Frage zu bejahen und darin eine unbewußte Wurzel meiner späteren Zölibatsentscheidung zu sehen. Doch bis dahin mußte noch anderes geschehen. In einer katholischen Familie wie der unseren war es nicht nur wichtig, gute Zeugnisse zu haben und ein entsprechend gutes Benehmen. Vor allem der Religionsunterricht durch den Herrn Pfarrer war natürlich ein Testfall für Anständigkeit. Unser damaliger Pfarrer, dem Kartenspiel und Trinken nicht abhold, war zur Gaudi der Jungens besonders darauf aus, jeglichen Schmuck bei Mädchen und jeden Hauch von Kosmetik in Grund und Boden zu verdammen, und zwar direkt und ohne Umschweife vor der gesamten Klasse.

In der dritten Klasse war obligatorischer Beichtunterricht. Wie jeder schrieb auch ich meinen Beichtzettel, fand aber keine Gnade vor den Augen des Herrn Pfarrers. Er zerriß ihn vor der Klasse , weil ich nicht aufgeschrieben hatte: Ich habe in der Kirche manchmal/häufig geschwätzt. Ich war mir subjektiv nicht bewußt, geschwätzt zu haben. Obwohl auch meine Mutter davon überzeugt war, riet sie mir doch, den Zettel nocheinmal zu schreiben und zwar so, wie es der Pfarrer verlangt hatte. Ich log also aus Angst in der ersten Beichte eine Sünde. Bewußt hatte ich damit danach keine Probleme mehr, aber was ich lernte: der Pfarrer hat immer Recht. Er ist eine Autorität – auch gegen mein Wissen und Gewissen. Meine Mutter sagt, heute würde sie das auch nicht mehr tun, aber sie hätte selbst große Angst gehabt vor diesem jähzornigen Pfarrer.

Selbstverständlich wählte er mich zum Ministranten, zusammen mit anderen Mitschülern. Nach anfänglichem Zögern, in »Mädchenröcken

herumzulaufen«, machte mir das Ministrieren Spaß. Alles weitere: Mitglied einer KJG-Gruppe, Gruppenleiter, Mitglied im Pfarrgemeinderat usw. kam dann wie von selbst.
Auch die Pubertät verlief – oberflächlich betrachtet – erstaunlich unproblematisch. Ich brauche wohl nicht eigens zu erwähnen, daß sexuelle Themen in der Familie, der Schule und der Gemeinde nur am Rande vorkamen. Vor der ersten Party wurde ich krank und lag mit Fieber im Bett. Bis auf enges Tanzen und einige erfolglose Annäherungsversuche an Mädchen blieb der ganze Bereich für mich ausgeklammert. Ich vermißte aber auch nichts. Die Gemeinschaft, die Diskussionen im Kreis der Leiter, eine Freundschaft mit einem etwa Gleichaltrigen gaben mir sehr viel Anerkennung.
Mittlerweile hatten wir einen neuen Pfarrer, der – verglichen mit dem Vorgänger – ein eher asketischer, vor allem auf perfekte Liturgie bedachter Pfarrer war. Er lud einige von uns männlichen Jugendlichen öfters zu sich ein, spendierte Pizza und ging sogar mit uns in einen Aufklärungsfilm. Dennoch hatte ich ein gespanntes Verhältnis zu ihm. Er hatte eine zynische Art, alles Neue herunterzureißen. Heute ist mir klar, daß er auf der Stufe des ewig pubertierenden, trotzigen Jugendlichen stehengeblieben war. Damals gingen viele Jugendliche einfach weg. Ein Freund hatte ihm im Beichtstuhl von seinen sexuellen Erfahrungen erzählt. Die Reaktion war so klar negativ, daß der Betreffende wohl bis heute keinen Beichtstuhl mehr betreten hat. Andere sagten mir, daß sie seine autoritäre Art nicht ausstehen konnten. Ich selbst unterbrach ihn einmal bei einem schwach besuchten Jugendgottesdienst mitten in der Predigt, weil er auf »Die Jugend« schimpfte. Das war für damalige Verhältnisse ungehörig, und ich flog danach aus der Sakristei.
Dennoch gab mir die kirchliche Jugendarbeit den Halt, den ich als Jugendlicher nicht in mir selbst hatte. Es gab zuviel, was mich fesselte, als daß ich Konsequenzen gezogen hätte. Es war ein eigenartiges Fasziniert-Sein vom Engagement in der Jugendarbeit, begleitet vom fühlbaren Unverständnis dieses Pfarrers, den ich gleichzeitig als letzte Autorität anerkannte und als Person ablehnte. Heute ist mir klar, daß dies auch eine frühkindliche Ambivalenz gegenüber »Autoritäten« überhaupt darstellte.

Priesterseminar
Ich meldete mich im Priesterseminar an, ohne vorher mit meinen Eltern, Freunden, Bekannten oder dem Heimatpfarrer darüber gesprochen zu haben. Es war eine schöne Zeit. Mich beeindruckte damals die Würzburger Synode, die ich aus nächster Nähe miterleben konnte. Ich erhoffte viel von den verabschiedeten Vorlagen und Arbeitspapieren

über die Jugendarbeit, die Arbeitswelt und die Sexualität, die ich übrigens erst damals entdeckte. Roman Bleisteins »Sexualerziehung zwischen Tabu und Ideologie« half mir, diese Erfahrung positiv zu sehen, konnte aber das schlechte Gewissen und den dauernden Kampf dagegen nicht nehmen. Meine Tagebuchaufzeichnungen aus dieser Zeit sprechen von einer unerklärlichen Angst, die in Beichtgesprächen nicht richtig aufgearbeitet wurde. Trotz biblischer und historischer Diskussionen zum Zölibat und der Begegnung der »Integration der Geschlechtlichkeit« war im Priesterseminar kein offenes Gespräch unter den Alumnen darüber möglich. Auch in meinem Kurs wurde darüber nicht persönlich gesprochen. Am Rande erfuhr ich zu dieser Zeit auch von homosexuellen Praktiken hinter den Mauern des Priesterseminars, ihr volles Ausmaß war mir damals allerdings nicht bewußt. Trotz vieler positiver Erfahrungen im Priesterseminar bleibt die unaufgearbeitete Autoritätsproblematik und das Problem der Sexualität bestehen. Da ich unsicher war, ob ich mich für den priesterlichen Dienst beauftragen lassen sollte, besuchte ich die kirchliche Beratungsstelle für geistliche Berufe in München und führte Gespräche mit einem Psychotherapeuten und einem Psychologen – offensichtlich zur relativen Zufriedenheit beider, denn der verantwortliche Jesuitenpater teilte mir mit, daß, wenn ich weiter an mir arbeiten würde, meinem Berufsziel nichts im Wege stünde. Auch hier wurde die Autoritätsproblematik nur am Rande gestreift.

Kaplanjahre und Abschied vom Amt

Am ersten Tag in der Pfarrei »Unsere Liebe Frau« in Würzburg lernte ich meine jetzige Lebensgefährtin kennen und zwei Jahre später lieben. Die Arbeit in der Seelsorge stärkte mein Selbstvertrauen. Ich erfuhr viel Bestätigung in der Begegnung mit Menschen, vor allem mit Jugendlichen. Der Religionsunterricht machte wenig Schwierigkeiten. Mein unmittelbarer Vorgesetzter war eher traditionell und sehr papsttreu, hatte aber soviel Toleranz, daß ich meine eigenen Ideen in die Praxis umsetzen konnte. Es gab manche kontroverse Diskussion, aber letzten Endes keine Annäherung der ideologischen Standpunkte. Aus heutiger Sicht habe ich zu schnell eingelenkt, weil ich Konflikten aus dem Weg gehen wollte.

Etwa zwei Jahre dauerte dann die Zeit der »verbotenen Liebe«. Die Erfahrung, geliebt zu werden und jemanden zu lieben – ganz und gar, mit »Haut und Haar« -, das war so neu, so umwerfend wie wohl bei den Liebespaaren aller Zeiten. – Aber unter welchen Umständen wurde sie gelebt? Da war zuerst die eigene Unsicherheit. Darfst du deinen Gefühlen trauen? Wie echt ist deine Zuneigung, wie dauerhaft deine Liebe, wenn du bis zum Alter von 29 Jahren noch nie in den Armen einer Frau

gelegen hast? – Dann: Darfst du zu deinen Gefühlen stehen? Welche Konsequenzen wird es haben? Das alles aktualisierte eine ungeheure Angst.
Was werden die anderen sagen – die Eltern, Kollegen, Chefs? Die Entscheidung zwischen einem Beruf, den du liebst und der dich erfüllt, und der Liebe zu einer Frau – das ist die qualvolle Alternative, in die das Gesetz des Zölibats den verliebten Kaplan oder Pfarrer zwingt. Dann gibt es da noch »geistliche Berater«, die sich als Hobbypsychologen berufen fühlen und versuchen, die Entscheidung möglichst lange aufzuschieben. Absurd (aber psychodynamisch verständlich) war es, daß ich Beratung bei einem Kleriker suchte, der ex officio damit betraut war, für ausreichenden Priesternachwuchs zu sorgen. Zum Glück war da auch ein unabhängiger Psychologe, mit dem ich anfing, den ganzen Gefühlswirrwarr zu ordnen, und so blieb ich wenigstens handlungsfähig.
Ernüchternd waren die Gespräche auf höherer Ebene. Der damalige Generalvikar – heute Bischof – empfing mich mit den Worten: »Das kann nicht der Wille Gottes sein.« Was ihn interessierte war nicht der Mensch Edgar Büttner, sondern die Tatsache, daß er einen Priester weniger haben würde in der ohnehin angespannten Situation des Bistums. Der Bischof äußerte Verständnis und unterstützte mich in einer prekären Situation. Meine Lebensgefährtin bereitete sich damals auf das Lehramt vor. Der katholische Religionsunterricht war einer ihrer Fächer. Ihr Ausbilder hatte von ihrer Beziehung zu mir erfahren und sah sich gezwungen, dies der bischöflichen Behörde zu melden, was den Ausschluß aus dem Lehramt zu Folge gehabt hätte. Der Bischof erlaubte ihr, weiterzumachen, solange noch keine endgültigen Fakten gesetzt seien. Nebenbei bemerkt, zeigt das auch etwas von dem Klima der Angst, das bei Kirchenbediensteten herrscht. Sie haben Angst, ihre Stelle zu verlieren, wenn sie menschlich reagieren.
Andererseits lehnte es der Bischof ab, meinen Eltern einen beruhigenden Brief zu schreiben. Sie dachten ernsthaft, mein Seelenheil sei in Gefahr und litten sehr unter der Situation. Auch meine Bitte um Unterstützung bei der Arbeitssuche quittierte er mit der ironischen Bemerkung: »Als Präfekt in einem Knabenseminar kann ich Sie nicht beschäftigen.« Kann man sich in derart gesicherten Positionen vorstellen, was es heißt, 30 Bewerbungen zu schreiben und vier Jahre arbeitslos zu sein?
Im Herbst 1982 kam die Verabschiedung aus dem Kaplansdienst. Offiziell wurde ich zum Weiterstudium freigestellt. Wie viele andere in der gleichen Situation wählte ich schließlich das Studium der Sozialpädagogik. Die Diözese gewährte mir ein Darlehen von 450 DM für die Zeit des Studiums. Mein Versuch, dieses Darlehen in eine Schenkung

umzuwandeln, wurde vom Münchener Generalvikar unterstützt. Er sprach in dieser Angelegenheit mit seinem Würzburger Kollegen. Dieser lehnte schließlich nach »reiflicher Überlegung und Abwägung der Konsequenzen« ab. Welche Konsequenzen fürchtete er? – Es muß jedem Priester klar sein, daß Hilfen im Zölibatsfall nur in Einzelverhandlungen erkämpft werden können, denn es muß beruflich und finanziell unattraktiv bleiben, eine solche Gewissensentscheidung zu erwägen bzw. die Konsequenzen zu ziehen.
Drei Jahre, nachdem der »Laisierungsantrag« gestellt worden war, kam aus Rom die Antwort, daß die Dispens vom Zölibat »wegen des Gemeinwohls der Kirche« noch nicht erteilt werden könne. Als ich schon mitgeteilt hatte, daß ich dann meinen Antrag zurückziehen werde, wurde das Verfahren aufgrund einer Initiative meiner Mutter und des Regens des Würzburger Priesterseminars nochmals aufgenommen und 1988 zu meinen Gunsten entschieden. Ich hatte ein psychiatrisches und psychotherapeutisches Gutachten vorzuweisen und eine intensive Befragung (5-stündig) durch den Offizial – im Beisein seiner Sekretärin – durchzustehen. Dieser bemühte sich sichtlich, es mir so leicht wie möglich zu machen. Dennoch erscheinen mir die inquisitorischen Fragen unangemessen und wenig hilfreich. Damit tut man außer den römischen Stellen niemanden einen Gefallen, und auch das mit zweifelhaftem Erfolg. Ob sich jemand dieser Prozedur unterzieht oder nicht, ist ausschließlich seine persönliche Angelegenheit, die er mit seinem Gewissen vereinbaren muß. Für mich war es auch deshalb wichtig, weil ich sehen und erleben wollte, wie ich damit umgehen kann. Wenn man so will, hatte das Ganze auch eine Funktion im Rahmen eines therapeutischen Prozesses.

Abschließende Bemerkungen

Gelegentlich wird die Frage gestellt, ob ich in meinem früheren Beruf zurückkehren würde, wenn der Zölibat aufgehoben würde. Vor einigen Jahren noch hätte ich die Frage bejaht. Jetzt mache ich die Antwort abhängig von konkreten kirchenpolitischen Reformen, beantworte sie also mit Nein. Insbesondere der Unterschied zwischen den Problemen bzw. dem gelebten Glauben an der Basis und den kirchenamtlichen Vorstellungen, den ich – seit ich denken kann – als bedrückend empfand, hält mich davon ab. Das ganze positive Engagement von Pfarrern, Kaplänen, Gemeinde- oder Pastoralreferenten/innen wird durch das offiziöse Bild der Spitze der Hierarchie ständig entwertet. Das Image der Kirche wird durch fehlende Reformen, wie sie etwa die »Kölner Erklärung« anmahnt, ständig verschlechtert. Ich bin nicht mehr bereit, für eine solche Institution zu arbeiten und den »Betrieb aufrechtzuerhalten«.

Von einem Tag auf den anderen keine Heimlichkeiten mehr

Joachim Vobbe

Unser Weg unterscheidet sich vermutlich von dem mancher anderer verheirateten Priester, denn – ich bin nach der Heirat ununterbrochen im Amt geblieben, wenn auch um den Preis eines Kirchen- bzw. Bistumswechsels – je nach Standpunkt.

Ich zähle zum Geburtsjahrgang 1947 und wurde am 14.06.1972 im Kölner Dom zum Priester geweiht. Ernsthafte Zölibatsprobleme habe ich bis dahin nicht gehabt oder nicht ausreichend wahrgenommen. Allerdings boten sich bei meinem Werdegang bis zur Priesterweihe auch verhältnismäßig wenig Chancen zu längerfristigen Mädchenbekanntschaften. Während der Gymnasialzeit wohnte ich in einem kirchlichen Jugendinternat. Die Schule, in die wir gingen, war ein staatliches, weltanschaulich offenes Gymnasium. Ein Druck zum Theologiestudium wurde nicht ausgeübt. Meine Berufswahl traf ich aus freien Stücken, begeistert durch die Jugendarbeit, in der ich mich engagierte. Jedoch beide, Schule und Internat, waren reine Jungenunternehmen in einer 3000 Einwohner zählenden Kleinst-Stadt. Der Rahmen möglicher Mädchenbekanntschaften war damit eng abgesteckt.

In den ersten Jahren des Theologie-Studiums (ab 1966) herrschten im Bonner Theologenkonvikt noch strenge Sitten, die Außenkontakte fast völlig unmöglich machten. Mit unerbittlicher Härte wachten der damalige Direktor und seine Mitarbeiter darüber, daß nach 21 Uhr niemand mehr das Haus verließ, daß morgens, mittags, abends alle Gottesdienste, Spiritual- und Vorstandsvorträge, Betrachtungen und Mahlzeiten vollständig besucht wurden. Erst im Jahre 1969/70 änderte sich dieser geistliche Erziehungsstil durch einen Wechsel in der Hausleitung, so daß die Hausordnung von da an eine erhebliche Vermenschlichung und Öffnung nach außen erfuhr.

Die Diakonatszeit 1971/72 konnte ich auf meinen Wunsch hin in einem bis heute existierenden, sehr aufgeschlossenen und experimentierfreudigen, damals gerade gruppendynamische Methoden reflektierenden Priesterteam im Neubaugebiet Erkrath-Hochdahl bei Düsseldorf verbringen. Weniger mitbrüderlich jedoch ging es dann an meiner ersten Kaplanstelle in einem großen Kölner Vorort zu. Der Pfarrer, obwohl erst Mittvierziger, ließ sich grundsätzlich mit »Herr Pastor« anreden, wofür er sich dann mir gegenüber mit »Herr Kaplan« revanchierte. Er war ein im Grunde kranker Mann, der sich trotz besten Willens mit vielen Schutzwällen umgab und unzugänglich machte. In der Kaplanei wohnte unter mir ein Subsidiar, ein geistlicher Realschullehrer, über 60 Jahre alt, dessen Lebenswandel mich erstaunte: Er hatte bei sich eine zehn Jahre jüngere Dame, die er mal »meine Bekannte«, mal »meine

Verwandte« titulierte und die er, wie ich bald erfahren mußte, regelmäßig verprügelte. Nur bei einem weiteren Priester, der wegen eines Haders mit dem Generalvikariat als zwangsbeurlaubter Privatier im Gemeindegebiet wohnte, fand ich normale, herzliche Aufnahme. Dieser Einblick in die menschliche Schwäche und Tragik von Pfarrhäusern war für mich etwas Neues, mit dem ich in dieser Häufigkeit und Dichte nicht gerechnet hatte.

Der Wandel kam im Frühjahr 1973, als ich nach einem dreiviertel Jahr Kaplanszeit, gerade 26 Jahre alt, meine heutige Frau, damals gerade 20 Jahre alt, kennenlernte. Es war – gegenseitig – Liebe auf den ersten Blick. Sie gehörte einer in der Gemeinde engagierten Familie an, war gelernte Bankfrau, hatte aber das Glück gehabt, nach ihrer Ausbildung selbst als Ausbilderin angestellt zu werden und sich so Einblick in pädagogische Zusammenhänge zu verschaffen – eine Qualifikation, die ihr später in der Gemeindearbeit noch sehr zustatten kommen sollte. Als wir nach einigen sehr unsicheren, zaghaften Signalen uns im März 1977 unsere gegenseitige Zuneigung zuzugestehen getrauten, brachen gleich zwei starke Gefühle über uns herein: Zuerst das der Angst und Ratlosigkeit: Was wird jetzt werden? Zum zweiten unser eigenes Erstaunen darüber, daß sich bei uns beiden keinerlei Schuldgefühle einstellten. Wir hatten von Anfang an eine merkwürdige Gewißheit, daß wir nichts Böses taten, obwohl man bei uns beiden von unserer kirchlichen Erziehung her eigentlich Gewissensbisse hätte erwarten müssen. Durch alle nun folgenden Kämpfe hindurch – es sollte immerhin noch viereinhalb Jahre dauern, bis wir heiraten konnten, – blieb ein zweifaches Grundbefinden bestimmend: Ich behielt die ungebrochene Freude an meinem Beruf, und wir beide fühlten uns doch zugleich trotz einer nun einsetzenden sehr intensiven praktischen und theologischen Auseinandersetzung mit der Zölibatsfrage ohne unsere Schuld in eine sehr prekäre Lage versetzt: Wir konnten (und wollten auch schließlich) uns unsere einmal eingestandene Liebe nicht mehr ausreden und uns ebensowenig irgendwelche Schuldgefühle einreden. Die Praxis bestätigt dieses Empfinden täglich: Ich fühlte mich weder in meiner Leistungsfähigkeit mit der Gemeinde noch in meinem Gebetsleben durch den neuen Zustand irgendwie beeinträchtigt.

Die Schwierigkeiten lagen woanders: Im Sich-Verstecken-Müssen. Da alle verheirateten Priester diese Erfahrung gemeinsam haben und man Bände füllen könnte mit diesen Situationen voller Angst vor der Entdeckung, zuweilen aber auch voller unfreiwilliger Komik, will ich mir hier das Erzählen von Einzelheiten ersparen. Die gemeinsame Leiderfahrung nächtlicher Treffen, heimlicher Zufluchtsorte, tiefsitzenden Mißtrauens gegenüber jedem, den man ins Vertrauen zog, war zugleich – im Rückblick betrachtet – die eigentliche Probezeit unserer Ehe, und wir würden diese Zeit ihres für uns sehr persönlichen Erfahrungscharakters berauben, würde man daraus eine Kette von Anekdoten fabrizieren. Besonders nah gingen uns Schwierigkeiten im Verhältnis zu unseren Eltern. Wiewohl sie schließlich mit der Vorbereitung unserer Hochzeit eine sehr verständnisvolle, liebevolle Position einnahmen und heute als Großeltern feste Bestandteile unseres Familienlebens sind, waren doch die Jahre vor der Heirat von zuweilen fast verzweifeltem Werben ihrerseits um Auflösung unserer Verbindung und von ebenso verzweifeltem Werben unsererseits um Verständnis geprägt. Angesichts der heutigen gelösten, herzlichen und offenen Atmosphäre zu ihnen fällt es uns fast schwer, an das damalige, für beide Seiten sehr schmerzhafte Hin und Her erinnert zu werden.

Das zweite Hauptproblem war die berufliche Umorientierung. So fest es stand, daß der Priesterberuf mir ungebrochene Freude machte und so sehr meine künftige Frau auch zu einem Mittragen dieses Berufes bereit war, so klar war es uns aber auch, daß wir nicht langfristig eine »Ehe zur linken Hand«, bei der die Frau zur Unperson degradiert und sicher auch ein Teil der Kirchenmitglieder in seinen Zölibatserwartungen hintergangen wird, führen wollten. So begann die heimliche Suche nach Berufen, die zumindest dem priesterlichen ähnlich sein sollten.

Diese Suche brachte mich im Laufe des Jahres 1976 auf die alt-katholische Kirche. Aus der Kirchengeschichte mir zwar oberflächlich bekannt, hatte ich eigentlich doch nur einmal durch die Teilnahme an einer Firmung mit ihr Kontakt gehabt. Das erste Treffen mit dem alt-katholischen Bischof Josef Brinkhues in Bonn verlief in einer außerordentlich vertrauenserweckenden, persönlichen Atmosphäre. Wir konnten über unsere Schwierigkeiten sprechen, unsere Lösungsversuche, unsere Erwartungen an Kirche und unsere Bereitschaft, viel dafür zu tun. Es war dies ein Gespräch, das uns innerlich gewandelt von Bonn zurückkehren ließ: Wir hatten Kirche und Katholizität vorgefunden in einem Bemühen um sakramentale Entschiedenheit und liebevolle Offenheit zugleich.

Da gerade ein älterer Pfarrer in der alt-katholischen Gemeinde Blumberg bei Donaueschingen eine Hilfe und einen Nachfolger brauchte, wurde im Sommer 1977 diese Stelle zunächst als Vikariat, später als mögliche Pfarrstelle für mich in Aussicht genommen. Am 17.09.1977 heiraten wir in der alt-katholischen St. Cyprians-Kirche in Bonn. Obwohl wir keine Anzeigen verschickt hatten, hatte sich unser Hochzeitstermin in Gemeinde- und Freundeskreisen herumgesprochen, so daß wir ganz überrascht in eine vollbesetzte Kirche einzogen. Zahlreiche gesprochene und geschriebenen Glückwünsche erreichten uns. Wir hatten mit weitaus heikleren Reaktionen gerechnet. Aus einigen Worten

der Mitbrüder und Gemeindemitglieder sprach natürlich auch Trauer über die Plötzlichkeit unseres Werdegangs, aber die Einsicht, daß man vor diesem Schritt keine öffentliche Diskussion darüber hätte veranstalten können, war da. Vereinzelte Reaktionen zeigten auch, daß die Absender wohl selbst pro-zölibatär dachten, aber doch die Wahrhaftigkeit unserer Entscheidung respektierten und uns persönlich Glück und Segen für die Zukunft wünschten.
Schon im Oktober begann ich mit dem Dienst in Blumberg, einer Gemeinde aus der Wessenberg-Tradition mit fast großkirchlichen Zügen. Buchstäblich von einem Tag auf den anderen erfuhren wir, daß die Jalousien der Heimlichkeiten, des vor allem für die Frau entwürdigenden Versteckspielens, verschwunden waren. Meine Frau, die inzwischen eine Zusatzausbildung zur Bankbetriebswirtin gemacht hatte, gab nach dem Umzug ihren Beruf auf. Ihre kirchliche »Unperson«-Stellung wandelte sich gerade ins Gegenteil: Mit Schmunzeln nahmen wir wahr, daß sie im dörflich-alt-katholischen Milieu anfänglich noch mit »Frau Pfarrer« angeredet wurde. Jede ihrer Aktivitäten – sie machte später die Missio für die Schule nach, arbeitete mit am Chor und an der Jugend – wurde dankbar angenommen.
Trotz einer Überfülle an Arbeit haben wir diese ersten Ehejahre als Jahre des freien Atmenkönnens genossen. Aus unserer Vergangenheit machten wir – ohne sie provokativ an die große Glocke zu hängen – keinen Hehl. Die Waagschale »Leiden an der Kirche« hatte sehr an Gewicht verloren zugunsten der richtigen Neigung: Freude an Verkündigung, Gemeinde und Kirche und daran, daß wir diese Freude gemeinsam als Ehepartner haben dürfen.

Unter dem Siegel der Verschwiegenheit

Vera und Lars

Es ist ein ganz neues Gefühl, wenn wir unerwartet – natürlich unter dem Siegel der Verschwiegenheit – erfahren, daß sich Leute erzählen, wir hätten geheiratet, die Laisierung beantragt und wären noch dazu Eltern geworden. Sollten wir uns darüber wundern, was die Phantasie anderer uns zutraut, oder grübeln, wem solche Vermutungen wohl eingefallen sind? Aber über den Rücken kriecht auch die Angst hoch, wie kannst du dich gegen Gerüchte wehren, selbst wenn sie nicht stimmen? Eine offene Auseinandersetzung ist nicht möglich.
Es ist eine verrückte Zeit seit wir uns kennenlernten und beschlossen, zueinander zu stehen. Einige Monate, eine lange Zeit, und doch können wir uns recht genau an die ersten Minuten erinnern. Seither gibt es

immer mehr Augen, die uns beobachten und so viele Fragezeichen, wie wir uns vorstellen wollen.
Es mischen sich viele Leute in unser Leben ein. Macht die Beziehung mit einem Priester, einer »öffentlichen Person«, die Beziehung zwangsläufig öffentlich? Vera getraut sich nur mit unguten Gefühlen durchs Pfarrhaus zu schleichen, kaum dort anzurufen, man könnte ihre Stimme erkennen – dafür wurden die Papierkörbe von Lars durchsucht. Man fuhr uns hinterher oder meldete per Telefon, wo wir gesehen worden waren. Auf die Briefe, die wir uns schrieben, kam natürlich kein Absender. »Notkontakte« von sorgenvollen Menschen mit unseren Familien und Vorgesetzten führen dazu, daß wir zur Rede gestellt und verhört werden. Das verstärkte Gefühl von Angst und Druck: Wer denkt, wer sagt was, wer will was über uns wissen – ohne uns ernst zu nehmen?
Die Ansichten über unsere Freundschaft waren wohl recht verschieden: Beschwörende Briefe, dubiose Geschenke, die sogenannten »Mitbrüder« von Lars machen zwar Meldung an die Kirchenbehörde und untereinander, mit ihm direkt redet kaum einer. In unserem näheren Familienkreis gehen die meisten auf Distanz. Wir sind spätestens dann isoliert, wenn die Rede auf uns kommt. Ja, wem können wir wieviel von uns erzählen? Am Anfang war da viel Scheu. Es tut uns gut, wenn wir entdecken, daß so manche Menschen uns verstehen – und gerade in Veras Freundeskreis gibt es die. Denn eigentlich wollen wir zusammen leben und auftreten, weil wir unserem Leben gegenseitig viel mehr Tiefe und Wert geben, wir wollen ganz sein – wer nur einen Teil von uns beiden akzeptiert, der kennt wirklich nur die halbe Wahrheit. Doch es ist schwer, ehrlich zu leben, auch wenn ich will, daß mein Partner bei den Menschen vorkommen kann, die mir wichtig sind. Die Erfahrung, daß wir beobachtet werden, daß manche uns anfeinden, ablehnen, auf verschiedenste Art unter Druck setzen, daß unsere Beziehung nicht selbstverständlich sein darf, führt dazu, daß wir sie verheimlichen, daß künstliche Angst wächst, wir zu Lügenphantasien angestiftet sind, nur um für uns sein zu können. Das tut weh!
Unsere Freundschaft steht unter Druck, das macht uns oft übernervös. Wir wissen, daß wir auf unser Vertrauen aufpassen müssen und fürchten, uns gegenseitig zu verletzen. Wo können wir daheim sein? Im Auto, bei Freunden, es ist ein Lichtblick, als Vera ein eigenes Zimmer auf neutralem Boden bezieht. Wieviel können wir einander von der Belastung erzählen, zumuten, die fast immer da ist – die »Neuigkeiten« aus der Familie, in der Pfarrei, manche Beobachtungen, unsere Bedürfnisse. Ich traue mich nicht, Lars noch zusätzlich zu belasten, wenn er am Abend kaputt zu mir kommt – und ich laufe mit dem Schmerz herum, daß Vera wegen mir künstlich unfrei leben muß. Dabei tut es so gut, zu

zweit zu sein, das läßt uns aufleben... und manches auch nicht so ernst nehmen. Am Anfang sah alles so ausweglos aus – wie kann was werden – unmöglich? Doch unsere Angst ist schwächer und das Vertrauen stabiler geworden.
Da ist freilich die Frage: Ist das Sünde, wer ist schuld – wie wir leben, was wir tun. Besonders wenn die Eltern uns erinnern, wie sehr sie unter uns leiden. Aber wir haben doch (auch vor Gott) ein Recht auf unsere Freundschaft. Und wir werden sensibler für die vielen Unehrlichkeiten in der römisch-katholischen Kirche, die tabuisiert werden, Menschenopfer für Gesetz und Bürokratie. Wir ziehen innerlich aus der Kirche aus – mit dem Gespür, unser Konflikt ist auch ein kirchenpolitisches Problem. Wenn ich am Altar stehe oder als Priester meist in Beziehungen arbeite, fühle ich mich Vera sehr nahe, brauche unser Wissen, und meine Worte sind durch unsere Erfahrungen gedeckt. Unsere Liebe ist Gottesbegegnung. Wie lange sollen wir sie noch dieser Kirche opfern, selbst wenn durch die Arbeit von Lars Menschen (religiös) überleben könnten? Und – nehmen wir einander denn wirklich ernst, wenn wir darauf verzichten, unsere Beziehung öffentlich zu leben?
Seit wir uns kennen, ist unser Leben ein Rhythmus zu zweit. Eigentlich immer, auch wenn wir genau planen müssen, wann, wo, wie lange wir uns sehen. Dazu müssen wir finanziell hart kalkulieren, um mit Nebenjobs gerade Zimmer, Auto, Bahn, Telefon bezahlen zu können. Doch wir wollen unseren Rhythmus leben und dabei Raum gewinnen, auch solange wir, gegen besseres Wissen anderer, noch nicht zusammen wohnen. Wichtig ist, daß etwas geschieht, daß wir mit der eigenen Geschichte klar kommen und gemeinsam Schritte tun können. Wir sprechen unsere Ideen ab und bereiten Alternativen zum jetzigen Leben – für ein gemeinsames – langsam vor.
Wir werden sicherer. Wir fühlen uns glücklich. Wir glauben, daß wir den Menschen lieben dürfen, den wir wollen. Wir halten uns an Bilder, wie das von Rainer Kunze:

Rudern zwei ein Boot,
der eine kundig der Sterne,
der andre kundig der Stürme,
wird der eine führn durch die Sterne,
wird der andre führn durch die Stürme,
und am Ende, ganz am Ende,
wird das Meer in der Erinnerung blau sein.

Der Priester war auf einmal weg

Mechthild Jonas-Himmelmann

Konflikte mit dem Zölibatsgesetz? Nein, das hatte ich nicht. Ich hatte das Christentum immer als etwas Lebendiges verstanden, in dem Wachsen, sich Verändern, seine Talente Einbringen eine Hauptaufgabe ist. Dazu gehört natürlich auch die Bereitschaft, Fehler zu machen. Entscheidungen zu hinterfragen, neu oder anders anzufangen.
So gesehen, war die Entscheidung Friedrichs, diesen Beruf der unsere kleine Familie offizell nicht zuließ, aufzugeben, kein Problem des Verstehens des Zölibatsgesetzes für mich. Die Schwierigkeiten zeigten sich erst im Alltag des Familienlebens und der Partnerschaft. Habe ich doch einen Mann geheiratet, mit dem ich zwei Jahre lang intensive Erfahrungen in der Sozialarbeit der Gemeinde gesammelt habe. Wir waren echte Solidaritätspartner, wo es darum ging, die Schwachen der Gemeinde zu stärken, kritisch den herkömmlichen Formen und Gewohnheiten gegenüber zu sein, aufgeschlossen und hilfreich, da, wo es abgefragt wurde, einfühlsam und geduldig im Gespräch – sanft und liebevoll im Umgang miteinander.
Diesen Priester-Mann kannte ich, diesen Priester-Mann heiratete ich. Doch dann war der Priester auf einmal weg, und mit diesem Wegfall auch die Notwendigkeit oder die Lust, die »guten Seiten« zu leben. Die nicht ins christliche Bild passenden negativen Anteile des Menschen machten sich nun Luft (einerseits endlich), und auf meiner Seele war immer noch das Bild vom guten Hirten. Die Desillusionierung hat – wie Friedrich beschrieben – lange Zeit gedauert und geschmerzt.
Erst in den letzten Jahren habe ich begriffen, wie partnerschaftsunfähig und familienablehnend die Erziehung zum Priesteramt diese Männer gemacht hat. Wo haben sie gelernt, 24 Stunden durchzuhalten, jeden Tag, jede Woche – solange ihre Kraft in der Familie nötig ist? In den Gemeinden hatten die Gruppenabende ein absehbares Ende – danach der Rückzug, die caritative Arbeit hatte auch ein Arbeitsende – danach ebenfalls Rückzug usw. Und wenn es dann in einer Gemeinde nicht mehr klappte, kam die Versetzung in eine andere. Eine Familie fordert da ganz anders, und die Tendenz der Priester-Männer zum Rückzug kennen viele Frauen, die in solchen Beziehungen leben.
Wie mühsam müssen diese Priester-Männer lernen, von ihrem – wie ich es nenne – Größenwahn der Berufung herunterzukommen. Sie sind nichts Besonderes durch ihr Studium oder ihr Amt – wenn überhaupt, dann durch ihr liebevolles verantwortungsbewußtes Menschsein – wie jeder andere auch. Inzwischen hat sich eine große Wut in mir angesammelt auf eine Kirche, die sich erlaubt, Menschen derart zu verbiegen, die sich dann auch noch als Männer-Kirche

anmaßt, sich »Mutter-Kirche« zu nennen, die mir eine Brüderlich- und Schwesterlichkeit vorgaukelt, wo ich doch die Konflikthaftigkeit dieser kindlichen geschwisterlichen Beziehung kenne. Ich habe keine Probleme damit, mich als Frau und Erwachsene zu fühlen in einer Kirche – von der ich träume.

Das schmerzliche Abnehmen meiner Maske

Friedrich Himmelmann

Irgendwann werden unsere Masken fallen und unsere Rollen aufhören, die wir vor der Welt und vor uns selbst spielen. Mein Priester-Rollen-Spiel hat ein Ende genommen!

Auch wenn der Name »Himmelmann« einen gewissen theologischen Verpflichtungscharakter für mich hatte, meinten die kirchlichen Oberen, daß spätestens im Jahre 1972 mein Pakt mit der Hölle begonnen hätte. Der damalige Paderborner Erzbischof sagte kurz und eindeutig, aber offenbar sehr eindrucksvoll: »Wegen irgendsoeines Wesens wollen Sie also ungläubig werden!« Mein schneller Abschied verleitete den Kirchenmann noch dazu, mir ein »Gott befohlen« nachzurufen. Anschließend kauften Mechthild und ich in der ehrwürdigen Bischofsstadt einen »süßen Bikini« und eine »schicke Badehose«, und die Zeit der Sünde in der Sonne des Sommers 1972 nahm ihren Fortgang.

Bis 1980 habe ich mein »Priester-Rollen-Spiel« auszublenden versucht, aber es gelang nicht. Das äußerte sich z.B. als Machtgehabe in der Familie; als Kinderverhalten (»keiner liebt mich«), als Identitätsproblem mit der Vaterrolle u.a.m. 1980 kam ich mit dem Psychodrama in Kontakt, einer Therapieform, die den Menschen als Handelnden in der Gesellschaft sieht. Vergangene, gegenwärtige und zukünftige, wirkliche und phantasierte Szenen werden dargestellt und erlebt. Die psychodramatische Methode forderte und förderte meine Fähigkeit, für alte Probleme neue Lösungen zu finden. Meine Kreativität, Phantasie und Wandlungsfähigkeit erlebten Höhenflüge.

Ich suchte einen eigenen Weg, entwickelte ihn und begriff ihn. Mir fiel es wie Schuppen von den Augen: Konvikt und Seminar, mit allem, was da hinzugehört (Eugen Drewermann hat das treffend beschrieben), haben sehr geschickt, je nach Situation, das in mir verstärkt bzw. abgestumpft, was für meine Ich-Findung nötig gewesen wäre. Vieles ist aufgearbeitet, und ich kann mittlerweile – auf dem Hintergrund meiner eigenen Erlebnisse und Erfahrungen – mit Klienten und Patienten u.a. auch ihre schrecklichen Eingrenzungen durch Kirchen und deren Amtsträger angehen und aufarbeiten.

Meine Beziehung zu Mechthild, zu unseren Kindern, Ansgar und Uta, und zu vielen anderen Menschen, haben mir Angst, Mißtrauen und Unsicherheit genommen und mein Leben im wahrsten Sinne des Wortes voller gemacht. Das will ich nie mehr missen.

Schuldgefühle

Cornelia Birrewitz

Wir lernten uns in der Kirche kennen. Aus unserer Zusammenarbeit am Altar – ich war Lektorin und Kommunionhelferin – entwickelte sich zunächst behutsam unsere Beziehung. Offiziell gingen wir in der Kirche unseren Aufgaben nach, inoffiziell verabredeten wir uns zum Schwimmen, zu Kino- und Theaterbesuchen oder zu Waldspaziergängen, wobei jeder von uns darauf achtete, Zärtlichkeiten nur dann auszutauschen, wenn wir glaubten, von niemandem gesehen zu werden; Händchenhalten geschah im Dunkeln unterm Theaterprogramm oder bei Spaziergängen weit entfernt vom Dunstkreis unserer Pfarrgemeinde. Da mir nach einiger Zeit dennoch die Bemerkung zu Ohren kam, »das blonde Gift war mal wieder beim Kaplan«, war es mir gerade recht, daß mein Partner inzwischen einmal in der Woche nach Bonn kam, wo ich studierte. So ergab es sich, daß meine Freunde in Bonn ihn als meinen Partner kannten, ohne um seinen Beruf zu wissen, die Pfarrgemeinde ihn als ihren Priester hatte, wobei nur ganz wenige etwas von unserer Beziehung ahnten. Diese war einerseits anstrengend und unbefriedigend, andererseits sehr spannend: Immer mußten wir Rücksicht nehmen, unsere Partnerschaft geheim halten. Spannend war es nach dem Motto: »Was verboten ist, macht erst richtig Spaß.« – wie wird sich unsere Beziehung weiter entwickeln?

Unsere Freundschaft wurde intensiver, und schon bald meldete sich unser erstes Kind an. In meinen Gefühlen schwankte ich vom Beginn der Schwangerschaft bis nach der Geburt unseres dritten Kindes stark hin und her. Viele Fragen gingen mir ständig durch den Kopf: Möchte er bei mir bleiben? Möchte er mich überhaupt heiraten oder bleibt er nur wegen des Kindes? Wen liebt er mehr, seinen Beruf oder mich? Bin ich es dann schuld, wenn er seinen geliebten Beruf nicht mehr ausüben darf?

Bin ich die Verführerin, wie es viele Leute auch heute noch oft sehen? Wie können wir in dieser Kirche weiter leben? – Auch für mich bedeutete unsere Heirat einen Schlußstrich unter meine Aktivitäten in der Kirche, was mir ebenfalls sehr schwer fiel. Dazu kam die Fragen nach Arbeit, Wohnung und Finanzen.

Nachdem wir diese Hürden überwunden hatten und uns am Ende meiner Referendarzeit als Grundschullehrerin auf unser zweites Kind

freuten, starb dieses wenige Stunden nach der Geburt. Ein tiefer, harter Schlag, wieder plagten mich Schuldgefühle:
Was hast du jetzt verkehrt gemacht? Ist das eine Strafe? Warum läßt Gott dies zu? Von Verwandten, Freunden und Bekannten alleingelassen, mußte ich fast ohne Ansprechspartner meine Trauerarbeit leisten. Das Thema Tod ist in unserer Gesellschaft ein Tabu-Thema; kaum einer traute sich, mit mir über den Tod unseres Kindes zu sprechen, es sei denn, ich ergriff die Initiative. Auch mit meinem Mann ergab sich kaum eine Gesprächsmöglichkeit, da wir auf unterschiedlichen Gefühlsebenen dieses Schicksal verarbeiteten.
Der Gedanke, bestraft zu sein, verlor sich wieder, als ein Jahr später unser drittes Kind gesund zur Welt kam. Und noch mal zwei Jahre später bekamen wir erneut ein gesundes Kind.
Heute sind wir glücklich miteinander und stolz auf unsere Kinder. Wir bereuen unseren ehrlichen und offenen Schritt nicht, wir tragen ihn gemeinsam. Unsere kritische Distanz zur Kirche ist heilsam, wir fühlen uns nicht mehr abhängig von ihr. Wir wollen mitarbeiten an einer sich wandelnden Kirche, an einer, die sich von unten nach oben neu aufbaut im Sinne des Evangeliums.

III. Vom Klerikerstreit zur Kirchenreform

Die Angst der Kirche vor Gott

Peter Eicher

»Und er wird ein Zeichen sein,
dem widersprochen wird.
So sollen die Gedanken vieler
offenbar werden« (Lk 2,34)

Das Fundament der Kritik

In der Not der gegenwärtigen Kirchenkonflikte kann es hilfreich sein, die große Not des Menschen vor Gott von den kleineren Nöten um die Organisationsform der Kirche unterscheiden zu lernen. Denn gerade im Streit um die institutionellen Fragen können die menschlich Zerstrittenen vom Evangelium der Versöhnung erfahren, daß sie als aneinander Schuldige von Gottes Gerechtigkeit, Barmherzigkeit und Treue gesucht und aufgerichtet werden. Der Konflikt um die rechte Form der Nachfolge und der Verkündigung weist alle Beteiligten allererst auf den Mangel ihrer Menschlichkeit hin.
Nichts fällt der menschlichen Freiheit jedoch schwerer, als sich in der Angst um sich selbst der unbedingten Zusage von Gottes Barmherzigkeit vorbehaltlos anzuvertrauen. Auch die Glaubenden, die sich vom Zuspruch und Anspruch der biblischen Verheißungen aus dem Sklavenhaus der fremden und der eigenen Unterdrückung auf den langen Weg der Befreiung führen lassen, werden stets von neuem dazu getrieben, die Erfüllung ihrer Hoffnungen durch die Eroberung in eines »heiligen Landes« oder durch den Erwerb eines »kirchlichen Privatbe-

sitzes« zu erzwingen – aus lauter Angst um den Verlust der »Heilsaussage« und aus Mißtrauen gegenüber Gottes eigener Treue. Die biblisch verkündete Gerechtigkeit Gottes ist jedoch wenig geeignet, zum Besitz eines Volkes oder einer Kirche zu werden: Sie befreit die aneinander schuldig Gewordenen nicht zueinander, ohne die unterdrückerischen Verhältnisse selber aufzubrechen, die sie gefangennehmen. Die Verheißungen des Exodus und die Botschaft von der Versöhnung der Gottlosen, die Ausrufung des kommenden Reiches und die große Zusage von der Auferweckung der Toten läßt Gottes Volk nicht zur kirchlichen Ruhe kommen: Sie alle zielen auf die *Bewegung* der Welt durch Gottes Kommen. Und deshalb sind die biblischen Zeugnisse alles andere als konfliktscheu.

Um sicher zu sein vor diesem Zuspruch und Anspruch von Gottes gerechter Liebe, flüchten aber gerade kirchliche Menschen in die Verdrängung der Konflikte und in die institutionelle Versicherung vor der Erfahrung mit dem lebendigen Gott. Die Verteidigung der real existierenden Kirche als der geschichtlichen Zufluchtsstätte des Heils kann den grundlegenden Mangel des Glaubens jedoch ebenso wenig übersehen lassen, wie ihn eine bloß äußere Kirchenkritik auch schon aufzudecken vermöchte. Denn die Unberechenbarkeit der Gottesbegegnung kann durch keine organisatorische Anstrengung abgeschafft, durch keine institutionelle Rückversicherung aufgelöst und also erst recht nicht durch die gehorsame Identifikation mit der kirchlich fixierten Lehre, Moral und Hierarchie aus der Welt gebracht werden. Die Kritik an der Kirche hört erst auf, eine Flucht vor der großen Not des Menschen vor Gott zu sein, wenn sie aus der grundlegenden Zuversicht in die Kraft des Evangeliums selber kommt und dann so friedlich wie möglich und so entschieden wie nötig durchgetragen wird.

Nach dem Evangelium versöhnt Gottes Zuspruch und Anspruch mitten im Tohu-Wabohu der Geschichte nicht die schon Gerechten, sondern die Menschen, die einander selbst nicht gerecht werden *können*. Die in der Geschichte Jesu Christi offenbar gewordene Gerechtigkeit Gottes ermächtigt die Glaubenden jedoch zum guten Widerspruch gegenüber den schlechten Widersprüchen der unmenschlichen Verhältnisse auch in der Kirche. Denn im Geist des Versöhners, der Gottes Liebe bis zum Kreuz treu blieb, werden die Ungerechten jeder Zeit von Gott dazu berufen, als die Glaubenden einer konkreten Gemeinde einander gerecht zu werden. Die Gemeinde der Versöhnten wird damit frei zum rechten Widerstand gegen die unterdrückerischen Verhältnisse und die zerstörerischen Mächte ihrer eigenen Geschichte. Stößt der Konflikt um die rechte Form der Kirche bis zu dieser Tiefe vor, so gibt gerade er ein gutes Zeugnis von der erlösenden Botschaft, aus der die Kirche lebt und für die sie da ist.

Daß die drängenden Fragen der dogmatischen Lehre, der christlichen Moral und der kirchlichen Institutionalität solange unverständlich und unlösbar bleiben, wie sie nur auf der Ebene der kirchlichen Selbstversicherungen, statt auf der Grundlage der erlösenden Erfahrung mit der Botschaft von Gottes freier Liebe ausgetragen werden, das haben nur wenige Theologen in diesem Jahrhundert so deutlich gemacht wie Eugen Drewermann. Sein *grundlegendes* Werk »Strukturen des Bösen« (3 Bde., Paderborn 1977f.) verfolgte nur dieses eine Ziel: Schritt für Schritt zu zeigen, wie die menschliche Freiheit in der Angst um ihre geschichtliche Selbstverwirklichung sich zwangshaft in ihre Sicherungssysteme, Kompensationsleistungen und Unterdrückungsmechanismen verliert und wie sie von ihrer Angst um sich selbst nur erlöst werden kann, wenn sie sich vorbehaltlos von Gottes unbedingter Liebe ergreifen läßt. Dieses grundlegende Werk von Eugen Drewermann galt noch nicht der Kritik, sondern erst einmal dem Verstehen der radikalen Erlösungsbedürftigkeit aller Menschen. Zum Verstehen des Widerspruchs zwischen Gottes Liebe und der Angst der Freiheit um sich selbst, legte er den historisch erschlossenen Text der biblischen Urgeschichte in seiner philosophischen und psychoanalytischen Bedeutung so aus, daß seine Verkündigung nicht mehr länger als Fremdbestimmung der Existenz, sondern als die ihrer Freiheit entsprechende Erlösung ergriffen werden kann. Er überwand dabei die Engführungen der traditionellen Immanenzapologetik (d.h. den wesentlich defensiven Nachweis von der Entsprechung zwischen der kirchlichen Lehre und den anthropologischen Strukturen des menschlichen Handelns und Bewußtseins), weil er beides, die kirchliche Lehre und die konkrete Selbstbestimmung der menschlichen Freiheit von der im biblischen Text bezeugten Zuwendung Gottes her zu verstehen suchte. Dieses Verständnis, das vermochte er insbesondere durch die psychoanalytische und tiefenpsychologische Aufschlüsselung der biblischen Symbole und der Grunderfahrungen menschlicher Freiheit zu zeigen, fordert mehr ein als den Gehorsam gegenüber einer Lehre: Es fordert die Existenz zu ihrer Selbstbestimmung aus Gottes Liebe heraus.

Auf dieser Grundlage formulierte Eugen Drewermann in der ersten Hälfte der achtziger Jahre seine *erste Kritik*: Sie wurde einerseits als Kritik an der christlichen Moral in den *gesellschaftlich* entscheidenden Handlungsfeldern der Ökologie (Der tödliche Fortschritt, Regensburg 1981) und der Friedenspolitik (Das Christentum und der Krieg, Regensburg 1982) durchgeführt und anderseits als Kritik an der kirchlich überlieferten *Individualmoral* in den Themenfeldern der Schuld, der Liebe und des Todes ausgearbeitet (Psychoanalyse und Moral, 3 Bde., Mainz 1982-1984). Diese Kritik entsprang nicht der liberalistischen Zuversicht in die neuzeitliche Autonomie des Subjekts, sondern der

biblisch fundierten und psychoanalytisch durchgearbeiteten Einsicht in die Notwendigkeit der formell autonomen Freiheit, sich aus den von ihr selbst geschaffenen Unterdrückungsverhältnissen konkret erlösen zu lassen. Deutlicher als zuvor wurde nun die Psychoanalyse und die Tiefenpsychologie zum Instrumentarium, um die biblischen Symbole der Erlösung auf die politischen Handlungsfelder der praktische Vernunft und auf die Tiefengeschichte der Seele jedes Menschen zu beziehen. Ohne ihre psychologische Entschlüsselung bleiben nach dieser Kritik die biblischen Symbole und die moralischen Imperative der Kirche nicht nur unverstanden, sondern werden selbst zu Instrumenten der ökologisch destruktiven Ökonomie, zu Triebkräften der militärischen Aggression und der zwangsneurotisch-depressiven Lebensorganisation der kirchlich Glaubenden.
Die *zweite Kritik* aus der Mitte der achtziger Jahre galt deshalb der für jede Theologie entscheidenden Methode der Schriftauslegung. Eugen Drewermann wies konsequent die Fixierung der modernen Bibelwissenschaft auf die allein *historisch* richtige Auslegung der Texte als eine pseudomoderne Rationalisierung zurück, weil sie mit der ihr eigenen wissenschaftlichen Distanzierung die Hörer des Wortes dem erlösenden Anspruch der Texte entziehe und damit die existentielle Vernünftigkeit der biblischen Erzählungen und Symbole verdränge (Tiefenpsychologie und Exegese, 2 Bde., Olten und Freiburg i.Br. 1984f.). Nicht um die Liquidierung der historischen Verstandeskritik, sondern um den Versuch, den historischen Verstand zur glaubenden Vernunft zu bringen, ging es dieser zweiten Kritik. Sie entsprang ganz und gar der Zuversicht des Glaubens, daß die Freiheit aller Menschen von ihrer neurotischen Angst um sich selbst nur erlöst werde, wenn sie von Gottes Liebe dazu befreit wird, sich ihr selber vorbehaltlos anzuvertrauen. Aber Gottes Liebe kann nicht erfahrbar werden, wenn von ihr nur historisch berichtet oder dogmatisch doziert wird. Denn die biblischen Zeugnisse wirken heilsam, weil sie – das wurde nun Eugen Drewermanns Grundthese – mit ihren symbolischen Texten die Grunderfahrungen der menschlichen Gattung in ihrer Konfrontation mit dem Ereignis von Gottes Liebe zur Sprache brächten. Weil die biblischen Symbole archetypisch verstehbare Bilder von der Erfahrung mit Gottes Liebe seien, vermöchten sie die Freiheit eines jeden Menschen von der Angst zu erlösen, gerade in ihrer Endlichkeit von Gott bejaht, aufgerichtet und geliebt zu sein. Ohne ein psychogenetisches und tiefenpsychologisches Verständnis der menschlichen Erfahrung könnten die symbolischen Texte der Bibel – was ihre erlösende Wirkung betrifft – nach dieser Einsicht nur mißverstanden werden. Denn ohne ihren psychologisch aufgeschlüsselten Bezug zur Geschichte der menschlichen Gattung und zur Grunderfahrung jeder Biographie blieben sie

bloße Zeugnisse von historisch vergangenen Nöten und Problemlösungen: Sie offenbarten nicht die große Not der menschlichen Freiheit vor Gott, die von der Angst um sich selbst durch ihren Schöpfer und Erlöser selbst befreit wird. Das suchte Eugen Drewermann nicht nur in vielen Einzelauslegungen biblischer und literarischer Texte, sondern drei Jahre nach seiner prinzipiellen Kritik der modernen Exegese auch durch die Auslegung des Markusevangeliums ganz konkret zu zeigen (Das Markusevangelium, 2 Bde. Olten und Freiburg i.Br. 1987f.).
Es versteht sich von selbst, daß diese Kritik der herrschenden Schulexegese einem kirchlichen Dogmatismus, der die Wahrheit der Schrift ein für allemal in gesetzlicher Form zu »haben« wähnt, keinerlei Vorschub leisten wollte. Aber nicht von selbst versteht sich, daß Eugen Drewermann als Theologe, Priester und Therapeut nun nicht zur an sich folgerichtigen Kritik an den psychologisch unaufgeschlossenen dogmatischen Symbolen der Kirche fortschreiten wollte, ohne zuvor das herrschende Subjekt der kirchlichen Lehre und Heilsvermittlung zum Thema gemacht zu haben. Seine *dritte Kritik*, um die es in diesem Bande geht, führt auf der erarbeiteten Grundlage die erste umfassende Selbstkritik des katholischen Klerus seit der Reformation durch (Kleriker, Psychogramm eines Ideals, Olten und Freiburg i.Br. 1989). Im Unterschied zur antiklerikalen Kritik wird diese Selbstkritik konsequent von der zentralen Aufgabe hervorgetrieben, welcher der Klerus sich verpflichtet weiß: mitten in der Zeitgeschichte »Asylstätten des Absoluten einzurichten, an denen es möglich ist, vom Handeln zum Horchen, vom Haben zum Sein, vom Planen zum Hoffen, vom Richten zum Vergeben – von Endlichen ins Unendliche sich führen zu lassen« (31). Unerbittlich zeigt diese dritte Kritik wie die klerikale Form von Seelsorge und Verkündigung im modernen Katholizismus das Relative ihrer Institutionalität verabsolutiert, das Horchen auf die erlösende Botschaft durch das moralisch erzwungene Handeln erschwert, das Sein in Christus durch den kirchlichen Heilsbesitz ersetzt, die Hoffnung auf das ewige Leben durch die religiöse Verplanung verstellt, Gottes Vergebung durch das Gericht der Kirche zerstört und den Weg, den Gottes Liebe ins Unendliche eröffnet, kirchlich verschließt.
Um Eugen Drewermanns Kleruskritik verstehen und für die Reform der Kirche fruchtbar machen zu können, ist es wesentlich zu sehen, daß in ihr nicht die Auseinandersetzung mit der Deformation der Kirche zur Priesterkirche das Entscheidende ist, sondern die Freilegung des Glaubens, welche diesen Konflikt erst ermöglicht und nötig macht: Schritt für Schritt soll durch die Kritik der herrschenden Zustände in der Priesterschaft und im Ordensleben das Vertrauen in die erlösende Kraft der biblischen Verheißung zurückgewonnen werden, die allen Menschen gilt und prinzipiell von allen Glaubenden den Nächsten vermittelt

werden darf. Es sind nicht die Nöte von Zölibat, Männerherrschaft und Heilsbürokratie, welche das zentrale Thema dieses Buches ausmachen, sondern es ist die Flucht der Klerikerkirche vor der großen und wesentlichen Not des Menschen vor Gott, welche durch die zentrale Kritik getroffen und überflüssig gemacht werden soll. Denn ob die Kirche durch ihre Priester die Menschen zu beherrschen sucht oder ob sie die in den Verhältnissen der Weltzeit konkret unterdrückte Freiheit aller Menschen aufzuschließen vermöchte für die erlösende Bestimmung der Freiheit durch die Liebe, die Gott ist, das ist die Frage, um die es zuerst geht. Wenn sich die Kirche dem Zuspruch der Liebe, die sie verkündet, selber öffnet, dann wird auch der notwendige Konflikt um die Macht, das Geld, das Zölibat und die Heilsbürokratie der Amtskirche nach Drewermanns Grundüberzeugung fruchtbar aufbrechen und sich reformatorisch lösen lassen. Aus dem Verständnis um die große Not des Menschen vor Gott wächst der Mut und die Zuversicht in den Kampf um die Abschaffung der durchaus überflüssigen und unwesentlichen Nöte des Klerus und der vom Klerus beherrschten Kirche selbst.

Aber das Problem der gegenwärtigen Auseinandersetzung bleibt, daß diese rechte Ebene des Streits noch gar nicht angenommen und die Tiefe der Fragestellung noch gar nicht erkannt ist. Das ist einerseits die Folge der isolierten Lektüre des Klerikerbuches, welche den Zusammenhang mit dem Gesamtwerk und der Grundintention seines Autors außer acht läßt und anderseits die Konsequenz aus dem lehramtlichen Schriftverständnis, das – trotz gegenteiliger Versicherungen – noch immer seine institutionelle Autorität mit der lebendigen Norm der Schriftauslegung verwechselt: mit dem selber uns ansprechenden Worte Gottes. Und deshalb lohnt es sich, einmal ohne die von Eugen Drewermann für unverzichtbar gehaltene und von den Fachkollegen und Bischöfen für suspekt gehaltene psychologische Durcharbeitung zu prüfen, wie denn der Streit aussähe, wenn er – wie insbesondere die bischöflichen Kritiker es wünschen – mit den überlieferten Methoden der Theologie geführt würde. Weil es die zentrale These von Eugen Drewermanns kritischer Analyse ausmacht, daß gerade die klerikale Form der Heilsvermittlung das Heil für die Kirche und die Kleriker selbst ver stellt, geht es dabei allererst um die Einsicht in die christliche Freiheit zum Konflikt mit den Heilsvermittlern selbst. Ich erinnere dafür an die Selbstverständlichkeit, mit der Paulus die Konflikte auf der Grundlage seiner Botschaft von Got tes Gerechtigkeit nicht nur zuließ, sondern selbst nicht ohne Heftigkeit austrug, was in den späteren Schriften des Neuen Testaments nicht wenig zur Klärung der Frage nach der Beendigung des überlieferten Priestertums durch die Geschichte Jesu Christi führte. Um den Konflikt auch inhaltlich im Sinne der theologi schen Zunft zu vertiefen, lohnt es sich, Eugen Drewermanns These von der

Priesterlichkeit aller Christen dann aber auch an der reformatorischen und der katholischen Wahrnehmung der Dienste zu prüfen, die Christus durch seine Gemeinden der Welt hilfreich und erlösend zur Verfügung stellen wollte.

Die Freiheit zum Konflikt

Wie die Kirche aus der angstvollen Befangenheit in ihren eigenen Nöten zur befreienden Krise der Wahrnehmung von Gottes bedingungsloser Annahme der aneinander schuldig Gewordenen findet, das können die Christen aller Konfessionen noch immer am besten beim Erztheologen des Evangeliums, bei Paulus selber lernen. Besonders prägnant wird dies an der Geistesgegenwart und an der Ironie deutlich, mit der Paulus im zweiten Brief an die Korinther mit dem Konflikt umging, der die Gemeindeglieder nicht nur untereinander, sondern auch mit Paulus selbst auseinanderbrachte.

Weil Paulus und Timotheus sich nicht als die Herren des Glaubens der Gemeinde von Korinth, sondern als die Mitarbeiter ihrer Freude verstanden, waren sie mit dieser ihrer Gemeinde auf Tod und Leben verbunden (1,24; 7,3). So wie sie die Last und den Jubel der Gemeinde als eigene Belastung und Erleichterung annahmen, so sollte auch die Gemeinde an der Not und am Trost ihrer Apostel vollen Anteil erhalten (7,4; 1,7). Als Verkünder des Evangeliums verstanden sich Paulus und Timotheus demnach nicht aus dem Gegenüber zur Gemeinde; *mit* der Gemeinde standen sie vielmehr allein ihrem Herrn gegenüber. Und deshalb konnten sie sich der Gemeinde auch mit nichts anderem empfehlen als mit dem Geiste Jesu Christi, der sie zusammen mit der Gemeinde mitten in den Mächten dieser Weltzeit am Leben erhält: »Unser Empfehlungsschreiben seid ihr selbst, und das ist uns ins Herz geschrieben, und jedermann kann es lesen und verstehen« (3,2). Auch als Begründer der Gemeinden weiß sich Paulus auf den Glauben, die Werke und die Freiheit derer angewiesen, denen er das Evangelium gebracht hat: »Jedem wird die Offenbarung des Geistes geschenkt, damit sie anderen nützt« (1Kor 12,7).

Weil Apostel und Gemeinde einander nicht wie Herren und Knechte gegenüberstanden, nahm Paulus die Kritik einiger Gemeindeglieder an seinem »allzu menschlichen Wandel«, an seiner wuchtigen Briefschreiberei und nicht gerade imponierenden Rhetorik, an seiner Schlauheit und List, mit der er angeblich vorging, ja selbst an seiner ungerechten Parteilichkeit, die sich verderblich auswirke, durchaus ernst (10,2; 10,10; 12,17; 7,2). Und er hielt seinerseits mit seiner Kritik an der Verführbarkeit der Gemeinde durch neue Heilsbotschaften, an dem

Auftreten der charismatischen »Über-« und »Lügenapostel«, die sich selbst empfahlen und mit Gottes Wort gute Geschäfte betrieben, sowenig zurück, wie er seine Furcht auch nicht verhehlte, es würde in der Gemeinde »Streit, Eifersüchtelei, Feindseligkeit, Gehässigkeit, üble Nachrede, Denunziation, Überheblichkeit und Auflehnung gegen die rechte Ordnung zu finden sein« (11,3,5,15; 3,1; 2,17; 12,20). Weil aber diese Konflikte die Gemeinde *beherrschten*, war sie nach seinem Urteil nicht mehr frei für die Kraft und die Gerechtigkeit des Evangeliums, das die innergemeindlichen Konflikte nach dem Maßstab seiner Freiheit zu lösen erlaubt. Und deshalb stellte Paulus diese ethisch gesehen doch so ernsthaften Nöte erst einmal ganz zurück. So gewiß er sie nicht einfach vergaß, so entschieden rückte er sie doch in das Licht jener befreienden Tat, in der Gott die Schuldigen ein für allemal mit sich und untereinander versöhnte, die Ungerechten zum Dienst der Gerechtigkeit erwählte, die Toten in Christus zum Leben zu erwecken und die alte Schöpfung zu erneuern verhieß.

Es war also nicht das ethische Vorbild einer gut organisierten und friedlichen Urgemeinde und auch nicht das exemplarische Bild vom Leben Jesu, das Paulus seiner streitlustigen Gemeinde entgegenhielt: Er rief ihr vielmehr den Abgrund jenes ethisch und religiös nicht lösbaren Widerspruches in Erinnerung, den Gott in der Geschichte Jesu Christi um der Befreiung aller Menschen willen ausgetragen hat: »Für alle ist er gestorben, damit die Lebenden nicht mehr für sich selber leben, sondern ihm, der für sie gestorben und auferstanden ist... So hat Gott die Welt in Christus mit sich versöhnt, er hat ihr ihre Übertretungen nicht angerechnet und in uns das Wort von der Versöhnung gelegt« (5,15.19). Diese Rechtfertigung der Gottlosen bedeutet alles andere als die Rechtfertigung gnadenloser Verhältnisse: Sie greift die konkrete Ungerechtigkeit auch in den Gemeinden aus ihrer Wurzel an. So sind es drei Dimensionen der Versöhnung, welche die neue Form der Gemeinde in ihren Grundverfassung prägen und die überlieferten (jüdischen und heidnischen) Formen des Priestertums und der Hierarchie für sie gänzlich überflüssig machen.

Die *erste* Konsequenz der Versöhnung ist die Befreiung der Gemeinde von jedem kultischen Opferdienst und damit von ihrer Angewiesenheit auf eine ausgesonderte Priesterschaft. Weil Gott in der Geschichte Jesu Christi die Last der menschlichen Schuld bis zum Tod auf sich nahm, hat er sie von innen her überwunden: »Ihn, der die Sünde nicht kannte, hat er für uns zur Sünde gemacht, damit wir in ihm die Gerechtigkeit Gottes würden« (5,21). Durch den Gerechten, der sein Leben für die Ungerechten ohne jeden Vorbehalt bis zu seinem Tod hingab, befreite Gott sein Volk ein für allemal von der Angst, als schuldiges Volk vor Gott nicht existieren zu dürfen, ohne immer neu durch die sühnenden

Opferleistungen von ausgesonderten Priestern gereinigt werden zu müssen. Ohne jeden Zweifel sah schon Paulus zusammen mit den frühesten Gemeinden das Priestertum deshalb für völlig überflüssig an, weil Jesus Christus alle Menschen ein für allemal mit Gott versöhnte. An die Stelle des Priestertums mit seinem Opferdienst trat die Gemeinde mit ihrem »Dienst der Versöhnung« (5,18) und dem »Dienst der Gerechtigkeit« (3,9). Nicht ein besonderer Kult von Priestern, sondern das alltägliche Leben aus der Versöhnung macht den »vernünftigen Gottesdienst« (Röm 12,1) aus: »Wir tragen allezeit das Todesleiden Jesu an unserem Leibe, damit auch Jesu Leben an unserem Leibe in Erscheinung trete« (4,10). Die Glieder der Gemeinde, die in Christus zum Leben aus der Versöhnung zusammengerufen sind, brauchen nun keine priesterlichen Stellvertreter mehr, um aus Gott zu leben und um einander gerecht zu werden; denn die Verkündigung dessen, was Gott für alle Menschen getan hat, ersetzt den alten Priesterkult auf vollkommene Weise. Der »heilige Dienst des Evangeliums Gottes« (Röm 15,16), der allen Gliedern der Gemeinde je nach ihren besonderen Gaben, je nach ihren Charismen, aufgegeben ist, strukturiert die äußere Form der Gemeinde vollständig: Die Gemeinde der Evangeliumsverkündigung ersetzt die Priesterkirche.

In aller nur wünschbaren Deutlichkeit hat die spätere Paulusschule, wie sie uns aus dem Hebräerbrief bekannt ist, diese Abschaffung des Priestertums durch Christus als den einzigen Versöhner und Priester noch einmal eigens begründet und als Kennzeichen des erneuerten Bundes festgehalten. Nach dem Neuen Testament bedarf die Kirche Jesu Christi keiner Priester im eigentlichen Sinne mehr, weil der einzige Mittler und Versöhner alle Gliedern seines Leibes gleichermaßen in den Dienst der Versöhnung stellt. In den neutestamentlichen Gemeinden gibt es dafür weder Priesterweihen noch Ordensgelübde noch religiöse Vereidigungen. Die Frage nach dem Vorsitz bei der Eucharistiefeier oder nach anderen Dienstfunktionen kann sich für die neutestamentlichen Gemeinden gleichfalls nicht als Frage nach besonderen »Priestern« stellen: Der Streit darum wäre höchstens ein Zeichen des Unglaubens. Wozu sonst als zum Dienst der Versöhnung und der Gerechtigkeit befähigte denn die Taufe? Sie ist ja das Zeichen dafür, daß die Glaubenden mit dem Gekreuzigten der Sünde gestorben und dem Leben aus seiner Auferweckung zugetan sind. Für die Verkündigung, den Zuspruch der Vergebung und den Vorsitz beim Mahl des Herrn sind nach dem Evangelium und nach der Praxis der Alten Kirche alle jene berufen, welche die Gemeinde dafür für besonders geeignet hält. Die »Ordination« durch einen Bischof kann – auch mit dem Zeichen der Handauflegung und der Salbung mit Öl – nur das eine tun: in der Zuversicht des Evangeliums darum flehen und bitten, daß Gott die von der Gemeinde Berufenen täglich neu mit dem Geist begaben möchte, die sie für ihren Dienst mehr als alles andere brauchen. Eine Weiheversicherung, welche die von der Gemeinde und ihren Vorstehern Berufenen nicht durch ihren Dienst, sondern gleichsam seinsmäßig von allen anderen Glaubenden unterscheiden würde, wurde nach dem Neuen Testament vom Herrn der Kirche nun wirklich nicht vorgesehen. Das immense Leiden der Kleriker an ihrer seinsmäßigen Aussonderung und an ihrer sakralisierten Verbeamtung, das Eugen Drewermann psychologisch analysierte, erscheint vor diesem Hintergrund deshalb nicht nur überflüssig, sondern auch durchaus abschaffbar zu sein. Der katholische Klerus braucht mehr als alle anderen das Evangelium, um selber aus der Versöhnung leben zu lernen.

Die *zweite* Konsequenz aus dem befreienden Verhältnis des Evangeliums zur institutionellen Wirklichkeit der Gemeinde ist aber ihre Ermächtigung zur eigenen Freiheit. Auf seine Weise aufgeklärt, vertraute Paulus darauf, daß die Gemeinde selbst »auf dem Grund des Glaubens steht« (1,24). *Darum* kann und will er sich nicht zum Herrn ihres Glaubens machen (1,24). »Wo der Geist des Herrn ist, da ist Freiheit« (3,17). Diese Freiheit ist für Paulus kein individualistischer Selbstbesitz der einzelnen Subjekte: Sie ist weder angeboren noch selbst errungen. Sie meint vielmehr die im Geiste Jesu Christi allen Glieder der Gemeinde geschenkte Kraft, von den gottlosen Bindungen dieser Weltzeit immer neu befreit zu werden, um aus Gottes Gerechtigkeit einander gerecht werden zu können. Die Befreiung zum Leben aus der Gerechtigkeit gibt aber jedem einzelnen in der Gemeinde die Vollmacht, alles zu prüfen und das Gute zu behalten (1 Thess 5,21). Wenn der erste Petrusbrief die Gemeinde später eine »heilige Priesterschaft« nannte, so meint er in dieser Fluchtlinie gerade Gottes Volk, insofern es weder durch eine kultische Priesterschaft noch durch eine sakrale Herrschaft regiert werden muß, um zu dieser Freiheit zu kommen: »Ihr seid ein auserwähltes Geschlecht, eine königliche Priesterschaft, ein heiliger Stamm, ein Volk, das sein besonderes Eigentum wurde, damit ihr die großen Taten dessen verkündet, der euch aus der Finsternis in sein wunderbares Licht gerufen hat. Einst wart ihr Nicht-Volk, jetzt seid ihr Gottes Volk; einst wart ihr Nicht-Erbarmte, jetzt habt ihr Erbarmen gefunden.« (1 Petr 2,9f.) Die priesterliche Existenz meint nun nichts anderes mehr als die Existenz aus dem Bunde mit Gott, die wahre Israel-Existenz, die aus dem Sklavenhaus der Pharaonen dazu bereitet wird, ein Volk zu sein, das aus der Freiheit lebt. »Handelt als Freie!«, ist denn auch der Anspruch, der aus dem Zuspruch dieser Erwählung unmittelbar folgt (2,16). Wie bei Paulus wird der Gemeinde also nicht erst anbefohlen, selber frei zu werden: weil sie vielmehr in Jesus Christus zur Freiheit befreit *ist*, darf sie »als freie« auch freimütig

handeln. Das Priesterliche aller Getauften liegt schlicht in der Vollmacht, das Evangelium nicht nur zu verkünden, sondern aus seiner Freiheit auch zu leben. Und dazu gehört der Freimut, unterdrückerische Verhältnisse zu denunzieren und sie wo immer möglich durchaus abzuschaffen – und zwar zuallererst auch in der Kirche selbst.
Weil die Freiheit des Evangeliums die Gabe ist, welche die an einander Schuldigen einander gerecht werden läßt, erwächst dieser Widerstand gegen die unversöhnten Verhältnisse nicht erst aus den Imperativen einer theologischen Lehre oder den Erlaubnissen eines Lehramtes, sondern schon aus der »christologischen« Bestimmung der Freiheit aller in der Gemeinde: Im Leibe Christi sind die sozial, politisch und religiös schwächsten und am meisten unterdrückten Glieder gerade »die am meisten geehrten« (1 Kor 12,24). So widerspricht das Evangelium der realen Unterdrückung, indem es den Sozialkörper der Gemeinde entgegen den politischen, sozialen und religiösen Hierarchien »von unten« her aufbaut, d.h. aus der Anerkennung der Freiheit der anderen, die auch in der Gemeinde die Schwächsten sind. Wenn Eugen Drewermann sich das Recht nimmt, den Priestern und Ordensleuten zu zeigen, warum sie selbst und andere in der Kirche an ihren institutionellen Vorrechten und an ihren selbst auferlegten Pflichten leiden, dann nimmt er sich keine besondere Freiheit heraus: Die Kritik entspricht der Befreiung, welche die Gemeinde erst zu Gottes Volk macht.
Das dritte und entscheidende ist aber der eschatologische Widerspruch zu jeder irreformablen Verfestigung der Kirche in dieser Weltzeit. Zwar könnte, wer immer die Kirche doch lieber als Gottes himmlisches Haus, denn als die zur Exodusbewegung herausgerufene Gemeinschaft der Glaubenden haben möchte, an die paulinische Zuversicht appellieren, mit der er selbst die Gemeinden alttestamentlich interpretierte: »Wir sind doch der Tempel des lebendigen Gottes« (2Kor 6,16)! Aber abgesehen davon, daß Paulus damit Gottes Volk gerade zum Auszug aus den priesterlichen Kulten und aus den ungerechten Herrschaftsverhältnissen provozieren wollte, bleibt zu beachten, daß dieser »Tempel« des lebendigen Gottes für Paulus ein durch und durch eschatologischer Ausdruck geworden war. »Fern vom Herrn in der Fremde« (5,6) hat die Gemeinde keinen bequemen Ort zum Ausruhen, zur Selbstdarstellung, zur Einrichtung in der Welt. Sie existiert im Verlangen nach der Heimat, im »beklommenen Seufzen«, im *Dienst* der Versöhnung und der Gerechtigkeit: Sie lebt buchstäblich von der Hoffnung (5,4; 5,18; 3,9). Und diese Hoffnung ist die ganze Gabe des Geistes, der durch die Geschichte Jesu Christi in die Welt kam: die Hoffnung, welche die Schöpfung erneuert.
Spätestens hier werden die Vorwürfe laut werden, daß mit dieser biblischen Erinnerung doch nur eine Urgemeinde beschworen werde,

die noch aus der Naherwartung gelebt hätte und sich als charismatische Kleingruppe noch nicht wie später die Großkirche institutionell verantworten mußte. Aber schon Paulus hatte die Korinther darüber zu belehren, daß die Glaubenden hier und jetzt der Heimat des kommenden Reiches noch *entfremdet* sind und daß der Geist ihnen gerade zur Erwartung des Kommenden ins Herz gegeben ist. Abgesehen also davon, daß auch schon Paulus die »Naherwartung« gegen die Heilsbesitzer in der Gemeinde kritisch zu verkünden hatte, sind nüchtern auch die Konflikte zu sehen, die damals wie heute die sichtbare Kirche so zentral berührten, als ginge es dabei um Sein oder Nichtsein der Kirche. Denn offenbar kam schon in der Gemeinde von Korinth den »Überaposteln« mehr auf ihre Legitimation als auf ihre Funktion, mehr auf den Ausweis ihrer geistlichen Vollmacht als auf die Vollmacht des Geistes, mehr auf ihre formale Kompetenz als auf ihren realen Dienst an; so stellten sie sich als die Herren der Gemeinde selbst heraus (3,1; 10,12). Sehr gekonnt und sehr ironisch ließ sich Paulus auf diesen Kompetenz- und Legitimationsstreit ein, »freilich nicht nach der Weise des Herrn, sondern wie ein Narr, der von der Meinung ausgeht, es gelte, sich selbst zu rühmen« (11,17). Paulus, der nach dem gegenwärtigen Kirchenrecht als »Laie« qualifiziert werden müßte, zog alle Register, um zu zeigen, wie glänzend auch er dagestanden hätte, wenn es denn notwendig gewesen wäre, sich durch die eigene Existenz und das eigene Werk, ja auch durch die eigene charismatische Erfahrung und Berufung zu legitimieren: Von der Unentgeltlichkeit seiner Dienste über seinen Offenbarungsempfang bis zur Todesgefahr um der Gemeinde willen fehlt nichts für seine perfekte Hagiographie. Es ist die Legende eines »Charismatikers«, wie Max Weber ihn verstand, eines Führers, der um seiner außeralltäglichen Kräfte willen als der Herr akzeptiert wird. Genau so, meint nun aber Paulus, verstehen sich die neuen Herren der Gemeinde: Sie pochen auf den *Besitz* des Geistes. Auf dieser Ebene jedoch, das zeigt die paulinische Ironie, sind die Konflikte nicht nur unausweichlich, sondern auch unlösbar, so unlösbar wie alle anderen Herrschaftskonflikte in dieser Weltzeit auch. Einer Gemeinde, die in oder gar *aus* diesen Konflikten lebt, tritt Paulus deshalb freimütig und sarkastisch gegenüber: »Ihr ertragt es, wenn man euch knechtet... und euch ins Gesicht schlägt!« (11,20)
Für die Gemeinschaft der zum Glauben *Befreiten* ist dagegen die Machtfrage, wie sie die Herrn dieser Weltzeit aufwerfen, zerbrochen: Die Herrschaft Jesu Christi löst die Mitarbeiter in der Gemeinde aus dem unlösbaren Konflikt, der sich aus der »libido dominandi«, aus der Lust an der Macht und ihrer innerweltlichen Legitimation ergibt. Man kann es also drehen und wenden wie man will, aber Paulus kennt, wie Johannes und das ganze übrige Evangelium, keine andere Recht-

fertigung für die Dienstordnung der Gemeinde als die funktionale: »ich mahne euch Brüder, ordnet euch ... jedem unter, der mitarbeitet und sich müht.« (1 Kor 16,16). Diese sachgerechte Autorität des wirklichen, und nicht des formell beanspruchten Dienstes, der etwa gar einige wenige Ehelose über alle anderen herrschen ließe, nahm Paulus so ernst, daß er diese freie Dienstordnung zum Charakteristikum des Leibes Christi machte. Warum sollte sie heute ausgerechnet in der Kirche nicht mehr erwähnt und gegenüber allen, die sich als die »Herren unseres Glaubens« ausgeben, nicht mehr eingeklagt werden dürfen? Die Kirche, welche die Stimme ihres Herrn hören will, muß in sich aufeinander hören lernen.

Gewiß kann die äußere Ordnung der Kirche nicht die zentrale Frage der Kirche und der Theologie werden: Aber gerade weil die rechtliche Struktur der Kirche durchaus dienende Funktion hat, ist sie von Grund auf nicht nur der Veränderungen bedürftig, sondern der Veränderungen auch fähig. *Und diese Reform ist ohne die Freiheit zum rechten Konflikt nicht möglich.* Denn der befreienden Verkündigung von Gottes gerechter, barmherziger und treuer Herrschaft muß, soweit dies Menschen möglich ist, eine Ordnung der Kirche entsprechen, die in all ihrer Schwäche doch die befreiende Kraft von Gottes Gerechtigkeit nicht geradezu dementiert. Sehr zu recht insistiert Eugen Drewermann in seiner analytischen Kritik der klerikal gewordenen Kirche darauf, daß dem *Inhalt* der Botschaft die *Form* seiner Verkündigung so zu entsprechen hat, daß diese Form dem guten Inhalt nicht auf schlechte Weise widerspricht. Dafür muß diese Form diskutierbar und nach dem »sensus omnium fidelium« auch durchaus reformierbar sein. Deshalb sind die Konflikte um die rechte Kirchenordnung durchaus auch mit juristischen, soziologischen und psychologischen Erwägungen zu diskutieren. Ihre Übertheologisierung macht sie erst recht unlösbar.

Für eine mehr als priesterliche Kirche

Eugen Drewermanns Psychoanalyse des strukturell verursachten Leidens der Kleriker zielt nicht auf eine bloße Verbesserung der Klerikerausbildung. Sie zielt tiefer auf die Erneuerung des »Priesterlichen« in den Gemeinden und damit auf eine grundlegende Reform auch der überlieferten Kirchenstrukturen. So notwendig nun im Lichte des Evangeliums die Erinnerung an die Freiheit der »königlichen Priesterschaft« jeder Gemeinde auch ist, so verengt bliebe doch der Blick, wenn er die Würde und die Aufgaben der Christen allein aus dem Gegensatz zur gegenwärtig herrschenden Form des Amtspriestertums bestimmte. Eugen Drewermanns Verständnis des »Priesterlichen« aller Christen bleibt jedoch selber unklar, weil er dieses eine Charisma nicht nur auf den Dienst der Versöhnung, sondern auch auf das Verkündigen (in poetischer Form) und auf das Heilen (in therapeutischer Funktion) bezieht, wobei die Fragen der Leitungsfunktionen in der Kirche durchaus ausgeklammert bleiben. Aber das Neue Testament kannte nicht nur eine Fülle von durchaus alltäglichen Geistesgaben, welche zur Auferbauung einer Gemeinde notwendig sind, sondern auch die sachliche Vorordung der Verkündigung vor allen anderen Diensten, wobei die Leitungsfunktionen keineswegs hierarchisch von allem übrigen Handeln der Gemeindeglieder abgehoben waren. Weil seit der Reformation die Grundfunktionen der Gemeinden unter den drei Aspekten des »prophetischen, priesterlichen und königlichen Dienstes« systematisiert wurden, erweitere ich die von Eugen Drewermann allein genannte Funktion des priesterlichen Dienstes hier um den Dienst der Prophetie und der Leitungsämter (wobei anzumerken ist, daß Eugen Drewermann in seiner Konzentration auf das Klerusproblem öfters »priesterlich« nennt, was die Tradition nicht ohne Grund »prophetisch« oder »königlich« genannt hatte.)

Weil das Neue Testament Jesus Christus verkündet und nicht ein Werk, das von seiner Person ablösbar wäre, kennt es keine Systematisierung der »Ämter Christi« oder gar eine »Teilgabe« seiner Ämter an bestimmte Personen oder an alle Getauften. Die prinzipielle Unterscheidung von Amt und Person, der auch die wesentliche Kritik Eugen Drewermanns gilt, ist dem Neuen Testament grundsätzlich fremd. Die Lehre von »drei Ämtern Christi« diente seit Eusebius (Hist. I,3f.) deshalb auch noch keineswegs zur Begründung institutioneller Vollmachten, sondern schlicht zur Erklärung des »Christus«- Namens für Jesus von Nazaret: Im Alten Testament seien Priester, Könige und Propheten von Gottes Geist gesalbt worden, weil sie damit auf die Fülle der göttlichen Vollmachten hingewiesen hätten, wie sie im »Christus«, im »Messias« und d.h. in dem ohne Maß mit Gottes Geist gesalbten Galiläer sich zusammenfinden sollten. Gerade weil Jesus durch diese Formel von den drei göttlichen Vollmachten als der Christus verherrlicht wurde, vermieden die Kirchenväter diese »Amtstitel« für die Gemeindeleiter. Wenn sie diese Würdenamen schon für Menschen gebrauchten, dann immer von allen Christen, insofern sie durch die Salbung mit Öl bei der Taufe in *den* Gesalbten eingegliedert wurden. »Christen« heißen die Getauften, weil sie seit Jesus, »der mit dem Öl der Freude gesalbt wurde,... alle zu Propheten, Priestern und Königen gesalbt werden.« (Fastidius, PL 50, 384).

Nun hatte auch die Reformation des 16.Jahrhunderts zu einer grundlegenden Änderung der äußeren Kirchenverfassung gerade deshalb geführt, weil es ihr nicht auf diese äußere Verfassung, sondern auf die Umkehr zu Christus ankam. Sie hat nicht zuerst den Konflikt um die Ämterstrukturen gesucht, sondern die Glaubenden zum Hören auf die lebendige Stimme Gottes im Evangelium befreien wollen, zum Vernehmen der *viva vox evangelii.* Lange vor den Erkenntnissen der historisch-kritischen Forschung wiesen die Reformatoren darauf hin, daß dieses Evangelium der Kirche keine ein für allemal festzulegende Verfassungsform und Ämterstruktur offenbart. Im Unterschied zu den »Reformen«, die primär auf historisch relative Strukturverbesserungen abheben, heißt »Reformation« deshalb auch die Umkehr zur Sendung der Kirche, insofern die Gemeinschaft der Glaubenden durch den Geist des auferweckten Gekreuzigten je und je neu zu ihrem Herrn gekehrt und der Welt zum Zeugnis gesandt wird. Das Paradox der Kirchenspaltung lag, wie wir heute in aller Schärfe erkennen müssen, jedoch gerade darin, daß die Kurie die Abspaltung der evangelischen Kirche der *praktischen* Reformforderungen wegen erzwang, obwohl *theologisch* die Reformation auf der Grundlage der patristischen und hochmittelalterlichen Tradition auch für die kuriale Theologie durchaus hätte nachvollziehbar sein müssen (das jedenfalls glaubt die neuere katholische Lutherforschung zeigen zu können). Die Verweigerung der grundlegenden praktischen Reformen hat erst nachträglich zu jener theologischen Verhärtung der Fronten geführt, welche die Konflikte als unlösbar erscheinen ließ. Die neuzeitliche Lehre von der römisch-katholischen Hierarchie, den Sakramenten und der Berufung zum Priestertum ist ohne diese Defensive gegenüber den praktischen Reformen der theologischen Reformation nicht zu verstehen. Das zeigt sich insbesondere in der Bestimmung der konkreten Vermittlung des prophetischen, des priesterlichen und des königlichen Dienstes Jesu Christi.

Johannes Calvin hatte in seiner letzten Ausgabe der Institutio (1559, II,15,1-6)) den theologischen und praktischen Ertrag der Reformation klassisch entfaltet. Nach Martin Butzer und Osiander erläuterte er die messianische Sendung Jesu von Nazaret erstmals unter dem Aspekt seines dreifachen Wirkens. Calvin wollte diese Theologie im Sinne der alten Kirche ganz als »Lobpreisung« des Wirkens Jesu Christi und nicht »papistisch« nur als Begründung für eigene Vollmachten verstanden wissen. Während er dabei den Christustitel im Sinn der Tradition durch die Salbung Jesu mit dem Geist erklärt (»er hat mich gesalbt und mich gesandt, den Armen frohe Botschaft zu bringen« Lk 4,18), ordnete er den klassischen zwei »Ämtern« Christi (Priester und Herr) nun das *prophetische* Amt vor. Darin kommt die reformatorische Wiederentdeckung der lebendigen Stimme des Evangeliums voll zum Ausdruck. Gottes befreiende, versöhnende und richtende Herrschaft kann nur als die Herrschaft durch das Evangelium selbst verstanden werden:

Sie wird allein im freien Gehorsam des Glaubens Ereignis. Denn die Vorordnung der Prophetie Jesu Christi bedeutet für das *königliche* Amt Jesu Christi, daß er seine Macht in der Welt durch sein Evangelium, und nicht neben dem Evangelium auch noch durch eine andere, der Kirche überlassene Vollmacht ausüben will. Die Vorordnung der Prophetie vor sein *Priesteramt* aber betont, daß der Tod am Kreuz sein entscheidendes Wort ist, das durch das Abendmahl verkündet wird. Vom Tode erweckt und zum Herrn erhöht, teilt der Erhöhte – hierin denkt Calvin katholisch – den Seinen den prophetischen Geist mit, der ihn selber »ohne Maß« erfüllte (Joh 3,34). Das aber heißt für *alle* kirchlichen Dienste, wie Calvin in seinem Johanneskommentar in kritischer Absetzung gegen die römische Kirche erläuterte, daß ihre Vollmacht allein die Macht des durch den Geist erschlossenen *Evangeliums* sein kann (Évangile selon saint Jean, zu Jo 20,21f.). Für Calvin kommt alles darauf an, daß der Geist des Wortes Gottes, und nicht ein der Kirche gehörender und von ihr auszuteilender Geist, die kirchlichen Dienste begründet und in Anspruch nimmt. Das Recht und die Ehre, die Kirche zu regieren, verbleibt so allein bei Christus, der die Apostel und die späteren Leiter der Gemeinden in die Welt sendet, um in *seinem* Geist *seine* Frohbotschaft der Welt zu bezeugen. Diese Konzentration auf die Verherrlichung Jesu Christi hatte es schon Luther und dann erst recht Calvin erlaubt, die Ordnung der Kirche als eine notwendigerweise sehr historische Größe zu durchschauen und – so Calvin – in neutestamentlicher Einfachheit und ganz pragmatisch im synodalen Sinn neu zu gestalten. Wie reformbedürftig auch eine theologisch relativierte Kirchenordnung werden kann, hat später die Entwicklung des lutherischen Landeskirchentums allerdings auch deutlich gemacht.
Wie ist die römisch-katholische Kirche mit diesem Verhältnis von Reformation und Reform umgegangen ? Ein Blick in den Katechismus des Trienter Konzils (von 1566) zeigt, daß die römische Hierarchie aus der glaubenden Anerkennung der Herrschaft Jesu Christi nicht zur reformatorischen Konsequenz des gelassenen Umgangs mit den kirchlichen Machtbefugnissen in dieser Welt kam. Denn in diesem bis heute maßgebenden Katechismus wird die messianische Sendung Jesu zwar wie bei Calvin durch sein prophetisches, priesterliches und vollmächtiges Wirken ausgelegt und erst noch mit dem starken Akzent versehen, daß *Christus* die Kirche leitet, daß *er* ihr die Gesetze gibt und daß er *selbst* ihre Kraft sein will (I,3,7). Aber diese Christusverherrlichung befreite die Kurie, die Kardinäle und die Bischöfe nicht dazu, sich selber auch nur als die glaubenden *Zeugen* des durch sein Evangelium selber handelnden Herrn zu sehen. Statt mit der Gemeinde als »die Mitarbeiter ihrer Freude« aus dem Evangelium zu leben traten sie der Gemeinde als »die Herren des Glaubens« nun endgültig gegenüber. Als Grund

dafür wurde in einem vollendeten Zirkelschluß das Be dürfnis der hierarchischen Kirche selbst genannt: »Denn die sichtbare Kirche bedarf«, so der Katechismus der Hierarchie »eines sichtbaren Hauptes« (I,10,13), also des Papstes, welchem von Amtes wegen die gleiche Macht zur Kirchenregierung zukomme, wie einst dem Petrus. (Wenn doch die Väter bedacht hätten, wie viel weniger Macht als jedem Papst ehemals Petrus zukam!). Die vom Papst wiederum bevollmächtigten Bischöfe und Priester aber vertreten nach dieser Doktrin, »die Person Gottes selbst auf Erden: ihr Amt ist offensichtlich ein solches, daß man sich kein höheres denken kann, weshalb sie mit Recht nicht nur Engel, sondern Götter genannt werden... Es gibt nichts Gleiches oder Ähnliches auf Erden.« (II,7,2) In dieser Idealisierung und Sakralisierung des Amtes liegt ein Grund für das unermeßliche Leiden, das – nach Eugen Drewermanns eindringlicher Analyse – der Klerus sich selbst und allen anderen Glaubenden zufügt.

Es ist unübersehbar, daß nach diesem für die katholische Kirche in der Moderne maßgebenden Katechismus aus der Christusverherrlichung keine Ernüchterung gegenüber den durchaus weltlichen Machtansprüchen der Priester, Bischöfe und des Papstes folgte. Im Gegenteil: Die katholische Hierarchie hat sich in der Moderne erst gegenüber dem neuzeitlichen Absolutismus und seinen staatskirchlichen Ansprüchen, und dann gegenüber den Öffentlichkeitsforderungen der Demokratie und der sozialistischen Liberalismuskritik erst recht sakral verabsolutiert und aus der Geschichte der menschlichen Machtverwaltung herauszunehmen gesucht. Die Enzyklika »Mystici corporis« (von 1943) hat diese Unfreiheit im Umgang mit den traditionellen kirchlichen Strukturen noch einmal dadurch verfestigt, daß sie den historisch errichteten Bau der römischen Kirche mit dem sichtbaren Teil des Leibes Christi identifizierte: »Es kann gar keinen wirklichen Gegensatz oder Widerspruch zwischen der unsichtbaren Sendung des Heiligen Geistes und dem juridischen Amt der Hirten und Lehrer geben, das sie von Christus empfingen ... beide ergänzen und vollenden sich gegenseitig« (AAS 1943, 224). Es versteht sich von selbst, daß der dreifache Dienst Jesu Christi in diesem Lehrschreiben von Pius XII. allein im Blick auf seine Übertragung an die Apostel und ihre Nachfolger entfaltet wurde. Aus dem Amt (munus) und dem Dienst (ministerium) wurde dabei die kirchliche »potestas«, die Vollgewalt der Lehrmacht, der Sakramentenspendung und der Leitungsgewalt über alle Gemeinden. Und diese Vollmachten könnten allein den Klerikern, also geweihten Männern zukommen; sie allein wären nach diesem katholischen Verständnis geistlich dazu legitimiert, den Dienst Jesu Christi in der Welt zu vertreten. Die Legitimation dieser Geistlichen fordert ihre Sondererziehung in der totalen Institution der Priesterseminarien und Ordenshäu-

ser: eine Erziehung, welche die Lebensform der »Amtsträger« vom Alltag der übrigen Christenmenschen in allen Details permanent zur Unterscheidung bringt. Die Vergesetzlichung des Evangeliums hat Erstaunlicheres nie zustande gebracht: Die Unterweisung der Rabbinen in der Thora wirkt dagegen geradezu liberalistisch.
Man möchte wirklich tief aufatmen, wenn man nach dieser Erstarrung auf die biblische Erneuerung, auf die pastorale Sensibilisierung und die ökumenische Rücksichtsnahme des 2.Vatikanischen Konzils blickt. Und es ist nicht zu leugnen, daß die Kirche in diesem Konzil gleichsam tief Luft geholt hat, um neu und offen und mutig der modernen Welt Gottes Wort im handelnden Glauben zu bezeugen. Aber wenn sich heute die Reformerinnen und Reformer in der Kirche auf die Texte des 2.Vatikanums wie auf vollendete Reformgesetze berufen, dann muß doch auch gesehen werden, wo die Kirche des 2.Vatikanums in ihrer Umkehr zu Gottes Bund ihren Atem anhielt und wo sie durchaus in genau jener Stellung verharren wollte, die sie sich neuzeitlich erobert hatte.
Das große Ereignis der Umkehr kam im Konzil in der vorbehaltlosen und darin wirklich neuen Anerkennung der Teilhabe aller Christen an allen drei Ämtern Jesu Christi zum Ausdruck. Denn als neues Volk Gottes sollte nun die ganze Kirche am *prophetischen* Amt ihres Herrn teilnehmen: Mit seinem untrüglichen Glaubenssinn sollte sein Volk nichts als der lebendige Zeuge Jesu Christi sein; denn durch Taufe und Firmung wäre es in allen seinen Gliedern »ein heiliges *Priestertum*«, das an der Macht der »*königlichen* Freiheit« Christi Anteil erhalten habe, indem es dazu frei geworden sei, in der Welt das Reich der Gerechtigkeit, der Liebe und des Friedens auszubreiten (LG 10, 12, 36; AL 2). Ganz zu recht wird für die »Laien«, d.h. doch für die Glieder dieses Volkes (des »láos«) betont, daß sie in ihrer prophetischen, priesterlichen und freiheitlichen Existenz allein das Licht des Evangeliums, die Versöhnungstat Jesu Christi und das Kommen seines Reiches in die Welt zu bringen hätten. Aber, und hier brach die leise angenommene Reformation der römisch-katholischen Kirche auch schon ab, dies alles gelte in der Kirche für den Klerus nicht auf gleiche Weise, wie für das Volk: Das Priestertum des Klerus sei wie die Lehrgewalt des Papstes und seine jurisdiktionelle Absolutheit »nicht dem Grade nach, sondern wesentlich« von der christlichen Vollmacht der Laien verschieden. Deshalb verstand das 2.Vatikanum Gottes »Volk« auch noch nicht im vollen Sinn des Evangeliums, welches für die Herrschaftsordnung der Glaubenden das Oberste zuunterst kehrt (Lk 22,25-27), und auch nicht im demokratischen Sinn der verantwortlichen Teilnahme aller an der Machtausübung, sondern im gegenreformatorischen und gegenneuzeitlichen Sinn: Das römisch-katholische

Volk Gottes steht nach dem Konzil als »hierarchisch geordnete Gesellschaft« (»societas hierarchice ordinata«, LG 20) unter der Führung des heiligen Magisteriums (»Populus Dei sub ductu sacri magisterii«, LG 12). Es ist, nüchtern besehen, ein vom Klerus beherrschtes Volk Gottes, in dem die Laien die »Untergebenen«, die »subditi« des Klerus genannt werden (LG 27). Was die Laien betrifft ist Gottes Volk nur das »Volk« mit dem bekannten peiorativem Unterton. Als ob die Texte der Bischöfe nicht schon genügt hätten, ließ der Papst in der »Nota praevia« die exklusiven Rechte des Klerus noch einmal sichern: »Das sakramental seinsmäßige Amt kann ohne die hierarchische Gemeinschaft... nicht ausgeübt werden.« (LG, n.p.). Für die Laien blieben die passiven Rechte: die *prophetische* Pflicht zum mutigen Eintreten für das von der Hierarchie vollgültig interpretierte Evangelium, das *priesterliche* Recht zum Kommunionempfang und zum eigenen Lebensopfer, und schließlich auch die den Untergebenen von königlichen Ämtern vor allem zukommende Pflicht, sich von den Hirten weiden zu lassen (LG 10; 35f.). Die Kritik gegenüber Eugen Drewermann, er analysiere nicht die gegenwärtige, sondern die vorkonziliare Kirche und Theologie, trifft nicht zu.

Es ist wahr, daß Johannes Paul II. die Teilnahme *aller* Getauften an der Vollmacht Christi immer neu in Erinnerung rief. Aber damit verband er schon 1979 (in »Redemptor hominis«, 19-21) die Warnung, daß der prophetische Dienst der Christen immer an die Unfehlbarkeit des Papstes zurückzubinden sei und daß die »kreative und fruchtbare« Teilnahme der Theologie an der prophetischen Sendung Christi nur dort zum Tragen kommen könne, »wo man«, so wörtlich, »dem Lehramt dient.« (19) So reformatorisch 1986 die Sendung der Kirche durch den Geist Jesu Christi vom jetzigen Papst in seiner Enzyklika zum Heiligen Geist auch verkündet wurde, so hierarchisch zurechtgebogen wurde sie darin doch wiederum dadurch, daß sie die paulinische Bezeugung der Charismen ohne jeden Anhalt im Evangelium für das geltende Kirchenrecht in Anspruch nahm: Der heilige Geist, so glaubte Johannes Paul II. lehren zu dürfen, »bereite und lenke« die Kirche »durch die verschiedenen *hierarchischen* und charismatischen Gaben« (»Dominum et vivificantem«, 25). Zum Beweis für diese hierarchischen Gaben des Geistes, die allein dem Klerus vorbehalten werden, weist der Papst auf das Evangelium selber hin (auf Eph 4; 1 Kor 12 und Gal 5, welche Stellen sich zur gleichen Begründung in »Christifideles laici«, 20, wiederfinden). Aber das Neue Testament nennt keine »hierarchischen Gaben«; Paulus kennt weder laikale noch klerikale Charismen, sondern Geistesgaben für alle Glieder der Gemeinde in ihrer faktischen und nicht prinzipiellen Unterschiedlichkeit. Trotzdem lehrte 1988 ausgerechnet die Enzyklika über die Laien, daß die Amtsträger durch ihren sakramentalen Ordo den Heiligen Geist so er-

hielten, daß sie *durch ihn* von den Laien wesenhaft verschieden würden und ihnen gegenüber »in der Person des Hauptes Christi handeln« könnten (»Christifideles laici«, 22).
Wie weit dieser Legitimationszwang zur seinsmässigen Trennung der Kleriker von den Laien allen bibelwissenschaftlichen und anthropologischen Einsichten zum Trotz sich inzwischen verstiegen hat, zeigen die sehr merkwürdig Erklärung der Glaubenskongregation unter Paul VI. (Inter insigniores, 1976) und das Apostolische Schreiben von Johannes Paul II. (Mulieris dignitatem, 1988) zur Würde der Frau. Daß in der Eucharistie »der Erlösungsakt Christi, des Bräutigams, gegenüber der Kirche, seiner Braut, ausgedrückt« werde, das kann nach dieser päpstlichen Lehre nur »dann durchsichtig und ganz deutlich werden, wenn der sakramentale Dienst der Eucharistie... vom Mann vollzogen wird.« (Mulieris Dignitatem, 59) Wenn die klerikalen Männer den erlösenden Bräutigam und die Frauen die erlöste Braut der Kirche repräsentieren, wo bleiben dann in dieser symbolischen Hochzeit die Männer, die keine Kleriker sind? Offenbar vermögen nur die männlichen Kleriker die ganze Brautsymbolik darzustellen, während für den Ausschluß der Frau von allen Ämtern der symbolische Mangel ihres Geschlechts verantwortlich gemacht wird. Eine geschmacklosere Vergewaltigung von Metaphern läßt sich kaum denken – und zwar nicht nur, weil es für Männer etwas sonderbar wirkt, in den Priestern ihren Bräutigam abgebildet sehen zu sollen...
Den weiblichen und männlichen Laien, welchen der priesterliche Dienst in der Kirche versagt wird, bleibt schließlich der Dienst in der Welt vorbehalten. Sie dürfen in der Welt verkünden und durchführen, was sie von den Priestern vernommen haben; der Gemeinde selbst haben sie das Evangelium nicht zu verkünden: »Prediget nicht!, predigen sie« hieß es dazu schon bei Micha sarkastisch (2,6). In welch große Versuchung kommt man doch, die Kleriker anzufragen, was es denn mit ihrem Dienst in der Kirche sei, wenn dieser sich nicht als Dienst an der Welt verstehen lasse. Und wie gerne würde man erfahren, wie es denn um einen »Weltdienst« der Laien bestellt sei, wenn er ausgerechnet der Kirche nicht geleistet werden darf: nicht einmal der Kirche in ihrer mächtigen Weltlichkeit als bürokratische, politische, moralische, kulturelle und finanzstarke Institution. Und in welch große Versuchung kommt man als »Laie« doch, sich mit Paulus auch einmal gegenüber solchen geistlichen Ansprüchen selber zu rühmen und sich über die Charismen von Frauen und Männern zu freuen, die der Heilige Geist in seiner demokratischen Art auch in der Kirche offenbar nicht an Amtsvollmachten zu binden sich nötigen ließ.
Gewiß, die Christen können sich nur mit Dankbarkeit und Erleichterung daran erinnern, daß im 2.Vatikanum zumindest ein Anfang der

reformatorischen Umkehr der Kirche sichtbar geworden ist. Aber sie können sich über eines doch nicht hinwegtäuschen: Diese Reformation ging nicht so weit, daß die Hierarchie durch das erneuerte Vertrauen in den Herrn der Kirche zur köstlichen Freiheit gegenüber allen weltlichen Formen ihrer Machtausübung zurückfand. Diese Freiheit, die Christus gegenüber allen Mächten, Herrschaften und Gewalten verhieß, würde die Kirche gewiß nicht aus den Nöten der kirchlichen Machtverwaltung entlassen, aber sie würde die Hierarchie und den Klerus doch vom Zwang zur Erhaltung ihrer institutionellen Identität entlasten und den Laien die Anerkennung ihres *Rechts* zurückgeben, freimütig auf andere Strukturen hinzuarbeiten. Das immense Leiden des Klerus an sich selbst und das unermeßliche Leiden der Kirche an den klerikalen Strukturen *verpflichtet* alle Glaubenden zur hilfreichen Minderung und Abschaffung der Leiden schaffenden Selbstbehauptung der Hierarchie. Dazu ist die freimütige und durchaus schmerzliche Kritik notwendig: Indem sie falsche Formen der Evangeliumsverkündigung destruiert, dient sie dem Aufbau der Gemeinde auf ihrem wahren Grund: auf Gottes Barmherzigkeit, Gerechtigkeit und Treue, wie sie in Christus allen Menschen zugesagt ist.

Wenn es schon ein schmerzlicher Prozeß ist, das Negative der eigenen Kirche in ihr selber anzuerkennen, so ist es allerdings noch schwerer, nun nicht selber wiederum von dieser Kritik gefangengenommen zu werden. Denn unter den Bedingungen verweigerter Kritik im real existierenden Katholizismus ist es den Kritikern nicht möglich, schon durch die Form des kritischen Einspruchs deutlich zu machen, was die vollzogene Reform für das Zusammenleben aller in den Gemeinden bedeuten würde. Die Angst der herrschenden Kleriker um den Verlust ihrer institutionellen Identität im amtlichen Priestertum wird durch die öffentliche Kritik ja erst recht stark. Und dadurch geraten alle kritischen Christen erst einmal in das Dilemma des »sentire cum ecclesia«, in das Dilemma des kirchlichen Mit-Leidens. Bleiben die Christen vor dem Elend der klerikalen Verstiegenheiten stumm, dann erstirbt die Kraft der Gemeinden zum Dienst der Versöhnung und der Gerechtigkeit inmitten der unversöhnten Verhältnisse; werden sie in der eigenen Kirche kritisch, dann desolidarisiert sich der herrschende Klerus von ihnen. Dieser innerkirchliche Konflikt ist auszuhalten, wenn nur, ja wenn nur in der großen Kirche die kleinen Gemeinden zusammenfinden, um in der gebotenen Sachlichkeit den notwendigen Widerspruch zu den schlechten Zuständen in der Kirche gemeinsam zu reflektieren, zu veröffentlichen und in den Konsequenzen durchzutragen.

Abkehr von der strukturellen Sünde

Das zähe Festhalten an der ständischen Aufteilung von Klerus und Laien verletzt die neuzeitliche Anerkennung der Menschenrechte und macht zugleich eine allzumenschliche Verfassung zum Gesetz über den Glauben. Mit diesem Gesetz widerspricht die Kirche ihrem Wesen, ihrem göttlichem Recht (ihrem »ius divinum«) zum *freien* Umgang mit den Gesetzen dieser Welt. »Über mir«, meinte Kardinal Florit bei seiner Verweigerung des Dialogs mit der Iselotto-Gemeinde, »steht der Codex... Wenn ich nicht Lehre und Disziplin verteidige, fällt alles zusammen« (zit. in: V.Eid, Prophetie und Widerstand, 1989, 194f.). Wie gut täte der hierarchischen Kirche dieser Zusammenbruch: Sie könnte dabei die Erfahrung machen, daß *über* ihr zwar nicht die Wörter des Codex, wohl aber das lebendige Wort des Evangeliums stehen bleibt, und daß auch nicht »alles«, sondern nur die klerikale Selbstbehauptung zusammenfiele... Das ständische Festhalten an der hierarchischen »Wesensverschiedenheit« von Klerus und Laien, die als eine gottgegebene »ontologische« Struktur der Kirche ausgegeben wird, darf heute durchaus als die *strukturelle Sünde* der römisch-katholischen Kirche bekannt werden. Diese strukturelle Sünde macht die katholische Kirche nicht nur faktisch irreformabel, sondern sie bindet sie auch an eine Verfassungsform, welche heute zu eklatanten Ungerechtigkeiten führt und die Gemeinden daran hindert, in solidarischen Widerstand gegenüber den zerstörerischen Mächten unserer Zeit das Evangelium zu bezeugen. Vor allem aber führt sie in den *circulus vitiosus* des Leidens an der falschen Idealisierung von Kleriker-Christen, welche nicht deshalb unmenschlich leben, weil sie ihren Mitmenschen das Evangelium nahe bringen, sondern weil sie sich vom Evangelium nicht dazu befreien lassen, auch in ihren Diensten menschlich zu werden. Die Versöhnung, das betont die katholische Kirche zu recht, richtet unter den Schuldigen die Gerechtigkeit auf. Sie einzuklagen ist deshalb der Dienst des prophetischen Amtes, der allen Glaubenden zukommt.

Die *Reformatoren* hatten die katholische Kirche zur Umkehr zu bewegen versucht. Was gäbe es für einen Grund, sich vor der notwendigen Kirchenreform zu fürchten? *Eugen Drewermann* hat das unnötige Leiden des Klerus an seiner amtlichen Idealisierung psychologisch einsichtig gemacht und nach den Kriterien des Evangeliums kritisch analysiert. Was gäbe es für einen Grund, von dieser Analyse für die Umkehr der Kirche zum Schöpfer und Erlöser aller Menschen heute nicht Wesentliches zu lernen? Das Evangelium gibt den Glaubenden den Freimut, die daraus entspringenden Konflikte um die Strukturen und um die Praxis der kirchlichen Macht mit der notwendigen Geduld und auch mit der notwendigen Ungeduld zu ertragen. Denn daß die

Kirche in der Annahme der Versöhnung auch ihre eigene Schuld und ihren eigenen Bruch des neuen Bundes zu bekennen lernt und sich von ihrer strukturellen Sünde abzuwenden sucht, das ist für sie selber durchaus heilsnotwendig. Es gibt keine Versöhnung ohne Aussprechen, Erzählen und auch Analysieren der Schuld. Es gibt keine Heilung ohne den Schmerz der Wahrheit. Und es gibt keine wirkliche Vergebung, wenn die aneinander Schuldigen nicht die Wurzeln ihres Leidens freizulegen beginnen. Welche kirchenrechtlichen, pastoralen und politischen Konsequenzen aus diesem Eingeständnis der kirchlichen Schuld folgen, das kann nur im Gespräch der Gemeinden und auch in der Diskussion der Theologinnen und Theologen mit den Verantwortlichen deutlicher werden. Eine Verurteilung von Eugen Drewermanns »Klerikern« würde nicht nur dieses Gespräch erschweren, sie würde die Nöte des Klerus und das Leiden der Kirche an der gegenwärtigen Form dieses Klerus nur um eine durchaus vermeidbare Not vermehren.
Um Gottes willen und der leidenden Menschen wegen, darf sich die Kirche nicht gefangennehmen lassen von ihren eigenen kleinen und durchaus abschaffbaren Nöten. Weil sie heute wieder im Begriffe steht, die formale Autoritätsbehauptung des Bischofs von Rom und seine mächtige Selbstdarstellung, die Sicherung seiner Geheim-Nuntiaturen und die zentralistische Besetzung der Bischofsstühle, die kuriale Kontrolle über die Theologie und die Durchsetzung einer rigiden Prinzipienmoral, die Abweisung der Frauen aus den Ämtern, die Ausgrenzung der prophetischen Charismen, die klerikale Erziehung der Priester und das Zum-Schweigen-Bringen innerkirchlicher Kritik viel wichtiger zu nehmen als die große Not des Menschen vor Gott, deshalb ist der öffentliche Protest und der freimütige Widerspruch der Glieder dieses Volkes gegenüber ihren neuen »Überaposteln« heute durchaus am Platz. Die Gemeinden, die im Dienste Jesu Christi, im Dienst der Versöhnung und der Gerechtigkeit stehen, haben das Recht und die Pflicht, sich dagegen zu verwahren, daß ihr Glaube als ein Dienst *an* der Kirche, *am* Lehramt oder *am* Klerus mißbraucht werden soll. Sie dürfen sich aufrichten und im aufrechten Gang auch *in* der Kirche die Freiheit wahrnehmen, zu der Christus sie jeden Tag neu befreit.
Dem Evangelium entspricht dieser Konflikt, wenn er die kritischen Gemeinden nicht beherrscht, sondern wenn er aus der Freiheit kommt, den ungerechten Verhältnissen dieser Zeit auf gute Weise entgegenzutreten. Um zu dieser Freiheit zu kommen, muß freilich die Kirche ihre abgrundtiefe Angst verlieren: ihre Angst vor Gott, wie er sich in der Geschichte Jesu Christi offenbart. In dieser Geschichte nimmt Jesus von Nazaret den Menschen die Angst, von Gott selbst geliebt zu sein. Seine Vor-Liebe gilt deshalb den Ungeliebten dieser Erde zuallererst. Die Kirche, die ihre Angst vor Gott verliert, wird auch zum Freimut im

Kampf um die soziale, politische und kirchliche Gerechtigkeit für alle führen, die ihrer entbehren. Was das heißt, kann die Kirche der materiell Reichen und der religiös Herrschenden von jenen lernen, die als Nicht-Besitzer unterdrückt und als Objekte einer bloß ethischen Zuwendung noch einmal sublim verachtet werden. Weil Gott in der Welt die Schwachen zu seinem Teil erwählt hat, damit ihnen in der Welt Gerechtigkeit widerfahre, ist heute – *vor* allem Streit um die veraltete Kirchenhierarchie – zuerst von einer anderen Hierarchie »göttlichen Rechts« zu reden: Ich meine die Hierarchie der Vorordnung der Schwachen vor den Starken und die Regierungsvollmacht der Armen über die Reichen in den Gemeinden selbst.
Die Kirche Jesu Christi wurde eingepflanzt in Gottes Volk, in das schwache Israel als der guten Wurzel und dem starken Baum. Seitdem die christlichen Kirchen dieses Israel buchstäblich totgeschwiegen haben, wissen sie um den Verrat, der darin liegt, in der rechten Zeit zu schweigen, statt zu reden, die Augen zu schließen, statt sie aufzutun, zu schlafen, statt sich zu erheben und mehr um das Überleben der sichtbaren Kirche besorgt zu sein, als um die Hilfe, die ihre Schwestern und Brüder nicht nur in der Kirche dringend brauchen. »Stehet fest«, ruft uns das Evangelium zu, »und laßt euch nicht wieder unter das Joch der Knechtschaft beugen!« (Gal 5,1).

Evangelium ohne Priester?

Paul Hoffmann

Die Herausforderung der Drewermann'schen Diagnose

Der klerikalen Symptom-Beschreibung Eugen Drewermanns wird jeder, der mit dem römisch-katholischen Milieu auch nur einigermaßen vertraut ist, nur zustimmen können. Die wenigen erfreulichen Ausnahmen bestätigen die Regel. Diese Diagnose weist auf eine Fülle menschlicher Probleme hin, welche die dafür Verantwortlichen schwer belasten, ihre theologische wie kirchenpolitische Brisanz gewinnt sie allerdings erst durch die These, daß diese Symptome nicht allein durch die individuelle Biographie der Betroffenen, sondern durch das hierokratische römische Kirchensystem selbst bedingt sind. Sie sind Folge der die römische Kirche bestimmenden klerikalen Machtstruktur, innerhalb derer nicht nur die christliche Gemeinde in die Unmündigkeit gezwungen wird, sondern auch die amtlichen Vertreter selbst – bis in die Spitzen des Systems hinauf – zu dessen Opfern werden, indem ihnen ihre »Vorzugsstellung« nur um den Preis der totalen Unterwerfung unter das System gewährt (das sog. »sentire cum ecclesia«) und solche Unterwerfung in der Ausbildung der künftigen Amtsträger durch spirituelle Manipulation und theologische Indoktrination konsequent betrieben wird. Wem eine solche Diagnose übertrieben erscheint, sei z.B. auf den religionssoziologischen Beitrag von M. Ebertz »Die Bürokratisierung der katholischen Priesterkirche« in dem von mir herausgegebenen Band »Priesterkirche« (Düsseldorf ^{2}1989) oder einfach nur auf die entlarvende Sprache kirchenamtlicher Verlautbarungen verwiesen, zuletzt auf die am 24. Mai 1990 erlassene »Instruktion über die kirchliche Berufung des Theologen«, die dieses autoritäre Selbstverständnis der römischen Amtskirche und ihre offensichtliche Unfähigkeit zu einem offenen Dialog erneut unter Beweis stellt.

Der aufgeklärte Zeitgenosse mag eine solche Diagnose mit einem mitfühlenden Bedauern für seine noch katholischen Freunde oder auch nur achselzuckend zur Kenntnis nehmen: »Was macht schon ein totalitäres System mehr oder weniger aus? Immerhin sind die Zeiten endgültig vorbei, wo die römische Kirche ihren Anspruch mit Feuer und Schwert durchsetzen konnte. Jeder hat heute die Freiheit, nach seiner Fasson selig zu werden. Wer sich einem solchen System unterwirft, ist es selber schuld.« – Kann sich jedoch tatsächlich eine an der Freiheit und der Würde der Person orientierte Gesellschaft einen solchen Zynismus leisten? Kann es sie im Blick auf die Menschenrechte, aber auch in gesellschaftspolitischer Hinsicht, gleichgültig lassen, daß maßgebliche Teile ihrer Bevölkerung einer autoritären Deformierung ihres »Charakters« ausgesetzt sind? Ja, kann sie eine solche Deformierung auch noch subventionieren?

Für den Christen, dem Jesus von Nazaret und die Gemeinschaft der Glaubenden, die »Kirche« Jesu Christi also, noch etwas bedeuten, betrifft Drewermanns Diagnose Grundfragen seiner Glaubensexistenz. Darf er es noch in einem vermeintlichen »Glaubensgehorsam« hinnehmen, wenn die christliche »Erlösungsbotschaft« durch die »amtskirchliche« Vermittlung bei ihren Verkündigern und Empfängern zu »psychischer Entfremdung«, wie Drewermann diagnostiziert, führt, wenn – biblischer gesprochen – die im Evangelium gegebene Verheißung der Befreiung von den Mächten der Welt zur Unterwerfung unter die Macht einer sich absolut setzenden Kirche wird? Muß er nicht Gott mehr gehorchen als den Menschen (Apg 4,19)?

Drewermanns Diagnose wird so zur Anfrage an das Selbstverständnis der römischen Kirche. Auch wer die Radikalität Drewermanns nicht zu teilen vermag, wird sich mit ein paar apologetischen Beschönigungen nicht begnügen können. Drewermann nötigt die innerkirchliche Diskussion – und um diese soll es im folgenden vornehmlich gehen –, nach der *theologischen Legitimität* der für das römische Kirchenverständnis konstitutiven Elemente zu fragen. Thema ist die sogenannte hierarchische Kirchenstruktur mit der »wesenhaften« Unterscheidung der Kleriker/Priester von den Laien und dem absoluten Führungsanspruch der kirchlichen Amtsträger in Lehre, Gottesdienst und Kirchenregiment, der im Unfehlbarkeitsanspruch und Jurisdiktionsprimat des römischen Bischofs als des Stellvertreters Christi und sichtbaren Hauptes der Kirche seinen kirchlich universalen Ausdruck findet.

Der »Stiftungswille« Jesu

Indem vom kirchlichen Lehramt diese Kirchenstruktur ausdrücklich auf den »Stiftungswillen« Jesu Christi zurückgeführt und ihr insofern der Charakter »göttlichen Rechts« zugesprochen wird, hat dieses zugleich die Norm benannt, an dem sich sein Kirchenverständnis messen lassen muß: eben jenen »Stiftungswillen« Jesu. Damit aber ist die Kirche bleibend auf ihren *geschichtlichen Ursprung bei Jesus von Nazaret* verwiesen. Schon die Schriften des NT geben diesem Sachverhalt in vielfältiger Weise Ausdruck. Matthäus etwa, wenn der Aufer-

standende die entstehende Völkerkirche ausdrücklich auf das verpflichtet, was der Irdische seinen Jüngern »geboten« hat (Mt 28,19); Lukas, wenn er in seinem Doppelwerk den Weg der christlichen Botschaft von Jerusalem bis an die Grenzen der Erde in die Kontinuität mit der Geschichte Jesu stellt: »Es tut not der Worte des Herrn zu gedenken« mahnt der lukanische Paulus die Presbyter von Ephesus in seiner Abschiedsrede in Milet (Apg 20,35). Für Paulus bewahrt allein die Bindung an den Gekreuzigten die Kirche davor, sich enthusiastisch als *ecclesia gloriae* mißzuverstehen oder auch durch die erneute Unterwerfung unter das Gesetz die in Christus gewonnene Freiheit zu verlieren und so das Evangelium der Gnade zu pervertieren, wie einerseits die Korintherbriefe, andererseits der Galaterbrief deutlich machen. Auch im Johannesevangelium dient gerade das Bekenntnis zu dem Fleisch gewordenen Logos der Abwehr eines enthusiastischen, die geschichtlich-soziale Dimension ausklammernden Christentumverständnisses. Wenn schließlich in den Spätschriften des NT die Frage nach der wahren »Tradition« zum Thema wird, so zeigt sich auch darin vor allem das Bemühen, angesichts der erfahrenen Diskontinuität die Kontinuität zum Ursprung zu wahren.
Dieses Postulat des Rückbezugs auf den *irdischen* Jesus ist festzuhalten. Wenn man gelegentlich, offensichtlich aufgrund der Einsicht in die Probleme, die der Versuch, die geschichtlich gewordenen Kirchenstrukturen auf die Stiftung Jesu zurückzuführen, den irdischen Jesus durch den »erhöhten Herrn« ersetzt, wird das harte Profil des Irdischen durch ein Kriterium ersetzt, das sich jeder Kontrolle entzieht. Vor allem dann, wenn einige wenige das Interpretationsrecht dessen, was der »Erhöhte« will, für sich allein reklamieren und sich einem theologischen Diskurs nicht aussetzen, ist der Gefahr des ideologischen Mißbrauchs der Tradition Tür und Tor geöffnet.
Angesichts dieses Befundes kommt daher der Rückbindung an den irdischen Jesus und seiner Botschaft, auch wenn weder die hermeneutischen Probleme der historischen Rückfrage noch die Notwendigkeit der ständigen Übersetzung seiner Botschaft übersehen werden können oder dürfen, entscheidende Bedeutung für den Überlieferungsprozeß zu. Das, was geworden ist auf dem Weg in der Geschichte, muß sich messen lassen an jenem »Neuen«, das in der vielfach gebrochenen Glaubensgeschichte Israels in Jesus von Nazaret und seinem prophetischen Wirken seinen Ursprung hat als eine neue Weise der Gotteserfahrung und eine neue Weise menschlicher Lebensgestaltung. Jesu Bildwort von dem »neuen Wein« in »neuen Schläuchen« (Mk 2,22) gibt diesem Sachverhalt drastisch Ausdruck und warnt zugleich vor dem Versuch, diesen »neuen Wein« wieder in »alte Schläuche« abzufüllen.

Es ist die für die Mächtigen der Welt gefährliche *memoria* Jesu, die Erinnerung, die in der Tradition der Kirche zwar bewahrt, aber, wie die Kirchengeschichte zeigt, zugleich immer auch der Gefahr ausgesetzt ist, durch ihre »Vermittler« pervertiert zu werden[1].
Die hier anstehende Aufgabe läßt sich mit der 6. geschichtsphilosophischen These Walter Benjamins illustrieren[2]. »Vergangenes historisch artikulieren heißt nicht, es erkennen wie es denn eigentlich gewesen ist. Es heißt, sich einer Erinnerung bemächtigen, wie sie im Augenblick einer Gefahr aufblitzt ... Die Gefahr droht sowohl dem Bestand der Tradition wie ihren Empfängern. Für beide ist sie ein und dieselbe: sich zum Werkzeug der herrschenden Klasse herzugeben. In jeder Epoche muß versucht werden, die Überlieferung von neuem dem Konformismus abzugewinnen, der im Begriff steht, sie zu überwältigen. Der Messias kommt ja nicht nur als der Erlöser; er kommt als der Überwinder des Antichrists. Nur *dem* Geschichtsschreiber wohnt die Gabe bei, im Vergangenen den Funken der Hoffnung anzufachen, der davon durchdrungen ist: *auch die Toten* werden vor dem Feind, wenn er siegt, nicht sicher sein. Und dieser Feind hat zu siegen nicht aufgehört.«

Die Geschichtlichkeit der Kirche

Ehe wir den durch Drewermann aufgeworfenen Fragen nach dem sazerdotalen Amtsverständnis und der hierarchischen Kirchenstruktur nachgehen, ist eine grundsätzliche Problematik aufzugreifen. Die Frage: »Wie hat Jesus Kirche gewollt?« übersieht, daß Jesus offensichtlich die Gründung einer Sondergemeinde in Israel – etwa durch die Sammlung eines heiligen Restes, wie der Lehrer der Gerechtigkeit in Qumran – nicht intendierte und daher erst recht die Stiftung einer von Israel verschiedenen, alle Völker umfassenden kirchlichen Institution nicht in seinem Gesichtskreis liegen konnte. Sein Ziel war die Bekehrung ganz Israels. Der Zwölferkreis gibt diesem Anspruch symbolisch Ausdruck. Er darf nicht als Kern einer Sondergemeinschaft mißdeutet werden. Die Einbeziehung der Heidenvölker in das von ihm angesagte Basileia-Geschehen mag er sich, wie Mt 8,10f. vermuten läßt, nach dem traditionellen Modell der endzeitlichen Völkerwallfahrt vorgestellt haben, das er kritisch gegen die sich seiner Botschaft verweigernden Volksgenossen wendet. Daß es zur Entstehung einer Sondergruppe von Jesusanhängern und schließlich zur Entstehung der christlichen Kirche kam, ist durch die Ablehnung bedingt, die sowohl Jesus in Israel als auch die nachösterliche Israelpredigt der Jünger fand. Diese führte, wie die Apostelgeschichte anschaulich zeigt, zur Vertreibung der diasporajüdischen Gruppe von Jesusanhängern aus Jerusalem und damit zur Bil-

dung zunächst judenchristlicher »Gemeinden« außerhalb Palästinas und schließlich zu der Heiden und Juden umfassenden christlichen Ekklesia. Es ist bezeichnend, daß die Jesusanhänger erstmals in Antiochien den Namen »Christen« erhielten (Apg 11,26). Offensichtlich wurden sich die heiden- judenchristlichen Gruppen erst in der religiös pluralen Situation der hellenistisch-römischen Großstädte ihres Sonderstatus – gerade auch in Differenz zur jüdischen Synagoge – bewußt. Wenn Lk in seiner Retrospektive diesen Weg allzu geradlinig auf die göttliche Vorsehung zurückführt, den die Jüngerschaft auf Weisung des Auferstandenen hin unter der Führung des heiligen Geistes zielstrebig geht, verharmlost seine nachträgliche theologische Deutung die historischen Konflikte und Spannungen, die diesen Weg begleitet haben und damit auch dessen historische und theologische Kontingenz. Den simplen historischen Daten kommt für das theologische Verständnis der Kirche entscheidende Relevanz zu. Denn sie machen unmißverständlich deren wesenhaft geschichtliche Bedingtheit deutlich, sowohl unter »heilsgeschichtlichem« Aspekt – sie entsteht aus der Glaubensverweigerung Israels (vgl. dazu Röm 11,17-24) – als auch was ihre konkrete historische Gestaltwerdung betrifft. Kirche kann sich immer nur als »Eglise provisoire« verstehen[3]. Nicht nur die frühchristliche, sondern auch noch die spätere Kirchengeschichte dokumentiert, wenn wir sie in ihrer Ganzheit betrachten und nicht einen Strang der Entwicklung willkürlich isolieren, die tatsächliche Vielfalt kirchlicher Erscheinungsformen. Für den ntl. Zeitraum habe ich das seit langem erarbeitete Material in meinem Beitrag »Priestertum und Amt im NT. Eine kritische Bestandsaufnahme« in dem oben genannten Aufsatzband »Priesterkirche« zusammengestellt; ich fasse das für unsere Fragestellung Wesentliche zusammen.
Die Transformierung der ursprünglich prophetisch-charismatischen Jesusbewegung führt über freie emotional-personale Vergemeinschaftungen in der ersten Generation erst am Ende des Jahrhunderts – vor allem durch die Rezeption von Elementen der presbyterialen Verfassung der jüdischen Synagoge – zur Ausbildung von kollegialen Leitungsgremien, in der schließlich in höchst unterschiedlicher Weise die dem paulinischen Traditionsbereich entstammenden »Episkopen« und jene »Presbyter«, die jüdischen Gemeindeältesten zusammenwirken. Die Durchsetzung der hierarchischen, monepiskopalen Gemeindestruktur erfolgt erst im Laufe des 2. Jahrhunderts. Sie hat im NT vielleicht einen Anhalt in der Gemeindekonzeption der pseudopaulinischen Pastoralbriefe. Im 3. Johannesbrief werden solche Führungsansprüche des Gemeindeleiters Diotrephes noch entschieden abgewehrt. Erst in Ignatius von Antiochien findet sie ihren ersten eindeutigen Vertreter. Wenn auch die Institutionalisierung der ursprünglich freien

charismatischen christlichen Bewegung als ein soziologisch notwendiger und theologisch legitimer Prozeß anzuerkennen ist, so ist, wie die Quellen erkennen lassen, die konkrete Gestalt, zu der dieser Institutionalisierungsprozeß führt, auch von historischen und sozialen Faktoren abhängig, also wesentlich geschichtlich bedingt. Vor allem die Ausbildung der patriarchal-monarchischen Kirchenstruktur im 2. Jh. ist einerseits auf spezifische innerkirchliche Krisen, andererseits aber auch auf den Einfluß des antiken Milieus, sei es die monarchische Verwaltungsstruktur, sei es ein konservatives Autoritätsverständnis in Staat und Familie, zurückzuführen. Schon die Pastoralbriefe lassen diesen Anpassungsvorgang deutlich erkennen. Die zunehmende Entmündigung der Gemeinde zugunsten des einen Amtes geht dabei Hand in Hand mit der Unterdrückung und Diffamierung der Frau in Kirche und Familie (vgl. z.B. 1 Tim 2,1-15)[4].
Es kann daher nicht genügen, zur theologischen Rechtfertigung der gegenwärtigen Struktur der römischen Kirche, die ihrerseits ja erst das Ergebnis der späteren, äußerst komplexen und nicht unangefochtenen Entwicklung der westlichen Christenheit ist, sich auf die Pastoralbriefe zu berufen, die sich ja mit diesem Kirchenverständnis bestenfalls im »patriarchalen« Amtskonzept, aber nicht mit dessen sonstiger Ausgestaltung berühren. Die Frage nach der sazerdotalen Fassung dieses Amtes schließlich muß ganz außer Betracht bleiben, da sich dafür, wie noch zu zeigen sein wird, im NT *kein* Anhaltspunkt findet.
Neben und gegen das monarchische Amtskonzept der Pastoralbriefe stehen jedoch im NT sowohl die kollegialen Leitungsgremien, wie sie die übrigen Spätschriften (etwa Apg, 1 Petr, Jak, vgl. auch 1 Clem, Hirt des Hermas) erkennen lassen oder die Trias von »Evangelisten, Hirten und Lehrern« (im Rahmen einer noch charismatischen Gemeindekonzeption) im Epheserbrief. Gegen sie steht vor allem das Gemeindekonzept des Paulus mit der Akzeptanz einer Vielzahl gleichwertiger charismatischer Begabungen in 1 Kor 12 und Röm 12. Gegen sie spricht vor allem aber auch das matthäische Postulat einer »bruderschaftlichen Kirche« und das Verdikt jeglichen patriarchalen Autoritätsanspruchs in ihr, wie sie in Mt 23,8-11 im Hinblick auf die entstehende Kirche aus allen Völkern erhoben werden.
Die faktische Pluralität der ntl. Gemeinde-/Kirchen-Modelle und die historische Bedingtheit jeder kirchlichen Gestaltwerdung machen es unmöglich, eines der gewordenen Modelle absolut zu setzen oder gar das Entstandene allein durch seine Faktizität gerechtfertigt zu sehen. Kriterium für die sich ausbildenden Verfassungsformen kann daher nur sein, ob diese Formen unter der Herausforderung ihrer jeweiligen historischen und kulturellen Situation dem Erbe Jesu angemessen Gestalt geben.

Das unaufgebbare Erbe des Jesus von Nazaret

Es kann für Jesus, wie schon für seinen Lehrer Johannes dem Täufer, als charakteristisch gelten, daß beiden angesichts des erwarteten endzeitlichen Kommens Gottes die traditionellen Heilsgarantien und Erwählungstraditionen Israels als hinfällig gelten: »Gott kann aus diesen Steinen hier dem Abraham Kinder erwecken« (Mt 3,9). Das kommende Gericht deckt die Heilsverlorenheit aller auf. Alle sind schuldig (Lk 13,1-5) und nur in der Anerkennung dieser Wahrheit ist Rettung, Rechtfertigung vor Gott möglich (Lk 18,10-14a). Gerade angesichts dieser totalen Verlorenheit des Menschen und der den Mächten des Bösen ausgelieferten Welt erweist sich Gott – und das ist das Zentrum der Botschaft Jesu – als der in *unbedingter Güte* dem Menschen Entgegenkommende. Der Kommende wird als der gegenwärtig Wirkende, der Ferne als der Nahe, der Richter als der Retter erfahren. Gott ist der Hirte, der sich freut, das Verlorene zu finden. Er ist der gütige Vater, der dem verlorenen Sohn entgegeneilt und der weiß, was der Mensch braucht, ehe dieser ihn darum bittet. Mit dem Begriff »Königsherrschaft Gottes«, der traditionell sowohl die weltumfassende Herrschaft des Schöpfers als auch Gottes die Welt von den Mächten des Bösen befreiendes endzeitliches Herrschaftshandeln meint, gelingt es Jesus, weisheitlichen Schöpfungsglauben und apokalyptische Zukunftserwartung so miteinander zu verbinden, daß die gegenwärtige, den Mächten des Bösen ausgesetzte Geschichte als der Ort erfahren werden kann, wo der Mensch Gott und seinem befreienden Handeln *unmittelbar* begegnet. Gottes Gegenwart ist nicht an heilige Zeiten, Orte und Institutionen gebunden: »Die Herrschaft Gottes ist mitten unter euch« (Lk 17,21). Gott macht seinen am Dornbusch dem Mose offenbarten Namen endgültig wahr: Er ist da, und läßt sich in souveräner Freiheit in der Weise seiner Anwesenheit nicht festlegen. Jesu auf die familiäre Umgangssprache zurückgreifende Gottesanrede »Abba« gibt diesem Sachverhalt einer neuen »Unmittelbarkeit« prägnanten Ausdruck.
Solche »Unmittelbarkeit« macht irgendwelche heilsmittlerischen Instanzen überflüssig. So kann, wie Jesus in den Antithesen deutlich macht, die Mosetora nicht mehr Gottes Willen verdeutlichen. Der Mensch ist in seinem Herzen, das meint in der Mitte seines Wesens, von Gott getroffen und kann sich ganz von diesem, ihm unmittelbar begegnenden Gott beanspruchen lassen. »Was ihr dem Geringsten meiner Brüder getan habt, habt ihr mir getan«. Solche »Radikalisierung« der Tora bedeutet zugleich Befreiung vom Buchstaben des Gesetzes. Das Gesetzbuch Gottes ist die Welt und die Geschichte des Menschen. Sie liefern die Buchstaben, in denen der Mensch Gottes Willen entdecken kann. Die goldene Regel, durch die gerade die Sensibilität des Menschen für die

Bedürfnisse und Sehnsüchte des anderen aktiviert werden soll, kann das geforderte neue Verhalten anschaulich machen. Es geht um nicht weniger als um die Ablösung eines Ethos des Gesetzesgehorsams, das immer in Gefahr steht, den Menschen sich selbst zu entfremden und gerade so die Erfüllung des Willens Gottes unmöglich zu machen, durch ein Ethos freier Verantwortung. Das heilige Gebot des Sabbats verliert seine Bedeutung, wenn es mit der Not der Menschen, und sei es nur dem Hunger der Jünger, kollidiert. »Der Mensch ist nicht für den Sabbat da, sondern der Sabbat für den Menschen« (Mk 2,27).

Die Reinigungsrituale werden obsolet; die Scheidung von rein und unrein, heilig und profan wird hinfällig. Nicht was von außen in den Menschen hineinkommt, vermag ihn zu verunreinigen, sondern nur, was aus ihm herauskommt (Mk 7,15). Jesu radikale Theonomie konstituiert die Autonomie des Menschen und macht ihn frei von jeder Heteronomie. Auch der Tempel samt seinem Opferkult verliert die Bedeutung, die ihm im zeitgenössischen Judentum als dem zentralen Ort der Gegenwart Gottes und Sühnestelle des Volkes zukommt. Schon die »Opferregel« (Mt 5,23f.) macht den Vorrang der zwischenmenschlichen Versöhnung vor jeder Opferhandlung deutlich und führt faktisch das gesamte Opferritual ad absurdum. Die »Tempelaustreibung« werden wir als eine prophetische Zeichenhandlung verstehen müssen, die sich gegen den Tempel als solchen richtet. Jesu Ansage der Zerstörung des Tempels und der Errichtung eines neuen, endzeitlichen Tempels (vgl. Mk 14,58) dürfte mit ihr im Zusammenhang stehen und letztlich das Vorgehen der Hohen Priesterschaft gegen ihn veranlaßt haben. Denn sie bedeutete einen Angriff auf die von der römischen Besatzungsmacht garantierte und im Hohenpriestertum repräsentierte Staatsordnung Israels. Die Verurteilung durch Pilatus erhält von daher ihre politische Plausibilität[5].

Diese neue Freiheit betrifft nicht nur die Bindung an die religiöse Tradition. Mit dem Spruch vom Mammonsdienst (Mt 6,24) spricht Jesus einen zweiten zentralen Bereich menschlicher Unfreiheit an, das Verhältnis zu Geld und Besitz. Dort, wo der Mensch meint, durch seinen Besitz sein Leben absichern zu können, macht er diesen zu seinem Gott und verfällt so dem Götzendienst. Auch die Sprüche vom Sorgen (Mt 6,25-33) verfolgen die Intention, den Menschen von der ihn lähmenden Sorge um das alltägliche Überleben zu befreien, indem sie ihn zum Glauben an den ihn tragenden Gott ermutigen. Gerade so eröffnen sie ihm aber neue, freiere Lebensperspektiven. Die vom Jüngerkreis geforderte Besitzlosigkeit wird zum prophetischen Zeichen, daß solche Freiheit lebbar ist, wie auch das Ährenraufen der Jünger am Sabbat für Jesus offenbar ein Zeichen der Freiheit vom Gesetz war. Grundsätzlich kann gelten: »Wer sein Leben retten/bewahren will, wird es verlieren. Wer es verliert (um Jesu und des Evangeliums willen) wird es gewinnen.« Thema des Spruches ist die anthropologische und theologische Einsicht, daß der Mensch gerade durch seine Absicherungsversuche sich und sein Leben verfehlt. Das eigentliche Leben kann er nur gewinnen, wenn er im Vertrauen auf den Gott Jesu auf jede Form von Absicherung verzichtet. Diesen Sachverhalt bringen die Geschichten vom Schatz und der Perle zum Ausdruck.

»Er verkaufte alles, was er hatte« (Mt 13,44f.). Damit ist die Grundbedingung dafür genannt, daß der Mensch die Basileia, jene neue ihm durch Gott erschlossene Lebensmöglichkeit, findet. Solche Befreiung des Menschen von jeder ihn sich selbst und Gott entfremdenden Macht geschieht im Zeichen der Herrschaft Gottes als der Herrschaft der Güte, mit der sich Gott einem jeden Menschen zuwendet. Ihre Folge ist daher die volle Akzeptanz eines jeden Menschen und eine alle ohne Ausnahme umfassende Solidarität. So macht Jesus vor allem jene neuralgischen Bereiche gesellschaftlichen Lebens zum Thema, in denen der Mensch in der Gefahr steht, jene ihm durch Gott ermöglichte neue freie geschöpfliche Existenz zu pervertieren: Die Beziehung zu den Armen und den in der Gesellschaft Marginalisierten, die Beziehung zum Feind und – in bezeichnender Umkehrung der Stoßrichtung – die Beziehung der Mächtigen und Herrschenden zu den Unterdrückten.

In der Verheißung an die Armen (Lk 6,20f.) macht Jesus unmißverständlich klar, auf wessen Seite Gott steht. »Eher geht ein Kamel durch ein Nadelöhr, als ein Reicher in das Reich Gottes (Mk 10,25). Diese Option Gottes für die Armen und Unterdrückten entspricht alttestamentlicher Tradition (vgl. z.B. Jes 61,1f. und seine Aufnahme in Mt 11,5). Sie begründet die Verpflichtung zu einem solidarischen Handeln, das keine Grenzziehung kennt (vgl. Lk 10,30-37; Mt 5,42; 25,31-46). Der Einsicht, daß alle vor Gott schuldig sind und daher nur aus der ihnen zugesagten Vergebung leben können, entspricht die Forderung gegenseitiger Vergebung (Mt 18,23-35, vgl. 6,12.14f.; Lk 17,3f.) – bis hin zur Feindesliebe (Mt 5,44f.). Indem der Mensch jeden als Gottes Geschöpf akzeptiert, so wie er sich von Gott als Geschöpf akzeptiert erfahren hat, und sich in der Art Gottes dem anderen zuwendet, wird der Teufelskreis von Gewalt und Gegengewalt (Mt S,39-41), die egoistische Fixierung auf Seinesgleichen (Mt 5,46f.) durchbrochen. Gegen die von den Menschen hergestellte Welt der Unterschiede und Feindschaften stellt Jesus die Vision einer Welt nach dem Vorbild Gottes, der als der gütige Schöpfer Sonne und Regen allen gewährt (Mt 5,45, vgl. 6,8b. 32b).

Diese Freiheit, zu welcher der Gott Jesu den Menschen befreit, steht im Widerspruch zu den diese Welt bestimmenden Herrschaftsverhältnissen. Mit der zeitgenössischen Apokalyptik erwartet Jesus deren endzeitliche Überwindung: »Die Ersten werden die Letzten, die Letzten werden die Ersten sein« , (Mk 10,31; Mt 19,30; 20,16; Lk 13,30, vgl. auch Lk 1,51-53). Jesus bleibt jedoch bei dieser Zukunftsansage nicht stehen: Die gegenwärtige Gottesherrschaft verlangt auch die gegenwärtige Überwindung der von Ober- und Unterordnung, von Vorrang und Prestige bestimmten hierarchischen Gesellschaftsstrukturen: Wer der Erste oder groß ist oder es werden möchte, soll zum Letzten, zum Sklaven, zum Diener aller werden (Mk 9,35; 10,42-45; Mt 20,25-28; 23,11; Lk 22,24-27). Die gemeindliche Überlieferung der Sprüche zeigt, daß sich die Tradenten des gesellschaftskritischen Potentials dieser Forderung bewußt waren, zugleich aber auch gerade die christliche Gemeinde – im Gegensatz zu ihrer Umwelt – als den Bereich ansahen, in dem diese die Gesellschaft bestimmenden Verhältnisse der Vor- und Unterordnung grundsätzlich überwunden sind: »Bei euch sei/ist es nicht so!«. Diese Forderung wird christologisch begründet: Es ist der den Seinen – bis zur Todeshingabe – dienende Jesus, der es verbietet, die Dienste in der Gemeinde zur Herrschaftsausübung zu mißbrauchen. In dieser Tradition warnt auch noch der erste Petrusbrief die die Gemeinde leitenden Ältesten vor dem Mißbrauch ihrer Autorität: »Weidet die Herde Gottes bei euch...nicht wie solche, die sich in ihrem Bereich als Herrn aufführen« und fordert von allen einen Umgang miteinander in »bescheidener Selbsteinschätzung« (1 Petr 5,3-5). Vor allem Matthäus hat in Konfrontation mit einem rabbinischen Autoritätsverständnis in 23,8-12 die christliche Gemeinde als Bruderschaft definiert und den in ihr Verantwortlichen die Inanspruchnahme patriarchaler oder lehramtlicher Autorität verboten: *»Einer nur ist euer Lehrer und Meister: Christus – einer nur ist euer Vater: der im Himmel – ihr alle aber seid Brüder.«* Der Lehrer in der Gemeinde bleibt »Jünger« der Gottesherrschaft (13,52). Die dem Petrus nach 16,19 als erstberufenen Jünger und Garanten der Jesusüberlieferung zugesprochene Binde- und Lösegewalt wird daher in der Gemeinde nicht durch einen speziellen Amtsträger wahrgenommen, sondern kommt allen zu (18,18). »Wo zwei oder drei in meinem Namen versammelt sind, bin ich mitten unter ihnen« (18,20).

Aus dieser jesuanischen Vorgabe ergeben sich im Hinblick auf die anstehende Diskussion vor allem zwei Maximen für das kirchliche Selbstverständnis. Sie lassen sich mit den Stichworten »Gottunmittelbarkeit« und »Herrschaftsfreiheit« umschreiben. Im Folgenden soll an Texten des paulinischen Traditionsbereichs exemplarisch verdeutlicht werden, wie »in der Diskontinuität der Zeiten und Kulturen« diese jesuanischen Vorgaben in der frühen Kirche Gestalt fanden.

Die Gemeinde als solidarische Gemeinschaft der Freien

Wenn Paulus, wie heute weithin angenommen wird, in Gal 3,28 (vgl. 1 Kor 12,13; Kol 3,11) einen für seinen Traditionsbereich repräsentativen Grundsatz kirchlichen Selbstverständnisses zitiert, belegt dieser Text, wie die jesuanische Grundidee einer neuen menschlichen Gemeinschaft, ohne daß ein direkter traditionsgeschichtlicher Zusammenhang im einzelnen nachgewiesen werden muß, unter den Bedingungen des hellenistischen Milieus rezipiert wurde. Als Söhne und Töchter Gottes finden die in der christlichen Gemeinde zusammengewürfelten Menschen verschiedenster Herkunft und sozialer Stellung eine neue Identität, durch die sie die aus ihrer Sicht die Gesellschaft bestimmenden ethnischen und sozialen Unterschiede und damit verbundenen Diskriminierungen »in Christus« aufgehoben erfahren: »Da ist (und gilt) nicht Jude oder Heide nicht Sklave oder Freier nicht männlich oder weiblich. Denn alle sind Einer in Christus.« Sie sind »neue Schöpfung«, »das Alte ist vergangen, Neues ist entstanden« (2 Kor 5,17). Solche Aussagen tragen die Züge einer endzeitlichen Utopie, die sich zweifellos unter den Bedingungen der menschlichen Geschichte nur in Widerspruch und Gebrochenheit realisieren lassen. Paulus selbst belegt dies, wenn er in Korinth schon anläßlich der sich vom Schleier emanzipierenden korinthischen Frauen in jüdische Vorurteile zurückfällt. Dennoch bestimmt diese Vision einer neuen Gemeinschaft die kirchliche Realität, wie generell die gleichberechtigte Beteiligung von Juden und Heiden, Sklaven und Freien, Männern und Frauen an der Missionsarbeit, am gemeindlichen Leben, speziell auch am Gottesdienst zeigen. Die Quellen belegen eindeutig die aktive Rolle der Frauen in allen genannten Bereichen. Erinnert sei nur an Phöbe, die verantwortliche Leiterin der Gemeinde von Kenchreae oder die Junia im Kreise der Urapostel (Röm 16,1f.7) und die vielen anderen in der Gemeindearbeit sich abmühenden Frauen (ebd.). 1 Kor 11,5 zeigt, daß den Frauen in Prophetie und öffentlichem Gebet die gleiche Stellung wie den Männern in der Gemeindeversammlung zukam.

Diese neue Freiheit ist nicht ohne Konflikt zu haben. Eindrücklich dokumentiert dies am Anfang der Kirchengeschichte das sogenannte Apostelteffen in Jerusalem (Gal 2,1-10), bei dem Jakobus, Kephas und Johannes als Vertreter der Jerusalemer Gemeinde und die durch Paulus und Barnabas vertretenen Heidenchristen gegen den Widerstand extrem traditionalistischer Judenchristen zur gegenseitigen Anerkennung fanden. Für die Tischgemeinschaft von Juden und Heiden riskiert Paulus in Antiochien den Bruch mit Petrus und Barnabas »um der Wahrheit des Evangeliums willen« (Gal 2, 11-14). Wenn bei der Herrenmahlfeier in Korinth der offensichtlich wohlhabendere Teil der

Gemeinde nicht auf die später kommenden Armen wartet, sondern das eigene Mahl vorwegnimmt, wird die Spaltung, das Schisma der Gemeinde betrieben; dies istAusdruck der »Verachtung der Gemeinde Gottes«. Das Vermächtnis Jesu verlangt – bis in anscheinende Belanglosigkeiten hinein – die volle Akzeptanz der Würde aller Beteiligten, duldet keine Ungleichheiten. Andernfalls wird man schuldig am Leib und Blut des Herrn, feiert man »unwürdig« (1 Kor 11). In der Mitte der christlichen Gemeinde steht nicht der einem Priester vorbehaltene Altar, sondern der »Tisch des Herrn«, der in der Teilhabe an dem *einen* Brot, das *alle* segnen, die vielen zu *einem* Leib verbindet (1 Kor 10,16f. 21).

Wie diese gleiche Würde aller in der Gemeinde angesichts der Gefährdung durch rivalisierende Kräfte konkret zu realisieren ist, wird in 1 Kor 12 anläßlich des elitären Selbstverständnisses korinthischer Pneumatiker, die für sich einen besonderen Status beanspruchten, grundsätzlich zum Thema. Paulus sieht die Gefahr, daß die Einheit der Gemeinde zu einer Art Zwei-Klassen-System depraviert. Um diesem »Ur-Schisma« (12,25) zu wehren, interpretiert er mit Hilfe der in der Antike verbreiteten Metapher des Leibes diese Einheit der Gemeinde als das repressionsfreie, von »Sympathie« (V. 26) bestimmte Zusammenwirken einer Vielzahl unterschiedlicher, aber grundsätzlich gleichwertiger Begabungen und Dienste. Die Akzeptanz dieser gottgewollten Pluralität und die Bereitschaft zu gegenwärtiger Solidarität erweisen sich dabei als die konstitutiven Elemente seines Gemeindeverständnisses, dem in seiner Sicht, wie die Aufnahme dieser Vorstellungen in Röm 12 zeigt, offenbar grundlegende Bedeutung für die christliche Kirche zukommt.

In der Tat zeigt die paulinische Argumentation, daß sein Kirchenkonzept nicht ein situationsbedingtes Zufallsprodukt darstellt, sondern aus den Grundüberzeugungen des christlichen Glaubens entwickelt ist: Es gründet in Gottes allen, Juden wie Heiden, sich zuwendendem Heilshandeln, im stellvertretenden Tod Jesu für alle, in dem allen gleichermaßen geschenkten Geist, in der allen zugesagten Freiheit und Würde der Söhne und Töchter Gottes. Mißt man an diesem Maßstab das Kirchenbild der Pastoralbriefe und das ihrer Rezipienten, läßt sich die Frage nicht umgehen, was diese wohl noch mit dem Erbe des Nazareners verbindet.

Die Gemeinde bedarf der vielen Mittler nicht

Einer eigenen Erörterung bedarf die Frage der sazerdotalen Uminterpretation des frühchristlichen Aufseher/Episkopen- und Ältesten/Pres-

byter-Amtes. Wie wir sahen, führte das jesuanische Verständnis der in der Geschichte gegenwärtigen Basileia und der so erschlossenen Unmittelbarkeit der Gottesbeziehung zu einer kritischen Auseinandersetzung mit der jüdischen Tora- und Kultfrömmigkeit und zu einer zwar nicht expliziten, aber faktischen Abrogation von Tora und Tempel. Wie hat die frühe Gemeinde diese jesuanische Kritik weitergeführt?
Der jüdische Vorwurf gegen Stephanus, wie er in Apg 6,13f. von Lukas berichtet wird, läßt erkennen, daß offenbar vor allem im Kreis der hellenistischen Judenchristen Jerusalems Jesu Gesetzes- und Tempelkritik weitergeführt wurde. Wenn allerdings schon Jakobus, Kephas und Johannes, der Gemeinde von Jerusalem als die »Säulen« galten (Gal 2,9), ist zu vermuten, daß sich bereits auch der aramäischsprachige Teil der Jerusalemer Urgemeinde als der neue, nicht von Händen geschaffene Tempelbau Gottes, verstand. Die Verwendung einer solchen Metaphorik setzt, wie schon die Qumran-Gemeinde zeigt, einen Gegensatz zum Jerusalemer Tempel voraus. Vielleicht hat also Lukas in Apg 2,46 mit seiner Bemerkung: »Sie verharrten täglich einmütig im Tempel«, das Verhältnis der Jerusalemer zum Tempel zu harmonisch gezeichnet, implizierte das »Brotbrechen in den Häusern« auch eine neue, distanziertere Einstellung zum Jerusalemer Opferkult und Priestertum. Für die hellenistischen Christen ist die metaphorische Übertragung der Tempelvorstellung auf die christliche Gemeinde selbstverständlich geworden, wie vor allem Paulus selbst, der Epheserbrief und der 1. Petrusbrief erkennen lassen. Die Bekehrung zum Christentum bedeutete also nicht nur die Abkehr vom heidnischen Götzendienst, sondern den grundsätzlichen Bruch mit der antiken, jüdischen wie heidnischen offiziellen Religionsausübung, für die der heilige Bezirk des Tempels mit seinen Priestern und Opferdienst konstitutiv waren. Gerade als tempel-, altar-, opfer-, und priesterlose Gemeinschaft waren die Christen bis ins 3. Jh. hinein dem heidnischen Vorwurf des Atheismus ausgesetzt.
Eine solche Einstellung ist christologisch begründet. Dank des einen Mittlers Jesus Christus und seines stellvertretenden Todes für die Vielen bedarf die christliche Gemeinde der vielen Priester und vielen Opfer ihrer vorchristlichen Vergangenheit nicht mehr. Dies ist ein Grundsatz, dem selbst noch für die Pastoralbriefe zentrale Bedeutung zukommt (1 Tim 2,5). Nach der von Paulus in Röm 3,25f. zitierten Überlieferung, die auf die frühe hellenistisch-judenchristliche Gemeinde, vielleicht auf den Stephanuskreis in Jerusalem zurückgeht, hat Gott Christus in seinem Kreuzestod als Sühnemittel *(hilasterion)* eingesetzt. Das genaue Verständnis dieses Ausdrucks ist umstritten. Jesu Sterben kann damit, wie schon der Tod der makkabäischen Märtyrer (4 Makk 17,21f.), als Sühnopfer für die Sünden des Volkes gedeutet worden sein.

Der Ausdruck läßt sich aber auch, wie es schon Origenes tat, auf die *kapporät* beziehen, die Goldplatte auf der atl. Bundeslade, auf die der Hohepriester im Ritual des großen Versöhnungstages das Opferblut zur Sühne für die Sünden des Volkes sprengte (Lev 16). Beide Deutungen lassen erkennen, daß in dieser Tradition der Tod Jesu als das allein entscheidende Sühnehandeln Gottes angesehen wurde. Mit Recht sieht daher U. Wilckens hier bereits die »Abrogation« des jüdischen Kultes und damit den entscheidenden »Bruch urchristlicher mit der zeitgenössisch-jüdischen« Religion gegeben. Das Urchristentum wußte »den Tempelkult grundsätzlich außer Kraft gesetzt ..., weil umfassende, eschatologisch-gültige Sühne allein im Tode Christi Ereignis geworden ist«[6].Im Hebräerbrief wird dieser Deutungsansatz weitergeführt: Gott selbst hat Christus die Würde des Hohenpriesters übertragen (5,5), und als dieser Hohepriester ist Christus in das himmlische Heiligtum eingetreten und hat durch seinen Tod ein für allemal bleibende Sühne geschaffen (vgl. besonders 19,11-28; 10,l-18). Gegen die vielen wiederholungsbedürftigen und unwirksamen Opfer irdischer Priester steht das *eine* Opfer des *einen* Priesters, das eine ewige Sühne bewirkte. Die Vorläufigkeit und das Ende des jüdischen Opfers, aber damit jeglichen Opferkultes, ist von daher erwiesen. Die christliche Gemeinde kann nur einen Priester kennen, nämlich den Hohenpriester Christus. Die vielen Priester und ihre zahllosen Opfer gehören endgültig der Vergangenheit an. Mit Recht faßt daher E. Gräßer[7] die theologische Zielsetzung des Autors des Hebräerbriefs dahingehend zusammen, daß »der sich ein für allemal selbst als Opfer darbringende und in das himmlische Allerheiligste eingehende Hohepriester ... das Ende des Kultes als Heilsweg« ist. »Leitendes Interesse« des Autors ist gerade also nicht, »eine neue christliche Kultpraxis in dogmatischer Absicht zu kreieren«.
Kraft dieses Sühnehandelns ist nun der christlichen Gemeinde ein für allemal der freie Zugang zum Heiligtum eröffnet, den sie mit Freimut wahrnehmen darf (Hebr 10,19, vgl. 4,16 , aber auch Eph 3,12). Diesem Aspekt, daß kraft des Christusgeschehens dem Christen der freie unmittelbare Zugang zu Gott erschlossen ist, ist für das christliche Selbstverständnis zentral. Er verhindert, daß die durch den irdischen Jesus erschlossene Gottunmittelbarkeit sekundär durch eine falsche christologische Engführung depraviert wird. So ist es bezeichnend, daß Paulus gerade um diese neue Gottesbeziehung zu beschreiben, etwa in Röm 8,15, wieder auf die Gottesanrede Jesu zurückgreift: »Ihr habt nicht den Geist der Knechtschaft wieder zur Furcht empfangen, sondern den Geist der Sohnschaft, in dem wir rufen: Abba, Vater« (vgl. ebenso Gal 4,6f.). Der Dienst des neuen Bundes, wie ihn Paulus in 2 Kor 3,4-18 im Kontrast zum tödlichen Buchstabendienst des Mose beschreibt, stellt den Christen in die Freiheit des Geistes und läßt alle »mit unverhülltem

Angesicht die Herrlichkeit des Kyrios widerspiegeln« und so »in diese selbst hinein verwandelt werden« . Es ist notwendig, sich solcher und ähnlicher ntl. Aussagen zu erinnern, gerade um der in religiösen Institutionen gegebenen Gefahr zu wehren, daß diese Würde und Freiheit der Glaubenden dadurch zunichte gemacht wird, daß die Institution selbst oder einzelne in ihr wieder zwischen den Glaubenden und seinen Gott treten. Auch der Apostel, der seine apostolische Vollmacht durchaus wirkungsvoll auszuspielen weiß, kann daher seinen Auftrag nur als Dienst an diesem Glauben begreifen, womit gerade eine solche Respektierung der Glaubenssouveränität gemeint ist. »Wir wollen nicht als Herrn über euren Glauben auftreten; vielmehr sind wir Mitarbeiter eurer Freude« (2 Kor 1,24, vgl. auch Röm 1,11f.).

Die Gemeinde als »Tempel Gottes« und »königliche Priesterschaft«

Wenn in der christlichen Überlieferung von der Gemeinde als ganzer oder auch dem einzelnen Christen metaphorisch als dem »Tempel Gottes« gesprochen wird (vgl. 1 Kor 3,16f.; 6,19; 2 Kor 6,16; Eph 2,21; 1 Petr 2,5), ist dies als Ausdruck der durch Christus der Gemeinde gegebenen Gottunmittelbarkeit zu werten. Nach Röm 12,1 besteht der wahre »geistige/vernünftige Kult« *(logike latreia)*, wie Paulus in Aufnahme hellenistisch-philosophischer Kultumdeutung formuliert[8], gerade darin, daß die Christen ihre »Leiber« Gott »als lebendiges, heiliges, Gott wohlgefälliges Opfer darbringen«. Man wird eine solche Aussage nicht spiritualistisch mißverstehen dürfen, es handelt sich um eine »Somatisierung« des Kultes[9]. Die Christen vollziehen diesen Kult in ihrer leibhaftigen Existenz. E. Käsemann hat daher zurecht vom »Gottesdienst im Alltag der Welt« gesprochen. Damit ist aber die antike Unterscheidung des Heiligen vom Profanen ebenso aufgehoben; ein besonderer »Priesterstand« ist überflüssig geworden, denn alle in der Gemeinde sind Träger dieses Gottesdienstes. Dementsprechend kann Paulus sowohl seinen missionarischen Dienst, als auch die Geldspende der Philipper mit Hilfe atl. Opferterminologie umschreiben (vgl. Röm 15,16; Phil 2,17; 4,18). Auch nach dem Hebräerbrief vollziehen alle Christen in ihrem Leben einen priesterlichen Dienst (12,18) und bringen Gott das Lobopfer dar (13,15). Gutestun und Gemeinschafthalten sind die Opfer, die Gott wohlgefallen (13, 16) . Der Ort der Nachfolge ist »außerhalb des Lagers« , d.h. im Bereich der Profanität, wie auch Jesus außerhalb des Tempels und der heiligen Stadt sein Sühneopfer dargebracht hat.

Im 1. Petrusbrief und in der Johannesapokalypse wird schließlich in Aufnahme spätdeuteronomistischer Theologie die Aussage von Ex 19,6 »Ihr sollt mir ein Königreich von Priestern und ein heiliges Volk sein«, in der bereits ganz Israel zum priesterlichen Volk Jahwes unter den Völkern erklärt wurde[10], auf die christliche Gemeinde als ganze übertragen. Abgesehen von der priesterlichen Deutung des Heilswerkes Jesu wird also im NT von Priestern nur in solcher Metaphorik und nur in bezug auf alle Christen von »Priestern« gesprochen.
In 1 Petr 2,9 steht die Aussage in einem Zusammenhang, der deutlich an die paulinische Tradition erinnert. Als »lebendige Steine« soll sich die Gemeinde zu einem »pneumatischen Haus« aufbauen lassen. Sie ist also der von Gottes Geist geschaffene und erfüllte neue Tempel, in dem die Christen als »heilige (Gott zugeeignete) Priesterschaft« ihren priesterlichen Dienst vollziehen, indem sie »pneumatische Opfer« darbringen, die Gott durch Jesus Christus wohlgefällig sind. Wieder dürfte hier an den christlichen Lebensvollzug gedacht sein, der zugleich als Zeugendienst in der Welt begriffen wird (V. 9).
Das in Ex 19,6 vorgegebene Herrschafts- und Priestermotiv bildet auch ein konstitutives Element des Gemeindeverständnisses der Johannesapokalypse. Mit dessen Hilfe wird sowohl die gegenwärtige, als auch die zukünftige Heilsexistenz der Gläubigen beschrieben. Kraft des sühnenden Todes Jesu sind *alle* Gläubigen in der Taufe zur »Königswürde« bzw. zu einem »Königtum« und zu »Priestern für Gott« bestellt worden (Apk 1,6; 5,10). Als »Priester Gottes und des Christus« werden sie mit Christus im tausendjährigen messianischen Reich (20,4) und auch im neuen Jerusalem »in Ewigkeit herrschen« (2,5, vgl. 15b). In der Schlußvision der Apokalypse wird, ohne daß die Erlösten ausdrücklich Priester genannt würden, erst deutlich, worin deren priesterliche Funktion besteht: »Und der Thron Gottes und des Lammes wird in ihr (der Stadt Jerusalem) sein, und seine Knechte werden ihm dienen, und sie werden sein Angesicht schauen, und sein Name steht auf ihren Stirnen (22, 3f.). Mit dem neuen Jerusalem ist Gottes Thron, also der Ort seiner Anwesenheit, aus der himmlischen Entrücktheit endgültig auf die neue Erde gekommen. Wurde in jüdischer Überlieferung eine endzeitliche Erneuerung des Tempels erwartet, gibt es nach Johannes in dem neuen Jerusalem keinen Tempel: »Denn der Herr, der Gott, der Allherrscher, ist ihr Tempel und das Lamm (21,22, vgl. 21,3). Die kubische Form der Stadt (21,16) erinnert an die Form des Allerheiligsten. Daraus folgt aber, daß die Stadt selbst Ort der Gegenwart Gottes ist. So können die Erlösten nun Gott *unmittelbar* dienen und sein Angesicht schauen (vgl. auch 7,15). Möglicherweise erinnert der Gottes-Name auf ihrer Stirn an das Diadem des Hohenpriesters, der im jüdischen Kult als einziger das Allerheiligste betreten durfte. Dann

würde Johannes diesen endzeitlichen Dienst der Getauften als hohenpriesterlichen begreifen. Diese priesterliche »Symbolsprache zielt auf die jeden Kult transzendierende, unmittelbare Erfahrung der Anwesenheit Gottes«[11]. Gottunmittelbarkeit und Dienst bestimmen die Vorstellung vom christlichen Priestertum der Gemeinde. Johannes nimmt den seinen Lesern vertrauten Begriff auf, macht aber zugleich deutlich, wie in der eschatologischen Erfüllung und von ihr her die für diesen konstitutiven Elemente des Tempels, der Heilsmittlerschaft und der heiligen Opfer aufgehoben und auf den Gedanken des »Sich-Gott-nahen-Dürfens« konzentriert sind. Kraft der allen geltenden Verheißung braucht die christliche Gemeinde daher keine Priester, keine Tempel und keine Opfer, vielmehr sind alle zu Priestern bestellt. Auch der damit verbundene Herrschaftsgedanke ist umfassender Ausdruck heilvoller, befreiter »königlicher« Existenz.
Überschauen wir nochmals den ntl. Gesamtbefund, so ist die theologische Aussage eindeutig. Die metaphorische Redeweise von Kult, Tempel, Opfer und Priester ist in der Sache begründet. Sie ist Ausdruck jener neuen Gottunmittelbarkeit, in der sich die frühe Christenheit durch das eschatologische Heilshandeln Gottes in Jesus von Nazaret gestellt weiß. Sie gründet letztlich in Jesu Basileia-Botschaft. Ort von Gottes endzeitlichem Befreiungshandeln ist die Geschichte, Ort des christlichen Gottesdienstes kann daher nur die Profanität der Welt sein, in der die christliche Gemeinde in ihrer Existenz Zeugnis von diesem Heilshandeln Gottes zu geben hat. Weil Gott sich jedem Menschen vorbehaltlos zuwendet, werden alle heilsmittlerischen Instanzen überflüssig. Der Mensch Jesus Christus ist der einzige Mittler und Priester, insofern und gerade, weil er die Menschen in solche Gottunmittelbarkeit stellt. Damit ist jeder Form von Priestertum der Abschied gegeben, *sofern* damit die Vorstellung eines sakralen Sonderstatus oder einer heilsmittlerischen Funktion intendiert ist. Träger allen gemeindlichen, auch des »gottesdienstlichen« Handelns kann nur die Gemeinde als ganze sein kraft des allen verliehenen Geistes. Das schließt selbstverständlich eine Differenzierung der Funktionen in der Gemeinde nicht aus. Diese findet jedoch ihre Grenze dort, wo aus dem Dienst für alle die Herrschaft über die anderen und aus der übernommenen Aufgabe ein Sonderstatus abgeleitet wird. Die Idee eines von den übrigen Gemeindemitgliedern unterschiedenen Klerikerstandes, für den eine besondere ontologische Verfaßtheit kraft der Weihe (character indelebilis) und der alleinige Führungsanspruch oder eine heilsmittlerische Kompetenz postuliert wird, findet im Zeugnis des Neuen Testaments keine Stütze. Im Gegenteil. Er steht zum Neuen Testament im klaren Widerspruch, gerade weil er die durch Jesus von Nazaret gewonnene Unmittelbarkeit der Gottesbeziehung aufhebt. Ein solches Christentumsverständnis bedeutet in

der Tat, den »neuen Wein« in »alte Schläuche« abzufüllen, mag dies auch durch feingesponnene Distinktionen abgesichert und dogmatisch vermittelt werden.
An dieser Stelle muß ich abschließend vom Neuen Testament her auch gegen Drewermanns Versuch einer Neuinterpretation der priesterlichen Funktion Einspruch erheben. Zweifellos kannte schon die frühe Gemeinde die Gabe der Heilung, bezog man die gegenseitige Hilfe nicht nur auf die materielle, sondern auch auf die psychische Not eines Menschen. In diesem Sinn ist in der christlichen Gemeinde in der Tat auch für die von Drewermann geforderten therapeutischen Funktionen Raum. Wenn er jedoch die *presbyteriale* Funktion als therapeutische interpretiert, wird das Presbyteramt in seiner Bedeutung für die Gemeinde nicht nur einseitig verstanden, sondern zugleich auch die Gefahr produziert, daß der presbyteriale Dienst wieder *heilsmittlerisch* – sei es nun in der Rolle des Therapeuten, Arztes oder Gurus – mißverstanden wird. Damit ist aber die neue personale Unmittelbarkeit der Gottesbeziehung, die ja auch nach Drewermann für die biblische Tradition spezifisch ist, nicht ausreichend zur Geltung gebracht. Mir scheint es daher sinnvoller und der Überlieferung gemäßer, den episkopalen bzw. presbyterialen Dienst als Dienst an der »Einheit der Gemeinde« zu beschreiben. In meinem Beitrag in der Priesterkirche »Von der Priesterkirche zu einer Kirche des Volkes Gottes« habe ich dies im einzelnen zu verdeutlichen versucht. Begreifen wir diesen Dienst auf der Grundlage des paulinischen Konzepts einer charismatischen Gemeinde, das jedem die Chance gibt, sich und seine Begabung zum Nutzen aller in der Gemeinde einzubringen, dann verhindern wir die klerikale Überforderung, sich ständig als der Allein-Verantwortliche und Allein-Zuständige begreifen zu müssen. Durch eine solche »Entflechtung« des klerikalen Monopols könnte es gelingen, daß auch der künftige Presbyter als Mensch und Christ den Mut zu seiner Identität und damit zu jener Freiheit findet, die es ihm ermöglicht, die befreiende Wirkung des Evangeliums auch anderen zu vermitteln, statt nur als Repräsentant eines autoritären Apparates zu fungieren. Dies setzt allerdings bei jedem einzelnen den Mut zur Selbstwerdung und zum »Maß seines Glaubens« (Röm 12,3) voraus.

Ein letztes Dilemma

Im Gespräch mit dem kirchlichen Lehramt und dessen dogmatischen Vertretern, das ja auch in diesem Beitrag geführt werden sollte, gerät der den historischen Methoden der Wahrheitsfindung verpflichtete Exeget, auch wenn er sich der Bedingtheit seines Wahrheitsanspruches bewußt ist, in ein letztes, wohl in diesem Äon zumindest von ihm nicht lösbares Dilemma. Sieht er sich doch Gesprächspartnern gegenüber, die sich solcher Bedingtheit seines Wahrheitsanspruchs enthoben wissen. Indem die Träger des kirchlichen Lehramtes sich als *summus interpres* der Schrift verstehen und damit ihr Verständnis des Textes definitiv zum letztverbindlichen erklären, wird die Wahrheitsfindung dem gemeinsamen Diskurs entzogen und erweist sich das Lehramt selbst als Herr des Textes. De facto ist damit immer die Gefahr gegeben, daß nicht mehr der Text die Norm für die Wahrheit der Auslegung ist, sondern der lehramtliche Ausleger darüber befindet, was Wahrheit des Textes, gegebenenfalls auch, was historisch wahr zu sein hat. Der verwegene Versuch des Exegeten, unter solchen Konditionen sich noch auf einen Streit um die Wahrheit der Schrift einzulassen, bedeutete dann, mit Don Quichotte den Kampf mit den Windmühlenflügeln zu wagen. Bleibt ihm dann nur noch als Trost die Empfehlung von Kardinal Ratzinger, eine solche Situation des nicht aufhebbaren Dissenses als »Aufruf zu schweigendem und betendem Leiden in der Gewißheit« zu verstehen, »daß, wenn es wirklich um die Wahrheit geht, diese sich notwendig am Ende durchsetzt«. (Instruktion über die kirchliche Berufung des Theologen, Nr. 31) . Die Chance, die im rabbinischen Lehrhaus die in der Abstimmung siegreichen Gelehrten ihren unterlegenen Kollegen einräumten, bliebe ihm dann immer noch versagt. Diese bewahrten auch die verworfenen Meinungen auf, da sie nicht darüber entscheiden mochten, ob ihnen im messianischen Reich nicht doch noch Gültigkeit zugesprochen würde. Solches mag allerdings nur dort gelingen, wo man das Kommen des Messias noch ausstehend weiß, nicht aber dort, wo man sich als Stellvertreter des bereits gekommenen Messias im Besitz der Wahrheit versteht. Besteht dann noch eine Chance für den armen Exegeten? Vielleicht sollte er mit der »List des Glaubens« (Mt 10,16) zu der ihm ja häufig vom Lehramt anempfohlenen Kindlichkeit zurückkehren. Möglicherweise käme es dann doch noch, wie es Andersen in seinem Märchen von des Kaisers neuen Kleidern schildert, zu einer Stunde der Wahrheit. Auch dort ist es die aus der Unbefangenheit eines kindlichen Gemüts kommende Feststellung: »Er hat ja nichts an«, die im Nu all die von den Hofschneidern angeblich in nächtelanger Arbeit mit viel Aufwand für den Kaiser gefertigten Gewänder als bloße Hirngespinste und Scheinprodukte entlarvt. Freilich – solches pflegt nur im Märchen zu geschehen.

Ecclesia reformanda
Aspekte des Amtsverständnisses zur Zeit des Konziliarismus und des Konzils von Trient

Josef Wohlmuth

Ob die hohen Ideale des geistlichen Amtes in einer hierarchisch strukturierten Kirche nicht notwendigerweise zur Zerstörung oder Verkrüppelung des Individuums führen, ist ohne Zweifel eine hermeneutische Frage, die Aufmerksamkeit verdient, wenn man sich an Zeiten der Reform heranzutasten versucht. Vor allem in Zeiten der Reform entsteht nämlich das Problem, ob es zwischen begründeten Eigeninteressen der Individuen und den hohen Idealen der kirchlichen Glaubensgemeinschaft überhaupt eine Balance gibt. Was geschieht beispielsweise, wenn eine ganze Führungsschicht aus den Fugen gerät und deshalb der Ruf nach Reform an Haupt und Gliedern nicht mehr verstummen will? Gibt es eine Reform, in der der einzelne Mitverantwortliche respektiert werden kann, ohne daß Ideale verraten werden? Solche und ähnliche Fragen drängen sich auf, wenn ich mich der Aufgabe stelle, einen Einblick in das Amtsverständnis der beiden Jahrhunderte zu geben, die man mit guten Gründen als Zeit der Reform an Haupt und Gliedern ansehen darf, einer Reform, die immer wieder neu gefordert, dann beschlossen, dann verschleppt und schließlich erneut – und nun um den Preis der Einheit der westlichen Christenheit – gefordert und durchgesetzt wurde.

Das Amtsverständnis auf dem Höhepunkt des Konziliarismus

»Der Ruf nach Reform ist kein Spezifikum des späten Mittelalters, sondern, wie immer wieder gesagt wird, so alt wie die Kirche selbst (Haller). Zu allen Zeiten hat man das Auseinanderklaffen von idealer Norm und defizienter Wirklichkeit bitter empfunden. Reform wurde daher meistens als re-formatio, als Wiederherstellung eines früheren, für besser gehaltenen Zustands der Kirche und ihrer Glieder, oft einer idealisierten ecclesia primitiva verstanden.«[1]

Mit diesen Sätzen leitet der Kölner Historiker Johannes Helmrath in seiner Dissertation über das Basler Konzil das Kapitel »Kirchenreform und Basler Konzil« ein. Vielleicht ist es noch nicht hinreichend bekannt, daß wir die Entstehung des Traktats »Ekklesiologie« einer Zeit verdanken, in welcher der Ruf nach Reform der Kirche an Haupt und Gliedern schon mehr als hundert Jahre vor Luther in radikalen Reformbewegungen laut wurde und auch die Kritik der kirchlichen Führung betraf. Gravierende Fehlentwicklungen in der höchsten Führungsschicht der Kirche (Papstschismen) und die Unfähigkeit des Klerus, zur Überwindung sozialer Spannungen durch evangeliumsgemäßere Lebensformen beizutragen, waren maßgeblich daran schuld. Der Ruf nach Erneuerung an »Haupt und Gliedern« (reformatio in capite et in membris) betraf deshalb auch den Klerus in seiner verschiedenen Ausprägung der Ämter. Weil mit der Klerusreform die Kirchenreform (und mit der Kirchenreform die Klerusreform) zusammenhing, war die »Amtsfrage« in beiden Jahrhunderten keine bloße Frage orthodoxer Lehre, sondern immer auch der evangeliumsgemäßeren Lebensformen und Amtspraxis. Bestimmte dogmatische Positionen im Amtsverständnis wurden nämlich danach befragt, ob sie Reform verhinderten, ermöglichten oder sogar einforderten.

Als zu Beginn des 15. Jahrhunderts der Ruf nach Reform an Haupt und Gliedern besonders in den böhmischen Landen laut wurde, verband sich damit die Forderung nach Rückkehr zu urchristlichen Verhältnissen und nach einer Kirche der Armen und stellte deshalb auch die bestehende Hierarchie der Kirche in Frage. Der Wortführer der böhmischen Reformbewegung, Jan Hus, berief sich seinerseits auf John Wyclif (†1384). Beide stellten das kirchliche Amt in der überkommenen Form in Frage, weil nach ihrer Überzeugung das kirchliche System angesichts der ökonomischen Situation des Klerus ohne radikale Infragestellung nicht reformfähig war. Dabei führten ihr Armutsideal und die Forderung nach ethischer Heiligkeit des Klerus zwar zu einer Entkoppelung von Amt und Person (so daß z.B eine bloße Berufung auf das Amt für die Spendung der Sakramente nicht genügte), aber die radikale Forderung nach Reform implizierte zugleich eine umso radikalere Inpflichtnahme derer, die in der Kirche der Prädestinierten (wie Hus die Kirche mit Vorliebe verstand) das Evangelium verkündigen sollten, weil dies ohne persönliche Heiligkeit nicht möglich sei. Der Magister von Böhmen wollte den Dienst unter den Armen seines Volkes dadurch gewährleisten, daß der Klerus auf alle Privilegien verzichtete.

Die Entstehung der Reformbewegungen von unten hingen um die Zeit der großen Reformkonzilien von Konstanz (1414-18) und Basel (1431-49) mit der Erfahrung der Spaltung der westlichen Christenheit durch die Papstschismen zusammen, zu deren Überwindung nach Meinung führender Theologen nur noch das Konzil einen Ausweg darstellte. Das Konzil von Konstanz beendete tatsächlich das große Schisma und begründete sein Vorgehen gegen die drei regierenden Päpste mit der konziliaren Gewalt, wonach ein Konzil kraft seiner Christusunmittelbarkeit berechtigt sei, auch vom höchsten Würdenträger Gehorsam einzufordern. In der Ämterlehre von Wyclif (und Hus) hingegen sah das Konzil von Konstanz ein Wiederaufleben bereits verurteilter (donatistischer) Lehren und verwarf u.a. folgende Thesen von Jan Hus: Schlecht lebende Priester besudeln die priesterliche Gewalt; kein Amtsträger, der in schwerer Sünde lebt, kann sein Amt ausüben; ein schlechter Papst ist wie Judas ein Teufel. (Vgl. COD 429-31)

Zunächst schien es so, als sei die Böhmenfrage mit der Verurteilung von Hus (und Hieronymus von Prag) auf dem Konzil von Konstanz endgültig gelöst worden. Aber die dem Konzil folgenden kriegerischen Auseinandersetzungen machten es notwendig, sich der Böhmenfrage erneut und ohne Waffengewalt zuzuwenden. Die neuere Forschung über das Konzil von Basel hat gezeigt, daß das in Basel wieder aufgenommene Gespräch mit den Böhmen zur Ausbildung einer Ekklesiologie beitrug, die sich der böhmischen Herausforderung viel entschiedener stellte als die Theologie von Konstanz[2]. Dies betraf auch die Amtsfrage. Rokycana, der Sprecher der Böhmen, hatte im Konzil die These vorgetragen, daß die Kirche eine Gemeinschaft der Heiligen, näherhin der gnadenhaft Prädestinierten sei. Nur unter einem radikal gnadentheologischen Ansatz könne es gelingen, die Kirche insgesamt und ihre Ämter zu reformieren. Für einen der führenden Basler Theologen, Johannes von Ragusa, der sich der Herausforderung der Böhmen stellte, war die Kirche zwar keine Gemeinschaft der Prädestinierten, wohl aber eine Glaubensgemeinschaft, die aus der Gnade Jesu Christi lebt und somit zur Heiligkeit berufen sei, so daß sie in ihren Amtsträgern sehr wohl Zeichen des Heiles in der Welt zu sein habe (»ad procurandam iustificationem [in se et] in aliis«)[3]. Gnade und Institution dürfen nach Ragusa einander gerade nicht ausschließen. Aber eine Amtsausübung, die sich aus einem herrschaftlichen Gegenüber zur Kirche als Gemeinschaft der Glaubenden begründete, wäre ekklesiologisch nicht vertretbar. Daß das Fundament dieser Glaubensgemeinschaft nicht in der Kirche selbst zu sehen sei, sondern in Jesus Christus, stand für Johannes von Ragusa außer Zweifel.

Da es auf den beiden Konzilien von Konstanz und Basel vor allem um eine Begründung der Oberhoheit des Universalkonzils ging, wurde die Amtsfrage verständlicherweise besonders bezüglich der Verhältnisbestimmung von päpstlichem Primat und Universalkonzil durchgefochten. Schon das Konzil von Konstanz hatte in der berühmten Sessio V von 1415 von der Christusunmittelbarkeit[4] gesprochen, auf der die

Gewalt des Universalkonzils als kirchlicher Höchstinstanz beruht. (COD 409f.)[5] Damit standen Verfassungsprobleme zur Debatte, die aber auch für das Verständnis des Amtes wichtige Implikationen hatten. Im Kontext der konziliaristischen Grundüberzeugung, daß ein versammeltes Universalkonzil die höchste Instanz der Kirche darstelle, wurde auf dem Höhepunkt der konziliaren Bewegung von maßgeblichen Konziliaristen des Konzils von Basel (Johannes von Ragusa, Johannes von Segovia, Panormitanus u.a.) herausgearbeitet, daß der Papst nur ein Dienstamt (»caput ministeriale«, »primus minister«) innehabe, dessen Autorität nicht auf souveräner Herrschaft beruhe, vielmehr der universalen Kirche verpflichtet sei[6]. Damit war die Grundthese der beiden Konzilien verbunden, daß das Universalkonzil die universale Kirche »vergegenwärtige« (repraesentare), so daß ein solches Konzil – zumindest im Streitfall – eine Autorität beanspruchen könne, der sich jeder einzelne in der Kirche, sei er auch Papst, zu fügen habe. Indem dabei konziliare und päpstliche Kompetenz in die universale Kirche als Gemeinschaft der Glaubenden zurückgebunden wird, könnte man von einer *fundamentalekklesiologisch orientierten, christologisch (Konstanz) und pneumatologisch (Basel) begründeten Ämtertheologie* sprechen. Nicht von ungefähr waren die Universalkonzilien des 15. Jahrhunderts keine reinen Bischofskonzilien, sondern stellten sich der Idealforderung, alle »Stände der Kirche« (status ecclesiae) zu versammeln. Ausdrücklich wurden in den Konzilsdebatten Vergleiche mit demokratisch organisierten Gemeinwesen angestellt (wie etwa die italienischen Stadtstaaten), um zu zeigen, daß die Kirche aus ihrer genuinen Tradition heraus alles andere darstelle als ein absolutistisches System. Dagegen gab es freilich schon in Basel auch Gegenstimmen[7], und was die Vorstellungen des 16. Jahrhunderts betrifft, hat man den Eindruck, man befinde sich politisch in einer anderen Welt[8]. Man kann sich heute fragen, ob es in Konstanz konsequent war, die harten Angriffe Wyclifs und Hus' gegen das Papsttum aus dogmatischen Gründen zu verurteilen, nicht aber einzugestehen, daß die konziliaristische Lehre von der Oberhoheit des Konzils schon eine Papstkritik einschloß, die man schließlich durch die Papstabsetzungen noch überbot.

Was die Reform an Haupt und Gliedern, d.h. zumal der »ministerialen Dienste« in der Kirche, angeht, übernahmen die beiden Konzilien von Konstanz und Basel den böhmischen Reformradikalismus nicht. Aber sie wollten auch keinen Zweifel aufkommen lassen, daß die notwendige Reform der kirchlichen Ämter einschließlich ihrer Lebensformen nur zustandekommen konnte, wenn der Wille zur Erneuerung die Betroffenen selbst beseelte, d.h. wenn sich die Besserung des Lebens und die Überwindung von Mißständen mit charismatischem Aufbruch paarte, wie bezeichnenderweise Johannes von Segovia meinte. Er, der große

Historiograph des Basler Konzils, der zeitlebens ein überzeugter Konziliarist blieb, forderte von einer echten Kirchenreform die Besserung der Lebensformen (correctio morum), die Ausrottung des Bösen (extirpatio viciorum), einen Fortschritt in der Heiligkeit (sanctarum profectus virtutum) und ein Wachstum der Geistesgaben (carismatum incrementum)[9]. Nach Johannes von Segovia erschöpfte sich also die Reform der Kirche nicht in einer »Verwaltungsreform«. Aber Ideale der Reform durften auch nicht herbeigezwungen werden. Sie müssen sich vielmehr als Gabe des Geistes den Reformwilligen nahelegen. Von Johannes von Segovia her, der ein feines Gespür für soziale Zusammenhänge und hierarchische Abhängigkeiten hatte[10], könnte man sagen, echte Kirchen- und Ämterreform erweise sich als Durchbruch von sozial eingespielten, ökonomisch bedingten und machtförmig abgesicherten Lebensformen zu neuen, der Kirche entsprechenderen Lebensformen.
Psychologisch könnte man vielleicht von einem Übergang vom Über-Ich zum Ideal-Ich sprechen[11]. Ein solcher Übergang aber verlangt den Kairos, in dem die Reformpostulate einiger weniger in eine Reformwilligkeit aller Betroffenen münden, so daß in einem Klima der Gewaltlosigkeit die ganze Gemeinschaft der Glaubenden evangeliumsentsprechender zu leben versucht. Reformen werden zu schädlichen Eingriffen, wenn sie gewaltsam durchgesetzt werden. Sie scheitern aber auch, wenn sich die Reformbedürftigen nicht ändern wollen oder aus ökonomischen, sozialen und psychischen Gründen nicht ändern können. Bei aller Reformmystik und trotz aller fundamentalekklesiologischen Ämterbegründung war sich gerade Johannes von Segovia bewußt, wie oft die Reformarbeit in Basel verschleppt wurde, weil sich die verschiedenen Interessengruppen gegenseitig paralysierten und weil mit einer bloß beschlossenen kirchlichen »Steuerreform« (vgl. Abschaffung der Annaten, Verbot der Simonie) noch längst nicht alle Probleme gelöst waren[12]. Aber im Gegensatz zu Johannes von Segovia glaubten zur Zeit der Reformkonzilien viele »an die Reform auf dem Verwaltungswege« (Helmrath 341), ja an eine gewisse »Automatik guter Gesetze«[13].
So sympathisch also auf uns heute das Konzept fundamentalekklesiologischer Ämterbegründung wirkt, so ernüchternd erscheinen uns die Konzilien von Konstanz und Basel – trotz erstaunlicher Bemühungen – bezüglich der Reform der Ämter auf den verschiedenen Ebenen der kirchlichen Hierarchie. Man hätte aus der fundamentalekklesiologischen Einsicht für eine echte Reform der Ämter Konsequenzen ziehen müssen, die auch die ökonomische Seite der Kirchenorganisation betroffen hätten (so daß auch die bislang Bevorteilten auf ihre Privilegien verzichten hätten müssen). Gerade dies aber glich eher der Quadratur des Kreises. Die konziliaristische Theorie schloß zwar die These von der universalkirchlichen Einbindung aller kirchlichen Dienste ein,

wirkte sich aber nicht entsprechend auf deren Reform (bis hin zu den Gemeindeämtern) aus. So kam es, daß z.B. in Sessio XX des Konzils von Basel ein Beschluß gegen das Konkubinat gefaßt wurde. Statt die Reform aber theologisch zu begründen, beließ man es bei moralischen Appellen und bei der Androhung von harter Strafe. (COD 485-87) Ein Zeichen der Ohnmacht des Konzils[14]?

Dennoch darf man in der Sicht der neueren Forschung nicht nur die Überwindung des Papstschismas und die Erklärung von der Oberhoheit des Konzils als Erfolg des Konziliarismus ansehen, sondern man muß auch dessen Reformansätze entsprechend würdigen[15]. So zeitigte beispielsweise der Beschluß der Sessio XV von Basel über das kirchliche Synodalwesen immerhin eine erstaunliche Wirkungsgeschichte, die auch in das 16. Jahrhundert hineinreichte und von der Reformation ebenso rezipiert werden konnte wie vom Konzil von Trient. Dennoch sollte es nicht gelingen, die Privilegienstruktur des Klerus abzubauen, so daß man an der Schwelle zur Reformation des 16. Jahrhunderts rückschauend den Eindruck hatte, nach den Reformkonzilien sei alles »ymmer erger worden«[16]. Das Scheitern der konziliaren Bewegung, das Wiedererstarken der päpstlichen Zentralgewalt und der Einzug von Renaissance und Humanismus in Rom führten eine Traditionslinie zum Sieg, die auch zur Zeit des Konziliarismus nicht wirklich argumentativ überwunden werden konnte. Dies könnte etwa ein Blick auf das Konzil von Ferrara-Florenz zeigen, das der päpstlichen Traditionslinie zum Durchbruch verhelfen sollte[17].

Rückblickend läßt sich m.E. sagen, die Bemühungen um die Reform der Ämter sei im 15. Jahrhundert eingebettet in die Anstrengungen um die Reform der gesamten Kirche. Dabei standen ohne Zweifel Ideale zur Debatte, die zunächst auf ein Soziogramm verweisen, hinter dem auch ein Psychogramm stehen mag. Jedenfalls ging es im Konziliarismus nicht um ein Konzept, als sei die Reform einfach von oben nach unten zu dekretieren oder als habe das Reformideal nicht auch mit einer charismatisch ermöglichten und deshalb frei bejahten Subjektgestalt des Glaubens zu tun. Andererseits hatte die Reformunwilligkeit ebenfalls mit der Nicht-Manipulierbarkeit der Subjekte zu tun. Aber auch dies muß zugegeben werden: Angesichts der Scheiterhaufen von Konstanz und Basel kommt man nicht um das Eingeständnis herum, daß der Konziliarismus auch intolerant sein konnte[18].

Das Amtsverständnis auf dem Konzil von Trient

In der weiteren Darstellung wird sich zeigen, daß fast alle gravierenden Probleme der Reformation des 16. Jahrhunderts aus der Nichtbewältigung der Reform der ersten Hälfte des 15. Jahrhunderts hervorgegangen sind, und wieder wird es so sein, daß das Amtsverständnis engstens mit den Fragen der Kirchenreform zusammenhängt. So wird es auch auf dem Konzil von Trient sein.

Reformatorischer Einspruch

Mit Entschiedenheit bestritt Luther (auf den ich mich hier bechränke) in der Reformschrift über die Babylonische Gefangenschaft der Kirche die Sakramentalität des Ordo, weil die Kirche nicht das Recht habe, neue Verheißungen der Gnade zu errichten (novas promissiones gratiae divinas statuere). Die Kirche ist aus dem Wort der Verheißung durch den Glauben geboren. Das Wort stehe deshalb über der Kirche. Daraus folgt nach Luther, daß das kirchliche Amt zuerst und zuletzt Verkündigungsdienst ist, der auf der Tatsache beruht, daß alle Getauften in gleicher Weise Priester sind, so daß es in der Kirche keine geistliche Herrschaft geben darf, sondern nur Dienst, der im Einverständnis mit den übrigen Gläubigen wohl von einigen für andere getan werden kann[19]. Nur wenn der Zusammenhang von Opferpriestertum und Verkündigung gelöst und das Amt auf der Basis des gemeinsamen Priestertums aller Getauften vom Verkündigungsdienst her neu begründet wird, besteht nach Luther eine Aussicht, die Kirche aus der Babylonischen Gefangenschaft herauszuführen, d.h. sie evangeliumsgemäß zu erneuern. Beschränkt sich hingegen das Priestertum auf Chorgebet und Messe, ja schließt es den Predigtdienst geradezu aus, kann eine Kirchenreform nach Luther nicht zustandekommen. Weder die sakramentale Interpretation des Ordo noch die damit verbundene Lehre vom »unauslöschlichen Merkmal« (character indelebilis) können auf die Schrift zurückgeführt werden. Darüber hinaus sieht Luther in der Verweigerung der Kelchkommunion für alle ein Zeichen dafür, daß den Laien in der Kirche fundamentale Rechte genommen wurden. Dies sei Ausdruck einer Willkürherrschaft (tyrannicum)[20]. Das Amt aber müsse grundsätzlich ein pastoraler Dienst sein[21]. Wer dieser Verpflichtung nicht nachkomme, dürfe sich nicht Priester oder Bischof nennen. Ohne das Eingeständnis, daß die bisherigen Priester und Bischöfe ihrer ersten Verpflichtung tatsächlich nicht gerecht werden, gebe es keine Kirchenreform. (Vgl.252). Nach Luther ist es vor allem das Unwesen, daß sich der Papst als oberster Benefizienverteiler hergibt, was zur Korruption der Gnade geführt habe. (Vgl. 250f.)

Ich erinnere zunächst daran, daß nach dem oben Ausgeführten auch die Reformversuche des 15. Jahrhunderts einen Weg aus der Willkürherrschaft suchten. Man glaubte an die Reform, indem man das oberste kirchliche Amt konziliar und universalkirchlich einband und durch regelmäßige Abhaltung von Allgemeinen Konzilien und Synoden eine

Reform an Haupt und Gliedern zu erreichen versuchte. Auch das Besteuerungswesen wurde damals bereits kritisiert. Luther radikalisierte den fundamentalekklesiologischen Ansatz insofern, als er nicht mehr nur die Ämter an die Gesamtkiriche, sondern diese vor aller hierarchischen Differenzierung materialiter an das Wort der Verheißung und an den Glauben band und zur These kam, alle seien in gleicher Weise Priester (»aequaliter sacerdotes«). Das 15. Jh. hatte dem Universalkonzil Christusunmittelbarkeit zugesprochen und seine Oberhoheit theologisch damit begründet, daß der Glaube grundsätzlich eine kommunikative Dimension habe[22]. Luthers erneute Kritik an den letzten Konzilien, besonders des Konzils von Konstanz, brachte zum Ausdruck, daß das Vertrauen in die Reformfähigkeit seit dem Scheitern des Konzils von Basel gehörig erschüttert war. Gleichwohl wollte Luther nicht völlig auf ein Konzil verzichten, wenn es nämlich ein freies, allgemeines und auf deutschem Boden stattfindendes Reformkonzil wäre[23]. Bezüglich der kollegialen Rückgebundenheit des Verkündigungsdienstes verblieb die reformatorische Bewegung ohnehin – mit Basel und Trient[24] – bei der Tradition des Synodalwesens.
Die Wucht des reformatorischen Einspruchs Luthers (und der übrigen Reformatoren) zeigt m.E. erneut, daß man sich einem dominanten kirchlichen Über-Ich auch widersetzen konnte. Aber die geistlichen Würdenträger waren zu weltverhaftet, als daß sie sich deshalb von einem Mönch hätten aufschrecken lassen. Der Streit um die Reform bis hin zur Kirchenspaltung erweist neben der vorhandenen Macht der kirchlichen Hierarchie zugleich deren Ohnmacht.

Die Entscheidungen des Konzils von Trient

Mit den letzten Überlegungen habe ich schon weit vorausgegriffen. Ich möchte dies nun an einigen markanten Punkten der Trienter Konzilsdebatten[25] und der daraus hervorgehenden Ämterlehre und -reform aufzeigen[26]. Aus den bisherigen Überlegungen geht hervor, daß eine Studie zur tridentinischen Ämtertheologie unverantwortlich wäre, wenn sie die damit zusammenhängenden Reformfragen nicht mitbedenken würde. Schließlich hätte ja die überkommene Lehre von der sakramentalen Gestalt des Priestertums und dessen hierarchische Gliederung schon längst zu den einschneidenden Reformen im Raum der spätmittelalterlichen Kirche führen können. In Wirklichkeit sollten es die für die Praxis der Kirche frappierend einfache, jedoch nur schwer durchsetzbare Forderung der Residenzpflicht der Bischöfe (und Pfarrer) und die neuen Ausbildungsformen des künftigen Klerus sein, die eine langsame Reform einleiteten[27]. Ich beschränke mich in meiner Darstellung auf einige Aspekte der Trienter Debatten und Entscheidungen.

Glücklicherweise liegt aus der ersten Diskussionsrunde in Bologna (1547) über den Ordo[28] ein Originaltext des Jesuitentheologen Alphonsus Salmeron vor, der neben seiner eigenen Theologie zugleich ein Summarium der theologischen Bestandsaufnahme bietet[29]. In der Widerlegung reformatorischer Einsprüche finden sich hier deutliche Spuren der zeitgenössischen Theologie von damals. So war es beispielsweise bezüglich der Sakramentalität der Priesterweihe für die tridentinischen Theologen der ersten Konzilsperiode eindeutig, daß die priesterliche Gewalt primär in der eucharistischen Wandlungs- und in der Lossprechungsgewalt zu sehen sei. (151) Salmeron hielt an der Einheit des Sakraments des Ordo trotz der insgesamt sieben Stufen fest. So verstehe man unter »ordo« gar nichts anderes als die Gewalt (potestas), die jemandem zukommt, der in einen der sieben Grade, die in sich eine »Ordnung« darstellen und zugleich Über- und Unterordnung bedeuten, hineingestellt wird[30]. Bezüglich der Unterscheidung der Sakramentalität von Presbyterat und Episkopat wird eine Kontroverse verzeichnet, die sich wie ein roter Faden durch alle Konzilsdebatten hindurchziehen sollte. Diejenigen, die mit der patristischen Tradition die Unterscheidung zwischen den beiden Stufen für eine kirchliche Entwicklung ansahen und (mit Thomas v.A. u.a.) die Sakramentalität mit der Eucharistiegewalt in Verbindung brachten, plädierten für die Einheit des Sakramentes. (159)[31] Die jurisdiktionelle Betrachtungsweise der beiden Stufen setzte hingegen eher auf Über- und Unterordnung.
In der Auseinandersetzung mit Luthers These, es gehe im Priestertum nur um ein Amt (officium), das u.U. auch zeitlich begrenzt sein könne, wurde argumentiert, es sei Kennzeichen aller weltlichen Ämter und auch der kirchlichen Ämter, die bloß auf Jurisdiktion beruhen, daß sie zeitlich begrenzt sind und zugleich das Verhältnis Herr-Knecht voraussetzen. Wenn aber das priesterliche Amt eucharistisch begründet wird und durch ein »unauslöschliches Merkmal« keiner Verfügungsgewalt unterliegt, dann unterscheide es sich auch von allen anderen Formen von weltlicher oder geistlicher Herrschaft. (164f.) Was die Begründung des päpstlichen Amtes betrifft, kam Salmeron (und sein Bericht) in trinitarischem Kontext dahin, den Papst als den »höchsten Hierarchen« (summus hierarcha) anzusehen, von dem – als dem »Stellvertreter Christi« (vicarius Christi) – alle Gewalt hierarchisch gestuft abgeleitet werden müsse. Die »Fülle« der Gewalt sei zwar im Haupt Jesus Christus, dann aber in seinem Stellvertreter, so daß ihm die Bestellung der Bischöfe zukomme. So unterscheide sich letztlich eine kirchliche von weltlicher Ämterbegründung dadurch, daß die weltliche Höchstgewalt im Gemeinwesen selbst liege (penes communitatem), die sie dann in aller Freiheit ihren »Ministern« übertragen könnten[32]. Solche Über-

tragung sei aber in der Kirche schwer vorstellbar. Über Wahlverfahren wußten die Theologen des 16. Jahrhunderts zwar über die Quellen bestens Bescheid; sie konnten sich auch ein gestuftes Mitwirkungsrecht vorstellen. Aber man forderte, es müsse letztlich immer vom Papst kontrolliert werden. (171-78) Ein Mitwirkungsrecht der Laien sei vielfach ausgeschlossen worden. Es könne jedenfalls nicht als göttliches Recht beansprucht werden, es sei denn, es werde ihnen von den »Hirten« (pastores) zugestanden, weil ja schließlich der Fuß nicht die Aufgaben des Kopfes übernehmen könne. (179)[33]

In diesen Überlegungen hält sich also eine Unterscheidung zwischen Priester- und Hirtesein durch, die auch gegen die Forderung Luthers, das Amt sei zuerst Predigtamt und nicht Opfergewalt, angeführt werden sollte: Weihe- und Jurisdiktionsgewalt seien voneinander zu unterscheiden. Die Predigt aber gehöre nicht zur Weihegewalt, sondern sei Aufgabe der Hirten und hänge deshalb mit der Jurisdiktion zusammen. Der Bischof müsse nicht notwendigerweise auch der Lehrer des Glaubens sein. (181) Das Predigeramt könne auch anderen überlassen werden, die es besser können (als die Bischöfe). (184)[34]

Eine weitere Herausforderung der Reformation betraf die Theologie des »allgemeinen Priestertums«, das allen Getauften zukomme (omnes ex aequo esse sacerdotes). Hier argumentiert der Text zunächst mit vielen Traditionszeugnissen, daß eine Religion ohne sichtbares Priestertum (und Opfer) allen anderen Religionen, auch der alttestamentlichen, unterlegen wäre. Was jedoch die rationale Seite angehe, so sei die Kirche nach Hld 6,3 eine »furchterregende Schlacht- und Lagerordnung« (terribilis ut castrorum acies ordinata). Ohne ein von allen unterschiedenes Priestertum würde statt Ordnung Chaos in der Kirche herrschen. Denn die Ordnung bestehe in einer gewissen Gleichheit der Ungleichheit (cum ordo in pari quadam disparitate consistat)[35]. In Auseinandersetzung mit den reformatorischen Einwänden mußte Salmeron aber zuletzt zugeben, daß es im Grunde nur ein einziges Priestertum gebe, nämlich das Jesu Christi und somit auch nur ein einziges Opfer, nämlich das seiner Hingabe am Kreuz. Somit werde aber alles andere Priestertum im wahrsten Sinn des Wortes sekundär. Aber dann gelte es noch einmal zu unterscheiden: *Einige* seien in der Teilnahme an Jesu Priestertum »äußere Priester« (sacerdotes externi), *alle* hingegen nähmen teil am »inneren Priestertum« (sacerdotium internum), sie seien »Geistliche« (spirituales). Daraus sei zu folgern: Das »äußere Priestertum« ist für sich betrachtet geringer als das »innere Priestertum« aller Gläubigen. Das innere Priestertum bestehe nämlich durch den Mitvollzug des einen Opfers letztlich in der Liebe. Das äußere Priestertum sei zwar eine Gnade für andere, könne aber zugleich der Sünde anheimfallen. Die Liebe, in der sich das gemeinsame Priestertum

vollzieht, schließe aber als solche die Sünde aus. Die Kategorien von mehr und weniger taugten deshalb hier nicht zur Unterscheidung.[36]
An diesem Punkt erreichte Salmeron mit der Theologie seiner Zeit ohne Zweifel ein beachtliches Niveau. Aber auf dieser Höhe äußerten sich in den Debatten der folgenden Konzilsperioden durchaus nicht alle Konzilsteilnehmer. So führte etwa in der zweiten Periode ein Franziskanertheologe (Bernerius), der ästhetisch die Schönheit der Kirche in ihrer »Ordnung« (ordo) pries[37], zum allgemeinen Priestertum im Anschluß an 1 Petr 2,9 aus: Wenn nach Petrus alle Christen Priester wären, dann wären es auch die Frauen. Die Behauptung aber, daß alle getauften Frauen Priester(innen) sind, sei falsch und häretisch. Denn zum Priestertum gehöre die Gewalt der Sündenvergebung, die Wandlungs- und Opfergewalt und die Spendung der Kommunion und der (übrigen) Sakramente. Die getauften Frauen hätten diese Fähigkeit vergeblich empfangen, weil bisher noch keine Frau diese Gewalt als Priester(in) ausgeübt habe. Was würde aber das Priestertum einer christlichen Frau bedeuten, wenn es de facto nie zur Ausübung gekommen sei bzw. kommen könne? Warum sollte umgekehrt eine christliche Frau voll des Glaubens und der Heiligkeit nicht das Priestertum ausüben, wenn es ihr in der Taufe schon gegeben sei? Wenn gesagt werde, eine Frau habe sehr wohl am Priestertum teil, nur ein Magistrat weigere sich, sie zum Amt zuzulassen, dann müsse geantwortet werden, es gäbe überhaupt keinen Grund, eine christliche Frau nicht zum Priestertum zuzulassen, wenn sie es durch die Taufe immer schon hätte. Wurden aber die Frauen, so fragt der Autor nun mit Berufung auf Epiphanius, nicht bereits von Christus und den Aposteln für das Priestertum untauglich erfunden? Also könnten Frauen als Getaufte am Priestertum gar nicht Anteil haben. Also könnten auch nicht alle Christen in gleicher Weise Priester genannt werden[38].
Ein Augustinertheologe sprach im Dezember 1551 einmal von der Kirche als »monarchia«, wenn sie auch nicht eine Herrschaft mit List oder tyrannischem Gehabe wie in heidnischen Gemeinwesen sei. Daß es in dieser »Monarchie« kein allgemeines Priestertum geben könne, folgerte er aus der Tatsache, daß die Frauen daran nicht teilhaben könnten. Schon Paulus habe ihnen in der Kirche das Schweigen auferlegt[39]. Noch entschiedener trat für die Ablehnung des allgemeinen Priestertums ein Dominikanertheologe der zweiten Periode ein: Paulus habe den Frauen schon in den Privathäusern die Herrschaft (dominationem) untersagt. Wie könnten sie dann erst an einem gemeinsamen Priestertum in der Gemeinde teilhaben! Auch im Alten Bund seien schon nicht alle Priester gewesen. Also sei dies im Neuen Bund umso weniger möglich. Im übrigen würde die Abschaffung des Priestertums über kurz oder lang zur Abschaffung des menschlichen Gemeinwesens und aller Herrschaft überhaupt führen. Die bereits entbrannten Kriege

seien dafür ein deutliches Indiz[40]. Ebenfalls in der zweiten Konzilsperiode stellte ein Franziskanertheologe (Ioannes Tertius) bezüglich Erlösung und Gnade Männer und Frauen zwar auf gleiche Stufe, aber für Kirche und Staat und deren »Ordnung« bestehe ein Unterschied. Es gereiche Staat und Kirche zur Zierde, wenn es Unter- und Überordnung gebe (ut pro decore politiae et ecclesiae sint superiores et inferiores)[41]. An solchen und ähnlichen Äußerungen kann man am ehesten sehen, wie sich die politische Einstellung seit den Zeiten des Konziliarismus geändert hat. Dann hat aber auch eine fundamentalekklesiologische Ämterbegründung keine Chance mehr[42]. In ausdrücklicher Auseinandersetzung mit der These, daß die Gewalt der Ordination bei der Gesamtkirche liege, führte ein anderer Franziskanertheologe (Ioannes Poenoris) 1551 aus, daß diese Gewalt der Ordination beim obersten Pontifex von Rom und bei denen liege, denen diese Gewalt mitgeteilt wurde[43]. Während die Konziliaristen das päpstliche Amt fundamentalekklesiologisch als »Premierministeramt« interpretierten, erscheint der Papst jetzt (wieder) als »supremus pontifex«, dem alle Gewalt zukomme und von dem alle übrige kirchliche Gewalt abgeleitet werden könne. Aber auch dort, wo vom Papst (und jedem Amtsträger) als »bloßem Diener« (nudus minister) gesprochen wurde, wird nicht mehr auf die konziliaristische Ekklesiologie des 15. Jahrhunderts zurückgegriffen[44]. Auf die fundamentalekklesiologische Sicht der Kirche als Gemeinschaft der Glaubenden folgte ein Kirchenmodell, das sich schon als Gegenbild des monarchischen und bald absolutistischen Staates zu formieren begann. Es muß aber – fast im Widerspruch dazu – hinzugefügt werden, daß es in den Verhandlungen der dritten Periode immerhin noch eine starke spanische (und französische) Opposition gab, die alles zu verhindern suchte, was einem Widerruf der konziliaristischen Grundposition gleichgekommen wäre. Aber das Bild einer Kirche, die sich als »acies ordinata« verstand, rückte immer mehr in den Vordergrund[45]. Indem sie als »Ordnungsgefüge« zugleich das längst untergegangene frühjüdische Priestertum in vollendeter Gestalt weiterführen wollte, begriff sie sich als Vollendungsgestalt des Alten Bundes[46].

Während sich die Debatten der ersten beiden Perioden mehr mit dem priesterlichen Amt im engeren Sinn, d.h. mit dessen Unterschiedenheit vom Priestertum aller Getauften und dessen Bezogenheit auf das Meßopfer befaßte, rückte in der dritten Periode immer mehr das Bischofsamt, dessen Begründung und zugleich Unterscheidung vom priesterlichen Amt und vor allem dessen Eigenständigkeit gegenüber der päpstlichen Zentralgewalt in den Mittelpunkt des Interesses. Es kam zu einer unerhörten Zerreißprobe des Konzils[47]. Ein Scheitern konnte zuletzt nur dadurch verhindert werden, daß die entscheidenden Probleme ausgeklammert wurden. Eine Einigung auf dem Weg des Kompromisses kam

erst nach monatelangem Ringen in der Sessio XXIII am 15. Juli 1563 zustande. Das Reformdekret über die Residenzpflicht, das ebenfalls in der Sessio XXIII verabschiedet wurde, hatte eine ähnlich spannende Debatte[48]. Immer mehr verschob sich die konziliare Meinungsbildung auf das Problem, ob das bischöfliche Amt als eigene Größe verstanden, sakramental »göttlichen Rechts« (de iure divino) begründet, pastoral auf die Erfüllung der fundamentalen Pflichten festgelegt und schließlich in gewisser Eigenständigkeit vom Papsttum abgesetzt werden konnte. Da man davon überzeugt war, daß eine konziliare Entscheidung gerade nicht nach Gutdünken, sondern in Verantwortung vor der Kirche der Jahrhunderte zu treffen sei, und diese Entscheidung neben dem Wahrheitsanspruch zugleich auch die Reform sichern sollte, mußte es zu schwierigen Verhandlungen kommen. Nicht einmal die Beschlußtexte der Sessio XXIII können die Vielfalt der Positionen verbergen, wenngleich sie sich nach hartem Ringen auf einen gemeinsamen, jedoch kleinen Nenner einpendelten. Was wurde schließlich erreicht? H. Jedin, dessen Darstellung der letzten Verhandlungsrunde nach wie vor spannend zu lesen ist, faßt das Ergebnis des Lehrtextes so zusammen:
»Das Dekret über das Weihesakrament knüpfte an das Meßopferdekret an: Wie die Kirche ein sichtbares Opfer besitzt, so auch ein sichtbares und äußeres Priestertum, das von Christus eingesetzt ist, um das eucharistische Opfer zu feiern und das Bußsakrament zu verwalten (cap.1). Der entsprechende can. 1 weist die Auffassung zurück, das kirchliche Amt bestehe lediglich in der Verkündigung des Wortes; wer nicht predige, sei kein Priester. Der Aufstieg zum Priestertum geschieht in Stufen, den sogenannten niederen und den höheren Weihen; Diakonat und Priesterweihe sind in der Heiligen Schrift erwähnt (cap.2 und can. 2). Die Ordination ist ein Sakrament, kein bloßer Ritus (cap.3 und can.3), sie erteilt den Heiligen Geist (can. 4) und prägt, wie Taufe und Firmung, ein Merkmal (character) ein, das nicht zerstört oder genommen werden kann; das Konzil verurteilt die Ansicht, daß die neutestamentlichen Priester nur Vollmacht auf Zeit (temporariam tantummodo potestatem) besitzen (cap. 4). Das allgemeine Priestertum der Gläubigen schließt nicht das Vorhandensein einer kirchlichen Hierarchie aus, die von Gott angeordnet ist (divina ordinatione institutae can. 6), deren höchster Grad das Bischofsamt ist. Die Bischöfe sind den Priestern übergeordnet (can. 7) und besitzen Vollmachten, die den niederen Graden abgehen. Die Zustimmung des Volkes und der weltlichen Gewalten ist für die Gültigkeit der Ordination nicht erforderlich. Wenn jemand sagt, so schließt das Dekret mit can 8, daß die vom Papst erhobenen Bischöfe (qui auctoritate Romani Pontificis assumuntur) keine legitimen und wahren Bischöfe sind, sondern eine menschliche Erfindung, der sei im Bann.«[49]

Nimmt man das Residenzdekret sowie dessen Canon XVIII (Errichtung der Seminare) hinzu, so sind die dort gesetzten Ziele, wie Jedin bemerkt, nach heutigen Maßstäben zwar bescheiden, aber man wird nicht abstreiten können, daß mit der Hebung der Bildung und mit der geistlichen Formung des nachwachsenden Klerus doch entscheidende Weichen für die Zukunft gestellt wurden[50].
Es zeigt sich in den Trienter Reformdebatten ganz deutlich, daß sowohl das sakramental begründete Opferpriestertum der »Leutepriester« als auch das verweltlichte Bischofsamt den Problemen kirchlicher Gängelung weitgehend entzogen waren, sofern die finanzielle Basis der einfachen Priester durch genügend Altäre und der Bischöfe durch einträgliche Pfründen gesichert war. Die sakramentale Begründung und zugleich Einengung des priesterlichen Amtes auf das Opfer wirkte – psychologisch gesprochen – insofern entlastend, als die Wahrnehmung der Verkündigung, die ganz anders auf die Fähigkeiten der Amtsträger angewiesen gewesen wäre als etwa das »Lesen« der Messe, von wenigen Begabten wahrgenommen werden konnte. Aber ohne Zweifel bestand eine eigenartige Diskrepanz zwischen der erhabenen Lehre vom Ordo und dem äußerst mühsamen Versuch des Konzils, die Bischöfe wenigstens zum Verbleib in ihren Diözesen zu bewegen. Für den niederen Klerus bestimmte der Canon 16 des Reformdekrets, daß in Zukunft keiner mehr zum Priester geweiht werden dürfe, der nicht schon zuvor eine »Stelle« hatte. (COD 749f.) Neben besserer Ausbildung legte das Reformdekret Wert auf begründete Auswahl der Kandidaten. Der Zölibat blieb soviel wie undiskutiert. Im Reformdekret der Sessio XXIII heißt es lediglich, nur solche Kandidaten sollten als Subdiakone und Diakone »ordiniert« werden, die hoffen lassen, daß sie enthaltsam leben können. (Canon 13. Vgl. COD 749)[51]
Die Reform des Amtes im 16. Jh. stellte zuerst in den Kirchen der Reformation, dann aber auch in der katholischen Kirche ganz neue Anforderungen an die einzelnen Amtsträger. Die Schattenseiten der tridentinischen Ideale blieben nicht verborgen und wurden um die Zeit des Zweiten Vatikanums mit der Neuentdeckung der prophetischen Dimension des kirchlichen Amtes deutlich erkannt. M.E. ist heute erneut eine vertiefte fundamentalekklesiologische Begründung des kirchlichen Amtes geboten. Eine Reform der Reform müßte auf die Vielfalt der charismatischen Begabungen in der Kirche mehr Rücksicht nehmen. Da der Ruf nach einer Reform des Amtes seit dem Konzil nicht verstummt ist, könnte sie als Gebot und Geschenk der Stunde ergriffen werden. Die Leichtigkeit des Zustandekommens einer Verständigung in Fragen, die für die Kirche lebenswichtig sind, wurde schon im 15. Jh. als Geschenk der Geistesdynamik empfunden, ohne daß dadurch das theologische Bemühen gering geachtet wurde[52].

Kleriker-Streit aus evangelischer Sicht

Jürgen Jeziorowski

Zu einer kritisch-ökumenischen Solidarität

»Selbst ein halbes Jahrtausend nach Martin Luther wissen wir im römischen Katholizismus immer noch nicht, was Angst ist, das heißt, wir, die Kleriker im Amt, ersparen uns die Angst, die es kostet, ein Individuum zu sein, indem wir uns an Institutionen und scheinbar objektive Garantien göttlichen Heils klammern, als ob sie uns erlaubterweise oder gar verpflichtetermaßen von dem Lastgewicht der eigenen Existenz erleichtern könnten« (Kleriker, S. 149).

Es ist sicher kein Zufall, daß Theologen aus der lutherischen Tradition, den Querdenker aus Paderborn schon relativ früh entdeckt und wohlwollend beobachtet haben. Lange bevor es lauter und enger wurde um Eugen Drewermann haben zum Beispiel die »Lutherischen Monatshefte« unter der Perspektive Erlösung aus der Angst (LM Nr. 5/1988) ein theologisch präzises, strategisch überlegtes Interview geführt. Drewermann verdiente weit entfernt von publizistischem Lärm und von billiger Effekthascherei gezielt theologische Aufmerksamkeit. Wer sich auf das Wagnis einläßt, Theologie und moderne Tiefenpsychologie zueinanderzuführen, der braucht konstruktive Begleitung, geistigen Freiraum und auch kritische Solidarität. Der kirchenamtliche Aufschrei mit bewährten Lehr- und Leerformeln sollte sich viel Zeit lassen. Der emsige Transport von theologischen Richtigkeiten, die den Kontakt zum wirklichen Leben weitgehend verlassen haben, könnte im Interesse der Menschen unterbleiben. Beim Streit um Drewermann geht es um mehr. Hierarchisch autoritäre Belehrungen und die dazugehörigen Waffen aus der mitteralterlichen Kirche werden sich als stumpf und unpassend erweisen. Sie werden der hier gegebenen geistigen Herausforderung am Ende des 20. Jahrhunderts letztlich nicht gewachsen sein. Sie werden unter dem Vorwand, Schaden von Theologie und Kirche abzuwenden, den tieferen Schaden verschlimmern und vergrößern. Distanz zur Kirche, innere Emigration und auch der direkte Austritt werden wachsen.

Geht es hier nur um einen inner-katholischen Streit, aus dem sich Protestanten tunlichst heraushalten sollten? Es ist umgekehrt vielmehr ein Gebot der Fairneß und der Solidarität, katholische Protestanten nicht allein zu lassen. Es hat ohnehin mitunter den Anschein, als würden die braven Protestanten der reformatorischen Kirchen heute weniger protestieren und gefährlichere Auseinandersetzungen selbstlos kritischen Katholiken überlassen. Die Nachfahren Luthers wären schlecht beraten, wenn sie sich selbstgenügsam auf sich selbst zurückzögen und den Streit mit Mutter Kirche Kritikern wie Hans Küng, Leonardo Boff, Yves Congar, Edward Schillebeeckx und Eugen Drewermann überließen. Lange vor dem kontroversen Kleriker-Buch war eindeutig klar, daß gerade auch die protestantische Theologie lutherischer Prägung hier herausgefordert ist. Drewermann hatte schon lange für alle christlichen Traditionen gesprochen. Seine anspruchsvollen Bücher lassen sich nicht nebenbei zum Schnellverfahren querlesen, bewerten und würdigen. »Strukturen des Bösen« (drei Bände), »Psychoanalyse und Moraltheologie« (drei Bände), »Tiefenpsychologie und Exegese« (zwei Bände), »Das Markus-Evangelium« (zwei Bände) und »Kleriker« werden noch für längere Zeit für Herausforderung und Streit sorgen. Man müßte schon mit Dummheit oder mit Blindheit ausgestattet sein, um vom Schnellverfahren, von einem kurzen Prozeß zu träumen. Priester und Pastoren stellen heute zunehmend kritische Fragen an ihre eigene Berufswahl, an die kranken Anteile des eigenen biographischen Hintergrunds, an die Berufung zum kirchlichen Amt und an die krankmachende Institution Kirche. Im Protestantismus waren solche Fragen schon weitgehend vertraut. Sic kamen auch dort ungelegen. Doch dort kann man inzwischen leidlich damit umgehen. Im römisch-katholischen Bereich kamen diese Anfragen später und um so heftiger. Ein hierarchisch-autoritäres System tut sich noch immer mit restriktiven Disziplinarmaßnahmen wesentlich leichter als mit dem angstfreien Dialog. Die Bandbreite des Katholischen wird auffallend eng abgesteckt. Enge und Angst gehören zusammen.

Zu einer angstfreien Kirche

Die Kraft der wissenschaftlichen Lebensleistung eines Theologen des Jahrgangs 1940 im Hintergrund des unbequemen Kleriker-Buches möge nicht unterschätzt werden. Drewermann hat mit seinem neuesten Buch in fachlicher Akribie, in sympatischer, solidarischer Betroffenheit eine analytische und theologie-geschichtliche Bestandsaufnahme der römischen Priestertradition geboten, die weit über diese eine Teilkirche hinaus Beachtung fordert. Der zölibatäre Priester als das angeblich bewährte Güte- und Markenzeichen einer Teiltradition der Christenheit steht in einer fundamentalen Entzauberung, in einer nachweisbaren

Krise der Glaubwürdigkeit und in wachsender Funktionsunfähigkeit. Die moralischen und sexuellen Implikationen werden hierbei bewußt nicht als die primären Faktoren angesehen.
Drewermann weist mit treffenden theologischen und psychoanalytischen Argumenten nach, daß es so wie bisher in seiner Kirche nicht mehr weitergehen darf. Sigmund Freud und Carl Gustav Jung bieten dem Theologen das notwendige Handwerkszeug, um zu verbieten, den benannten Konflikt als kleine unbedeutende Provinzposse zwischen einem Privatdozenten und dem dazugehörigen Ortsbischof abzutun. Eine Weltkirche sollte sich nicht zu gut sein, auf Anfragen Drewermanns offen, gelassen und angstfrei mit Argumenten zu reagieren. Die hier offen gelegte Krise des Priestertums ist so ernst, daß der Rückzug in autoritären Fundamentalismus um der Menschen und um des Evangeliums willen keinen Ausweg bieten kann.
Mich hat dieses ehrliche, selbstkritische, unbequeme Buch aus der Nachbarkirche tief beeindruckt. Drewermanns Anfragen wirken so umfassend und radikal, daß jede Schadenfreude im Keim erstickt wird. Es gilt zu beachten, daß hier der Mutterkirche Martin Luthers fast 500 Jahre nach der Reformation erneut der Spiegel vorgehalten wird. Bei genauerem Hinsehen merkt man schnell, daß Drewermanns Anfragen weit über eine Konfession hinaus gemeint sind. Ich traue Drewermann zu, daß er gewußt hat, was er tat, welche Entrüstung und auch welche Befreiung sein Kleriker-Buch auslösen würde. Er zeigt ja sogar Verständnis für die kirchliche Angst vor der Psychoanalyse. Macht, Funktion und Anspruch des klerikalen Systems können in Gefahr geraten. Der eigene theologische Anspruch bleibt dabei von hohem Selbstbewußtsein bestimmt: »Die Psychoanalyse verleugnet nicht das Kreuz Christi, sie macht überhaupt erst deutlich, worin sein erlösender Wert liegt« (Kleriker, S. 674). Solche Sätze sollten die Drewermann-Kritiker genau lesen, bevor sie frei Haus den Beweis liefern, daß sie bei allem vorauseilenden Eifer dem hier notwendigen geistigen Streit kaum gewachsen sind.
So werden vielfach überlastete Priester Drewermanns Buch aufatmend zur Kenntnis nehmen. Sie werden den befreienden Traum von einer angstfreien, freundlichen Kirche des Evangeliums nahe am realexistierenden Menschen aufnehmen, den Traum von einer repressionsfreien Kirche befördern. Es geht um Befreiung und Vertrauen, die unter dem Evangelium für das Individuum erfahrbar werden. Die vertraute lutherische Frage nach dem gnädigen Gott wird neu im 20. Jahrhundert aufgenommen. Hat doch Luther zu seiner Zeit ohne das Handwerkszeug der modernen Tiefenpsychologie die Frage nach der Angst ebenfalls auf seine Weise gestellt: »Die Angst mich zu verzweifeln trieb, zur Höllen muß man sinken«; (Martin Luther, Evang.

Gesangbuch: 239,3). In einem anderen Lied (EKG 201,3) dichtete Luther: »Und wenn die Welt voll Teufel wär und wollt uns gar verschlingen, so fürchten wir uns nicht so sehr, es soll uns doch gelingen«. Für die Bilder von Teufeln und Dämonen setzt der moderne Theologe die Perspektive Angst. Nach Sigmund Freud wird dies zur einzig verstehbaren Interpretation. »Dem Teufel ich gefangen lag, mein Sünd mich quälte Nacht und Tag, darin ich war geboren. Ich fiel auch immer tiefer drein…« (Luther im EKG 239,2). Es wäre ein gefährlicher Weg, Drewermanns Kampf gegen die Angst zu verharmlosen, zu disqualifizieren als Verkürzung des Evangeliums. Auf der anderen Seite sollte gerade in den reformatorischen Kirchen über den Zusammenhang von Rechtfertigung und Angst neu nachgedacht werden. Die moderne Tiefenpsychologie könnte der Theologie helfen, die Frage nach dem gnädigen, bedingungslos liebenden Gott und nach dem gnädigen Nächsten zeitgerecht zu buchstabieren.

Wider das System zerstörerischer Angepaßtheit

Drewermann sieht die tragische Entwicklung der Reformation darin, daß der Augustinermönch aus Wittenberg in seinen Ängsten, Nöten und Depressionen von seiner Kirche unterschätzt, mißverstanden und verstoßen wurde. »Luthers Protest geriet, je länger desto mehr, zu einem wütenden Aufstand der Persönlichkeit, des Subjekts gegen den monolithisch starren Objektivismus der römischen Theologie, aber man sah nicht und sieht bis heute nicht, daß es die unpersönliche, gefühlskalte, subjektlose Form der Theologie selbst ist, die sich aufgrund ihrer eigenen Wiedersprüchlichkeit und Desintegriertheit immer wieder ihre Ketzer und Häretiker erschafft und erschaffen muß, indem ihre rationalistische Argumentationsweise sich weigert, persönliche Erfahrungen und menschliche Evidenzen als Argumentationsbasis anzuerkennen. Es war nicht möglich, dem Augustinermönch Luther zuzubilligen, daß die Angst, die er in sich fühlte, die Angst einer ganzen Zeit und eines ganzen Kontinents widerspiegelte; man war katholischerseits außerstande zu begreifen, daß die Infragestellungen des Daseins, von denen Luther sprach, durch keinerlei Gesetz oder Weisung beruhigt, sondern allenfalls vermehrt werden könnten. Es war unvermeidbar, daß Luthers Kritik an der Theologie seiner Zeit bald schon zu einer Kritik an den Klerikern der Kirche bzw. an dem Beamtenstatus des Klerikerseins geriet, doch es hat bis heute nicht den Anschein, als wenn man den eigentlichen Kern des protestantischen Protestes gegenüber der römischen Form des Christentums in der katholischen Kirche verstanden hätte« (Kleriker, S.148f.).

Wer wie Drewermann Kirche und Gemeinde aus eigener Arbeit genau kennt, erlebt die tiefe Krise des Priestertums deutlicher und um so schmerzhafter. Hier hat kein theologischer Schreibtischtäter aus der Distanz geschrieben. Die täglichen Messen, die Sonntagsgottesdienste und vor allem die vielen therapeutsichen Beichtgespräche untermauern das Urteil dieses nicht nur wissenschaftlich ausgewiesenen Analytikers. Sein Buch zeigt deutlich, wie das Podest für ein vielfach überfordertes, hochgestelltes Amt mit patriarchalischer Aura ins Wanken geraten ist. Die Krise des Zölibats erweist sich dabei nur als Teilaspekt einer umfassenderen Krise. Selbst die seriöse Gegenkritik wird es hierbei nicht gerade leicht haben.
Trotz Bestsellerliste, trotz Talkshows und vieler Interviews fehlt dem Kleriker-Buch alles Reißerische und Sensationelle. Hier unterscheidet sich Drewermann recht angenehm von kirchen-kritischer Literatur, die sich nahezu nur noch am Effekt und am Markt zu orientieren scheint. Man erfährt bei ihm viele historische und aktuelle Details einer kirchlichen Dienstregelung, die sich erst im 11. Jahrhundert für den westlichen Teil der Kirche hat durchsetzen lassen. Die Bewährung dieses Instituts hatte zustätzlich nach 500 Jahren die Erschütterungen der Reformation durchzustehen. Zur Zeit gerät diese Einrichtung der totalen Verfügbarkeit zusätzlich in einen harten Legitimationszwang, zumal die Sexualität inzwischen aufgehört hat, ausschließlich der Fortpflanzung und der Familiengründung zu dienen. Von weltweit rund 450.000 Priestern sollen in den letzten 25 Jahren etwa 80.000 geheiratet und damit ihr Amt verloren haben. Das Priester-Buch argumentiert an dieser wunden Stelle angenehm leise und werbend behutsam, um die Dienst- und Funktionsfähigkeit des kirchlichen Amtes neu zu befördern. Der Analytiker Drewermann bemüht sich dabei, den verheirateten Priester-Kollegen das kirchenamtlich gewollte schlechte Gewissen zu nehmen. Für ihn steht es außer Zweifel, daß die aufbrechende Liebe eines Menschen weit über einen Eid für eine Institution zu stehen hat. Der Bruch eines Gelübdes wird gerade als Form qualifizierten Ungehorsams verstanden. Erneut ergeben sich unausgesprochen erkennbare Parallelen zu Martin Luther.
Drewermann macht es sich bei seiner sympathischen Kirchenkritik nicht einfach. Wer auf Erfahrungen und Gefühle, Nöte und Ängste des real existierenden Menschen wirklich eingeht, dem bleiben alle schnellen, einfach theologischen Formeln mit ihren glatten dogmatischen Richtigkeiten verschlossen. Dabei mag es manche Härten in der Einzelanalyse eines Priesterlebens geben. Die Psychogenese mit all ihren frühkindlichen traumatischen Enthüllungen und die Entdeckung des frommen Geltungsbedürfnisses kann zu einer realistischen Sicht des Klerikers in der Gegenwart beitragen. Bei dieser Berufswahl haben

eben die Bindung an die Mutter, das Fehlen einer gesunden Beziehung zum Vater und auch die vielfach verdrängten Eheschwierigkeiten der Eltern ihren eigenen Platz. So werden schwache, zum Gehorsam begabte Personen ohne aufrechten Gang nicht erst unter den Regeln von Armut, Gehorsam und Ehelosigkeit geschaffen. Es gibt längst den vorauseilenden Gehorsam, psychische Grundbefindlichkeiten für den Dienst eines guten, angepaßten Priesters in diesem System zerstörerischer Angepaßtheit.
Neurotisierende Strukturen der Institution Kirche verderben zusätzlich dienstbereite und dienstfähige Menschen. Ausweglosigkeit zeigt sich gern in gesteigerter Arbeitswut, durch Flucht in geschwätzige Geschäftigkeit, in gestellter Fröhlichkeit, bei liturgischer Kleinkunst, in gesteigerter Liebe zu klerikalen Textilien und bis hin zur Verstellung der natürlichen Stimme. So existiert der Kleriker in selbst gewählter strukturreller Irrationalität. Von ihm erwartet man in der Regel wenig eigene Meinung, keine persönlichen Äußerungen, wenig eigenes Nachdenken. Viel Raum bleibt für angepaßte Meinungen, für devote Anpassung und für viele Spielarten des Fundamentalismus. Gefragt bleiben primär bedingungsloser Gehorsam und loyale Ergebenheit.

Tabuzonen des Systems offenlegen

Bei dem Stichwort Irrationalismus fallen Drewermanns Hinweise auf die vertraute Zurücksetzung der Frau in der römischen Kirche besonders auf. Eine Feinheit des Systems zeigt sich auch darin, daß man neuerdings ausgerechnet Frauen selbst diese Zurücksetzung und Verachtung vertreten und verteidigen läßt. Diese mehrfach gewollte internalisierte Unterdrückung der Frau hindert auch in dieser Konfession nicht, daß Frauen zu den Stützen des kirchlichen Systems an der Basis wurden. Die aus der Tradition vertraute konsequente Verdrängung der Frau aus dem Amt der Kirche wird als Anachronismus angesprochen. Auch dieses Tabu mußte Drewermann aufgreifen und angreifen. Bei seiner scharfen Kritik kam es nicht mehr darauf an, Teilaspekte eines kranken Systems zu schonen. Theologisch plausible Argumente gegen die Ordination der Frau zum Priesteramt scheint es in der Tat nicht zu geben. Das Kleriker-Buch hält so für Theologie und Kirchenrecht Beobachtungen parat, die bei vielen die Geduld- und Schmerzgrenze strapazieren werden. Man wünscht sich als betroffener Leser viel offene Diskussion und noch mehr angstfreien Dialog. Wenn man sich aus der reformatorischen Tradition an Dewermann annähert, dann fallen seine ethischen Klarstellungen besonders auf. Man folgt den erkennbaren ethischen Neuansätzen gern. In erfrischender, ungewohnter Offenheit zeigt dieser Prophet aus Paderborn, daß sich das Christentum nicht auf geordnete Sexualität reduzieren läßt. Es gibt in der Gegenwart ernste ethische Herausforderungen des globalen Überlebens, die über außerehelichen Geschlechtsverkehr, über zölibatäre Keuschheit, über künstliche Empfängnisverhütung und über Abtreibung hinausgehen. Große Gefahren für eine lebensfreundliche und lebensfähige Ethik lauern in der Überhöhung von ethischen Teilproblemen. Eine Ethik der Unwucht als Instrument der Unterdrückung von Menschen scheint sich mit der Freiheit, die das Evangelium meint, nicht zu vertragen. Offenheit und Konsequenz Drewermanns dürften auch hier ihre befreiende Wirkung nicht verfehlen. Für den schwierigen Beruf des Priesters und des Pastors sind diese ethischen Klarstellungen wichtig, weil ein Mensch immer nur so weit Wegbegleiter und Seelsorger sein kann, wie er selbst im eigenen Leben vorangekommen ist.

Reformatorische Kraft des Rufers in der Wüste

Viele evangelische und römisch-katholische Leser werden mit diesem umstrittenden Buch darin übereinstimmen, daß sie anerkennen, wie ehrlich und offen Tabuzonen eines Systems der Menschenführung angesprochen werden. Der Autor hat seiner Kirche als ein Mitleidender einen befreienden Dialog angeboten. Es spricht schon für die römische Kirche, daß in ihr so frei, so kritisch und so produktiv nachgedacht, ungestört analysiert und frei publiziert werden kann. So schlecht scheint es um Toleranz, Offenheit und Dialogfähigkeit gar nicht zu stehen. Imprimatur hin oder her – ein solches Buch erscheint auf einmal mit seinen 900 Seiten geballter Ladung auf dem Buchmarkt. Es signalisiert in sich ein Stück Mut zur Freiheit, das vielleicht nur im Lichtschatten des befreienden Evangeliums wachsen konnte. Das Erscheinen eines solchen Buches eines freien, frommen Menschen spricht als blanke Tatsache auch für die Kirche. Scheiden werden sich die Geister allerdings bei den Reaktionen. Freilich betätigt sich Drewermann auch als Rufer in der Wüste. Er bleibt gerade im enger werdenden Klima der 90er Jahre auch Mißdeutungen, Verleumdungen und Fehlurteilen ausgesetzt. Das abgenutzte Schreckgespenst einer wachsenden Protestantisierung der römischen Kirche mag zusätzlich mobilisiert werden. Drewermann hat auf seine Art den riskanten, verdienstvollen Versuch gewagt, protestantische Anfragen in katholisches Denken zeitversetzt zu integrieren. Man muß es sicher noch als Versuch bezeichnen, weil die Auseinandersetzung Drewermanns mit dem Grundanliegen der Reformation bisher auch offene Fragen hinterlassen hat. Die vielen Berührungspunkte mit Martin Luther und mit Sören Kierkegaard schließen nicht aus, daß viele Fragen der Reformation noch darauf warten, analytisch mit den Drewermann vertrauten Werkzeugen aus Tiefenpsychologie und Religionsgeschichte bearbeitet zu werden. Diese Anmerkung wird nicht als abweisende Kritik Richtung Paderborn auf den Weg geschickt. Es soll lediglich eine Problemanzeige sein, die sich auf einen spannenden Dialog mit dem Reformator aus Wittenberg entwickeln könnte. Da Drewermanns Kirche die wesentlichen Anfragen Luthers aus dem 16. Jahrhundert bis heute noch nicht hinreichend registriert, anerkannt und akzeptiert hat, bekommen diese theologischen Publikationen auch eigenes ökumenisches Gewicht. Der Dialog zwischen Luther und Drewermann bleibt dabei noch entfaltungsfähig. Man kann gespannt sein, wie sich diese aufregende Auseinandersetzung weiter gestalten wird. Der Streit um Zölibat und Priesterin wird dagegen reichlich uninteressant dastehen. Tiefenpsychologisch hat Drewermann mit seinem Kleriker-Buch auf eine gefährliche Form von Verdrängung aufmerksam gemacht. Sogar eine Großinstitution kann erleben, daß verdrängte, unter den Altarteppich gekehrte Probleme in der Regel zeitversetzt, verstärkt und mit neuer Wucht aus der Tiefe heraufkommen werden. Der versäumte theologische Dialog des 16. Jahrhunderts wird die Kirche mit rasanter Geschwindigkeit einholen und nachhaltig bestrafen. Drewermann ist ein lebendiger Beweis der versäumten, verpaßten Kirchenreform im 16. Jahrhundert.

So kommen heute viele Anfragen der Reformationszeit über ungewohnte Umwege neu ins Gespräch. Theologie gegen Ende des 20. Jahrhunderts wird betrieben nach Reformation und Aufklärung. Hinter dieses Erbe, das vielfach zwiespältig erlebt wird, kann kein seriöser Theologe zurück. Anfragen der Reformationszeit kommen zeitversetzt in neuem Gewand erneut auf die Kirche zu. Umwege über Kierkegaard, über Nietzsche und über Freud deuten sich an. Herausforderungen der Reformation, die eben nicht von irgendwelchen wildgewordenen Mönchen kamen, werden sich mit Hilfe der Tiefenpsychologie in neuem Gewand Gehör verschafffen: Entdeckung des Individuums, Hinwendung zum Subjektiven, Einbruch des Personalen, Postulat der Freiheit, Vermittlung des Glaubens durch glaubwürdige Begegnung und wachsende Abwendung von kirchlich autoritärer Belehrung. »Von der Freiheit eines Christenmenschen« wird erneut mit neuen Worten die Rede sein müssen. Drewermann arbeitet hier weitgehend nur als einer, der bestehende Zustände analysiert, der freundlich werbend für ein neues gereinigtes, funktionstüchtiges Priestertum eintritt. Destruktives wird man diesem analytischen Buch ohne Unterstellungen kaum vorhalten können.

Es ist eben kein Zufall, daß gerade in den Kirchen der Reformation die Arbeit Drewermanns aufmerksame Beobachtung gefunden hat. Sicher hat man es dort institutionell leichter, mit Häretikern zurecht zu kommen. Die Distanz zu einer Kirche als Selbstzweck könnte dort über 500 Jahre wirklich ein wenig geschrumpft sein. Protestanten tun gut daran, auf diesen evangelischen Katholiken an der sensiblen Nahstelle zwischen Psychoanalyse und Theologie aufmerksam zu achten. Drewermanns Kampf gegen die Angst dient der zeitgemäßen Entfaltung des Evangeliums im weitgehend entkirchlichten Europa. Ein solcher Vorgang muß Protestanten interessieren, es sei denn auch dort wäre Kirche zum Selbstzweck geworden mit Nabelschau und den dazugehörigen Lehrverfahren.

Die Auseinandersetzung um das Kleriker-Buch wird sich nicht als harmloses Geplänkel gestalten. Es lauern sicher auch Risiken und Gefahren in diesem Streit. Hinterhältig wirkt der Vorwurf, Drewermann würde die biblische Offenbarung und die Stellung des Jesus Christus herabmindern. Hier meldet sich gefährliche Dummheit aus dem Hinterhalt. Es dürfte in der Gegenwart wenige Theologen geben, die so behutsam, so zart und einfühlsam mit den Evangelien umgehen. Die beiden Bände zum Markus-Evangelium sprechen eine deutliche Sprache. Drewermann nennt Jesu einzigartige Qualität, Stellung und Größe immer wieder beim Namen: »als die wohl rätselhafteste Gestalt der Menschheitsgeschichte« (Markus I, Seite 541). Drewermann, der zur Zeit an der Auslegung des Matthäus-Evangeliums arbeitet, qualifizierte sich mit den beiden Markus-Bänden als sprachfähiger, theologisch anspruchsvoller Exeget. Gerade seine Deutung der Gleichnisse, der Korrekturen jüdischer Frömmigkeit und der Heilungen lassen Jesus deutlich, provokativ heraustreten. Wenn dabei anthropologisch Selbsterkenntnis und Gotteserkenntnis nahe zusammenrücken, so dürfte das eher förderlich als belastend wirken.

Drewermann versteht den priesterlichen Dienst als Lebenshilfe, nicht zuletzt als Hilfe zum Leben durch Entfaltung des Evangeliums in Befreiung aus der Angst. Man könnte sogar herausfinden, daß Drewermann weite Strecken mit der Augsburger Konfession – dem lutherischen Hauptbekenntnis – weitgehend konform arbeitet. Sein Umgang mit der biblischen Tradition ermutigt den Priester als Prediger des Evangeliums, von der Überwindung der Angst in bedingungsloser Liebe und Annahme zu reden. Wenn Drewermann sogar über Bultmann hinausgeht und biblische Texte mit Hilfe der Existenzphilosophie und der Tiefenpsychologie deutet, dann schließt er für Zeitgenossen verschlossene Türen neu auf. Wer heute fundamentalistisch brutal auf biblische Texte zustolpert, der kann zum Kern des Evangeliums gerade nicht vordringen. Es dürfte sogar ein sicherer Weg sein, biblische Texte durch Biblizismus der Lächerlichkeit und der Irrelevanz auszuliefern.

Die Kirche, gerade in ihrer römisch-katholischen Teilexistenz, braucht einen solchen Rufer in der Wüste. Sie sollte sich gründlich überlegen, ob sie diesem Ruf zur Sache mit Lehr-, Schreib- und Denkverbot adäquat begegnen kann. Drewermann möge in kritischer, schöpferischer Solidarität gerade seiner Kirche noch viele Jahre produktiv erhalten bleiben. Ein Konfessionswechsel wäre kein hilfreicher Ausweg aus den sich abzeichnenden Schwierigkeiten. Die Schubkraft eines Drewermann kann schon jetzt konstruktiv verstanden werden als reformatorische Kraft: Ecclesia semper reformanda. Der deutsch-niederländische Theologe Konrad Vorstius hat das auf der Synode von Dordrecht (1619) so zusammengeordnet: Ecclesia reformata, semper reformanda. So betrachtet hat die Kirchenkritik aus Paderborn längst über den römischen Bereich hinausgewirkt.

Von der »Priesterkirche« zur priesterlichen Gemeinde

Norbert Mette

»Ihr aber seid eine königliche Priesterschaft«
(1 Petr 2,9)
»Die Berufungen zum Priestertum und zum Ordensstand sind der eigentliche Maßstab für die Lebendigkeit einer Kirche.«
Papst Johannes Paul II.[1]

»Heute sehe ich das Problem der Berufungen in der Kirche anders. Dieses Problem besteht viel mehr in der Notwendigkeit, kleine, lebendige und apostolische kirchliche Gemeinschaften zu errichten, als darin, daß man viele Leute ins Kloster oder in die Priesterseminare treibt. Denn aus den kleinen kirchlichen Gemeinschaften selbst gehen die verschiedenen Dienste und Ämter hervor, die das Volk Gottes braucht. Es entsteht eine ganz neue Struktur des Lebens in der Kirche. Das Problem, das sich zur Zeit am meisten stellt, ist die Frage, wie diejenigen, die diese neuen Dienste und diese neuen Formen der Verantwortung auf sich nehmen, am besten in den Geist Christi und den Geist der Kirche eingeführt und von ihnen durchdrungen werden.« (Dom Aliosio Lorscheider[2]).

Die Berufung

In seiner Abhandlung zur »Gestalt der Kirche«, die insgesamt überzeugend aufweist, wie theologisch gehaltvoll eine am Prinzip der Ortskirche orientierte Ekklesiologie entwickelt werden kann[3], zeichnet H. Legrand in erhellender Weise den Wandel nach, den das Verständnis von »Berufung« in der Kirchengeschichte genommen hat[4]: Im Unterschied zur Subjektivität der Berufung, wie sie in neuerer Zeit herausgestellt wird, galt für die traditionelle Theologie als wesentlicher Grund einer Berufung zum Amt »der objektive Ruf, den die im Bischof repräsentierte Kirche an einen Christen richtet, dessen Eignung hierzu feststeht«[5]. Gemäß diesem Ansatz steht am Anfang nicht der persönliche Wunsch eines Kandidaten, zum Priester geweiht zu werden, son-

dern die Suche einer Ortsgemeinde bzw. einer Diözese nach geeigneten Leuten, die sie dann in bestimmte Dienste hinein beruft, um so ihrer Sendung besser nachkommen zu können. Die im neuen Berufsverständnis angelegte Aporie, nämlich daß die Kirche ihrer Priester beraubt würde, »sobald keine Kandidaten mehr da sind, die sich freiwillig zum Priestertum melden«[6], ist seit einiger Zeit keine hypothetische Konstruktion mehr, sondern schon längst in der kirchlichen Wirklichkeit eingetreten. Angesichts dieser Situation erweist sich eine Rückbesinnung auf eine historisch vorfindbare alternative Zugangsweise zum Priestertum als hilfreich. Zwar läßt diese sich nicht einfach wiederbeleben. Denn die veränderten, differenzierter gewordenen Gegebenheiten in Kirche und Gesellschaft müssen bei einer Neuorientierung gebührend berücksichtigt werden.
Gleichwohl kann der Rückgriff auf die Geschichte deutlich werden lassen, daß generell Handlungsspielraum für dringlich gewordene pastorale Veränderungen größer ist, als es von manchen doktrinären Verlautbarungen zugestanden wird. Und speziell die Erinnerung an die traditionelle Theologie und Praxis der »Berufungspastoral« kann dazu anregen, nicht allein auf die »besonderen« Berufungen in der Kirche starr fixiert zu sein, sondern erneut die den Gemeinden geschenkten vielfältigen Berufungen zu entdecken und zu fördern und die dafür erforderlichen Aufgaben strikt funktional zu verstehen, nämlich als Dienst an den Diensten. Damit wird die neuere »subjektive« Sichtweise des Problems der Berufungen in der Kirche wieder konsequent umgedreht und dem ganzen von Gott erwählten Volk seine ihm biblisch zugesprochene »königliche Priesterschaft« (vgl. Ex 19,6; 1 Petr 2,9) zuerkannt. Dies sei im folgenden vor allem mit Blick auf seine pastoralen Konsequenzen[7] näherhin umrissen.

Einander Priester werden

Priester ohne Gemeinde

Die Klerikalisierung des Priestertums begünstigt nicht nur tiefgreifende psychische Verformungen, wie sie Eugen Drewermann dargestellt hat. Sondern sie zeitigt darüber hinaus in Theorie und Praxis verhängnisvolle ekklesiologische Verengungen. Innerkirchlich findet dies seinen Ausdruck in einer scharfen Amt-Laie-Dichotomie mit ihrer konsequenten Subjekt-Objekt-Trennung. Klassisch ist diese Vorstellung etwa im CIC von 1917 dokumentiert, der als reines Klerikerrecht konzipiert war[8]. Unter anderem sind darin die Aufgaben des Pfarrers in 20 Canones (ca. 451 - 470) aufgelistet, angefangen von der Abhaltung von Gottesdiensten bis hin zur Regelung von Verwaltungsaufgaben, wäh-

rend für die Laien keinerlei selbständige Aufgaben in der Gemeinde vorgesehen sind. Ihnen wird lediglich das Recht zugestanden, »entsprechend der kirchlichen Disziplin, vom Klerus geistliche Güter zu empfangen, vor allem die zum Heil notwendigen Hilfsmittel« (can. 682). Gemeinde kommt hier ausschließlich juridisch in den Blick, nämlich als der dem Amtsträger zugeordnete Vollmachtsbereich, ein Verband von einzelnen gläubigen Personen, denen der Amtsträger gegenübertritt[9]. Das Amt erhebt dermaßen einen Anspruch auf exklusive Christusrepräsentation, daß es sich als von der übrigen Kirche bzw. Gemeinde autonom verstehen kann, bzw. diese völlig im Amt aufzugehen drohen. Die Vorordnung des Amtsträgers vor der Gemeinde geht soweit, daß das Amt als Wirkursache der Gemeinde aufgefaßt wird. Folgerichtig entspricht dieser Erhöhung des Klerus die völlige religiöse Disqualifizierung der Laien[10].
Nach »außen« hin zieht die Klerikerzentrierung eine dualistische Sichtweise nach sich. Als typisch dafür können die »Lineamenta« zur Bischofssynode 1990, die zum Thema »Die Priesterbildung unter den derzeitigen Verhältnissen« einberufen ist, angeführt werden[11]: In antimodernistischer Tradition wird darin die Kirche im Gegenüber zu Gesellschaft und Welt definiert. Die »Welt« wird ausschließlich als Hort von Gefahren und Bedrohungen eingeschätzt, der die Kirche vorab über ihre geweihten Priester im Modus der Heimholung zu begegnen hat. Entsprechend muß die Priesterausbildung darauf gerichtet sein, den Kandidaten individuell-spiritualistisch so zuzurüsten, daß er in gehorsamer Erfüllung seines kirchlichen Dienstes den verderblichen Einflüssen der »Welt« zu widerstehen vermag.

Die mündige Gemeinde als priesterliches Gottesvolk

Den aufgezeigten ekklesiologischen Verengungen kann nur mit einer konsequenten Reklerikalisierung des Priestertums in der Kirche wirksam begegnet werden. Damit ist mehr als eine Reform des kirchlichen Amtes gemeint, so unabdingbar diese auch ist. Reklerikalisierung heißt, daß noch radikaler angesetzt werden muß, nämlich daß es darum geht, ernstzunehmen, daß im Volk Gottes alle Gläubigen dazu berufen sind, einander Priester zu sein und so ein »Königreich von Priestern« zu werden, »frei von weltlichen Herrschaftsmechanismen, da Gott allein Herr ist und seine Herrschaft zur Erfahrung kommen soll«[12].
Nicht zufällig hat im Gefolge der Rehabilitation des allgemeinen Priestertums aller Gläubigen durch das 2.Vatikanische Konzil auch der Gemeindebegriff im katholischen Raum eine Aufwertung erfahren. Denn im Unterschied zur klerikal bevormundeten Pfarrei bezeichnet »Gemeinde« jene kirchliche Sozialform, welche die priesterliche Berufung des ganzen Gottesvolkes zur Entfaltung kommen läßt.

Kennzeichen von »Gemeinde« ist es somit, daß alle Beteiligten in ihr als Subjekte und Träger der apostolischen und prophetischen Sendung der Kirche ernstgenommen werden und daß sie nicht zuletzt dadurch das Evangelium bezeugen, daß alle ihre jeweils spezifischen Fähigkeiten und Begabungen zum Dienst der Versöhnung einbringen und so zur Auferbauung des Ganzen beitragen. Dies vollzieht sich in lebendigem Dialog und in offener Auseinandersetzung um strittige Auffassungen, in gegenseitiger Ermutigung und Förderung, aber auch in freimütiger Kritik untereinander, nicht in einseitiger Belehrung und Ermahnung sowie in der definitiven Vorgabe von Entscheidungen. Als Einheit in der Vielfalt realisiert sich Gemeinde, nicht als Zwang zum uniformen Verhalten. Sie beherzigt das Votum Drewermanns, »Menschen angstfrei dort abzuholen, wo sie stehen, und sie so intensiv in der Vielfalt ihrer Eigenarten zu fördern und zu unterstützen, als es irgend geht«[13]. Aus diesem mündigen Umgang miteinander erwächst auch die Fähigkeit, daß die Christen und ihre Gemeinden nicht vor den Herausforderungen fliehen und sich in ein vermeintlich heiles Ghetto zurückziehen, sondern in Solidarität mit allen Menschen, besonders aber den Armen und Bedrängten, sich in tätiger Erwartung des verheißenen Reiches Gottes engagieren. Dazu gehört das ehrliche selbstkritische Bekenntnis, daß die Kirche selbst nicht selten dem Kampf um die Erhaltung und Verbesserung von Lebensbedingungen im Wege gestanden ist, daß sie mit den Mächtigen um der Erhaltung ihrer Privilegien willen paktiert hat und damit ihrer Berufung untreu geworden ist. Ausdruck von Mündigkeit ist es, wenn aus solcher Einsicht heraus Trauerarbeit geleistet wird, wenn Bindungen und Verstrickungen, die eine glaubwürdige Nachfolge verhindern, freimütig benannt und aufgelöst werden können, wenn Optionen ergriffen werden, die, statt auf den Beifall aller bedacht zu sein, das Evangelium in seiner Parteilichkeit zu vergegenwärtigen versuchen, ohne dafür einen Ausschließlichkeitsanspruch zu erheben. Dem eingangs zitierten Votum von Kardinal Lorscheider ist voll und ganz zuzustimmen: Nicht sich weiterhin auf »Berufungen« zu einem besonderen Stand in der Kirche zu fixieren, sondern die Bildung priesterlicher Gemeinden anzuregen und zu fördern, dies hat als Priorität jener »Berufungspastoral« zu gelten, die sowohl theologisch sachgerecht als auch den gegenwärtigen Herausforderungen kirchlichen Handelns angemessen ist.

Evangelische Räte als Gemeindeethos

So erhellend Drewermanns tiefenpsychologische Rekonstruktion der evangelischen Räte anhand der frühkindlichen Entwicklungsphasen ist, so sehr bleibt sie insgesamt doch ihrer üblich gewordenen Auslegung als Ratschlägen zur individuellen Lebensführung verhaftet. Daß die

Lebensformen der evangelischen Räte ihre Glaubwürdigkeit verlieren, wenn sie nicht personal gestaltet, sondern funktionalisiert werden, soll nicht bestritten werden. Und soll es dabei nicht zu verhängnisvollen existenziellen Fehlentwicklungen kommen, kann die Berücksichtigung tiefenpsychologischer Einsichten hilfreich sein.
Zu erinnern ist aber auch daran, daß die evangelischen Räte ursprünglich ihren Ort in jener Weise eines beziehungsreichen Umgangs miteinander (Koinonía) hatten, zu der sich die jungen Gemeinden von ihrer Erfahrung mit Jesus Christus her hatten anstiften lassen, und daß sie zugleich deren zentrale Ausdrucksformen waren[14]. Erst später, nachdem sich die Großkirche mittlerweile anders mit den Gegebenheiten der »Welt« arrangiert hatte, wurden sie als Gelübde für einen besonderen Stand der Berufenen reserviert und damit individualistisch-spiritualistisch vereinseitigt.
Daß die evangelischen Räte dazu einladen, eine Lebenskultur nach dem Evangelium zu gestalten, geriet so aus dem Blickfeld[15]. Ebensowenig wie für den einzelnen bzw. die einzelne lassen sich die evangelischen Räte für eine Gemeinde oder für die Kirche insgesamt verordnen. Wo sie jedoch als Weg in die Nachfolge freiwillig gewählt werden, wird eine Koinonía möglich, die davon befreit, ängstlich auf sich selbst fixiert sein zu müssen und die füreinander und für andere offen werden läßt. Wie die politisch-therapeutische Kraft der Ratschläge des Evangeliums zu aktualisieren ist, ist gemeinsam im jeweiligen Kontext zu erkunden und zu erproben. Das schließt nicht aus, sondern ein, daß sie mit unterschiedlichen Schwerpunkten und Ausdruckformen gelebt und daß neben den »klassischen« auch weitere evangelische Räte aufgegriffen werden[16].

Für eine Vielfalt pastoraler Berufe und eine Ausdifferenzierung des kirchlichen Amtes

Wider die Reklerikalisierung
Daß das hier im Anschluß an das letzte Konzil entwickelte Gemeindeverständnis mit seiner Heraushebung der allgemeinen priesterlichen Berufung des Gottesvolkes angesichts der machtvoll betriebenen Reklerikalisierungsbemühungen mehr und mehr den Eindruck des Kontrafaktischen erweckt, ist nüchtern einzugestehen. Wenn man einmal unterstellt, daß hinter diesen Reklerikalisierungsbestrebungen nicht nur bloße Machtinteressen stehen, sondern daß sie auch der ernstzunehmenden Sorge entspringen, daß das «Skanalon« und die »Torheit des Evangeliums«[17] nicht verlorengehen und aus ihm der »Mut zum Nonkonformismus«[18] angesichts allzu wohlgefälliger Zeitgeister geschöpft

wird, dann bleibt wenigstens in aller Entschiedenheit zurückzufragen, wie so etwas anders denn durch eine Gemeinde mündiger Christen verkörpert werden soll.
Nun schließt die Anerkennung der in der Vielfalt der Charismen zum Ausdruck kommenden allgemeinen priesterlichen Berufung in und durch die Gemeinden nicht aus, daß für einige der Dienst an der Auferbauung von mündigen Gemeinden zu ihrem Beruf wird. Das bedingt schon die soziologische Realität der Kirche. Die entscheidende Frage ist dann nur, wie die mit der Ausbildung von »Hauptamtlichen« in der Kirchengeschichte faktisch eingetretene Gefahr einer klerikalen Monopolisierung der Charismen und der damit verbundenen Abwertung der Laien vermieden werden kann.
Das ist jedenfalls solange nicht möglich, wie die Zahl der Priesterweihen und der Ordenseintritte zum eigentlichen Maßstab für die Lebendigkeit einer Kirche angenommen wird. Dann darf man sich nicht wundern, wenn die priesterliche Berufung des Gottesvolkes nur wenig ins Bewußtsein und noch kümmerlicher zur Entfaltung kommt. Um wieviel ermutigender klingt es demgegenüber, wenn etwa im Puebla-Dokument die in Lateinamerika zahlreich entstandenen kirchlichen Basisgemeinden als »Anlaß zu Freude und Hoffnung« gewürdigt werden und ihre »Lebenskraft« nicht zuletzt daran festgemacht wird, daß sie »eine der Quellen für kirchliche Ämter, die den Laien anvertraut sind«, darstellen[19].
Diese Unbefangenheit, aus den Gemeinden heraus sich neue kirchliche Ämter entwickeln zu lassen, um dann in einem zweiten Schritt die mit ihnen gemachten Erfahrungen in ihrer ekklesiologischen Bedeutung zu würdigen, verbietet allerdings jener auf das klerikale Priesterbild fixierte Purismus, wie er vermehr wieder tonangebend geworden ist. Beispielhaft dafür können wieder die »Lineamenta« für die Bischofssynode 1990 angeführt werden. Und so verwundert es auch nicht, daß anläßlich des Besuches der deutschen Ortsbischöfe beim Papst im November 1989 der Sekretär der Klerus-Kongregation nur von der einen Sorge bewegt war: Wie vermieden werden könne, daß sich der Unterschied zwischen dem Weiheamt und dem Dienst der in der Kirche tätigen Laien verwische. Ausdrücklich vermerkte er es als Gefahr, daß die im pastoralen Dienst stehenden Laien als »eine gültige Alternative zum Mangel an geweihten Dienern« betrachtet würden, was sie aber nicht sein könnten. Er insistierte deshalb darauf, nur solche Formen der Mitarbeit zu konzipieren, »in denen der Laie seinen wertvollen und wichtigen Beitrag leisten kann, um die Sendung der Kirche in der heutigen Gesellschaft immer tiefgreifender und wirksamer zu machen, ohne jedoch in Befugnissen auszuufern, die den kanonischen Status des Laien als solchen in der Kirche nicht berücksichtigen«[20].

Die faktische Entklerikalisierung und Ausdifferenzierung kirchlicher Berufe

Von einer solchen Position her ist es unmöglich, nachzuvollziehen, daß faktisch schon längst eine Entmonopoliserung des klerikalen Priesteramtes eingesetzt hat, und diese Entwicklung zu würdigen. Diese Entklerikalisierung und Ausdifferenzierung der kirchlichen Berufe wurden solange nicht als bedrohlich angesehen, wie davon nur Bereiche betroffen waren, die entsprechend der landläufigen, klerikal bestimmten Einstellung eher am »Rand« der »eigentlichen« Pastoral liegen (insbesondere also Diakonie und schulischer Religionsunterricht) oder zumindest der Rangunterschied zwischen Priester und Laie deutlich gewahrt blieb (z.B. Seelsorgehelferin bzw. Gemeindereferentin). R.M. Bucher spricht in diesem Zusammenhang von einem konformen Reaktionsmuster der katholischen Kirche angesichts des gesellschaftlichen Differenzierungsprozesses und charakterisiert es näherhin zutreffend als »ausgesprochen konservative Modernisierung«: Die Ausdifferenzierung kirchlichen Handelns in Diakonie und Schule »war Modernisierung, insofern man der Ausdifferenzierung der Gesellschaft durch gezielte Professionalisierung und institutionelle Expansion folgte und damit zugleich die unhaltbar gewordene gesellschaftliche Isolierung in einem unmittelbar konsensfähigen Bereich aufbrach; konservativ war diese Modernisierungsaktion, da sie es ermöglichte, die als kirchlichen Kernbereich definierte Gemeindeebene unberührt zu lassen«[21]. Folgerichtig wird dieser Entwicklung in dem Moment und in dem Maße Einhalt zu gebieten versucht, in dem auch innerhalb dieses »Kernbereichs« die herkömmliche Priesterzentriertheit und die damit verbundene subsidiäre Rolle der Laien bedroht erscheinen. So unverzichtbar der auch hauptamtliche Einsatz von Laien in der Gemeindepastoral mittlerweile auch geworden ist, so stark wird doch durch die rigide Aufgabenumschreibungen und durch andere Maßnahmen alles darangesetzt, daß dieser neue pastorale Dienst sich von der Besonderheit des kirchlichen Amtes klar abhebt. Dabei wird allerdings übersehen, daß auch das Tätigkeitsfeld des Priesters in der Gemeinde erheblich veränderten Erwartungen und Anforderungen ausgesetzt ist und daß darum ein Rückgriff auf die traditionale Theorie des Priesteramtes sich für die Betroffenen als nur wenig hilfreich erweist[22].

Zur Neubestimmung der amtlichen Dienste in einer priesterlichen Gemeine

Schon früh hatte K. Rahner energisch dafür plädiert, in den neuen pastoralen Berufen auf Gemeindeebene nicht bloß eine Verlegenheitslösung aufgrund des Priestermangels zu erblicken, sondern ihnen die eskklesiologische Dignität zuzuerkennen, die sie faktisch besitzen:

»Wenn die Gemeindeleitung ein inneres und wesentliches Moment des Priestertums ist, in dem sich diese Funktion und die der Vorsteherschaft der Eucharistiefeier gegenseitig bedingen, dann sollte man eben diejenigen, die faktisch in der Zukunft Vorsteher einer priesterlosen Gemeinde sind, zu Priestern weihen und so sakramental anerkennen, was solche Gemeindeleiter faktisch sind und was sie leisten. Niemand kann doch leugnen, daß das Recht einer Gemeinde einen sakramental geweihten Gemeindevorsteher zu haben, vorrangig ist vor dem alle Achtung verdienenden Bestreben der Kirche um solche Gemeindeleiter , die die Verpflichtung der Ehelosigkeit auf sich nehmen.«[23] Es ist also keineswegs eine resignative Kapitulation vor der Normativität des Faktischen, sondern eine Korrektur einer verhängnisvollen Fehlakzentuierung, wenn die Gemeinde als die entscheidende Instanz angeführt wird, auf die hin auch das Amt zu bestimmen ist. Die Frage ist nur, ob es mit einer Revision der Zulassungskriterien für die sakramentale Weihe, wie Rahner es vorgeschlagen hat, getan ist.

Ohne hier eine ausführliche Amtsdiskussion führen zu können[24], sei daran erinnert, daß bei einer Ausgestaltung der amtlichen Dienste in der Kirche auch die veränderten gesellschaftlichen Gegebenheiten angemessen zu berücksichtigen sind. Von daher kann etwa die eingangs im Anschluß an H. Legrand angeführte alternative theologische und pastorale Tradition zur Berufung von Bischöfen und Priestern nicht einfach übernommen werden, ohne damit ihre Bedeutung als heuristisches Modell mindern zu wollen. Von den pastoralen Gegebenheiten in einer komplex gewordenen Gesellschaft her sind vor allem folgende Erfordernisse für eine zukunftsträchtige Entwicklung in Anschlag zu bringen:

(1.) Die Ausdifferenzierung von Amt und Beruf in der Kirche ist konsequent voranzutreiben. Das bedeutet auf der einen Seite, daß keineswegs alle kirchlich-pastoralen Berufe per se als amtliche Dienste zu betrachten sind. Auf der anderen Seite impliziert das, daß die Wahrnehmung eines amtlichen Dienstes nicht an eine vollberufliche Tätigkeit in der Kirche gebunden ist. Die Mündigkeit einer Gemeinde zeigt sich nicht zuletzt darin, daß in ihr neben vielen anderen Charismen auch die besondere Fähigkeit zur Teilhabe an der Gemeindeleitung erwächst und die entsprechenden Personen mit dieser Aufgabe kirchlich beauftragt werden. Ihr unmittelbarer Bezug zur Gemeinde- und Kirchenleitung wäre somit das Charakteristikum der amtlichen Dienste. Ihnen zugeordnet und darüber hinaus gibt es eine Vielfalt anderer Tätigkeiten, für deren Erfüllung es sinnvoll und notwendig sein kann, daß sie teilweise auch hauptberuflich und mit entsprechender professioneller Kompetenz wahrgenommen werden.

(2.) Der berechtigten Pluralität innerhalb der Kirche entspricht auch eine Pluralisierung des amtlichen Dienste in ihr. Bereits die Dreiglie-

derung von Diakon, Priester und Bischof innerhalb der Weihehierarchie weist in diese Richtung. Daneben hat das 2. Vatikanische Konzil mit seiner Revision eines einseitig hierarchischen Kirchenverständnisses wieder den Blick dafür geöffnet, daß es ein authentisches, nicht ersetzbares Amt des Laien in der Kirche gibt[25]. Wenn das Amtsverständnis grundsätzlich an die Sendung der Kirche insgesamt und vor allem an deren Konkretisierung in den Gemeinden zurückgebunden bleibt, wird es wesentlich leichter, die faktisch eingetretene Vielfalt in der Wahrnehmung der amtlichen Dienste gebührend zu würdigen. Dann wird es insbesondere auch möglich, durch die Einrichtung von entsprechend perspektivischen und situativen Ämtern den auch innerhalb der Kirche sich ausdifferenzierenden gemeindlichen Lebenswelten Rechnung zu tragen[26]. In dieser Hinsicht weiterführend ist übrigens der Vorschlag des niederländischen Pastoraltheologen R. van Kessel, an den Grundfunktionen der örtlichen Kirchengemeinde gewissermaßen drei »Grundämter« bzw. amtliche Dienste der Gemeinde festzumachen: Mit der Verkündigung Jesu Christi in Wort und Zeichen ist in besonderer Weise der »Priester« beauftragt. Die »Vergegenwärtigung Christi im Armen« kommt dem »Diakon« zu. Die »koinonische« Funktion, eine mündige Gemeinde aufzuerbauen, findet ihren Ausdruck im Amt des »Pastors«, der pastoral Tätigen[27]. Während die Klerikalisierung des Amtes mit einer Monopolisierung der Charismen einherging, ist seine Pluralisierung Folge und Ausdruck dafür, daß die Vielfalt der Berufungen in der Gemeinde wirklich ernstgenommen wird und zum Zuge kommt.
(3.) Die amtlichen Dienste sind so zu gestalten, daß sie wirklich ein Sakrament der Kirche sind, also realsymbolisch dem Ausdruck geben, was die Kirche insgesamt als wirksames Zeichen für sich selbst und die Welt verkörpert: die in Jesus Christus geschehene Versöhnung der Menschheit mit Gott. Dieses Zeugnis wird unglaubwürdig, wenn in den eigenen Reihen die Folgen dieser Versöhnung nicht erfahrbar werden, wenn etwa soziale Spannungen und Schranken aufgrund von Klasse, Rasse und Geschlecht nicht überwunden werden. Insofern hängt gegenwärtig von der Frage der Frauenordination mehr ab, als es vordergründig den Anschein haben mag; ist sie doch ein besonders signifikanter Testfall dafür, wie lange noch gegen das Prinzip verstoßen wird, daß »kein Mitglied des priesterlichen Volkes, das sich für den Dienst am Wort engagiert, von der offiziellen Ordination ausgeschlossen sein«[28] kann. A. Carr ist darum zuzustimmen, wenn sie als Frau schreibt: »Als Sakrament der Inkarnation Christi in die ganze Menschheit würde die Kirche in der richtigen Weise die Gleichstellung der Geschlechter und ihren Dienst an Frauen und auch Männern zum Ausdruck bringen. Wenn beide Geschlechter an allen ihren Ämtern beteiligt wären, würde

die Kirche ein vollständigeres Sakrament der einen Priesterschaft Christi für das ganze Gottesvolk und eine apostolische Zeugin für die Botschaft Jesu an beide, Männer und Frauen, sein. Sie würde ein deutlicheres Sakrament für die Transformation des Priestertums von einer mittelalterlichen klerikalen Kaste zu einem neutestamentlichen Modell der Gleichheit und Gegenseitigkeit sein, das beim II. Vatikanischen Konzil wieder Eingang in die Kirchenstrukturen fand: die Verwandlung des klerikalen Priesteramtes in ein dienendes Amt, die Verbindung von liturgischem Ausdruck und Wort und der Dienst an einer Einheit, in er es keine Herrschaft gibt, sondern nur die Kollegialität aller Christen mit verschiedenen Funktionen. Neue Wege in das Amt würden damit eröffnet, in denen charismatische Führung und gemeinschaftliche Leitung mit der Ernennung und Ordination verbunden wären. Und der eschatologische Charakter der Kirche würde der heutigen Gesellschaft deutlicher signalisiert werden: die neue Ordnung aller Dinge, die der Kirche auf dem Weg durch die Geschichte auf das Reich Gottes hin verheißen ist.«[29]

Konsequenzen für Ausbildung und Erziehung

Der Vorteil einer Ausdifferenzierung von Amt und Beruf liegt nicht zuletzt darin, daß sie die Problematik der Eignung und Ausbildung für die pastoralen Berufe von vielem unnötigen Ballast befreit. Denn dafür wäre ausschließlich die spätere berufliche Tätigkeit maßgeblich. Ob mit dieser Tätigkeit auch die Übernahme eines amtlichen Dienstes verbunden ist, entscheidet sich später im Zusammenhang mit der beruflichen Praxis; und darüber zu befinden, liegt wesentlich in der Verantwortung der Gemeinde. Daß damit jegliche »Standestrennung« im Rahmen der pastoralen Ausbildung überflüssig wird, versteht sich von selbst.

Generell wird man lediglich soviel sagen dürfen, daß neben der erforderlichen tätigkeitsbezogenen Spezialisierung ein besonderes Augenmerk darauf gerichtet sein muß, daß die zukünftigen Träger und Trägerinnen pastoraler Dienste zur Mündigkeit befähigt werden; sollen sie doch in der Lage sein, ihren Dienst inmitten einer mündigen Gemeinde zu versehen. Was das heißt, ist in einer Stellungnahme bündig zusammengefaßt, die der Beirat der deutschsprachigen Pastoraltheologen zur Bischofssynode 1990 abgegeben hat und in der es u.a. heißt:

- »In den Ausbildungsbemühungen für die pastoralen Dienste soll eine umfassende Persönlichkeitsentfaltung künftiger Seelsorger (Männer wie Frauen) systematisch gefördert werden… Die Auszubildenden sollen sich selbst und andere menschlich, sozial und spirituell tiefer verstehen lernen. Vor allem ist eine Sensibilität für die soziale Lebensqualität der Menschen in unseren Gesellschaften zu wecken (Benachteiligte, Randgruppen)…

– Die Aufgabe seelsorglicher Begleitung wird wesentlich darin bestehen, die spirituelle Qualität von menschlicher Kommunikation und Begegnung, von Leben und Alltag theologisch zu deuten... Eine möglichst angstfreie Dialog- und Kooperationsfähigkeit wird helfen, den Dienst an der Einheit nicht administrativ zu verwalten, sondern beziehungsstiftend zu realisieren.
– Dem Leitbild erwünschten pastoralen Dienstes kommen dann jene Frauen und Männer nahe, die aus der eigenen Selbst- und Gottfindung heraus, beauftragt durch die Kirche, Gott als liebende und tragende Wirklichkeit für sich erfahren und damit glaubwürdig für andere erschließen können. Die im Gewissen begründete Freiheit und die individuelle Verschiedenheit der Menschen bilden einen unschätzbaren Reichtum für die Kirche.
– Da die Ausbildung pastoraler Berufe auf die Ortskirche als eine Gemeinschaft von Gemeinschaften hingeordnet sein soll, bedarf es in den Ausbildungsvorgängen einer grundlegenden Orientierung auf Gemeindebildung hin. Die künftigen Seelsorger und Seelsorgerinnen sollen befähigt werden, in einer konkreten Gesellschaft Gemeinde zu bauen und der Entfaltung des Lebens der Kirche am Ort zu dienen. Dabei ist auch Bedacht zu nehmen auf die Qualifizierung für den Leitungsdienst, der in besonderer Weise zu den Aufgaben der Künftigen Gemeindevorsteher gehört.«[30]
– Mündigkeit als Weg und Ziel pastoraler Ausbildung wird allerdings verunmöglicht, solange ihr eine Erziehung vorausgegangen ist, in der die Kinder und Heranwachsenden, statt zur Selbstbestimmung befähigt zu werden, in ihren elementaren Ängsten ausgebeutet und sich selbst und anderen entfremdet worden sind – und das möglicherweise noch unter dem Vorzeichen des besonderen Erwählung und Berufung. Notwendig ist darum auch eine Revision des bis heute vertretenen herkömmlichen katholischen Erziehungsideals, gemäß dem die erfolgte »geistliche Berufung« zum Priester- oder Ordensstand als Kriterium und Vorbild gelungener religiöser Erziehung herhalten muß. »Nicht der Bestand ihrer Institutionen«, schreibt demgegenüber Eugen Drewermann zu Recht, »sondern die Wahrheit der Menschen sollte das Ziel aller kirchlichen Erziehung bilden.«[31]

Kirchenbindung und Glaubensfreiheit

Unterweges zu einer kommunialen Kirche

Ludwig Mödl

Drewermanns Vorstoß für das Subjekt fordert die weiterführende Betrachtung auch der Gemeinschaft. Sie muß vorbedacht sein, ehe wir konkret zum Handeln kommen können. Die Frage lautet: Wie kann ein selbständiger Glaubender in die Gemeinschaft der Kirche eingebunden sein? Oder anders gewendet: Wie kommen wir zu einer kommunialen Kirche, in der freie Subjekte in Gemeinschaft zusammenstehen? Ich möchte im folgenden diese Fragen nicht so sehr fundamentaltheologisch-grundsätzlich angehen, sondern aus dem Blickwinkel des praktischen Handelns. Deswegen werde ich mit zwei Streiflichtern das Thema anleuchten und etwas sagen zur Sehnsucht nach Communio und zur Bedeutung der Kirchenbindung für den Einzelglauben.

Die Sehnsucht nach Communio

Lassen Sie mich beginnen mit einer Beobachtung im Priesterseminar, die ich zu Beginn jedes Studienjahres neu machen konnte und die uns gebündelt das Problem vorzeigt.

Die neuen Seminaristen kamen fast alle mit großen Erwartungen ins Haus. Vor allem von der Gemeinschaft erhofften sie sich wundersame Dinge. Da wollte einer Stütze finden für den eingeschlagenen Weg, ein anderer suchte Anregungen im Zusammensein mit Gleichgesinnten, ein dritter wollte konkret Kirche erleben als Bruderschaft, ein vierter meinte, zusammen ließen sich all seine inneren Konflikte lösen. Es war jedes Jahr dasselbe. Ein Kollege hat es einmal so formuliert: »Ein Urschrei nach Gemeinschaft tönt durchs Haus!« Doch wie groß war dann die Enttäuschung, wenn nach den ersten Tagen verhaltener Hochstimmung der Normalbetrieb begann! Nun zeigten sich ganz unterschiedliche Strömungen unter den Kollegen. Der eine kam aus der Jugendarbeit. Er hatte seine großen religiösen Erlebnisse bei Lagerfeuer oder in Gottesdiensten, die mit Diskussion und Aktion verbunden waren und die ihn ganz erfüllten mit der Idee: die Kirche müsse für die Armen da sein.

Für sie möchte er Priester werden. Doch nun kommt er in eine bürgerliche Studentenwelt. Von Jugendbewegtheit ist hier kaum etwas zu spüren. Ja, andere Kollegen widersprechen ihm direkt; sie haben offensichtlich so ganz andere Interessen. Sie lassen ihn wissen: die Zeltlagerzeiten seien vorbei! Das Klampfengezupfe im Gottesdienst sei ihnen zuwider, und seine Gruppenführermentalität wäre in diesem Rahmen längst nicht mehr gefragt. Diese Kameraden hatten ihre großen religiösen Erlebnisse als Ministranten gehabt, bei einer Andacht vor dem Allerheiligsten oder bei einem Gottesdienst mit der großen Form. In Einkehrtagen bei Benediktinern hatten sie sich beeindrucken lassen vom regelmäßigen Chorgebet, dem Gang des Chorals und der Stütze eines geordneten Tagesablaufs. Nun erwarten sie von ihrem jugendbewegten Kollegen, daß er sich für ihre Form und die Regelmäßigkeit des Lebens überzeugen lassen. Das ihre sei doch das Normale! Hier würde Geistliches das Leben ganz durchwirken! Doch jener kann beidem nichts abgewinnen. Ein Dauerstreit ist programmiert. Meist beginnt er bei der Liturgie und bei konkreten Kleinigkeiten des Alltäglichen. Da wollen dritte dann vermitteln. Sie schlagen vor, man solle in der Liturgie jedem einen Raum geben: Zum Eingang in die Messe spiele man einen großen Bach, das Proprium könne der Jugendbewegte mit der Klampfe zupfen und für die Klösterlichen böte sich an, das Ordinarium choraliter zu intonieren. Nur nicht sich streiten wegen solcher Dinge! Gemeinschaft sei das oberste Gebot, und wenn man nur genügend zusammen unternehme, dann würden sich die Standpunkte schon miteinander verbinden lassen. Vielleicht können Symbole gemeinsamen Handelns und gemeinsamer Gefühle gefunden werden. Dem widersprechen heftig wieder andere, die schon nach wenigen Tagen genug haben von gemeinsamen Unternehmungen. Sie wollen sachlich die Dinge angehen. Das Studium, so sagen sie, sei wichtiger als das gemeinsame Leben, und denkerisch könnten sie viele Probleme auf höherer Ebene lösen. So läuft das Jahr von einer Woche in die andere, und jede Kleinigkeit kann Anlaß sein, von neuem grundsätzlich wieder anzufragen, was denn Gemeinschaft konkret bedeute.

Ein Seminar ist zwar eine gewisse Sonderwelt, aber ich meine: Grundsätzlich unterscheidet es sich nur graduell von den anderen kirchlichen Gemeinschaften. Denn auch an sie werden ähnliche Erwartungen herangetragen.

Was steht dahinter? Wie können wir die vielfältigen Erwartungen an die kirchliche Gemeinschaft halbwegs überblicken? Was sind die Motive, die Menschen bewegen, sich in Gemeinschaften einzubinden? Drei Aspekte scheinen mir bedeutsam, um zu beschreiben, was der einzelne in einer Gemeinschaft sucht bzw. was diese ihm gewähren muß, damit er von ihr Lebenshilfe erfahren kann. Er sucht einen

Bezugsrahmen, Solidarität und die Minderung von inneren Spannungen oder Ängsten[1]. Zu diesen drei Aspekten seien ein paar Anmerkungen versucht.

Einheit eines Bezugsrahmens

Jeder neu in eine Gemeinschaft Eintretende hat im Laufe seiner bisherigen Biographie Erfahrungen gemacht und Erlebnisse verarbeitet, die ihm ein bestimmtes Verhalten auf den Leib schreiben. Es haben sich in ihm Grundüberzeugungen herausgebildet, nach denen sich seine Weltsicht orientiert. Da gibt es Punkte, die sind unverrückbar. Sie gelten ihm wie ein Säulengerüst, das sein Glaubens- und Lebenshaus zusammenhält. Dazwischen gibt es große Flächen, die noch offen sind und vielfältig geschlossen werden können. Vieles, was ihm neu begegnet, was unbekannt und erst noch einzuordnen ist, sucht einen Ort in ihm. Er möchte dieses anbinden an die vorhandenen Säulen. Die Gemeinschaft bekommt dabei eine wichtige Rolle. Was in ihr geschieht, welche Meinungen in ihr zum Tragen kommen, wie der Umgang miteinander aussieht – all das muß sich in den bekannten Bezugsrahmen der eigenen Begriffe, der verinnerlichten Erlebnisse und der eingespielten Denkbahnen einordnen lassen, soll ein Mensch sich in der neuen Gemeinschaft wohl fühlen. Er will sich als der, der er bisher geworden ist, einbringen dürfen. Doch möchte er für die Zukunft seinen Blick erweitern und sichere Erkenntnisse gewinnen bzw. sich gefördert wissen – durch die Gemeinschaft. So liegt das Interesse eines Menschen, der in eine Gemeinschaft kommt und der sich hier binden läßt. Er will den bisher gefundenen Bezugsrahmen erweitern und sich gefördert wissen auf ein Ziel hin.

Ein Sonderfall liegt vor, wenn jemand durch eine fundamentale Erkenntnis zur Ansicht kommt, daß sein bisheriger Bezugsrahmen in keiner Weise dem entspricht, was er in Zukunft anstreben will, d.h. wenn ein Mensch sich erwählt und berufen fühlt zu einer Lebensweise oder einer Glaubensaufgabe, die seinen bisherigen Denkbahnen widerspricht. Er möchte zukünftig in Gegensatz zum Vorausgehenden handeln.

In diesem Fall besteht die Gefahr: Die neue Erkenntnis wirkt so absolut, daß sie alles bisher Gültige überrollen möchte. Sie schiebt die alten Muster beiseite und drängt sie ab. So möchte sie Verhaltensweisen neu erzwingen. Doch diese sind nicht mehr mit dem Seelengrund verwurzelt. Formale Regeln und gezirkelte Gefühle werden dann zum Korsett eines Lebens, das den einzelnen beschneidet und eine Gemeinschaft zum rein funktionierenden Zweckverband vorkommen läßt.

Drewermann beschreibt diese neurotische Form eines solchen Erwählungsbewußtseins überdeutlich[2]. Entscheidend dafür aber, so meine ich, ob es in einem solchen Fall so weit kommen muß, ist die Art und Weise, wie die Solidarität in der Gemeinschaft konkret verwirklicht wird. Damit bin ich bei dem zweiten Element, das mir für Gemeinschaftsbildung entscheidend erscheint.

Wunsch nach sozialer Vernetzung

Wer in eine neue Gemeinschaft kommt, an die er sich bindet, der hat normalerweise viele Gemeinschaftserfahrungen im Leben hinter sich und ist von ihnen her bewußt oder unbewußt geprägt. Die Weise, wie er anderen begegnet, wie er Konflikte meidet oder sucht, die Art, sich durchzusetzen oder auch zu kuschen – das alles ist vielfach schon eingeübt und kommt in hundertfach verschlüsselten Gebärden immer wieder neu ans Licht. Als so Gemeinschaftsgeübter kommt er nun in die neue Gemeinschaft, z.B. in ein Seminar. Hier findet er eine Personalgemeinde vor, die das Gemeinschaftsleben von der Tatsache her bestimmen läßt, daß jeder einzelne später im Rahmen der Großgemeinschaft Kirche einen besonderen Dienst erfüllen will. Was der Neue sucht, ist vor allem eines: Er möchte, daß seine Art, sich einzubringen, hier Anerkennung findet. Er hofft, daß sich die anderen mit ihm solidarisieren, und das schließt ein, daß man seine eigenen bisherigen sozialen Bindungen zumindest nicht abqualifiziert, bzw. seine neue Ausrichtung anerkennt und fördert. Die Motivation des Neuen, sich hier voll einzulassen, wächst in dem Maß, in dem er sich anerkannt fühlt und in dem für ihn das Ziel der Gemeinschaft wichtig wird. So wächst bei vielen Seminaristen – erfahrungsgemäß – das Solidaritätsgefühl zur Seminargemeinschaft, wenn sie sich für den Beruf des Priesters entschieden haben. Und nach dem Maß der Entschiedenheit ist der einzelne dann auch bereit, die Symbole des Zusammengehörens und die konkreten Praktiken des Zusammenlebens zu übernehmen. Je wichtiger jemandem die Sache geworden ist, desto wichtiger wird ihm jene Gemeinschaft, die sie vertritt.

Problematisch wird dies freilich, wenn die Motivation von einzelnen für diesen kirchlichen Beruf in seelischer Unreife oder gar Defekten begründet liegen, die kompensiert werden sollen. Noch problematischer aber wird alles, wenn die Gemeinschaft ihre Ziele so definiert, daß der Einzelmensch darin völlig aufgeht. Dann werden die Symbole von Gemeinschaft und die Praktiken gemeinschaftlicher Lebensgestaltung zu Vehikeln für die Einigung des einzelnen. Dann wird die totale Vereinnahmung eines Menschen in eine Gemeinschaft die Gefahr. Wer sich freiwillig bindet, wird in einer Weise einbezogen, daß er sich nicht mehr entwickeln kann. Er gleicht einem Baum in zu eng gepflanztem Wald, er kann nur noch nach oben drängen, das menschliche Ausgreifen zur Seite bleibt verkümmert.

Drewermann greift hier manche Praktiken an, wenn er etwa die gemeinsame Kleidung, das regelmäßige Stundengebet, die öffentliche Buße, das Verbot der privaten Freundschaften, die Trennung von der Familie, die Doppelrückversicherung der Eide oder das totale Aufgehen in den Dienst als Ideal kritisiert[3]. Symbol der Vereinnahmung kann das alles sein. Aber dies muß nicht so sein! Denn jede Gemeinschaft braucht Ausdrucksformen der Solidarität und selbstverständliche Verbindlichkeiten des gemeinsamen Handelns. Diese können so oder anders aussehen, müssen aber geregelt sein und mit einer gewissen Selbstverständlichkeit funktionieren. Wie soll gemeinsam gehandelt werden können, wenn einzelne sich immer wieder ausgrenzen?
Zum Problem wird alles erst dann, wenn diese Selbstverständlichkeiten dem einzelnen ein solches Maß an Solidarität abfordern, daß er selbst nur noch als Funktion vorkommt, als allgemeine Figur, als Stellenhalter[4].
Drewermanns leidenschaftliches Plädoyer für das Subjekt darf uns nicht dazu verleiten, nur noch den einzelnen zu sehen und seine Umwelt aus den Überlegungen auszublenden. Denn keiner kann einzeln existieren. Die anderen waren vor ihm längst schon da, und sie leben neben und auch hinter ihm. Das gilt in gleichem Maße für die Existenz im Glauben.
In der Kirche wird ein solches Identifikationsmaß nur zustandekommen, wenn die Gemeinschaft des Glaubenden ausschließlich gesehen wird als großes Kirchensystem oder als organisatorischer Block, der nach einer Ordnung alle einbindet und zu gemeinsamen Handeln anhält – vergleichbar einer Schlachtordnung im Krieg. Die eigentliche Aufgabe der Kirche, in all ihren Gemeinschaften den Menschen die Erlösungsreligion zu vermitteln, wird bei einer solchen Sicht verdunkelt.
Wie sehr jede Gemeinschaft die große Institution auch braucht, soll sie in der institutionalisierten Vernetzung unserer heutigen Welt bestehen können, so darf sie doch in den Gesichtspunkten dieser Institution nicht aufgehen. (Vielleicht hat unsere Kirchenform noch zuviel behalten von jener Kriegsmentalität, die im 19. Jahrhundert um des Überlebens willen eingeleitet wurde. Wir haben heute eine andere Situation. Auch dürfen wir nicht vorschnell Menschengruppen oder Ideen zu Feinden stempeln, nur weil sie unserem gängigen Gemeinschaftmuster nicht eingliederbar sind.) Vor allem darf der einzelne Mensch nicht seine Besonderheit verlieren und im Allgemein-Menschlichen verschwinden. Denn das würde dem Grundprinzip unseres Glaubens widersprechen, daß Gott die Liebe jedes einzelnen will und um sie wirbt. Auch läge dann, wenn ein Mensch den Wunsch verspürt, im »Wir« einer Gemeinschaft ganz aufzugehen, eine psychische Verfassung vor, die

sich nicht mit menschlicher Reife vereinbaren läßt. Allerdings müßte jeder in einer Gemeinschaft Lebende von dieser erwarten dürfen, daß sie ihm hilft, Spannungen in seiner Seele zu lösen.

Minderung von Spannungen als Erwartung an die Gemeinschaft
Tausenderlei kann einem Menschen begegnen, was ihn bedrückt oder gar in Angst versetzt. In vielen Fällen sucht er Schutz in einer Gemeinschaft. So werden beispielsweise einem Seminaristen so manche Spannungen erträglicher durch das Wissen, daß die anderen, mit denen er zusammenlebt, ähnlich empfinden und daß mancher von ihnen für sich schon ein Stück Weg gefunden hat, während er selbst noch im Problemgewirr herumirrt. Er weiß, daß er vieles allein nicht lösen kann; doch die Gruppe gibt ihm die Nähe derer, die zum gesamten Komplex schon eine reifere Beziehung gefunden haben. Auch jene Spannungen, die sich im Raum der Kirche immer wieder ergeben, hofft er zu lösen in der Gemeinschaft der Brüder. So bietet die Gemeinschaft manche Hilfe, direkt im Gespräch, weit mehr jedoch indirekt durch gemeinsames Handeln, durch Feiern, durch Riten, durch gemeinsam durchgestandenes Leid und auch durch das Einüben gemeinsamer Selbstverständlichkeiten.
Dies freilich birgt wieder eine Gefahr, wenn jemand sich unkritisch unterwirft und in das Vorurteil hineinversichert, er könne lebenslang in sicherer Abhängigkeit existieren. Wiederum hat Drewermann diese Gefahr beschrieben, wenn er autoritäre Dominanz als Ruin des Selbstgefühls bezeichnet oder die Identifikation mit Vorbildern als Blindheit gegen die eigene Situation schildert, so daß die Urteilskraft erschüttert und jemand ganz im Wir-Gefühl veschwindet[5]. Doch sprechen solche Überformen nicht dagegen, daß eine Gemeinschaft tatsächlich einem Menschen auf Zeit und in besonderer Situation helfen kann, Spannungen in sich zu mildern und über Strecken sich tragen zu lassen im Gefüge sozialer Geborgenheit. Wo freilich kirchliche Anforderungen die Spannungen mehren oder den einzelnen so in Ideale zwängen, daß er sich nur noch als Versager fühlen muß, da wird die Gemeinschaftsbindung gefährlich, da sie dem einzelnen nicht zur Individualität verhilft, sondern seine Besonderheit ideologisch standardisiert – wofür es leider auch Beispiele gibt, wie Drewermann hinlänglich darstellt[6].
Wenn ich das bisher Gesagte zusammenfasse, dann möchte ich festhalten: Wie die verschiedenen Seminaristen durchaus unterschiedlich die Gemeinschaft sehen, und jeder sich in ihr anders verankern möchte, so gilt doch, daß die Erwartungen bei allen – wenn auch unterschiedlich gewichtet – dahin gehen, daß sich jeder einbezogen fühlen kann mit seinem Denken und mit seiner Lebensart, daß er die Gemeinschaft als sicherenden Lebensraum und als Ort der Anerkennung erfahren möchte

und daß er hofft, durch das Zusammenleben innere Spannungen leichter lösen zu können.
Dies gilt im Raum eines Seminars natürlich in spezifischer und intensiver Weise, trifft aber auch auf alle anderen Formen des Gemeinschaftsseins in unserer Kirche zu – im Kleinen wie im Großen. Es sei nur hingewiesen auf die vielfältigen spirituellen Gruppierungen, die sich in den letzten fünfzig Jahren gebildet haben. Bei vielen von ihnen spielt das Thema »Gemeinschaft« eine eminent spirituelle Rolle, ja ist Teil des Programms[7]. Uns stellt sich nun freilich die Frage: Kann eine kirchliche Gemeinschaft dem entsprechen, was von ihr erwartet wird? Kann sie vor allem einen Menschen so in sich einbinden, daß er als autonomer Mensch mit seiner ganzen Freiheit und selbständigen Gläubigkeit in einer Weise dazugehört, daß er er selbst und doch ein Mensch der Kirche sei? Was kann Gemeinschaft ihm vermitteln?

Die Bedeutung der Kirchenbindung für den Einzelglauben

Wenn wir hier die Frage stellen wollten, warum unser Glaube Gemeinschaft braucht, dann müßten wir wohl eine Antwort suchen im Sinne des Wortes aus dem Römerbrief: »Wie sollen sie an den glauben, von dem sie nichts gehört haben?« (Röm 10,14). Eine Offenbarungsreligion ist geschichtlich vermittelt und kann nicht aus den eigenen Seelengründen geschöpft werden, auch wenn sie zutiefst seelisch vermittelt und angenommen sein soll. Die Gemeinschaft der Tradenten ist deshalb ein konstitutives Element eines solchen Glaubens.
Diese Aussage kann uns aber in ihrer abstrakten Richtigkeit dazu verleiten, daß wir sie ideologisieren und sagen: Unser Glaube ist geoffenbart, deshalb braucht jeder Glaubende ein vollständiges Depositum fidei und muß in die Weltgemeinschaft jener Institution eingegliedert sein, die Garant und Interpret dieses Glaubens ist. Solche Aussagen erwecken den Eindruck, als wären Glaubensgut und Glaubensgemeinschaft fest verfügbare Größen, die als Vorgaben und Bedingungen gegeben sind. Doch das Leben widerspricht solchen Konstruktionen. Wer je mit mehreren Menschen zusammen gelebt hat, der weiß: Eine Gemeinschaft ist mehr als die Summe ihrer Mitglieder und ihrer Ziele. Da kommt etwas hinzu, was die Überzeugungssätze der einzelnen übersteigt und dem gemeinsamen Tun eine andere Qualität gibt. In diesem Sinn, so meine ich, wird die Bindung an die Glaubensgemeinschaft für unsere Religion konstitutiv, und zwar in dreifacher Richtung: sie betont die Aspekte der Beziehung, des Handelns und der Zuordnung.

Glaube und Beziehung
Der Glaube ist nicht bei einem einzelnen. Die vielen anderen sind mitbetroffen von dem, was den eigentlichen Inhalt ausmacht. Und dieser besteht im Letzten darin, daß uns geoffenbart ist: Gott ist in Beziehung getreten zu uns. Wenn wir seine Liebe bei uns ankommen lassen, dann werden wir frei und offen auf seine Wirklichkeit hin. Diese Beziehung zu Gott kann aber nur nach dem Maß der erfahrenen Menschenbeziehungen erkannt und gestaltet werden. Ich kann dieser Aussage »Gott liebt mich« nur verstehen, wenn ich schon irgendwo erfahren habe, was es bedeutet, geliebt zu werden. Und ich kann mich auf Gott hin nur beziehen, wenn ich weiß, was es bedeutet, auf jemanden hin bezogen zu existieren. Menschlich Erfahrenes wird also zum Erkennungsinstrument für das, was den tiefsten Inhalt unseres Glaubens ausmacht. Und dies erfährt jeder Mensch in seiner Gemeinschaft. Damit wäre ein Glaube, der keine Beziehungen zu Menschen kennt, in Gefahr, sich in reiner Begrifflichkeit zu erschöpfen, die nicht im Boden der menschlichen Erfahrung wurzelt.
Wir können also sagen: Gemeinschaft gehört schon deswegen zu unserem Glauben, weil der wesentliche Inhalt, die Beziehung Gottes zu uns und von uns zu Gott, nur realisiert und je neu erkannt werden kann, wenn wir aus dem Zusammenleben in Gemeinschaft wissen, was es heißt, in Beziehung zu leben. Damit ist freilich noch nicht gesagt, daß eine solche Gemeinschaft zu den Glaubensgenossen hin gerichtet sein muß. Lebt zum Beispiel ein Glaubender in einer nichtchristlichen Umgebung, dann ist es durchaus denkbar, daß die Beziehungen zu diesen Menschen ihm jene notwendigen Gemeinschaftserfahrungen vermittelt haben, die er braucht, um den Kern unserer Religion zu verstehen.
Drewermann wirft der offiziellen kirchlichen Verkündigung vor, sie lasse den Glauben entarten zur erfahrungslosen Lehre. Ein standardisiertes unpersönliches Denken würde die Wahrheiten in ein System einpressen. Dieses mache es einem Glaubenden unmöglich, neue Erfahrungen einzubringen und mit ihrer Hilfe die Beziehungen menschlich zu gestalten. So würde alles nur in Formeln ausgedrückt, die autoritativ vermittelt werden, d.h. so objektiv wie möglich. Neben solchen Rationalisierungen bestünde in der Theologie der Hang zu einer Historisierung, die den Glauben veräußerlicht und in Raum und Zeit faßbar zu machen sucht, statt ihn im Inneren von Gefühl und Erleben anzusiedeln, wohin er gehöre. Dort aber sei ein symbolisches Denken die Form, Glaubenswirklichkeiten in sich zu spüren und zu erkennen[8]. Dieses Plädoyer für die Erfahrung muß, so meine ich, neben den Seelengründen auch die erlebten Beziehungen bedenken – und damit die konkret erfahrenen Gemeinschaften ins Visier nehmen; denn dadurch wird der Kern des christlichen Glaubens wesentlich tangiert.

So braucht ein einzeln Glaubender also menschliche Gemeinschaft, in der Menschen positiv miteinander in Beziehung stehen. Muß er auch Gemeinschaft halten mit seinen Mitgläubigen? Wenn ja, in welcher Weise? Darauf, so meine ich, können wir antworten, wenn wir noch ein weiteres Spezifikum unseres Glaubens bedenken: das Handeln.

Glaube und Handeln

Unser Glaube ist praktisch oder er ist nicht. Darunter sind nicht nur die Werke zu verstehen, die – aus Glauben heraus – das Leben gestalten, sondern auch alle anderen Handlungen, die sichtbar werden: die Verkündigung, die Liturgie und die vielen Ausdrucksweisen des Glaubens, die Menschen aktivieren[9].

Alles, was zu unserem Glauben gehört, hat einen Handlungsaspekt, und seinetwegen brauchen wir die Gemeinschaft der Glaubenden. Jede unserer theologischen Formulierungen, sie mag noch so abstrahiert geronnen sein, war in der Zeit, als sie gebildet wurde, ein Formular, auf das sich die vielen einigten und das sie – meist nach Streit – wieder handlungsfähig machen sollte. Um des Handelns willen brauchen wir die Formeln. Und jede von ihnen hat einen praktischen Sinn. Indem die vielen nun dem Glauben einen solchen praktischen Ausdruck geben, spielen sie zusammen und bringen die übersinnliche Wirklichkeit in die menschliche Welt.

So hängt jeder Glaubende an der Gemeinschaft derer, die ihm den Glauben übermittelt haben, die vor ihm einen Ausdruck für das Unsagbare fanden und die zu ihrer Zeit im Sinne Gottes handelten. Zugleich steht er in Gemeinschaft mit denen, die gleichzeitig mit ihm glauben; denn indem er handelt, wird sein Glaube für die anderen wahrnehmbar und tangiert auch ihren Glauben. Wo Menschen praktisch handeln, da kommt Gemeinschaft in den Blick; denn Handeln fordert ein Sich-Abstimmen und nimmt Einfluß auf die anderen.

Nun kann aber Gemeinschaft in durchaus unterschiedlicher Gestalt zutage treten, als enge menschliche Verbindung, als organisatorischer Zweckverband oder nur als einheitliches Rechtssystem. Auch unser Glaube kennt verschiedene Gemeinschaftsweisen. Wie kann der Einzelgläubige zu ihnen stehen? Wie muß er an sie gebunden sein?

Einzelglaube und Zuordnung zu Gemeinschaften

Unter den Bedingungen der modernen Gesellschaft ist – nach Ausweis namhafter Soziologen – unser Glaube einer gewissen Verselbständigung als »Sinnprovinz« anheimgegeben[10]. Dem einzelnen ist Glaubens- und Gewissensfreiheit zugesichert. So kann er hier wie in vielen anderen Bereichen selbständig agieren. Weithin empfindet er die gesellschaftlichen Vorgänge als offene Prozesse. So sieht er auch die

Kirche in diesem Kontext und identifiziert sich mit ihr normalerweise in dem Maße, als er religiöse Erfahrungen gemacht hat oder sich in religiösen Gemeinschaften eingebunden fühlt. Franz Xaver Kaufmann meint: »Dies geschieht normalerweise recht spontan – glaubwürdig ist, was ergreift: Die liebende Zuwendung eines Menschen, ein Schriftwort, eine kultische Gemeinschaftserfahrung, ein Martyrium, ein Gedicht oder die Stille eines Gotteshauses oder der Natur, um nur einige exemplarische Erfahrungshorizonte des Religiösen zu nennen.«[11] Der einzelne erlebt die Kirche als Gemeinschaft nun auf verschiedenen Ebenen. Sie kann sich als Leben in Bekanntschaftsgruppen ausprägen. Hier wird Gemeinschaft als menschliches Zusammensein und Zusammenhandeln spürbar. Daneben aber bedeutet Kirche auch noch Weltinstitution mit einem Papst und vielen Bischöfen, mit einer bestimmten religiösen Kultur, mit einem Sinnsystem von Lehren und Vorschriften, mit Ansprüchen und Segnungen. Dazwischen liegt noch die Kirche am Ort. Sie ist wohl Institution, doch hat sie auch Elemente von erfahrbarer Nahgemeinschaft. Für den, der sich mit ihr verbunden weiß, hat sie den Charakter einer Bruder- und Schwesternschaft, für den Distanzierten aber dominiert der Eindruck einer Institution.

Die pastoraltheologischen Überlegungen der letzten 25 Jahre gehen meist in die Richtung, nach dem Muster der frühchristlichen Gemeinden die einzelnen Christen zu bewegen, sich in geschwisterlichen Ortsgemeinden zusammenzutun und aktiv in Liturgie und Diakonie das Evangelium zu bezeugen[12]. Doch dürfen wir, so meine ich, solche Gemeindemodelle nicht als einzig denkbare Möglichkeiten konzipieren; denn leicht könnten sich – wie Hans Schilling meint – Züge eines elitären Bewußtseins einschleichen oder eine Sektenmentalität entstehen, die durch ein starkes Wir-Gefühl den Freiraum und die Selbständigkeit des einzelnen einschränken würde[13]. Allerdings könnte als geschwisterliche Gemeinde erfahrene Gruppe dem einzelnen helfen, Isolation und innere Spannungen zu überwinden. Zumindest teilweise könnte so kirchliche Gemeinschaft beitragen zu Überwindung von Ängsten. Doch darf dies nicht in einer Weise geschehen, die den einzelnen auf Dauer vereinnahmt. Denn gerade Drewermanns Plädoyer für das selbständige Subjekt macht uns aufmerksam, daß es bei jedem Menschen eine Entwicklung geben mag, die ihn im Prozeß seiner Reife zu durchaus anderen Bindungswünschen führen kann. Dann soll er nicht durch eine enge Gemeinschaft begrenzt sein. Es gibt ja noch andere Formen, sich im Kontext unserer Gesellschaft mit der Kirche zu verbinden. Da ist zunächst die Großorganisation, zu der jemand gehört. Er unterstützt sie durch einen Steuerbeitrag; denn er ist grundsätzlich in ihrem Denken irgendwo zuhause. Die Kirche ergibt – wenigstens weithin – einen Bezugsrahmen, einen Sinnraster, in dem er sich grund-

sätzlich eingebunden fühlt. Freilich werden die eigenen Erfahrungen und Einsichten zum Richtmaß, wieweit er sich identifiziert mit seiner Kirche als dem Großsystem. Hier scheint sich heute weltweit ein Problem anzubahnen, wie Weltkirche ihren Bezugsrahmen mit den Erfahrungswelten ihrer einzelnen Glieder koordinieren kann. Doch dürfte dies nicht nur ein Kommunikationsproblem sein, sondern auch eine inhaltliche Komponente haben. Denn es darf nicht nur der einzelne nicht ausgeblendet sein, wie Drewermann fordert, sondern auch die kulturelle Erfahrung unterschiedlicher Völkerschaften. Diese können aber nicht dadurch miteinander verbunden bleiben, daß die gemeinsame Lehre möglichst abstrakt formuliert wird, sondern daß sie in den einzelnen Teilerfahrungen die menschlichen Grundgegebenheiten anzusprechen sucht und so ein Verstehen von innen heraus ermöglicht. Unter solchen Vorgegebenheiten könnte dann eine kirchliche Großorganisation einen übergreifenden Bezugsrahmen ergeben und für viele einen Ort stabilisierender Selbständigkeit darstellen.
Diese Weltkirche hat am Ort eine Entsprechung, nämlich die Pfarrei oder eine Gottesdienstgemeinde. Die Zugehörigkeit zu ihr kann sich ganz unterschiedlich gestalten. Da mag ein Glaubender in dieser Kirche zuhause sein. Regelmäßig besucht er dort den Gottesdienst, die Woche, das Jahr und alle Stationen seines Lebens sind mitgeprägt von dem, was in dieser Pfarrei geschieht. Er ist volles Mitglied dieser Gemeinde. Er solidarisiert sich mit den Leuten, er orientiert seinen Bezugsrahmen an dem, was hier geschieht, er findet in spannungsreichen Zeiten Hilfe und Trost. Ein anderer kommt nur sporadisch in seine Ortskirche. Wichtige Ereignisse seiner Familie sind noch mit der Kirche verbunden: eine Taufe, eine Hochzeit, eine Beerdigung. Bei solchen Anlässen spürt er eine partielle Solidarität dieser Gemeinde mit seinem Erleben. Doch hält er sich vor weiteren Annäherungen zurück. Bei besonderen Gelegenheiten, wo er die Hilfe einer Liturgie oder einer feiernden Gemeinschaft braucht, geht er hin. Für alle Fälle weiß er diesen Raum als Zufluchtsort. Ansonsten wählt er aus, was ihm wichtig scheint im Glauben; er wählt auch aus dem, wo er sich solidarisch zeigt. Diese Haltung kann sich in unterschiedlichen Stufungen zeigen, vom distanzierten Gelegenheitsbesucher bis zu jenem, der zwar regelmäßig zum Gottesdienst kommt, der aber trotzdem zu den Leuten der Gemeinde keine Beziehungen aufnehmen will; denn er weiß sich zwar der großen Kirche solidarisch, erfährt Communio aber in nichtkirchlichen Kreisen. Dort lebt er, und dort will er auch als Christ existieren. Seine Solidarisierung mit Menschen und Gemeinschaft geschieht im außerkirchlichen Bereich. Die Kirche gibt ihm einen Bezugsrahmen für seine Überzeugung und für seine Haltung, jedoch nur partiell eine Gemeinschaft.

Es mag noch viele Formen geben, wie ein Mensch sich an die Kirche bindet. Er kann die Großkirche als Bezugsrahmen, die Kirche am Ort als Raum der Solidarisierung oder die erlebbare Gemeinschaft als Hort der Stütze erfahren. Jede dieser Ebenen aber kennt verschiedene Weisen der Kommunikation und des Ausdrucks der Gemeinsamkeit. Daß wir die Kommunikationsebenen oft vermischen und so die unterschiedlichen Gemeinschaftsformen nicht eindeutig kennzeichnen, dürfte – neben anderem – ein Grund sein, warum es im kirchlichen Leben heute so viele Mißverständnisse gibt. Jede dieser Ebenen von Kirchengemeinschaft kennt je eigene Weisen, für einen Menschen ein Bezugsrahmen zu werden, ihm Solidarität anzubieten und ihm bei der Lösung innerer Spannungen behilflich zu sein. Um zu einer kommunialen Kirche zu gelangen, müssen wir die unterschiedlichen Möglichkeiten der Gemeinschaftsebenen beachten. Dem einzelnen Glaubenden wird dadurch eröffent, sich in unterschiedlicher Stufung an die Kirche zu binden, an die Gemeinde, an die örtliche Pfarrgemeinschaft oder an die Großkirche. Jeweils andere Gesichtspunkte werden dabei führend, so daß sein Glaube durch die Weise seiner Kirchenbindung eine Stütze erfährt.

Zusammenfassend sei bemerkt: Das Recht des Menschen, frei über seine Religion zu bestimmen, macht es notwendig, darzustellen, warum ein freier Glaube die Bindung an die Glaubensgemeinschaft nötig hat. Bei Menschen, die zum Glauben stehen wollen, finden wir heute eine Sehnsucht nach Communio. Sie suchen dort Versicherung, Solidarität und Hilfe für das Leben. Beziehung und gemeinschaftliches Handeln gehören wesentlich zu unserem Glauben, doch findet er in der konkreten Gesellschaft gestufte Formen, innerhalb derer er sich darstellen kann.

Es bleibt bei allem Suchen nach Gemeinschaft aber gültig, was Drewermanns Anliegen in seinem Kleriker-Buch ist: Der einzelne muß einzeln bleiben dürfen. Und die Gemeinschaften der Kirche müssen so beschaffen sein, daß jeder, der zu ihnen gehört, heiler wird.

IV. Dokumente

Buchkritik an Drewermann: Vorbild für Sachlichkeit und Kompetenz

Wolfgang Teichert

Nur zögerlich wahrgenommen zu Beginn, dann aufgenommen bei einigen aufmerksamen Rezensenten, schließlich vorgedrungen in die massenmedialen Blätter der Republik: Eugen Drewermann brauchte etwa zehn Jahre, ehe er nicht nur zur Kenntnis genommen, sondern auch heftig diskutiert worden ist. Sein neustes Buch über die »Kleriker« wurde bereits vor der Auslieferung im »Spiegel« (44/1989) vorgestellt und dortselbst auf der Bestsellerliste geführt. Die Hamburger ZEIT war durch ihren Rezensenten Günther Mack bereits vorher auf den Paderborner Theologen aufmerksam geworden. Sie hatte die Brisanz der Thesen und der Arbeitsweise Drewermanns für die Institution der katholischen Kirche bereits recht früh thematisiert, nicht erst beim Klerikerbuch.

»Zeit« und »Spiegel« markieren jedoch nur sozusagen die Spitze eines Berges fast unübersichtlicher Rezensionsliteratur, die mit dem Klerikerbuch auf den Höhepunkt gekommen ist. Es läßt sich vorweg der Eindruck nicht von der Hand weisen: Erst, wenn ein Autor in die kritische Auseinandersetzung mit der Institution, in Drewermanns Fall mit der sichtbaren römisch-katholischen Kirche, gerät, wird er auch interessant für breitere mediale Aufmerksamkeit. Das gilt besonders für den Pressebereich, auf den eine Kirche direkt keinen Einfluß nehmen kann. Machtkonflikte eines Theologen und der Kirche sind allemal leichter zu schildern als die vorbereitete theologische Kritik. Und die meisten Zeitgenossen sehen in der Theologie ein Stück Kirche, ein Stück, das den Kirchen nicht nur angenehm ist[1].

Nicht berücksichtigt werden konnte bei dieser ersten Übersicht der Reaktionen auf das Klerikerbuch was Hörfunk und Fernsehen beigesteuert haben, obwohl es lohnen würde, hier genau zu analysieren, welcher Sender mit welchem Interesse und mit welcher Profession seitens der Redakteure sich der Drewermann-Kritik angenommen hat. Schließlich wäre auch interessant gewesen, was und vor allem wie der Autor Eugen Drewermann selber immer wieder durch Interviews und Statements in die Rezeption seines Buches interpretierend eingegriffen hat.

Wir beschränken uns also auf eine Übersicht der wichtigsten Rezensionen im Printwesen. Kurze Zitate und Bemerkungen sollen Auskunft geben über Inhalt, vor allem Stil und Form der bisher geübten Buchkritik (bis April 1990).

»Spiegel« und »Zeit« stehen dabei für zwei ganz unterschiedliche Interessen und damit auch für unterschiedliche Rezensionsformen. Agnostisch der »Spiegel«, empathisch die »Zeit«. Es lohnt sich, das Rezensionsverfahren beider Rezensenten genauer zu betrachten. Der »Spiegel« beginnt mit einer Kollage von für sein Empfinden sensationellen Zitaten aus dem Drewermann-Buch. Jedem Zitat ist eine Frage vorangestellt.

Das klingt dann so: Was kennzeichnet die katholische Kirche? Antwort: Zerstörung des Individuums auf allen Ebenen persönlicher Existenz.

Woran erkranken Priester? Antwort: Es sind Menschen, bei denen Gefühle keine Rolle spielen.

Wie gehen katholische Priester mit Gläubigen um? Sie verbieten das eigene Denken.

Und schließlich: Welcher Katholik geht heute noch in die Kirche? Antwort: Geistig nicht mehr auf der Höhe der Zeit lebende Provinzler.

Nach solchen Zitatmontagen muß beim unkundigen Leser ein Gefühl entstehen, das der Rezensent selber prognostiziert: »Drewermanns Analysen können in der katholischen Kirche einen Sturm auslösen, der die Turbulenzen um den Tübinger Theologen Küng noch übertrifft.« Damit dies Gefühl auch bleibt, erklärt der Spiegelrezensent: »Statt an der Madonna, empfiehlt Drewermann, sollten sich seine Mitbrüder eher am Mythos von Brigitte Bardot orientieren.« Tatsächlich jedoch hatte Drewermann Brigitte Bardot nur als Beispiel für die in den fünfziger Jahren beginnende sexuelle Freizügigkeit in der westlichen Gesellschaft genannt. Er hatte dabei zitiert aus einem Werk über die Geschichte des erotischen Films. Von einer Empfehlung Brigitte Bardots anstelle der Madonna war keine Rede.

Dies Rezensionsdetail ist nur deswegen so ausführlich genannt, weil es einen, dem Rezensenten gewiß unbewußten Zusammenhang offenbart: Es gibt sozusagen eine untergründige Verbindung des Spiegelrezensenten mit der kirchlichen Institution. Beide haben mit Empörung zu tun. Bei den kirchlichen Konservativen ist es echt und meistens unwissend, beim Spiegel ist sie unecht und wissend. Ganz anders, gleichwohl ebenfalls an der Wirkung des Buches interessiert, jedoch auf den Autor hörend, rezensiert Günther Mack (Zeit). Er meint, dies sei das letzte Buch, welches Drewermann als »amtierender Priester veröffentlicht«, weil er mit seiner Darstellung das »einzige noch verbliebende Tabu der katholischen Kirche« verletze.

Was ist das Tabu? Zu fragen, welche psychischen Bedingungen gegeben sein müssen, daß sich ein junger Mensch hinter den Vorhang »namens göttliche Berufung« zurückzieht. Die krankmachende Wirkung einer Priesterausbildung in der Klerikerpsyche und die Frage nach dem Interesse einer Institution, die solche Diener bedient – das macht G. Mack als das Tabu des Buchs aus. Gleichwohl findet er die anrührendsten Passagen dort, wo Drewermann seinen demoralisierten Amtsbrüdern Mut macht, ihre lebendigen Schichten zu suchen und gegen einen fremdbestimmten Willen anzugehen. Der Rezensent übernimmt Drewermanns Urteil, daß es ein liebloses System sein muß, was seine Diener deformiert und in den Strukturen von Macht und Verwaltung denkt. Mit Drewermann hofft auch G. Mack am Ende seiner geteilten Institutionskritik, daß sich die Kirche an geständigen Zentralkommitees und Politbüros ein Beispiel nimmt: Sie möge – und darin zitiert er Drewermann wörtlich – »ein öffentliches Geständnis der gewollten Inhumanität und der seelischen Grausamkeit« ablegen.

Das ist nun auffällig: Nach dem Erscheinen des Kleriker-Buches konzentrieren sich die Kritiken mehr auf die Folgen für Autor und kirchlichen Institution als auf den theologisch sachlichen Gehalt. Das gilt besonders für die – wenigen – »Verrisse«, die das Buch erfahren hat. Unter der Überschrift »Kirchenruine in winterlicher Landschaft« behauptet die »Deutsche Tagespost«, eine in kirchlicher Hand befindliche Postille, Drewermann rede eigentlich nur von sich selbst und seinem eigenen Psychogramm. Hingegen, so das Blatt: »Die wirklichen Fragen, die sich in der Kirche stellen, die Dornen an der eigenen Struktur, mit denen die Kirche zu allen Zeiten zu kämpfen hat, werden bis zur Unerkenntlichkeit entstellt.« Was nun die »wirklichen Fragen« sind erfährt der Leser ebensowenig wie den Nachweis, wo denn die Drewermannschen Entstellungen zu finden sind. Bleiben wir noch ein wenig bei den Rezensionen, die in Kirchenblättern gegeben werden. Ulrich Niemann beginnt seine Kritik in der von den Jesuiten herausgegebenen Stimmen der Zeit zunächst einmal mit dem Hinweis auf Drewermanns fehlende psychoanalytische Kompetenz. Er habe sich abgestimmt mit vier anderen Jesuiten, teilt Niemann mit, und dies Kleeblatt sei zu der Ansicht gekommen: »E. Drewermann würde von den Krankenkassen

aufgrund seiner mangelnden Qualifikation nicht zur Behandlung psychisch Kranker zugelassen werden können.« Folglich könne sein Priesterpsychogramm gar nicht seriös sein. Es fehle an empirischen Daten, es gebe keine »Kontrollgruppe«, Statistik spiele ebenfalls keine Rolle, und die Psychoanalyse allein reiche nicht aus, um etwas zur »Anthropologie geistlicher Berufe« zu sagen. Erst im letzten Absatz kommt der Autor mit seiner eigentlichen Kritik heraus: »Durch sein Buch über Kleriker hat er bestehende Gegensätze eher verstärkt. Schade!«
Wieso schade? fragt sich der Leser, um alsbald zu erfahren, daß Drewermann selber auf die Couch gehöre, er, der ein »Opfer seiner eigenen therapeutischen Ungeduld« geworden sei: er, der »seine eigene Enttäuschung und Aggression gegen Autoritäten und Kirche in seiner Kritik an Klerikern unreflektiert und selbst nichtanalysiert einsetzt.« Er hätte, meint der jesuitische Autor, »vorsichtiger« sein sollen, führwahr eine Kritik aus eben dem Geist, den Drewermann in seinem Buch so kritisch vorführt. Allerdings sind solche Kritiken selten, ebenso selten wie der Artikel im »Schweizer katholischen Sonntagsblatt«, das unter der Unterschrift »Drewermanns Irrweg« einen acht Punkte umfassenden Katalog abdruckt, der als »theologische Expertise« ausgegeben wird. Der Autor beruft sich auf den Theologen Alfons Auer und versteht sein Opus unter Verwechslung von Wunsch und Wirklichkeit als »abschließendes Urteil« (!).
Differenzierter, kenntnisreicher und doch auch kritisch gehen andere katholische Blätter mit dem Kleriker-Buch um. Vielleicht am kritischen Ulrich Ruh, bei Bischof Lehmann einst promovierter Redakteur der »Herder-Korrespondenz«. Unter der Überschrift »Überzogener Angriff oder notwendige Klärung?« stellt Ruh sogleich fest: »Es geht um die katholische Kirche überhaupt, ihre Struktur, Theologie, Frömmigkeit und Pastoral.« Ruh anerkennt, daß die psychoanalytische Rückfrage nach unbewußten Motiven für die Wahl des Priesterberufs legitim ist, er möchte auch die »Zeugnisse und Beobachtungen zum Leiden von Priestern und Ordensleuten an sich selbst, an ihren Dienst, ihrer Lebensform und ihrer Kirche ernst« genommen wissen, aber, so der Autor: Drewermann denke in »schlechten Alternativen«, es gäbe im Blick auf Kirche, Lehre und Amt nur ein Entweder-oder: »Entweder eigene Erfahrung *oder* starre kirchliche Lehre, entweder Theologie als Auslegung von Wirklichkeit *oder* als unfruchtbare Interpretation überlieferter Formeln...« Aber Drewermann übersehe, daß die geschichtlich ausgeprägten Formen für den einzelnen zuweilen einen guten Sinn und eine entlastende Bedeutung hätten. Man dürfe Amtlichkeit und Selbstsein nicht einfach gegenüberstellen. Zurückzufragen im Sinne Drewermanns wäre an Ruh, ob er richtig gelesen hat. Dem Klerikerkritiker Drewermann geht es gar nicht um ein Entweder-oder und auch nicht

um eine akademische Gegenüberstellung. Ihm geht es um das Leiden an Amt, Lehre und Struktur der Kirche. Es geht ihm um eine Art Therapeutikum – das vergißt Ruh in seiner Rezension. Es ist denn auch nicht weiter verwunderlich, daß der Rezensent sich um einen von ihm als gefährlich empfundenenGegenstand Drewermannscher Argumentation kritisch bemüht: Nämlich das, was Drewermann die zeitweise »ethische Suspendierung« nennt, als jene im Interesse der Heilung eingenommene annehmende Haltung, die lieber wahrnimmt als wertet. Wo bleiben »Selbstverleugnung, vorbehaltlose Hinwendung zum Nächsten, Kreuztragen«, fragt Ruh, um Drewermann nachzuweisen, er hänge ebenso an »einem überzogenen Ideal des Priesterlichen«, wie diejenigen, die er kritisiert. Wer, so Ruh, »Dichter und Psychotherapeuten als positive Vorbildgestalten des Priesters herausstellt«, überfordere die Priester. Wir begegnen in dieser Kritik einer Argumentationsfigur, die sich häufiger bei klugen Katholiken zeigt: dem Idealkritiker wird sein eigenes Ideal wieder kritisch unter dem Stichwort »Überforderung« zurückgegeben. Es bleibt allerdings unberücksichtigt, daß das real existierende Priesterbild seinerseits an krankmachender Überforderung leidet. Der Alternativenentwurf Drewermanns ist ja nur ein Versuch, dem schlimmen »status quo« eine weiterreichende Aussicht und einen Ausweg zu gewähren.
Eine vornehme und noble Art der Auseinandersetzung wählt die »Orientierung«, ein progressives Schweizer katholisches Periodikum. Dort läßt sich der Rezensent, offenbar selber Priester, zunächst einmal sehr persönlich vom Kleriker-Buch ansprechen: »Ich sehe an mir selber die Narben von verfehlter und nur langsam losgewordener Verkümmerung und Verletzung...«. Deswegen appelliert die Überschrift: »Laßt Euch betreffen, aber nicht blenden«, was so viel heißt wie: Das Buch ist wichtig, aber nicht nur verehrungsvoll kritiklos zu lesen.
Der Autor Dietrich Wiederkehr, Dogmatiker aus Luzern, sieht mit Drewermanns Buch die »noch nicht aufgearbeitete Modernismusdiskussion« angesprochen, also jene katholisch-kirchliche Haltung, die seit Anfang des Jahrhunderts in permanentem Verdacht lebt gegen alles, was die »Moderne« hervorbringt. »Aus dem Modernismusstreit nichts gelernt«! befindet der Autor. Drewermanns Buch sei eine »zu beachtende idelogiekritische Analyse.« Gleichwohl stellt der Autor am Schluß seiner Rezension eine kritische Anfrage, die er aber nicht als Entkräftigung Drewermannscher Kritik und noch weniger als eine schlaue »Selbstimmunisierung der Kirche« verstanden wissen will. Die Anfrage richtet sich sozusagen an Drewermanns Tauchverfahren: Er tauche mit einer geradezu blind positiven »Voraus-Sympathie« hinab in die Tiefenschichten des einzelnen Menschen, um von dort Authentisches zu bekommen. Empfehlung des Rezensenten: »Drewermann

selber, aber auch die Leser/-innen des Buchs, sollten die Partie einmal mit einer umgekehrten Voraus-Sympathie lesen: mit nüchterner kritischer Unterscheidung gegenüber den individuellen und kollektiven seelischen Schichten und Kräften und mit einer kleinen Chance für die Rationalität, für begriffliche Anstrengung und für eine notwendige strukturierte Institution.«

Es ist die Frage nach dem Autonomiekonzept Drewermanns mit ihrer Beschwörung der Subjektivität, die hier vorsichtig anklingt. Deswegen findet der Rezensent die im Buch zu findenden Angriffe auf die politische Theologie eines J.B. Metz auch »unschön« und überflüssig. An dieser Stelle wird in der Tat das Gespräch mit Drewermann spannend werden. Wahrscheinlich braucht jeder Mensch, je nach Lebenssituation, einmal mehr selbst- und subjektbestimmte Lebensphasen, dann aber wieder umgreifende, traditionsgeleitete oder situationsgeforderte Existenzarten.

Neben diesen – sozusagen von priesterlich betroffener Seite – Kritiken, stehen die Rezensionen der selbst vom Bannstrahl der Institution Getroffenen. Georg Denzler in der Frankfurter Allgemeinen Zeitung konstatiert: »Es ist bedrückend zu lesen, wie das menschliche Ich des Priesters immer wieder totgeschlagen wird von dem kirchlichen Über-Ich.« Darum ist für ihn Drewermanns Buch »ein längst notwendiges und auch heilsames Werk.« Der kirchengeschichtlich ausgewiesene Rezensent findet allerdings »ungenügend« Drewermanns kirchengeschichtliche Kenntnis, um dann zu schließen: »Was auch immer geschehen mag, fest steht, daß jede Art von Verurteilung dieses prophetischen Priesters eine gefährliche Verurteilung der Kirche selber wäre.«

Ganz unverhohlen zum Austritt rät in der esoterischen Zeitschrift »das neue Zeitalter« der ehemalige Priester Hubertus Mynarek. Er meint, Drewermann werde »innerhalb der Kirche scheitern« und darum erlaubt er sich ein Schlußgeständnis: »Ich muß gestehen, daß ich die Drewermanns, Küngs, Pfürtners usw., die in der Kirche bleiben, dennoch nicht verstehe. Sie wissen ganz genau, daß die Amtskirche in ihrer festgefügten Hierarchie nicht bekehrbar, nicht reformierbar ist, daß sie stets Macht vor Spiritualität und Moral setzen wird. Aber da ist ein letzter magische Rest…« Und nicht ohne Pathos: »Kollege Drewermann, lösen sie sich von diesem Vorurteil, vernichten Sie in sich den letzten magischen Rest! Bedenken Sie: Man kann nicht neuen Wein in alte Schläuche gießen.«

Wenig hat man bisher gehört von den theologischen Kollegen Drewermanns an den Hochschulen. Es gab eher zögerliche Reaktionen auf Drewermanns Werk zunächst von exegetischer Seite (Lohfink und Pesch) und dann eine eher auftraggebundene Arbeit (Tiefenpsycholo-

gische Deutung des Glaubens?). Von Küng, Pfürtner, Metz, aber auch von evangelischen Fakultäten hört man wenig. Um so aufmerksamer ist zu beachten, was Peter Eicher, der Paderborner Kollege von Eugen Drewermann, der in den Gesprächen mit dem Ortsbischof auch als Beistand für den Buchautor aufgetreten ist, über Drewermanns neues Buch schreibt (abgedruckt in der Frankfurter Rundschau, in Publik-Forum und z.T. im Vorwort zu diesem Band). Eicher findet es leicht, ein anstößiges Buch einfach zu verurteilen oder zu bejubeln. Er geht einen dritten Weg, um zu verstehen, was Drewermann will, welche Befunde er zu Tage bringt und was er für eine Theorie zu liefern hat über die derzeitigen Zustände. Drewermann »agiert nicht antiklerial« meint Eicher, er gibt dem »Priesterlichen in der Kirche eine neue Aufgabe und eine neue Begründung« und er hat eine »radikal institutionskritische« Pointe, weil er kirchliche Apparaturen der geistlichen Macht ändern will. Ihm sei, so gesteht Eicher, an anderer Stelle nach der Lektüre der abgründigen Klerikertherapie der Klerus »erstmals wieder liebenswürdig geworden. Denn sympathisch kann nur werden, wer auch in seinen Deformationen verständlich ist.« Und Eicher urteilt folgerichtig und ein wenig listig: »Würde dies Buch von dem Klerus verurteilt, aus dem es stammt und den es doch von seinen falschen Lasten zu befreien sucht, dann würde es im Bittersten seiner Wahrheit recht erhalten.«
Gleichwohl wünscht sich auch Eicher eine kontroverse Diskussion des Drewermannschen Ansatzes. Und eher nebenbei, fast scherzhaft, hat der andere Paderborner Theologe Eicher eine kleine eigene kritische Prognose zu seinem Freund Eugen Drewermann.« Da der Paderborner Kierkegaard im Christentum die verlorene Diesseitigkeit wieder zu finden sucht, wird er sie nicht finden, ohne bis zur Wurzel des Ölbaums vorzudringen: bis zu Gottes Bund mit Israel. Seine eigene Flucht nach Ägypten könnte sich dann als Vorbereitung zum Exodus aus dem Reich der Pharaonen erweisen…« Hier legt Eicher den Finger auf einen diskussionswürdigen Punkt, der Drewermanns gesamtes Werk betrifft: Seine Vorliebe für die lichtvolle ägyptische Mythologie und seine Strenge gegenüber der jüdischen Tradition und deren Gottesbild.
Ein letzter Hinweis gilt der evangelischen Rezeption des Kleriker-Psychogramms, die in den Lutherischen Monatsheften zuerst erschienen ist. Dort hält Hans-Joachim Petsch nichts von »klammheimlicher Freude« bei den evangelischen Amtsbrüdern oder -schwestern, weil katholischerseits ein hehres Ideal demontiert werde. Zwar sei die Ausbildung evangelischer Pastorinnen- und Pastoren-Ausbildung in dem von Drewermann geforderten psychischen Bereich besonders gründlich, zwar behindere sie nicht ein Keuschheitsideal, das sie im späteren Leben doch nicht einhalten können, aber dennoch biete auch das evangelisch kirchliche Milieu dem Bedürfnis nach Angstflucht oder Angstbindung

genügend Raum. Es gebe schon wieder Tendenzen, die »reine Lehre, das Wort allein« und nicht den ganzen »Psychokram« zu wählen. »Im ohnehin schon emotionsarmen und entmythologisierungsfreudigen Protestantismus schart sich diese Abwehr des Psychischen um das Wort.« Seinen evangelischen Kollegen und Kolleginnen rät der von Drewermann inspirierte Rezensent: »Man prüfe sich selbst sowie die Amtsschwestern und -brüdern: wie wir im Gottesdienst Bibel und Gesangbuch an den talargewandeten Körper pressen, als wollten wir gleichsam im und am Gedruckten Halt finden…« Und auch die starken, ungeliebten Mütter sind nicht nur ein Problem katholischer Priester, könnte man hinzufügen. Doch möchte ich hier nicht über meine eigene, ebenfalls evangelische Rezeption und Rezension (Evangelische Kommentare) des Drewermannschen Buches berichten.

Die kurze Bestandsaufnahme und Zitation wichtiger Rezensionen hat gezeigt, daß Drewermanns Buch weitgehend sachlich, meist zustimmend, zuweilen persönlich betroffen und auch dialogisch im Sinne von kritischen Anfragen aufgenommen worden ist. Damit hat die öffentliche Auseinandersetzung zu einem Stil gefunden, den man auch der Kirche wünscht. Die Amtskirche könnte in den meisten Rezensionen ein Vorbild für ihre eigene Form der Rezeption sehen, eine öffentliche, eine verständige, eine dialogbreite und vor allem eine sich selbst nicht schonende.

Das Protokoll der Auseinandersetzung

Erzbischof Degenhardt an Eugen Drewermann vom 5.1.1987

Lieber Mitbruder,
Sie haben im Herder-Verlag im vergangenen Jahr ein Buch herausgebracht unter dem Titel »Dein Name ist wie der Geschmack des Lebens«. In diesem Buch haben Sie eine tiefenpsychologische Deutung der Kindheitsgeschichte nach dem Lukas-Evangelium vorgelegt.
Manche Äußerungen in Ihrem Buch scheinen mir mit dem katholischen Glauben kaum vereinbar zu sein. Zumindest sind einige Formulierungen so, daß sie ein Verständnis nahelegen, das dem Glauben der katholischen Kirche zu widersprechen scheint.
Ich möchte Ihnen heute zwei Fragen vorlegen, zu denen ich Sie um eine schriftliche Äußerung bitte:
1. Wie ist das Bekenntnis zu Jesus Christus im Glaubensbekenntnis nach Ihrer Auffassung zu verstehen »Ich glaube an den einen Herrn Jesus Christus, Gottes eingeborenen Sohn... eines Wesens mit dem Vater... Er hat Fleisch angenommen durch den Heiligen Geist von der Jungfrau Maria und ist Mensch geworden«?
Im einzelnen frage ich:
a) Ist die Gottessohnschaft Jesu etwas ganz Einzigartiges und Einmaliges? (vgl. S. 24 , wo Sie schreiben, daß die Frage sich für die christliche Theologie ganz neu stelle, »was mit diesem Glauben an die Gottessohnschaft im Sinne eines mythischen Symbols gemeint ist.«).
b) Ist die Gottessohnschaft Jesu nur ein »Bild«? (S. 146, Anmerkung 139). Wie verstehen Sie das Zitat von Bultmann (aus Jesus Christus und die Mythologie, 14) auf Seite 146, Anmerkung 39?
c) Ist der Schoß der Jungfrau Maria nur ein Bild, nur ein archetypisch vorgegebenes, ein Symbol (vgl. S. 146. Anmerkung 39)?
d) Was bedeutet ihre Aussage auf der Seite 42, daß die Gottessohnschaft Jesu Christi ein archetypisches Symbol ist?
Ist diese Aussage so zu verstehen, daß mit der Person Jesus von Nazaret alle menschlichen Erfahrungen verschmelzen, die in jedem Menschen angelegt sind, wenn es um Neuanfang, Regeneration, Wesensverwirklichung und Ganzwerdung geht?
e) Was meinen Sie mit der Aussage auf Seite 59, daß der Zentralbegriff des christlichen Glaubens, die Gottessohnschaft, sich der altägyptischen Religion (ca. 3000 v. Chr.) verdanke?

f) Können wir den christlichen Glauben nur verstehen, wenn wir die altägyptischen Riten durchmeditieren (vgl. S. 61)?
2. Frage: Kindheitsgeschichten Jesu nach Lukas
a) Sie sagen auf Seite 20, man dürfe die Kindheitsgeschichten Jesu, die mythische Texte seien, nicht »als geschichtliche Darstellungen im äußeren Sinne lesen«. Was heißt »im äußeren Sinne.«?
b) Was ist gemeint, wenn Sie auf Seite 82 sagen, die Geburtsgeschichte Jesu sei weder »historische« Nachricht noch »subjektive Vorstellung«?
c) Wie ist Ihre Aussage auf Seite 88 »Die Geburt des Gottessohnes vollzieht sich nicht auf der Ebene der Historie; sie ereignet sich auf einer Ebene der Wirklichkeit, die sich nur in den Bildern des Mythos beschreiben läßt«, in Übereinstimmung zu bringen mit der Aussage des Zweiten Vatikanischen Konzils, Konstitution »Dei verbum«, Artikel 19, wo es heißt: »Unsere heilige Mutter, die Kirche, hat entschieden und unentwegt daran festgehalten und hält daran fest, daß die genannten Evangelien, deren Geschichtlichkeit sie ohne Bedenken bejaht, zuverlässig überliefern, was Jesus, der Sohn Gottes, in seinem Leben unter den Menschen zu deren ewigem Heil wirklich getan hat, bis zu dem Tag, da er aufgenommen wurde.«?
d) Wie verstehen Sie die Aussage des Zweiten Vatikanischen Konzils, Konstitution »Lumen gentium«, Artikel 63: »Im Glauben und Gehorsam gebar sie (Maria) den Sohn des Vaters auf Erden, und zwar ohne einen Mann zu erkennen, vom Heiligen Geist überschattet...«?
Ich möchte Sie bitten, Ihre schriftliche Antwort kurz zu fassen und mir innerhalb der nächsten vier Wochen zuzuschicken. Gegebenenfalls kann Ihre Antwort Grundlage eines weiteren Gespräches sein.

Mit besten Grüßen und Segenswünschen

Eugen Drewermann an Erzbischof Degenhardt vom 30.1.87

Sehr geehrter Herr Erzbischof,
als ich Ihre Anrede, lieber »Mitbruder« las und mein neues Buch »Dein Name ist wie der Geschmack des Lebens« in Ihrem Brief vom 5.1.87 erwähnt fand, dachte ich einen Moment lang voller Freude, es sei dies in mehr als 20 Priesterjahren das erste persönliche Wort, das Sie an mich richten würden. In der Tat könnte ich Ihnen viele Briefe von mir völlig unbekannten Personen zeigen, die nach der Lektüre dieses Buches den Wunsch verspürten, mir zu schreiben; die meisten bedanken sich für die Weihnachtsfreude, die ich Ihnen damit gemacht hätte, manche meinten sogar, sie hätten seit Jahren wieder ihr erstes wirkliches Weihnachten feiern können. Es gab auch einige – verschwindend

wenige – kritische Anfragen, denen ich als Autor freilich stets größte Aufmerksamkeit schenke; aber alle Briefe – oder mündliche Stellungnahmen – verrieten in irgendeiner Weise ein persönliches Engagement, eine innere Auseinandersetzung, ein Stück Betroffenheit. Ich kenne diese Art von Resonanz seit vielen Jahren, schreibe ich meine Bücher doch selbst mit starker innerer Anteilnahme, und besonders mein Buch über die Kindheitsgeschichte Jesu nach Lukas habe ich versucht so persönlich dicht, ja dichterisch zu schreiben, als ich irgend konnte.
Ich habe, als ich Ihren Brief zu lesen begann, also wirklich einen Moment lang geglaubt, ich hielte den Brief eines »Mitbruders« in der Hand. In Wahrheit ist dieser Brief unter Hunderten und Tausenden von Reaktionen auf meine inzwischen über 20 Bücher der bisher einzige, der ohne jedes eigene Gefühl und Empfinden, ohne auch nur die Andeutung eines persönlichen Eindrucks, ohne die geringste menschliche Auseinandersetzung, auf etwas »antwortet«, das man nicht verstehen kann ohne Gefühl, Empfinden, Phantasie und Poesie.
Darf ich es offen sagen?
Es handelt sich um das Schreiben eines Mannes, den man beauftragt hat, in meinem Buch die vermeintlich, »kritischen« Stellen herauszusuchen und in Form von »Anfragen« als »Ermittlungsunterlagen« aufzuarbeiten. Im Sommer des vergangenen Jahres anläßlich Ihres Firmungsbesuches haben Sie mir in einem »Gespräch« von sechs Minuten Länge mitgeteilt »man« lese »in Rom« meine Bücher. Ich vermute, daß Sie seitdem glauben, Ihrer Amtspflicht im Sinne der Lehraufsicht mir gegenüber obliegen zu müssen. Vielleicht sind Sie deshalb wirklich der Mann, der mit diesem Brief seine Beauftragung erledigen wollte. Aber hat er sie erledigt?
Sie hätten von S. 98 an mein Buch nur sich selber vorzulegen brauchen, und Sie hätten darin die beste Weihnachtspredigt gefunden. Aber haben Sie mein Buch überhaupt bis dahin gelesen? – Sie hätten in der Auslegung der Geschichte vom zwölfjährigen Jesus im Tempel eine Meditation finden können, mit der Sie jede Firmpredigt hätten »bestreiten« können. Aber haben Sie bis dahin gelesen? – Die ehemals zwischen uns scheinbar so kontroverse Frage über das Verhältnis von Ethik und Religion, Gesetz und Evangelium, habe ich (noch einmal) in der Auslegung der Begegnung zwischen Elisabeth und Maria zu beantworten versucht. Der Mann, der mir den Brief vom 5.1.87 zustellen ließ, scheint entweder unsere vorherigen »Gespräche« oder mein Buch in diesen Passagen nicht zu kennen. Man hat ihn offenbar nur darauf angesetzt, die Herleitung des Glaubens an die Gottessohnschaft Jesu aus dem Alten Ägypten als »wohl kaum katholisch« rot anzustreichen. Etwas anderes wollte er scheinbar in dem Buch nicht lesen; etwas anderes hat er jedenfalls darin nicht gelesen; und so hat er eines wenigstens erreicht:

Er hat gezeigt, wie man Bücher nicht lesen kann, die religiöse Symbole nicht nur erklären, sonder selbst zur Sprache bringen wollen.
In der Tat: Die Ezählungen über die Empfängnis und Geburt des Gottessohnes sind symbolische Erzählungen; sie sind keine Berichte von äußeren Tatsachen, sondern enthalten die Wiedergabe inneren Erlebens; sie sind nicht durch Beobachtungen des (ich muß mich so ausdrücken:) Zeugungs- und Geburtsvorganges Jesu entstanden, sondern sie sind aus bestimmten Erfahrungen mit seiner Person erwachsen; sie sprechen demgemäß nicht von der biologischen Herkunft Jesu, sondern von dem Wesen seiner Person; sie liefern keine »Fakten«, die den Glauben von außen handgreiflich beweisen würden, sondern sie artikulieren den Glauben an Jesus Christus mittels derjenigen Bilder, die in unserer Seele bereit liegen, um die Begegnung mit einer absoluten Person auszusagen. Nicht einmal die Apokryphen versuchen, recht verstanden, etwas anderes; wir aber als Theologen sollten bei der Lektüre der Bibel inzwischen wissen, was literarische Genera, überlieferungsgeschichtliche Tatsachen, religionsgeschichtliche Parallelen und – nur dafür plädiere ich zusätzlich: – was archetypische Symbole sind.
Es führt in der Tat kein Weg mehr hinter Bultmann zurück; es gilt im Gegenteil zu sehen, wie ungeheuer groß der religiöse Schaden ist, der dadurch entstand und entstehen muß, daß die Bibelkritik von Spinoza bis Reimarus, von Wrede bis Bultmann verboten oder ignoriert wurde und auch in der Gegenwart offenbar nur mit Widerstreben zur Kenntnis genommen wird. Als ich noch zur Schule ging, mußte ich stundenlang diskutieren, ob Adam und Eva ein individuelles Menschenpaar gewesen sein könnten – Teilhards Schriften erhielten damals noch infolge eines falschen Verständnisses der Schöpfungsgeschichte keine Druckerlaubnis; später meldeten sich die Schüler klassenweise vom Religionsunterricht ab. Im Studium hatte ich ernsthaft bei einem damals angesehenen Fundamentaltheologen zu diskutieren, ob Jesus »wirklich« in Anpassung an die Anschauungsweise seiner Zeitgenossen äußerlich sichtbar in den Himmel aufgefahren sei.
Diese Fragen sind heute erledigt. Aber nicht anders, sehr geehrter Herr Erzbischof, wollen Sie heute wissen, ob »der Schoß der Jungfrau Maria nur (sic.!) ein Symbol sei«, möchten Sie wissen, ob das Grab Jesu »leer« war, und überlesen Sie den Text der Bibel, die da sagt, daß selbst Josef der Vision eines Engels im Traum bedurfte, um das Geheimnis seiner Verlobten erkennen zu können, daß Maria selbst nur durch die Erscheinung eines Engels den Erlöser der Welt »empfangen« konnte und daß auch die Frauen das Grab Jesu nur geöffnet zu sehen vermochten, weil ein Engel herabstieg, um es zu öffnen, und aus dem Grabe zu den Erschrockenen redete.
Wie sieht man, wie hört man einen Engel?

Diese Frage u.a. wollte ich in meinem Büchlein so beantworten, daß man es mitfühlen, mitdenken, mitempfinden kann.
Ich glaube nicht, sehr geehrter Herr Erzbischof, daß es Ihre Pflicht sein kann, in Konsequenz eines absolut äußerlichen Wunderbegriffs jede Interpretation der Glaubenssymbole, die Symbole als Symbole auslegt, als »wohl kaum katholisch« fixieren und denunzieren zu müssen. Die Generation, die heute heranwächst, versteht mit 17 Jahren mehr von den Gesetzen der Natur als Descartes, Newton oder Darwin, und es kommt ganz entscheidend darauf an, ihre Fragen nicht mit einem fundamentalistischen Dogmatismus niederzuhalten, der doch nur auf Angst, Gedankenarmut und Unkenntnis bzw. Unbelehrbarkeit beruht und gewiß nicht von Vertrauen, Herzensweite und Lerneifer gegenüber den Geheimnissen Gottes angetrieben wird. – Zum »Problem« des Wunderbegriffs habe ich mich übrigens in »Tiefenpsychologie und Exegese«, Bd. 2, S. 46-308 recht ausführlich geäußert.
Es liegt mir sehr daran, zu betonen, daß die von Ihnen gestellten »Anfragen« sich *nicht* auf die von mir vorgeschlagene tiefenpsychologische Hermeneutik beziehen, sondern allesamt das Problem betreffen, das durch die historische Kritik an der Bibel entstanden ist. Ich halte in der Tat die historisch-kritische Exegese in ihrer gegenwärtigen Einseitigkeit für religiös fatal; denn es kann nicht genügen, immer wieder die mangelnde Historizität biblischer Erzählungen und Überlieferungen festzustellen, ohne imstande zu sein, den bleibenden Sinn und die menschheitliche Gültigkeit symbolischer Sprech- und Darstellungsweisen zu verstehen. Eben deshalb liegt mir daran, die historisch-kritische Exegese mit der Tiefenpsychologie zu verbinden, um die objektive Gültigkeit von Bildern wie dem Symbol der Jungfrauengeburt, der Gottessohnschaft, der Himmelfahrt etc. aufzeigen zu können. Diese Symbole sind so wenig unwirklich oder »nur subjektiv« wie die Anschauungsformen von Raum und Zeit und die Kategorien des Verstandes, – wie der Satz von der Kausalität z.B., mittels dessen wir laut Vaticanum I Gott aus der Natur erkennen können; aber es ist philosophisch nicht mehr möglich, einem naiven Realismus zu folgen, der so tut, als seien Raum und Zeit, die Kausalität, die Modalität, die Qualität, die Quantität Eigenschaften der Dinge an sich selbst.
Ganz analog betrachte ich die Symbole der Religion als apriorische Anschauungsformen zur Deutung der menschlichen Existenz, und ich bin Gott dafür dankbar, daß er uns derartige ordnende Chiffren der Menschlichkeit mit auf den Weg gegeben hat. Insbesondere die Anschauungsform der Gottessohnschaft ist gewiß nicht durch bestimmte historische, äußerlich beobachtbare Fakten bei der Geburt Jesu entstanden. Sie ist – dafür sprechen Religionsgeschichte, Ethnologie und Tiefenpsychologie einmütig – in der menschlichen Seele grundgelegt,

und sie wurde, historisch gesehen im alten Ägypten zum wesentlichen Zentrum des religiösen und politischen Lebens. Nach Ägypten muß also gehen, wer den Inhalt, die Bedeutung, die konkrete Poesie dieser Anschauungsform kennenlernen will. Dies zu erklären ist nicht sonderbarer, als im ersten Semester der Theologoie darauf hinzuweisen, daß man nach Griechenland gehen muß, um den Inhalt und die Bedeutung bestimmter Begriffe wie Substanz, Ursache, Seiendes, Unendlichkeit u.a. zu studieren. Niemals besteht der Glaube im Feststellen äußerer Tatbestände und in der Festlegung auf äußere Tatsachen; immer ist er eine Bewegung der menschlichen Existenz, ein persönliches Verhältnis zum Absoluten. Was dazu gehört, sich zu Jesus von Nazaret so absolut zu verhalten, daß es möglich wird, ihn als Gottessohn zu erkennen, habe ich auf S.59-67 dargelegt. Sollte es für jemanden, der diese Seiten mit Verstand gelesen hat, noch fraglich sein, daß ich die Erfahrungen, die einen solchen Glauben begründen, für einzigartig unvergleichbar, von allem Ägyptischen auf charakteristische Weise unterschieden halte?
Ich bitte Sie eindringlich, sehr geehrter Herr Erzbischof, Ihr Amt so zu verstehen, daß Sie Geheimnisse hüten, nicht Tatsachen verwalten. Ein äußerlich verstandener Glaube ist immer gewalttätig, ob er will oder nicht, und er schafft schließlich Tatsachen, die die Kirche der geistigen Struktur nach zur Sekte zu machen geeignet sind, indem sie das Feld der Entfremdung, der Außenlenkung, der Zerstörung des Gefühls, der Unterdrückung von Geist und Gedanken, der Unmündigkeit erwachsener Menschen immer mehr ausdehnen, und es ist schlimm, immer wieder Menschen zu begegnen, die mit Berufung auf lehramtliche Schreiben bereits den Glauben wanken sehen, wenn man ihnen zumutet, was in der Neuzeit zweifelsfrei und unumgänglich ist: den Glaubensinhalt innerlich zu nehmen. Das Gespräch mit der Tiefenpsychologie, mit den modernen Naturwissenschaften, mit den nicht-christlichen Religionen läßt sich nur führen durch eine psychologisch Vertiefung des eigenen Glaubensbegriffes, nicht aber durch einen Rückfall auf Positionen, die sich, zur Pflicht erhoben, dem Wissen und dem Reflexionsniveau der Zeit auf eine groteske Weise verschließen würden.
Gewiß werden Sie Exegeten finden und vielleicht auch zum Schreiben gegen mich ermutigen können, die speziell in der Frage meines Buches den Anteil der alttestamentlichen Tradition auf die Formung der lukanischen Kindheitsgeschichte höher einstufen als ich; diese Exegeten aber werden dann vor dem Problem stehen, den Begriff »Gottessohn« nicht im Sinne der katholischen Dogmatik, sondern wirklich »nur«, als Interpretament des Begriffes »Davidssohn« verstehen zu können. Einen Exegeten, der in der Öffentlichkeit die Erzählungen von Nazaret und Bethlehem für historische Berichte erklärt, werden Sie im ganzen deutschen

Sprachraum heute nicht mehr finden. Das Problem, das sich daraus ergibt, habe nicht ich verursacht, ich habe versucht es zu lösen – im Sinne und zugunsten der katholischen Dogmatik, wie ich überzeugt bin.

Mit freundlichen Grüßen und Wünschen für das Neue Jahr 1987, bin ich

Erzbischof Degenhardt an Eugen Drewermann vom 13.3.1987

Lieber Mitbruder,
bei dieser Anrede möchte ich bleiben.
In ihrem Brief vom 30. Januar 1987 haben Sie Ihre Betroffenheit, Ihren Ärger, Ihre Verletzung zum Ausdruck gebracht, die Ihnen mein Schreiben vom 5.1. 1987 bereitet hat.
Verletzen wollte ich Sie nicht. Ich habe Ihnen diesen Brief als Ihr Bischof geschrieben und glaubte, in meinen Fragen auf wichtige Punkte hinweisen zu sollen, die geklärt werden müssen.
Ihre allergische Reaktion kann vielleicht so verstanden werden, daß auch Sie spüren, daß Ihre Äußerungen – übrigens nicht nur in Ihrem Buch »Dein Name ist wie der Geschmack des Lebens« – ein problematisches Verständnis katholischer Glaubensaussagen beinhalten können.
Mein Brief vom 5. Januar will keine Würdigung oder Besprechung Ihres Buches sein; ich habe mich bewußt auf einige Fragen beschränkt, die Person Jesu Christi, das Verständnis der Gottessohnschaft Jesu und der Jungfrauengeburt betreffen.
Übrigens kann ich Ihnen versichern, daß ich Ihr Buch ganz gelesen habe, auch die Seiten 59 - 67 und ab Seite 98.
Es mag sein, daß meine Fragen in eine Richtung zielen, die Sie für nicht wichtig halten; Sie mögen auch nicht den Kern Ihres Anliegens treffen. Jedoch bitte ich Sie, nicht alles nur von Ihrem Anliegen aus zu sehen, sondern auch anderen ihre Aspekte und ihre Sicht zu gestatten.
Im katholischen Glaubensverständnis sind nicht nur Symbole, Bilder und Archetypen wichtig, sondern auch historische Fakten, geschichtliche Ereignisse, Gegebenheiten, die unabhängig von menschlicher Annahme, Ablehnung oder von innerlicher Einsicht bestehen.
Ich will es deutlich sagen: Die Erlösung durch Jesus Christus ist ein historisch-geschichtliches Faktum, das in einer bestimmten Zeit unter einmaligen politischen, sozialen, religiösen Bedingungen geschehen ist.
Was »in der Fülle der Zeit« geschehen ist, ist nicht etwas, was überall und stets in der menschlichen Psyche angelegt ist, sondern etwas, das aus der Liebe des Dreifaltigen Gottes sich in der Zeit ereignet hat – ein für allemal.

Auf meine Fragen haben Sie leider nicht befriedigend geantwortet: Sie haben wieder darauf hingewiesen, daß die »Erzählungen über die Empfängnis und Geburt des Gottessohnes« »symbolische Erzählungen« sind (Seite 2); sie wollen nicht »von der biologischen Herkunft Jesu« (Seite 3) sprechen. Sie sprechen von Bildern, vom Symbol Gottessohnschaft (Seite 4), von der »Anschauungsform der Gottessohnschaft« (Seite 5).
Was Sie aber zu den gestellten Fragen konkret und exakt sagen wollen, weiß ich nicht. Deshalb möchte ich Sie nochmals bitten, meine Fragen zu beantworten.
Übrigens : Gewiß werden Sie verstehen, daß ich auf Ihre Unterstellungen und Vermutungen nicht eingehe.

Mit freundlichen Grüßen

Eugen Drewermann an Erzbischof Degenhardt vom 17.6.1987

Sehr geehrter Herr Erzbischof,
endlich komme ich dazu, Ihren Brief vom 13.3. zu beantworten – die Zeit dazwischen, gefüllt mit Arbeit, ließ eine frühere Erwiderung beim besten Willen nicht zu. Freilich muß ich zugleich offen gestehen, daß ich eine gewisse Weile gebraucht habe, um nach Briefen wie dem vom 5.1. dieses Jahres oder nach Ihrer neuerlichen Anfrage vom 13. März zu einer gelassenen Entgegnung imstande zu sein, und offenbar ist dies bereits der Tatbestand, der Sie am meisten verwundert – daß man verwundet ist, wenn Sie erklären, Ihre Anrede »lieber Mitbruder« vorerst »weiterverwenden« zu wollen, und man doch nicht glauben mag, daß Sie sich selber glauben, was Sie damit sagen. Ganz einfach: Auch ich kenne eine Reihe von Priestern im Amt, deren Aussagen und Handlungsweisen mir als bedenklich, um nicht zu sagen: als schädlich, einseitig, rückständig, angstbesetzt, neurotisch oder sonstwie vorkommen. Gleichwohl käme ich niemals darauf, einem dieser Leute einen Brief zu schreiben, der mit der Feststellung beginnt, daß seine Auffassungen »wohl kaum katholisch« seien, und jedenfalls erschiene es mir absurd, einen solchen Vorwurf, ernsthaft geäußert, dann auch noch sammetpfötig mit der Anrede »Lieber Mitbruder« heranschleichen zu lassen. Nein, wenn meine Ansichten »wohl kaum katholisch« sind, dann sind Sie und ich auch »wohl kaum« »Mitbrüder«. Was ich Ihnen gewiß glaube, ist Ihr guter Wille, von Ihren Priestern als »Mitbruder« empfunden zu werden ; aber nun müssen Sie offenbar einen Konflikt lösen, den Ihnen Ihr Amt auferlegt : Sie müssen »Rom« (wer ist das?), wo, »man« »meine Bücher liest« (welche?), über »meine Theologie,« (gibt es die?) »Rechenschaft« geben (gestützt worauf?); und in solchen

Fällen genügt es offenbar immer noch, *den Verdacht* der heiligen Behörde auf sich zu lenken, um bereits vorverurteilt zu sein: wohl kaum katholisch! Der Rest ist dann eine Frage der Begründung – »man« wird sie in einem Katalog von Fangfragen schon finden, wofern der »Verdächtige« nicht »befriedigend« durch verbale Wiederholung von Katechismussätzen seine Schriften »widerruft«. Wohlgemerkt gehört es dabei zu den Spielregeln der Macht, sich niemals der Diskussion zu stellen; sie muß unsichtbar im Verborgenan bleiben – ein Kafkascher »Prozeß«; so verlangt es die kirchliche Praxis seit Jahrhunderten, ich weiß. Doch wissen Sie, als Primaner spielten wir einmal J. Anouilh's Drama »Antigone«; ich spielte damals den »Kreon«, einen König der töten muß, obwohl er es nicht will, zur Bestrafung eines »Verbrechens«, dessen Menschlichkeit er durchaus begreift. »Das also heißt es König zu sein?«, fragt Antigone. -»Ja, das heißt es.« Seit dem Tage beschloß ich, niemals König zu werden oder im Zweifelsfalle jedes Amt wieder abzugeben, das sich mit der Forderung persönlich gelebter Menschlichkeit (»Mitbrüderlichkeit« z.B.) nicht vereinbaren ließe. Ihre Lage ist gewiß noch weit weniger beneidenswert als die meine. Aber Sie erklären, das seien nur meine Vermutungen, auf die Sie nicht eingehen könnten. Auch dieses Stück Menschlichkeit, das ich immerhin vermute, nehmen Sie damit aus dem Spiel wie eine hinderliche Schachfigur. Also kommen wir zu *Ihren* Vermutungen.

Ich sei ärgerlich und fühlte mich verletzt? Sehr richtig. Weil ich wohl selber wisse, daß meine Ansichten nicht die der Kirche seien? Keinesfalls. Einzig deshalb, weil Sie so tun, als lasse sich der Glaube abfragen wie ein Päckchen lateinischer Vokabeln und grammatikalischer Regeln, bin ich erschrocken, entsetzt, empört – was Sie wollen. Es ist die mir ungeheuerlich erscheinende Spaltung zwischen Person und Glauben bzw. die fatale Äußerlichkeit im Verständnis religiöser Wirklichkeit, die mir im Prinzip krankmachend und gewalttätig erscheint. Sie fragen, ob der Schoß der Jungfrau Maria nur ein Symbol sei, in der Meinung offenbar, daß »nur« die Biologie Anspruch auf Wirklichkeit besitze. Aber so kann das katholische Dogma nicht gemeint sein. Da es (freilich wiederum nur wie ich vermute) praktisch darum geht, Herrn Ratzinger in diesem Punkt zu »befriedigen«, sei er selbst als Zeuge angeführt. In der »Einführung ins Christentum« erklärt er, es gehe nicht um »Biologie« bei dem Dogma der Jungfrauengeburt, sondern um eine metaphysische Aussage bzgl. der »Gottessohnschaft« Christi, und an diese könne man auch glauben, selbst wenn Jesus aus einer ganz normalen Familie stamme; das Christentum sei eben kein Mythos, – der Mythos denke biologisch, das Christentum nicht. Doch an dieser Stelle irrt der Kardinal bei seinen ansonsten ganz richtigen Feststellungen.

Ich denke, in meinem Buch gezeigt zu haben, was im übrigen für Mythen insgesamt gilt: Sie drücken sich auf der Ebene biologischer sinnlich erfahrbarer Sachverhalte aus, aber sie wissen sehr genau, daß die Biologie in all ihren Erzählungen »nur als ein Symbol« zu verstehen ist. Die Mutter des Pharao z.B. ist nicht, sondern wird zur Jungfrau, d.h. sie tritt in ihre Wirklichkeit als Mutter des Menschen, der das lebende Bild Gottes auf Erden ist, allererst im Augenblick der Thronbesteigung des Pharao, am Tag seiner geistigen Geburt, seiner Lebenserneuerung ein, wie die Ägypter es schon um 2500 vor Christus in ihren Riten darstellten. Wenn Herr Ratzinger am Ende seiner Darlegungen fordert, es müsse dem Glauben an die Jungfräulichkeit doch auch etwas »Leibhaftiges« entsprechen, so darf dieses »Leibhaftige«, wenn seine vorherigen Worte einen Sinn machen sollen, gewiß nicht »biologisch« verstanden werden. Das »Neue« des Christentums kann doch nicht darin liegen, daß man einen archetypischen Mythos 5000 Jahre nach seiner Entstehung am Ende ungeistiger, äußerlicher und dinglicher interpretieren muß als die Alten selber es nachweislich getan haben. Eine metaphysische, nicht biologische, leibhaftig erfahrbare Wirklichkeit Gottes im Leben des Menschen – *das* ist es, was man gemeinhin *ein Symbol* nennt.
Sie mahnen mit Nachdruck an, daß Jesus uns zu einer bestimmten Zeit, unter bestimmten Umständen, historisch einmalig, erlöst habe. In dieser Frage, sehr geehrter Herr Erzbischof, sind wir völlig der gleichen Meinung. Ohne die historische Wirklichkeit der Person Jesu hätten wir den Glauben niemals gefunden, der uns freimacht für Gott, für uns selber und für die Menschen an unserer Seite. Kraft dieses Glaubens ist es richtig und objektiv wahr, in Jesus den König zu sehen, der das Leben von Grund auf erneuert, so sehr, daß er *wesentlich* der Sohn der Jungfrau ist. Aber man kann den Sachverhalt nicht umkehren, indem man ihn biologisch veräußerlicht. Der Glaube besteht nicht darin, stupende Fakten biologisch für wahr halten zu müssen, die dann die Übernatürlichkeit Jesu beweisen könnten. An keiner Stelle der christlichen Dogmatik (Erschaffung des Menschen, Sündenfall, Auferstehung, Himmelfahrt Jesu, Aufnahme Mariens in den Himmel) war und ist es möglich, die Leibhaftigkeit des Glaubens biologisch statt metaphysisch, zu verstehen. Sie ist nur geschenkt als ein Symbol, als Ausdruck einer Erfahrung, die den ganzen Menschen als Person ergreift und umgreift, sie ist kein Gegenstand, kein Körperding, kein physikalisches Objekt. Und was die »einmaligen« historischen, politischen Verhältnisse angeht, unter denen Jesus lebte und getötet wurde, so berichtet das Neue Testament darüber nicht sehr viel historisch Verläßliches; es ist ihm offenbar viel wichtiger, daß wir begreifen, daß diese Verhältnisse zu allen Zeiten und zu allen Orten *menschheitlich* so sind: Die Schuld am Tode Jesu trägt *der* Mensch, nicht der Jude – wie anders sollten wir

sonst erlöst sein? M.a.W.: Die Verhältnisse und Bedingungen haben sich nicht geändert, allenfalls, daß wir den Auftrag hätten, sie zu ändern. Ich bin davon überzeugt, daß der Glaube der katholischen Kirche, in dieser Weise aufgefaßt, am überzeugendsten, am wahrsten und – am »schönsten« (!) sich vermitteln läßt. Mir liegt daran, die Symbole unseres Glaubens (endlich wieder!) so auszulegen, daß sie sich der ewigen Poesie der Psyche zu allen Zeiten und Zonen der Menschheit zwanglos im Feld eines größeren Vertrauens zu erschließen vermögen. Was soll da Ihr Vorwurf, ich sollte nicht nur mich selber gelten lassen? Ich lasse zur Erkenntnis der Wahrheit des Christentums eine Menge gelten: Mythen und Träume, fremde Religionen und Traditionen der Weisheit, atheistische Philosophen und Naturwissenschaftler, ich möchte auch in der Theologie selber fächerübergreifend lernen dürfen. Ich kann einzig nicht gelten lassen, daß die Geltung des Christentums sich darauf stützen soll, daß man den eklatanten Mangel an innerer Erfahrung durch eine ständige Ausdehnung seelischer Zerstörung zugunsten eines »Glaubens« nach Art einer »befriedigenden Auskunftei« vor den Menschen unserer Zeit zu kompensieren versucht. War es nicht das Wunder des Pfingsttages, daß Menschen aller Landschaften und Kulturen die Apostel in *ihrer* Muttersprache verstehen konnten? Wie redet man zu Menschen – oder, besser: wie lebt man mit Menschen – so geistig erfüllt, daß sie sich wie aus ihrem eigenen Herzen angesprochen fühlen und das scheinbar so Fremde als ihr Ureigenstes verstehen können? Einzig um dieses Wunder geht es mir, und, wie Sie zugeben werden, gründet die Kirche, in der Sie Bischof und ich Priester bin, sich ganz allein auf dieses Wunder eines nicht endenden Anfangs, einer geistigen Verwandlung des ganzen Menschen in sprechendes Feuer. Wann wird man voneinander lernen, statt einander zu verketzern?

Ganz herzlich grüße ich Sie in diesen Tagen nach Pfingsten als Ihr

Erklärung zum Verfahren gegen Eugen Drewermann vom 28.9.1989

Verfaßt von den Theologieprofessoren der Universität – Gesamthochschule – Paderborn
Unterzeichnet von 140 Theologieprofessorinnen und Theologieprofessoren und von weiteren 26300 Personen (Stand Juni 1990)
Eugen Drewermann droht der Entzug der kirchlichen Lehrerlaubnis ohne in einem ordentlichen Verfahren überhaupt gehört worden zu sein. Nach der Verfahrensordnung der Deutschen Bischofskonferenz vom 4.Mai 1981 steht einem Theologen in einem Lehrbeanstandungsverfahren wenigstens die Akteneinsicht, die anwaltliche Verteidigung und die

schriftliche Begründung der Beanstandungen zu. Dies alles wird Eugen Drewermann gegenwärtig noch vorenthalten.
Eugen Drewermann ist bereit, sein Werk in einem rechtlichen Verfahren zu erläutern. Die Unterzeichner bitten deshalb den Vorsitzenden der Deutschen Bischofskonferenz, Dr. Karl Lehmann, den Ortsbischof, Dr. Johannes Joachim Degenhardt und die Römische Glaubenskongregation, alle ungeregelten Verfahren, die ohne den Betroffenen stattfinden, unverzüglich einzustellen. Eugen Drewermanns innovatives und in hohem Maße existentielles Werk verdient eine argumentative Auseinandersetzung, in deren Verlauf alle Beteiligten lernen könnten. In jedem Fall muß gelten: audiatur et altera pars – auch gerade der Andere muß gehört werden.

Pressestelle des Generalvikariats in Paderborn vom 11.10.89

Die Pressestelle im Erzbischöflichen Generalvikariat Paderborn erklärt zur neuerlichen Auseinandersetzung um Privatdozent Dr. Eugen Drewermann:
1. Entgegen anderslautenden Behauptungen hat sich die Deutsche Bischofskonferenz auf ihrer jüngsten Herbst-Vollversammlung in Fulda nicht mit dem Werk von Dr. Drewermann befaßt.
2. Entgegen anderslautenden Behauptungen ist ein Lehrbeanstandungsverfahren gegen Dr. Drewermann bei der Glaubenskommission der Deutschen Bischofskonferenz nicht anhängig und rechtlich auch nicht erforderlich, da seine Aussagen in seinen Büchern öffentlich zugänglich sind.
3. Entgegen anderslautenden Äußerungen hat Erzbischof Degenhardt in den vergangenen Jahren mehrere Gespräche mit Dr. Drewermann geführt, und zwar am 20. Juni 1986, am 9. September 1986, am 26. September 1986 und 5. April 1988. Bei einigen Gesprächen waren auch Angehörige des Metropolitankapitels zugegen. Bei den Gesprächen sind Dr. Drewermann gegen ihn erhobene Bedenken benannt worden, die ihm auch schriftlich vorliegen, und zwar seit dem 5. Januar 1987. Die Gespräche, die andere mit Dr. Drewermann geführt haben (Professor Mühlen, Professor Schwermer, Professor Schnackenburg u.a.), sind hier nicht berücksichtigt. Leider konnte ein Symposion in Naurod bei Wiesbaden im Herbst 1988 wegen der Beerdigung von Bischof Moser nicht stattfinden. Das Symposion sollte auf das Frühjahr 1989 verlegt werden; Dr. Drewermann hat jedoch eine Beteiligung abgelehnt.
4. Zu den Aufgaben und Pflichten der Bischöfe gehört es, darauf zu achten, daß Glaubensaussagen von Theologen, die im Auftrag des Bischofs lehren, mit der Glaubensüberzeugung der Gesamtkirche übereinstimmen und deshalb als »katholisch« bezeichnet werden können.

Unveröffentlichte Erklärung von Erzbischof Degenhardt vom 26.10.1989

In zahlreichen Veröffentlichungen versucht Privatdozent Dr. Eugen Drewermann, mit Hilfe der Tiefenpsychologie sowie der Mythen- und Märchenforschung die Symbol- und Bildersprache der Bibel dem heutigen Menschen zu erschließen. Dieser therapeutische Ansatz ist innerhalb der methodischen Grenzen der genannten Wissenschaften legitim und in mancher Hinsicht pastoral hilfreich. In der konkreten Durchführung seines Anliegens kommt E. Drewermann jedoch mit vielen seiner Aussagen in Konflikt mit grundlegenden Aussagen der Bibel und ihrer kirchlichen Auslegung. Das läßt sich, – wie auch die theologische Fachdiskussion überwiegend erweist – insbesondere an drei für die kirchliche Glaubenslehre fundamentalen Fragen zeigen.

1. Nach der Lehre des Zweiten Vatikanischen Konzils, das sich dafür auf das klare und eindeutige Zeugnis der heiligen Schrift stützt, geschieht die Offenbarung Gottes in der Geschichte durch Wort und Tat, die innerlich miteinander verknüpft sind (vgl. Dei verbum Artikel 2). Die Kirche hält deshalb an der Geschichtlichkeit besonders der Evangelien fest:

»Unsere heilige Mutter, die Kirche, hat entschieden und unentwegt daran festgehalten, und hält daran fest, daß die vier genannten Evangelien deren Geschichtlichkeit sie ohne Bedenken bejaht, zuverlässig überliefern, was Jesus der Sohn Gottes in seinem Leben unter den Menschen zu deren ewigem Heil wirklich getan und gelehrt hat, bis zu dem Tag, da er aufgenommen wurde« (Dei verbum. Artikel 19).

E. Drewermann versteht die Offenbarung demgegenüber in vielen seiner Aussagen nicht als freie geschichtlich sich ereignende Selbstoffenbarung Gottes, sondern als traumhafte Projektion der archetypischen Strukturen der menschlichen Seele.

Diese Position geht zum Beispiel aus der folgenden Aussage hervor:

»So wie am Beginn des Frühlings die Wärme der Sonne die Blumen aus der Erde hervorlockt, in dem sie die in ihnen schlummernde Gestalt nicht erschafft, wohl aber zur Entfaltung weckt, so wird man auch die Offenbarung Gottes in dem Menschen Jesus von Nazaret nicht anders verstehen können, als daß von der Person Jesu eine solche Güte und Wärme ausging, daß all die Bilder des Heils, die in der menschlichen Seele angelegt sind, durch seine Nähe auf den Plan gerufen wurden, sich mit seiner Gestalt verbanden und sich zu einem Gesamtgemälde formten, in dessen Widerschein ein jeder Mensch die Wahrheit Christi zu erkennen vermag, indem er sich selber darin offenbar wird« (E. Drewermann, Tiefenpsychologie und Exegese II. 1985. 768 f).

Daß dies religionsgeschichtlich betrachtet zu einer Nivellierung der biblischen Offenbarung führt, zeigt etwa die folgende Aussage:

»Wir sind als Christen zu sehr alttestamentlich und zu wenig ägyptisch, um wirklich christlich zu sein, und nur eine tiefe Reform des Träumens und der Poesie könnte uns wieder lehren, was Gott im Herzen eines jeden Menschen eingeschrieben hat, um sich darin zu offenbaren« (E. Drewermann. Religionsgeschichtliche und tiefenpsychologische Bemerkungen zur Trinitätslehre, in: W. Breuning (Herausgeber) Trinität. Aktuelle Perspektiven der Theologie. Freiburg im Breisgau 1984 (= Quaestio disputata 101, 142).
Diese Sicht führt auch zu einem neuen Verständnis der Dogmen: »Ein besseres Verständnis käme zustande, wenn man die Dogmen ähnlich verstehen würde wie Traumbilder, die sich auf dem Weg zur Heilung – vor dem Hintergrund eines tieferen Vertrauens, das durch ein Gegenüber geweckt wird – spontan einstellen« (E. Drewermann. Psychoanalyse und Moraltheologie III. An den Grenzen des Lebens, Mainz 1984, 260 f. Zum typologisch-repräsentativen Charakter der geschichtlichen Offenbarung vgl. E. Drewermann, Tiefenpsychologie und Exegese I, 54 ff., ders. Tiefenpsychologie und Exegese II, 700 f).
2. Nach der Heiligen Schrift und der kirchlichen Lehre geschieht die Fülle der Offenbarung Gottes in Jesus Christus (Dei verbum, Artikel 4). Jesus Christus ist nach der Schrift und nach den altkirchlichen Bekenntnissen der ewige und einzige Sohn Gottes, der in der Zeit durch Maria, die Jungfrau, Mensch geworden ist. In einer Reihe von Aussagen von Drewermann wird dagegen die Gestalt Jesu religionsgeschichtlich nivelliert und auf eine Ebene mit heidnischen Göttergestalten und Heilbringern gestellt.
Auch E. Drewermann spricht an einigen Stellen von Jesus Christus als einer absoluten Person (E. Drewermann, An ihren Früchten sollt ihr sie erkennen. Antwort auf R. Pesch / G. Lohfink, Tiefenpsychologie und keine Exegese. Olten / Freiburg im Breisgau 1988, 60 f.). In anderen Aussagen wird dagegen die Gestalt Jesu Christi relativiert:
»Wer sagt: Ich glaube an Jesus Christus, Gottes eingeborenen Sohn, bekennt sich im Grunde dazu, daß er in seinem Leben all die Erfahrungen mit Christus gemacht hat, die der alte Ägypter mit der Person des Pharao verband« (E. Drewermann. Dein Name ist wie der Geschmack des Lebens, Tiefenpsychologische Deutung der Kindheitsgeschichte nach dem Lukas-Evangelium, Freiburg im Breisgau1986, 60).
E. Drewermann geht sogar soweit, zu sagen:
»Die Götter…leben als mächtige Gestalten in den Tiefen der menschlichen Psyche selbst und empfangen von der jeweiligen Kultur nur die Bühne und das Drehbuch ihres Auftritts. Sie mögen dann heißen, wie sie wollen, Adonis, Osiris oder Christus, Diana, Maria oder Coatlicue, Indra, Marduk oder Herakles – in allen Formen und Gestalten bleibt

gleichwohl ihr unverwechselbarer Kern erhalten« (E. Drewermann, Tiefenpsychologie und Exegese I. Olten 1984, 309).

3. Nach der Lehre der Heiligen Schrift wie nach der Lehre der Kirche besteht die Erlösung, welche uns Jesus Christus gebracht hat, in der Vergebung der Sünden, der Versöhnung mit Gott, im Geschenk des neuen Lebens in Jesus Christus und im Heiligen Geist sowie in der Überwindung des Todes (vgl. DS 1520-23; 1529; GS 22; AG 3; 8). E. Drewermann wählt aus dieser umfassenden Botschaft von der Erlösung einseitig einen wichtigen, aber keineswegs erschöpfenden Aspekt aus: die Überwindung der Angst. In anderen Aussagen kommt er zu einer schwerwiegenden Umdeutung der christlichen Erlösungsbotschaft.

Über die Befreiung von der Angst sagt er: »Einzig bezogen auf dieses Thema ist Jesus Christus wirklich der Heiland der Welt (Joh 4,41)« (E. Drewermann. An ihren Früchten sollt ihr sie erkennen, S. 61) .

E. Drewermann verwirft vor allem die neutestamentliche und kirchliche Deutung des Kreuzes Jesu Christi als Sühneopfer (E. Drewermann, Das Markusevangelium I, Olten/Freiburg im Breisgau 1987, 67); er versteht »den Gott des Karfreitags als eine Chiffre der Erlösung«, »das Drama der Kreuzigung« »als ein Psychodrama der Heilung, als eine symbolisch-stellvertretende Durcharbeitung der verdrängten Gefühle von Haß, Zerstörung und Rache«, »als eine Darstellung mithin all dessen, was Menschen erst einmal erleben und tun müssen, ehe sie im Ghetto der Angst an so etwas wie Vergebung jenseits aller Schuld wirklich und unzweideutig wieder glauben können« (E. Drewermann. Das Markusevangelium I; Olten/Freiburg im Breisgau 1987, 71 f.).

In diesem Zusammenhang kommt E. Drewermann zu einem Verständnis der Eucharistie, welches der Bibel wie der kirchlichen Überlieferung fremd ist: »Die Eucharistie ist... ein umfassender Versuch nach Art eines Psychodramas im Ausagieren des an sich Zerstörenden zu heilen; es ist wie ein Versuch, das ewig Schuldige, das ewig Verbotene bewußt zu machen und zu tun, um es im Tun als unschuldig zu akzeptieren. Die Eucharistie ist wie ein verzweifeltes, äußerstes Bemühen der Religion, dem Menschen zu sagen, was psychologisch eine Mutter ihrem Kind in der Depression gerade nicht mehr überzeugend zu sagen vermag: daß seine Schuldgefühle unbegründet sind, daß es entgegen seinem Schuldgefühl, kein Mörder ist und daß es aufhören kann, sich als Kannibale zu fühlen und als Kannibale zu leben, nur weil es, um zu leben, essen muß; der Gott, den man im Sakrament zu töten meint, wird leben, – er gibt sich selber hin – es ist des Gottes eigenes Opfer, nicht ein Mord, was da geschieht« (E. Drewermann, Der Krieg und das Christentum. Von der Ohnmacht und Notwendigkeit des Religiösen, Regensburg 1982, 310).

Aufgrund des Gesagten ist deutlich, daß viele Aussagen von E. Drewermann mit fundamentalen Glaubenslehren, der heiligen Schrift wie

der kirchlichen Überlieferung nicht in Einklang stehen. Trotz Anregungen im einzelnen, die sein Werk gibt, bedeuten die gemachten Aussagen eine Verkürzung des Glaubens. Aus den ungenügenden, ja falschen Aussagen von E. Drewermann über die Offenbarung, Jesus Christus und die Erlösung ergeben sich außerdem verhängnisvolle Konsequenzen auch für seine Deutung der Kirche und ihrer Ämter, sowie für die Darstellung der christlichen Sittenlehre.
Aufgabe der Bischöfe ist es, das Geheimnis Jesu Christi unverkürzt vorzulegen. Deshalb ist es meine Pflicht, Dr. Drewermann eindringlich zu ermahnen, die genannten Aussagen zu klären und im Sinn der kirchlichen Lehre zu korrigieren. Ich verbinde die Hoffnung, daß er von seinem wissenschaftlichen Ansatz aus zur Übereinstimmung mit der biblischen und kirchlichen Lehre gelangt.

Eugen Drewermann an Erzbischof Degenhardt vom 6.11.1989

Sehr geehrter Herr Erzbischof,
gerne nehme ich die Gelegenheit wahr, die vermeintlich unklaren Punkte »meiner« Theologie zu erläutern, ja, ich bin froh, nach all den Gerüchten und Medienmitteilungen über drohende oder schon beschlossene Maßnahmen gegen mich von Ihnen nach über anderthalb Jahren Schweigen nunmehr in substantiierter Form zu hören, was eigentlich die »Verdachtsmomente« in meinen Büchern darstellen soll – die Ausführungen von Pater H. J. Lauter zu diesem Thema hatte ich stets als klar erkennbare Mißverständnisse betrachtet, die bei genügender Lektüre meiner Bücher keiner weiteren Darlegungen bedurften, zumal er zu öffentlichen Diskussionen trotz Aufforderung meinerseits niemals sich bereit gefunden hat. Es war dies übrigens – entgegen Ihrem Wort während der Bischofskonferenz – der Stil auch der Verfasser der »Quaestio«, die erst jetzt, nachdem sie fast zwei Jahre lang als ein Werk wissenschaftlicher Diskussion gehandelt wurde, als offizielle Anfrage der Glaubenskommission an mich bezeichnet wird: nur R. Schnackenburg und Pater J. Sudbrack haben trotz vieler Einladungen mit mir öffentlich oder privat bisher gesprochen. Herr Sudbrack hat inzwischen ausführlich in »Geist und Leben«, Oktober 89, sich zu meinen Gedanken geäußert – ich lege Ihnen diesen Aufsatz bei, weil er bei aller Kritik sehr gut wiedergibt, was ich wirklich sagen möchte. Leider trifft es auch nicht zu, daß ich den Autoren der »Quaestio« schriftlich nicht geantwortet hätte ; es verhält sich in zwischen lediglich so, daß ich einen längeren Aufsatz z.B., der zur »Klärung« sehr beitragen könnte, weder im Rheinischen Merkur noch in der Kölner Kirchenzeitung, die in Fortsetzung die Artikel von H. J. Lauter abdrucken, veröffentlichen

kann; ich bin als katholischer Theologe infolge der eigentümlichen Behandlung meines »Falles« z.Z. auf das protestantische Allgemeine Sonntagsblatt angewiesen, um mich der katholischen Leserschaft mitzuteilen. Auch von diesem Artikel lege ich Ihnen eine Fotokopie bei. Unter diesen Umständen verwundert es mich natürlich, daß Ihre Anfragen, die Sie selbst, wie ich dankbar vermerke, als Bitte um Klärung interpretieren, in sich selbst als eine fertige »Erklärung« formuliert sind, die Sie mit Ihrer Unterschrift zusätzlich noch als fertige Mitteilung für die Öffentlichkeit paraphieren. Tatsächlich bitte ich seit mehr als vier Jahren darum, nun doch zu sagen, was eigentlich zwischen Rom, Fulda und Paderborn (und nicht zuletzt zwischen der Integrierten Gemeinde in München und bestimmten Theologen in Köln) verhandelt und gehandelt wird, und auch jetzt fällt es mir – verständlicherweise, nicht wahr? – recht schwer, eine Antwort auf ein Schreiben zu geben, dessen Autoren ich sowenig kennen soll wie den möglichen Zweck seiner Verwendung. Und was mir am wichtigsten erscheint, ich trete als Priester und als Mensch ohne Zögern für meine Überzeugungen und für meinen katholischen Glauben ein, aber doch nur im Gegenüber anderer Menschen, nicht gegenüber einer formalisierten Behörde, die so tut, als ließe sich aus dem Glauben eines Menschen ein Untersuchungsgegenstand machen, den man »chemisch rein« erforschen könnte wie das Sputum und die Exkremente eines Patienten im Labor. Es ist, glaube ich, dieser Typ von Theologie selbst, der Aussagen in meinen Büchern und Vorträgen, die ich als Betroffener für Betroffene mache, notwendig mißverstehen wird, indem man eine erfahrungsgebundene, sagen wir: lyrische Sprache liest wie eine Information über sachliche Gegebenheiten und Zusammenhänge.
So habe ich, um die einzelnen Punkte durchzugehen, *zum ersten* niemals geleugnet und niemals leugnen wollen, daß Gott sich »frei« und »geschichtlich« in Jesus Christus geoffenbart hat; im Gegenteil! Gerade die Erfahrung des freien personhaften Gegenüber Gottes in der menschlichen Geschichte ist für mich der tragende Grund dafür, daß wir so zu sein und zu leben vermögen, wie Gott uns gemeint hat. Um freilich zu beschreiben, wie wir Gott durch die Person und Botschaft Jesu Christi in unserem Leben erfahren können, müssen wir die geistigen und gemüthaften Voraussetzungen und Veränderungen beachten, die im Menschen liegen, um Gott »erkennen« zu können, und die sich in ihm ereignen, wenn er Gott »erkennt«. Diese Voraussetzungen hindern nicht die Freiheit Gottes, sie bieten ihm überhaupt erst die Möglichkeit, sich den Menschen mitzuteilen; sie sind die Bedingungen, an die Gott selbst sich gebunden hat, als er den Menschen schuf. Das Konzilsdokument »Dei verbum« sehe ich ganz im Einklang mit dieser meiner Auffassung, die ich zudem mit vielen Theologen, von Augustinus über

Bonaventura bis zu K. Rahner, teile. Es geht aber darum, die falschen Alternativen aufzulösen: Gott oder Mensch, Freiheit oder Bedingtheit, Offenbarung oder Geschichte. Gott, wenn er sich dem Menschen mitteilt, hebt gerade die Zerrissenheit und Gegensätzlichkeit in unserem Leben auf. Und eben deshalb sage ich: die Art, wie Gott sich mitteilt, ist die Liebe selbst; sie weckt, wie die Sonne mit Menschen alles an Gutem zum Leben, was darin, – von Gott selbst! – angelegt ist. Und so offenbart sich Gott in der Schönheit des Menschen, in dem Licht seiner Freude und in der Fähigkeit, einander gegen den Tod anzulieben, wie Christus es uns lehrte. Ich sehe nicht, wie die Geschichtlichkeit der Offenbarung Gottes geleugnet werden könnte, wenn ich (Tiefenpsychologie und Exegese, II 596 – 624) ausführlich erläutere, daß der Mensch überhaupt erst durch die Offenbarung Gottes zu seiner Geschichtlichkeit findet. Und wenn ich sage, wir sollten »ägyptischer« sein, um »christlicher« zu werden, so möchte ich doch hoffen – und weiß ich durch viele Briefe -, daß man wohl verstehen kann, was ich da sage: Wir müßten zutiefst poetischere, träumewagendere, bildergeleitetere, visionärere, weitherzigere, kurz: »menschlichere« Menschen sein, um das Geheimnis des »Menschensohnes« verstehen zu können. Und dann: ich sage nicht, die Dogmen der Kirche seien nur »Traumbilder«, ich sage: man könne sie meditativer, inniger, gewaltfreier, zwangloser, menschlicher verstehen, wenn man sie in sich aufnehmen würde wie verdichtete Träume, in denen Gott selbst sich uns mitteilt. Ich lehre nicht die Aufhebung der Dogmen, ich lehre im Gegenteil deren innere Verbindlichkeit auf eine Weise, daß die Menschen es verstehen können. Ich möchte nichts weiter, als das Anliegen der Mystik des 14. Jahrhunderts unter den Bedingungen der Anthropologie des 20. Jahrhunderts zu verwirklichen helfen (Tiefenpsychologie und Exegese, II 783; Das Markus-Evangelium, II 214-215).
Damit zusammen hängt *ein zweites*: daß nur derjenige Jesus Christus wirklich verstehen kann, dem der Mann aus Nazaret buchstäblich alles geworden ist: das Zentrum seines Lebens, der Herr über Leben und Tod, der Richtmaßstab seines Handelns in Zeit und Ewigkeit. Nur um zu zeigen, was alles Jesus uns ist oder sein kann oder sein müßte, gehe ich zurück in die Religionsgeschichte und damit in die Tiefenschichten auch der menschlichen Psyche, um anhand vergleichbarer bzw. vorbereitender Vorstellungskomplexe zu beschreiben, welch eine Bedeutung die Person Jesu Christi für den Glaubenden besitzt. Es nivelliert doch nicht die Bedeutung des Lichtes, wer feststellt, daß »überall« Licht ist und alle Materie letztlich nichts weiter als gefrorenes Licht. Allerdings geht daraus nicht hervor, daß alles gleich oder gleichgültig sei, und darin stimme ich Ihnen nicht nur zu, das ist in meinen Augen generell die Voraussetzung dafür, die unterschiedliche Wirklichkeit überhaupt er-

kennen zu können und in methodischer Strenge unterschiedlich beschreiben zu müssen. Man kann z.B. nicht eine Passage in meinen Büchern, die religionsgeschichtlich oder religionspsychologisch formuliert ist, dogmatisch verstehen wollen, ohne sie mißzuverstehen. So glaube ich z. B. wirklich, daß die »Götter« in der menschlichen Psyche leben – eben deshalb sind sie nicht Gott! -, aber ich habe doch niemals sagen wollen, daß Jesus Christus einer der Götter sei; ich sage lediglich, daß wir, um die Person des Christus zu verstehen, uns der Vorstellungen über das, was göttlich ist, bedienen müssen, wie Gott sie in unsere Seele gelegt hat. Daß ich Christus an einer Stelle von »Tiefenpsychologie und Exegese«, I 309 in einem Atemzug mit Adonis und Osiris nenne, bedeutet nicht, daß mir Christus nichts anderes sei als die Götter Altsyriens oder Ägyptens, es bedeutet lediglich, daß die Vorstellung von einem Gott, der stirbt und in seinem Tode den Menschen das Leben schenkt, weit älter ist als da Christentum und in sich selbst die Voraussetzung bietet, um zu verstehen, was Christus uns ist, gerade weil er uns lehrte, daß nicht mehr stirbt, wer an ihn glaubt (Joh 11, 26).

Und daraus ergibt sich das Dritte, das nach meinem Verständnis eigentlich an den Anfang gehörte: die Erfahrung von Erlösung. Ich habe die Erlösungsbedürftigkeit und die Schuldverhaftetheit des Menschen im Feld der Gottesferne niemals geleugnet, sondern Sie werden, sehr verehrter Herr Erzbischof, in deutscher Sprache, soweit ich sehe, z.Z. keinem Theologen begegnen, der die Sündenlehre der Kirche so ernst nimmt wie ich. Ich habe niemals gelehrt wie W. Kasper es darstellt: Angst oder Sünde, ich habe vielmehr gezeigt, wie der Widerspruch zu Gott aus der Angst der menschlichen Freiheit entsteht und in jedem Menschen entstehen muß, denn sonst wäre nicht jeder Mensch der Erlösung bedürftig. Der Anstoß an der Angst als einer psychologischen Vokabel und ihre Ersetzung durch eine anklagende, statt vernehmende, und eine oberflächliche, weil mißverstehende: Stolz, wenn er den Menschen sein eigenes Maß vergessen macht, ist selber die Folge des Unvermögens, das eigene Maß akzeptieren zu können; und eben das zeige ich, kein Mensch hält es aus, nur Geschöpf zu sein außerhalb der Einheit mit seinem Schöpfer; es ist aber gerade die neue Angst, die diese Einheit des Menschen mit Gott immer von neuem zerstört, wo nicht buchstäblich ein Glaube, wie Christus in lehrte und lebte, die Angst in unserem Herzen besiegt. Speziell in diesem Punkte muß ich übrigens um Fairneß bitten: Mit gerade diesen Gedanken hat die Fakultät, deren Magnus Cancellarius Sie sind, sehr geehrter Herr Erzbischof, in Ihrer Amtszeit mich mit summa cum laude promoviert und habilitiert, und die drei Bände der »Strukturen des Bösen«, in denen ich diese meine Meinung dargelegt habe, trägt das Imprimatur Ihres eigenen Generalvikars; – ich muß solche Nichtigkeiten erwähnen, weil sie für ein bestimmtes Denken offenbar die Welt bedeuten. Jedenfalls bin ich unter diesen Umständen denn doch sehr verwundert, aus Ihrer Feder, wie ich glauben soll, nunmehr zu lesen, das alles sei »nicht katholisch«. Wenn ich dann sage, Jesus sei »nur« im Bezug zu der menschlichen Angst eine »absolute Person«, so ist das in gleichem Kontext zu verstehen; es heißt unzweifelhaft, was ich nun wirklich in jeder Predigt und in jedem Buch immer wieder sage: daß wir der Person Jesu Christi absolut bedürfen, weil nur er uns lehrt, den Tod nicht zu fürchten und an seiner Seite den Weg zurückzufinden hinüber in ein verlorenes Paradies vorbei an den Wächterengeln mit dem Flammenschwert. Es ist dasselbe, was in der Sprache des heiligen Paulus als das Ende der »Sünde« bezeichnet wird. Freilich sehe ich gerade als Psychoanalytiker, wie stark insbesondere die christliche Kreuzestheologie, statt erlösend zu wirken, eine masochistische Leidens-Mystik hervorgebracht hat; aber wiederum: nicht um die Erlösung der Menschheit durch das Kreuz Christi zu leugnen, sondern um diese Lehre psychologisch aus ihren Ambivalenzen zu lösen und eindeutig »heilbringend« zu interpretieren, liegt mir daran, die Kreuzigung Jesu aus den Widerständen der Angst gegen die Freiheit (der »Sünde« gegen die »Gnade«) zu deuten. Und so unterschiedlich kann man dann offenbar lesen: Wenn ich sage, die Eucharistie sei (vor dem Hintergrund des rituellen Gottessens in den antiken Kulturen) das Ende mörderischer Schuldgefühle, so wird, wer erneut aus religionsgeschichtlichen Erörterungen unmittelbar dogmatische Lehren ziehen will, darin etwas »Geschmackloses« (H. J. Lauter) erblicken; doch was ich sagen will, ist nichts weiter als älteste kirchliche Lehre, daß Gott in dem Sakrament des Altares uns »mütterlicher« wird als eine Menschenmutter ihrem Kind je sein kann. Kein Kind, das nicht lernen würde, sich schuldig zu fühlen, weil es seine Mutter »verzehrt« um von ihr zu leben! Nur Gott kann wahr machen, wonach wir uns sehnen : daß wir unzweideutig berechtigte und gerufene sind, auf dieser Erde zu leben, und daß wir in diesem Vertrauen wortwörtlich noch einmal zu »Kindern« werden dürfen vor Gott. Kann ich noch deutlicher sagen, daß wir zwar der Bilder bedürfen, um Christus zu verstehen, daß aber erst die Person des Christus die Ambivalenz aller menschlichen Bilder zu heilen vermag? Eben deshalb ist Jesus Christus für mich nicht weniger als für Sie, sehr geehrter Herr Erzbischof, der Heiland der Welt. Ich bete als Priester täglich in der Messe mit Ihnen das Glaubensbekenntnis; und ich bete für Sie als für meinen Bischof. Ich bäte Sie gern, den ständigen Verdächtigungen »betreffs meines Glaubens«, wie es im Aktendeutsch heißt, ein Ende zu machen. Ich möchte nichts weiter sein als ein priesterlicher Mensch, der die Botschaft Jesu zu leben sucht in unserer Zeit und für Menschen unserer Zeit. Die Sprache des Konzils von Chalkedon ist auch für mich gültig, aber müssen wir sie immer

wieder für uns selber aufsagen, wenn feststeht, daß sie den meisten Menschen unserer Tage unsäglich fern und fast nichtssagend ist? – Was ich schließlich an »Verhängnisvollem« für die »christliche Sittenlehre« lehren soll, wüßte ich selber nur allzu gern – außer daß ich mit vielen anderen die Möglichkeit eines Scheiterns in der Ehe aus psychoanalytischen und theologischen Gründen anerkenne, ist mir bislang noch nichts mitgeteilt worden.
Dies alles schreibe ich unter erheblichem Zeitdruck: in 14 Tagen, erklären Sie, Ihre, »Erklärung« der Öffentlichkeit mitteilen zu wollen. Ich hoffe sehr, Sie möchten aus den vorstehenden Zeilen ersehen, daß diese »Erklärung« gegenstandslos ist; sie erklärt nicht, was ich denke, sie verklärt lediglich klar erkennbare Mißverständnisse aufgrund von Alternativen des Denkens, die niemals die meinen sind. In jedem Falle bitte ich, von der »Erklärung« abzusehen. Selbst wenn es mir nicht gelungen sein sollte, Ihre Bedenken in der Kürze der Zeit zu zerstreuen, so stehe ich gern zu jeder weiteren mündlichen Auskünften bereit. Es ist wohl nicht wahr, wie es jetzt öfters hieß, ich hätte ein Gespräch mit Ihnen (in Wiesbaden?) abgesagt. Darf ich daran erinnern, daß die Idee eines Gesprächs mit mehreren Bischöfen und Theologen in Naurod von mir selber im Gespräch mit G. Fuchs entwickelt wurde? Es war mein eigener Vorschlag, den ich für sinnlos halten mußte, als die »Quaestio« auf den Markt kam, in der ja angeblich alles Wichtige stehen sollte – und nicht stand. Ein Gesprächsangebot Ihrerseits habe ich niemals abgelehnt – wie käme ich dazu? Es trifft freilich zu, daß ich manchmal den Eindruck habe, die Art der Gespräche, wie wir sie vor ca. zwei Jahren zum letzten Mal zweimal geführt haben, sei erheblich verbesserungsbedürftig, um das Wort, »Gespräch« zu verdienen. Was ich meinerseits dazu beitragen kann, tue ich gern. Wozu auch sonst wären Sie mein Bischof?

Herzliche Grüße

Erzbischof Degenhardt an Eugen Drewermann vom 07.11.1989

Sehr geehrter Herr Dr. Drewermann,
Ihre ausführliche Antwort vom 6. November 1989 auf meinen Brief vom 26. Oktober 1989, mit dem ich Ihnen meine Erklärung zusandte, habe ich erhalten. Da ich unmittelbar vor einer Firmungsreise und weiteren auswärtigen Terminen stehe, kann ich Ihnen nur kurz antworten.
Aufgrund Ihrer Ausführungen, die in einigen Punkten die angesprochenen Sachfragen klären helfen können, verzichte ich zum jetzigen Zeitpunkt darauf, die Erklärung an die Öffentlichkeit zu geben.
Ich möchte aber nicht verhehlen, daß manche Ihrer Aussagen in Ihrem Interview mit Publik-Forum (Nr. 22 vom 3. November 1989) mich

irritiert haben. Erstaunt bin ich auch über Ihre in verschiedenen Zeitungen wiedergegebene Äußerung auf Ihrer Pressekonferenz vom 31. Oktober 1989, in etwa vierzehn Tagen werde Ihnen die Lehrerlaubnis entzogen; zum Zeitpunkt Ihrer Pressekonferenz hatten Sie meine Erklärung bereits fünf Tage vorliegen. Tief betroffen gemacht hat mich auch, was ich im SPIEGEL (Nr. 44 vom 30. Oktober 1989) über Ihr neues Buch »Kleriker – Psychogramm eines Ideals« lese. Wie Sie wissen, ist dieses Buch im Buchhandel jetzt noch nicht zu erhalten.
Mit Interesse habe ich Ihrem Brief entnommen, daß Sie mein Gesprächsangebot vom 26. Oktober 1989 aufgegriffen haben. Da ich – wie gesagt – zunächst noch eine Weile unterwegs bin, werde ich Ihnen erst in wenigen Wochen einen Termin anbieten können. Ich hoffe auf Ihr Verständnis.

Mit freundlichen Grüßen und guten Wünschen

Eugen Drewermann an Erzbischof Degenhardt vom 25.11.1989

Sehr geehrter Herr Erzbischof,
herzlich danke ich Ihnen, daß Sie von der Veröffentlichung Ihrer »Erklärung« auf mein Schreiben hin Abstand genommen haben und daß Sie meine Ausführungen, die freilich nur wiedergeben, was ich sonst schreibe und sage, offenbar als hilfreich beurteilen. Wie wenig ich seit Jahr und Tag wissen kann, was Sie planen oder tun sollen, mag aus der für Sie »erstaunlichen« Mitteilung auf dem Pressegespräch hervorgehen, ich rechnete mit einem Entzug der Lehrerlaubnis bis zum diesjährigen Treffen der Bischöfe in Rom. Es war der Eindruck, den ich gewinnen mußte, nachdem ich über sechs Wochen auf die Morgennachrichten im Rundfunk angewiesen war, um zu erfahren, was aus mir als Dozent und Priester werden könnte. Auch jetzt sagen Sie, Ihre »Erklärung« »einstweilen« nicht veröffentlichen zu wollen. Obwohl ich nicht wissen kann, wie lange »einstweilen« ist, habe ich mich bzgl. unseres Briefwechsels strenger Diskretion befleißigt. Um so erstaunter aber bin ich jetzt, in der Kath. Nachrichtenagentur vom 20. Nov. 89 zu lesen, daß mein Schreiben an Sie in der Glaubenskommission diskutiert werde, wieder in einer Weise, die ich weder kennen noch beeinflussen kann. Ich hoffe, Sie werden verstehen, daß ich diese jetzt seit Jahren gepflegte Übung der Geheimhaltung aller Vorgänge mir gegenüber bei gleichzeitigen Indiskretionen, die mich dann über Dritte, bzw. über die Medien irgendwann erreichen, zumeist noch in einer nicht weiter nachprüfbaren verzerrten Form, als einen zumindest seltsamen Stil der Personalführung empfinde, dessen Sinn mir noch nicht recht erscheinen will.

Zu dem Interview in »Publik-Forum« mußte ich natürlich wissen, was Sie daran »irritiert« hat – die Tatsache selbst, der Inhalt?, welche Punkte?, die Ausdrucksform? Und was die Rezensionen meiner Bücher angeht, so hoffe ich, daß speziell die Lektüre des Buches über die »Kleriker« eine »Betroffenheit« auslösen könnte, die der Kirche, unserer Kirche, sehr heilsam wird.

Mit freundlichen Grüßen

Erzbischof Degenhardt an Eugen Drewermann vom 29.11.1989

Sehr geehrter Herr Dr. Drewermann,
in meinem Brief vom 7. November habe ich Ihnen mitgeteilt, daß ich Ihnen erst nach der Rückkehr von meiner Firmungsreise einen Termin für unser Gespräch anbieten kann. Nachdem ich vor wenigen Tagen zurückgekommen bin, möchte ich Ihnen heute zwei Termine zur Auswahl vorschlagen, an denen im Bischofshaus das Gespräch stattfinden kann, das der Klärung einiger Ihrer Aussagen dienen kann.
Ich schlage Ihnen als ersten Termin Dienstag, den 19. Dezember, nachmittags um 16.00 Uhr vor.
Zur Auswahl schlage ich Ihnen vor Donnerstag, den 26. Dezember, ebenfalls nachmittags um 16.00 Uhr.
Ich bitte Sie, mir mitzuteilen, welcher der beiden Termine Ihnen besser passt und für welchen Sie sich entscheiden wollen.
Für das Gespräch selbst möchte ich Ihnen vorschlagen, daß wir es nicht allein führen. Meinerseits bitte ich Herrn Professor Dr. Aloys Klein, an dem Gespräch teilzunehmen – wenn Sie einverstanden sind.
Wenn Sie einen Begleiter mitbringen wollen, bitte ich Sie, mir zugleich mit Ihrer Antwort auch Ihren Begleiter mitzuteilen.
Ich würde es für zweckmäßig halten, daß Herr Dr. Steup vom Generalvikariat ebenfalls an dem Gespräch teilnimmt, um eine Gesprächsnotiz zu machen. Diese Gesprächsnotiz würde als Entwurf Ihnen vorgelegt werden, damit Sie feststellen können, daß die Notiz dem Inhalt des Gespräches gerecht wird.

Gern erwarte ich Ihre Antwort und verbleibe mit freundlichen Grüßen

Eugen Drewermann an Erzbischof Degenhardt vom 9.12.1989

Sehr geehrter Herr Erzbischof,
von einer längeren Vortragsreise zurückgekehrt, finde ich Ihr Gesprächsangebot vor, für das ich herzlich danke und das ich gern annehme. Lediglich die vorgeschlagenen Termine kann ich leider nicht

einhalten. Der erste Zeitpunkt erwies sich als zu kurz angesetzt, und der zweite ist durch einen seit langem vereinbarten Vortrag in Norddeutschland blockiert. Zudem mußte ich erst einmal einen »Beisitzer« meinerseits gewinnen. Freundlicherweise hat Prof. Eicher sich dazu bereitgefunden, und wir schlagen jetzt als neuen Zeitpunkt eines Gesprächstermins Do., 18. Jan. 90, um 15.00 Uhr vor.

Mit den besten Wünschen für die Vor- und Weihnachtszeit grüße ich Sie

Erzbischof Degenhardt an Eugen Drewermann vom 14.12.1989

Sehr geehrter Herr Dr. Drewermann,
hiermit bestätige ich den Eingang Ihres Schreibens vom 9. Dezember. Ich freue mich, daß Sie mein Gesprächsangebot angenommen haben, wenn auch die vorgesehenen Termine von Ihnen nicht eingehalten werden können.
Sie haben als Gesprächstermin Ihrerseits Donnerstag, den 16, Januar 1990, um 15.00 Uhr vorgeschlagen. Leider muß ich Ihnen mitteilen, daß mir dieser Termin nicht möglich ist, da ich nicht in Paderborn bin. Ich bin der Auffassung, daß das Gespräch im Januar stattfinden sollte. Deshalb möchte ich lhnen die mir möglichen Termine im Januar mitteilen und bitte Sie, mir – möglichst noch vor Weihnachten – anzugeben, welchen Termin Sie nehmen möchten.
Montag, 9. Januar, vor- und nachmittags
Dienstag, 9. Januar, vormittags
Montag, 15. Januar, vor- und nachmittags
Mittwoch, 31. Januar, vormittags,
In der Hoffnung, daß einer der angegebenen Termine Ihnen paßt, erwarte ich gern lhre Antwort.

Gern erwidere ich Ihre Wünsche für eine gesegnete Advents- und Weihnachtszeit
und verbleibe mit freundlichen Grüßen

Eugen Drewermann an Erzbischof Degenhardt vom 23.12.1989

Sehr geehrter Herr Erzbischof,
nach Rücksprache mit Herrn Eicher kommt uns der 31.1 zeitlich am besten aus. Auch ich begrüße es natürlich, daß nun nach 1 3/4 Jahren des Schweigens bzw. des »Informiertseins« aus den Medien und durch

Gerüchte aller Art ein Gespräch zustande kommen soll. Allerdings verwundert es mich, daß Sie in Ihrem Schreiben vom 14.12. den »Eingang« meines Schreibens vom 9. Dez. »bestätigen«, ohne meinen Brief vom 25.11. auch nur zu erwähnen. Es ist mir sehr wichtig, denn ich muß natürlich vor unserem Gespräch, schon um mich innerlich darauf einstellen zu können, nach all dem Verwirrenden jetzt wirklich in aller Klarheit wissen:
Mit wem das »Gespräch« eigentlich geführt wird – mit Herrn Kasper, der Glaubenskommission, der Glaubenskongregation – mit wem?
In wessen Auftrag es geführt wird und zu welchem Verwendungszweck?
An wen das Protokoll gesandt wird, das bei unserem Gespräch aufgenommen werden soll und wieviel Spielraum besteht, eventuelle Mißverständnisse in dem Protokolltext zu korrigieren?
Vor allem: welche Rechtsgültigkeit, im Rahmen welcher geplanter oder möglicher Schritte unser »Gespräch« haben wird?
Dies ist dabei nur die formale Seite der Unklarheiten, die ich bitten möchte, vorweg zu klären. Ich bin in diesem Punkte auf Informationen durch Sie um so mehr angewiesen, als ich bis heute nicht einmal weiß, was eigentlich aus jenem Protokoll unseres »Gesprächs« mit Mitgliedern des Metropolitankapitels am 26. Sept. 86 über die Wiederverheiratung Geschiedener geworden ist – ich habe es nie einsehen dürfen – und was der Zweck des »Gesprächs« damals war. Auch die Anwesenheit von Herrn Klein muß doch vorweg erläutert werden, schon damit ich Herrn Eicher erklären kann, wozu er gebraucht wird.
Und dann der Inhalt! Aus dem Munde von Bischof Lehmann höre ich in Fulda sagen, die mich betreffenden Fragen seien »subtiler Natur«. Wenn das so ist und zahlreiche »namhafte Wissenschaftler« über lange Zeit damit beschäftigt werden müssen, herauszufinden, ob in meinen Büchern »alles« »katholisch« sei (bei welchem Autor wäre dies zu seiner Zeit und für alle Zeit der Fall?), so dächte ich doch tunlichst am besten zuvor wissen zu sollen, worüber wir in relativ kurzer Zeit eigentlich sprechen sollen: über welches Thema, unter welchem Gesichtspunkt, im Rahmen welchen Fachgebietes und welcher Methode, in welcher Ausführlichkeit, mit welchen Referenzen zu meinen Büchern – auch Herr Eicher z.B. wird nicht in drei Wochen imstande sein, 29 Bücher zu lesen, und selbst ich kann nicht wissen, was ich genau vor 10 oder 12 Jahren irgendwo geschrieben habe.
Und am wichtigsten, sehr geehrter Herr Erzbischof, Ihre Person und Funktion! In welcher Rolle begreifen Sie sich selbst und wer also sind Sie für mich in dem »Gespräch«? Im Rechtsbereich sind mir vorstellbar: die Rolle des Verteidigers, des Anklägers, des Untersuchungsrichters, des Rechtsanwaltes, des Schöffen, des Richters – welch einen Part

möchten Sie spielen oder welchen Part müssen Sie spielen? Die Art eines Gesprächs hängt gewiß davon ab, daß man weiß, mit wem man es zu tun hat und woran man miteinander ist. Als Priester Ihrer Diözese muß ich es nach vielen Jahren der Unklarheit jetzt wissen von Ihnen als meinem Bischof. Und auch Herr Eicher muß es wissen, um zu sehen, worauf er sich einläßt und ob er sich darauf einlassen kann.
Falls ich nicht imstande bin, die Lage meinem »Beisassen« plausibel zu machen, könnte sogar der an sich mögliche Termin am 31. Jan. durch allenfalls nötige Verhandlungen in Frage gestellt sein, was vermutlich weder Sie noch ich wünschen.

Mit den besten Wünschen für ein gutes Neues Jahr verbleibe ich

Erzbischof Degenhardt an Eugen Drewermann vom 12.1.1990

Sehr geehrter Herr Dr. Drewermann,
Ihren Brief vom 23. Dezember habe ich am 28. Dezember erhalten. Ich danke Ihnen für Ihre Bereitschaft – die allerdings eingeschränkt erscheint – am 31. Januar 1990 das vorgesehene Gespräch zu führen. Hiermit lade ich Sie für den 31. Januar 1990 um 10.00 Uhr ins Bischofshaus ein. Sie haben mir mitgeteilt, daß Herr Professor Eicher Sie begleiten wird.
Sie haben eine Reihe von Fragen gestellt, die von mir vorher beantwortet werden sollen. Ich möchte dazu folgendes sagen
1. Ihr Schreiben vom 25. November ist hier am 30. November eingegangen, also nach dem Abgang meines Briefes an Sie vom 29. November.
2. In meinem Brief vom 14. Dezember bin ich nicht auf Ihren Brief vom 25. November eingegangen, weil mein Brief den Termin eines Gespräches betreffen sollte, nachdem Sie in Ihrem Schreiben vom 9. Dezember zwar grundsätzlich meinen Vorschlag bezüglich des vorgesehenen Gespräches akzeptiert hatten, aber beide Dezember-Termine als für Sie nicht möglich bezeichnet hatten; andererseits war der von Ihnen angegebene neue Termin (18. Januar 1990) für mich nicht möglich.
3. Zum Inhalt Ihres Briefes vom 25. November:
Weil die Glaubenskommission der Deutschen Bischofskonferenz – wie Sie wissen – sich mit Ihren Aussagen befaßt hatte, habe ich in Rom Kardinal Wetter, Bischof Lehmann und Bischof Kasper den Inhalt Ihres Briefes vom 6. November und meine Antwort vom 7. November zur persönlichen Kenntnis gegeben. Zugleich habe ich darauf hingewiesen, daß ein Gespräch mit Ihnen geplant sei.
Von einem Gespräch darüber in der Glaubenskommission ist mir nichts bekannt; davon wurde in Rom nicht gesprochen.

4. Sie fragen, was mich »irritiert habe« an Ihrem Interview in Publik-Forum vom 3. November 1989 »Ich lasse mich nicht lebendig begraben«. Zunächst Ihre Aussagen über frühere Gespräche mit mir und andere Kontakte; sie sind zum Teil sachlich falsch, zum Teil Vermutungen, die nicht zutreffen.
Dann Ihre Ausführungen zur Jungfrauengeburt, deren historisches Faktum Sie leugnen.
Ihre Auffassung, daß Historie »äußerlich« bleibe für Religion, daß es auf »innerliches« Erleben in der Seele des Menschen ankomme.
Schließlich manche Ausführungen zur Morallehre der katholischen Kirche (Normen, Ehe).
5. Zu Ihren Fragen:
a) Das Gespräch soll mit mir – also zwischen uns beiden – geführt werden.
b) Ich habe keinen Auftrag dazu von irgend jemandem.
c) Die von mir vorgeschlagene Gesprächsnotiz soll helfen, das Ergebnis des Gespräches festzuhalten und soll möglichst einvernehmlich abgestimmt sein.
d) Die Verwendung der Gesprächsnotiz soll keiner Beschränkung unterliegen.
e) Mißverständnisse sollten bald nach der Zusendung der Notiz benannt und beseitigt werden.
f) Das Gespräch soll der Klärung einiger – nicht aller – Ihrer umstrittenen Äußerungen und Auffassungen dienen.
Natürlich ist nicht auszuschließen, daß das Ergebnis des Gespräches auch rechtliche Konsequenzen haben kann.
6. Die Gesprächsnotiz vom 26. September 1986 ist als eine Gedächtnisstütze für mich konzipiert und wurde nicht anderswo verwendet. Ich lege Ihnen eine Kopie der Notiz zu Ihrer Kenntnis bei.
Zweck des damaligen Gespräches war die Fortsetzung eines früheren, ohne meine Teilnahme geführten Gespräches, das im Haus des Generalvikars stattgefunden hat.
7. Was soll in unserem Gespräch am 31. Januar 1990 inhaltlich besprochen werden? Ich möchte den Inhalt beschränken auf Ihr Buch »Kleriker«, das im November 1989 ausgeliefert worden ist. Professor Eicher hat – wie er mir gesagt hat – dieses Buch gelesen; übrigens soll er beim Gespräch anwesend sein, aber nicht selbst den Inhalt bestimmen; dasselbe gilt für Professor Klein.
8. Meine Rolle im Gespräch verstehe ich so, daß ich von Ihnen die Beantwortung meiner Nachfragen und Erläuterungen zu Ihren Positionen im Buch »Kleriker« bekomme.
Die von Ihnen genannten Rollen im Rechtsbereich scheinen mir alle nicht zutreffend zu sein. Ich führe das Gespräch als Bischof mit einem

Priester des Erzbistums Paderborn und als Magnus Cancellarius mit einem Privatdozenten an der Theologischen Fakultät Paderborn.
9. Ich hoffe, Ihnen ausreichend Auskunft gegeben zu haben, so daß das Gespräch am 31. Januar 1990 stattfindet.
10. Ich muß Sie um Verständnis dafür bitten, daß ein längeres Hinausschieben des Termins für mich nicht akzeptabel ist, zumal ich im Februar wegen eines geplanten Auslandsaufenthaltes zu einem Gespräch nicht zur Verfügung stehen kann.
Bitte geben Sie mir baldmöglichst Nachricht, daß das Gespräch am 31.1.1990 stattfindet.
Ich danke Ihnen für Ihre guten Wünsche zum Neuen Jahr und erwidere sie gern.

Mit freundlichen Grüßen

Eugen Drewermann an Erzbischof Degenhardt vom 20.1.1990

Sehr geehrter Herr Erzbischof,
vielmals danke ich Ihnen für Ihr Bemühen, die Hintergründe unseres Gespräches am 31.1.90 ein Stück weit zu erläutern. Allerdings werfen Ihre Antworten mehr Fragen auf, *als* sie beantworten, jedenfalls muß ich gestehen, daß mir entweder die von Ihnen mitgeteilten Sachverhalte oder die Art Ihrer Information darüber schwer begreifbar scheinen.
Der Reihe nach.
Als ich am 6.Nov. 89 Ihre beabsichtigte »Erklärung« beantwortete, hatte ich einen Text vor mir, der von Ihnen unterzeichnet war. All die Wochen über hatten Sie in Medien und Presseerklärungen mitgeteilt, es sei *Ihr* Gewissen, das Sie unter Umständen nötige, mir die Lehrerlaubnis zu entziehen. So gut ich es in der Eile konnte, habe ich Ihnen meine Ansichten zu den von Ihnen zitierten Punkten dargelegt, ohne daß ich bis heute weiß, wie oder ob Ihre Meinung in den angefragten Punkten »meiner« Theologie sich geändert hat. Um so erstaunlicher finde ich es, daß Sie voraussetzen, ich wisse, daß *die Glaubenskommission* sich mit meinen Aussagen befaßt habe; das mußte ich bisher nur »vermuten«, ich habe es von Ihnen nie gehört, und bis heute haben Sie mir nicht erklärt, aus welchem Anlaß mit welchen Aussagen und welchem Ergebnis die Glaubenskommission sich mit mir »befaßt« hat. Genauso wie die Glaubenskommission mit meinen Aussagen sich befaßt hat, haben Sie mein Schreiben *in Rom* an die Bischöfe Wetter, Lehmann und Kasper weitergegeben – »zur persönlichen Kenntnis«. Da tagt also die Glaubenskommission, aber das hat nichts zu tun mit der »Erklärung«, die ich am 6. Nov. zu beantworten hatte, – so soll ich glauben, und ich gebe mir Mühe es zu glauben. Dann aber geht mein

Antwortschreiben an den Vorsitzenden der Glaubenskommisssion, Herrn Wetter, und das ist ein rein *persönlicher* Vorgang? Daß es *in Rom* geschieht, bedeutet nicht, wie Sie erklären, es sei »in Rom« über mich gesprochen worden? Wenn die »Befaßtheit« der Glaubenskommission der Grund war, mein Schreiben an Sie, an Herrn Wetter, Herrn Kasper und Herrn Lehmann weiterzuleiten, soll ich es dann für logisch halten anzunehmen, die Glaubenskommission habe jetzt, zwei Monate danach, immer noch keine Kenntnis von meinem Schreiben erhalten und Sie wiederum hätten keine Kenntnis, was für eine Reaktion meine Antwort dort ausgelöst hat?

Eines freilich stimmt: in der Zwischenzeit erscheinen in den Kirchenzeitungen vieler Diözesen Darstellungen »meiner« Theologie, die ungeniert weiter behaupten, ich leugnete die Sünde und Erlösungsbedürftigkeit des Menschen, die Geschichtlichkeit der Offenbarung und die Gottheit Christi – ganz so, als hätte ich Ihre »Erklärung« nie beantwortet. Sie schrieben damals, auf die Veröffentlichung Ihrer »Erklärung« »einstweilen« verzichten zu wollen, und ich war darüber sehr froh. Wie aber erklärt es sich dann, daß in der eigenen Paderborner Kirchenzeitung in Folge Artikel erscheinen können, die sachlich all die ersichtlich falschen Darstellungen wiederholen, die auch Ihrer »Erklärung« zugrunde lagen, während ich selbst in keiner Kirchenzeitung die Möglichkeit erhalte, darauf zu antworten? Ich begrüße es sehr, daß Sie am 31.1. als mein Bischof und als Magnus Cancellarius der Paderborner Fakultät mit mir sprechen wollen; aber gerade in dieser Eigenschaft muß ich es inzwischen doch für Ihre Pflicht halten, daß Sie wissen und zur Kenntnis geben, daß ich gerade über die Erlösungsbedürftigkeit des Menschen an Ihrer Fakultät in aller Form gearbeitet habe; ich leugne nicht, ich erläutere den Begriff der Sünde durch den Begriff der Angst. Natürlich diskutiere ich gern über meine theologischen Positionen, aber ich stelle fest, daß mit mir von Seiten der Glaubenskommission noch niemals diskutiert worden ist; stattdessen gehen stillschweigend die Maßnahmen der Ausgrenzung weiter: Sonderkurse für Priester und Lehrer mit Behauptungen, die darin gipfeln, ich leugnete die Auferstehung Christi (trotz einer eigenen Monographie darüber: »Ich steige hinab in die Barke der Sonne«); Leiter von Bildungswerken werden von Bischöfen unter Druck gesetzt, mit mir keine Veranstaltungen abzuhalten; kirchlichen Presseorganen wird die Publikation von Artikeln aus meiner Feder untersagt – und das alles ohne daß Sie davon wissen? Am erstaunlichsten aber ist nun für mich dieses: Immer wieder im Nov.-Dez. 89 erklärten Sie der Presse gegenüber, mit mir sprechen zu wollen, »Wenn alles geklärt« sei. Nun sprechen wir miteinander: am 31.1.90 morgens um 10.00 und ich freue mich auf diese Gespräch; doch das Thema sind nicht all die »subtilen« Untersuchungen der Glaubenskom-

mission, von denen Bischof Lehmann in Fulda andeutungsweise sprach (er sagte freilich nicht: die Glaubenskommission, sondern er sprach von »Theologen«), das Thema soll mein neues Buch »Kleriker« sein. Ich spreche darüber sehr gerne, doch was ist mit all den anderen Fragen? Nach den Gesetzen der Logik muß ich davon ausgehen, daß sie nunmehr »geklärt« sind, denn sonst müßten wir doch unbedingt die Klärung dieser Fragen voranbringen; und *wenn* sie geklärt sind, und zwar bereits seit Anfang Nov. 89, nach meinem Schreiben an Sie, wie können wir dann hinnehmen, daß über mich als einen Ihrer Theologen all die alten Fehldarstellungen meiner wirklichen Ansichten in die Kirchenzeitungen geschleust werden?
Nebenbei: Was ich allerdings als einen wichtigen Fragepunkt festhalte, ist die Tatsache, daß es Sie »irritiert«, wenn ein Theologe die Jungfräulichkeit Mariens nicht für ein »historisches Faktum« hält, sondern darin ein Symbol verdichteter Erfahrungen mit der Person Jesus von Nazaret erblickt, und daß es Sie »irritiert«, daß diese Erfahrungen *innerlich* sein sollen und nicht als äußere Tatsachenaufstellungen getroffen werden können. Ich erwähne diesen Punkt, weil ich wirklich jeden Häresieverdacht ausräumen möchte oder doch zumindest nach jetzt über vier Jahren der Verdächtigungen wissen möchte, wie z.B. die Glaubenskommission der Deutschen Bischofskonferenz im Jahre 1990 zu dieser Frage steht.
Als nicht gut verständlich erscheint mir des weiteren Ihre Angabe, am 26. Sept. 86 sei ein Protokoll über das Gespräch mit Mitgliedern des Metropolitankapitels zu Fragen der Wiederverheiratung Geschiedener nur für Sie persönlich angefertigt worden und das Gespräch sei überhaupt nur in Fortführung eines älteren (rd. 2 Jahre früheren) Gespräches zustande gekommen, bei dem Sie leider nicht hätten anwesend sein können. Ganz im Gegenteil entsinne ich mich gut der einzigen wirklichen Information, die Sie mir je haben zukommen lassen, daß zu jener Zeit eine Anfrage aus Rom vorlag – wie ich »vermute« von Herrn Ratzinger über gerade dieses Thema. Und nun soll ich glauben, es habe über unser Gespräch im Sept. 86 keine Rückmeldung nach Rom, an Herrn Ratzinger gegeben? Sie werden es mir hoffentlich nicht übelnehmen, sehr geehrter Herr Erzbischof, wenn ich denke, daß Ihre Art, auf Fragen zu antworten, Punkt für Punkt darin besteht, den Anschein zu erwecken, als wenn Sie antworteten, um in Wahrheit keine Antwort zu geben. So glaube ich schon, daß Sie nicht gerade die Seiten des damals verfaßten Protokolls – das übrigens nicht einmal die Gesprächssituation wiedergibt: eine Kaskade unzusammenhängender Fragen aus sechs verschiedenen Mündern, zu denen Sie selber kein einziges Wort sagten –, daß Sie also wirklich jene Seiten »nicht anderswo verwendet« haben; doch

in irgendeiner Form, so »vermute« ich, haben Sie doch Herrn Ratzinger informiert, und wieder, selbst zwei Jahre danach noch und entgegen Ihren damaligen Mitteilungen, stellen Sie als rein privat dar, was in Wirklichkeit öffentlich sein müßte. Verstehen Sie, warum inzwischen mehr als 23000 Leute Sie dringend bitten, die Grundlagen eines rechtlich geordneten Verfahrens einzuhalten?
Wie wenig dieser Punkt an Gewicht verloren hat, teilen Sie selber mit, wenn Sie sagen, unser Gespräch am 31.1. könne »auch rechtliche Konsequenzen« haben und die »Verwendung der Gesprächsnotiz soll keiner Beschränkung unterliegen«, d.h., daß Sie formal machen können, was Sie wollen, ohne daß ich auch nur annähernd weiß, an welche Instanzen Sie das Ergebnis unseres Gesprächs weitermelden werden. Zudem: nachdem Sie zwei Monate lang erklärt haben, mit mir zu sprechen, wenn »alles geklärt« ist – und das heißt doch wohl: durch die Glaubenskommission! – erklären Sie jetzt, von niemandem zu unserem Gespräch beauftragt zu sein. Der sich mir bietende Eindruck ist infolge aller möglichen Pressemitteilungen in den vergangenen Monaten unverändert der, daß Kardinal Ratzinger Sie in jeder Form zu einer Verurteilung »meiner« Theologie drängt, daß aber die Glaubenskommission nicht weiß, wie sie einen solchen Schritt theologisch begründen kann – es finden sich in meinen Büchern beim besten Willen keine Irrlehren –, und so wird dann alles, was bisher an Gerüchten in Umlauf gesetzt wurde, schnell fallen gelassen, um zu sehen, wie weit man mit den »Klerikern« kommt. Noch einmal: ich spreche sehr gern über dieses Buch mit Ihnen, aber sehr ungern als Ersatz für die anderen Themen.
Es wäre mir deshalb sehr lieb, Sie könnten Herrn Eicher und mir noch vor unserem Gespräch in aller Klarheit mitteilen, was nun an den bisher »strittigen« Fragen in Ihren Augen geklärt ist oder nicht geklärt ist; und wenn Ihnen etwas noch unklar erscheint, so muß ich wissen, in welcher Weise Sie sich eine Klärung vorstellen, denn ich meinerseits glaube mich allseits klar und verständlich auszudrücken, in meinen Schriften ebenso wie in meinen Vorträgen. Was aber ihre »Nachfragen« zu dem Buch »Kleriker« angeht, so wäre es natürlich äußerst hilfreich, bei einem Umfang von 900 Seiten vorher zu wissen, was für »Erläuterungen« Sie sich erbitten. Wir könnten dann vermutlich sehr viel leichter Ihre Fragepunkte durchgehen, die am günstigsten natürlich konkret mit Bezug zu den jeweiligen Textstellen formuliert wären. An »ein längeres Hinauszögern des Termins« für unser Gespräch habe ich nie gedacht. Ich bin froh, daß es zustande kommt, und ich hoffe, daß es ein wirkliches Gespräch wird; denn dies sage ich offen: Ich leide seit Jahren darunter, zu sehen, wie Fragen, die mir menschlich wie religiös äußerst wichtig sind, rein auf den Verwaltungswege abgehandelt werden. Ein Gespräch

ist doch nur möglich zwischen Personen, die sich als Personen mitteilen, nicht zwischen einer Behörde, die einen einzelnen nach seinem Glauben fragen läßt. Ich hoffe sehr auf ein Gespräch und bin mit guten Wünschen in Erwartung Ihrer Antwort

Erzbischof Degenhardt an Eugen Drewermann vom 30.01.1990
(nach dem Gespräch vom 31.1.1990 überreicht)

Sehr geehrter Herr Dr. Drewermann,
wegen einer Reise nach Le Mans konnte ich ihnen vor dem beabsichtigten Gespräch am 31. Januar Ihren Brief vom 20. Januar nicht beantworten. Ich möchte lhnen aber schriftlich meine Stellungnahme zu Ihrem Brief übergeben. Sie haben in Ihrem Schreiben darauf hingewiesen, daß meine Antworten in meinem letzten Brief vom 12. Januar mehr Fragen aufwerfen als sie beantworten.
1. Zunächst haben Sie auf meine beabsichtigte Erklärung Bezug genommen, die ich unterzeichnet hätte, da es ja um mein Gewissen gehe. Diesen Text meiner beabsichtigten Erklärung habe ich Ihnen zugeschickt. Darauf haben Sie geantwortet, bis heute wüßten Sie nicht – so schreiben Sie -, wie oder ob meine Meinung in den angefragten Punkten sich geändert habe. Tatsächlich hatte ich vor, zu diesen Punkten meiner Erklärung mit Ihnen zu sprechen. Inzwischen haben Sie jedoch Ihr Buch »Kleriker« veröffentlicht und deshalb habe ich mich entschlossen, über dieses neue Buch mit Ihnen zu sprechen. Die anderen Punkte, die in meiner Erklärung vorkommen, sind weiterhin nicht geklärt, wenn Sie auch in Ihrem Schreiben vom 6. November einiges dargelegt haben, was bedenkenswert ist.
2. Seit den Veröffentlichungen in den Medien vom September 1989 konnte ich gewiß davon ausgehen, daß die Tatsache Ihnen bekannt ist, daß ich die Glaubenskommission gebeten habe, mir einen Rat zu geben. Außerdem haben Sie ja schon viel früher Ihre Auffassung geäußert, daß das Buch von Kasper und Görres auf Befehl oder Anregung der Glaubenskommission der Deutschen Bischofskonferenz erstellt worden sei.
Ich habe in Rom den Bischöfen Wetter, Lehmann und Kasper Ihre Antwort zur persönlichen Kenntnis gegeben, weil ich bewogen wurde, durch lhre Antwort von einer Veröffentlichung meiner Erklärung vorerst abzusehen und zunächst das Gespräch mit Ihnen zu führen. Im übrigen ist in Rom bei der Tagung über Sie nicht gesprochen worden.
In der Regel tagt die Glaubenskommission der Deutschen Bischofskonferenz zwei Mal im Jahr. Da ich ihr nicht angehöre, kann ich tatsächlich

nicht sagen, ob sie nach dem Monat November inzwischen getagt hat und was auf der Tagesordnung stand.
3. Was in den Kirchenzeitungen erscheint, erfolgt ohne mein Zutun und ohne mein Wissen.
4. Leider haben Sie solches Mißtrauen und solche Vorurteile, daß Sie Aussagen von mir nicht unbefangen zur Kenntnis nehmen können und deshalb sind Ihre Interpretationen vielfach sachlich nicht zutreffend.
5. Ich habe nicht erklärt, daß ich mit Ihnen erst sprechen wolle, wenn alles geklärt sei, sondern ich habe im September und Anfang Oktober darauf hingewiesen, daß zunächst die Punkte, die ich mit Ihnen im Gespräch ansprechen wollte (sie liegen in dem Ihnen vorliegenden Text einer beabsichtigten Erklärung vor), mit einigen Zitaten aus Ihren Büchern vorgelegt werden könnten.
Im übrigen habe ich mich nie geweigert, mit Ihnen zu sprechen. Ich stelle nur fest, daß Sie in den vergangenen zehn Jahren niemals um ein Gespräch mit mir gebeten haben. Wie jeder Priester könnten auch Sie mit Ihrem Bischof selbstverständlich Gespräche führen. Mir werfen Sie vor, daß ich mit Ihnen längere Zeit nicht gesprochen hätte. Meine Gegenfrage lautet: Weshalb haben Sie sich nie um ein Gespräch mit mir bemüht?
6. Ich möchte Ihnen den Vorschlag machen, umstrittene Themen aus der Dogmatik, der Exegese und der Moraltheologie mit Vertretern der Glaubenskommission der Deutschen Bischofskonferenz zu besprechen. Das könnte ohne Zeitdruck und auch in Formen geschehen , die abgesprochen werden können.
7. Da Sie im Buch »Kleriker« auch die Frage der Historizität der Jungfräulichkeit Mariens ansprechen, gehört dieses Thema zum Gespräch am 31. Januar 1990. Wie die Glaubenskommission der Deutschen Bischofskonferenz zu dieser Frage steht, können Sie dann in dem Gespräch mit Vertretern der Glaubenskommission selbst ansprechen.
8. Ich kann nur wiederholen, was ich in meinem Brief vom 12. Januar bereits mitgeteilt habe, daß die Gesprächsnotiz über das Gespräch mit Mitgliedern des Metropolitankapitels vom 26. September 1986 lediglich als meine persönliche Gedächtnisstütze angefertigt worden ist und daß sie weder im Text noch auch inhaltlich nach Rom gemeldet worden ist.
Auch hier wieder wird deutlich, daß Sie meinen Worten keinen Glauben schenken, weil Sie sehr mißtrauisch und voreingenommen sind.
9. Daß unser Gespräch am 31. Januar 1990 auch rechtliche Konsequenzen haben kann, hängt damit zusammen, daß Ihr Buch »Kleriker« nach meiner Auffassung viele Aussagen enthält, die Sie als Dozent an der Theologischen Fakultät Paderborn nicht machen können im Auftrag ihres Bischofs und als Dozent.

10. Sie können es mir nicht verübeln, daß ich nach Erscheinen des neuen Buches »Kleriker – Psychogramm eines Ideals« und nachdem ich das Buch gelesen habe, über dieses neueste Buch von Ihnen mit Ihnen sprechen möchte. Die Ankündigung Ihres Buches durch Sie selbst in der Öffentlichkeit und durch die Medien hat ja manche Zuschauer, Hörer und Leser dazu geführt, anzunehmen, daß Ihr Buch eine bewußte Provokation sein solle und daß Sie es auf einen Konflikt mit Ihrem Bischof und der Glaubenskommission in Rom anlegen wollen.
Bei unserem Gespräch am 31. Januar bin ich gern bereit, auch Zitate aus Ihrem Buch »Kleriker« anzuführen.

Ich hoffe jedenfalls, daß das Gespräch stattfindet.
Mit freundlichem Gruß

Anlage zur Gesprächsnotiz über das Gespräch zwischen Erzbischof Degenhardt und Eugen Drewermann vom 31.1.90 von Peter Eicher

Das Gespräch verlief – was den Stil, das Klima und die Thematik betraf – in drei sehr unterschiedlichen Phasen.

I. Die Verfahrensfragen
In der ersten, einstündigen Phase wurden kontrovers vor allem die Verfahrensfragen angesprochen. Herr Drewermann beklagte dabei eindringlich,
1. daß bisher trotz der Bemühungen von seiner Seite konstruktive Gespräche mit dem Herrn Erzbischof nicht stattgefunden hätten;
2. daß er über die Vorarbeiten der Kommissionen der Deutschen Bischofskonferenz oder der vatikanischen Glaubenskongregation niemals informiert worden sei und trotz dem offensichtlichen Gewicht der von diesen Gremien erarbeiteten Monitas keinerlei Gelegenheit erhalten habe, sich in diesen Gremien zu äußern oder wenigstens verständlich zu machen;
3. daß seine Artikel in den kirchlichen Presseorganen (z.B. im Paderborner »Dom«) nicht abgedruckt würden, obwohl darin durchaus falsche und ehrenrührige Vorwürfe gegen ihn erhoben würden; dem hätte der Herr Erzbischof als sein Ortsbischof und als Magnus Cancellarius der Theologischen Fakultät entgegenzuwirken;
4. daß das bisherige Verfahren in der Öffentlichkeit und für ihn selbst »ein riesiges Feld von Unsicherheit« verbreitet hätte und durchaus willkürlich gewesen sei.
Herr Erzbischof Degenhardt und Herr Prof. Klein bemerkten dagegen, zu 1. daß jederzeit Gespräche möglich gewesen seien;

zu 2. daß die Lektüre der theologischen Literatur für die römische Glaubenskongregation und die Kommissionen der Deutschen Bischofskonferenz eine pure Selbstverständlichkeit wären und bei Verdacht die Vorwürfe zu erhärten gesucht würden;
zu 3. daß der Erzbischof auf diese Organe keinerlei Einfluß ausgeübt habe;
zu 4. daß es ein normaler Vorgang sei, wenn ein Bischof sich von der Glaubenskommission Punkte benennen lasse, die zu beanstanden seien.

In diesem ersten Gesprächsverlauf wurde klar, daß der Herr Erzbischof unerachtet aller anderen Kontroverspunkte allein aufgrund der Beanstandungen zum »Kleriker«-Buch nunmehr ernsthaft erwägt, Herrn Drewermann ohne ein weiteres Verfahren die Lehrerlaubnis an der theologischen Fakultät zu entziehen.

Das Gespräch wurde in dieser ersten Phase nach meinem Eindruck von Seiten des Herrn Erzbischofs nicht mit dem Ziel der Verständigung, sondern der Verurteilung geführt. Ich wies deshalb auf die rechtliche Vorschrift hin, nach welcher ein solches Gespräch »mit dem Ziel der Verständigung« zu führen sei (§ 5 der Verfahrensordnung für das Lehrbeanstandungsverfahren bei der Deutschen Bischofskonferenz).

II. Die theologischen Grundfragen

Die *zweite, fast einstündige* Gesprächsphase fand in einem ganz anderen und zunehmend guten Klima, mit deutlichen Verständigungsbemühungen, klaren Fortschritten in der Sache und weitgehenden Klärungen in den wichtigsten Fragen statt. Die Klärungen bezogen sich auf folgende Kontroverspunkte:

1. Kirche: Auf den Vorwurf von Herrn Erzbischof Degenhardt, daß es Herrn Drewermann um eine neue Kirche gehe, wurde von Herrn Drewermann und mir klargestellt, daß es wie im »Kleriker«-Buch, so auch im ganzen Werk und Wirken von Eugen Drewermann um die *Erneuerung* der Kirche Jesu Christi gehe. Unbestritten war, daß Herr Drewermann dabei den Akzent auf die priesterliche Erneuerung aller Christen, Herr Erzbischof Degenhardt den Akzent dagegen auf die Erhaltung des besonderen Weihe-Priestertums legte. Daß die katholische Kirche dabei vom Evangelium her ständig zu reformieren sei, war für alle Beteiligten selbstverständlich, aber Herr Drewermann insistierte darauf, daß sich ohne den Schmerz der offenen Kritik und der Trennung von psychologisch entfremdenden Formen des kirchlichen Lebens eine tiefgehende Erneuerung nicht ereignen könnte.

2. Priestertum: Herr Erzbischof Degenhardt hielt es für abwegig, daß die katholischen Priester nur noch Dichter und Therapeuten sein

sollten. Das besondere Priestertum sei allein von Jesus Christus her zu begründen und zu formen. Dagegen erläuterte Herr Drewermann den Sinn seiner Ausführungen gerade mit dem Verweis auf Jesus Christus, der in seiner Menschlichkeit wesentlich Dichter und Therapeut gewesen sei. Auf meine Frage, ob die Theologie nicht von der Christusverkündigung des Evangeliums auszugehen hätte, gab Herr Drewermann zu bedenken, daß die Theologie heute erst einmal auf die Christusverkündigung hinzuführen hätte. Dazu sei erst einmal der Abbau der verheerenden Deformationen des Christusglaubens notwendig. Im Ziel waren sich alle Beteiligten einig; offen blieb nur die Frage nach dem rechten Weg zur Evangeliumsverkündigung heute, wobei aber auch Herr Erzbischof Degenhardt erkennen ließ, daß im Prinzip verschiedene Wege der Theologie denkbar seien. Entgegen den Befürchtungen von Herrn Prof. Klein, daß die Übernatürlichkeit und Gnadenhaftigkeit des Priesterstandes durch den psychologischen Zugang Drewermanns verlorenginge, wurde vom Herrn Erzbischof zumindest meine Klarstellung lebhaft bejaht, daß Herr Drewermann insbesondere durch seine Dissertation und Habilitation die genuin katholische Gnadenlehre in eindrücklicher Weise neu begründet habe. Was die zentrale Frage der Gnadenlehre und der entsprechenden Begründung *jeglicher* Form priesterlicher Existenz betrifft, bestand kein Dissens. Die Frage des besonderen Weihepriestertums wurde jedoch *nicht* ausdrücklich angesprochen.

3. Gelübde, Eid, Versprechen: Da Herr Erzbischof Degenhardt befürchtete, daß Eugen Drewermann die Liebe auf Zeit und das priesterliche Treueversprechen bis auf Weiteres propagiere, stellte ich klar, daß im ganzen Werk Drewermanns geradezu überschwenglich die unendliche *Verheißung* der Liebe und Treue stark gemacht werde, wobei allerdings das Scheitern am Gesetz der Unauflöslichkeit zum Ausgangspunkt der neuen Überlegungen geworden sei. Da Herr Drewermann die intentionale Treue und Verbindlichkeit der Liebeszusage und der Annahme kirchlicher Dienste lebhaft bejahte, wurde ein klarer Konsens darüber erzielt, daß Drewermann nicht die Liebe bis auf Weiteres oder die vorläufigen Versprechen lehre, sondern für alle jene, die sich in ihrer Liebeszusage und in ihren Versprechungen nach bitteren Erfahrungen getäuscht sähen, einen Weg zur Annahme ihrer wahren Lebensintention und damit des Willens Gottes zu eröffnen sucht. Auch der Herr Erzbischof bejahte, daß Drewermann die katholische Lehre von Sünde und Gnade insbesondere in seiner Dissertation und Habilitation vertieft habe.

4. Selbstverleugnung und Selbstverwirklichung

In eindrücklichen Worten hatte Herr Erzbischof Degenhardt auf die Radikalität der Selbstverleugnung in der Nachfolge Jesu hingewiesen und es beklagt, daß Eugen Drewermann nur auf die Selbstverwirklichung ahhebe. Nachdem Herr Drewermann klargestellt hatte, daß psychologisch gesehen die Selbstverleugnung im Sinne Jesu die wahre Selbstverwirklichung bedeute, wies ich Herrn Erzbischof auf einen Widerspruch in seiner eigenen Argumentation hin: Da er ganz zu recht für die priesterliche Form der Nachfolge Jesu eine radikale Selbstverleugnung fordere, sei schwer verständlich, warum er die von Eugen Drewermann so einleuchtend gemachte Notwendigkeit der Trennung des priesterlichen Selbst von seinen falschen Formen nicht annehmen wolle. Die Selbstverleugnung müsse konkret da geschehen, wo die Freiheit des Selbst für den Dienst des Evangeliums verlorengegangen sei. Und dafür leiste das Werk Drewermanns einen sehr guten Dienst.

5. Offenbarung und Geschichte (Jungfrauengeburt)

Die seit Jahren anstehende Klärung des Vorwurfs, Eugen Drewermann leugne »die Historizität« von Jungfrauengeburt und Auferweckung Jesu, wurde in diesem Gespräch bis zu einem allseits bejahten Konsens geführt. Denn der Herr Erzbischof war durchaus einverstanden, daß dabei von »Historizität« im Sinne der modernen Geschichtswissenschaften nicht gesprochen werden könne. Herr Drewermann wiederum akzeptierte die von mir vorgeschlagene Formulierung (welche auch Erzbischof Degenhardt unterstützte), daß Gott in seinem Handeln die Geschichte der Menschen in seine eigene Geschichte aufnehme. Für die Jungfrauengeburt heißt dies, daß Gott durch die Selbstmitteilung seines Heiligen Geistes Maria erfüllt hat und so die Menschheit Jesu angenommen und geschaffen hat. Dies leugnete Eugen Drewermann in keiner Weise, aber er versuche die Sprache dieses unerhörten Evangeliums und der entsprechenden dogmatischen Lehre für jeden Menschen verständlich und einleuchtend zu machen, indem er sie auf die psychologisch entschlüsselten Analogien der Mythen, Märchen und Legenden bezieht. Mit seiner Methodik sucht er den universalen Sinn des einmaligen Ereignisses von Gottes wunderbarem Handeln aufzuschließen und damit auf unsere Erfahrung zu beziehen. Dasselbe gilt für Gottes Handeln in der Auferweckung des Gekreuzigten. Nach diesem Konsens im Gespräch wäre es absurd, wenn erneut der Vorwurf aufkäme, Eugen Drewermann halte nicht an der »Historizität« der Jungfrauengeburt fest, weil keiner der Beteiligten es für sinnvoll und wünschbar hielt, in dieser Sprache von Gottes Handeln zu reden.

III. Der vorläufige Gesprächsabbruch

Die *dritte* Phase des Gesprächs kann nur als dessen vorläufig abrupter Abbruch bezeichnet werden. Denn die Erklärung des Herrn Erzbischofs, daß seine Bedenken in keiner Weise ausgeräumt seien, wurde nicht durch einen Rückblick auf das Gespräch, sondern allein mit dem erneuten Verlesen der Ausgangsfragen begründet. Wie wenn in dem konstruktiven Gespräch nichts gesagt, gefragt und geklärt worden wäre, wurden alle Vorwürfe in recht scharfem Ton erneut erhoben. Der Herr Erzbischof verschloß sich allen Bitten von Herrn Dr. Drewermann, Prof. Klein und mir, zumindest eine Fortsetzung des Gesprächs anzuberaumen oder – wenn es denn sein müsse – *vor* einem Entzug der Lehrerlaubnis die dafür vorgesehenen Gremien der Deutschen Bischofskonferenz um eine Klärung zu bitten. Selbst auf die demütige Bitte von Herrn Drewermann, ihm doch wenigstens die Bedingungen einer weiterhin gewährten Lehrerlaubnis zu nennen, ging Herr Erzbischof Degenhardt nicht ein. Daraufhin hatte ich freundlich, aber bestimmt auf die kirchenpolitischen Konsequenzen hingewiesen: – Man würde auch von Rom aus die Verurteilung als Paderborner Provinzirrtum hinstellen, weil die Kirche doch Selbstkritik ertragen könnte. So käme der Herr Erzbischof in eine dauerhaft schwierige Lage. – Die Theologie würde sich weltweit diffamiert sehen, weil mit einem Lehramtsentzug die wissenschaftliche Methodik als solche verurteilt würde. – Der Herr Erzbischof lade sich für sein Episkopat ganz unnötig dauerhafte Probleme auf, die er durch andere klären lassen könnte. Damit aber würde die Diözese Schaden nehmen. – Schließlich würde man ihn, nach einem so guten Gespräch, das ja nach seinem eigenen Schreiben in jeder Weise öffentlich verwendet werden dürfe, weltweit nicht verstehen können. Denn der Gesprächsabbruch in dieser Phase entspreche nicht den kirchlichen Regeln.

Und vor allem: Der Schaden, den der Herr Erzbischof durch die Veröffentlichung des »Kleriker«-Buches befürchte, würde erst durch seine Verurteilung entstehen. Würde das Buch zur Besinnung und Umkehr angenommen, dann hätten die schadenfrohen Kritiker der Kirche selbst zu früh gelacht. Sie hätten dann aus durchsichtigen Gründen falsch prophezeit, daß durch die Verurteilung des Buches Eugen Drewermanns Buch erst sein volles Recht erhalte.

Das Gespräch endete mit eindringlichen Versuchen von Prof. Klein, Dr. Drewermann und mir, den Herrn Erzbischof dazu zu bewegen, den guten Anfang auf gute Weise fortzusetzen: – sei es durch die Fortführung der klärenden Gespräche, – sei es durch eine Verlautbarung, in der er sich zur notwendigen Kirchenreform bekennt und dabei die seines Erachtens überzogenen Werturteile und Reformvorschläge Eugen Drewermanns öffentlich kritisiert, ohne Herrn Drewermann die Lehrerlaubnis zu entziehen, – sei es durch das Einholen des Urteils der Kommissionen der Deutschen Bischofskonferenz vor einer Entscheidung, – oder sei es schließlich durch eine Kombination der vorgeschlagenen Verfahren. Der Herr Erzbischof erklärte sich bereit, diese Fragen nach Einsicht in das endgültige Protokoll noch einmal prüfen zu wollen und jedenfalls vor der Einsichtsnahme in das Protokoll keine Entscheidung zu treffen.

Eugen Drewermann an Erzbischof Degenhardt vom 14.2.1990

Sehr geehrter Herr Erzbischof,
gleichzeitig mit diesem Schreiben sende ich Ihnen die von mir durchgesehene und überarbeitete Fassung des Protokolls über unser Gespräch vom 31.01. dieses Jahres zu sowie die Bewertung des Gesprächsverlaufs durch Herrn Eicher, der ich mich voll und ganz anschließe.
Zurückkommen aber muß ich noch auf Ihren Brief vom 30. Januar, den Sie mir am Ende unseres Gespräches formlos als offene Seiten aushändigten. Ich muß über diesen Brief mit Ihnen sprechen, weil nichts in ihm und an ihm in meinen Augen menschlich stimmt.
An ihm: Da teilt mir Ihr Generalvikar in einem Schreiben vom 25.01.90 mit, daß Sie bis zum 30 Januar in Frankreich weilten – ich wünsche ehrlich, daß es eine gute Zeit für Sie war. Aber nun soll ich glauben, daß Sie sich, soeben heimgekehrt, mehr als eine Stunde (so lange pflegt derlei zu dauern) die Zeit nehmen, als erstes meinen Brief zu beantworten, so dringlich ist er Ihnen. Ich soll nicht denken, daß z.B. Ihr Pressesprecher, Herr Rick, Ihnen den Brief längst ausgefertigt hatte – just in dem für seinen Stil penetranten 1., 2., 3.? Es ist Ihnen allem Anschein nach nicht möglich, zu sagen: »Guter Herr Drewermann, Sie müssen entschuldigen, ich komme gerade aus Le Mans, eine wunderbare Stadt, doch Sie verstehen, Ihren Brief habe ich erst gestern gelesen. Hier ist er. Ich glaube, Sie sehen dies und das nicht richtig…« Nein, das ist nicht möglich, besser: es ist nicht *opportun*, denn dann hätten wir ja über diesen Brief als erstes reden müssen, und tatsächlich: wir wären dann vermutlich wirklich in ein offenes Gespräch eingetreten. Doch genau das hätte Sie offenbar nur gestört. Sie mußten vom ersten Moment an Ihren Fahrplan durchbringen: Die »Kleriker«. Bedenken. Unverändert. Behalte mir nach Protokolleinsicht vor… So kommt es, daß Sie mir eine Antwort auf meine dringenden Bitten über die Art unseres Gespräches, statt mündlich, schriftlich gaben, und zwar zu einem Zeitpunkt, als längst alles zu spät war. Mit anderen Worten: Dieser Brief sollte nicht geschrieben werden, er sollte geschrieben worden sein, dokumentarisch sozusagen, als Beweis Ihrer Pflichterfüllung oder vielmehr, wie man wohl sagen muß, als Beweis für die Art, wie Sie Ihre Pflichterfüllung verstehen.

Denn genau so, behaupte ich, sollte unser Gespräch: nicht stattfinden, sondern stattgefunden haben.

Der Beweis?

Er liegt mir seit Ende Oktober vor. Durch Augenzeugen. Schwarz auf weiß. Es war also kein Mißtrauen, schreiben Sie (oder lassen Sie als geschrieben durchgehen), das mich »unterstellen« und »vermuten« ließ, daß Kardinal Ratzinger Sie seit langem dazu dränge, egal mit welcher Begründung, mir die Lehrerlaubnis zu entziehen. Es war meine mangelnde Loyalität, sagen Sie, die mich auf die Frage brachte, die Glaubenskommission der Bischofskonferenz habe Ihnen geraten, die Sache mit dem 1. Bd. meines Markuskommentars einfach fallenzulassen und lieber das Klerikerbuch abzuwarten, da es »damit« besser gehe. Und es ist auch jetzt wohl meine bloße Unterstellung, daß Ihr eigener Amtskollege, Herr Lehmann, Ihnen vor längerer Zeit schon davon abgeraten hat, formal die Glaubenskommission einzuschalten, da Irrlehren in meinen Büchern schwer nachzuweisen seien. Aber was auch Irrlehren. Handeln! Jetzt! Da sind Untersuchungen der Glaubenskommission natürlich viel zu langwierig. Ein Lernvorgang in der Kirche? Zuviel der Zeit. Zuviel der Mühe. Eine Entscheidung! Doch wer fällt sie? Sie selber, sehr geehrter Herr Erzbischof, waren im Oktober 89 in Fulda so ehrlich (oder unvorsichtig), gegenüber anwesenden Journalisten zu sagen, was Sie mir gegenüber niemals zugegeben haben, »die Glaubenskongregation« habe Ihnen mitgeteilt, »jetzt nicht länger zuzwarten«. So das wörtliche Zitat. Es stimmt bis in den Tonfall hinein. Zuzuwarten – das ist ein Deutsch, das nur wir Theologen reden. Da klingt eschatologische Stimmung durch. Da geht es um das Heil an sich. Aber »jetzt nicht länger mehr« – das heißt doch wohl, daß seit geraumer Zeit, sagen wir: seit mindestens zwei Jahren, genauer: seit dem inzwischen absurden Disput um die biologischen Implikationen des Dogmas von der Jungfräulichkeit Mariens im Januar 1987, Kardinal Ratzinger zurät, etwas zu tun, und daß er nunmehr, seit mindestens vier Monaten, nicht mehr nur »zurät«, sondern ausdrücklich verlangt, mir die Lehrerlaubnis zu entziehen. *Das heißt*: »Jetzt nicht mehr länger zuzuwarten.« Aber was macht nun Ihr Brief(eschreiber) aus dieser sicheren Tatsache? Es ist mein »Mißtrauen«, daß ich es wage, Ihnen immer wieder zu sagen, gerade so verhalte es sich und wir sollten gemeinsam überlegen, Sie als mein Bischof und ich als Ihr Priester, wie wir in dieser Situation uns verhalten könnten. Hören Sie: Was hier unter Punkt 2., 4., 8. in Ihrem Brief steht, ist so schlimm, daß ich dringend bitte, wenigstens »Kenntnis zu nehmen«, daß es dieser Stil einer sich unfehlbar gebärdenden Amtsverwaltung ist, mit dem man, statt einfach die Wahrheit zu sagen und offen mit dem Betroffenen zu reden, simple Tatsachen-

feststellungen monatelang vertuschen und verdrehen muß, ja, innerhalb dessen man es am Ende als Schuld, ja, als psychisches Gebrechen, ja, als Charaktermangel des »Inkriminierten« ausgeben muß, daß dieser den Kriminalfall dort sucht, wo er ganz offensichtlich steckt: In den undurchsichtigen Machenschaften einer Behörde, die in ihrem undiskutierbaren Zynismus sich vornehm genug gibt, einen Ortsbischof vorzuschicken, um sich selber, »bedeckt zu halten« (sagt man so?). Sehr geehrter Herr Erzbischof, Sie sagen, ich diskriminierte die Kirche Jesus Christi mit meinem Buch »Kleriker«. Wirklich? Ich schildere u.a. seitenlang genau das: wie man Menschen, die ihren Verstand und ihr Gefühl für Wahrheit und Wahrhaftigkeit noch nicht verloren haben, in aller Form zu psychiatrisieren sucht, nur um einer staunenden Öffentlichkeit die Vortrefflichkeit und Unantastbarkeit dieses in Heiligkeit thronenden Systems Kirche präsentieren zu können. Ich hoffe immer noch, es sei auch Ihr geheimer Wunsch, ganz offen mit Untragbarkeiten dieser Größenordnung Schluß machen zu können. Jedenfalls bitte ich Sie, machen Sie damit Schluß! Denn kein Mensch mehr wird Ihnen die Tragikomödie des einsamen Bischofs glauben, der nach schlaflosen Nächten, um die Wahrheit Christi ringend, im Gewissen verpflichtet, nicht mehr »umhin kann«, widerstrebend zutiefst, doch gezwungen durch seinen Amtseid, zur Verhütung weiteren Schadens inmitten der Kirche einem irrenden Theologen die Lehrbefugnis zu entziehen. Wenn ich als Theologe der katholischen Kirche irre, bitte, sagen Sie mir, wo und wie, und ich werde es korrigieren. Wenn ich aber keine Häresien lehre, wenn es zumindest selbst nach dem monatelangen »subtilen« Suchen der »Experten« der Glaubenskommission in meinen Büchern Stellen nicht gibt, die sich als einwandfrei »irrig«, d.h. als dem katholischen Glauben widersprechend, erkennen ließen, dann stellen Sie sich zu diesem Befund und verteidigen ihn – bis zum Erweis des Gegenteils und folglich der Chance meinerseits, wirklichen Irrtum durch bessere Einsicht zu überwinden.
Darum bitte ich Sie als den Obersten Priester der Diözese Paderborn. Aber als Mensch frage ich Sie, wie eigentlich Sie glauben, mit Menschen umgehen zu können. Da können Sie also, laut Ihrem Brief vom 30.01., »gewiß davon ausgehen«, daß ich durch Pressemitteilungen inzwischen wisse, was in Fulda auf der Bischofskonferenz gespielt worden sei. Einmal abgesehen davon, daß sich unterschiedliche Pressemeldungen sehr selten auf einen klaren Nenner bringen lassen – haben Sie wirklich jegliches Empfinden dafür eingebüßt, daß es für jeden Vorgesetzten der Welt, für jeden Rottenführer einer Gleisbaukolonne, einen schweren Fehler bedeutet, den er schleunigst erläutern und ausbügeln muß, wenn allen Ernstes einer seiner Angestellten aus der Presse erfahren muß, sein Vorgesetzter gedenke, ihn zu kündigen?

Zumindest wenn diesem Vorgesetzten überhaupt noch an Mit- und Zusammenarbeit gelegen ist, ja, wenn ihn überhaupt noch menschlich irgend etwas mit seinen Untergebenen verbindet, so muß er ohne jeden Zweifel »umgehend« jenen Angestellten aufsuchen und ihm den Stand der Dinge erklären; auch wohl ein Bedauern über jene Indiskretionen wäre da am Platze. Sie aber »können gewiß davon ausgehen, daß ich weiß...« Ja, Sie sind sogar erstaunt, daß ich nicht von selbst, wie ich ja gekonnt hätte, Sie um ein Gespräch gebeten habe. Und das, während Sie bis heute glauben, die römische Glaubenskongregation vor der offensichtlichen Wahrheit schützen zu müssen und in der Zwischenzeit in der Glaubenskommission der Deutschen Bischofskonferenz sich »Erklärungen« wie die von Ende November erstellen lassen! Nein, was mein Vertrauen in Ihre Amtsführung wirklich seit Jahren empfindlich stört, ist diese Umwandlung von religiösen Fragen und Anliegen in eine richtungslose Verwaltungsroutine.
Dies alles schreibe ich Ihnen *persönlich* als letzten Appell gewissermaßen. Öffentlich habe ich inzwischen einen Brief an Sie gerichtet, den ich Ihnen beilege und den ich an verschiedene Zeitungen versandt habe mit Bitte um Publikation. Es ist dieser Brief, wie Sie sehen werden, in Anbetracht der Lage, in der wir uns befinden, recht moderat. Denn mir liegt wirklich am Konsens. Es scheint mir aber nötig, Ihnen als Träger eines öffentlichen Amtes sozusagen Schützenhilfe seitens der deutschen Öffentlichkeit gegenüber einem Kardinal geben zu sollen, der die Gefühlslage der Gläubigen seines eigenen Herkunftslandes wohl nicht mehr recht einzuschätzen vermag. Wie sehr mir an einem Konsens liegt, möchte ich indessen unzweideutig durch folgenden Vorschlag unter Beweis stellen: Eine Art von »Vergleich«. Wenn ich unser Gespräch am 31.01. richtig verstanden habe, so ist es – zumindest außerhalb des Drucks der römischen Glaubenskongregation – Ihre Hauptsorge, daß ich auf die Priesteramtskandidaten an der theolog. Fakultät derzeit einen unguten Einfluß mit meinen Ansichten über die psychischen Gegebenheiten des Klerikerstandes ausüben könnte. Wie gesagt, glaube ich nicht, daß diese Sorge zu Recht besteht; aber wenn sie bei Ihnen besteht, so schlage ich vor, ein Freisemester an der Fakultät einzulegen und in diesem Zeitraum Vorlesungen an der Gesamthochschule in einem Themengebiet anzubieten, das Sie mir als Priester zubilligen müssen und ich ohnedies für den Sommer vorgesehen habe: die Auslegung der Heiligen Schrift. Im Gegenzug würden Sie sich zu einer Fortsetzung unseres Gespräches verpflichten, sagen wir mindestens dreimal, je monatlich: im April, Mai, und Juni, mit einem thematisch und methodisch klar gegebenen Schwerpunkt, geführt in der selben Zusammensetzung, die sich beim letzten Mal, wie mir scheint, durchaus bewährt hat.

Verfahren, wie die Lage ist, sehe ich in einem solchen »Vergleich« den einzigen uns noch verbleibenden Ausweg, der Ihnen, wie ich zuversichtlich glaube, nur Achtung und Frieden in und mit Ihrer Diözese einbringen wird, der aber die Kirche in Deutschland (und weit darüber hinaus) vor sicherem Schaden bewahren kann. Solchen Schaden zu verhüten zugunsten der Gläubigen ist, wie Sie sehen, mir eine Menge wert. Doch um den Preis der Unwahrheit wird es keinen Frieden und auch keine Achtung geben. Das ist genauso sicher.

Hochachtungsvoll bin ich in Erwartung Ihrer angekündigten Entscheidung

Erklärung von Erzbischof Degenhardt vom 27.2.1990

Am 31. Januar 1990 hat ein viereinhalbstündiges Gespräch zwischen Dr. Drewermann und mir in Anwesenheit der Professoren Aloys Klein und Peter Eicher über das Buch »Kleriker – Psychogramm eines Ideals« stattgefunden.
Sowohl Dr. Drewermann als auch Professor Eicher sind inzwischen in die Öffentlichkeit gegangen und haben ihre Auffassung dargelegt bevor die vorgesehene einvernehmliche Gesprächsnotiz erstellt war.
Ich lege hiermit eine Erklärung der Öffentlichkeit vor, in der einige der Bedenken gegen inhaltliche Aussagen des Buches »Kleriker« und aus anderen Büchern Drewermanns mit Zitaten genannt werden.
Die Interessierten können selbst beurteilen, wie sie die Aussagen bewerten.
Ich weise ausdrücklich darauf hin, das ich als Ortsbischof und Magnus Cancellarius der Theologischen Fakultät Paderborn zu prüfen und zu entscheiden habe, ob solche Äußerungen wie in meiner Erklärung angeführt von einem Privatdozenten der Theologischen Fakultät mit der Lehrerlaubnis des Magnus Cancellarius vertretbar sind.
Ich habe niemals die Absicht gehabt oder geäußert, Dr. Drewermann ein Schreibverbot – etwa für ein Jahr – aufzuerlegen; ich möchte ihn auch als Priester des Erzbistums Paderborn wenn möglich behalten. Leider hat Dr. Drewermann meine Anregung, er möge von sich aus auf eine Lehrerlaubnis als Privatdozent für dogmatische Theologie an der Theologischen Fakultät verzichten, abgelehnt.
Nunmehr beabsichtige ich, entsprechend dem Wunsch von Dr. Drewermann, bei der Glaubenskommission der Deutschen Bischofskonferenz ein Lehrbeanstandungsverfahren zu beantragen. Dies ist ein rechtlich geregeltes Verfahren nach der Verfahrensordnung, die die Deutsche Bischofskonferenz 1981 erlassen hat.

Mit dem Antrag auf ein Lehrbeanstandungsverfahren werden nicht alle Aussagen, Anregungen, Anliegen, Sichtweisen, Methoden oder kritischen Äußerungen von Dr. Drewermann abgewiesen. Manche – auch scharfe – Kritik kann heilsam für die Kirche, für ihre Amtsträger und für die gläubigen Gemeindeglieder sein.
Ich will auch die wissenschaftliche Diskussion nicht einschränken oder bestimmte Methoden – etwa die Einbeziehung der Psychologie und Psychoanalyse in der Theologie – ablehnen. Ebenfalls will ich gute Intentionen des Dr. Drewermann nicht in Frage stellen.
Mir geht es um inhaltliche Aussagen, die nach meiner Auffassung nicht oder schwer vereinbar sind mit der Lehre der katholischen Kirche.
Meine Erklärung umfaßt zwei Teile:
I. Bedenken zu Aussagen im Buch »Kleriker« II. Bedenken dogmatischer Art zu anderen Büchern. Es handelt sich um einige Punkte, nicht um eine vollständige Auflistung der gegen Äußerungen von Dr. Drewermann vorliegenden Bedenken.
Aufgabe der Bischöfe ist es, das Geheimnis Jesu Christi unverkürzt vorzulegen. Deshalb ist es meine Pflicht, Dr. Drewermann eindringlich zu ermahnen, die genannten Aussagen zu klären und im Sinn der kirchlichen Lehre zu korrigieren. Ich verbinde die Hoffnung, daß er von seinem wissenschaftlichen Ansatz aus zur Übereinstimmung mit der biblischen und kirchlichen Lehre gelangt.
Ich beabsichtige baldmöglichst das Gespräch gemäß § 5 der Verfahrensordnung des Lehrbeanstandungsverfahrens zu führen.
I. Zum Buch »Kleriker – Psychogramm eines Ideals«
1. Dem im Buch Dargelegten liegt ein Menschenbild zugrunde, das in einer Theologischen Fakultät nach meiner Auffassung nicht von einem Privatdozenten vorgetragen werden kann.
»Es kommt darauf an, die Freiheit des einzelnen durch sich selber in eine unauflösliche Zwangsbindung umzuformen und das kann gelingen, wenn man ein jedes der Gruppenmitglieder (zumindest in den tragenden Positionen) nötigt, feierlich zu versprechen und zu geloben, daß es eine Freiheit in alle Zukunft nur als gebundene, entschiedene, als festgelegte Freiheit aktuieren und aktivieren wird. Der einzelne muß schwören, auf daß die Allgemeinheit seiner gefesselten Freiheit sicher werde. Nur durch diese Verfahren, durch diesen Zwang, den die Gruppe zu ihrer Selbststabilisierung jedem ihrer beamteten leitenden Mitglieder auferlegt, glaubt man, daß Ekrasit der Auflösung im Herzen eines jeden entschärfen zu können« (Seite 202).
Drewermann verlangt je neue Bindung oder Loslösung zu jedem beliebigen Zeitpunkt der seelischen Entwicklung. Ein Versprechen auf Dauer sei unmenschlich, weil ja niemand wisse, wie er sich entwickle.

»Die Ämter der Kirche, wenn sie das Dasein ihrer Amtsträger psychisch nicht verformen und vergewaltigen sollen, müssen daher flexibel gegenüber der persönlichen Entwicklung des einzelnen bleiben. Sie müssen prinzipiell zeitlich begrenzt sein, wenn der einzelne sich seinem Amte nicht mehr gewachsen sieht oder wenn umgekehrt er sich selber dem Amte entwachsen fühlt« (748).
»Das Thema Ehe oder Ehelosigkeit müßte, um psychoanalytisch betrachtet glaubwürdig zu bleiben, vollkommen neutralisiert werden, das heißt, es müßte zu jedem beliebigen Zeitpunkt der seelischen Entwicklung dem einzelnen freistehen, zu heiraten oder nicht zu heiraten, wie es für ihn und für die Menschen an seiner Seite stimmt« (716).
Damit gibt es für Eheleute und für Kleriker (Ordensschwestern, Diözesanpriester) keine Verläßlichkeit. Drewermann kritisiert das Zölibatsversprechen und das Ehelosigkeitsgelübde als unzulässig (vgl. Seite 634).
In diesem Menschenbild ist offensichtlich die augenblickliche Einstellung des einzelnen maßgebliches Kriterium: Treue, Bejahung eines früher gegebenen Wortes; Verzicht auf momentane Wünsche, Triebe, Vorstellungen und Gefühle dürfen nicht erwartet werden.
Daß ein Mensch in Freiheit sich für immer bindet und auch in Schwierigkeiten seine Entscheidung durchträgt, darf nach Drewermann nicht verlangt werden; so bleibt die Treue Gottes für den Menschen, der sein Abbild ist, ohne Konsequenz im menschlichen Leben.
Drewermann versteht »Selbstverwirklichung«, »Selbstentfaltung« als jeweils zu verwirklichende Wünsche, Gefühle, Strebungen des einzelnen (vgl. Seite 431, 499, 673, 695, 706 ff).
Selbstverleugnung – wie im Neuen Testament genannt – kann für Drewermann nur negativ bewertet werden, weil er bei den Gefühlen des einzelnen nichts eventuell Fehlerhaftes sieht.
Eine solche Auffassung ist nicht annehmbar.
2. Was Drewermann über den Priester sagt, stimmt nicht damit überein, wie die katholische Kirche den katholischen Priester versteht, nämlich als von Jesus Christus in seine besondere Nachfolge berufenen Jünger, der »in persona Christi capitis ecclesiae« (»in der Person Christi, des Hauptes der Kirche«) in Christi Vollmacht und Sendung handeln und leben soll.
Drewermann sagt, daß ein entscheidender Teil der Theologenausbildung »in Weiterführung der historisch-kritischen Bibelexegese in Traumseminaren, Einzelanalysen, in Psychodrama- und Bibliodramakursen und anderem mehr liegen« solle, sowie im vertieften Studium der Religionsgeschichte und der Völkerkunde, gepaart mit den Einsichten der Tiefenpsychologie; denn das Christentum sei gerade keine Lehre, sondern eine Existenzmitteilung (Seite 741).

Der Priester sei vorzugsweise Dichter (vgl. Seite 719. 738), Prophet, Seher, Psychotherapeut (vgl. 730).
Der Bezug zu Jesus Christus kommt bei Drewermann fast nicht vor (vgl. 747).
In einer Theologischen Fakultät zur Ausbildung von katholischen Priestern können solche verengte Auffassungen nicht im Auftrag oder in der Sendung des Bischofs verkündet werden.
3. Drewermann vertritt die Auffassung, daß historische Fakten zur Religion »äußerlich« blieben und »irrelevant« seien. Man müsse »innerlich« von den Bildern der Seele her die christliche Botschaft verstehen (vgl. S. 289, 690, 733).
Drewermann wendet sich deshalb gegen eine das historische Faktum als verbindliche Glaubensaussage bezeichnende Einstellung. Er will solche Aussagen – etwa des Glaubensbekenntnisses – »symbolisch«, nicht »historisch« verstanden wissen (vgl. S. 777, Anm. 163, S. 483).
Er hält die jungfräuliche Geburt Jesu aus Maria für ein Symbol, lehnt sie aber als Faktum ab, als den Weg, wie Gott seinen Sohn Mensch hat werden lassen, an keiner Stelle spricht er von Gottes Handeln außerhalb der Seele der Menschen.
Diese Auffassung widerspricht der Lehre der katholischen Kirche (vgl. II. Vatikanisches Konzil).
4. Die Kritik Drewermanns an der katholischen Kirche ist polemisch, einseitig, verletzend.
Er spricht von »menschenverachtendem Zynismus« (S. 630), von einem formal unmenschlichen und ungöttlichen System, das lieblos von gewollter Inhumanität sei, von seelischer Grausamkeit (S. 641), von einem erstickenden Zwangssystem, von ebenso neurotischen wie neurotisierenden Lebensregeln, von »eidlich geschütztem System erzwungener Treueversprechungen« von kompletter Unglaubwürdigkeit des Sprechens von Gott (S. 663) .
Die katholische Kirche müsse endlich »aus den Fesseln und Käfigstäben einer ungeheuerlichen Form von traditioneller Veräußerlichung, dogmatischer Rechthaberei, despotischer Verwaltungsschikane, hierarchischer Machtanmaßung, einer für Gott sich dünkenden Behördenwillkür und aus dem ebenso geist- wie seelenlosen Fetischismus eines bürokratischen Objektivismus und Formalismus herausgeführt und in die Freiheit entlassen« werden. An einem Umbau des Gesamtsystems der katholischen Kirche komme man nicht vorbei (S. 661).
Drewermann verwendet ein Verständnis von Kirche, das die Aussagen des Zweiten Vatikanischen Konzils nicht beachtet, daß nämlich die Kirche Jesu Christi das Volk Gottes, der Leib Christi, ein Geheimnis (Mysterium) des Glaubens ist; er sieht offensichtlich nur einseitig und verzerrend die Kirche als System, als Organisation, als Machtinstrument.

Diese verzerrte Beschreibung der heutigen katholischen Kirche kann nicht im Auftrag dieser Kirche vorgetragen werden.

II. In zahlreichen Veröffentlichungen versucht Privatdozent Dr. Eugen Drewermann, mit Hilfe der Tiefenpsychologie sowie der Mythen- und Märchenforschung die Symbol- und Bildersprache der Bibel dem heutigen Menschen zu erschließen. Dieser therapeutische Ansatz ist innerhalb der methodischen Grenzen der genannten Wissenschaften legitim und in mancher Hinsicht pastoral hilfreich. In der konkreten Durchführung seines Anliegens kommt E. Drewermann jedoch mit vielen seiner Aussagen in Konflikt mit grundlegenden Aussagen der Bibel und ihrer kirchlichen Auslegung. Das läßt sich, – wie auch die theologische Fachdiskussion überwiegend erweist – insbesondere an drei für die kirchliche Glaubenslehre fundamentalen Fragen zeigen.

1. Nach der Lehre des Zweiten Vatikanischen Konzils, das sich dafür auf das klare und eindeutige Zeugnis der heiligen Schrift stützt, geschieht die Offenbarung Gottes in der Geschichte durch Wort und Tat, die innerlich miteinander verknüpft sind (vgl. Dei verbum, Artikel 2) . Die Kirche hält deshalb an der Geschichtlichkeit besonders der Evangelien fest:

»Unsere heilige Mutter, die Kirche, hat entschieden und unentwegt daran festgehalten, und hält daran fest, daß die vier genannten Evangelien deren Geschichtlichkeit sie ohne Bedenken bejaht, zuverlässig überliefern, was Jesus der Sohn Gottes in seinem Leben unter den Menschen zu deren ewigem Heil wirklich getan und gelehrt hat, bis zu dem Tag, da er aufgenommen wurde« (Dei verbum, Artikel 19).

E. Drewermann versteht die Offenbarung demgegenüber in vielen seiner Aussagen nicht als freie geschichtlich sich ereignende Selbstoffenbarung Gottes, sondern als traumhafte Projektion der archetypischen Strukturen der menschlichen Seele.

Diese Position geht zum Beispiel aus der folgenden Aussage hervor:

»So wie am Beginn des Frühlings die Wärme der Sonne die Blumen aus der Erde hervorlockt, in dem sie die in ihnen schlummernde Gestalt nicht erschafft, wohl aber zur Entfaltung weckt, so wird man auch die Offenbarung Gottes in dem Menschen Jesus von Nazaret nicht anders verstehen können, als daß von der Person Jesu eine solche Güte und Wärme ausging, daß all die Bilder des Heils, die in der menschlichen Seele angelegt sind, durch seine Nähe auf den Plan gerufen wurden, sich mit seiner Gestalt verbanden und sich zu einem Gesamtgemälde formten, in dessen Widerschein ein jeder Mensch die Wahrheit Christi zu erkennen vermag, indem er sich selber darin offenbar wird« (E. Drewermann, Tiefenpsychologie und Exegese II, 1985, 768 f.).

Daß dies religionsgeschichtlich betrachtet zu einer Nivellierung der biblischen Offenbarung führt, zeigt etwa die folgende Aussage:

»Wir sind als Christen zu sehr alttestamentlich und zu wenig ägyptisch, um wirklich christlich zu sein, und nur eine tiefe Reform des Träumens und der Poesie könnte uns wieder lehren, was Gott im Herzen eines jeden Menschen eingeschrieben hat, um sich darin zu offenbaren« (E. Drewermann. Religionsgeschichtliche und tiefenpsychologische Bemerkungen zur Trinitätslehre, in: W. Breuning (Herausgeber) Trinität. Aktuelle Perspektiven der Theologie. Freiburg im Breisgau 1984 (= Quaestio disputata 101, 142).
Diese Sicht führt auch zu einem neuen Verständnis der Dogmen: »Ein besseres Verständnis käme zustande, wenn man die Dogmen ähnlich verstehen würde wie Traumbilder, die sich auf dem Weg zur Heilung – vor dem Hintergrund eines tieferen Vertrauens, das durch ein Gegenüber geweckt wird – spontan einstellen« (E. Drewermann. Psychoanalyse und Moraltheologie III. An den Grenzen des Lebens, Mainz 1984, 260 f. Zum typologisch-repräsentativen Charakter der geschichtlichen Offenbarung vgl. E. Drewermann, Tiefenpsychologie und Exegese I, 54 ff., ders. Tiefenpsychologie und Exegese II. 700 f).
2. Nach der Heiligen Schrift und der kirchlichen Lehre geschieht die Fülle der Offenbarung Gottes in Jesus Christus (Dei verbum, Artikel 4). Jesus Christus ist nach der Schrift und nach den altkirchlichen Bekenntnissen der ewige und einzige Sohn Gottes, der in der Zeit durch Maria, die Jungfrau, Mensch geworden ist. In einer Reihe von Aussagen von Drewermann wird dagegen die Gestalt Jesu religionsgeschichtlich nivelliert und auf eine Ebene mit heidnischen Göttergestalten und Heilbringern gestellt.
Auch E. Drewermann spricht an einigen Stellen von Jesus Christus als einer absoluten Person (E. Drewermann, An ihren Früchten sollt ihr sie erkennen. Antwort auf R. Pesch / G. Lohfink, Tiefenpsychologie und keine Exegese. Olten / Freiburg im Breisgau 1988, 60 f.). In anderen Aussagen wird dagegen die Gestalt Jesu Christi relativiert:
»Wer sagt: Ich glaube an Jesus Christus, Gottes eingeborenen Sohn, bekennt sich im Grunde dazu, daß er in seinem Leben all die Erfahrungen mit Christus gemacht hat, die der Alte Ägypter mit der Person des Pharao verband« (E. Drewermann. Dein Name ist wie der Geschmack des Lebens, Tiefenpsychologische Deutung der Kindheitsgeschichte nach dem Lukas-Evangelium, Freiburg im Breisgau 1986. 60).
E. Drewermann geht sogar soweit, zu sagen:
»Die Götter…leben als mächtige Gestalten in den Tiefen der menschlichen Psyche selbst und empfangen von der jeweiligen Kultur nur die Bühne und das Drehbuch ihres Auftritts. Sie mögen dann heißen, wie sie wollen, Adonis, Osiris oder Christus, Diana, Maria oder Coatlicue, Indra, Marduk oder Herakles – in allen Formen und Gestalten bleibt

gleichwohl ihr unverwechselbarer Kern erhalten« (E. Drewermann, Tiefenpsychologie und Exegese I, Olten 1984, 309).
3. Nach der Lehre der Heiligen Schrift wie nach der Lehre der Kirche besteht die Erlösung, welche uns Jesus Christus gebracht hat, in der Vergebung der Sünden, der Versöhnung mit Gott, im Geschenk des neuen Lebens in Jesus Christus und im Heiligen Geist sowie in der Überwindung des Todes (vgl. DS 1520-23; 1529; GS 22; AG 3; 8) . E. Drewermann wählt aus dieser umfassenden Botschaft von der Erlösung einseitig einen wichtigen, aber keineswegs erschöpfenden Aspekt aus: die Überwindung der Angst. In anderen Aussagen kommt er zu einer schwerwiegenden Umdeutung der christlichen Erlösungsbotschaft.
Über die Befreiung von der Angst sagt er: »Einzig bezogen auf dieses Thema ist Jesus Christus wirklich der Heiland der Welt (Joh 4.41)« (E. Drewermann. An ihren Früchten sollt ihr sie erkennen, S. 61) .
E. Drewermann verwirft vor allem die neutestamentliche und kirchliche Deutung des Kreuzes Jesu Christi als Sühneopfer (E. Drewermann, Das Markusevangelium I, Olten/Freiburg im Breisgau 1987, 67); er versteht »den Gott des Karfreitags als eine Chiffre der Erlösung«, »das Drama der Kreuzigung« »als ein Psychodrama der Heilung, als eine symbolisch-stellvertretende Durcharbeitung der verdrängten Gefühle von Haß, Zerstörung und Rache«, »als eine Darstellung mithin all dessen, was Menschen erst einmal erleben und tun müssen, ehe sie im Ghetto der Angst an so etwas wie Vergebung jenseits aller Schuld wirklich und unzweideutig wieder glauben können« (E. Drewermann. Das Markusevangelium I, Olten/Freiburg im Breisgau 1987, 71 f.).
In diesem Zusammenhang kommt E. Drewermann zu einem Verständnis der Eucharistie, welches der Bibel wie der kirchlichen Überlieferung fremd ist: »Die Eucharistie ist...ein umfassender Versuch nach Art eines Psychodramas im Ausagieren des an sich Zerstörenden zu heilen; es ist wie ein Versuch, das ewig Schuldige, das ewig Verbotene bewußt zu machen und zu tun, um es im Tun als unschuldig zu akzeptieren. Die Eucharistie ist wie ein verzweifeltes, äußerstes Bemühen der Religion, dem Menschen zu sagen, was psychologisch eine Mutter ihrem Kind in der Depression gerade nicht mehr überzeugend zu sagen vermag: daß seine Schuldgefühle unbegründet sind, daß es entgegen seinem Schuldgefühl, kein Mörder ist und daß es aufhören kann, sich als Kannibale zu fühlen und als Kannibale zu leben, nur weil es, um zu leben, essen muß; der Gott, den man im Sakrament zu töten meint, wird leben, – er gibt sich selber hin – es ist des Gottes eigenes Opfer, nicht ein Mord, was da geschieht« (E. Drewermann, Der Krieg und das Christentum. Von der Ohnmacht und Notwendigkeit des Religiösen, Regensburg 1982, 310).
Aufgrund des Gesagten ist deutlich, daß viele Aussagen von E. Drewermann mit fundamentalen Glaubenslehren, der heiligen Schrift wie

der kirchlichen Überlieferung nicht in Einklang stehen. Trotz Anregungen im einzelnen, die sein Werk gibt, bedeuten die gemachten Aussagen eine Verkürzung des Glaubens. Aus den ungenügenden, ja falschen Aussagen von E. Drewermann über die Offenbarung, Jesus Christus und die Erlösung ergeben sich außerdem verhängnisvolle Konsequenzen auch für seine Deutung der Kirche und ihrer Ämter, sowie für die Darstellung der christlichen Sittenlehre.

Deutschlandfunk »Tag für Tag«, 2. März 1990, 8.35 Uhr

Interview Hartmut Kriege mit dem Erzbischof Degenhardt
Betr.: Eugen Drewermann
Ansage
Entscheidung. Erzbischof Johannes Joachim Degenhardt von Paderborn äußert sich zum »Fall Drewermann«...
Zu unserem ersten Beitrag: Der Paderborner Erzbischof Johannes Joachim Degenhardt will die Entscheidung. Zur Debatte steht der Paderborner Priester, Privatdozent und Psychotherapeut Eugen Drewermann. Sein Bemühen, die Tiefenpsychologie zum alleinigen Interpretationsschlüssel für Leben und Alltag der Menschen wie auch des Glaubens zu machen, stößt in der Kirche auf wachsenden Widerstand. Denn die Konsequenzen, die sich aus Drewermanns Denkansatz ergeben, sind für die Kirche als Institution wie auch für fundamentale Glaubensaussagen der Kirche verheerend. Der Paderborner Oberhirte will jetzt die Bremse ziehen. Er hat bei der Glaubenskommission der Deutschen Bischofskonferenz ein Lehrbeanstandungsverfahren gegen Eugen Drewermann gestellt. Frage an Erzbischof Degenhardt in Paderborn: Stimmt das?
Degenhardt: Das ist nicht korrekt, sondern ich meine, ich habe geschrieben, daß ich beabsichtige, ein solches Lehrbeanstandungsverfahren zu beantragen. Nach der Verfahrensordnung für das Lehrbeanstandungsverfahren ist erforderlich, daß innerhalb von vierzehn Tagen vorher ein Gespräch stattfinden muß, um eventuell dieses Lehrbeanstandungsverfahren überflüssig zu machen.
Kriege: Nun haben Sie ja schon Ende Januar mit Professor Drewermann über die Punkte, die Sie kritisieren in den Veröffentlichungen von Eugen Drewermann, gesprochen...
Degenhardt: ...ja, aber erstens nur über Einzelpunkte, nämlich nur über bestimmte Punkte aus seinem Buch »Kleriker«, über die aus den anderen Büchern vorliegenden Punkte gar nicht. Und außerdem ist das jetzt über vier Wochen her, so daß rein formal dieses Gespräch gar nicht als das Gespräch gelten kann, was für das Lehrbeanstandungsverfahren vorher laufen muß.

Kriege: Das heißt, Sie werden noch einmal ein Gespräch mit Professor Drewermann suchen?
Degenhardt: Ja.
Kriege: Was werfen Sie ihm im einzelnen vor?
Degenhardt: Ich habe mit ihm gesprochen über schwere Bedenken, die ich gegenüber seinem Menschenbild in dem Buch »Kleriker«, gegenüber seinem Priesterverständnis, gegenüber seinem Bild von der katholischen Kirche und gegenüber seiner Auffassung bezüglich »geschichtliche Offenbarung Gottes«, z.B. »Jungfrauengeburt«, habe.
Kriege: Eugen Drewermann kommt ja zu diesen Schlüssen oder Folgerungen aufgrund seines Versuches, die Tiefenpsychologie mit in die Seelsorge einzubeziehen. Wieweit ist denn dieses in ihren Augen zulässig?
Degenhardt: Nach meiner Meinung ist grundsätzlich das ein durchaus berechtigtes und heute auch erwünschtes Anliegen. Es geht nicht darum, daß ich etwa jetzt die Methode angreifen möchte – als wenn Psychologie und Theologie jetzt nicht miteinander verbunden werden dürften -, sondern was ich, wo ich Bedenken habe, das ist vielmehr die Ergebnisse, die er dann durchführt, wo er dann sagt, er spricht nur als Psychologe und er will nicht die theologischen oder dogmatischen Glaubensaussagen treffen. Ich glaube, das darf er dann auch nicht trennen.
Kriege: Das heißt also, die Tiefenpsychologie als alleiniger Schlüssel zum Verständnis von biblischen Wahrheiten des Glaubens?
Degenhardt: Das geht sicher nicht.
Kriege: Das heißt, die Konsequenzen, die sich daraus ergeben, haben natürlich eine große Sprengkraft in sich. Das zeigt ja auch sein letztes Buch »Kleriker – Psychogramm eines Ideals«, wo er ja aufgrund seiner Beschäftigung mit der Psychologie und Psychotherapie ja zu sehr unkonventionellen Folgerungen kommt.
Degenhardt: Ja, und gegen einige dieser Folgerungen habe ich doch schwere Bedenken, weil sie doch mit der kirchlichen Glaubensauffassung nicht übereinstimmen. Zum Beispiel: Wenn er sagt, es müsse jeder Priesterkandidat, jederzeit die Möglichkeit haben, aus seinem Dienst auszuscheiden, die Kirche dürfe nicht verlangen, daß er ein Versprechen auf Lebenszeit abgibt; und dasselbe, was er für die Priesterkandidaten verlangt, verlangt er im Grunde auch für alle Eheleute; daß also ihr Versprechen »bis daß der Tod uns scheidet« nicht von der Kirche als verbindlich angesehen werden dürfe.
Kriege: Das heißt, die Konsequenz, die sich aus Drewermanns Ansatz ergibt, geht dahin, zu einer Auflösung gesamtkirchlicher Strukturen, des Verständnisses von Ehe, von Verbindung, von Gemeinschaft schlechthin.

Degenhardt: Ja, ich würde sagen das ist nicht menschlich. Denn zur menschlichen Freiheit gehört auch, daß man über sich selbst verfügen kann: in Freiheit natürlich. Aber bei Priesterkandidaten ist das die Voraussetzung. Wenn die Freiheit nicht gegeben ist, gilt selbstverständlich auch ein solches Versprechen nicht. Ebenso wie bei Eheleuten nicht. Aber andererseits muß doch ein Mensch, der sich etwa in der Eheschließung an den anderen bindet, der muß doch davon ausgehen können, daß das Versprechen des anderen wirklich ehrlich gemeint ist und auch durchgehalten wird.
Kriege: Nun gibt es aber ja auch Fälle wie in der Ehe auch unter den Priestern und Seelsorgern, die natürlich unter dem Druck des Amtes und der Aufgabe zusammenbrechen und sagen: Ich kann mein Versprechen, das ich dem Bischof gegeben habe, in der Seelsorge zu sein, Partner und Helfer zu sein, nicht mehr weiter durchtragen.
Degenhardt: Das ist richtig. Nur sollte man daraus nicht gegenüber der katholischen Kirche den Vorwurf machen, daß sie ein Versprechen, das in Freiheit von einem erwachsenen Menschen gegeben wird, dann auch einfordert. Daß der einzelne dann das nicht halten kann – gut, das wissen wir alle – aber dann sollte er auch sagen, ich selber habe mein Versprechen leider nicht halten können oder wollen.
Kriege: Sie haben ihm ja angeboten, daß er sich freiwillig aus seiner Verpflichtung als Privatdozent an der Fakultät in Paderborn zurückzieht. Warum ist er dem nicht gefolgt?
Degenhardt: Ja, er sieht zwei Schwierigkeiten, glaube ich. Die eine Schwierigkeit liegt darin, daß er sein priesterliches Wirken und seine Tätigkeit als Dozent, also Privatdozent, so eng verbunden sieht, daß er sagt, wenn ich jetzt verzichte auf meine Privatdozentur, dann verzichte ich sozusagen in meinen Augen jedenfalls auf mein Amt als Priester, und das möchte er nicht. Ich persönlich sehe diese enge Verknüpfung so nicht. Ich habe ihm also gesagt, wenn er auf seine Privatdozentur verzichtet, kann er als mehr oder weniger Privatmann schreiben. Ich will eben nicht, gar nicht etwa ein Schreibverbot auferlegen. Sondern er kann dann als Privatmann schreiben, aber nicht, wie es jetzt geschieht, mit der Lehrerlaubnis des Bischofs sozusagen im Namen der Kirche sprechen.
Kriege: Wie soll es denn jetzt in diesem »Fall Drewermann«, wenn ich so sagen darf, weitergehen?
Degenhardt: Ja, ich denke, zunächst wird also einmal ein Gespräch angesetzt werden müssen.
Kriege: Haben Sie denn eine Zeitvorstellung, wann?
Degenhardt: Ja, ich hoffe möglichst bald. Das heißt also irgendwann im März hoffe ich, daß wir dann einen gemeinsamen Termin finden werden. Und je nachdem, wie das Gespräch ausgeht, werde ich dann

das Lehrbeanstandungsverfahren bei der Glaubenskommission der Deutschen Bischofskonferenz beantragen.
Kriege: Warum geht dieses Verfahren nicht direkt an die Glaubenskongregation in Rom, wie etwa bei Hans Küng?
Degenhardt: Ja da war es etwas anders, weil dort, wenn ich recht unterrichtet bin, schon ein Verfahren gegen Hans Küng begonnen hatte, während hier bisher ein Verfahren in Rom gegen Drewermann nicht läuft.
Kriege: Das heißt sozusagen auch eine Vorerklärung durch die Glaubenskommission der Bischofskonferenz wie der Fall jetzt weiter zu behandeln ist, wo Sie als Ortsbischof natürlich gefragt sind.
Degenhardt: Ja, letztlich bin ich ja gefragt. Ich möchte mir aber durch das Lehrbeanstandungsverfahren eigentlich eine Hilfe der deutschen Glaubenskommission geben lassen.
Kriege: Das heißt also auch für Ihre Einschätzung des Falles, wie Sie weiter das auch in Paderborn selbst behandeln wollen.
Degenhardt: Genau. Und es ist also keineswegs so, daß jetzt mit dem Antrag auf das Lehrbeanstandungsverfahren schon feststeht, daß ihm die Lehrerlaubnis entzogen wird, sondern das hängt natürlich dann auch ab von den Besprechungen und Gesprächen, die dann nach dem Lehrbeanstandungsverfahren laufen sollen.
Kriege: Nun ist ja die Auseinandersetzung arg in die Öffentlichkeit gekommen, weil auch Professor Drewermann sich ständig an die Öffentlichkeit gewandt hat durch Erklärungen. Glauben Sie, daß damit das Vertrauensverhältnis gestört ist zwischen Ihnen und Eugen Drewermann?
Degenhardt: Ich bin natürlich schon etwas unangenehm berührt gewesen durch manche öffentliche Erklärungen, die Dr. Drewermann gesagt hat. Ich habe eher den Eindruck, daß Dr. Drewermann mir nicht traut, daß er sehr mißtrauisch mir gegenüber ist.
Kriege: Das heißt, daß Sie die Sache nicht so behandeln wie es aus kirchlichem und mitbrüderlichem Geiste zu führen wäre?
Degenhardt: Ja, er meint ich handele zu sehr als Beamter.
Kriege: Und nicht so sehr als Bischof und Seelsorger?
Degenhardt: Ja.

Absage: Erzbischof Johannes Joachim Degenhardt von Paderborn zum »Fall Eugen Drewermann«.
(Bandabschrift: ohne Gewähr)

Eugen Drewermann an Erzbischof Degenhardt vom 02.3.1990

Sehr geehrter Herr Erzbischof,
mit Befremden und Bedauern stelle ich fest, daß ich erneut über die Medien erfahren muß, welche Folgerungen Sie aus unserem Gespräch am 31.1.90 zu ziehen gedenken. Ich kann nur von Herzen darum bitten, daß Sie mir als Priester Ihrer Diözese und als Dozent Ihrer Fakultät wenigstens diesmal in irgendeiner verbindlichen Form persönlich sagen, was Sie nun wirklich beabsichtigen und welche Wege einer wirklichen Klärung Ihnen plausibel oder akzeptabel scheinen. Auch wartet mein Brief vom 14.2. noch auf eine Antwort. In Reaktion auf Ihr Äußerungen in der Öffentlichkeit habe ich, um den größten Schaden zu verhüten, auch meinerseits, so rasch es ging, in einer öffentlichen Erklärung Stellung nehmen müssen. Wie im Okt. 89 muß ich auch jetzt wieder vor Reportern und Journalisten Ihre Maßnahmen interpretieren, ohne von Ihnen selbst verständigt worden zu sein. Ich mag nicht glauben, daß wir ohne schwere Belastungen für das Ansehen der Kirche in der Öffentlichkeit so fortfahren sollten. Die erheblichen formalen wie inhaltlichen Bedenken gegenüber Ihren neuerlichen »Erklärungen« haben mich veranlaßt, an den Vorsitzenden der Glaubenskommission der Deutschen Bischofskonferenz, Herrn Kardinal Wetter, sowie an den Vorsitzenden der Bischofskonferenz, Herrn Lehmann, den Brief zu schreiben, dessen Photokopie ich Ihnen beilege.
Immer noch hege ich die Hoffnung auf ein baldiges und wirklich konstruktives Gespräch, für das ich am 31.1. durchaus Ansätze feststellen konnte. Offen gestanden, habe ich den Eindruck, rein menschlich für Sie inzwischen so etwas zu sein wie ein rotes Tuch, und ich darf Sie versichern, daß ich so auf Sie nicht wirken will. Andererseits aber haben Sie bisher stets Gelegenheit gefunden, unter der Ankündigung wirklicher Gespräche einem persönlichen Dialog mit mir aus dem Wege zu gehen, und das hat jedenfalls bei mir das Vertrauen gegenüber Ihrer Amtsführung in der Weise belastet, die ich in meinem Brief vom 14.2. dargelegt habe. Inzwischen muß ich Sie vor allem bitten, die massiven Vorverurteilungen wieder aus der Welt zu schaffen, die Ihre jüngsten Erklärungen bei vielen Gläubigen erzeugt haben. Ich weiß wirklich nicht, was ich noch tun soll, außer Sie immer wieder zu ersuchen, statt (auf römischen Druck hin) zu »handeln«, als erstes mit mir persönlich und theologisch zu sprechen, zu sprechen, zu sprechen. Sie werden zuversichtlich sehen, daß es an meiner Gesprächsbereitschaft nicht fehlen wird. Aber ein arges Problem besteht jetzt; wie schaffen Sie die Hypothek der Vorverurteilungen, ja, der Aufforderung an Ihre Gläubigen, mich als Theologen nicht länger mehr anzuerkennen, wieder

beiseite. Ehrlicherweise weiß ich das nicht. Aber ich hoffe, es finden sich Wege.

Mit den besten Wünschen für die Vorostertage verbleibe ich in Hoffnung diesmal auf persönlich und versöhnlich zu verstehende Antwort

Eugen Drewermann an Kardinal Wetter vom 02.3.1990

Sehr geehrter Herr Kardinal Wetter,
ich sehe derzeit keinen anderen Weg, als mich mit diesem Schreiben an Sie als den Leiter der Glaubenskommission der Deutschen Bischofskonferenz zu wenden. Wie ich der heutigen Ortspresse, der Kirchenzeitung »Der Dom« sowie verschiedenen Rundfunk- und Fernsehnachrichten am gestrigen Aschermittwoch entnehmen muß, erklärt der Erzbischof von Paderborn, Dr. J. J. Degenhardt, einen Antrag auf den Entzug der Lehrerlaubnis für mich als Privatdozenten für Dogmatik an der kath. Fakultät Paderborn an die Glaubenskommission richten zu wollen. Die Vorgehensweise des Paderborner Erzbischofs ist für mich in Form und Inhalt ebenso bestürzend wie widersprüchlich, so daß ich Sie aufrichtig bitte, dem genannten Antrag des Erzbischofs nicht stattzugeben. Ich zähle in gebotener Kürze nur die folgenden Punkte auf.
1) Herr Degenhardt veröffentlicht in seiner Erklärung eine Reihe schwerer theologischer Vorwürfe gegen meine Arbeiten, die zur Hälfte textidentisch mit einer »Erklärung« sind, die er mir Ende Oktober 89 mit der Bitte um Klärung zustellte und die von mir am 7. Nov. in einem ausführlichen Brief beantwortet wurde. Herr Degenhardt hat Ihnen in Rom ohne mein Wissen diesen Brief gegeben; ich setze daher dessen Kenntnis bei Ihnen voraus. Wie der Paderborner Erzbischof damals selbst erklärte, erschienen ihm meine Antworten als hilfreich, und ich konnte hoffen, mit ihm über diese Fragen weiter und besser noch als bisher ins Gespräch zu kommen. Noch im Januar dieses Jahres habe ich den Erzbischof deshalb in Vorbereitung eines Gesprächs, das er am 31.1.90 als Großkanzler der theol. Fakultät mit mir führen wollte und von dem er im voraus erklärte, es könne rechtliche Konsequenzen (d.h. den Entzug der Lehrerlaubnis) für mich nach sich ziehen, ausdrücklich gebeten, die etwa noch ungeklärten Glaubensfragen mit mir zu erörtern. In dem Gespräch, das dann im Beisein von Prof. A. Klein und Prof. P. Eicher mit mir am 31. Jan. geführt wurde, habe ich diese Bitte eindringlich erneuert, – sie wurde von dem Erzbischof abgelehnt, da es in diesem Gespräch nicht um »Häresie« gehen sollte, sondern einzig um mein neues Buch »Kleriker – Psychogramm eines Ideals«. Der Beisitzer des Erzbi-

schofs, Prof. Klein, erklärte sogar mehrfach, daß »Irrlehren« in meinen Büchern schwer nachzuweisen seien, da ich mich so »schwammig« ausdrücke.
Um so mehr bestürtzt es mich jetzt, in der Zeitung zu lesen, daß der Paderborner Erzbischof in einer Erklärung für die Katholische Nachrichtenagentur nicht nur all die alten Vorwürfe uneingeschränkt wiederholt, sondern sie zugleich als seine persönliche Meinung über meine Arbeiten kennzeichnet, ja, daß er sogar die Leser dazu auffordert, sich selber zu fragen, ob jemand, der in dieser Weise lehre, noch an einer theol. Fakultät Dozent sein könne. Vor allem für die Leser der Kirchenzeitung der Diözese Paderborn muß diese Erklärung des Paderborner Oberhirten wie eine Vorverurteilung wirken; in zahlreichen Zeitungen ist sie denn auch in diesem Sinne interpretiert worden: ich lehre nicht katholisch und mir soll deshalb die Lehrbefugnis entzogen werden. Für mich ist die Erklärung des Erzbischofs um so bedauerlicher, als ich meine wirkliche Meinung in der Liste der Vorwürfe äußerst verzerrt und nach dem Briefwechsel und dem Gespräch vom 31.1. auch für den Paderborner Erzbischof erkennbar wahrheitswidrig dargestellt finde. Ich muß vor allem zu meinem Bedauern feststellen, daß der Erzbischof von Paderborn einen solchen Schritt getan hat, ohne ein einziges Mal ein Gespräch mit mir über die ausstehenden Fragen zu suchen oder auch nur zuzulassen.
2) In dem Gespräch vom 31.1. diesen Jahres, das sich wie gesagt, auf das Buch »Kleriker – Psychogramm eines Ideals« beschränkte, mußte ich wie auch das Gesprächsprotokoll zeigen wird (es liegt nach über 4 Wochen noch immer nicht vor!), den Eindruck gewinnen, daß die kontroversen Fragen entweder ganz oder doch weitgehend einer Klärung zugeführt werden konnten. Um so erstaunlicher war es für mich zu erleben, daß Herr Degenhardt am Ende des Gesprächs all seine Einwände vom Beginn der Unterredung wiederholte und als in vollem Umfang ungeklärt betrachtete. Ich habe ihn daraufhin ausdrücklich gebeten, mir doch Bedingungen zu nennen, unter denen ihm eine Klärung möglich schiene; mir wurden solche Bedingungen gar nicht genannt. Ich habe den Erzbischof gebeten, das ersichtlich gut verlaufene Gespräch sobald als möglich fortzusetzen; der Erzbischof lehnte ab. Ich habe den Erzbischof gebeten, statt selber den Entzug der Lehrerlaubnis auszusprechen, zunächst ein ordentliches Verfahren bei der Glaubenskommission zu beantragen, wie ihn bis dahin schon 24000 Leute in Unterschriften und Briefen aufgefordert hatten; der Erzbischof lehnte auch diese Bitte kategorisch mit dem Hinweis ab, daß ihm ein solches Verfahren zu lange währe. In dieser Situation habe ich mich am 14.2. in einem offenen Brief, der in »Die Zeit« vom 8.3. abgedruckt werden wird, an die Öffentlichkeit gewandt, um auf diesem äußersten Weg mit dem Erzbischof weiter im Gespräch zu bleiben. Gleichzeitig

habe ich dem Erzbischof in einem privaten Schreiben angeboten, ein Semester lang selber auf die Ausübung der Privatdozentur an seiner Fakultät zu verzichten, vorausgesetzt, er selber ermögliche in diesem Zeitraum eine Folge von mindestens drei weiteren Gesprächen über die ihm noch unklar scheinenden theologischen Aussagen in meinen Arbeiten. Ich glaube, daß mehr zu tun mir nicht möglich ist noch war. Entsprechend erstaunt bin ich, nunmehr aus der Zeitung zu erfahren, daß Herr Degenhardt jetzt ein Lehrbeanstandungsverfahren bei der Glaubenskommission beantragen will, erneut, ohne mit mir in irgendeiner Form gesprochen zu haben.

3) Verwunderlich ist zudem die Erklärung des Erzbischofs, er werde gemäß § 5 der Verfahrensordnung noch ein Gespräch mit mir führen, um danach den Lehrentzug für mich zu beantragen. Am 31.1. verneinte der Erzbischof ausdrücklich die Frage von Herrn Eicher, ob das Gespräch, das wir damals führten, im Sinne des § 5 zu verstehen sei; er erklärte vielmehr, daß er nach Einsicht des Protokolls (das bis heute nicht vorliegt!) sich eine eigene Entscheidung als Ortsordinarius vorbehalte. Wie Sie, sehr geehrter Herr Kardinal, selber am besten wissen, besteht der Sinn des § 5 der Verfahrensordnung eindeutig darin, daß ein Gespräch zwischen dem Ortsbischof und seinem Theologen mit der Absicht einer Klärung geführt werden soll, die ein Verfahren erübrigt. Ich muß zu meinem Bedauern feststellen, daß der Erzbischof von Paderborn das künftige Gespräch (es wäre das dritte überhaupt, das ich in 24 Priesterjahren je mit ihm geführt hätte) lediglich als die formale Vorstufe zur Einleitung eines Verfahrens bei der Glaubenskommission betrachtet. M.a.W.: Ich habe bis heute niemals auch nur den Hauch einer Chance gehabt, mit dem Erzbischof von Paderborn so zu sprechen, daß auf seiner Seite ein Wille zur Klärung der theologischen Fragen erkennbar gewesen wäre. Selbst die Art und Weise im Okt. 89 und jetzt erneut im März diesen Jahres, mir seine Absichten und Pläne grundsätzlich über Rundfunk, Fernsehen und Zeitung mitzuteilen, statt sie mir in persönlicher Form zur Kenntnis zu geben, kann ich beim besten Bemühen nicht als Willen zu Dialogbereitschaft und ehrlicher Wahrheitssuche interpretieren.

Unter diesen Umständen muß ich Sie, sehr geehrter Herr Kardinal, herzlich und dringlich bitten, den Antrag des Paderborner Erzbischofs auf ein Lehrentzugsverfahren bei der Glaubenskommission als formal und inhaltlich nicht genügend begründet abzulehnen und den Paderborner Oberhirten in aller Form zu ersuchen, als erstes zu den Grundlinien persönlicher, theologischer und bischöflicher Gesprächsführung hinzufinden und insbesondere die in meinen Augen diffamierenden Vorverurteilungen in Presse und Rundfunk ausdrücklich zurückzunehmen; es stellt eine unerträgliche Hypothek jedes weiteren Gesprächs dar, zu

wissen, daß ich als Priester und Dozent der Erzdiözese Paderborn ab sofort von 100 000en von Menschen, die des Sonntags noch in die Kirche gehen und die Kirchenzeitungen lesen, durch die Darstellungen des Paderborner Oberhirten für einen erwiesenen Irrlehrer gehalten werden muß, ja, erleben zu müssen, daß meine eigenen Pfarrangehörigen sich von ihrem Bischof aufgefordert fühlen müssen, mich für nicht katholisch zu halten, während ich mit ihnen Sonntag für Sonntag die Messe feiern und ihnen das Evangelium auslegen soll.
Ich gebe diesen Brief an Erzbischof Degenhardt sowie an Herrn Lehmann als den Vorsitzenden der Bischofskonferenz mit gleicher Post zur Kenntnis.

Hochachtungsvoll verbleibe ich in Hoffnung auf eine positive Klärung

Presserklärung von Eugen Drewermann vom 3.3.1990

Am 28.Februar erfuhr ich aus der Presse, daß der Erzbischof von Paderborn Dr.J.J.Degenhardt die Deutsche Bischofskonferenz ersuchen will, ein Lehrbeanstandungsverfahren gegen meine »Kleriker«-Analyse und einige Aussagen in anderen Büchern durchzuführen. Ich kann es nur begrüßen, daß er mir nach dem ersten theologischen Gespräch, das am 31.Januar in der Sache konstruktiv geführt wurde, meine Lehrbefähigung als Privatdozent an der Theologischen Fakultät Paderborn nicht entzieht. Das vom Erzbischof von Paderborn angestrebte Verfahren wird zeigen, wie haltlos die vorgebrachten Vorwürfe sind.
Leider enthält die Pressemeldung des Herrn Erzbischofs schwerwiegende Widersprüche und Irreführungen der Öffentlichkeit, die der Klarstellung dringend bedürfen:
1. In der Verfahrensordnung der Deutschen Bischofskonferenz, die nunmehr gilt, heißt es: »Bevor der Ordinarius...einen Antrag zur Durchführung eines Lehrbeanstandungsverfahrens stellen kann, muß ein Gespräch...stattfinden mit dem Ziel, die Frage so zu klären, daß ein Verfahren sich erübrigt« (§ 5). Wie kann der Öffentlichkeit bekanntgegeben werden, daß ein Antrag auf ein Lehrbeanstandungsverfahren beabsichtigt ist, bevor ich um dieses Gespräch überhaupt erst gebeten wurde? Und wie kann dieses mit dem Ziel der Erledigung des Verfahrens geführt werden, wenn *vorher* schon die Absicht öffentlich bekannt gemacht wurde, es zu beantragen?
2. Durch die Presserklärung erfuhr ich zum ersten Mal detailliert und schriftlich von den Vorwürfen, die doch in allgemeiner Form im Gespräch von Ende Januar Thema waren. Konkret: obwohl in der Diskussion mit dem Erzbischof, Prof.Eicher, Prof.Klein und mir die

allgemeinen Vorwürfe großenteils geklärt waren, werden der Öffentlichkeit diese Klärungen vorenthalten. »Die Verwendung der Gesprächsnotiz soll keiner Beschränkung unterliegen«, schrieb der Erzbischof vor dem Gespräch. Obwohl alle Korrekturen des Protokolls seit über zwei Wochen dem Erzbischof vorliegen, enthält er uns und der Öffentlichkeit aber diese Gesprächsnotiz vor. Schlimmer noch: er veröffentlicht jetzt eine Ermahnung, die er mir am 26.Oktober 1989 mit der Bitte um Beantwortung zustellte. Meine Antwort vom 6.November bewog ihn nach seiner schriftlichen Einschätzung vom 7. November zum Verzicht »zum jetzigen Zeitpunkt die Erklärung an die Öffentlichkeit zu geben«, da meine »Ausführungen...in einigen Punkten die angesprochenen Sachfragen klären helfen können.« Am 12.Januar 1990 teilte er mir gar mit, er habe – ohne meine Ermächtigung – »in Rom Kardinal Wetter, Bischof Lehmann und Bischof Kasper« mein Antwortschreiben zur persönlichen Kenntnis gegeben. Und dies führte offensichtlich dazu, daß er persönlich die vorher angemahnten Beanstandungen nicht mehr weiterverfolgte. Er wollte das »Kleriker«-Buch zum Anlaß nehmen, mir die Lehrerlaubnis zu entziehen und erklärte ausdrücklich trotz eindringlicher Bitte um Fortführung des Gesprächs, er wolle unmittelbar nach der Lektüre des Protokolls eine eigene Entscheidung treffen und bewußt die Glaubenskommission nicht einschalten, da ein ordentliches Lehrverfahren ihm zu lange dauere. Was anderes also war noch möglich, als die Öffentlichkeit zu informieren und sie über die wirklichen Fortschritte im Gespräch am 31.1.90 zu unterrichten. Warum nur präsentiert der Erzbischof jetzt der Öffentlichkeit erledigte Vorwürfe, alte, inzwischen geklärte Fragen ohne meine Antworten auch nur zu erwähnen? Warum veröffentlicht er das Protokoll des Januargesprächs nicht, nachdem er seinen Wortlaut mit den Beteiligten abgestimmt haben wird? Warum geht ein Bischof solche Umwege, statt den einfachen Weg der Wahrheit und des direkten Gesprächs zu wählen. Soll ich mit Hiob klagen: »Ihr übertüncht die Wahrheit mit Lüge«? Freilich: Warum das so ist, habe ich in meinem Buch »Kleriker« ausführlich analysiert.

3. Erzbischof Degenhardt erklärte, daß er meinem Wunsch entsprechend ein Lehrbeanstandungsverfahren bei der Deutschen Bischofskonfernz beantrage. Wie kann mir der Wunsch unterstellt werden, mit einem Verfahren gegen mein ganzes Bemühen um die Wahrheit der Existenz des Menschen vor Gott überzogen zu werden? Mein Wunsch ist Verständigung, Gespräch, Heilung durch wahrhaftige Kommunikation – nicht Anklage, Justiz und bürokratisches Kirchenverfahren. Ich habe dem Erzbischof in einem eigenen Brief vom 14.2.90 sogar angeboten, ein Semester lang an der Fakultät nicht zu lehren, wenn er den Sommer über zu weiteren Gesprächen sich bereit zeige. Der Bischof

erwähnt dieses Angebot mit keinem Wort. Er will nicht weiter sprechen, er muß »handeln«. So allerdings bleibt es wahr: besser als verurteilt zu sein, ohne Gehör gefunden zu haben, ist es, in der Hoffnung auf ein theologisches Gespräch zu leben, welches solche Verfahren überflüssig machen wird. »Die Wahrheit wird euch freimachen«.

Erzbischof Degenhardt an Eugen Drewermann vom 5.3.1990

Sehr geehrter Herr Dr. Drewermann,
inzwischen werden Sie meine Erklärung vom 27. Februar 1990 in Händen haben. Aus meinen Äußerungen haben Sie ersehen, daß ich zur Zeit davon absehe, Ihnen die Lehrerlaubnis zu entziehen, und daß ich beabsichtige, das Lehrbeanstandungsverfahren zu beantragen.
Aus dieser Tatsache können Sie erkennen, daß ich nicht mit einem fest vorgeplanten Konzept in das Gespräch am 31. Januar gegangen bin.
Ich entspreche mit meiner Absicht, das Lehrbeanstandungsverfahren zu eröffnen, unter anderem auch Ihrem ausdrücklichen Wunsch, den Sie im Gespräch geäußert haben. Entsprechend der Verfahrensordnung für das Lehrbeanstandungsverfahren ist ein neues Gespräch erforderlich, das mit dem Ziel geführt werden soll, das Lehrbeanstandungsverfahren überflüssig zu machen.
Nach Rücksprache mit Herrn Professor Klein und Herrn Professor Eicher möchte ich Sie hiermit zu diesem weiteren Gespräch am Dienstag, dem 3. April, um 9.30 Uhr ins Bischofshaus einladen.
Wie Sie mir bereits mitgeteilt haben in Ihrem Schreiben vom 14. Februar, sind Sie damit einverstanden, daß das künftige Gespräch im gleichen Teilnehmerkreis wie am 31. Januar stattfindet.
Leider haben sich unterschiedliche Auffassungen und Bewertungen der Gesprächsnotiz ergeben, die offensichtlich nur schwer behebbar sind. Aus diesem Grund habe ich mit Professor Klein und mit Professor Eicher überlegt, ob für das Gespräch vom 31. Januar auf eine einvernehmliche Gesprächsnotiz verzichtet werden muß. Beide Fassungen könnten unverbunden nebeneinander bestehen und sollten, falls es zu einem Lehrbeanstandungsverfahren kommt, zu den Unterlagen an die Glaubenskommission gegeben werden.
Um für das Gespräch vom 3. April klare Unterlagen für eine Gesprächsnotiz zu schaffen, schlage ich vor, daß das Gespräch auf Tonband aufgenommen wird. Selbstverständlich sollte dann möglichst eine einvernehmliche Gesprächsnotiz angezielt werden.
Gesprächsthemen der Unterredung am 3. April sollen die in meiner Erklärung vom 27. Februar 1990 angeführten Bedenken sein, also noch einmal die nach meiner Auffassung nicht ausreichend ausgeräumten

Bedenken zu Ihrem Buch »Kleriker« und – falls die Zeit reicht – auch zu den dogmatischen Bedenken aus den anderen Büchern.
Das bedeutet also im einzelnen: 1. Offenbarung und Geschichte (Menschwerdung Christi); 2. Eid und Versprechen von Klerikern auf Lebenszeit sowie Eheversprechen »bis der Tod uns scheidet«; 3. Priesterverständnis; 4. Kirchenverständnis.
Anschließend sollten der Reihe nach – soweit die Zeit reicht – die dogmatischen Themen aus den anderen Büchern angesprochen werden. Spätestens um 12. 30 Uhr müßte das Gespräch beendet sein wegen anderer Verpflichtungen, die ich wahrzunehmen habe, und weil Professor Eicher am Nachmittag eine Sitzung des Senates der Universität Paderborn besuchen muß.
Sie haben mir mit Ihrem Schreiben vom 14. Februar auch Ihren Offenen Brief an mich zugeschickt. Gewiß werden Sie Verständnis dafür haben, daß ich überrascht war, nach meiner Rückkehr von meiner Auslandsreise Ihren Artikel, der für die Öffentlichkeit bestimmt war, vorzufinden, bevor die vorgesehene einvernehmliche Gesprächsnotiz über unser Gespräch vom 31. Januar erstellt war. Auch Ihre Äußerung, daß ich die Öffentlichkeit irreführe, verletzt mich. Gleichfalls war ich erstaunt und befremdet über die Artikel, die Professor Eicher in der Öffentlichkeit bereits verbreitet hatte. Sie können nun nicht erstaunt sein, daß ich auch meinerseits eine öffentliche Erklärung abgegeben habe.
Ich hoffe, daß das kommende Gespräch dazu führt, daß sich der Antrag auf Eröffnung eines Lehrbeanstandungsverfahrens erübrigt. Ich bitte Sie, mir baldmöglichst mitzuteilen, ob der Termin für das vorgesehene Gespräch Ihnen passend ist. Zugleich bitte ich Sie, Herrn Professor Eicher entsprechend zu informieren.

Mit freundlichen Grüßen

Erzbischof Degenhardt an Eugen Drewermann vom 5.3.1990

Sehr geehrter Herr Dr. Drewermann,
in diesem privaten gesonderten Schreiben, das ich meinem Brief vom gleichen Tag beilege, möchte ich kurz zurückkommen auf Ihren Brief vom 14. Februar.
Ihr Brief zeigt mir, daß wir unterschiedlich denken und empfinden.
Ich habe Ihnen am 31. Januar am Schluß des Gespräches meine Antwort auf Ihren Brief vom 25. Januar übergeben, weil ich Ihre Fragen, Ihre mißtrauischen Vermutungen und Aussagen nicht unbeantwortet lassen wollte, aber andererseits es auch nicht für richtig hielt, daß unser Gespräch sich lediglich mit diesen Themen befassen würde. Meine Einschätzung war sicher nicht falsch, wie schon aus der Tatsache

hervorgeht, daß am 31. Januar circa eine Stunde Verfahrensfragen Gegenstand des Gespräches gewesen sind.
Ich möchte ausdrücklich klarstellen, daß der Pressesprecher des Erzbistums, Herr Rick, mit meiner Antwort nicht das Geringste zu tun hat. Tatsächlich habe ich sofort nach meiner Heimkehr den Brief an Sie aufgesetzt und die einzelnen Punkte Ihrer Anfragen und Aussagen beantwortet.
Gleichfalls stimmt es nicht mit der Wirklichkeit überein, daß die Glaubenskommission der Bischofskonferenz mir geraten hat, Ihren ersten Band des Markus-Kommentars fallen zu lassen und lieber das Kleriker-Buch abzuwarten. Gleichfalls ist es tatsächlich eine Unterstellung, daß Bischof Lehmann mir schon vor längerer Zeit davon abgeraten hat, die Glaubenskommission einzuschalten, da Irrlehren in Ihren Büchern schwer nachzuweisen seien.
Auf andere Punkte ihres Briefes möchte ich jetzt nicht eingehen. Ich wollte nur auf einige Irrtümer Ihres letzten Briefes hingewiesen haben. Aus meiner Presseerklärung können Sie ersehen, daß ich keine vorgefertigten Pläne habe, die – koste es, was es wolle – durchgesetzt werden müssen. Allerdings hoffe ich, daß das, was Sie im Gespräch sagen, auch übereinstimmt mit dem, was Sie geschrieben haben.

In der Hoffnung auf eine Klärung Ihrer umstrittenen Aussagen verbleibe ich

Eugen Drewermann an Erzbischof Degenhardt vom 14.3.1990

Sehr geehrter Herr Erzbischof,
Ihrem jüngsten Schreiben, das mir sechs Tage nach Ihrer Aschermittwocherklärung zugestellt wurde, entnehme ich mit Dankbarkeit, daß Sie mir die Lehrbefugnis an Ihrer Fakultät nicht zu entziehen gedenken, ehe nicht die Glaubenskommission selber eine entsprechende Entscheidung getroffen habe. In gewissem Sinne bedeutet dies in meinen Augen nach Monaten der Unklarheit und Verfahrenswillkür den Beginn eines annähernd geordneten Vorgehens. Doch umso mehr bin ich erschrokken, daß Sie der Öffentlichkeit als Ihre nunmehr feststehende Meinung zur Kenntnis geben ich sei in etwa zwei Dutzend Punkten in meinen Lehren nicht länger als katholisch zu betrachten – und dies, ohne trotz wiederholten Bittens meinerseits, jemals mit mir über die anstehenden Fragen gesprochen zu haben. Unter diesen Umständen tut es mir leid, daß ich Ihrer am letzten Freitag (09.03.90) mündlich im Beisein von Weihbischof Drewes vorgetragenen Bitte, ich möchte doch selber meine Privatdozentur aufgeben, nicht entsprechen kann. Ich hätte, wie Sie wissen, einem solchen Wunsch recht gern entsprochen in einem

Klima wechselseitiger Gesprächsbereitschaft und solidarischer Kollegialität. Und vor allem: Wie ist es rechtlich zu bewerten, daß derselbe Bischof, der eben noch ein Gesprächsgesuch meinerseits abgelehnt hat, über die anstehenden Glaubensfragen mit mir zu sprechen, nachgerade der Öffentlichkeit als seine feststehende Meinung mitteilt, ich sei in rund zwei Dutzend Punkten in meinen Auffassungen nicht länger als katholisch zu betrachten?
Ich glaube es gibt kein weltliches Gericht der Erde, das einen Vorgesetzten, der so vorgeht, nicht wegen Befangenheit im Amte von einem solchen Gespräch entbinden würde.
Es ist mir daher sehr wichtig, möglichst rasch zu erfahren, wie das kirchliche Gericht in diesem Falle Ihrer Meinung nach zu verfahren hat oder zu verfahren gedenkt .

Mit freundlichen Grüßen

Kardinal Wetter an Eugen Drewermann vom 29.3.1990

Sehr geehrter Herr Dr. Drewermann!
Ihren Brief vom 14. März habe ich am 23. März erhalten und Ihre Bitte zur Kenntnis genommen. Ich habe den Antrag des Herrn Erzbischofs von Paderborn auf Eröffnung eines Lehrbeanstandungsverfahrens gutachtlich prüfen lassen, ob die Maßgabe des § 5 LBV erfüllt ist. Das Gutachten kam zu einem positiven Ergebnis, so daß ich innerhalb der vorgeschriebenen Frist von zwei Monaten die Glaubenskommission zusammenrufen muß. Diese hat dann die Entscheidung zu treffen, ob ein Verfahren eröffnet wird oder nicht.

Erzbischof Degenhardt an Eugen Drewermann vom 30.3.1990

Sehr geehrter Herr Dr. Drewermann,
in Ihrem Brief vom 14. März haben Sie nach Rücksprache mit Herrn Professor Eicher zwei Termine für ein Gespräch vorgeschlagen, nämlich den 10. April vormittags oder den 26. April vormittags.
Diese angebotenen Termine sind beide für mich nicht möglich. Ich kann die dort zugesagten Verpflichtungen nicht verschieben.
Wie ich Ihnen bereits bei meinem Besuch in Ihrer Wohnung am 9. März gesagt habe , beginnen bald nach Ostern meine Firmungsreisen, die bis zu den schulischen Sommerferien keine neuen Termine zulassen. Aus diesem Grund kann ein Gespräch erst in der ersten Hälfte des Monats Juli stattfinden. Ich möchte Sie bitten, nach Rücksprache mit Herrn Professor Eicher, Ihnen mögliche Termine in der ersten Hälfte des

Monats Juli möglichst bald mitzuteilen, damit für ein Gespräch ein Termin in dieser Zeit festgelegt werden kann.
Ich bedauere, daß Sie sowohl am 31. Januar als auch am 9. März meinen Vorschlag Ihre Lehrerlaubnis aufzugeben oder ruhen zu lassen, nicht angenommen haben. Am 31. Januar haben Sie gesagt, vor zwei Jahren wäre das möglich gewesen, jetzt nicht mehr. Am 9. März haben Sie als Grund meine öffentliche Erklärung vom 27. Februar genannt.
Was stimmt denn nun?
Sie beteuern Ihre stete Gesprächsbereitschaft; ich muß jedoch feststellen, daß Sie niemals um ein Gespräch mit mir nachgesucht haben. Alle bisherigen Gespräche gingen auf meine Initiative zurück.
Ist es nicht verständlich, daß Sie Ihre Stellung zu Ihrem Bischof einmal bedenken sollten?
Ich muß auch feststellen, daß ich Sie nie bei Veranstaltungen der Theologischen Fakultät Paderborn gesehen habe. Bei Eröffnung des Studienjahres waren Sie – soweit ich mich erinnern kann – niemals anwesend. Auch im vergangenen Jahr bei der Feier des dreihundertfünfundsiebzigsten Jubiläums der Theologischen Fakultät Paderborn fehlte der Privatdozent Dr. Drewermann. Ein Kontakt zur Dozentenschaft der Fakultät besteht offenbar nicht.
Sie haben über Fernsehen, Rundfunk und Printmedien Ihre Auffassungen sehr weit verbreitet. Diese Möglichkeit habe ich lange Zeit nicht genutzt.
Als ich von meiner Auslandsreise im Februar zurückkehrte, fand ich zu meiner Überraschung sowohl Presseveröffentlichungen von Professor Eicher über unser Gespräch am 31. Januar vor als auch Ihren Brief vom 14. Februar, in dem Sie mir mitteilen, daß Sie einen Offenen Brief an die Presse gegeben hätten.
Es ist mir unverständlich, daß Sie mir nun vorwerfen, ich sei in die Öffentlichkeit gegangen. Erst nachdem Sie und Professor Eicher öffentliche Erklärungen abgegeben haben, hielt auch ich es für erforderlich, eine Benachrichtigung in kirchlichen Medien und in anderen Massenmedien vorzunehmen. Ich sehe keine Notwendigkeit, Ihnen nun auch die kirchlichen Medien für Ihre Stellungnahmen zu öffnen.
Nach meiner Auffassung war das Gespräch am 9. März Teil eines Gespräches nach § 5 der Ordnung für das Lehrbeanstandungsverfahren. Ein weiteres Gespräch muß sich mit den von mir vorgetragenen Bedenken befassen, wie ich es in meinem Brief an Sie vom 5. März genannt habe.

Ich erwarte gern Ihre Antwort bezüglich eines künftigen Gesprächstermines und verbleibe mit freundlichem Gruß

2. Erklärung der Theologieprofessoren der Universität – Gesamthochschule – Paderborn vom 5.4.1990

Am 28. Februar 1990 erklärte der Erzbischof von Paderborn, Dr.Johannes Joachim Degenhardt, daß er beabsichtige, bei der Glaubenskommission der Deutschen Bischofskonferenz ein Lehrbeanstandungsverfahren gegen PD Dr.Eugen Drewermann zu beantragen. Er erklärte wörtlich, daß er deshalb »beabsichtige, baldmöglichst das Gespräch gemäß § 5 der Verfahrensordnung des Lehrbeanstandungsverfahrens zu führen.« Dieses Gespräch ist »mit dem Ziel zu führen, die Frage so zu klären, daß ein Verfahren sich erübrigt.«

Über das Ergebnis des Gespräches muß eine Niederschrift gefertigt werden. Wird das erstrebte Ziel nicht erreicht, kann der Ortsbischof innerhalb von zwei Wochen ein Lehrbeanstandungsverfahren beantragen.

Mit Schreiben vom 29.März hat nun der Vorsitzende der Glaubenskommisssion, Friedrich Kardinal Wetter, Eugen Drewermann mitgeteilt, daß er auf Antrag von Erzbischof Degenhardt das Lehrbeanstandungsverfahren bereits eröffnet habe. Und Erzbischof Degenhardt teilte Dr. Drewermann einen Tag später mit, daß er ein rein privates und nicht angekündigtes Gespräch vom 9.März, über das keine Niederschrift vorliegt, als »Teil eines Gesprächs nach § 5 der Ordnung für das Lehrbeanstandungsverfahren« betrachte.

Wir bedauern, daß nunmehr das Verfahren, das der Verständigung und der Versöhnung dienen soll, unter Verletzung des kirchlichen Rechts eröffnet wird. Denn

– Das Gespräch vom 31.Januar (Erzbischof Degenhardt, Dr.Drewermann und die Professoren Eicher und Klein) wurde ausdrücklich nicht als Vorgespräch zum Lehrbeanstandungsverfahren nach § 5 geführt, sondern als Gespräch des Ortsbischofs mit seinem Priester und des Magnus Cancellarius mit seinem Dozenten zur persönlichen Entscheidung des Erzbischofs, der damals ausdrücklich erklärte, er wolle kein Verfahren bei der Deutschen Bischofskonferenz.

– Das Gespräch vom 9.März (Erzbischof Degenhardt, Weihbischof Drewes, Dr. Drewermann) hatte privaten Charakter, weshalb der Erzbischof darüber keine Niederschrift vorlegte.

– Der Erzbischof von Paderborn erklärte am 2.März im Rundfunk, daß er ein Gespräch im Sinne des § 5 führen werde: »je nachdem wie das Gespräch ausgeht, werde ich dann das Lehrbeanstandungsverfahren bei der Glaubenskommission beantragen«. Dieses Gespräch stellte er am 30.März gegenüber Dr.Drewermann schriftlich für Anfang Juli in Aussicht.

Wir stellen fest, daß nach der kirchlichen Rechtsordnung nunmehr erst ein Gespräch mit dem Ziel der Verständigung zu führen und protokollarisch festzuhalten ist. Wir bitten den Vorsitzenden der Glaubenskommission, Herrn Kardinal Wetter und den Ortsbischof von Paderborn, Herrn Dr.Degenhardt, in diesen Tagen der Versöhnung und der Auferstehungshoffnung alles zu tun, um der Gerechtigkeit und der Verständigung Raum zu geben. Ohne Dialog gibt es keine Versöhnung und ohne Achtung vor dem Recht kann die Liebe nicht verkündet werden.

Prof.DDr.Peter Eicher, Prof.Dr.Hubert Frankemölle, Prof.Dr.Bernhard Lang, Prof.Dr.Norbert Mette

Eugen Drewermann an Erzbischof Degenhardt vom 10.4.1990

Sehr geehrter Herr Erzbischof,
als Sie am 09. März dieses Jahres zusammen mit Herrn Weihbischof Drewes meine Wohnung verließen, erklärten Sie noch zum Abschied, nach Ihrer Meinung könnten wir so oft miteinander reden wie wir wollten, wir seien halt zu verschiedene Menschen. Es mag sein, daß wir sehr verschiedene Menschen sind. Gleichwohl glaube ich, daß unter zwei Bedingungen auch Menschen, die so unterschiedlich sein mögen wie z. B. Sie und ich, sich durchaus verständigen könnten, wofern sie 1) fair und 2) nicht-ideologisch miteinander umgingen. Mit Bedauern muß ich indessen feststellen, daß Sie in meinen Augen zu beiden Voraussetzungen konstant sich nicht durchringen wollen.
Da ist als erstes die Fairneß zu nennen. Am 9. März kommen Sie und Herr Drewes zu mir, um mich mündlich darum zu bitten, ich möge freiwillig meine Privatdozentur zurückgeben. Ich sagte Ihnen, daß dies, wenigstens für ein Semester lang, mein eigener Vorschlag im Brief vom 14. Febr. gewesen sei, wenn Sie im Gegenzug sich bereit fänden, mit mir über die nach Ihrer Meinung unklaren Punkte meiner theologischen Auffassungen zu reden; Sie haben diesen Vorschlag weder schriftlich noch mündlich jemals aufgegriffen; statt dessen mußten Sie am 29.02 der Öffentlichkeit Ihre Vorwürfe und Vorverurteilungen mitteilen und bekanntgeben, daß Sie »nunmehr ein Lehrbeanstandungsverfahren beantragen«, wollten. Um die Sache ganz klar zu stellen: Herr Eicher und ich sind Mitte Februar in die Zeitung gegangen, weil Sie am 31. Januar jede Fortsetzung des (gut begonnenen) Gespräches verweigerten, Bedingungen zur Klärung der anstehenden theologischen Fragen, über die wir bis heute nicht ein einziges Mal gesprochen haben (!), definitiv nicht nennen wollten und sich, ohne die Ihnen zu langwierige Mühle der Glaubenskommission einzuschalten, selber und sofort als Großkanzler der Fakultät eine Entscheidung vorbehielten. Einzig aus diesem Grunde habe ich den offenen Brief an *Die Zeit* geschrieben. Obwohl ich nach

wie vor nicht sehe, was zu tun mir denn sonst noch hätte übrig bleiben können, mag ich immerhin verstehen, daß dieser Schritt Ihnen als illoyal und undiszipliniert vorgekommen sein kann. Aber selbst dann: seit wann sind Disziplinfragen Glaubensfragen? Wie soll es logisch begründbar sein, daß Sie aus der Tatsache meines offenen Briefes an *Die Zeit* (der zudem erst 14 Tage später publiziert wurde, also durchaus noch hätte gestoppt werden können) mit Mal theologische Tatsachenbehauptungen vor aller Leute Ohren glauben aufstellen zu können, die Sie selber dann doch wieder für nicht recht tragfähig halten, so daß wiederum erst einmal eine Theologenkommission prüfen soll, ob Ihre als sichere Feststellungen gegebenen Behauptungen sich aufrecht erhalten lassen? Ich habe am 31. Januar gesagt, was ich schon zwei Jahre vorher gesagt habe: Ich würde ohne Zögern auf meine Privatdozentur verzichten, wenn Sie als Bischof mir als Theologen und Priester Ihrer Diözese gegenüber so etwas wie Vertrauen und Solidarität zeigen würden, – gezeigt hätten, und so bat ich noch in unserem Januargespräch, Loyalität für Loyalität zu setzen. Jetzt, nach Ihrer Aschermittwocherklärung, müßte es Wege geben, die Ihre Vorverurteilungen aus der Welt räumen könnten zumindest in der Form einer von Ihnen unterstützten Gegendarstellung meinerseits. Ist es nicht ganz einfach zu verstehen, was ich da meine? Eine theologische Dozentur ist für mich religiös absolut illegitim; ich halte sie allenfalls aufrecht als ein trojanisches Pferd (vgl. Strukturen des Bösen, Bd. 1, S. XIII); aber sie in einem Klima der Verdächtigung oder der Vorverurteilung aufzugeben ist mir menschlich nicht möglich. Und eben, anstelle einfacher Menschlichkeit erlebe ich seit Jahr und Tag nichts als Tricks, Verwaltungsmaßnahmen und widersprüchliche Ein- und Auslassungen.
Sie fragen sich allen Ernstes, warum ich bei Ihnen um ein Gespräch nicht nachgesucht hätte? Nun, weil bis zum Okt. 89 fast zwei Jahre lang dafür scheinbar gar kein Anlaß bestand; unser letztes Gespräch Anfang 88 hatte mit Ihrer Frage geendet, ob ich auf die zu erwartende »Quaestio« der 8 Theologen antworten werde, und lachend hatten wir uns verständigt, daß ich das nicht tun würde, ich könnte nicht auf jedes Buch über mich eine Gegenschrift verfassen. Dann aber, im Okt. 89, hätten unbedingt und umgehend Sie zum Gespräch bitten müssen; statt dessen erklärten Sie nicht mir, wohl aber der Öffentlichkeit, mit mir reden zu wollen »wenn alles geklärt« sei. Nach mehr als fünf Wochen Presserummel kam es dann endlich zu unserer Vereinbarung vom 31. Januar. Warum um alles in der Welt aber durfte dieses Gespräch dann nicht fortgesetzt werden? Es war das erste Gespräch in 23 Priesterjahren, das wenigstens in den Ansätzen phasenweise konstruktiv war. Und es war ganz sicher, wie Sie Herrn Eicher erklärten, kein Gespräch im Sinne von § 5 der Verfahrensordnung zur Beantragung eines Lehrbeanstan-

dungsverfahrens. Offensichtlich ging es Ihnen gar nicht um ein wirkliches Gespräch, Sie wollten sich lediglich eine Handhabe für eine Sofortentscheidung als Großkanzler Ihrer Fakultät beschaffen. Doch das freilich ist es nun, was man sich fragen muß und was ich Sie schon mehrfach gefragt habe: Wie können Sie in unerklärter Abkehr von Ihrer ursprünglichen Absicht »nunmehr« der Öffentlichkeit kundtun, ein Lehrbeanstandungsverfahren beantragen zu wollen, wenn wir noch nicht einmal den Termin für ein Gespräch nach § 5 der Verfahrensordnung kennen, geschweige denn ein solches Gespräch je ernsthaft geführt haben? Am 14. März habe ich denn auch brieflich noch einmal dringend darum gebeten, die Voraussetzungen zu nennen und zu schaffen, unter denen wir so sprechen können, daß eine Klärung möglich ist. Dazu zählen in meinen Augen als erstes eine öffentliche Aufhebung der ergangenen Vorverurteilungen sowie für das Gespräch selbst eine Präzisierung der Themenstellungen, ein angemessener Zeitrahmen für die einzelnen Fragen (also so etwas wie eine Tagungsordnung), Nennung der Referenzen zu meinen Büchern, methodische Einbindung von Frage und Antwort in ein entsprechendes Sprachspiel usw. All das ist bislang nicht erfolgt; ja, es existiert nach wie vor nicht einmal ein verbindliches Gesprächsprotokoll vom 31.01., – d.h. es ist noch nicht einmal wirklich klar, was wir vor zwei Monaten gesagt und geklärt haben und was nicht. Das einzige, was Sie schon mitgeteilt haben, ist Ihre Absicht, daß ein künftiges Gespräch nicht länger als zweieinhalb Stunden dauern solle – zur Klärung von etwa 25 vorverurteilten Meinungen, von denen nur die wenigsten etwas mit dem zu tun haben, was ich wirklich sage. Unter diesen Umständen werden Sie allemal erklären können, daß jedwedes Gespräch, das wir führen, Ihnen die gewünschte »Klärung« nicht gebracht habe. Aber ist es Ihnen denn nicht selbst ersichtlich, daß eine solche Gesprächsanlage es geradewegs verhindert, daß wir ja so miteinander sprechen, wie es der § 5 der Verfahrensordnung vorschreibt?

Doch selbst wenn all dies noch hingehen könnte, so geht mir jedes Verständnis für die Tatsache ab, daß Sie, ohne mir ein Sterbenswort davon mitzuteilen, in der Zwischenzeit offenbar längst ein Lehrbeanstandungsverfahren bei der Glaubenskommission beantragt haben. Derselbe Erzbischof, der Anfang März noch (zwar nicht mir gegenüber, wohl aber) im Deutschlandfunk erklärte, er habe kein Lehrbeanstandungsverfahren beantragt und er könne ein solches auch gar nicht beantragt haben, da er ja noch ein Gespräch nach § 5 mit mir führen müsse (und wolle), derselbe Erzbischof stellt in der Zwischenzeit still und heimlich gerade einen solchen Antrag; ja, er bittet am 30. März immer noch froh und munter um die Nennung eines Termins für ein solches Gespräch nach § 5, ohne mit einer Silbe auch nur anzudeuten, was er inzwischen getan hat. Unglücklicherweise erhielt ich bereits am 29. März ein Schreiben von Kardinal Wetter, er habe als Vorsitzender der Glaubenskommission »den Antrag des Herrn Erzbischofs von Paderborn auf Eröffnung eines Lehrbeanstandungsverfahrens gutachterlich prüfen lassen, ob die Maßgabe des § 5 LBV erfüllt ist«. Das Urteil sei zu einem positiven Ergebnis gekommen, so daß er innerhalb der vorgeschriebenen Frist von zwei Monaten die Glaubenskommission zusammenrufen müsse. Da frage ich Sie nun, wie kann die »Maßgabe des § 5«, ein Gespräch zu führen, erfüllt sein, wenn wir noch nicht einmal den Termin für ein solches Gespräch kennen? In aller Form und ganz entschieden muß ich mich dagegen verwahren, daß Sie in Ihrem Brief vom 30. März erklären, es sei Ihrer Auffassung nach Ihr Überraschungsbesuch am 09. März »Teil eines Gesprächs nach § 5.« Ich stelle im Gegenteil mit allem Nachdruck fest: Davon kann keine Rede sein, ganz einfach, weil davon mit keinem Wort die Rede war. Ohne das Beisein von Herrn Eicher wäre ich zu keinerlei Gespräch mit Ihnen bereit gewesen, wenn ich gewußt hätte, daß Sie es lediglich als Formaleinstieg in ein Verfahren nicht nur verstanden wissen, sondern ganz offenbar mißbrauchen wollten. So verdutzt ich über Ihren Besuch auch anfangs war, ich gab mir dann doch alle Mühe, darin eine persönliche Geste zu sehen, auf die ich persönlich eingehen könnte, vor allem weil Herr Drewes, der Sie begleitete, mit mir immer noch per »Du« ist. Ich muß jetzt denken, auch dieser Besuch war nur ein Trick, um Ihre Verwaltungsmaßnahmen erledigt zu haben, und ich gestehe: Ich finde dieses Vorgehen ungeheuerlich. Ich mag eine solche Vorgehensweise inzwischen auch nicht länger mehr damit entschuldigen, daß dies seit Jahren anscheinend so der Stil des Hauses ist. Wenn Sie mir »Mißtrauen« vorwerfen und mich auffordern, meine Stellung zu Ihnen als Bischof zu bedenken, so kann ich nur sagen, daß ich »mißtrauisch« Ihnen gegenüber zu sein erst mühsam lernen mußte – in einer Kaskade quälender Enttäuschungen. Es ist, glaube ich, jetzt endgültig die letzte Chance, die Dinge zu ordnen, indem Sie Ihren Antrag bei der Glaubenskommission, den ich leider selber öffentlich zu machen mich gezwungen sehe, in aller Öffentlichkeit wieder rückgängig machen, um hernach zu einem wirklichen Gespräch zu finden. Ich kann nur noch einmal und wohl zum letzten Mal anbieten: ich würde meine Privatdozentur an Ihrer Fakultät z.B. für das kommende Wintersemester ruhen lassen, wenn Sie im gleichen Zeitraum ehrliche Gesprächsabsichten bekunden und, was jetzt neu hinzukommt: wenn Sie die gesetzten Vorverurteilungen zurechtrücken lassen und Ihren bereits gestellten Lehrentzugsantrag revidieren. Ein erster Gesprächstermin könnte nach Ihrem Wunsch der 06. Juli, 10.00 Uhr sein oder der 13. Juli, 10.00 Uhr; und dieses Gespräch dürfte nicht »erledigt« werden, damit Sie formal Ihre

Pflicht erfüllt hätten, es müßte der Anfang eines wirklichen Dialogs sein.
Doch dann ist da noch der ideologische Faktor. Wir beide, sehr geehrter Herr Erzbischof, mögen zwei sehr verschiedene Menschen sein. Aber Unterschiede dieser Art sind psychologischer, nicht theologischer Natur. Es kann sehr wohl sein, daß das, was für Sie Glaube ist, für mich wie Aberglaube erscheint, und daß das, was ich unter Glaube verstehe, Ihnen als Irrlehre vorkommt. Ich würde aber niemals dahin mich versteigen, Ihre Meinung als nicht katholisch hinzustellen, schon weil ich weiß, daß es Menschen in der katholischen Kirche gibt, denen Sie mit Ihren Darlegungen helfen. Freilich nehme ich auch für mich in Anspruch, mit meinen Ansichten, die ich für gut katholisch halte, Menschen in und außerhalb der Kirche zu nutzen. Ich glaube, wir sollten Charakterfragen nicht zu Glaubensfragen hochstilisieren. Und dann gilt allemal: Im Zweifel für den Angeklagten. Wenn Sie bis heute nicht wissen, woran Sie mit mir theologisch sind, warum entscheiden Sie dann, ich sei nicht katholisch, und wenn Sie der Öffentlichkeit mitteilen, Sie wüßten es »nunmehr« genau, warum dann noch Expertisen der Glaubenskommission? Woher aber wollen Sie wissen, was ich wirklich glaube, ohne mit mir je über Glaubensfragen wirklich gesprochen zu haben, indem Sie ohnedies schon wissen, daß Gespräche mit mir doch zu nichts führen, in der Pflicht hinwiederum freilich, doch noch der Öffentlichkeit erklären zu müssen, ein Gespräch mit dem Willen zur Klärung und zur Erübrigung eines Verfahrens habe bereits stattgefunden, weil es nun einmal einen so unseligen Paragraphen wie den § 5 gibt, der ein solches Gespräch vorsieht? Ich muß gestehen, daß ich einen solchen Wust von Widersprüchen und Doppelbödigkeiten nicht mehr verstehe, es sei denn, ich sähe darin eine Bestätigung all dessen, was ich in meinem Buche »Kleriker« zu meinem eigenen Leidwesen als Zustand der katholischen Kirche beschrieben habe. Schließlich noch ein Wort zu Ihrem Vorwurfe, ich nähme zu wenig teil an den Festivitäten der Fakultät. Vielleicht darf ich diesen Vorwurf einmal zum Anlaß nehmen, zu schildern, wie ich seit einem Dutzend Jahren meine Privatdozentur wahrnehme. Sie verpflichtet mich einzig dazu, Semester für Semester Vorlesungen anzubieten, und so könnte ich, entsprechend dem Beispiel der meisten Dozenten, spätestens alle vier Semester auf den üblichen Vorlesungsstoff zurückgreifen; ich habe demgegenüber noch niemals ein Thema zweimal behandelt oder etwas besprochen, was man schon hätte nachlesen können. Ohne Prüfungszwang sind meine Vorlesungen, die ich samstags halte, um niemanden in seinen Verpflichtungen zu stören, gewiß die meistbesuchten Ihrer Fakultät. Ich muß die Vorlesungen ausarbeiten ohne Assistenten, Sekretärinnen, Computer, Büchergelder und Telefonvergünstigungen. Ich arbeite zu-

sätzlich in Einzelgesprächen zwischen 20 – 25 Stunden wöchentlich. Ich habe Vortragsverpflichtungen oft mehrmals die Woche. Und: Mir ist nach Festivitäten nicht zumute, da sie mit mir nichts zu tun haben. Die Namen vieler Professoren kenne ich nur aus dem Vorlesungsverzeichnis; die Zeit, da man einander Antrittsbesuche machte, scheint längst vorüber. Die Beziehung, die ich zu einzelnen Professoren der Fakultät habe, ist persönlicher Natur, und ich finde, das sei auch sehr gut so. Viel mehr brauche ich nicht und möchte ich nicht.
Eine Kopie dieses Schreibens sende ich auch Herrn Wetter zu.

Mit besten Wünschen für gnadenreiche Ostertage grüße ich Sie

Kardinal Wetter an Eugen Drewermann vom 18.4.1990

Sehr geehrter Herr Dr. Drewermann!
Ihre beiden Schreiben vom 10. und 11. April habe ich erhalten.
Da neue Informationen ergeben haben, daß das Gespräch nach § 5 LBV mit dem Ziel, ein Lehrbeanstandungsverfahren überflüssig zu machen, noch nicht abgeschlossen ist , stellt sich die Frage nach der Eröffnung eines solchen Verfahrens derzeit nicht. Die Glaubenskommission kann erst nach Abschluß dieses Gesprächs darüber befinden, ob ein Verfahren überhaupt in Gang gesetzt wird.
Sie dürfen sicher sein, daß die Glaubenskommission keineswegs auf ein Verfahren erpicht ist. Durch die Klarstellung der strittigen Fragepunkte im Gespräch mit Herrn Erzbischof Degenhardt können Sie sich und uns das Verfahren ersparen.

3. Erklärung der Theologieprofessoren der Universität - Gesamthochschule - Paderborn und Eugen Drewermanns vom 25.4.1990

Im kirchlichen Verfahren gegen Eugen Drewermann ist eine neue Wende eingetreten. Nachdem Friedrich Kardinal Wetter als Vorsitzender der Glaubenskommission der Deutschen Bischofskonferenz am 29.März mitteilen ließ, daß er den Antrag des Erzbischofs von Paderborn auf die Eröffnung eines Verfahrens angenommen habe, erklärte er – nach dem Einspruch Eugen Drewermanns und der öffentlichen Kritik der Katholischen Theologieprofessoren der Universität Paderborn – nunmehr:
»Da neue Informationen ergeben haben, daß das Gespräch nach § 5 LBV mit dem Ziel, ein Lehrbeanstandungsverfahren überflüssig zu machen, noch nicht abgeschlossen ist, stellt sich die Frage nach der Eröffnung eines solchen Verfahrens derzeit nicht. Die Glaubenskom-

mission kann erst nach Abschluß dieses Gesprächs darüber befinden, ob ein Verfahren überhaupt in Gang gesetzt wird.«

Die Professoren des Faches Katholische Theologie der Universität Paderborn stellen fest,

- daß der Erzbischof von Paderborn und Dr.Drewermann nunmehr nach der Kirchlichen Rechtsordnung Gespräche mit dem Ziel zu führen haben, das beabsichtigte Verfahren zu erübrigen
- und daß bei dem Umfang und Gewicht der angesprochenen Fragen die von Erzbischof Degenhardt vorgesehenen zweieinhalb Stunden im Juli nicht ausreichen können, um die gegenseitigen theologischen Anliegen recht zu verstehen.
- Sie ersuchen deshalb den Erzbischof von Paderborn, Herrn Dr.J.J. Degenhardt, die von ihm bereits öffentlich negativ beurteilten Perspektiven des Werkes von Dr.Drewermann erneut unvoreingenommen nach ihrer Intention und ihrem theologischen Gehalt zu diskutieren.

Eugen Drewermann hält im Einzelnen fest:

- daß er niemals ein Verfahren bei der Deutschen Bischofskonferenz gewünscht hat, dafür aber jederzeit zu klärenden Gesprächen mit dem zuständigen Ortsbischof bereit war. Erst als am 31.Januar der Erzbischof als Großkanzler der Theologischen Fakultät ohne jedes weitere Gespräch eine rein disziplinarische Entscheidung über den Entzug der Lehrerlaubnis in Aussicht stellte, hat er ihm als klärende Maßnahme den Gang zur Bischofskonferenz nahegelegt. Dieses Verfahren lehnte der Erzbischof damals mit der Begründung ab, ein solches Verfahren würde zu lange dauern. Umso erstaunlicher war, am 29.März aus der Feder von Kardinal Wetter zu erfahren, daß er ohne weitere Angabe von Gründen ein solches Verfahren nun doch beantragt habe.
- Er begrüßt, daß nun endlich geschehen kann, was längst hätte geschehen sollen: miteinander zu sprechen.
- Er bedauert freilich, daß der Erzbischof inzwischen durch ein Schreiben an alle Priester, Religionslehrer und Angestellte seiner Diözese ebenso wie in den Kirchenzeitungen eine Reihe schwerwiegender theologischer Vorverurteilungen veröffentlicht hat, obwohl noch im Gespräch vom 31 Januar von seiner Seite laut wurde, daß Glaubensirrtümer in seinem Werk nur schwer nachweisbar seien. Zu dem Buch »Kleriker« konnten damals die anstehenden Fragen (Jungfräulichkeit, Treueversprechen, Priesterverständnis) sogar weitgehend geklärt werden. Die anderen, inzwischen vorverurteilten theologischen Fragen sind vom Erzbischof bisher als Gesprächsgegenstand weder zugelassen noch theologisch in irgendeiner Form angesprochen worden.
- Nachdem der Erzbischof von Paderborn bisher monatelang den Eindruck erweckte, die Entscheidung über seine Lehrbefugnis wolle er selber treffen, dann aber das Verfahren an die Bischofskonferenz dele-

gierte, ohne daß er die dafür notwendigen Gespräche führte, insistiert Eugen Drewermann darauf, daß nunmehr die Klarheit des Verfahrens endlich festgehalten werden muß. Er hofft, daß trotz der Vorverurteilungen die kommenden Gespräche das Verfahren erübrigen.
Die Theologieprofessoren und Dr.Drewermann begrüßen sehr, daß der Erzbischof von Paderborn, wie er am 28.März erklärte, »die wissenschaftliche Diskussion nicht einschränken oder bestimmte Methoden – etwa die Einzbeziehung der Psychologie und Psychoanalyse in der Theologie – ablehnen« will. Das Verhältnis von Tiefenpsychologie und Theologie bedarf ebenso wie die Analyse des Klerus unter psychoanalytischen Gesichtspunkten einer ausführlichen Erörterung.
Die Theologie kann ihren Dienst an der Heilkraft des Evangeliums nicht ausüben, ohne sich auf die reale Not auch der Kirche selbst zu beziehen. Dafür ist die katholische Priesterkirche zugunsten einer Kirche, in der alle, besonders auch die Frauen, gemeinsam am befreienden Dienst des Evangeliums teilnehmen können, weit zu öffnen.

PD Dr.Eugen Drewermann
Prof.DDr.Peter Eicher, Prof.Dr.Hubert Frankemölle, Prof.Dr. Norbert Mette, Prof.Dr.Bernhard Lang

Eugen Drewermann an Kardinal Wetter vom 1.5.1990

Sehr geehrter Herr Kardinal Wetter,
herzlich danke ich Ihnen, daß Sie die zugesandten »neuen Informationen« als entscheidend genug ansehen, um die Voraussetzungen zur Beantragung eines Lehrbeanstandungsverfahrens seitens des Paderborner Oberhirten für nicht erfüllt zu betrachten. Freilich muß ich auf der Feststellung bestehen, daß ein Gespräch nach § 5 zwischen Herrn Erzbischof Degenhardt und mir bislang in keiner Form, weder zum Teil noch überhaupt, stattgefunden hat. Wir müßten endlich tun, was ich seit sechs Monaten dringlich vorschlage: über die anstehenden theologischen Fragen theologisch verbindlich, mit dem Willen zur Klärung, statt zur Einleitung von kirchenrechtlichen Maßnahmen, miteinander reden. Inzwischen warte ich erneut trotz aller möglichen Ankündigungen der Pressestelle des Paderborner Generalvikariates auf die Festsetzung wenigstens eines Termins für ein erstes solcher Gespräche, und dies seit Wochen.
Es bleibt die Frage, die mir sehr wichtig scheint: welch ein Ausschuß konnte gestützt auf welche Informationen aus welcher Hand unter den gegebenen Umständen befinden, die Voraussetzungen für die Beantragung eines Lehrbeanstandungsverfahrens seien gegeben? Eine Antwort darauf scheint mir unerläßlich, um den Eindruck zurückzudrängen, daß

die Glaubenskommission lediglich das Exekutivorgan der bereits ergangenen öffentlichen Vorverurteilungen des Paderborner Erzbischofes darstelle. Mit dem Wunsch nach Klärung und herzlichen Grüßen für Sie bin ich

Kardinal Wetter an Eugen Drewermann vom 1.5.1990

Sehr geehrter Herr Dr. Drewermann,
am Mittwoch, dem 7. März, erhielt ich Ihren Brief, den Sie am 2 . März an mich geschrieben haben. Sie bitten mich darin, dem Antrag des Herrn Erzbischofs von Paderborn auf ein Lehrbeanstandungsverfahren bei der Deutschen Bischofskonferenz nicht stattzugeben.
Dazu kann ich Ihnen nur mitteilen, daß ein Antrag Ihres Erzbischofs nicht vorliegt . Wie Sie selbst schreiben, muß ja nach § 5 der Verfahrensordnung zuerst mit Ihnen ein Gespräch stattfinden, das zum Ziel hat, ein Verfahren zu erübrigen . Es wäre in der Tat nur zu begrüßen, wenn es zu keinem Verfahren käme.
Daher bitte ich Sie, bei dem Gespräch mit Herrn Erzbischof Degenhardt mitzuhelfen, daß die strittigen Punkte eine Klärung finden, die ein Verfahren erübrigt.

Mit freundlichen Grüßen

Erzbischof Degenhardt an Eugen Drewermann vom 3.5.1990

Sehr geehrter Herr Dr. Drewermann,
Ihr Schreiben vom 10. April 1990 habe ich erhalten.
Auf Ihre darin gegen mich erhobenen Vorwürfe vor allem mangelnder Gesprächsbereitschaft möchte ich nicht antworten.
Ich wiederhole aber noch einmal: Mir geht es einzig um eine Klärung der Frage, ob bestimmte von Ihnen wiederholt vorgetragene Auffassungen mit der katholischen Glaubenslehre vereinbar sind oder nicht; denn meine Aufgabe als Bischof ist es unter anderem, die Unversehrtheit der Glaubenslehre zu schützen (vgl. can. 386 § 2 CIC). Dabei bewegt mich die mir übertragene Sorge für die Kirche von Paderborn und die mir daraus erwachsene Gewissensverpflichtung, nicht aber Willkür.
Darum war es mein Ziel, durch die Gespräche am 31. Januar 1990 und am 9. März 1990 zu einer Klärung der zwischen uns strittigen Auffassungen und zu einer einvernehmlichen Lösung zu kommen. Eine Lösung der Sachfragen wurde am 31. Januar 1990 nicht erreicht. Eine

Rückgabe der Lehrerlaubnis Ihrerseits haben Sie am 9. März 1990 abgelehnt.
Ich sah und sehe diese Gespräche als Einheit und als Erfüllung der Gesprächsforderung des § 5 der Verfahrensordnung des Lehrbeanstandungsverfahrens bei der Deutschen Bischofskonferenz. Nachdem beide Gespräche, die zusammen circa sechs Stunden gedauert haben, ergebnislos blieben und ein Ergebnis im Sinne des § 5 nicht erkennbar war, habe ich die Eröffnung des Verfahrens gemäß § 21 beantragt.
Unabhängig davon habe ich mein Ihnen am 5 . März 1990 gemachtes Gesprächsangebot aufrechterhalten, nachdem der von mir vorgeschlagene Termin am 3. April 1990 nicht zustande gekommen ist, weil dieser Termin Ihnen nicht auskam.
Daß aufgrund dieses Gesprächsangebotes nun der Vorsitzende der Glaubenskommission die Beratungen über die Eröffnung des Verfahrens wieder ausgesetzt hat, ist eine Ermessensentscheidung, die ich akzeptiere.
Den Vorwurf aber, ich hätte geltendes Recht verletzt, ein Gespräch im Sinne des § 5 LBV sei noch nicht geführt worden, weise ich entschieden zurück.
Hoffend, daß es dennoch zu einer Klärung der anstehenden Fragen in dem kommenden Gespräch kommt, lade ich Sie hiermit zur Fortführung des Gespräches am 6. Juli 1990 um 10.00 Uhr in mein Haus ein. Herr Professor Dr. Klein und Herr Ordinariatsrat Dr. Steup werden über den Termin von mir informiert. Ich bitte Sie, Herrn Professor Dr. Eicher die Einladung zu übermitteln.
Ich darf erwarten, daß Sie sich zwischenzeitlich mit öffentlichen Stellungnahmen zurückhalten. Gleichzeitig bitte ich, Herrn Professor Eicher meine Erwartung wissen zu lassen, daß auch er als Gesprächsteilnehmer angesichts meines Gesprächsangebotes vom 30. März 1990 nicht fortfährt, zu behaupten, wie noch im April geschehen, ich verletze in dieser Frage geltendes Recht.

Eugen Drewermann an Erzbischof Degenhardt vom 6.5.90

Sehr geehrter Herr Erzbischof,
wie ich Ihrem Brief vom 3. Mai, den ich erneut etwa 14 Tage nach den verwirrenden Erklärungen Ihrer Pressestelle erhielt, entnehmen soll, möchten Sie auf meine »Vorwürfe« wegen »mangelnder Gesprächsbereitschaft« »nicht antworten«. Das kann ich verstehen, aber so nicht stehen lassen. Sie weisen »entschieden« den »Vorwurf« zurück »geltendes Recht verletzt« und »ein Gespräch im Sinne des § 5 LBV...noch

nicht geführt« zu haben. Aber Sie verletzen nicht nur geltendes Recht, sondern ganz einfach die Wahrheit, wenn Sie erklären, die Gespräche am 31. Januar 1990 und am 9. März 1990, »die zusammen circa sechs Stunden gedauert haben«, seien »als Einheit und als Erfüllung der Gesprächsforderung des § 5« zu bewerten. Ich war und bin empört, wie Sie zu dieser Auffassung gelangen konnten, und ich bin es noch mehr, daß Sie diese Ihre Meinung auch nach dem Brief, den ich am 10. April an Sie richtete, unverändert beibehalten wollen.
Ich weise zum wiederholten Male darauf hin, daß Sie am 31.1. ausdrücklich erklärten, es handle sich nicht um eine Gespräch nach § 5, daß Sie den Gang zur Glaubenskommission ausdrücklich, weil zu langwierig, ausschlossen und sich ohne Fortsetzung des Gesprächs nach Einsicht des Protokolls eine Entscheidung als Großkanzler der Fakultät vorbehielten. Es berührt schon sonderbar, daß diese Tatbestände in dem von Herrn Steup verfaßten Protokoll nicht in gebührender Klarheit auftauchen, es ist aber nahezu bizarr, wenn Sie Herrn Eicher mitteilen, das von uns ergänzte Protokoll sei, 15 Seiten umfassend, für Sie zu lang, um noch gelesen und unterschrieben werden zu können. In diesem von uns ergänzten Protokoll stehen eben die Eintragungen, an die Sie sich jetzt offenbar nur ungern erinnern bzw. die Sie einfach für nicht existent erklären. Die Wahrheit Christi »zu schützen« kann doch nicht darin bestehen, ganz simple Tatsachenwahrheiten auf den Kopf zu stellen.
Und zu dem Gespräch vom 9.3.: es war unangemeldet, es hatte auf meiner Seite keinen Zeugen, es gibt darüber kein Protokoll, und vor allem: es hatte nur ein Thema – ob ich von mir aus die Privatdozentur zurückgäbe. Als Sie hörten, ich könne das inzwischen (!) nur noch, wenn Sie Wege sähen, Ihre Vorverurteilungen vom Aschermittwoch zurückzunehmen oder durch eigene Darstellung und Klarstellung zu kommentieren, wollten Sie unverzüglich das Gespräch beenden; daß es ca. eine Stunde währte lag an Herrn Weihbischof Drewes, der immer noch auf einen anderen Ausgang hoffte. Wie wollen Sie dieses Gespräch als »Erfüllung der Gesprächsforderung des § 5« hinstellen? Nein, wir müssen am 6. Juli um 10.00 Uhr in Ihrem Haus zum ersten Mal nach einer Vorverurteilungskampagne von nunmehr acht Monaten und einer Vielzahl von Ausgrenzungsmaßnahmen im deutschsprachigen Raum, zum ersten Male überhaupt theologisch mit dem Willen um Verständigung miteinander reden. Sie verschweigen dabei bis heute, daß es am 31.1. erkennbar in den Hauptfragen Klärungen gegeben hat, und so ist es unerläßlich, daß Sie diesmal von sich aus tun, was Sie am 31.1. trotz dringenden Wunsches meinerseits verweigerten: deutlich zu erklären, was in Ihren Augen in den anstehenden Fragen eine Klärung darstellt.

Zudem ist es unerläßlich, daß Sie von den 20-25 ergangenen Vorverurteilungen entweder abrücken oder aber mitteilen, welche Punkte für Sie einen ausreichenden Sektor des Einverständnisses bilden könnten. Diese Ihre Fragepunkte müßten uns zur Vorbereitung mitgeteilt werden, nebst den Referenzen zu meinen Schriften, aus denen Ihnen die Fraglichkeit meiner Ausführungen deutlich wird.
Daß Herr Dr. Steup bei dem Gespräch anwesend sein soll, ist oder erscheint bereits wieder als eine Abweichung von einer getroffenen Vereinbarung. Das Gespräch am 6. Juli soll mit Tonband aufgezeichnet und dann 1:1 abgeschrieben werden. Diese Verfahren ist nach den Sonderbarkeiten um das Protokoll vom 31.1. die einzig praktikable Form.
In der Zwischenzeit läßt es sich nicht vermeiden, daß die Presse Interesse an dem Fall behält, zumal, wenn ich selber weiterhin, wie all die Zeit über, stets als erstes in Presse und Fernsehen erfahre, was Sie nunmehr zu tun beabsichtigen, ehe ich es dann Tage danach auch schriftlich aus Ihrer Feder lesen kann. Natürlich ist auch Herr Eicher zu Stellungnahmen aufgefordert, und er gibt sie besten Wissens und Gewissens. Es kann nicht meine Aufgabe sein, ihn daran zu hindern, seine Sicht der Dinge darzustellen. Informationen, die seine Sicht der Dinge ändern könnten, sind auch mir bislang nicht zugänglich gemacht worden. Den Gesprächstermin vom 6. Juli aber habe ich ihm mitgeteilt und jetzt mit ihm vereinbart; wir müssen freilich Klarheit haben, wie es möglich war, einen Antrag für ein Lehrbeanstandungsverfahren bei der Glaubenskommission zu stellen und ein Gutachten zu erwirken, daß unter den gegebenen Umständen zu dem Entschluß kam, ein solcher Antrag sei in den Voraussetzungen erfüllt. Auch die Fehlinformationen der Presseabteilung müßten umgehend in diesem Punkt korrigiert werden. Anderenfalls sehe ich nicht, wie ich darauf verzichten könnte, von mir aus die Presse so zu benachrichtigen, wie es dem wahren Hergang der Gespräche vom 31.1. und 9.3. entspricht. Das Gespräch am 6.7. muß dem Zweck dienen, nicht eine unliebsame Sache vom Schreibtisch zu bringen, sondern einem Stück religiöser Wahrheit näherzukommen. Mit guten Wünschen bin ich

Erzbischof Degenhardt an Eugen Drewermann vom 6.6.1990

Sehr geehrter Herr Dr. Drewermann,
erst heute komme ich dazu, Ihren Brief vom 6. Mai zu beantworten, da ich auf einer längeren Firmungsreise war. Ich habe Ihrem Brief entnommen, daß Sie von meinen Vorschlägen bezüglich des Termins des

Gespräches im Juli den 6. Juli 1990 um 10.00 Uhr im Bischofshaus angenommen haben.
Bezüglich der Gesprächspunkte verweise ich auf meinen Brief vom 5. März 1990, in dem vier Gesprächspunkte angegeben sind:
1. Offenbarung und Geschichte (Menschwerdung Christi)
2. Eid und Versprechen von Klerikern auf Lebenszeit sowie Eheversprechen »bis der Tod uns scheidet«
3. Priesterverständnis
4. Kirchenverständnis.
Wie bereits besprochen, stehen für das Gespräch zwei bis zweieinhalb Stunden zur Verfügung. Die Themen sollten in der oben genannten Reihenfolge behandelt werden.
Gleichfalls wurde besprochen, daß als Protokoll eine vollständige Wiedergabe des Gespräches, das auf Band aufgenommen wird, erstellt wird.
Weiterhin bestand Einvernehmen darüber, daß das Gespräch in der gleichen Zusammensetzung wie am 31. Januar 1990 stattfinden soll.
Deshalb weise ich Ihre Bemerkung bezüglich Herrn Dr. Steup entschieden zurück. Herr Dr. Steup, der sich auch beim Gespräch am 31. Januar nicht aktiv ins Gespräch eingeschaltet hat, wird für die Bandaufnahme sorgen und als Notar verantwortlich sein, daß die Abschrift korrekt erfolgt.
In Ihrem Brief vom 6. Mai haben Sie mich aufgefordert, die Referenzen, auf die ich mich stütze, anzugeben. Diese Referenzen sind Ihre Schriften. Im einzelnen gebe ich zu den Gesprächspunkten folgende Äußerungen aus Ihren Schriften an: Die in meiner Presseerklärung vom 27.2.90 angeführten Texte sowie folgende:
1. Offenbarung und Geschichte
Kleriker S. 151, dazu die Anmerkung 163, Kleriker S. 153, Kleriker S. 478, Kleriker S. 289, dazu die Anmerkung 53, Tiefenpsychologie und Exegese I, S. 75 f., S. 503 f., S. 506, S. 527
Tiefenpsychologie und Exegese II, S. 627, S. 763 f., S. 766 f., S. 770, S. 775, S. 777
Tiefenpsychologie und Exegese I, S. 95,, Markus-Kommentar I, S. 87 f., S. 92 f., S. 102
Dein Name ist wie der Geschmack des Lebens, S. 86, S. 97 f.
2. Zu Eid und Versprechen sowie Eheversprechen »bis der Tod uns scheidet«
Kleriker S. 657 f., S, 635, S. 717, Psychoanalyse und Moraltheologie II, S. 71, S. 75 f., S. 106 f., S. 111
Markus I, S. 292 f., S. 574 f.
3. Priesterverständnis
Interview »Psychologie heute«, Juni 1990, Kleriker, S. 56, S. 85 f., S. 95, S. 747, S. 733 f., S. 738, S. 741, S. 748

4. Kirchenverständnis
Punkt 4 meiner Erklärung zum Buch Kleriker vom 27.2.1990
Hierbei folgende Texte »Kleriker«, S. 630 f., S. 663, S. 641, S. 657 f., S. 654, S. 661, S. 735.
Sehr geehrter Herr Dr. Drewermann, Sie haben angefragt, was meiner Meinung nach in den anstehenden Fragen eine Klärung bedeutet. Hierzu möchte ich sagen, daß die von mir beanstandeten Texte von Ihnen öffentlich zu widerrufen sind. Bei mehrdeutigen Texten sind öffentliche Erklärungen Ihrerseits notwendig, daß die Interpretation im Sinne der katholischen Glaubenslehre zu erfolgen hat.
Zu den übrigen Inhalten Ihres Briefes möchte ich kurz folgendes sagen: Wie Sie wissen, war im Gespräch vom 31. Januar vereinbart, daß Herr Steup eine Gesprächsnotiz erstellen sollte, jedoch war nicht davon die Rede, daß faktisch durch Ihre Modi und durch die Modi von Herrn Professor Eicher eine neue Gesprächsnotiz zustandekommen sollte. An diese Vereinbarung haben Sie und Professor Eicher sich nicht gehalten. Deshalb konnte ich meine Zustimmung zu den von Ihnen und Professor Eicher vorgelegten Texten nicht geben, aber nicht deshalb, weil ich keine Zeit hatte, diesen neuen Text zu lesen.
Ihre Behauptung am Anfang Ihres Briefes, daß ich geltendes kirchliches Recht und schlicht und einfach die Wahrheit verletzt hätte, weise ich entschieden zurück.
Solange meine Bedenken gegen Ihre Äußerungen bestehen, kann ich sie selbstverständliche nicht zurücknehmen.
Wie es zu meinem Antrag auf Eröffnung das Lehrbeanstandungsverfahrens gekommen ist, habe ich in meinem Brief vom 3. Mai aufführlich dargelegt. Ich möchte ausdrücklich darauf hinweisen, daß das Gutachten keineswegs von mir erwirkt worden ist, sondern ohne mein Wissen vom Vorsitzenden der Glaubenskommission der Deutschen Bischofkonferenz in Auftrag gegeben worden ist.
Ich gehe davon aus, daß das Gespräch am 6. Juni um 10.00 Uhr im Bischofshaus in der vereinbarten Weise stattfindet und überlasse es Ihnen, Herrn Professor Eicher entsprechend zu unterrichten. Mit freundlichem Gruß

Eugen Drewermann an Erzbischof Degenhardt vom 13.6.1990

Sehr geehrter Herr Erzbischof,
ich finde es sehr beruhigend, wenn Sie den Verdacht, Sie verletzten geltendes Recht, »entschieden« zurückweisen; denn auch mir ist die Vorstellung nicht sehr lieb, ein solcher Verdacht träfe zu. Nur muß ich

dann, erneut, um Erklärung und Aufklärung bitten. Im Raum steht nach wie vor der Tatbestand, daß Sie am 31.1.90 überhaupt nicht die Glaubenskommission einschalten wollten, daß Sie am Aschermittwoch 1990, vier Wochen später, ohne Rücksprache in den Medien erklärten, »nunmehr« beabsichtigten Sie, ein Lehrbeanstandungsverfahren zu beauftragen, tags drauf im Deutschlandfunk zu Gehör gaben, Sie hätten ein solches Verfahren noch nicht beantragt, denn Sie müßten zuvor noch nach § 5 LBV mit mir reden, um dann im März offenbar doch ein solches Verfahren zu beantragen und Gespräche, die eindeutig nicht nach § 5 geführt wurden, rückwirkend als Teile eines solchen Gesprächs zu erklären. So oft ich auch Ihren Brief vom 3.5. lese – ich kann nicht finden, wie und wo Sie diesen Sachverhalt »ausführlich dargelegt« hätten. Ich glaube gern, daß Sie »das Gutachten«, das Herr Wetter erstellen ließ, »keineswegs… erwirkt« haben; dieser Punkt wird in der Tat von dem Münchner Kardinal selbst zu erklären sein; aber an Ihnen ist es zu erklären, wie Sie einen Antrag auf ein Lehrbeanstandungsverfahren überhaupt stellen konnten. Oder haben Sie es gar nicht gestellt, und es war alles eine akustische Grille? Die Beantwortung dieser Frage ist äußerst dringlich, und sie muß vor unserem geplanten Gespräch am 6.7. gegeben werden; denn der Verdacht darf nicht bestehen bleiben, Sie wollten das Gespräch lediglich als eine formale Farce führen bzw. nachholen, um endlich tun zu können, was ohnehin auf römischen Druck hin längst die Absicht war. Darf ich erinnern: Nach § 5 ist ein Gespräch mit dem Willen zur Verständigung und zur Vermeidung eines Verfahrens zu führen. Ohne eine entsprechenden Aufklärung der Zusammenhänge, um die ich Sie ersuche, ist der Eindruck unvermeidlich, als seien alle Ihre Aktionen in den letzten fünf Monaten gegen Sinn und Grundlage dieses Paragraphen gerichtet, ja, als verführen Sie in Abkehr des römischen Grundsatzes: »Im Zweifel für den Angeklagten« nach alter Inquisitionspraxis: »Im Zweifel gegen den Verdächtigen.«
Dieser Eindruck muß zudem entstehen, wenn Sie jetzt, nach acht Monaten des Hin und Her, erklären, »eine Klärung« der anstehenden Fragen bedeute für Sie einen öffentlichen Widerruf der von Ihnen beanstandeten Texte. Ich zähle dabei über 60 verschiedene Buchseiten, ohne bis heute zu wissen, welche Sätze in welcher Interpretation mit welcher vermeintlichen Aussage Sie nun eigentlich beanstanden. Zudem darf ich daran erinnern, daß Sie selbst es waren, der am 9. März in meiner Wohnung meinen Vorschlag abgelehnt hat, daß ich meine wirkliche Meinung in den anstehenden Fragen in den Kirchenzeitungen sowie in Zusendungen an die Lehrer, Priester und Mitarbeiter der Paderborner Diözese, parallel zu Ihren eigenen Ausführungen, veröffentlichen könnte. Ich betone, daß nach meinem Verständnis alle meine Aussagen gut katholisch sind und in Einklang mit vielen katholischen

Autoren stehen, die ich ausführlich zu zitieren pflege; freilich ist es nötig, Aussagen im Rahmen ihrer Methode zu verstehen, – man kann nicht religionsgeschichtliche, psychoanalytische oder existenzphilosophische Ausführungen kirchengeschichtlich, exegetisch oder dogmatisch »verstehen«. Mein Buch »Kleriker« z.B. sagt ausdrücklich nichts über Mariologie, Priestertum und Kirche im dogmatischen Sinne; es zeigt lediglich, wie manche Lehren, Ideale, Institutionen und Konstitutionen psychisch wirken müssen, wenn sie so propagiert und etabliert werden, wie es zu Zeit (noch) geschieht.

Aber nun auch zum Praktischen: wie soll es in einer Gesprächszeit, frage ich Sie, von nur annnähernd 2 - 2 1/2 Stunden möglich sein, ca. 70 verschiedenen Textstellen zu diskutieren – pro Seite sind das arithmetisch ganze 90 - 110 Sekunden. Ich bin gewöhnt, recht rasch zu arbeiten, aber mit Verlaub: so geht es nicht. Und so kann, erneut, nicht ein Gespräch vorbereitet werden, das dem Willen der Verständigung, nicht nur der »Klärung« und schon gar nicht dem Zwang zum »Widerruf« dienen soll. Wenn Sie sagen, ich müsse erklären, »daß die Interpretation (meiner Bücher) im Sinne der katholischen Glaubenslehre zu erfolgen hat«, so muß ich erst einmal erklären, daß sie in meinem eigenen Sinne zu erfolgen hat – man wird dann sehr leicht sehen, daß das, was ich meine, auch katholisch ist. Aber eben: Was ich wirklich meine, ist Ihnen bis heute keine wirkliche Frage. Ich kann, wie am 7. Nov. 89, schreiben, was ich will – Sie werden drei Monate später schon erklären, was ich denke und was Sie als fertige »Erklärung« ohnedies auf dem Schreibtisch hatten; ich kann – z.B. zu Eid, Amt und Priestertum -, wie am 31.1.90 sagen, was ich will, – Sie werden am Ende ungerührt Ihre vorbereiteten »Fragen«, die in Wahrheit feststehende Urteile sind, an die Domglocke hängen.

Ich denke, daß Sie sich in dieser Situation entscheiden sollten, was Sie wollen. Wenn Sie ein wirkliches Gespräch nach § 5 wollen, dann brauchen wir für ca. 70 Seiten, allein schon um den Kontext zu berücksichtigen, nach menschlichem Ermessen nicht ein 2 1/2 Stundengespräch und basta, sondern eine Reihe ruhiger Gespräche, wie ich sie seit Monaten von Ihnen schriftlich und mündlich erbitte. Wollen Sie indessen den öffentlichen Widerruf, so wird es am besten sein, in alter Gewohnheit selber zu formulieren, was ich widerrufen soll, also zu sagen: »Wer dies und das sagt...der ist von der Kirche ausgeschlossen.« In der Tat: Da Sie so oft betonen, als Bischof die ganze Wahrheit des Christus dem Volk der Gläubigen vorlegen zu müssen, bin nun zuförderst ich es, dem sie diese ganze Wahrheit nun auch positiv als eigene Erklärung vorlegen müssen, denn dessen darf ich Sie versichern: Ich wollte dieser Wahrheit niemals widersprechen. Ich muß aus Ihrem Munde hören und aus Ihrer Feder lesen, was katholisch ist. Es wäre

äußerst nützlich, einen solchen Katalog der Wahrheit noch vor unserem Gespräch erhalten zu können.
Vielleicht fragen Sie sich, warum all diese Dinge so ernst zu nehmen sind? Nun, wir sind uns einig: Die katholische Kirche ist keine Nebensache; aber dann gibt es selbst in Nebensachen »Eigentümlichkeiten«, die eine vertrauensvolle Zusammenarbeit stören müssen. Die Art, wie wir miteinander reden können, hängt z.B. entscheidend auch von der Art ab, wie wir mit Gesprächen umgehen, die wir schon geführt haben. Wir hatten beispielsweise am 31.1. ausdrücklich vereinbart, daß jede Seite das erstellte Protokoll ergänzen und in ihrem gemeinten Sinne nachbessern könnte. Herr Eicher und ich haben zwei Tage lang uns die Mühe gemacht, im Computer den Text von Herrn Steup aufzunehmen und so zu ergänzen, daß auch im Druck die Veränderungen klar ersichtlich sind. Bis heute, nach über fünf Monaten, gibt es keinen Satz, den Sie sachlich beanstandet hätten; statt dessen paßt Ihnen das gesamte Protokoll nicht mehr, Sie unterschreiben es nicht, Sie erklären sogar die gegebene Vereinbarung für nichtexistent. Dabei sind mindestens drei Hauptpunkte in dem Gespräch vom 31.1. erkennbar dieselben wie in dem geplanten Gespräch am 6. Juli. Es ist doch nur möglich, Gespräche zur Verständigung zu führen, wenn der Gesprächspartner irgendwann einmal kund tut, was er nun verstanden hat, was er nicht verstanden hat, was er konkret aus welchen Gründen und Erkenntnismitteln für katholisch hält und warum er dies und das für schwer oder nicht mehr vereinbar mit dem katholischen Glauben hält. Unser Gespräch am 31.1., wo Sie die fertigen Erklärungen vorlasen, dann schweigend zuhörten und am Ende dieselben Erklärungen wieder vorlasen, war erkennbar kein Gespräch nach § 5 – mit dem Willen zur Verständigung. Ich hoffe sehr, wir könnten am 6.7. dieselben Fragen in anderer Form im Rahmen eines Gespräches durchgehen, das wirklich der Verständigung dienen soll und nicht der Bestätigung alter Vorverurteilungen. Ich bin überzeugt, es würde zur Verständigung führen, wenn wir es ernsthaft so führen, wie der § 5 LBV es vorschreibt. Mit guten Wünschen und Grüßen

Erzbischof Degenhardt an Eugen Drewermann vom 25.6.1990

Sehr geehrter Herr Dr. Drewermann,
Ihren Brief vom 13. Juni habe ich am 19. Juni erhalten. Zu Ihrer erneut vorgetragenen Frage, wie es zu meinem Antrag auf Eröffnung eines Lehrbeanstandungsverfahrens bei der Deutschen Bischofskonferenz gekommen ist, habe ich folgendes zu sagen:

Wie Ihnen nicht unbekannt ist, bin ich nicht erst heute über Ihre theologische Entwicklung äußerst besorgt. Nicht wenige Äußerungen in Ihren zahlreichen Veröffentlichungen erscheinen mir unvertretbar für einen katholischen Theologen und auch unvereinbar mit dem Wesen der missio canonica, die Sie nach wie vor haben.
Das Gespräch am 31. Januar 1990, in dem ich nicht zum ersten Mal meine Bedenken ausgesprochen habe, sollte der Klärung von Äußerungen in Ihren Schriften dienen. Das Gespräch beschränkte sich deshalb auf Ihr Buch »Kleriker«, weil es gerade erschienen war und große Aufmerksamkeit und heftige Kontroversen hervorgerufen hatte.
Daß das Gespräch am 31. Januar 1990 eine andere Qualität hatte als bisherige, ist ersichtlich aus der Zusammensetzung der Teilnehmer und der Hinzuziehung eines Protokollanten. Auch Ihnen ist bewußt, daß es um mehr geht als um eine bloß akademische Diskussion über Schulmeinungen. Ich sah und sehe die Notwendigkeit einer Klärung.
So war es ursprünglich meine Absicht, nach dem Gespräch zu entscheiden, ob ich Ihnen gegebenenfalls die Lehrerlaubnis als Privatdozent an der Theologischen Fakultät sofort zu entziehen habe. Ich habe es damals meinerseits offengelassen, ob ich den ausdrücklich von Ihnen gewünschten Weg des Lehrbeanstandungsverfahrens gehen würde. Nach dem Gespräch habe ich nach reiflicher Prüfung und Abwägen des Für und Wider auch unter Berücksichtigung Ihres eigenen Wunsches mich entschieden, ein Lehrbeanstandungsverfahren zu beantragen.
Beide Gespräche – am 31. Januar und am 9. März 1990 – haben für mich wie auch für den von Herrn Kardinal Wetter bestellten Gutachter die Voraussetzung für die Eröffnung dieses Verfahrens erfüllt. Das Gespräch am 9. März in Ihrer Wohnung führte leider nicht zu dem auch von mir gewünschten Ergebnis, das Verfahren zu vermeiden. Sie waren nicht bereit, auf Ihre Lehrerlaubnis zu verzichten oder sie wenigstens ruhen zu lassen bis zur Klärung meiner Bedenken durch eine Professoren-Kommission. Sie erklärten, daß Sie dann ein Lehrbeanstandungsverfahren vorzögen. Im übrigen verweise ich auf meine zusammenfassenden Bemerkungen, die ich in meinem Brief an Sie vom 3. Mai gemacht habe.
Ich halte meinen Antrag auf Eröffnung eines Lehrbeanstandungsverfahrens bei der Deutschen Bischofskonferenz vom 15. März 1990 nach wie vor für formgerecht unter Wahrung der Verfahrensordnung gestellt.
Die auf Seite 2 Ihres Briefes gestellte rhetorische Frage »oder haben Sie ihn (den Antrag) gar nicht gestellt, und es war alles eine akustische Grille?« mögen Sie selbst beantworten. Grundsätzliches Mißtrauen und billige Polemik sind dem Ernst der Sache nicht angemessen, geschweige denn dem Stil, wie Priester und Bischof miteinander umgehen sollten.

Das Gespräch am 6. Juli 1990 ist eine Fortführung der bisherigen Gespräche. Es ist weder isoliert von den Gesprächen am 31. Januar und 9. März 1990 zu sehen, noch isoliert von früheren Gesprächen.
Im Gespräch am 6. Juli müssen nicht alle beanstandeten Texte und Punkte erörtert werden. Das verlangt auch nicht die Verfahrensordnung des Lehrbeanstandungsverfahrens.
Die Textseiten Ihrer Bücher habe ich Ihnen schon in meinem Brief vom 6. Juni 1990 mitgeteilt, gleichfalls die Gesprächsthemen.
Wie schon im Gespräch am 31. Januar festgestellt, dürfen Ihre Aussagen nicht gegen Glaubenaussagen und dogmatische und moraltheologische Lehren der katholischen Kirche verstoßen, auch wenn Sie psychoanalytische, religionsgeschichtliche oder existenzphilosophische Aussagen machen.
In derartigen Texten machen Sie aber ständig theologische Aussagen und nehmen Sie theologische Wertungen vor.
Wegen einer Firmungsreise und eines Auslandsaufenthaltes bin ich erst am 3. Juli wieder in Paderborn. Ich gehe davon aus, daß das Gespräch am 6. Juli – wie abgesprochen – im Bischofshaus um 10.00 Uhr beginnt und bis etwa 12.30 Uhr dauert.

Mit freundlichen Grüßen
Ihr

Eugen Drewermann an Erzbischof Degenhardt vom 3.7.1990

Sehr geehrter Herr Erzbischof,
erst jetzt komme ich dazu, Ihren Brief vom 25.6. zu beantworten, da ich bis gestern auf einer Vortragsreise war. Doch da die Zeit nun drängt, muß ich so schnell wie möglich schreiben und feststellen, daß dieser Ihr Brief vom Ende Juni eine Reihe Merkwürdigkeiten, um es gelinde auszudrücken, enthält.
Also: Sie halten es für fair und richtig, mir am 25.6. zum ersten Mal mitzuteilen, daß Sie am 15. März einen Antrag auf ein Lehrbeanstandungsverfahren gestellt haben, und behaupten, dies »formgerecht« getan zu haben, weil die Gespräche »am 31.1. und am 9.3.90« für Sie »wie auch für den von Herrn Kardinal Wetter bestellten Gutachter die Voraussetzung« dafür erfüllt hätten. Ich lasse dahin gestellt, welche »neuen Informationen« es dann waren, die Herrn Wetter bestimmten, die Eröffnung eines Verfahrens zurückzustellen; ich finde es aber unglaublich, daß Sie nach wie vor den Charakter der Gespräche vom 31.1. und 9.3. sich so zurechtbiegen, wie Sie es benötigen. Sie haben am 31.1. *nicht* »offengelassen«, ob Sie »den...gewünschten Weg des Lehrbeanstandungsverfahrens« gehen würden; Sie haben kategorisch

erklärt, Sie würden diesen Weg nicht gehen, Sie würden selber entscheiden, ich, wenn ich wollte, könnte mich ja selber an die Glaubenskommission wenden. Ich weiß nicht, in welchen »moraltheologischen Lehren der katholischen Kirche« ich mir Verstöße der Lehrabweichung wirklich zukommen lasse, während Ihnen dieser Sachverhalt ganz klar scheint; klar ist mir aber, wie die katholische Kirche es nennt, wenn jemand wissentlich immer wieder, trotz mehrmaliger Hinweise, in wichtigen Punkten die Unwahrheit sagt. Zudem: am 9.3. habe ich einen Vorschlag gemacht, um die ergangenen Vorverurteilungen in der Öffentlichkeit zu korrigieren – *das* war der Punkt, warum ich auf ein Gespräch im Sinne des § 5 hinauswollte.
Und dieses Gespräch soll nun stattfinden ohne die dringend notwendige Präzisierung Ihrer eigenen Ansicht des wahrhaft Katholischen, die ich denn doch mal kennenlernen muß, sowie ohne die dringlich gebotene Präzisierung der Themenstellungen. Es »müssen nicht alle beanstandeten Texte...erörtert werden.« Aber welche dann? Und in welcher Methode? Und was wird aus den nicht erörterten Texten? »Da es so viele Punkte sind, halte ich es für richtig, ein Lehrbeanstandungsverfahren einzuleiten...«, soll das in jedem Fall die Hintertüre bleiben, um am Ende doch tun zu können, was Herr Ratzinger will, nur unter Wahrung der Formpflicht? Sie sprechen von grundsätzlichem »Mißtrauen« auf meiner Seite – erneut auch jetzt. Was aber glauben Sie, wie man gegenüber einer Behörde empfindet, die niemals erklärt, was Sie tut, die grundsätzlich schon vorweg weiß, was richtig und falsch ist, und die als Person niemals auch nur ein menschlich verbindendes Wort sagt, um sich nicht darin stören zu lassen, was sie ohnedies tun will? Es bleibt, daß Sie am 25.6. jetzt von einer »Klärung« Ihrer Bedenken durch eine Professoren-Kommission« sprechen; in Ihrem Brief am 6. Juni aber ist Ihnen klar, daß eine »Klärung« nur ein offener Widerruf sein könne. Also: man diskutiere nie mit dem Betroffenen, grundsätzlich mit anderen, und darin erkläre man, alles sei besprochen und geklärt, in Wahrung der Wahrheit Christi. Ich finde, daß es dieser Typ von Theologie und Kirchenverwaltung ist, den wir am 6.7. um 10.00 Uhr besprechen müßten, wenn es wirklich um mein Buch »Kleriker« gehen soll.
Mit recht wenig Hoffnung auf eine »Klärung« bin ich

Pressemitteilung des Erzbischofs Degenhardt vom 6.7.1990

Erzbischof Johannes Joachim Degenhardt hat am Freitag, dem 6. Juli 1990, ein seit langem vorgesehenes Gespräch mit Privatdozent Dr. Eugen Drewermann geführt. Bei dem sechseinhalb Stunden dauernden

Gespräch waren zugegen die Professoren Dr. Peter Eicher und Dr. Aloys Klein sowie für das Protokoll Ordinariatsrat Dr. Joseph Steup. Gegenstand des Gesprächs waren die Themen:

- Offenbarung und Geschichte
- Menschwerdung Christi
- Eid und Versprechen der Kleriker auf Lebenszeit sowie Unauflöslichkeit der Ehe
- Priesterverständnis

Das Gespräch wird jetzt in einer Tonband-Nachschrift dokumentiert. Nach Auffassung des Erzbischofs hat Dr. Drewermann in dem Gespräch, das eine Fortführung der bisherigen Gespräche war, dargelegt, daß die kritisierten Aussagen nicht der katholischen Glaubenslehre widerstreiten sollen. Durch die ausführliche Diskussion wurde deutlich, daß in wichtigen Punkten weitgehende Übereinstimmung besteht. Voraussichtlich wird ein weiteres Gespräch folgen

Was Eugen Drewermann kirchenrechtlich zu erwarten hat

Knut Walf

Das neue kirchliche Gesetzbuch von 1983 (Codex Iuris Canonici) kennt nicht einmal ansatzweise Bestimmungen darüber, was im Falle von Konflikten in Fragen der kirchlichen Lehre zu geschehen hat. Wie so manche andere wichtige Materie auch, ist diese außerhalb des Gesetzbuches geregelt.

Seit dem 15. Januar 1971 gibt es für die Behandlung von strittigen Fragen zwischen einzelnen und der römischen Kirchenleitung in Glaubensfragen eine Verfahrensordnung für die Prüfung von Lehrfragen (»Agendi ratio in doctrinarum examine«) bei der Kongregation für die Glaubenslehre (Glaubenskongregation). Die Deutsche Bischofskonferenz hat erstmals 1972 ein Lehrbeanstandungsverfahren eingeführt; derzeit ist eine entsprechende Ordnung vom Mai 1981 in Kraft. Da diese allgemeinrechtlichen (universalen) und partikularrechtlichen Normen nicht den Normen des neuen Codex zuwiderlaufen, blieben sie auch nach Inkrafttreten des neuen Codex im Jahre 1983 in Geltung.

Die deutsche Ordnung

Die Ordnung des Lehrbeanstandungsverfahrens (LBV) der (bundes-) deutschen Bischofskonferenz gibt im Prinzip beiden Parteien das Recht, diese Verfahren in Gang zu setzen. Und dies entspricht ja auch modernem Rechtsempfinden. Faktisch aber sieht es doch so aus, daß ein Autor – und gehen wir einmal davon aus, dieser wolle die kirchlichen Autoritäten nicht provozieren – selten Interesse an einem solchen Verfahren haben dürfte. Denn nach allen Erfahrungen mit kirchlichen Streitverfahren drängt sich der beherrschende und zugleich einen Kirchenrechtler bedrückende Eindruck auf, daß eher die kirchlichen Autoritäten und nicht die Gegenparteien recht bekommen.

Bevor zu diesem Verfahren übergegangen wird, muß ein Gespräch zwischen Ordinarius (Bischof o.ä.) und dem Autor stattfinden (§ 5). Eine vernünftige und – wie man meinen möchte – einfach zu befolgende Bestimmung. Im Fall Drewermann gab es aber bereits in dieser Vorphase des Verfahrens mehrere Komplikationen bzw. Interpretationsschwierigkeiten. Am 27. Februar 1990 kündigte nämlich der Paderborner Erzbischof in einer Presseerklärung an, »bei der Glaubenskommission der Deutschen Bischofskonferenz ein Lehrbeanstandungsverfahren zu beantragen«. In derselben Erklärung sprach der Erzbischof wenig später von seiner Absicht, mit Herrn Drewermann »baldmöglichst das Gespräch gemäß § 5 der Verfahrensordnung des Lehrbeanstandungsverfahrens zu führen«.

Ist das Gespräch gemäß § 5 nun integraler Bestandteil des Lehrbeanstandungsverfahrens oder ist es eine vorgeschaltete Schlichtungsgelegenheit, um die Einleitung des (»eigentlichen«) Verfahrens überflüssig zu machen? Jedenfalls war es zugleich widersprüchlich und sicher im höchstem Maße ungeschickt, daß der Erzbischof beides zusammen (Gespräch und Antrag auf Verfahren) in ein und derselben Presseerklärung ankündigte. Merkwürdig ist zudem, daß knapp einen Monat vor der erzbischöflichen Presseerklärung ein ausführliches Gespräch zwischen Erzbischof Degenhardt und Eugen Drewermann unter Beisein von Zeugen (die Professoren Eicher und Klein) stattgefunden hatte (am 31. Januar 1990). In diesem Gespräch hatte der Erzbischof erklärt, er wolle – offenbar aus Zeitgründen – *kein* Verfahren bei der Kommission der Deutschen Bischofskonferenz beantragen. Die Entscheidung über den Entzug der Lehrerlaubnis liege in seiner Kompetenz, nicht bei der Kommission (s.u.). Eine weitere Ungereimtheit kommt hinzu: Der Erzbischof sagte in seiner Presseerklärung vom 28. Februar 1990, er werde »entsprechend dem Wunsch von Dr. Drewermann« ein Verfahren bei der Bischofskonferenz beantragen und beabsichtige, »baldmöglichst das Gespräch nach § 5 der Verfahrensordnung des Lehrbeanstandungsverfahren« durchzuführen. Der Betroffene aber erklärte wenige Tage später (am 1. März 1990), dies sei eine Unterstellung. Er wollte Gespräch, und zwar im eigentlichen Sinne des Wortes, nicht nur im Sinne von § 5 der Verfahrensordnung, also kein nur »bürokratisches Kirchenverfahren«. Sehr viel später, am 30. März 1990, teilte dann der Erzbischof Drewermann mit, daß ein Kurzbesuch von ihm bei Herrn Drewermann am 9. März 1990 nunmehr durch ihn als das Gespräch gemäß § 5 angesehen werde. Von diesem Gespräch existiert kein Protokoll. Weitere Undeutlichkeit schuf der Erzbischof durch eine Erklärung im Rundfunk am 2. März 1990, in dem er ein Gespräch gemäß § 5 mit Herrn Drewermann in Aussicht stellte. Und in seinem Brief vom 30. März an Herrn Drewermann ist dann wieder die Rede von einem Gespräch im Juli 1990, da der Erzbischof durch verschiedene Amtspflichten bis dahin keine Zeit finde, mit Herrn Drewermann ein Gespräch zu führen. Kurz gesagt: Was das verfahrensmäßig vorgeschriebene Gespräch gemäß § 5 betrifft, besteht ein großes Durchein-

ander. Und es ist festzuhalten: Bislang hatte ein solches Gespräch im Sinne von § 5 LBV zwischen dem Erzbischof und Herrn Drewermann nicht stattgefunden!
Das vom Erzbischof genannte Gespräch gemäß § 5 ist »mit dem Ziel zu führen, die Frage so zu klären, daß ein Verfahren sich erübrigt«. Über ein derartiges Gespräch muß ein Protokoll angefertigt werden, das insbesondere dessen Resultate so festhält, daß beide Parteien ihre Auffassungen darin erkennen. Erst dann, wenn dieses Gespräch ergebnislos verläuft, kann der Bischof innerhalb von zwei Wochen ein Lehrbeanstandungsverfahren beantragen. Jedenfalls ist das ausführliche, bereits erwähnte Gespräch zwischen dem Erzbischof und E. Drewermann nicht angekündigt und mit ihm auch so nicht vereinbart worden. Der Erzbischof kündigte ein solches Gespräch zudem erst später (s.o.) an. Wie gesagt, E. Drewermann hat in einer ersten Stellungnahme erklärt, er suche das Gespräch mit dem Erzbischof über die strittigen Fragen. Hätte E. Drewermann das Gespräch im Sinne des § 5 ausdrücklich verweigert, hätte dies nach der Verfahrensordnung auch zur Folge, daß das Verfahren »ohne seine Beteiligung« durchgeführt werden kann (§ 6).
Dieser § 6 bedarf einer besonderen Würdigung. In ihm wird nämlich dem »Gespräch« gemäß § 5 eine sehr weitreichende Bedeutung zugemessen. Die Weigerung des Autors, an einem derartigen »Gespräch oder an dem gegebenenfalls nachfolgenden Verfahren« teilzunehmen, kann zur Folge haben, daß »ohne seine Beteiligung vorgegangen« wird. Es könnte also bereits die Gesprächsverweigerung des Autors in dieser Vorphase (!) des Verfahrens zur Folge haben, daß es ohne sein Mitwirken oder seine oder seiner Anwälte Einflußnahme abgewickelt würde. Der Autor verlöre also seine aktive Rolle in einem derartigen Verfahren. Lediglich in passiver Hinsicht wäre er daran allenfalls noch beteiligt. So wäre zwar Akteneinsicht gemäß § 37 möglich. Dies aber unterliegt der Geheimhaltungspflicht, so daß eine Beteiligung der engagierten Öffentlichkeit – in jedem Fall – ausgeschlossen ist.
§ 6 der Verfahrensordnung muß deshalb als eklatanter Verstoß gegen die Rechte des Autors gesehen werden. Denn – und dies zeigt der »Fall« Drewermann bereits jetzt überdeutlich – der Autor kann aus guten Gründen so starke Bedenken gegen eine derart instrumentalisierte Form des »Gespräches« haben, daß er es aus Selbstachtung ablehnen muß. Auch kommt natürlich hinzu, daß die Partei, die er sich gegenübergestellt sieht, zugleich Richter und Vertreter des kirchlichen Lehramtes ist. Der Paderborner Erzbischof hat dies mit seinem Verweis auf seine alleinige Verantwortung in dieser Sache ja auch zeitig genug signalisiert. Und die Verfahrensordnung weist darauf in ihrer Vorbemerkung hin.

Mit Schreiben vom 29. März hatte inzwischen der Vorsitzende der Glaubenskommission der Deutschen Bischofskonferenz, Kardinal Wetter (München), E. Drewermann mitgeteilt, er habe »den Antrag des Herrn Erzbischofs von Paderborn gutachtlich prüfen lassen, ob die Maßgabe des § 5 LBV erfüllt ist«. Das Gutachten kam zu einem positiven Ergebnis, so daß nun der Vorsitzende der Kommission diese innerhalb von zwei Monaten hätte zusammenrufen müssen. Dieser ist es dann überlassen zu entscheiden, ob das Verfahren eröffnet wird. Es ist daher zu mutmaßen, daß das Gutachten zu dem Ergebnis gelangt war, Herr Drewermann habe das Gespräch gemäß § 5 verweigert! Der Gang der Dinge läßt aber erkennen, daß dies keineswegs der Fall war, auch weil der Erzbischof bis zu diesem Datum keine endgültige Einladung zu einem Gespräch gemäß § 5 LBV an Herrn Drewermann ausgesprochen hatte.
Es war deshalb auch nur folgerichtig, daß Kardinal Wetter nach einem Einspruch von E. Drewermann das Verfahren vorläufig nicht eröffnen wird, da das in § 5 LBV vorgeschriebene Gespräch bislang (April 1990) nicht stattgefunden habe. Nunmehr soll es zu diesem Gespräch kommen (s.o.).
Das Verfahren kann sich naturgemäß auch lange hinziehen, sicherlich dann, wenn ein Opus in der Größenordnung der Publikationen E. Drewermanns zu beurteilen ist. Deshalb und auch aus Gründen der Anerkennung der alleinigen Verantwortung des Bischofs sieht die Verfahrensordnung vor, daß die »Eröffnung und Durchführung des Lehrbeanstandungsverfahrens ... keine aufschiebende Wirkung« gegen Maßnahmen des Bischofs haben (§ 3). Auch diese Bestimmung ist äußerst bedenklich. Durch »Maßnahmen« des Bischofs können nämlich Lebens- und Lehrbedingungen eines Autors in irreversibler Weise verändert werden, die selbst bei für den Autor günstigem Ausgang des Verfahrens nicht mehr in den status quo ante zurückzubringen sind. Es ist deshalb zu begrüßen, daß der Erzbischof den Ausgang des Verfahrens bis zu seiner Entscheidung abwarten will.

Die amerikanische Lösung

Nicht selten kommt das Gute über den großen Teich zu uns. Gelegentlich trifft dies auch auf kirchliche Angelegenheiten zu. Die Bischöfe der USA haben auf ihrer Sitzung vom 16. bis 19. Juni 1989 in der Seton Hall University, South Orange, N. J., Richtlinien (guidelines) für die Untersuchung von zwischen Theologen und kirchlichem Lehramt strittigen Fragen verabschiedet (Doctrinal Responsibilities: Approaches to Promoting Cooperation and Resolving Misunderstandings Between Bishops and Theolgians, Origins-CNS documentary service, 19, 1989,

no.7, 98-110.). Im Gegensatz zu den römischen und deutschen Verfahren, die eindeutig kirchenrechtlichen Charakter besitzen, sehen die amerikanischen Bischöfe bewußt von dieser strengen Form ab. Sie betrachten sie offensichtlich als wenig geeignet für die Klärung dieser Art von Konfliktfällen. Anzumerken ist, daß die amerikanischen Richtlinien mit Rom besprochen worden sind und – wenn auch nach schwierigen Gesprächen – die Zustimmung des Vatikans erhielten.
Für unseren heutigen Kontext, also für die Auseinandersetzung um die Publikationen von E. Drewermann, scheint mir wichtig, daß im amerikanischen Dokument gleich zu Beginn auf eine sensible Kommunikation des Glaubens mit dem heutigen kulturellen Pluralismus hingewiesen wird (»In their common effort, both, Bischöfe und Theologen, recognize the importance of communicating the faith with sensitivity to the cultural pluralism of today's world«). Ferner wird von Verantwortung zu gleichen Teilen (shared responsibility), legitimer Verschiedenheit (oder Mannigfaltigkeit) sowie Subsidiarität gesprochen. Erstaunlich hört es sich auch im Hinblick auf unseren Fall an, wenn im amerikanischen Text davon gesprochen wird, die Bischöfe hätten Verantwortung, zu dieser Verschiedenheit zu ermutigen und zugleich die verschiedenen Beiträge der Kirchenangehörigen zu vereinigen. Kommt es dennoch zu keiner Einigung, soll zunächst informell versucht werden, Übereinstimmung zu erzielen. Ist dies nicht möglich, muß die Sache in einem vernünftigen, klaren und fairen Prozeß behandelt werden, in dem die fundamentalen menschlichen und sakramentalen Verantwortlichkeiten und Rechte aller Parteien geschützt werden. Ausdrücklich wird auch die konstruktive, kritische Qualität theologischer Wissenschaft anerkannt. Als die vornehmsten Rechte der Theologen werden in Übereinstimmung mit c. 218 und Gaudium et Spes 62 ausdrücklich gesetzlich garantierte Forschungsfreiheit und Veröffentlichung ihrer wissenschaftlichen Meinung anerkannt. Damit im Zusammenhang wird – gleichfalls unter Heranziehung einer Bestimmung des neuen Codex (c. 220) – daran erinnert, daß Theologen ein Recht auf die Bewahrung ihrer guten Reputation haben. Und diese kann eben durch ein kirchliches Verfahren bei Teilen der Kirchenangehörigen in Mißkredit geraten.
Bereits der im Vergleich zur römischen bzw. bundesdeutschen Verfahrensordnung gänzlich andere Charakter des amerikanischen Dokuments verdeutlicht, daß man sich der Problematik auch auf kooperative (das Wort cooperation kommt im Text häufig vor) und respektvolle Weise nähern kann. Für die US-amerikanischen Bischöfe sind Lehramt und theologische Forschung voneinander unterschiedene, aber zugleich auch nicht voneinander trennbare Aufgaben. Es wird daran erinnert, daß einmal jeder Bischof durch Theologen unterwiesen wurde!

Das amerikanische Dokument geht natürlich auch auf Konfliktfälle ein. Dabei wird die Ausgangssituation, wie sie sich häufig darstellt, zunächst einmal recht gut skizziert (»Although the accusers might be well intentioned, this situations are potentially volatile and enervating for everyone involved«). Es wird anbefohlen zu prüfen, inwieweit man durch Untersuchungen im Bistum selbst die Anschuldigungen aus der Welt räumen kann. Da die meisten Bistümer jedoch nicht in der Lage sind, kompetente Schiedsorgane für möglicherweise schwierige theologische Fragen zusammenstellen zu können, werden solche Organe auf provinzialer oder regionaler Basis (der Text spricht von »region«. Es ist nicht deutlich, ob dieses Wort im allgemein gebräuchlichen Sinn zu verstehen ist oder ob man dabei an eine regio im Sinne des CIC, cc.433.434, dachte.) vorgeschlagen. Man geht von einem Dialog zwischen Theologen und Bischöfen aus, nicht von einem juridischem und administrativem Vorgang. Zunächst denkt man dabei an eine Diskussion in Lehrfragen, erst in zweiter Linie an einen administrativen Akt. Das ist auch eine Reihenfolge der Priorität und sollte – so wird ausdrücklich betont – auseinander gehalten werden. Hat ein Bischof Probleme mit den Auffassungen eines Theologen, sollte er ihn zu einem privaten formellen Dialog einladen. Dies bewahre die Einheit der Kirche weitaus besser als öffentlicher Dissens. Als Zeichen von Einheit und Liebe sollte eine Atmosphäre des Gebets den Dialog in allen seinen Stadien kennzeichnen. Am formalen Dialog nehmen die Parteien teil; Berater und Experten können hinzugezogen werden. Es fällt auf, daß das amerikanische Modell dem persönlichen Dialog (Gespräch) zwischen Bischof und Theologen einen Vorrang einräumt. Es würde hier zu weit führen, die einzelnen Schritte des formalen Dialogs im amerikanischen Papier zu beschreiben, doch man kann sagen, daß es im Unterschied zu der römischen und der deutschen Ordnung sehr ausführlich die einzelnen Schritte beschreibt, wenn man will: vorschreibt. Wörtlich ist zu lesen: Administrative Prozeduren lösen an und für sich keine Lehrfragen; sie sind vornehmlich auf die pastoralen Situationen gerichtet. Über den lehrmäßigen Glauben werde nicht entschieden und dieser werde auch nicht abgesichert allein durch juridische Entscheidungen!

Ein römisches Verfahren?

E. Drewermann hat nicht nur Neues und Aufregendes, er hat auch viel publiziert – wenn ich recht informiert bin, zum allergrößten Teil in deutscher Sprache. Nach den für das eigene Ansehen eher negativen Auswirkungen verschiedener Aufsehen erregender Verfahren gegen

bekannte Theologen (etwa Boff, Küng, Pohier oder Schillebeeckx) schreitet die römische Glaubenskongregation seit einigen Jahren nur noch selbst ein, wenn es sich um Autoren handelt, deren Publikationen in mehreren (größeren) Sprachen erscheinen. Ist dies nicht der Fall, probiert man, die Angelegenheit zu regionalisieren, also regional bzw. teilkirchlich zu begrenzen. Nach allgemein zugänglichen Informationen darf mit großer Sicherheit vermutet werden, daß diese Strategie auch im Fall Drewermann verfolgt wird, was dessen kirchenrechtliche Behandlung betrifft.
Beim heutigen Stand der Dinge dürfte es daher auch wenig sinnvoll sein, über eine Ausweitung dieses Verfahrens zu spekulieren. Prinzipiell können sich nach der Entscheidung im Rahmen des Verfahrens bei der Deutschen Bischofskonferenz sowohl der Autor als auch der Bischof an die römische Glaubenskongregation wenden und dort Rekurs (Beschwerde) einlegen. Interessant ist übrigens, daß die deutsche Verfahrensordnung von dieser Möglichkeit nur im Hinblick auf den Autor spricht (§ 31), nicht also bezüglich des Bischofs. Immerhin könnte es ja sein, daß dieser mit der Feststellung der Kommission nicht einverstanden ist. Aber jedem, auch den Bischöfen also, steht jederzeit der Rekurs an den Hl. Stuhl offen.

Die Personalisierung kirchlicher Konflikte

Das Verfahren über die Auffassungen von Eugen Drewermann wird auf der Basis der für ihn und sein Werk geltenden kirchenrechtlichen Bestimmungen wenig oder überhaupt nicht geeignet sein, zu einer objektiven, unvoreingenommenen Beurteilung zu gelangen. Nach allem, was man heute weiß, sind die Karten bereits gemischt. Es kommt etwas anderes, etwas Erschwerendes hinzu. Rechtsverfahren sind ja häufig Verfahren über konkrete natürliche Personen, und dies nicht nur im Hinblick auf Strafverfahren. Die Beteiligten am Verfahren Drewermann kennen sich, so daß das Verfahren – sicherlich solange es im deutschen Kontext verbleibt – mit persönlichen Urteilen und Vorurteilen belastet sein wird. Immerhin gibt es seit geraumer Zeit eine öffentliche Auseinandersetzung von Theologen mit E. Drewermann, aber auch von Theologen untereinander ohne direkte Beteiligung des Betroffenen. Ich will damit sagen: Objektivität oder Neutralität wird schwerlich dieses Verfahren kennzeichnen. Es gibt da inzwischen zu viele Positionsbestimmungen, ja Vorurteile, wenn nicht Vorverurteilungen Drewermanns, als daß man eine unvoreingenommene Beurteilung seines Werkes und seiner Person erwarten kann. Die Beteiligten des Verfahrens sind zudem kirchliche Amtsträger und Theologen. Inwieweit Juristen oder Kirchenrechtler hierbei mitbeteiligt werden, um zumindest den einwandfreien formalen Gang des Verfahrens zu überwachen und auf die Wahrung der Persönlichkeitsrechte des Betroffenen zu achten, ist völlig offen, darf aber nach den wenigen Erfahrungen mit dieser Angelegenheit (Befolgung des § 5 LBV) eher bezweifelt werden. Die Personalisierung kirchlicher Verfahren ist ihr größtes Handicap. Dies wird das Verfahren um Eugen Drewermann erneut eindringlich illustrieren.

V. In eigener Sache

Im Ministerium der Wahrheit

Eugen Drewermann

»Man liest in Rom Ihre Bücher«

»Wer in Konflikt mit dem Lehramt der katholischen Kirche gerät, ist ein ungläubiger Mensch.« Wenn *ein Priester* in Konflikt mit seinem Bischof als dem Vertreter des Lehramtes der katholischen Kirche gerät, ist er ein Schuldiger: ein Verräter an seinem eigenen Amtseid, ein gefährlicher Verführer der Gläubigen, so denkt ein Bischof von Amts wegen. So *hat* er zu denken von Amts wegen. Denn so besagt es das Lehramt der katholischen Kirche: Es selbst ist die Wahrheit; es ist die Garantie für die Wahrheit; es ist die objektive Norm jedes einzelnen Mitglieds der Kirche. Es allein befindet letztgültig darüber, was gut ist und böse, was von Gott ist oder vom Teufel, was Gott in der Geschichte Israels bzw. in der Person des Jesus von Nazaret geoffenbart hat – und wie man die Bibel wahrheitsgemäß auslegt. Es entscheidet sogar darüber, wie man die Geschichte der Kirche selber auszulegen hat, um sie recht zu verstehen. Wer also teilhat am geistlichen Lehramt der katholischen Kirche, dem obliegt notwendig die Pflicht, die ganze Wahrheit des Christus dem Volke der Gläubigen darzulegen; er kann das und er muß das, denn er ist in dem Amt, das die Wahrheit selbst ist. So jedenfalls schrieb es im Jahre 1990 zum wiederholten Male mein eigener Bischof. So schreibt mitunter ein besorgtes Glied der katholischen Kirche, das von meinen Büchern in aller Regel aus den Rezensionen der Kirchenpresse Kenntnis erlangt hat. Was also ist der Fall: Bin ich ein Ungläubiger? Ich glaube nicht. Bin ich ein Pflichtvergessener oder ein Amtseidbrüchiger? Entschieden nein. Ich möchte nichts anderes sein als ein priesterlicher Mensch, als Seelsorger in der katholischen Kirche. Und so ist dies allem Anschein nach bisher meine einzige Schuld: eine seelsorglichere, eine priesterlichere Kirche nicht länger nur zu erwünschen und zu erbeten, sondern zu fordern und einzuklagen. Um der katholischen Kirche selbst willen? Auch, doch vor allem um der Menschen willen, gleich, was sie sind: ob katholisch oder protestantisch, ob buddhistisch oder islamisch. Wenn es nur Menschen sind... Der Mensch ist der Maßstab.

Äußerlich gesehen begann alles am 20. Juni 1986. Ich vergesse den Tag nicht, denn es war mein Geburtstag. Die Georgsgemeinde zu Paderborn beging ihre Firmung. Der Paderborner Erzbischof Johannes Joachim Degenhardt hielt des Morgens die Ansprache: Es gibt zwei große Gefährdungen des christlichen Glaubens. Zum ersten: man glaubt nicht mehr an Wunder, man vertraut nur noch den Naturgesetzen, man bezweifelt, daß Jesus leibhaftig von der Mutter Maria jungfräulich geboren wurde, daß er leibhaftig aus dem Grabe auferstand, daß er leibhaftig zum Himmel auffuhr. Weiß der Erzbischof nicht, was »leibhaftig« im Sinne der heutigen Dogmatik heißt, fragte ich mich. Will er im Ernst den Glauben an ein absolut fundamentalistisches Weltbild binden? Was wird der jetzt Zwölfjährige in der vorderen Bank mit solchen Lehren anfangen, wenn er einmal Physik oder Chemie studiert? Aber das war nur erst der halbe Teil der bischöflichen Ansprache, der für die Erwachsenen bestimmt war. Jetzt kamen, zum zweiten, die »lieben Mädchen und Jungen« an die Reihe, denen »heute durch die Hand des Bischofs die Gnade des Heiligen Geistes« zuteil wurde. *Ihre* Gefährdung, nach den Worten des Erzbischof, lag darin, daß sie durch christusfeindliche Idole und Vorbilder den Gehorsam gegen Gott und gegen die Kirche verlieren könnten; die kleine Therese von Lisieux z.B., die schon mit zwölf Jahren in den Karmel eintreten wollte, sollte zur Abwehr dieser Gefahr ihr Vorbild und Leitbild sein.

Zwei Stunden später, kurz nach 12 Uhr. Es war die vereinbarte Zeit, da der Erzbischof seiner Pflicht »zur Visitation« seiner Geistlichen nachkam, in dem er in Begleitung des Dompfarrers auch meine Wohnung aufsuchte. Noch beim Eintritt erinnerte der Dompfarrer ihn: »Wir müssen in fünf Minuten gehen. Wir müssen zum Kindergarten und dann noch zum Bürgermeister.« »Ist das nicht sehr schwer für Sie, immer diese Hetze nach Minuten?«, versuchte ich die etwas beklemmende Pause zur Eröffnung unseres Pflichtintermezzogespräches zu überbrükken. »Das ist nicht schwer. Etwas anderes fällt mir schwer: Man liest in Rom Ihre Bücher.« Alles, was recht ist: der Herr Erzbischof nutzte die Zeit. »Wie also?«, fragte ich stockend. Keine Antwort. »Ich meine, wer ist *man*? Kardinal Ratzinger?« – »Das habe ich nicht gesagt« – »Aber *was* liest *man*?« – Wieder keine Antwort. Ich sollte über diese Andeutungen hinaus niemals eine Antwort bekommen. Nicht aus dem

Munde meines Erzbischofs. Allenfalls sein Verhalten später ließ bestimmte Rückschlüsse zu. Denn er verhielt sich so: Zwei Monate nach jenem Kurzbesuch, am 9. September 1986, wurde ich zu einem Gespräch in das bischöfliche Palais gebeten. Zum ersten Mal in etwa 20 Priesterjahren. Mitglieder des Metropolitankapitels, so hieß es, wollten im Beisein des Erzbischofs mit mir über die Frage der Wiederverheiratung Geschiedener diskutieren. Eine freudige Mitteilung, glaubte ich. Schließlich hatte ich über dieses Thema vor fast einem halben Dutzend Jahren im 2. Band von »*Psychoanalyse und Moraltheologie*« (Mainz 1982 - 84) ausführlich geschrieben; das Buch lag damals bereits in 4. Auflage (heute in 8. Auflage) vor, und noch vor ca. 1 1/2 Jahren hatte ich mit den Mitgliedern des Metropolitankapitels über just dieses Thema ein einziges Mal ein ganz ausgezeichnetes Gespräch geführt; an jenem Abend hatte ich sogar das Gefühl mit nach Hause genommen, mit meinen Vorgesetzten *reden* zu können. Am 26. September 1986 erfuhr ich, wie gründlich ich mich damals geirrt hatte. Dieselben Leute, dasselbe Thema, nur ein einziger Unterschied: das Beisein diesmal des Erzbischofs und des bischöflichen Kaplans als Protokollant – es war nicht mehr möglich, irgend etwas verständlich zu machen. Ein *Fallbeispiel* über die tragische Verflechtung einer unglücklichen Ehe? Das dauert zu lange. Biblische *Betrachtungen* zu Mt 5 oder Mk 10? Darauf kommt es jetzt nicht an. Die Auffassung der *Protestanten* und *Orthodoxen* in dieser Frage – wir sind in der katholischen Kirche. Ich wies auf *das Leid* so vieler Eheleute hin, die ich in Einzelgesprächen kennengelernt hatte. »Das Leid der Eheleute«, wurde mir beschieden, »kann gar kein Argument für eine Scheidung sein, denn wenn sie leiden, partizipieren sie am Passahmysterium Christi.« Ich gab es auf. Es war das Ende des Gesprächs, jedes Gesprächs, zumindest über dieses Thema. Wenn menschliches Leid kein Argument ist, wenn es nicht einmal möglich sein soll, zwischen neurotischem und befreiendem Leid zu unterscheiden, wenn die Botschaft Jesu zu nichts anderem verwandt werden darf als zu der ideologischen Rechtfertigung kirchenrechtlicher Fixierungen, ja, wenn am Ende das positive Kirchenrecht selber als nicht weiter hinterfragbare Grundlage der Moraltheologie und des kirchlichen Selbstverständnisses zu erscheinen hat, mit was für einer Kirche eigentlich hat man es dann zu tun?

Vermutlich weiß ich im Deutschen fünf bis sechs verschiedene Sprachen zu reden, doch eine Sprache, die es erlauben würde, mit dem Paderborner Metropolitankapitel im Beisein des Herrn Erzbischofs zu reden, seit *man* in »Rom« meine »Bücher« liest, beherrsche ich offenbar nicht. Dabei habe ich mir alle Mühe gegeben. Historisch-kritische Exegese, existentiale Hermeneutik der Bibel, tiefenpsychologische Interpretationsmethodik, die Zurückgewinnung der Dimension des Tragischen, eine Rückbesinnung auf den Ernst der christlichen Erbsünden- und Erlösungslehre (»Kein Mensch kann moralisch gut sein aus eigenem Willen, außerhalb der Gnade Gottes!«), die nach wie vor ungelösten Fragen der Situationsethik, die außerordentliche Verschiebung der gesamten Perspektive in Anthropologie und Moraltheologie bei hinlänglicher Berücksichtigung der Psychodynamik des Unbewußten der menschlichen Psyche – seitdem ich überhaupt Bücher schreibe versuche ich diese Themen zu behandeln; viele der Leute, die meine Bücher gelesen haben, versicherten und versichern mir, daß sie sich darin verstanden und begleitet fühlen, andere erklärten sogar, diese Bücher seien für sie lebensrettend gewesen. Einzig bei meinen kirchlichen Vorgesetzten habe ich bis heute gegenüber all diesen Themen nichts weiter gefunden als Unkenntnis und Desinteresse. Sie wußten einfach, daß von diesen Ansätzen her zu denken dem christlichen Glauben widerspreche. Doch mit Verlaub: Es widerspricht einzig ihren Ansichten vom christlichen Glauben, wie sie ihn als Kommunionkinder gelernt und als Theologiestudenten vor über 30 Jahren repetiert haben; doch ein solcher Widerspruch genügt offenbar, denn da sie von Amts wegen die Kirche sind und über die Wahrheit der Kirche zu wachen haben, bedeutet ein Widerspruch zu ihren Ansichten augenblicklich ein Widerspruch zur Kirche selbst, zur Wahrheit Gottes, zur Offenbarung Christi, zur sittlichen Ordnung der Welt, – zur Sicht aller Dinge, wie die römisch-katholische Kirche sie will. Der Zirkel hat sich geschlossen, und offensichtlich sitze ich in der Falle des immer gleichen Teufelskreises.

Die Personalisierung des Konflikts

Man muß wissen, daß die Vorgehensweise der katholischen Kirche sich seit Jahrhunderten nicht geändert hat; sie ist sich gleich geblieben wie in den Tagen der Hexenprozesse. Stets reagiert sie auf die stärkste Angst am stärksten. Die bloße Denunziation genügt, um das Ministerium der Wahrheit aufzuschrecken. Es *muß* reagieren. Aber nicht als es selber. Die höchste Autorität darf niemals sich selber der Diskussion stellen, denn dann stünde die Wahrheit selber »zur Disposition«; sie muß also den jeweiligen Ortsbischof anweisen, den Beschuldigten am Ort um »Klärung« zu bitten. Aus dem »Fall Küng« hat man offenbar eines gelernt: es ist nicht gut für das Ansehen der Kirche, wenn man jahrelang auf der obersten Ebene der römischen Glaubenskongregation über die theologische Lehrmeinung eines mißliebig gewordenen Autors verhandelt. Besser, die Angelegenheit zu regionalisieren, noch besser, sie zu personalisieren. Am allerbesten der Eindruck, daß hier ein Priester mit

seinem Ortsbischof aus mehr oder minder privaten Gründen nicht zurechtkommt und daß er auf eine Weise das Evangelium auslegt, die »sehr verkürzend« und »einseitig« sich auf irgendeinen »-Ismus« bringen läßt: ich z.B. verpsychologisiere das Evangelium und reduziere es auf Selbsterfahrung. So einfach ist das. Doch alles der Reihe nach.
Was tut ein Bischof, der von Rom genötigt wird, einen »Fall« theologisch zu klären? Am einfachsten, er erklärt, was ihm von anderen an Verdachtsmomenten zugespielt wird, selber als seine eigene Meinung. Die »anderen« – das ist in meinem Falle der Kölner Homiletik-Dozent Pater Hermann-Josef Lauter, der als erster in dem von ihm herausgegebenen »*Pastoralblatt*« herausgefunden hatte, daß meine Darstellung des christlichen Abendmahles »geschmacklos« sei. Tatsächlich hatte ich in meinem Buch »*Der Krieg und das Christentum*« (Regensburg 1982) an der Friedensfähigkeit einer patriarchalisch verfaßten Kirche mit ihrer verstandeseinseitigen Theologie und ihrer Überbetonung des Ethischen erhebliche Zweifel geäußert, um schließlich darauf hinzuweisen, daß der Friede der Menschheit nur möglich sei, wenn man lebe, was man in der Eucharistiefeier der Kirche rituell begehe: ist der Krieg wirklich, wie ich glaube, aus den Totemmahlzeiten der frühen Jäger hervorgegangen, so kommt es darauf an, eine Mahlgemeinschaft des universellen Teilens zu begründen und den Archetypos des »Gottessens« aus den Grenzen der Mahlgemeinschaft einer bestimmten »Stammeszugehörigkeit« zu lösen. Gedanken dieser Art, methodisch ein Geflecht aus Anthropologie, Ethnologie, Religionsgeschichte, Kulturgeschichte, Verhaltensforschung und Tiefenpsychologie, zerstörten in den Augen von Pater Lauter die Lehre von der historischen Einsetzung des Abendmahles durch Jesus Christus, und, einmal auf dieser Fährte, wittert er seither in allen meinen Büchern, vornehmlich in den beiden Bänden von »*Tiefenpsychologie und Exegese*« (Olten 1984-1985), Auflösung der Offenbarung und Leugnung des spezifisch Christlichen. Als ob das »spezifisch Christliche« sich fassen ließe durch Unkenntnis und Mißachtung der Analogien und Homologien des »Heidnischen«, des allgemein Menschlichen! Im Grunde meldeten sich hier alte vorkonziliare, fundamentalistische Auffassungen zu Worte, an denen die anthropologische Wende der Theologie offenbar vorbeigegangen war. Nicht gerade eine stabile Grundlage für einen Häretikerprozeß.
Sogar der Erzbischof von Paderborn verspürte offensichtlich das Bedürfnis, den Parameter, wonach ich nicht katholisch lehre, ausführlicher präzisieren zu lassen, und so erschien, als nächster Schritt, im September 1987 aus der Feder der beiden Neutestamentler R. Pesch und G. Lohfink eine Broschüre, in welcher mir zwar im großen und ganzen subjektiv ein guter Wille zugebilligt, doch gleichzeitig objektiv materielle Häresie bescheinigt wird: ich leugne, so ist dort zu lesen, die

historische Dimension der Offenbarung sowie die Besonderheit des Christlichen, ich lehre eine esoterische Selbsterlösungsreligion und ich verzerre das Kirchenbild durch extremen Individualismus. Zusätzlich gab man mit der Broschüre in Umlauf, ich sei nicht gesprächsbereit, denn wirklich, ich hatte eine Gesprächseinladung von Herrn Pesch, überschrieben mit dem Briefkopf der integrierten Gemeinde München im März 1987, als Einladung zu einer Diskussion mit der Integrierten Gemeinde in München verstanden und dafür einen Termin im Dezember zugesagt, als ich zur Antwort bekam, dieser Termin sei zu spät; als ich dann zwischendrein hörte, die beiden Autoren bereiteten im Verlag Katholisches Bibelwerk eine Totalkritik meiner Arbeiten vor, die sie im Herbst zu veröffentlichen gedächten, beschloß auch ich, statt zu »sprechen«, so schnell wie möglich schriftlich zu antworten: im Januar, 15 Wochen nach der Publikation von R. Pesch und G. Lohfink, erschien meine Gegenschrift »An ihren Früchten sollt ihr sie erkennen«, in der ich, gemeinsam mit Stefan Schmitz, dem Leiter der Priesterfortbildung im Kölner Generalvikariat, zu zeigen versuchte, daß »Archetypos« und »Mythos« geschichtliche Erfahrungen nicht leugnen, sondern deuten und daß es in einem Glauben, wie Jesus ihn gelehrt und gelebt habe, notwendig sei, die Angst zu überwinden, die im Hintergrund jeder wirklichen Verformung des menschlichen Daseins (jeder wirklichen »Sünde«) den Menschen dazu zwinge, im Feld der Gottesferne immer wieder das Gegenteil dessen zu tun, was er im Grunde zu tun beabsichtige; die Kirche müsse mithin ein Ort der Angstlinderung, nicht der Angstverbreitung sein, und »Selbstfindung« sei nicht ein Gegenbegriff zu »Gottfindung« sondern deren Funktion und empirisches Äquivalent. Obwohl ich bis heute nicht einen einzigen Exegeten deutscher Sprache kenne, der die Art und den Inhalt der Vorwürfe von R. Pesch und G. Lohfink begrüßt hätte, sind es bis heute diese Punkte geblieben, die unverändert zu den Standard-»Anfragen« des Erzbischofs von Paderborn zählen; und das nicht zufällig.
Wieso kam im Frühjahr 1987 ausgerechnet die Integrierte Gemeinde in München dazu, ihre beiden Startheologen auf mein Werk anzusetzen? Die Antwort kann nur lauten: weil sich für sie scheinbar Gelegenheit bot, gleich in doppelter Weise sich beliebt zu machen. Zum einen verfügt die Integrierte Gemeinde in München über einen direkten Draht zu dem ehemaligen Münchner Bischof, dem heutigen Vorsitzenden der römischen Glaubenskongregation, Kardinal Ratzinger; seit er nach Rom »berufen«, wurde, ist die Integrierte Gemeinde zugleich mit ihm in der heiligen Stadt präsent: unmittelbar in der Nähe des Vatikans hat sie seither gewissermaßen ihre eigene Botschaft errichtet, denn es ist ihr ernsthafter Glaube, daß sie über das wahre und alles entscheidende Kirchenmodell der Gegenwart verfügt; ihre Existenz selber ist in den

Augen der »Integrierten« der sichtbare Beweis dafür, daß die Offenbarungen Gottes, sein Heilshandeln an den Menschen in der Geschichte weitergeht, und wer nun , wie z.B. ich, dagegen betont, alle kirchen- oder sektenähnlichen Gruppen und Gruppierungen seien sekundär vor der Frage: wie findet ein Mensch aus der Verzweiflung eines Daseins ohne Gott zu sich selber, der bedroht, wenn er mit seinen Schriften im Volk auf Resonanz und Verständnis stößt, das Definitionsmonopol des »Katholischen« nach dem Selbstverständnis dieser so sichtbar von Gott »eschatologisch« Erwählten. – Der andere Adressat dieser besonderen theologischen Initiative der Integrierten Gemeinde München im Jahre 1987, war ohne Zweifel der Erzbischof von Paderborn selbst. Wohl leugnet er bis heute standhaft seine »München Connection«, aber wenn ich schon mangels Informationen gezwungen bin, in meinem eigenen kirchlichen Kriminalfall als Privatdetektiv aufzutreten, bin ich vermutlich nicht ganz ungeschickt. Jedenfalls langen die Indizien allemal aus, um Herrn Erzbischof Degenhardt als den wunschgemäßen Adressaten jener Ketzerbroschüre von R. Pesch und G. Lohfink zu überführen: Kurz nach jenem Gespräch mit dem Metropolitankapitel über die Frage der Wiederverheiratung Geschiedener z.B., schickte der Paderborner Erzbischof mir zu meinem Erstaunen eine Sonntagspredigt von G. Lohfink, in welcher dieser sich über das rechte Verständnis des Glaubens verbreitete. Damals wußte ich noch nicht, daß Herr Degenhardt sich in jenem Zeitraum mit Mitgliedern der Gemeinde im Sommer 1987 am Starnberger See traf – die Bilder davon wurden öffentlich abgedruckt - ; ich wußte nur, daß er mit den Gründern der Integrierten Gemeinde seit Jugendtagen, seit seiner Zeit im Bund Neudeutschland in Hagen, auf das engste verbunden ist und ihr als Bischof, in Treue fest, den ersten eigenen Priester geweiht hat. Die Broschüre der beiden »Integrierten Theologen« war gewissermaßen die Gegenleistung für die honorige Haltung des Paderborner Erzbischofs gegenüber der Münchner Gemeinde. »Das sind Ihre Vermutungen«, erklärte mindestens dreimal zu dieser Frage Herr Degenhardt selber; aber keine Vermutung, sondern bittere Erfahrung ist und bleibt, daß der Paderborner Oberhirte mit den Theologen in München gewiß weit öfter geredet und sich beraten hat als jemals mit seinem Priester und Theologen in Paderborn. Eine Weile glaubte ich immer noch an die Chance wenigstens eines indirekten Gesprächs: ich lud R. Pesch und G. Lohfink bestimmt sechs Mal zu verschiedenen Rundfunksendungen und Akademieveranstaltungen ein – zuletzt am 17.04.1988 in Bayern II, direkt vor der Haustür der Integrierten Gemeinde; es gab niemals eine Reaktion. »Man sollte mit Drewermann nicht sprechen, man wertet ihn ja nur auf,« – diese Devise blieb seither im Umgang mit mir gültig.

Das heißt: nicht ganz so. Zählt man Bischofsbriefe zu den »Gesprächen« , so versuchte der Paderborner Erzbischof im Januar 87 tatsächlich mit mir zu »sprechen«. Was war geschehen? Zu Weihnachten 1986 hatte ich unter dem Titel *»Dein Name ist wie der Geschmack des Lebens«* im Herder-Verlag eine Interpretation der lukanischen Weihnachtsgeschichte vorgelegt, in der ich die Bilder von der jungfräulichen Geburt des (Messias-) Königs im Sinne der altägyptischen Vorbilder als Antwort auf die Frage nach dem Wesen eines aus Geist wiedergeborenen und dadurch »königlich« gewordenen Menschen zu meditieren suchte; – bekanntlich verehrten die Ägypter bereits um 2500 vor Christus den König als den »Sohn (des Sonnen-) Gottes«, und sie priesen seine Mutter als »Jungfrau« vom Tag der Thronbesteigung ihres Sohnes an, sie mochte an Kindern so viele geboren haben oder noch gebären, wie sie wollte: nicht ihr biologischer Zustand, sondern die Rolle ihres Sohnes wurde mit der Chiffre der Jungfräulichkeit der Geburt beschrieben; wer Bilder dieser Art verstehen will, darf nicht primär im Alten Testament nachsuchen, er muß zu den »heidnischen« Ägyptern gehen. Natürlich fand H. J. Lauter gleich in der nächsten Nummer des *»Pastoralblattes«* erneut die Einzigartigkeit des Christlichen und die Gottheit des Christus durch meine Thesen gefährdet; der Paderborner Erzbischof aber richtete im Januar 87 einen Brief an mich mit etwa 13 Fragen, deren Tenor sich am eindrucksvollsten in der Frage ausspricht: »Ist für Sie der Schoß der Jungfrau Maria nur ein Symbol?« Ich schrieb darauf, daß ich von der Art dieser Fragestellung entsetzt sei; mir seien mindestens zwei Menschen bekannt, die inzwischen auf mein Buch hin katholisch geworden seien, beide künstlerisch engagierte Leute; ich sei überzeugt, daß wer meine weihnachtliche Meditation mit Verstand lese, begreifen müsse, daß Fragen dieser Art sich gar nicht stellen ließen und daß wir die alten Bilder mythischer Chiffren 2000 Jahre nach Christus wohl nicht gut abergläubischer auffassen könnten als die alten Ägypter um 2000 vor Christus. Der Erzbischof zeigte sich von meinen Antworten »nicht befriedigt«. Aber wie sollte ich ihn mit seinem biologistischen Verständnis dogmatischer Symbole »befriedigen« können?

Allerdings: Statt die Frage in ihrer Begrenztheit an jener Stelle zu belassen, wo die meisten Exegeten, Dogmatiker und Gläubigen heute immerhin zu unterscheiden wissen, was eine deutende Metapher und was ein äußeres Faktum ist, verschob der Erzbischof die Frage schnell in die abstrakten Höhen des »chalkedonensischen« Glaubensbekenntnisses. Der Paderborner Dogmatiker H. Mühlen bat mich am 02. Juli 87 zu sich in sein Eigenheim, angeblich um mit mir ein freundschaftli-

ches Gespräch zu führen. Das »freundschaftliche Gespräch« begann mit einer für mich nicht gerade freundlichen Betrachtung über die Möglichkeiten, die mir blieben, wenn man mich als katholischen Theologen »feuern« sollte: ich könnte dann noch als freier Schriftsteller Bücher schreiben. Ob ich nicht freiwillig die Privatdozentur zurückgeben würde…? »War für Sie der Pharao ein Sohn Gottes?« Ich antwortete, die Frage mache keinen Sinn – man könne nur fragen, wer der Pharao für die Ägypter gewesen sei, und für sie sei er unbestreitbar der Sohn Gottes gewesen, ja, es stelle diese Formel sogar bereits eine Abschwächung durch die thebanische Priesterschrift der 5. Dynastie dar – ursprünglich sei er Gott selbst gewesen. Auf meine Frage, wie denn er, der Dozent für Dogmatik, angesichts der gerade erfolgten Verurteilung von Frau U. Ranke-Heinemann die Jungfräulichkeit Mariens zu erklären gedenke, wurde ich mit der pathetischen Formel abgefertigt, die Jungfräulichkeit Mariens sei »dem Nicaenum nachgeordnet«. Ich insistierte: »Dann sagen Sie doch dem Erzbischof, daß die Jungfräulichkeit Mariens den Glauben an die Gottessohnschaft Jesu symbolisch interpretiert, aber nicht als ein historisches Faktum fundamentalistisch begründet.« Sichtlich erregt, er: »Mein Glaube steht hier überhaupt nicht zur Debatte. Sie kommen hier nur heraus, wenn Sie ein klares Bekenntnis zum Chalkedonense abgeben.« Nach vier Stunden bemerkte schließlich der Pastoralpsychologe J. Schwermer, der diesem »Gespräch« die ganze Zeit über beigewohnt hatte: »Aber Eugen, geht es denn um Menschen? Es geht um Gott« – »Aber sprachen wir nicht von der Menschwerdung Gottes?« – Ich kann nur sagen, daß ich diesen Typ von Theologie gründlich hasse, der es erlaubt und nötig macht, in solcher Weise miteinander über das Kostbarste zu sprechen, das ein Mensch besitzt: über seinen Glauben, und der es nötig macht, daß Menschen, die miteinander persönlich sehr gut auszukommen wüßten, sich derartig zerstreiten müssen.
Doch mittlerweile glaubte ich angeblich nicht nur nicht mehr an die Gottheit Christi, ich glaubte auch nicht mehr an die Auferstehung.
Denn Winter 1986 hatte ich in Maria Laach vor Dozenten an Pädagogischen Hochschulen einen Vortrag über die Interpretation von Mythen zu halten. In der anschließenden Diskussion machte sich der Biologiedozent an der Pädagogischen Hochschule in Saarbrücken, Herr W. Kuhn, an die Frage heran, ob das Grab Jesu am Ostermorgen wirklich leer gewesen sei. Herr Kuhn war mir zufällig auf der Fahrt nach Maria Laach durch eine längere Fußnote in H. von Ditfurths Buch »*Wir sind nicht nur von dieser Welt*« (Anm. 31) bekannt geworden; so wußte ich, daß W. Kuhn, von Haus aus Geograph, aus dogmatischen Gründen den »Darwinismus« bekämpfte, um im *Rheinischen Merkur*, der mit jährlich 6 Mio DM aus katholischen Kichensteuermitteln unterstützt wird,

für seine veraltete vitalistische Weltsicht Propaganda zu machen. Exegetisch versuchte ich daran zu erinnern, daß die Geschichte von Mk 16, 1-8 über das leere Grab kein historischer Bericht sei, sondern eine »apologetische Legende«, die den Auferstehungsglauben gegenüber den Vorstellungen des Frühjudentums rechtfertigen wolle; mir selber liege gerade daran, das »leere Grab« als ein Symbol zu verstehen, daß auch uns Heutigen etwas zu sagen habe. Kaum hörte Herr Kuhn etwas von »Legende«, als er in höchster Erregung deklarierte, daß ich die Auferstehung leugnete, und mit ca. fünf Gleichgesinnten demonstrativ den Saal verließ. Diese seine Auffassung tat er zudem in der nächsten Nummer der Beilage »*Theologisches*« im »*Offertenblatt*« kund. Nun sollte man glauben, daß zumindest die deutschsprachigen Bischöfe wissen, mit was für einer Art von »Theologie« sie es im »Offertenblatt«, zu tun haben. Doch um so erstaunter war ich wenig später bei einem Vortrag in Innsbruck zu erfahren, daß Ortsbischof Stecher es sich untersage, die Gedanken eines Mannes anzuhören, der die Auferstehung Christi leugne, oder auch nur dessen Bücher zu lesen; er werde an meinem Vortrag nicht teilnehmen. Ganz neu war eine solche Reaktion für mich freilich nicht.

An Ausgrenzungen war ich inzwischen bereits manches gewöhnt: Daß ich z.B. mit Lehrerverbänden keine Veranstaltungen mehr abhalten darf, muß bereits vor 4-5 Jahren zwischen den fünf nordrhein- westfälischen Diözesen vereinbart worden sein – mitgeteilt worden ist es mir nie. Seit November 89 kann es sogar passieren, daß Texte aus meiner Feder, die schon im Satz stehen, aus einer katholischen Zeitschrift wieder entfernt werden müssen, mit der einfachen Begründung, daß sie von mir sind; in der Paderborner Kirchenzeitung »*Der Dom*« hat Generalvikar B. Kresing seit Monaten verfügt, daß Texte von mir nicht mehr veröffentlicht werden dürfen; die österreichischen Bischöfe müssen im Frühjahr 90 ihren Bildungswerken empfohlen bzw. geboten haben, mich zu Vorträgen nicht mehr einzuladen. Das alles wohlgemerkt, findet statt, ohne eine einzige Erklärung oder Rückfrage mir gegenüber, ja, ohne daß bisher in einem einzigen Punkte ein Nachweis erbracht worden wäre, ich lehrte an irgendeiner Stelle nicht »katholisch«.

Immerhin hatte ich diesen Lauf der Dinge kommen sehen und deswegen in den letzten 3 Jahren, so gut es irgend ging, noch einmal alles zu sagen versucht, was zu sagen mir als Priester der katholischen Kirche ein Hauptanliegen war. Ich schilderte mein Bild von der erlösenden Person und Botschaft des Jesus von Nazaret in den zwei Bänden zum *Markus-Evangelium* (Olten 1987; 1988): Ich faßte alle Predigten zusammen, die ich in 22 Priesterjahren dazu gehalten hatte; ich schilderte den Kampf Jesu gegen die »Schriftgelehrten«, seine Wunder der Heilung durch die

Macht seiner Güte und seines Vertrauens; ich versuchte, Stelle für Stelle zu zeigen, in welch ein Dilemma die historisch-kritische Methode der Bibelauslegung den Leser führt, indem sie notgedrungen an den religiös relevanten Stellen der Hl. Schrift entdecken muß, daß die Sprache des Glaubens nicht in der Mitteilung äußerer historischer Fakten bestehen kann, sondern in tiefenpsychologisch verankerten Bildern und Symbolen geschichtliche Erfahrungen gültig für die Menschen aller Zeiten und Kulturen zu deuten unternimmt. Kurz, ich hielt es für die beste Art, all die vorgetragenen Häresievorwürfe durch den ersichtlichen Gewinn an Lebendigkeit und Erfahrungsreichtum zu widerlegen, den »meine« Art der Exegese in Weiterführung der existentialen Hermeneutik R. Bultmanns mit den Mitteln der Tiefenpsychologie zu bieten verspricht. Eine Fülle von Zuschriften, Rezensionen und persönlichen Stellungnahmen zeigen mir denn auch, daß dieses Anliegen in weiten Teilen der Bevölkerung in- und außerhalb der Kirche sich verständlich machen läßt. Dem Thema Tod und Auferstehung widmete ich eine eigene Monographie, deren »ägyptischer« Titel: »*Ich steige hinab in die Barke der Sonne*« bereits zeigt, daß das Christentum die menschheitlichen Bilder von Himmelfahrt, Wiedergeburt und Auferstehung (in dieser Reihenfolge!) nicht selber hervor gebracht, sondern vor allem von der Religion der alten Ägypter übernommen und von der Person Jesu her neu interpretiert hat. In diesem Buch plädierte ich vor allem für den Glauben an die Auferstehung auch unserer Mitgeschöpfe, der Tiere, da mir die christliche Anthropozentrik eine der Hauptursachen der heutigen Ökologiekrise zu sein scheint. Die Behauptung, ich leugnete die Gottheit Christi oder die Auferstehung oder die Geschichtlichkeit der Offenbarung läßt sich nach diesen Arbeiten nach meinem Eindruck nur aufrechterhalten, wenn man die Jungfräulichkeit Mariens *biologisch*, das leere Grab am Ostermorgen *fotografisch* und die Himmelfahrt Jesu *astrophysikalisch* »interpretiert«. Will der Erzbischof von Paderborn den Fundamentalisten vom Schlage H. J. Lauters und W. Kuhns wirklich diesen »Gefallen« tun?

Wie ich zur Tiefenpsychologie gelangt bin

Es ist hier wohl der rechte Ort, einmal zu sagen, aus welchen Gründen ich überhaupt zur Tiefenpsychologie gelangt bin. Es waren im wesentlichen drei Erfahrungen, die ich sehr bald als Priester in der Gemeinde machen mußte und die, obwohl voneinander unabhängig, alle in die gleiche Richtung führten.

Da war zum einen *die psychologisch verheerende Moralisierung des Christlichen.* Ich lernte Menschen kennen, welche die Ehe gebrochen

hatten, aber keine Ehebrecher waren, welche eine Abtreibung hatten durchführen lassen, aber keine Mörderinnen waren, welche sich hatten scheiden lassen, aber gewiß nicht als treulos und pflichtvergessen betrachtet werden konnten; mit anderen Worten: es war, je länger, desto deutlicher spürbar, daß die kirchliche Moraltheologie in ihrer Bewußtseinseinseitigkeit den Menschen strukturell Gewalt antut und Unrecht zufügt, indem sie ihre vermeintlich objektiven Normen nicht mit dem Erleben, den Motiven und den situativen Bedingtheiten menschlichen Handels verbindet. Die drei Bände »*Psychoanalyse und Moraltheologie*« (Mainz 1982-84) entstanden als Folge dieses Problems.
Doch mehr noch: Auch *die Art, die Bibel auszulegen*, die ich mit viel Fleiß und Mühe sechs Jahre lang im Studium gelernt hatte, taugte allenfalls für die intellektuelle Seite des Religionsunterrichtes; sie taugte überhaupt nicht für Predigt und Verkündigung.
Damals, 1966, in der Zeit nach dem 2. Vatikanum, war es üblich, landauf, landab theologische Seminare einzurichten, um die» Laien« an die Grundfragen des Glaubens der Kirche heranzuführen und ihnen (im katholischen Raum zum ersten Mal!) die Lektüre der Bibel näherzubringen. Die Leute kamen in Scharen, voller Bereitschaft und Interesse; doch um so furchtbarer war es mit ansehen zu müssen, wie sich die Vortragsart der eingeladenen Dozenten der Theologie dem Mehltau gleich über die Zuhörer legte. Diese Koryphäen der Wissenschaft merkten nicht, daß sie sich selbst ad absurdum führten, indem sie vor suchenden, fragenden Menschen unverdrossen ihre akademischen Erklärungen weiterführten. »Der Sintflutbericht der Genesis zerfällt in zwei verschiedene Quellen; das sieht man an den unterschiedlichen Maßzahlen für den Bau der Arche und der Länge des Regens. In dem einen Bericht... in dem anderen Bericht.« Kein Wort davon, daß es hier um eine Geschichte auf Leben und Tod geht, daß wir nur leben, weil Gott darauf verzichtet, »gerecht« mit uns Menschen zu sein, weil er den Bestand der Natur rettet vor dem Chaos der menschlichen Geschichte, die er fortan begleitet mit seinem Erbarmen und mit seiner Geduld – es wird niemals eine zweite »Flut« geben! Stattdessen: Inwieweit waren Raben in der Antike nützlich bei der Navigation; wie hoch ist der Berg Ararat...und vor allem: das Gilgamesch-Epos! Die sumerische Fassung. Die akkadische Fassung... Wenn es je historisch eine Sintflut gegeben hätte, – kein Zweifel: Gott hätte als erstes diesen Stand von Theologen zu Wasser gelassen.
Aber auch drittens: es gab in derselben Gemeinde eine Menge heller Köpfe, die bis nachts um drei über theologische Fragen mit mir diskutieren wollten: Mathematiker, Zahnärzte, Studienräte, Physiker; die fragten sich 30 Jahre nach R. Bultmann zu Recht, was denn das für ein Glaube sei, der sich auf ein Sammelsurium unhistorischer Texte, abwe-

giger Naturinterpretationen und auf einen obsolet gewordenen *Wunderglauben* stütze, nach dem Gott machen könne, was er wolle. Unmöglich diese Leute hinter die Aufklärung zurückzuführen. Unmöglich also auch, ihnen den herrschenden Kirchenglauben nach dem Vorbild meines Erzbischofs weiter predigen zu wollen. Unausweichlich daher die Aufgabe, *den gesamten Begriff von Wirklichkeit und Erfahrung spezifisch zu ändern.* Legenden sind nicht unwahr, Mythen nicht ungeschichtlich, Märchen nicht unsinnig; sie alle haben eine spezifische Wahrheit, die wir brauchen, um wahrhaft zu leben. »*Die Wahrheit der Formen*« nannte ich deshalb den Untertitel zum 1. Band von »*Tiefenpsychologie und Exegese*«. Das war jetzt schon vor einem halben Dutzend Jahren. Was eigentlich haben Leute wie H. J. Lauter und R. Pesch miteinander gemeinsam außer der Angst vor der Kirche inmitten der Kirche? Der letztere in seinem Markuskommentar z.B. konnte sehr wohl die Geschichte von Jesus und seinen Schwestern und Brüdern in Mk 6 dahin interpretieren, daß Maria offenbar vielen Kindern das Leben geschenkt habe; doch wie darf man eine solche Auffassung vertreten im Schatten eines biologistisch »objektiv« denkenden Lehramtes? Kleinlaut zog Pesch seine Meinung zurück, um freilich in seiner Ketzerbroschüre über meine Kampfansage gegen die Einseitigkeit der historisch-kritischen Exegese triumphierend zu verkünden, einen Konflikt zwischen der modernen Exegese und dem Lehramt der Kirche könne es grundsätzlich nicht geben. Es gibt ihn aber, wie man sieht. Denn für Leute von der Denkungsart des Paderborner Erzbischofs, sowie für die Autoren des »*Offertenblattes*«, handelt es sich in den Kindheitserzählungen Mt 1; 2 und Lk 1; 2 um intime Traditionen aus dem Kreis der heiligen Familie: Jesus ist wirklich in Bethlehem geboren, die Madonna wirklich biologisch eine Jungfrau, sie hat ganz real den Erzengel geschaut; auch die Hirten sind zur Anbetung gekommen, und der Stern ist wirklich im Osten erschienen…

Wann endlich wird man begreifen, daß man heilige Geschichten innerlich, poetisch, existentiell, träumend, meditierend lesen muß, um sie »glaubwürdig« zu finden, indem sie beim Hörenden gerade diejenige Wirklichkeit wiedererzeugen, von der sie Kunde geben, und daß man sie von Grund auf mißversteht, wenn man sie als Mitteilung äußerer Fakten versteht?

Trügerische Ruhe

Im Jahre 1988 jedenfalls wollte man in der katholischen Kirche von Fulda und Paderborn derlei Fragen nicht hören. 1987 bereits hatte ich auf Anraten des Direktors der katholischen Akademie in Wiesbaden,

G. Fuchs, den Plan vorgebracht, in Wiesbaden-Naurod mit einem Kreis von etwa 6 bis 8 Bischöfen und Theologen ein ausführlicheres Gespräch über die anstehenden Fragen zu führen; am 5. April 1988 bat der Paderborner Oberhirte, weil dieses Gespräch nun doch nicht gut beginnen konnte, ohne daß er wenigstens einmal in irgendeiner Form mit mir gesprochen hätte, erneut zu sich in sein Palais; wir erörterten nichts Wichtiges – alles sollte ja dereinst besprochen werden, und er selber stand gerade bereit, eine längere Ferienreise in Australien anzutreten. Nur beim Herausgehen streiften wir ein Thema, das alsbald Gewicht bekommen sollte. Spätestens seit November 87 war bekanntgeworden, daß eine Gruppe von Theologen von seiten der Glaubenskommission beauftragt worden war, in konzertierter Aktion sozusagen, als die versammelten Fachleute des theologischen Wissens eine Schrift herauszubringen, die religionsgeschichtlich, exegetisch, moraltheologisch und dogmatisch meine Arbeiten als »gnostische Selbsterlösung« entlarven sollte. Obwohl ich positiv wußte, wie der Vorsitzende der Glaubenskommission, Kardinal Wetter in München, Theologen zu dieser Arbeit gedungen hatte, erklärte Erzbischof Degenhardt meine Meinung, wie üblich, für eine bloße Vermutung, die vorbereitete »*Quaestio*« sei ein bloßes Auftragswerk, keine sachliche Auseinandersetzung; es sollte auch meine bloße Vermutung sein, daß inzwischen H. J. Lauter und der Münchner Psychoanalytiker A. Görres sich zusammengetan hatten, um die Glaubenskommission zu einem entsprechenden Schritt zu veranlassen. Görres seinerseits hatte bereits zwei Jahre zuvor in einem Referat vor der Vollversammlung der Deutschen Bischofskonferenz zu dem Thema »Beratungsdienste« vor auflösenden Tendenzen gewarnt, die alles und jedes: »Homosexualität, Abtreibung, Ehescheidung usw. zu rechtfertigten suchten, wie es denn sprachgewaltig vor allem durch den Paderborner Theologen Eugen Drewermann« geschehe; – ich »rechtfertige« also die Abtreibung, wenn ich sage, es könne Situationen geben, in denen eine Frau in tragischer Weise keinen anderen Ausweg mehr sehe, als sich zu einer Abtreibung zu entschließen. Selbst Herr Görres mußte diese Auffassung später widerrufen. Just der Mann, der aus Gründen, die ich bis heute nicht verstehe, zu jeder Art von Rufmord mir gegenüber sich geneigt zeigt, fungierte, man kann es nicht anders darstellen, als der Hauptbetreiber und Herausgeber jener »*Quaestio*«. Das Manuskript, das er Anfang 1988 an den Herder-Verlag richtete war so diffamierend, daß W. Kasper als Mitherausgeber sich tagelang weigerte, es in dieser Form drucken zu lassen. In der einzigen persönlichen Begegnung mit mir, in einer Life-Diskussion im Südfunk Stuttgart zu dem Thema »Der Krieg« hatte er noch 1982 erklärt, in seinem Buch über »*Das Böse*« stehe nur, was er von dem Problem gewußt habe, bevor er meine »*Strukturen des Bösen*« in die Hand

genommen habe; jetzt in der »*Quaestio*«, spielte er sich auf als Kenner »aller meiner Bücher«; in Wahrheit gibt es so ziemlich nichts, was er wirklich verstanden hätte. Wie auch? Bibelexegese – er kennt sie nicht. Existentiale Hermeneutik – er braucht sie nicht. Verhaltensforschung – nebensächlich. Religionsgeschichte – wir haben ja Christus. Psychoanalyse – da hat man zu glauben, was er selbst zum Segen der Kirche schon in den 60er Jahren geschrieben hat. Ich habe es damals im Studium nicht mitbekommen. Offenbar ist das heute meine einzige Schuld gegenüber A. Görres: ich habe nie geglaubt, ihn zitieren zu müssen, außer in seiner berechtigten Kritik am Pflichtzölibat der Priester in meinem neuen Buch »*Kleriker, Psychogramm eines Ideals*«, – aber das kommt noch. Die Frage an dieser Stelle lautet: wie kommen Leute wie H. J. Lauter und A. Görres zu einem solchen Einfluß bei den Deutschen Bischöfen, daß sie sich teils offen, teils versteckt, als die wahren Hüter des katholischen Glaubens präsentieren können, ohne bis dahin, man muß es immer wieder erinnern, mit mir selber ein einziges Mal in der Sache gesprochen zu haben? Autoren der »*Quaestio*« wie J. Splett konnten selbst im August und im März 90 noch schreiben, meine Unterstellung, dieses Buch sei ein Auftragswerk der Glaubenskommission, beruhe wohl nur auf meinem Vermögen, mir vorzustellen, wie sehr meine Thesen zu wissenschaftlichem Widerspruch geradewegs herausforderten. »Werden Sie auf das erscheinende Buch antworten?«, fragte Erzbischof Degenhardt mich noch zwischen Tür und Angel, als er mich am 5.4.88 verabschiedete. »In *Die Zeit* vielleicht oder *Der Spiegel*, ich kann nicht auf jedes Buch mit einem Gegenbuch antworten.« Ich hatte gerade den 1. Band des *Markus-Evangeliums* herausgebracht, und der Zeitdruck für den 2. Band wuchs mit jedem Tag. Der Erzbischof lachte. Wir gaben uns die Hand. Es war das letzte Mal, daß ich ihn persönlich zu Gesicht bekam, bis zu Beginn des Jahres 1990, als wir uns unter recht veränderten Bedingungen wiedersahen – »um miteinander ein klärendes Gespräch zu führen«, so hieß es, um in Wahrheit eine erzbischöfliche Erklärung vorzubereiten, so war es.
Tatsächlich glaubte ich 1988 guten Gewissens, die »*Quaestio*« ohne größere Erwiderungen auf sich beruhen lassen zu können. Diskussionsangebote im ZDF oder zu einer Podiumsdiskussion in Herford wurden von den »Quaestio« -Autoren, wie gehabt, in Serie abgelehnt: »nicht in der Ruhe der Weihnachtszeit«, so W. Kasper, »nicht mit einem Mann, der der Logik nicht mächtig ist und sie sogar verachtet«, so A. Görres. Ich kann, weiß Gott nicht sagen, daß ich das Stilmittel der Polemik in meinen Büchern, wenn angebracht, verachte; doch das kann ich für mich in Anspruch nehmen: ich habe noch niemals jemandem, wer immer er sei, vorgeworfen, er sei kein gläubiger Mensch, er lehre nicht »katholisch« oder christlich, ja, er sei überhaupt kein dialogfähiger

Mensch. Das geplante Gespräch in Naurod kam nicht zustande, weil gerade an dem vereinbarten Termin Bischof Moser beerdigt wurde; auf einen neuen Terminvorschlag legte ich selber inzwischen keinen Wert mehr, nachdem mir der Inhalt der »Quaestio« vollständig vorlag. Da schrieb W. Kasper, ich nähme die Person des Menschen und seine Freiheit nicht wirklich ernst, ich stünde der New Age Bewegung nahe und es ziehe ihm bei der Lektüre meiner Arbeiten ein gnostisches Gerüchlein in die Nase. Wie aber: sollte er wirklich nicht im 3. Band der »*Strukturen des Bösen*« (Paderborn 1977-78) auf mehr als 600 Seiten gelesen haben, wie ich die Angst und Erlösungsbedürftigkeit des Menschen gerade aus seiner Personalität und Freiheit *ableite*? Sollte er wirklich im 2. Band der »*Strukturen des Bösen*« nicht gelesen haben, wie ich gegenüber der in der Tat möglichen gnostischen Mißdeutung der Jungschen Tiefenpsychologie Stelle um Stelle die Transzendenz Gottes und die Geschichtlichkeit des Glaubens betone? Er hatte es nicht gelesen. Er hat, wie ich erfuhr, sich die drei Bände der »*Strukturen*« überhaupt erst im Januar 88 in Tübingen gekauft – im Februar aber war der Abgabetermin des Manuskriptes der »*Quaestio*« im Herder-Verlag. Es trifft ihn diesbezüglich freilich keine Schuld: er stand unter Druck; man hatte den Autoren zur Beurteilung eines Werkes von mittlerweile mehr als 6000 Seiten, das zudem noch in sich logisch und programmatisch aufeinander aufbaut, ganze drei Monate zum Lesen und Schreiben gelassen; man hatte, wie in Panik, unbedingt und sofort etwas gegen den Drewermannschen Steppenbrand tun wollen, und man brauchte außerdem auch dringend so etwas wie einen ideologischen Flankenschutz für die längst ergangenen Ausgrenzungsmaßnahmen; – anders gesagt: ich befand mich ohne Erklärung und Vorwarnung fortan im Kriegszustand.

Freilich: auf lange Zeit nur Drôle de guerre! Denn gerade jetzt schien alles ruhig. Viele wie G. Fuchs redeten mir weiter ein, wie gesprächsbereit die katholische Kirche sei und daß überhaupt keine Gefahr drohe. Ich erwiderte zumeist, daß eine solche »Ruhe« gerade das Bedrohliche sei: die Kirche brauche eine beruhigte Öffentlichkeit, um ihre Maßnahmen desto zielsicherer vorbereiten zu können – ein Unterdruckgebiet, das einen Taifun ankündige; aber wer wollte es hören? Eine wirklich kafkaeske Situation! Da telefoniert man mit jemandem in Wien, Hamburg, Köln oder Freiburg, und er weiß mit Sicherheit ein Menü aus der innerkirchlichen Gerüchteküche zu servieren; doch daß mit dem Betreffenden selber – c'est moi, par exemple – gesprochen würde, da sei Gott vor! Wie heißt es doch bei Kafka: »Der Prozeß war überall«. Aber er ist nie greifbar. Er besteht im Grunde darin, den verleumdeten Herrn K. dahin zu bringen, daß er dem Tribunal die Exekution seiner Verurteilung nach Möglichkeit erspart und in einem Gefühl überwältigender

Scham am Ende sich selber hinrichtet. »Warum geben Leute wie Küng oder Drewermann nicht selber ihre Dozentur zurück? Daran denken sie gar nicht!« So Ende 1889 wörtlich der Erzbischof von Paderborn. Dabei *habe* ich sogar daran gedacht! Mehrfach sogar. Schriftlich sogar. Doch nur um den Preis, daß der kafkaeske Zustand selbst beendet würde, indem man miteinander klar und offen redete. Das freilich scheint mehr, als sich in der katholischen Kirche heute erwarten läßt. Lieber ist es ihr offenbar immer noch, einen Zustand herbeizuführen, in dem ein Priester jeden Morgen, wenn er die Messe liest, beim Gebet für seinen Bischof darüber nachsinnen kann, ob dieser, sein Bischof, nicht gerade dabei ist, ihm brieflich mitzuteilen, daß er in seinen Ansichten nicht länger mehr als katholisch zu betrachten sei. Die Dauer der Unsicherheit selber, die ständig wachgehaltene Frage: wie wird die Obrigkeit entscheiden, das Gefühl der Ohnmacht gegenüber einem anonym sich gebenden Beamtenapparat, die stereotype Unpersönlichkeit, mit der man Fragen, die existentiell und religiös von höchster Wichtigkeit sind, niemals anders abhandelt als mit den undurchsichtigen Winkelzügen und Tricks einer jahrhundertealten Bürokratenroutine, – das alles hat natürlich System und Methode; nur: was für ein System von Kirche wird dabei sichtbar?

In all der Zeit der fast eineinhalb Jahre, die nun kamen, habe ich versucht, nach der Devise S. Freuds zu leben: nicht reagieren, – weiterarbeiten. Schon der Menschen wegen, die ich glauben gemacht habe, sie hätten mit den Suchwanderungen ihres Lebens eine Chance in der Kirche, habe ich versucht, insbesondere in den zwei Bänden zum *Markus-Evangelium* die Gestalt des Jesus von Nazaret so menschlich zu malen, wie das Rembrandtsche Christusportrait in der Berliner Nationalgalerie, das die Umschlagseite des ersten Bandes prägt: der Freund der Dirnen und der Zöllner, der Mann, der sich (von Gott!) gesandt fühlt zu den Kranken, der Therapeut der Besessenen und Aussätzigen, der Prophet, der wie ein zweiter Jeremias die Äußerlichkeit des Religiösen zerstört, um im Herzen der Menschen eine ganz einfache Haltung des Vertrauens und der Zuversicht zu begründen, der Visionär auf dem Berge, der den Auftrag seines Lebens darin sieht, wie Moses und Elias Freiheit gegenüber der Menschenfurcht und gegenüber einer Religion der Angst und der Außenlenkung zu bringen, der Lehrer Gottes, der die Furcht vor dem Tod überwindet und lieber die Wahrheit lebt, indem er dafür stirbt, als in einem totgemachten Dasein der Anpassung und Lüge zu überleben; – *verleugnet* ein solches Jesus-Bild, wie ich es hier entwerfe, den Christus des Glaubens, nur weil es, wie Markus selber, von der lebendigen Erfahrung ausgeht, statt von der fertigen Dogmatik? Ist man als Priester gläubig, wenn man Symbolen zutraut, daß sie Wirklichkeiten der Seele erschließen, statt den Zugang zur Historie zu verschließen? Ich habe fast 20 Jahre gebraucht, mir die Formelsprache der kirchlichen Glaubenslehre, die ich 30 Jahre auswendig lernen mußte, wieder abzugewöhnen, um wenigstens ein bißchen zu verstehen, worauf die Lehrformeln der Kirche eigentlich hinweisen wollen. Wenn indessen »katholisch« zu sein lediglich im Nachreden tradierter Sprachspiele besteht, dann gewiß war vor allem der Mann aus Nazaret als erster nicht »katholisch«. Eine Kirche, die sich auf ihn beruft, dürfte nie etwas anderes sein als ein neuer Wein in neuen Schläuchen, als ein Salz der Erde, als ein Tempel zum Gebet für alle Völker. Wenn irgend ein Prophetengeist in einem Priester lebt, so muß er um dieser Kirche willen den Zustand der gegenwärtigen Kirche messen an diesem Auftrag und Anspruch.

Es ist nun allerdings nicht so, als sei die Diskussion in 1988-1989 gänzlich stillgestanden. Mit R. Schnackenburg traf ich bei zwei Lehrveranstaltungen zusammen und wir stellten uns gemeinsam einer 3-Sat-Sendung; mit Pater J. Sudbrack diskutierte ich noch im Sommer 89 in Düsseldorf über »Erlösung«. Er hatte, mehrere Tage wegen Krankheit bettlägerig, die »*Strukturen des Bösen*« wirklich einmal zur Hand nehmen können. »Je länger ich darin lese, desto mehr stimme ich Ihnen zu«, meinte er bei der Rückfahrt im Taxi. Noch im Herbst 89 veröffentlichte er eine über 20 Seiten lange Darstellung, die ersichtlich bemüht ist, den leidigen Häresieverdacht durch eine korrekte und verständnisvolle Wiedergabe meiner eigentlichen Anliegen aus der Welt zu schaffen. Vor allem zeigte er in dem Artikel, daß manche Autoren (J. Splett, W. Kasper und A. Görres nicht ausgenommen) ihr Bild von meiner Theologie weit eher bestimmten verzerrenden Rezensionen entnehmen, als dem wirklichen Studium meiner Arbeiten. Z.B.: Ich leugnete die Notwendigkeit der historisch-kritischen Methode der Bibelauslegung? Keinesfalls. Ich zeige nur, daß es auf einen aufgeklärten Atheismus hinausläuft, wenn man bei ihr stehenbleibt; ich zeige des weiteren, daß man umgekehrt bei einem antimodernistischen Fundamentalismus stehenbleibt, wenn man die Ergebnisse dieser Methode nicht zur Kenntnis nimmt. – Doch wie immer man es wendet: schrecklich in der Theologie sind diese »Ismen«! In Wahrheit möchte ich an erster Stelle ein Sprechen von Gott, das zwischen Gefühl und Gedanken, zwischen Unbewußtem und Bewußtsein, zwischen Natur und Mensch, zwischen »Laien« und »Klerikern« nicht länger mehr spaltet und trennt, sondern endlich zusammenführt und eint. Eine solche Sprache müßte freilich dichterisch, therapeutisch, sensibel und traumnah sein – gerade so, wie Jesus selbst zu den Menschen redete. Eine solche Sprache würde niemanden ausschließen. Sie würde einladen. Einen jeden. In einer Verbindung und Innerlichkeit allerdings auf Sein oder Nichtsein.

Vom Oktober 1988, gleich nach der Veröffentlichung der *»Barke der Sonne«* (Olten 1988), begann ich mit der Arbeit an meinem bisher letzten Werk *»Kleriker, Psychogramm eines Ideals«*. Ich hatte den Eindruck gewonnen, daß es nicht länger möglich sei, die Verbindung von Psychoanalyse nur als Methoden- und Theorieproblem zu erörtern. Die Psychoanalyse selber ist entstanden aus der Behandlung seelischer Probleme, und die Mißverständnisse, Widerstände und Abwehrmechanismen, die sie immer wieder in Kirche und Gesellschaft erzeugt hat und erzeugen muß, sind auf das engste mit der Art verflochten, wie Menschen unter dem Druck bestimmter Institutionen, Konstitutionen und Ideale gezwungen sind, zu leben bzw. eben nicht zu leben; also galt es, die Struktur der kirchlichen Idealbildungen an ihrer zentralen Reproduktionsstelle: bei den Klerikern einschließlich der Ordensschwestern, zu analysieren. Man hat später immer wieder geschrieben, in diesem Buch werde der »Klerus auf die Couch gelegt«; aber ich greife in diesem Buch nicht Menschen an, ich bekämpfe darin einzig und allein die Unmenschlichkeiten der katholischen Kirche im Umgang mit denen, die ihr am treuesten ergeben und am meisten ausgeliefert sind. Aus vielen Rückmeldungen weiß ich inzwischen, daß dieses Buch vielen in- und außerhalb der Kirche den Mut zu sich selber zurückschenken kann – »eine wahre Therapie«, schrieben nicht wenige. Einzelne freilich, die das Buch zumeist wieder nur aus der Besprechung der Zeitschrift *»Der Spiegel«* kannten, gaben sich beleidigt und sprachen über mich in anonymen Briefen die Exorzismus-Formel: Vade retro Satanas. Es war am Tag vor Allerheiligen, als ich in Bonn die *»Kleriker«* etwa 25 eingeladenen Journalisten vorstellte; obwohl nicht eingeladen, erschien auch ein Mitglied des Presseamtes der Bischofskonferenz. »472 Jahre nach dem Thesenanschlag Martin Luthers müssen wir in der katholischen Kirche endlich begreifen, was es heißt, ein Individuum zu sein, was es heißt, Angst zu haben und verzweifelt zu sein, was es heißt, die Unableitbarkeit der eigenen Freiheit zu wagen«. Ich hoffe, man hat es an geeigneter Stelle weiterberichtet. Denn Grund, so zu sprechen, hatte ich genug.

Bedrohliche Gerüchte

Die nähere Ursache: Anfang Oktober 89, die Deutsche Bischofskonferenz tagte gerade in Fulda, berichteten ohne jede vorherige Mitteilung meines Erzbischofs der Westdeutsche Rundfunk und die Katholische Nachrichtenagentur, Herr Degenhardt wolle auf Betreiben der römischen Glaubenskongregation mir die Lehrerlaubnis entziehen und er

habe deswegen bereits eine entsprechende Anfrage an die Glaubenskommission gerichtet. In den folgenden Tagen und Wochen überschlugen sich die Ereignisse. Rundfunk, Fernsehen und Presse wollten wissen, was geschehen sei und nun geschehen werde, ich selber erwartete täglich irgendeine klärende Stellungnahme aus der Presseabteilung des Paderborner Generalvikariates. Doch nichts dergleichen. Kopfschüttelnd mußten wochenlang die Journalisten sich anhören, daß die bischöfliche Personalführung es offensichtlich für ausreichend halte, in den Medien zur Kenntnis zu geben, was nun im einzelnen sie mit mir zu tun und zu lassen beabsichtige. Auch ich selber brauchte eine Weile, um dahinter zu kommen, was wirklich »gespielt« wurde. Im nachhinein, aus der Perspektive von Anfang Juni 1990 aus betrachtet, stellt sich der Sachverhalt in etwa folgendermaßen dar – der Leser muß verzeihen, daß ich bis heute nach wie vor auf »Vermutungen« angewiesen bin, obwohl begründete allerdings, wie ich versichern darf.
Als wohlbegründet z.B. muß die Mitteilung von Journalisten gelten, die im Oktober 89 von dem Paderborner Erzbischof erfuhren, die römische Glaubenskongregation habe Herrn Degenhardt aufgefordert, »nun nicht mehr länger zuzuwarten« d.h., mir kurzerhand die Lehrerlaubnis zu entziehen. Kurzerhand – d.h. nun freilich nicht mit Berufung auf römische Weisung, sondern in eigener Verantwortung. Als gehörte es ab sofort als erstes zu der »Eigenverantwortung« des Paderborner Erzbischofs, alle Verantwortung auf sich zu nehmen und vor der Öffentlichkeit den Eindruck des selbständig handelnden Ortsoberhirten zu spielen. Und daraus folgte zum zweiten die Pflicht, den Einfluß der römischen Behörde, so gut es ging, herunterzuspielen oder zu leugnen. »Als Bischof von Paderborn habe ich die Aufgabe, die ganze Wahrheit der christlichen Botschaft dem Volk der Gläubigen vorzulegen.« Recht so. Wo aber in meinen Büchern widerspräche ich der Wahrheit der christlichen Botschaft? Das zwar war die Frage, auf welche der Erzbischof von Paderborn auch keine Antwort wußte. Er sollte verurteilen, das stand fest; aber die Begründung! Es gibt sie bis heute nicht. Die Mitglieder der Glaubenskommission – sollten sie nicht auch diesmal hilfreich herbeispringen können? Sie sprangen nicht. Nicht jedenfalls im Herbst 89. Sie schickten den Oberhirten von Paderborn ganz einfach selber auf die Trüffelsuche. Der 1. Band meines *Markus*-Kommentares, erfuhr ich aus den Medien, sollte nach römischer Einschätzung Beanstandenswertes enthalten, denn angeblich leugnete ich dort die Erlösung des Menschen durch den Kreuzestod Christi, sowie, mal wieder, die Geschichtlichkeit der Offenbarung. Aber man braucht nur die Einleitung dieses ersten Bandes zu lesen, und man wird alsbald eines Besseren belehrt werden: Ich leugne freilich, daß Gott des Opfertodes des einzig Unschuldigen bedarf, um uns schuldig gewordenen Men-

schen vergeben zu können; ich stehe ferner zu der Behauptung, die Kreuzesmystik des Christentums verdunkle die einfache Güte des Vaters Jesu Christi und bilde die Ursache für vielerlei Formen von Sadismus und Masochismus in der christlichen Frömmigkeitsgeschichte; umgekehrt aber betone ich, daß Jesus in den Tod gehen mußte, weil die Freiheit und die Menschlichkeit, die er verkörperte, unvermeidlich all unsere Widerstände und religiös verinnerlichten Zwänge frei setzte, und zwar vor allem aufgrund der Ambivalenz des traditionellen Gottesbildes, an der wir bis heute fundamental leiden. Was die Frage der Geschichtlichkeit der Offenbarung angeht, so schildere ich bereits einleitend am Beispiel der Verklärung auf dem Berge in Mk 9, 1 ff., wie der »garstige Graben« zwischen dem historischen Jesus und dem Christus des Glaubens sich nur schließen läßt, wenn man die historisch »unwahren« bzw. »nachösterlichen« Erzählungen des Neuen Testamentes psychologisch von der Seite des Erlebens (der Performation), nicht der Tatsachenmitteilung (der Information) her liest. W. Kasper, inzwischen zum Bischof von Rottenburg geweiht, muß im Oktober 89 selber einen Bericht über den 1. *Markus*-Band nach Rom geschickt haben mit der Auskunft, daß sich Irrlehren in meinen Büchern nur schwer nachweisen ließen. Die Glaubenskommission insgesamt beschied dem Paderborner Erzbischof jedenfalls, – doch am besten auf die Veröffentlichung der »*Kleriker*« zu warten, damit werde es leichter gehen. Was also sollte er tun?

Zunächst einmal dauerte es bis Ende Oktober, daß ich von Herrn Degenhardt einen Brief erhielt, den ich gespannt öffnete, im Wahn immer noch, irgendeine persönliche Stellungnahme, eine menschliche Reaktion, eine zumindest sachliche Aufklärung über die Hintergründe des verspäteten Fuldaer Sommertheaters zu finden. Was ich fand, war eine »Erklärung« (vermeintlich aus der Feder des Herrn Erzbischofs, jedenfalls von ihm bereits unterzeichnet), die in vier Punkten »meine« Theologie als nicht-katholisch hinstellte, es waren bis in den Wortlaut hinein all die Punkte, in denen seit Jahren H. J. Lauter seine Kampagne betrieb. Herr Degenhardt teilte mir in seinem Schreiben mit, er gedenke, diese Erklärung der Öffentlichkeit zur Kenntnis zu geben, wofern ich nicht meinerseits binnen 14 Tagen meine Position theologisch befriedigend zu erklären wüßte (dazu und zum Folgenden vgl. die Dokumente). Ich »erklärte« so rasch wie möglich am 6. November zum xtenmal, daß ich die Geschichtlichkeit der Offenbarung nicht leugnete, ebensowenig die Gottheit Christi und die Besonderheit des Christentums, und daß ich insbesondere die Erlösungsbedürftigkeit des Menschen so intensiv verträte, wie zur Zeit wohl kein Theologe im deutschen Sprachraum: die drei Bände der »*Strukturen des Bösen*«, meine Habilitationsschrift an der Paderborner Fakultät im Jahre 1978, behandelten schließlich kein anderes Thema als die Aussichtslosigkeit der menschlichen Existenz im Feld der Gottesferne, und diese Arbeit war unter der Amtszeit von Herrn Degenhardt selbst mit der höchsten Note bewertet worden. Hat ein Erzbischof, wenn er denn schon als »Großkanzler« seiner Fakultät in eigener Verantwortung seine theologische Kompetenz demonstrieren will, nicht zuvörderst die Pflicht, einen Theologen seiner Diözese und Lehranstalt vor offensichtlichen Fehldeutungen seiner Arbeiten zu schützen, statt sie sich aus Unkenntnis selbst zu eigen zu machen? »Wenn jemand (so wie ich) sagt, daß an einer bestimmten Kurve ausnahmslos alle Autofahrer verunglücken, so leugnet er die Freiheit des Menschen und gibt letztlich Gott die Schuld an der menschlichen Sünde«, hatte W. Kasper sinngemäß in der »Quaestio« geschrieben, um die Quelle des »gnostischen Gerüchleins« auszumachen, das ihn in meinen Schriften anwehte. Aber das Hauptthema der »*Strukturen des Bösen*«, ist nun einmal die Auflösung der Paradoxie, daß der Mensch seine eigene Freiheit nicht aushält, ohne im Vertrauen auf Gott in seiner Existenz gefestigt zu sein; wer umgekehrt sagt, ein Mensch sei imstande, aus eigener Kraft die »Erbsünde« zu meiden, ist nach kirchlicher Lehre selber ein Irrlehrer – kein »Gnostiker«, aber ein »Pelagianer«, so schrieb ich in einem parallelen Artikel im *Allgemeinen Sonntagsblatt.* In meinen Augen bedeutet es einen unerträglichen Skandal, daß wir Theologen in der katholischen Kirche am Ende des 2. Jahrtausends immer noch eine Sprache reden, die sich weit mehr dazu eignet, Menschen ideologisch auszugrenzen, Herrschaft zu verfestigen und Gedanken in fertigen Form zu fixieren, als dazu, Erfahrungen im Glauben zu vermitteln und Menschen mit ihren Erfahrungen auf Gott hin zu öffnen.

Die beabsichtigte »Erklärung« des Erzbischofs blieb »einstweilen« tatsächlich unerklärt. Der Bischof mußte sich beraten, und man hat ihm offensichtlich angeraten, *nicht*: die anstehenden theologischen Fragen persönlich im Gespräch zu klären, sondern die ganze leidige Theologie sein zu lassen und rein disziplinarisch vorzugehen. Was half, daß ich den Erzbischof bat, wenigstens mitzuteilen, welche seiner theologischen Bedenken denn durch meinen Brief nun ausgeräumt seien oder in irgendeiner Form noch weiter bestünden? Er bat mich um ein neues Gespräch, daß er als Großkanzler, unter Umständen mit rechtlichen Konsequenzen, mit mir zu führen gedenke, im Beisein von Prof. A. Klein; auch ich könne mir einen Beisitzer wählen; das Gespräch werde protokolliert; und sein einziges Thema solle sein: mein neues Buch »*Kleriker, Psychogramm eines Ideals*«. (Siehe Protokoll der Auseinandersetzung).Es war offensichtlich: Hier sollte im Alleingang eine runde Sieben gemacht werden.

Ein »klärendes Gespräch«?

In dieser Situation wählte ich Prof. P. Eicher von der Universität – Gesamthochschule – Paderborn zu meinem Begleiter, und wir einigten uns auf den 31. Januar 1990 als Gesprächstermin. Gleich zu Beginn des Gesprächs fragte sinnigerweise P. Eicher den Erzbischof ausdrücklich, ob es sich hier um ein Gespräch nach § 5 des Lehrbeanstandungsverfahrens handele – ein solches Gespräch muß geführt werden mit dem Willen zur Verständigung. Der Erzbischof erklärte wiederholt, es handele sich nicht um ein solches Gespräch, und er denke nicht daran, bei der Glaubenskommission ein Lehrbeanstandungsverfahren zu beantragen; ein solches Verfahren dauere ihm viel zu lange; er selber wolle sich, je nach Ausgang des Gesprächs, eine eigene Entscheidung darüber vorbehalten, ob jemand, der ein Buch wie »Kleriker« schreibe, an seiner, der Paderborner Fakultät Kleriker ausbilden könne; falls ich wolle, könne ich ja hernach selber an die Glaubenskommission appellieren – nach ergangenem Urteil könnte ich also gegebenenfalls mir später immer noch erklären lassen, warum ich wohl zu Recht verurteilt worden sei. Wirklich, eine schöne Rechtsordnung das. Daraufhin verlas der Erzbischof eine neue vorbereitete Erklärung: Meine »Kleriker« seien (erneut) in vier Punkten nicht katholisch: 1.) Meine Art, mich auszudrücken, sei beleidigend für die Kleriker – als wenn ich sie nicht gerade vor den ständigen Demütigungen der Institution Kirche in Schutz nehmen würde! 2.) Ich bezweifelte die Möglichkeit eidlicher Versprechen. – Ja, das tue ich; denn schließlich hat Jesus selber den Eid verboten, und doch wohl zu Recht. Ein Mensch kann nicht mit 25 Jahren garantieren, wie er mit 75 Jahren sein wird. »Aber wer den Eid leugnet, der leugnet, daß Versprechen unter Menschen verbindlich sind. Da kann man ja auch z.B. als Ehemann gleich überlegen, wann man sich wieder scheiden läßt.« »Aber mitnichten, Herr Erzbischof. Die Kirche muß lediglich lernen, von der zwangsneurotischen Alternative: Gesetz oder Willkür loszukommen. Sie muß lernen, ihren eigenen Gläubigen das Vertrauen zu schenken, daß sie es ernst meinen. Und dann kann man gewiß vielleicht schuldig werden, wenn man ein gegebenes Versprechen leichtfertig bricht; es kann aber auch vorkommen, daß jemand schuldig wird, indem er nicht den Mut aufbringt, ein unhaltbar gewordenes Versprechen aufzulösen.« Es war wieder das übliche. Ich erzählte Beispiele. Ich zitierte Emile Zola. Ich verwies auf eigene Lebenserfahrung. Keine Antwort. 3.) Der nächste Punkt: Ich wollte die Priester zu Dichtern und Therapeuten machen, und das sei nicht christlich. Hörte ich richtig? Die Art Jesu, mit Menschen zu sprechen, sei nicht die eines Dichters gewesen, seine Art, auf Menschen zu wirken, nicht heilend und heilsam? Wie viel Angst muß diese Kirche eigentlich vor ihren eigenen Gläubigen haben, wenn sie sich schon vor der bloßen Möglichkeit fürchtet, in ihren Reihen könnte etwas vom Geist eines Elija wiederkehren? Und 4.) dann: meine Mariologie: ich leugnete die Jungfräulichkeit Mariens. Darüber nichts Neues. Nur daß ich in den »Klerikern« von der Jungfräulichkeit Mariens nicht ein einziges Wort schreibe; ich schildere dort lediglich, wie das Ideal einer jungfräulichen Mutter im Rahmen ödipaler Konflikte auf sensible Gemüter wirken muß. Das Gespräch hatte jetzt dreieinhalb Stunden gedauert, und Herr Eicher und ich glaubten schon an das Ende des Hornberger Schießens, da holte zu unserer Verblüffung der Erzbischof erneut seine vorgeschriebenen Zettel vor und verlas ungerührt seine anfangs geäußerten »Bedenken« als unverändert bestehend. Vergeblich, daß Herr Eicher auf die verheerenden Folgen hinwies, die eine Verurteilung meiner Person weit über die Paderborner Diözese hinaus haben werde. »Ich kenne meine Pflicht, und ich werde entscheiden.« – An dem selben Abend sprach ich in der Universität – Gesamthochschule – Paderborn in einem völlig überfüllten Hörsaal über die Kindheitsgeschichte nach Matthäus. Über die Gattung der Legende. Über die Methode, Legenden zu interpretieren. »Legenden sind nicht historisch zu verstehen.« – »Ja, wem sagt er denn das?« Dem Erzbischof von Paderborn. Aber der war nicht anwesend. Er war in den nächsten vier Wochen abwesend; und so warteten wir erneut tagelang als erstes auf das zugesicherte Protokoll unseres »Gesprächs«. Als es dann schließlich Mitte Februar zugesandt wurde, enthielt es so viele Fehler, Auslassungen und einseitige Wertungen, daß wir uns gezwungen sahen, es ca. 30% zu erweitern und nachzubessern. Es fehlte nur noch, daß der Erzbischof den Text auch unterschrieb. Er hat es bis heute (6. Juni 1990) nicht getan mit der Begründung, die er telefonisch Herrn Eicher mitteilte, der Text sei jetzt ca. 15 Seiten lang, und er könne nicht alles lesen. Man darf wohl denken, daß er das Protokoll recht genau gelesen hat, aber das Bild nicht gut verträgt, das die Art seiner »Gesprächsführung« vom 31.01.1990 unweigerlich hinterläßt. Also: kein Protokoll. Aber auch kein weiteres Gespräch. Denn das war die abschließende »Erklärung« des Erzbischofs bei jenem »Gespräch« gewesen. Was blieb zu tun? Ich schrieb einen offenen Brief an den Erzbischof in *Die Zeit*. Herr Eicher schrieb einen ausführlichen Brief über Stand und Stil des bischöflichen Vorgehens in *Publik-Forum*. Ca. 25.000 Unterschriften, die der Solidaritätskreis unter der Leitung von Herrn M. Günther gesammelt hatte, mahnten den Bischof zur Einhaltung der Bedingungen eines fairen Verfahrens. Die katholischen Theologiedozenten der Universität – Gesamthochschule richteten eine öffentliche Erklärung in gleicher Absicht an die Presse. Was würde der Erzbischof tun?

Ich kann nicht glauben, daß irgendein Leser glauben wird, was jetzt geschah, wenn es nicht genauso geschehen wäre. Am 28. Februar, am Aschermittwoch 1990, durfte ich auf einer ganzen Druckseite der Paderborner Ortszeitungen und dann in den zwei folgenden Ausgaben des Paderborner Bistumsblattes »Der Dom« als die Entscheidung des Erzbischofs lesen: »Nunmehr beabsichtige ich, ein Lehrbeanstandungsverfahren zu beantragen«. Der Grund: so entspreche es ja meinem Wunsch! Und dann kamen in zwei Blöcken all die »Anfragen« vom Ende Oktober und Ende Januar, »nunmehr« als feststehende Meinung des Erzbischofs bzw. als Tatsachenbehauptungen formuliert, verbunden mit der Aufforderung an den Leser, sich selber zu fragen, ob jemand, der so lehre, noch Dozent für katholische Theologie sein könne. Als ob ich je ein Lehrbeanstandungsverfahren »gewünscht« hätte. Ich hatte im Gegenteil noch am 14. Februar dem Erzbischof angeboten, freiwillig für ein Semester meine Dozentur an seiner Fakultät ruhen zu lassen, wenn er die Zeit nütze, um das an sich gut begonnene Gespräch mit Herrn Eicher und mir fortzuführen. Gespräche mit der Absicht der Verständigung, nicht ein Verfahren hatte ich gewünscht. Und schon gar keine Vorverurteilung über Punkte, die wir längst schriftlich und mündlich verhandelt hatten.
Aber es sollte noch besser kommen.
Wie kann ein Erzbischof ein Lehrbeanstandungsverfahren beantragen, wenn er mit dem Betreffenden noch nie im Sinne des § 5 (»mit der Absicht der Verständigung«!) theologisch geredet hat? »Vorher« erklärte der Erzbischof, auf diesen Punkt angesprochen, am 2. März im Deutschlandfunk, »werde ich mit Herrn Drewermann ein Gespräch nach § 5 führen.« Wie also? Da steht die Vorverurteilung fest, aber man braucht noch ein Verfahren, um zu klären, ob das Urteil auch feststeht? Man »beabsichtigt« ein Verfahren zu beantragen, um vorher ein Gespräch mit dem Willen zu führen, »ein Verfahren zu erübrigen«, wie es der § 5 LBV nun einmal gebietet? Es muß nach und nach auch dem Herrn Erzbischof gedämmert haben, daß es da noch etwas nachzubessern gab. Und so besserte er. Am 9. März, nachmittags um 16.00 Uhr, gerade war die Bischofskonferenz in Augsburg beendet, erschienen bei mir überraschend Herr Weihbischof Drewes und Erzbischof Degenhardt selbst in meiner Wohnung mit dem Ersuchen, ich möge doch selber die Privatdozentur zurückgeben. Ich erklärte, daß dies noch vor 14 Tagen im Tausch für faire Gespräche möglich gewesen sei; es sei jetzt freilich nur dann noch möglich wenn es Wege gebe, die ergangenen Vorverurteilungen aus der Welt zu schaffen; – schließlich hatte der Erzbischof seine Version der Sache inzwischen für schätzungsweise 20.000,- DM Portokosten an alle Priester, Lehrer und Mitarbeiter versandt; ich müßte also die Chance bekommen, zumindest denselben

Adressenkreis mit einer Gegendarstellung zu erreichen. »Davon kann keine Rede sein« – »Dann kann auch von einer freiwilligen Rückgabe meiner Privatdozentur keine Rede sein.«
Was folgte, war ein Possenstück. Am 29.3.90 schrieb mir der Vorsitzende der Glaubenskommission, Kardinal G. Wetter, der seinerzeit bereits schon die »*Quaestio*« betrieben hatte, er habe durch ein Gutachten prüfen lassen, daß die Voraussetzungen für den Antrag des Paderborner Erzbischofs für ein Lehrbeanstandungsverfahren gegeben seien, und er werde in zwei Monaten die Glaubenskommission einberufen. Also wieder: Der Erzbischof beantragt ein Lehrbeanstandungsverfahren, und ein Gutachten (von wem, worüber, gestützt auf was?) findet die Voraussetzungen dafür als erfüllt! Zu den Voraussetzungen eines Lehrbeanstandungsverfahrens zählt ein Gespräch nach § 5 (mit dem Willen der Verständigung und der Erübrigung eines Verfahrens); und wie zum Kommentar dazu schickte der Paderborner Erzbischof am 30. März 90 mir einen Brief, in dem er um einen möglichen Termin für ein weiteres »Gespräch« nachsuchte; seinen Antrag bei der Glaubenskommission erwähnte er mit keinem Wort; stattdessen erklärte er jetzt, er betrachte die Gespräche am 31. Januar und am 9. März als Teile eines Gespräches nach § 5. Das also waren die erfüllten Voraussetzungen. Ich schrieb erneut an Herrn Wetter, ebenso wie an Herrn Degenhardt. Die Theologieprofessoren der Universität – Gesamthochschule – Paderborn veröffentlichten eine weitere Erklärung, welche unter anderem auch die »*Neue Westfälische*« abdruckte. Die andere Paderborner Ortszeitung, das »*Westfalen-Blatt*«, informiert seit Jahren über mich nur noch, wenn es sich zuvor mit dem Paderborner Generalvikariat abgesprochen hat. Ergebnis: ein Brief vom 18. April 90, in dem Herr Wetter mitteilt, daß nach »neuen Informationen« einem Antrag auf ein Lehrbeanstandungsverfahren zunächst noch ein Gespräch nach § 5 vorausgehen müsse; man solle sich am Ort verständigen. Sehr wahr. Das ist auch mein Wunsch seit jetzt acht Monaten, seit jetzt vier Jahren, seit jenem Abend des »Gesprächs« mit den Mitgliedern des Metropolitankapitels und seit jenen wirren Medienerklärungen vom Oktober 89.
Doch ehrlicherweise gefragt: was stand jetzt noch zu erwarten? Der Erzbischof von Paderborn hatte längst offenbar gemacht, was die geheime Absicht der römischen Glaubenskongregation gewesen war: eine rasche Verurteilung. Daß sie bis heute nicht definitiv, also exekutiv ausgesprochen ist, liegt an der ausgesprochenen Angst des Paderborner Oberhirten vor der Last seiner Verantwortung, d.h. vor der zu erwartenden Beunruhigung weiter Teile seiner eigenen Diözese. Zudem läßt sich auch nicht gut ein Urteil verkünden, ohne wenigstens den Anschein von Beweisen beizubringen. Doch da muß man Herrn Erzbischof Degenhardt nun fragen: Wenn am 31. Januar 1990 noch von Prof. A.

Klein gesagt werden konnte, es gehe jetzt nicht um Glaubensfragen, Irrlehren seien in meinen Büchern schwer nachzuweisen, ich drückte mich zu schwammig aus, – woher kam ihm dann während seiner Indienreise im Februar 1990 die Erkenntnis, daß all die alten Vorwürfe »nunmehr« in den Rang erwiesener Tatsachen und bewiesener Behauptungen erhoben werden könnten? Und wenn schon seine Aschermittwocherklärung Gültigkeit haben soll, warum entscheidet dann der so entschieden sich gebende Erzbischof von Paderborn nicht selber: – tut seine »Pflicht« und verurteilt den Irrlehrer? Warum beantragt er, »nunmehr« dann doch noch ein Lehrbeanstandungsverfahren? Und weiter: Wie konnte er (am 6. Juli) ein Gespräch mit dem Willen zur Verständigung ernsthaft noch führen wollen, wenn der beabsichtigte Ausgang des Gesprächs seinen eigenen Erklärungen nach längst vorweggenommen war? Und vor allem jetzt: Welch ein Spielraum wäre der Glaubenskommission geblieben, wenn sie nur einberufen worden wäre, um die ergangenen Vorverurteilungen eines Ortsbischofs nachträglich zu überprüfen? Ich habe seit Kindertagen miterlebt, was alles Theologen wider ihr eigenes Wissen und Gewissen auf autoritären Druck hin zu sagen bzw. nicht zu sagen bereit sind. 1956 z.B.: Papst Pius XII. erklärt, daß kein Katholik das Recht habe, sich in der Frage der Wehrdienstverweigerung auf sein Gewissen zu berufen! – Kein theologischer Widerspruch. 1968: Papst Paul VI. verbietet die künstliche Empfängnisverhütung. – Kein Theologe, außer Stefan Pfürtner, ist bereit, seinen Lehrstuhl in dieser Frage durch Widerspruch zu riskieren. 1975: Die Würzburger Synode hat nicht den Mut, die Wiederverheiratung Geschiedener gegen den Druck der Bischöfe als Anliegen der deutschen Bistümer nach Rom zu melden; in meinem Buch »*Kleriker*« habe ich diese Begebenheiten als Beispiele für ein Denken von Amts wegen beschrieben. Wann je wäre von einem Heer von Hoftheologen Widerstand und Widerspruch gegen ein ergangenes Urteil ihrer eigenen Behörde zu erwarten gewesen? Und selbst wenn eine solche Kommission in solcher Situation sich zum äußersten aufraffen würde: sie würde nur »Bedenken« und »Anfragen«, nicht Vorwürfe und Verurteilungen gegen mich aussprechen, so muß man wissen, daß ein Lehrbeanstandungsverfahren der Glaubenskommission immer noch die alten Inquisitionspraktiken in sich enthält: Die Theologen eines solchen Verfahrens können beschließen was sie wollen, sie sind am Ende nur befugt, an die zuständigen Bischöfe ein Votum weiterzuleiten, an welches diese nicht gebunden sind; diese richten vielmehr ihrerseits ein Votum an den Ortsbischof, an welches wiederum dieser nicht gebunden ist; und damit am Ende auch ganz sicher niemand mehr weiß, wer nun wirklich etwas gesagt hat und wie entschieden hat, muß von vornherein über das ganze Verfahren die Tarnkappe eidlichen Stillschweigens gestülpt werden.

Mit anderen Worten: das Ministerium der Wahrheit ist schon deshalb die Wahrheit selber, weil es keinem »Laien« erlaubt ist, je zu erfahren, was denn die Wahrheit sein soll, und vor allem: wie sie zustande kam. Er hat sich demütig dem Ratschluß der kirchlichen Autorität sowie der Kommission der theologischen Experten zu beugen. Er hat zu lieben, wenn es befohlen wird. Er hat zu hassen, wenn es befohlen wird. Ich aber will keine Theologie mehr, die der bloßen Befehlsausgabe und Befehlsausführung dienlich ist. Ich werde auch keine heiligen Eide (mehr) leisten. Ich möchte eine Kirche des öffentlichen Gesprächs. Und dies allein scheint der Punkt zu sein, um den sich alles dreht: Wann in der katholischen Kirche wird es erlaubt sein, offen und ehrlich miteinander zu sprechen? Es mag sein: am Ende werde ich in der Auslegung des Nikänokonstantinopolitanischen oder des Chalkedonensischen Glaubensbekenntnisses bezüglich der Trinitätslehre oder der Christologie »Irrlehren« vertreten haben, oder ich werde die Geschichtlichkeit der Offenbarung geleugnet haben, oder ich werde ein »zu eschatologisches« Kirchenbild vertreten haben. In Wahrheit aber vertrete ich nur eins: die Person des historischen Jesus von Nazareth, der niemals wollte, daß von Gott anders die Rede sei, als daß Menschen darunter geheilt würden und dem Himmel näher kämen. Wirklich: Eine priesterlichere Kirche möchte ich. Eine prophetischere Kirche möchte ich. Und als Dichter und als Therapeuten wünsche ich mir die »Lehrer« des Göttlichen in der Kirche. Ich finde: das ist nicht zuviel verlangt. Ich finde, das ist dringend nötig.

Das Gespräch vom 6. Juli hat inzwischen stattgefunden. Es dauerte nicht zweieinhalb, sondern sechs Stunden. Es behandelte nicht 70 Buchseiten, sondern drei von vier geplanten Themenkomplexen: Geschichte, Menschwerdung und Offenbarung, Eid und Treueverpflichtung in Priesteramt und Ehe, das Priesterbild. Was so lange vergeblich erwartet war, ereignete sich – nicht zuletzt durch Herrn Eichers Vermittlungsbemühungen – trotz aller Befürchtungen nun doch: das Eis brach und man fing an, miteinander zu reden. Und da zeigte sich in allen Punkten, daß es zwar erhebliche Unterschiede in der Bewertung der kirchlichen Situation, zahlreicher seelsorglicher Aspekte sowie vieler bibeltheologischer Einzelfragen gab, nicht aber wirkliche Dissense in dogmatischen Grundüberzeugungen der katholischen Kirche. Die meisten Beanstandungen in meinen Büchern seitens des Erzbischofs erwiesen sich als Mißverständnisse aufgrund unterschiedlichen Sprachgebrauchs. Die Begriffe Historie und Geschichte oder Leib und Körper oder Jesus und Christus wurden z.B. von Herrn Degenhardt synonym verwandt, während ich sie gerade sorgfältig zu unterscheiden suchte. Wenn ich sagte, daß die Botschaft des Glaubens nicht durch äußere historische Fakten begründbar sei, so wollte ich doch nicht leugnen, daß die christliche Existenz auf die geschichtliche Erfahrung von Menschen mit der historischen Person des Jesus von Nazaret zurückgeht, sondern daß diese Erfahrungen damals wie heute Menschen innerlich zutiefst verändern konnten und verändern können. Wortspiele also? Keinesfalls nur. Die Frage ist: Wie ernst nimmt das Lehramt der katholischen Kirche die jahrhundertealte Kritik der historischen Forschung an der Bibel, die zeigt, daß gerade an den religiös relevanten Stellen die Heilige Schrift nicht an historischen Informationen, sondern an der symbolischen Verdichtung menschlicher Erfahrung interessiert ist, an dem, was ich »digitale Kommunikation« nenne. So kann man z.B. glauben, daß Jesus von Nazaret das Priesteramt der katholischen Kirche nicht eingesetzt hat und daß er als Schüler Johannes des Täufers mit seinem prophetischen Anspruch allem Priesterlich-Beamteten vollkommen abhold war (vgl. das Gleichnis vom barmherzigen Samariter), und man kann trotzdem dem kirchlichen Glauben zustimmen, daß das Sakrament der Priesterweihe auf Christus zurückgeht. Mit Nachdruck mußte ich gegenüber dem Paderborner Oberhirten darauf bestehen, daß die von ihm beanstandeten Stellen ausnahmslos Problemstellungen aufgriffen, die sich aus den Befunden der historischen Bibelkritik selber ergäben; an diesen Stellen sei ich durchaus nicht originär, und man könne mir denn wohl doch nicht die Lösungsversuche und Antworten auf Fragen vorwerfen, die ich selber gar nicht zu verantworten hätte. Einzig in der Frage der Jungfräulichkeit Mariens ließ eine gänzliche Einigung sich nicht erzielen. Meines Erachtens handelt es sich hier um ein Symbol für die Gottessohnschaft Jesu, das keinerlei historische Aussagen über den biologischen Zustand der Mutter Jesu enthält, während der Paderborner Erzbischof entschieden darauf beharrte, daß der Glaube an die Jungfrauengeburt bedeute, Jesus sei biologisch, materiell, physisch, historisch nicht von einem Manne gezeugt, und Maria habe ihre biologische Jungfräulichkeit niemals verloren, auch nicht durch den Geburtsvorgang selbst, auch nicht durch die »Brüder und Schwestern« Jesu, von denen das Markus-Evangelium spricht. Übereinstimmung aber herrschte darin, daß Jesu Verbot des Eides auch für die Kirche nicht unbedeutend sei, ja daß die Kirche nicht unproblematisch handele, wenn sie im Widerspruch zu dem ausdrücklichen Wort Jesu Menschen unter Eid zur Wahrheit verpflichten will, statt die Menschen dorthin zu führen, wo sie zur Wahrheit fähig werden.

Das Gespräch war das erste, das sich um eine offene theologische Klärung der anstehenden Fragen bemühte und es soll im Oktober 1990 nun auch in weniger umstrittenen Fragen fortgeführt werden. Das zeigt, daß eine Verständigung sehr wohl und sogar recht rasch möglich ist, wenn nur miteinander ernsthaft gesprochen wird. Also: Dialog statt Verurteilung, Verständigung statt Verfahren, Diskussion statt Dissens. Die Frage bleibt allerdings: wieviel Spielraum läßt die römische Glaubenskongregation einem deutschen Ortsbischof im Jahre 1990 n.Chr.? Da wird man sehen…

In Mt 10, 1-15 gibt es eine Sammlung von Jesus-Worten, die es erlauben, so dicht wie selten sonst im Neuen Testament, den Ursprung der Botschaft und des Selbstverständnisses des Juden Jesus von Nazaret zu berühren; es sind zugleich aber auch die Schlüsselworte des Selbstverständnisses der Kirche, und so läßt sich beides in äußerster Dichte miteinander vergleichen.

Die Botschaft Jesu: Sie konzentriert sich ganz und gar auf das Volk der Erwählung. »Geht nicht auf der Straße der Heiden. Begebt euch nicht in eine Stadt der Samariter.« Für Jesus ist Israel der Ort, an dem Gott sich mitteilt als Licht über die Völker, und was die Propheten verhießen – jetzt kann es Wirklichkeit sein. Alle menschliche Geschichte entscheidet sich jetzt; – die Wallfahrt der Völker zum Zion, sie wird beginnen, wenn Israel seiner eigenen Berufung folgt. Und es ist möglich. Zuvor liegt der Bund der zwölf Stämme seit Jahrhunderten darnieder, und selbst der kleine Rest Juda ist politisch besetzt von den Marschkolonnen römischer Besatzungstruppen. Und doch: nicht politisch, aber religiös, nicht äußerlich, aber innerlich läßt sich das Wesen Israels von neuem aus der Zerstreuung sammeln und begründen. Die Zwölf-Zahl der Jünger – sie ist wie das Fundament eines neuen Altares von Sichem, an dem man Gott anbeten wird im Geist und in Wahrheit. Und die 12-Zahl selbst – sie ist ein Symbol der Gestirne des Himmels, durch welche die Sonne im Umlauf des Jahres ihre Bahn zieht: die ganze Welt, das ganze Universum, die Schönheit des nächtlichen Himmels vereint mit dem Lichtgestirn des Tages, die Ordnung des Himmels als Stirnreif und Diadem eines jeden Menschen, der sich ehrlich müht um den göttlichen Willen! »Geht und sagt, nahe ist das Königreich der Himmel zu kommen!« Alle Menschen als Mitglieder dieses unsichtbaren Königtums der Himmel; als Söhne (und Töchter) des ewigen Königs! Wieviel Stolz und Glück liegt in diesem Aufbruch der Würde und Größe des Menschen unter den Augen Gottes, der gnädigen Güte und Nähe Gottes in den Herzen der Menschen!

Nur eines ist nötig, und es ist das Kernanliegen Jesu, der ganze Inhalt seiner Mission, der Entscheidungspunkt auf Leben und Tod: »Geht zu der Herde der Verlorenheit bzgl. des Hauses Israel.« Diese Worte muß man mit hebräischen Ohren hören, »Verlorenheit«. Das ist wie ein Zitat aus dem 1. Psalm, am Anfang des Gebetbuchs Israels »Selig der Mann, der seinen Sitz hat im Rat der Rechtschaffenen…« und dann im scharfen Kontrast: »Nicht so die Frevler. Ihr Weg verliert

sich.« Kann man es bei dieser Gegenüberstellung belassen, darf man sich beruhigen in dem Gefühl der Rechtschaffenheit und Reinheit angesichts dieser anderen, dieser Chancenlosen vor Gott und den Menschen? Das ist die zentrale Frage Jesu. »Verlorenheit« – das ist Hirtensprache. Wenn ein einzelnes Schaf von der Herde versprengt ist, gleich der Vereinzelung einer Kordel aus dem Geflecht eines Taus, so hat es von sich her keine Möglichkeit der Rückkehr mehr. Ohne Orientierung, verängstigt und hilflos blökend, ist es das willkommene Opfer aller Beutegreifer. Wenn nicht der Hirte ihm nachgeht, ist es als »versprengtes« »verloren« – beide Begriffe sind ein und dasselbe in der Muttersprache Jesu. Was also tun, als sich aufmachen zu diesem Verlorenen! Im Kreise der Zwölfe sogar findet sich Matthai, der Zöllner, ein Mann der mit Römern zusammenarbeitete und ihnen behilflich war beim Eintreiben der Steuern einer unrechtmäßigen Ausbeutung. Auf solche Leute spuckte man als rechtschaffener Israelit, als Volksgenosse, als Messiastheologe, als Frommer. Im Kreis der Zwölf findet sich auch Schimeon, der »Eiferer«, ein Widerstandskämpfer gegen die Römer offenbar. Und Jesus erreicht, daß sie beide, von den extremen Polen der Feindschaft her, sich miteinander verständigen und sich zusammenfügen in das Fundament eines neuen Altares der Einheit.
Und so gilt es jetzt: bis in das Physische und Psychische hinein müßte erfahrbar werden, was es heißt, noch einmal neu zu beginnen ganz aus dem Vertrauen in die voraussetzungslose Güte Gottes. Eine solche Macht ging von Jesus aus, daß die Ausgestoßenheit, die Abspaltung, die Entfremdung und Außenlenkung der Menschen sich auflöste. »Geht und macht rein die Aussätzigen«. Wie viele Menschen gibt es, die bis in die Poren ihrer Haut hinein sich vor sich selber ekeln wie vor etwas Häßlichem, und das Gesetz schreibt ihnen vor, von weitem die anderen zu warnen vor zu großer Nähe; schon um sich selber nicht an ihnen zu verunreinigen, ist die einzige Art ihrer Beachtung die Verachtung. Was kostet es, einem Menschen ein Gefühl für seine ursprüngliche Unschuld zurückzugeben und ihm Mut zu verleihen, an seine verlorene Schönheit zu glauben! »Und laßt auferstehen die Toten«. Wie viele Menschen gibt es, die ihr Dasein fristen in den Kammern des Todes, das Leben mehr fürchtend als das Sterben, und unfähig, die Last der Verzweiflung abzuschütteln. Es müßte eine Auferstehung ins Leben lange vor dem Sterben geben, es müßte eine neue Freude und Begeisterung in dem wunderbaren Geschenk dieses Lebens sich erwecken lassen, es müßte möglich sein, sich aufzurichten und gerade zu stehen für dich selbst. »Und treibt die Dämonen aus«. Wie viele Menschen gibt es, die seit Kindertagen so viel an Angst und Schuldgefühlen, an fremden Gedanken und von außen verfügten Zwängen in sich aufgenommen haben,

daß es wie automatisch nach mechanischen Regeln immer wieder gegen sie auslenkt, sobald sie beginnen möchten, selber zu denken, und immer wieder gegen sie anfühlt, sobald sie beginnen möchten, selber zu fühlen. Und doch ist ein jeder von ihnen dazu bestimmt, das Bild Gottes in sich zu verwirklichen. Also muß es erlaubt sein, einen eigenen Kopf im eigenen Leben aufzusetzen und die Souveränität und Freiheit der eigenen Entscheidungsfähigkeit und Verantwortung zurückzugewinnen. Es wäre das Ende aller »Dämonen«. »Geht und heilt, jede Krankheit, jedes Gebrechen.« O Jesus, das wirst selbst du nicht können! und doch gilt es: man darf von Gott nicht anders sprechen, als daß Menschen darunter aus der Verlorenheit zurückfinden und es ist kein prinzipieller Unterschied zwischen Gottfindung und Selbstfindung, zwischen Heil und Heilung, zwischen Priester und Arzt, zwischen Prophet und Therapeut, zwischen Frömmigkeit und Menschlichkeit, zwischen Heilig und Profan.

Wie muß man auftreten, um für diese Botschaft einzutreten? Es überrascht, mit welcher Akribie Jesus sogar die Einzelheiten ordnet: »Nehmt kein Geld, kein Silber, kein Kupfer in euren Gürteln mit, nicht Sandalen, nicht Stab, nicht zwei Gewänder, keinen Ranzen auf dem Weg.« Wer die materielle Armut nur materiell besiegen will, der kann gar nicht genug Gold, Silber und Kupfer in den Gürteln mitnehmen. Die Jünger Jesu aber sollen selber arm sein. Denn nur der auf das Szepter der Macht Verzichtende vermag gut zu sein, ohne zu demütigen. »Umsonst habt ihr empfangen. Umsonst gebt.« Das ist der Anfang des Königreichs der Himmel: dieser Eintritt in die Welt der absoluten Gnade, dieses voraussetzungslosen und bedingungslosen Umsonst, diese Rückkehr in das Paradies eines Angenommenseins in allem.

Freilich: Alles entscheidet sich jetzt. Es ist, als erhöbe der Frühlingswind seinen Atem und weckte mit dem Mund seiner Zärtlichkeit alle Blumen des Feldes zum Leben; nur: wer sich jetzt noch verschließt, als müßte er sich schützen vor dem Frost des Winters und dem Reif der Nächte, der wird erleben, wie das Leben an ihm vorbei geht. »Am Tag des Gerichts wird es dem Land von Sodom und Gomorrah erträglicher gehen.« Der Tag des Gerichts ist jetzt. Wer den Friedensgruß hört und in sein »Haus« aufnimmt, über dem wird der Friede Gottes ruhen; wer nicht, der spricht sich selbst das Gericht. Und alles drängt. Es duldet keinen Aufschub. »Schüttelt den Staub von den Füßen.«

Wir wissen, wie die Entscheidung in den Tagen Jesu ausfiel. Jesus, der selber wagte, an den Rand der Verlorenheit zu gehen, wurde selber an diesen Rand gedrängt und wurde unvermeidbar selbst ein verlorener. Nur wenig später schon, und er wird einen Priester und einen Leviten in einem Gleichnis erwähnen, die auf dem Weg zum Tempeldienst nur ihre pünktliche Pflicht tun wollen und daher (!) unfähig sind zu Mitleid und Menschlichkeit gegenüber dem von Räubern Überfallenen; ein Samariter aber, der mit dem Jerusalemer Tempel durchaus nichts im Sinn trägt, wird frei sein zu einer Haltung einfachen Helfens. Ein ganz und gar antiklerikales Gleichnis. Ein national übergreifendes Gleichnis. »Geht nicht in ein Dorf der Samariter.« Jesus selber ist dabei, nach Samaria zu gehen. »Geht nicht auf dem Weg der Heiden.« Wenig später schon wird Jesus selber von dem römische Hauptmann erklären, er habe einen solchen Glauben wie bei diesem Heiden in ganz Israel nicht gefunden. Und: »Aus diesen Steinen kann Gott Kinder Abrahams erwecken.« Es wird nur einen Maßstab geben, wenn der Tag des Gerichts kommt, und er wird für alle Menschen, gleich welcher Herkunft, gelten: »Was ihr dem geringsten getan habt...«

Die Gruppe der Jünger Jesu wurde im Judentum so randständig, wie im Kreis aller Anständigen diejenigen randständig waren, aus denen sie selber sich rekrutierten. Doch was ergibt sich daraus? Wer sind wir als »Kirche«?

»Kirche« – das ist die Institution derer, die aus dem Apostelkreis der Zwölfe durch Handauflegung hervorgegangen sind; das sind die dem Lehramt der Bischöfe Überantworteten, – das sind die unter dem Primat des Schimeon, der da Petrus heißt, Geeinten. So wird ein jedes Kommunionkind bereits mit acht Jahren unterwiesen. Aber so ist es ersichtlich nicht entsprechend dem, was Jesus ursprünglich gewollt hat. Er wollte nicht ein »wahres Israel« gegen das Volk der Erwählung gründen. Es war er, der Jude Jesus von Nazaret, der es ermöglichte, daß auch wir, die wir aus den »Heiden« sind, uns zurechnen dürfen zum Volk der Verheißung, als Glieder des Bundes. Er wollte nicht, daß wir einen neuen Tempelkult errichteten gegen den Tempel, ein neues Gesetz gegen die Priesterschaft Israels. Er wollte das Ende der weihrauchumwolkten Worte, der Opferpraktiken ewiger Angst, gebunden an Besitz und an die Zerstörung von Besitz, und wenn schon »Priester«, so wollte er priesterlichere Menschen. Dazu gabe er uns die Kraft: zu heilen die Krankheit, zu vertreiben die Besessenheit. Eine »Kirche«, die nicht wesentlich »therapeutisch« ist in der Gnade Gottes, ist niemals die »Gemeinde« des Juden Jesus von Nazaret.

Es war vor 600 Jahren, daß ein Prager Theologiedozent, der in der Bethlehem-Kirche sein Wort zum »Haus des Brotes« machte, das Dilemma der katholischen Kirche auf den Begriff brachte: »Die Bischöfe, Päpste, Kardinäle und Prälaten sind nicht die Nachfolger der Apostel, es sei denn, sie lebten wie diese.« Jan Hus wurde verbrannt. Doch aus der Asche erstieg ein Geist, der mit den Käfigstäben aus Gold, Silber und Kupfer nicht einzusperren ist, denn es ist der Geist Jesu.

Anhang

Anmerkungen

Rainer Schwarzenthal: Diffamierung der Kritik–Ausgrenzung des Kritikers

1 Vgl. die gleichnamigen Titel der von N. Greinacher/H. Haag (Hrsg.), Der Fall Küng. Eine Dokumentation, München 1980 bzw. von der Brasilianischen Bewegung für die Menschenrechte, Der Fall Boff. Eine Dokumentation, Düsseldorf 1986 herausgegebenen Dokumentationen zu den Auseinandersetzungen Küngs bzw. Boffs mit den Repräsentanten des amtskirchlich-hierarchischen Systems.
2 G. Hasenhüttl: Kirche und Institution, in: Concilium 10 (1974) Heft 1, 7-11.
3 Vgl. zum Folgenden insgesamt: R. Schwarzenthal, Konflikt und Ausgrenzung in der katholischen Kirche. Analysen zur Selektivität religiöser Instutionalisierung, Frankfurt/M, Bern, New York, Paris, 1990.
4 Vgl. Kongregation für die Glaubenslehre, Notifikation der Kongregation für die Glaubenslehre zu dem Buch »Kirche, Charisma und Macht. Versuch einer militanten Ekklesiologie« von Leonardo Boff OMF, herausgegeben vom Sekretariat der Deutschen Bischofskonferenz, Bonn 1985, 6. In der Auseinandersetzung der Glaubenskongregation mit Leonardo Boff um die Vorrangstellung der katholischen Kirche wird diese Problematik besonders deutlich.
5 Vgl. Can. 216 CIC und Can. 300 CIC (1983).
6 Vgl. L. I. Horowitz; M. Liebowitz: Social Deviance and Political Marginality: Toward a Redefinition of the Relation between Sociology and Politics, in: Social Problem 15, 1967-68, 280-296.
7 L. Boff: Kirche: Charisma und Macht, Düsseldorf 1985, 102.
8 Ebd., 246-
9 Pdp, 1990, 6; vgl. u. S. 276.
10 Ebd.; Hervorhebung R.S.
11 Ebd., 2; vgl. u. S. 274.
12 K. Rahner: Politische Dimensionen des Christentums, Ausgewählte Texte zu Fragen der Zeit, herausgegeben von H. Vorgrimler, München 1986, 32; Hervorhebung R.S.

13 M. Seiler: Religiöse Gefühle sind nicht verletzbar. Über den vergeblichen Versuch, Gott schützen zu wollen, in: DIE ZEIT, Nr. 43, 16. Oktober 1987, 72.

14 J. B. Metz: Glaube–Befähigung zur Zukunft?, in: Zentralkomitee der deutschen Katholiken (Hrsg.): Ich will euch Zukunft und Hoffnung geben, Paderborn 1978, 417-428; hier: 422.

15 E. Durkheim: Die Regeln der soziologischen Methode, Neuwied/Berlin 1965, 160.

16 Ebd.

17 J. B. Metz: Jenseits bürgerlicher Religion, München 1980, 9; vgl. das Protokoll der Auseinandersetzung, u. 231-316.

Paul Hoffmann: Evangelium ohne Priester?

1 Vgl. dazu meinen Beitrag »Das Erbe Jesu und die Macht in der Kirche« (Diakonia 1990). Für die folgenden Überlegungen verweise ich außerdem auf meine Aufsätze in dem von mir herausgegebenen Band »Priesterkirche«, Düsseldorf 2. Aufl. 1989, in denen ich die hier zur Frage stehenden Sachverhalte detaillierter dokumentieren konnte. Dort finden sich auch weitere bibliographische Hinweise. Zugleich verweise ich dazu auch auf meine Aufsatz »Das paulinische Konzept einer charismatischen Gemeinde«, in: Bibel und Kirche 45 (1990) 72-79.

2 In: Zur Kritik der Gewalt und andere Aufsätze, Frankfurt 1965, 81.

3 Damit nehme ich das Leitwort der Ekklesiologie Christian Duquocs auf: Des Eglises provisoires, Paris 1985 = Kirchen unterwegs, Fribourg 1985.

4 Vgl. dazu vor allem K. Thraede, Zum historischen Hintergrund der »Haustafeln« des NT, in: Pietas. FS B. Kötting, Münster 1980, 359-368, hier vor allem 366f.

5 Vgl. K. Müller, Jesus und die Sadduzäer, in: Biblische Randbemerkungen. Schülerfestschrift R. Schnackenburg. Hrsg. v. H. Merklein und J. Lange, Würzburg 1974, 3-24.

6 Vgl. Der Brief an die Römer, Zürich-Neukirchen 1978, 240.

7 An die Hebräer, Zürich-Neukirchen 1990, 25f.

8 Vgl. dazu U. Wilckens, Der Brief an die Römer, Zürich-Neukirchen ^{2}1989, 4-6.

9 Vgl. W. Radl, Kult und Evangelien bei Paulus, in: BZ 31 (1987) 58-75, hier 62.

10 Vgl. L. Perlitt, Bundestheologie im AT, Neukirchen 1969, 175f.

11 Vgl. Müller, Die Offenbarung des Johannes, Gütersloh/Würzburg 1984, 183, sowie: E. Schüssler-Fiorenza, Priester für Gott. Studien zum Herrschafts- und Priestermotiv in der Apokalypse, Münster 1972, 401.

1 J. Helmrath, Das Basler Konzil. 1431-1449. Forschungsstand und Probleme, Köln-Wien 1987, 327.

2 Vgl. dazu bei Helmrath 352-372.

3 Helmrath bezieht sich seinerseits auf W. Krämers Darstellung der Ekklesiologie des Basler Konzilstheologen Johannes von Ragusa. Vgl. W. Krämer, Konsens und Rezeption. Verfassungsprinzipien der Kirche im Basler Konziliarismus, Münster 1980, bes. 85-124 (mit der Edition wichtiger Texte 364-383). Zit. Krämer 100. Aus der Handschrift entnimmt Krämer, daß »in se et« später hinzugefügt ist.

4 Die Lehre von der Christusunmittelbarkeit ist eine der dogmatischen Kernaussagen des Konzils von Konstanz (vgl. COD 409, 22-27).

5 Auf die bis heute andauernde Diskussion um Interpretation und Rezeption dieses Dekrets kann ich hier nicht eingehen. Das Konzil von Basel dürfte aber Konstanz nicht völlig mißverstanden haben, als es in Sessio XXXIII die berühmten drei Wahrheiten verkündete, wonach die Oberhoheit des Universalkonzils katholische Wahrheit sei, die nun mit der Zitation von Sessio V von Konstanz begründet und zugleich verallgemeinert, d.h. nicht mehr auf konkrete Krisenbewältigung beschränkt wird (wie es in Konstanz noch scheinen konnte). Vgl. zur Forschungslage Helmrath 460-477.

6 Vgl. zu Ragusa: Krämer 107; in meiner eigen Arbeit am Konzil von Basel bin ich vor allem auf die beiden anderen genannten Autoren gestoßen. Vgl. J. Wohlmuth, Verständigung in der Kirche. Untersucht an der Sprache des Konzils von Basel, Mainz 1983, bes. 200-256. Parallel zu meiner Arbeit, die sich nicht historisch-kritisch mit dem Konzil von Basel befaßt, sind weitere wichtige Arbeiten erschienen. Vgl. u.a. G. Alberigo, Chiesa conciliare, Brescia 1981; A. Black, Council and Commune, London 1979. Vgl. jetzt den vorzüglichen Einblick in die Forschungslage bei Helmrath.

7 Ich denke vor allem an die bedeutende Ekklesiologie des Torquemada, die eine gehörige Wirkungsgeschichte in das 16. Jahrhundert hinein zeitigte. So bezog sich etwa in der dritten Konzilsperiode der Bischof von Rossano in seinem bedeutenden Votum auf den papalistischen Standpunkt, wonach Petrus der einzige war, der unmittelbar durch Christus ordiniert und zum Bischof gemacht wurde, so daß alle Gewalt im Papsttum konzentriert ist und von dort auf alle anderen ausstrahlt. Vgl. Concilium Tridentinum IX 119 mit Anm.7. Eine Schlußfolgerung des Bischofs lautet, alle Gewalt als Jurisdiktion sei wurzelhaft von Gott, quellenmäßig aber in Petrus und seinen Nachfolgern begründet (omnem potestatem, quae dicitur iurisdictionis, collocatum esse a deo radicaliter... et fontaliter in Petro et eius successoribus), während alle Gewalt der Bischöfe durch den Papst vermittelt sei (mediante Romano Pontifice). (221f.) Auch hier beruft sich der Text kurz zuvor noch einmal auf den Autor des 15. Jahrhunderts.

8 Um nur ein Beispiel herauszugreifen: In der dritten Konzilsperiode des Trienter Konzils wird ein Bischof davon sprechen, es gebe keine bessere Herrschaftsform als die monarchische, weil diese der himmlischen Hierarchie am nächsten komme, in der ja alles Jesus Christus unterworfen sei. Deshalb gelte auch für

die Kirche: »Alias ecclesiae regium non esset optimum, quia non monarchicum, nec coelesti simile hierarchiam in qua omnes subiiciuntur Christo.« Concilium Tridentinum IX 131.12f.

9 Monumenta Conciliorum II 667-69. Zit. Helmrath 341.

10 Vgl. seine interessanten Überlegungen zur Basler Geschäftsordnung, auf die ich im Rahmen meiner Arbeit gestoßen bin. (Verständigung in der Kirche 48-57).

11 Es ist nicht meine Zielsetzung, in eine Auseinandersetzung mit Drewermanns zentraler These einzutreten. Das Phänomen einer Reform an Haupt und Gliedern scheint mir zu implizieren, daß Reform nicht einfach die Ersetzung des einen Über-Ich durch ein anderes ist. Es gibt auch die Möglichkeit, daß die Dynamik des Geistes einen neuen, befreiten Zugang zu einer Lebensform eröffnet, die das sich damit identifizierende Individuum nicht entfremdet, sondern erst zur Freiheit befreit. Auch Drewermann versucht ja über weite Seiten des Schlußteiles hinweg ein Ideal aufzuzeigen, das–von krankmachenden Elementen gereinigt–eine evangelische Lebensform eröffnet, die der gesamten Kirche zugutekäme.

12 Vgl. Verständigung in der Kirche 73f u.ö.

13 Letzterer Ausdruck stammt von H. Jedin. Vgl. Ders., Bischöfliches Konzil oder Kirchenparlament? In: R. Bäumer (Hrsg.) Die Entwicklung des Konziliarismus, Darmstadt 1976, 198-228, hier: 225.

14 »Die Härte erstaunt um so mehr, als namhafte Konzilsväter wie Johannes Schele, Enea Silvio Piccolomini oder Panormitanus sich überhaupt gegen den Zölibat aussprachen–indem sie unter anderem auf den konstanten Mißerfolg derartiger Dekrete hinwiesen.« Helmrath 336. Eine Tagebuchnotiz berichtet über einen öffentlichen Aushang in deutscher Sprache, auf dem Klage geführt wird, daß man dem niederen Klerus den Konkubinat verbiete, während man die viel schlimmeren Dinge wie Simonie, Verschwendung und Homosexualität bei den höheren Prälaten nicht zu beseitigen gedenke. Vgl. Concilium Basiliense (Hrsg. J. Haller), Bd. V 114.23-31.

15 Vgl. Helmrath 327-352.

16 So der Eindruck M. Luthers, den er im Sermon von den guten Werken geäußert hat. Vgl. H. Schneider, Das Basler Konzil in der deutschsprachigen evangelischen Kirchengeschichtsschreibung, in: ThZ 38 (1982) 308-330, zit. 311.

17 Im Unionsdekret »Laetentur coeli« ging das Konzil bezüglich des Zusammenhangs von Priestertum und Eucharistiegewalt mit den Griechen einig. Die Lehre vom universalen Primat des römischen Bischofs konnte es jedoch den unionsbereiten Griechen nur unter der Bedingung abringen, daß es den ekklesialen Stellenwert der fünf Patriarchate, deren »Ordo«, zugestand. Vgl. Sessio VI vom 6. Juli 1439 in COD 523-528. Die Wirkungsgeschichte der Florentiner Sessio VI reichte im Westen bis hinein in das Konzil von Trient. Ich erinnere z.B. an den Versuch römischer Kreise, die in Florenz verkündete Lehre vom Papsttum dem Konzil zu unterbreiten, ohne die Patriarchate auch nur noch zu erwähnen. (Vgl. Concilium Tridentinum IX 233.17-33). Gegen diesen Versuch wandten sich vor allem die Franzosen, die–neben den Spaniern–alles daransetzten, die Lehre von der Oberhoheit der Allgemeinen Konzilien nicht zu untergraben. Vgl. Concilium Tridentinum IX 236.25-32. Vgl. L. Ott, Das Weihesakrament. HDG IV/5, Freiburg-Basel-Wien 1969, 126. In der Einigung mit den Arme-

niern (vgl. COD 549f.) wird das Priestertum mit der Opfergewalt (potestas offerendi sacrificium) geradezu gleichgesetzt.

18 Die beiden Scheiterhaufen von Konstanz, auf denen Jan Hus und Hieronymus von Prag verbrannt wurden, sind hinlänglich bekannt. Weniger bekannt ist der Scheiterhaufen von Basel, auf dem der Schwärmer Nikolaus von Bulsdorf dem Feuertod übergeben wurde. Vgl. Helmrath 407. Nach E. Methen ist der Konziliarismus »eo ipso keineswegs tolerant«. (Vgl. E. Methen, Das Basler Konzil als Forschungsproblem der europäischen Geschichte, Opladen 1985, 17) Auch im Pochen des Konzils von Basel auf die Wahrheit und deren unbedingte Rezeption außerhalb des Konzils oder in der Verteufelung des jeweiligen Gegners zeigt sich m.E. an, daß es im Konziliarismus noch um ein klerikales Phänomen geht, in dem auch Verdrängtes zum Ausbruch kommt. Dies zeigt sich etwa auch am Judendekret der Sessio XIX von Basel, dessen interessengeleitete Intoleranz auch psychologisch zu denken gibt. Toleranz und Religionsfreiheit werden erst in späteren Jahrhunderten zum Thema werden. Andererseits kam im wieder aufgenommenen Dialog mit den Böhmen zum Ausdruck, daß ein fundamentalekklesiologisches Denken durchaus zur inneren Versöhnung beitragen konnte. Es hätte nur konsequent zuendegedacht werden müssen. Auch an der Basler Geschäftsordnung könnte man zeigen, welch hohen ekklesiologischen und kommunikativen Stand der Konziliarismus erreicht hatte.

19 Vgl. Martin Luther. Studienausgabe. Hrsg. H.-U. Delius, Bd. 2, Berlin 1982, 245-253 (Abschnitt: Der ordine) Ein markanter Satz lautet bei Luther: »Das Priestertum ist nichts anderes als Dienst.« (Et sacerdotium aliud nihil est, quam ministerium.) (249) Da Luthers Auseinandersetzung mit der überkommenden Feier der Messe in seiner Reformschrift darauf abzielt, den Opfercharakter der Messe als Götzendienst zu verwerfen, mußte daraus folgen, daß auch ein Amtsverständnis, das geradezu ausschließlich als Opferpriestertum verstanden wurde, der Kritik verfiel.

20 Dafür machte Luther vor allem das Konzil von Konstanz verantwortlich, das den Böhmen die Kelchkommunion nicht gestatten wollte. Vgl. 246 und schon zuvor 184 (und öfter).

21 »Deshalb werden sie (die Priester) Hirten genannt, weil sie weiden, d.h. lehren müssen.« (Inde enim et pastores dicuntur, quod pascere, id est, docere debeant.) (250)

22 Die Rückbindung der Kirche an den Glauben ist ein gängiger Topos in der spätmitteralterlichen Theologie. Dabei wurde kurioserweise die Frage wichtig, ob u.U. auch der Glaube eines/einer Einzigen ausreiche, damit Kirche weiterbestehe. Johannes von Segovia vertrat–in Absetzung von Ockham–die Meinung, daß niemand sich selbst glauben könne (nemo potest sibi ipsi credere), so daß dieser Glaube konsequenterweise auch an eine Gemeinschaft von Glaubenden gebunden sein müsse. Daraus leitete er auch ab, daß es in der Kirche keine Höchstinstanz geben könne, die an ein Individuum gebunden ist, sei es auch der Papst. Vgl. Verständigung in der Kirche 223-233. Wie mir scheint, kennt Luther die Rückgebundenheit des Individuums an die Gemeinschaft der Glaubenden auch in De captivitate, indem er die Kirche aus dem Wort der Verheißung durch den Glauben hervorgehen sieht. Andererseits wäre zu beachten, daß bereits die kanonistische Tradition die Glaubenskompetenz

des Individuums über die der (univesalen) Kirche bzw. deren konziliare Repräsentanz stellte, sofern der einzelne eindeutig ein Wort der Schrift auf seiner Seite hatte.

23 Vgl. H. Jedin, Die Geschichte des Konzils von Trient, Bd. I, Freiburg-Basel-Wien [3]1977, 159-175 (vgl. unten Anm. 25).

24 Das Tridentinum beschloß im Canon II der Sessio XXIV die Erneuerung der Provinzialsynoden und schrieb die jährliche Abhaltung von Diözesansynoden vor. (COD 761) Es verblieb diesbezüglich in der Linie der Sessio XV der Konzils von Basel.

25 In meiner Dissertation habe ich einige Canones der Sessio XIII analysiert und dabei einen Einblick in den Gang der Trienter Debatten erhalten. (Realpräsenz und Transsubstantiation im Konzil von Trient, Bd.2, Frankfurt 1975) Bezüglich des konkreten Ablaufs der konziliaren Prozesse verweise ich auf das Lebenswerk von H. Jedin, Die Geschichte des Konzils von Trient, Bd. 4, Freiburg 1950-1975 (Bd. 1 [3]1977).

26 Der dramatischen Geschichte des Konzils entsprechend begannen die Debatten über den Ordo in Bologna (29. April bis 7. Mai 1547), wo es auch bereits zur Formulierung von vier Canones kam, die dann aber unverabschiedet liegenbliegen. Vgl. Jedin III 63-65; 75f., gegen Ott (s.u. Anm. 27), Weihesakrament 119. In der zweiten Konzilsperiode wurden Meßopfer und Ordo in zeitlich engstem Zusammenhang behandelt (Dezember/Januar 1551-52), ohne daß es auch jetzt zu einer Verabschiedung kam, ehe das Konzil erneut vertagt wurde. Vgl. Jedin III 338-358; vgl. Concilium Tridentinum VII/1 377-489. Erst in der dritten Sitzungsperiode kam es unter fast völlig veränderter Besetzung zur erneuten Behandlung des Ordo und zur Verabschiedung der Texte in der Sessio XXIII am 15. Juli 1563. Vgl. Concilium Tridentinum IX 3ff. Die Debatten begannen bereits im September 1562. Schon am 13. Oktober 1562 wurde ein erster Lehr- und Canonentwurf vorgelegt (IX 38-41). Nach mehrmonatigen schwierigen Verhandlungen wurde die Sessio XXXIII zum Zeichen dafür, daß eine schwere Konzilskrise überwunden war. Vgl. Jedin IV/1 210-270; IV/2 50-79; vgl. G. Fahrnberger, Bischofsamt und Priestertum in den Diskussionen des Konzils von Trient. Eine rechtstheologische Untersuchung, Wien 1970.

27 Bis heute legt die dogmengeschichtliche Betrachtung ihr Augenmerk zu ausschießlich auf den doktrinalen Aspekt. Vgl. die sonst sehr sehr gewissenhafte Arbeit von L. Ott, Das Weihesakrament, Handbuch der Dogmengeschichte IV/5, Freiburg-Basel-Wien 1969, bes. 119-127.

28 Hierher war das Konzil im März 1547 verlegt worden, bis es ein Jahr später langsam im Sande verlief. Aber die Bologneser Debatten sind ohne Zweifel Bestandteil des Konzils.

29 Der Text liegt nun in kritischer Ausgabe in Concilium Tridentinum VI/3 151-189 vor.

30 »Unter »Ordo« im eigentlichen Sinn versteht man eine Gewalt, durch die jemand in einen der Stufen eingefügt wird, die untereinander eine Ordnung oder Über- und Unterordnung haben.« (Qua vero ordo proprie dicitur, est potestas, qua quis in aliquo istorum graduum inter se ordinem habentium seu superioritatem et inferioritatem collocatur 165.37-39.) Aus dieser Umschreibung wird deutlich, daß der Ordnungsgedanke bis hin zu seiner sozialen, politischen–

bisweilen sogar ästhetischen–Dimension zunächst etwas ganz anderes meint, als wir in der deutschen Sprache mit »Weihe« konnotieren. Ich habe deshalb »ordo« meist unübersetzt gelassen. Es schwingt etwas von dem mit, was wir heute etwa unter »Organisationsstruktur« verstehen würden, wobei die Wohlgeordnetheit einer Gemeinschaft im Vordergrund steht.

31 Der Bischof von Rossano wird in der dritten Periode besonders entschieden für die sakramentale Einheit des »ordo« eintreten und ausführen, mit Recht habe das Konzil von Konstanz von einer Verurteilung des Wyclif in dem einen Punkt abgesehen, daß sich nämlich Bischof und Priesteramt nicht wesentlich unterscheide. Man hätte sonst mit Wyclif auch Hieronymus verurteilen müssen. Dies aber müsse sich ein Konzil sehr wohl überlegen. Vgl. Concilium Tridentinum IX 53-60, bes. 59.26-37. Mir scheint, daß die Einheit des Ordo nicht nur aus Gründen der einen Eucharistiegewalt gefordert wurde. Vielmehr ging es gleichzeitig um ein umso konsequenteres Delegationsmodell bezüglich der Abhängigkeit dieses Ordo (in der Jurisdiktion) vom Papst. Sprechend dafür ist ein Vergleich, der ebenfalls in der dritten Periode vertreten wurde, wonach die Bischofsweihe eine Eheschließung mit einer Diözese bedeute, während die Priesterweihe der Zeugnung von Söhnen gleiche. Der Papst spiele die Rolle des obersten Eheschließers. Vgl. Concilium Tridentinum IX 179.35-40. Vgl. zu den dogmen- und theologiegeschichtlichen Hintergründen dieser Auseinandersetzung Fahrenberg, Bischofsamt und Priestertum, bes. 41-51; Ott, Weihesakrament 80-87.

32 Concilium Tridentinum VI/3 171.12.18; 171.36f. An diesem Punkt zeigt sich, daß die fundamentalekklesiologischen Vorstellungen des Konziliarismus in Theologenkreisen des 16. Jahrhunderts überwunden waren. Man kann sagen, die papalistische Tradition, die auch im 15. Jh. nicht unbekannt war und etwa von Torquemada vertreten wurde, habe sich nun durchgesetzt. Kein Wunder, wenn dann auch die Bestreitung des kirchlichen Amtes im 16. Jh. vor allem die »Spitze«, d.h. das Papsttum, betraf.

33 Offensichtlich wollte die Theologie jedes Wiederaufleben eines Investiturstreits verhindern, hatte dann allerdings auch Probleme, früher übliche Mitwirkungsarten des Volkes bei der Ämterbestellung richtig einzuschätzen.

34 Die sakramentale Verankerung und sazerdotale Engführung des Amtes bedeuteten zwar eine gewisse persönliche Entlastung des einzelnen Amtsträgers, wurden aber auch zum Hindernis für die Reform.

35 Concilium Tridentinum VI/3 186.30; vgl. die gesamte Argumentation 185-187. Die Rede von der »acies ordinata« entwirft ein Kirchenverständnis vom Ordnungsgedanken her. Es konnte nicht ausbleiben, daß dieses Kirchenverständnis in den folgenden Jahrhunderten mehr und mehr von der sichtbaren, hierarchischen Ordnung her bestimmt war. Die Schlagkraft eines Heeres wurde zum Modell der Wohlgeordnetheit.

36 Concilium Tridentinum VI/3 188.3.21, bes. 13-17. Vergleicht man den Beschlußtext der Sessio XXIII mit dieser Theologie, so ist zu bedauern, daß nur noch das »geordnete Heerlager« (castrorum acies ordinata) übrigblieb und bezüglich des Priestertums aller Getauften, das in der Liebe gründet, kein positives Wort mehr fiel. (COD 743.4-9). Im Oktober 1562 wurde noch ein Canon entworfen, der das allgemeine Priestertum ausschließen sollte. Dagegen hatte ein Bischof ausdrücklich eingewandt, es gebe nach theologischer Lehre

nur kein »äußeres Priestertum« aller, sehr wohl aber eine Teilnahme aller am »inneren Priestertum«. Vgl. Concilium Tridentinum IX 40.29-31; 80.18-21. Die abgelehnte Klausel, »alle Christen seien in gleicher Weise Priester« (sed omnes Christianos ex aequo esse sacerdotes), findet sich im endgültigen Canon 6 nicht mehr, nur noch die erwähnte viel zu wenig differenzierende Bemerkung im Lehrtext der Sessio XIII. (COD 743.4f). Diesbezüglich hat das Zweite Vatikanum die Polemik gegen die Reformation hinter sich gelassen und den positiven Strang der Lehre vom »gemeinsamen Priestertum« aufgegriffen, auch wenn noch manches erklärungsbedürftig bleibt. Vgl. Lumen Gentium Nr. 10.

37 Vgl. Concilium Tridentinum VII/2 460.49-51.

38 462f. Ich habe bewußt etwas ausführlicher referiert, weil hier in überraschender Weise Fragen zur Debatte standen, die in unserer Kirche bis heute ungelöst sind. Die Argumentation des Konzilstheologen erscheint uns aus heutiger Sicht wenig überzeugend. Es wäre klar, daß es kein Priestertum aller geben könnte, wenn die Frauen ausgeschlossen wären. Indem aber der Beweis unter der Voraussetzung geführt wird, daß die Frauen vom amtlichen Priestertum ausgeschlossen sind, kommt er so zur Ablehnung des allgemeinen Priestertums überhaupt. Auf diese Weise wirkt der Beweis höchst kurios.

39 Concilium Tridentinum VII/2 484.15-19.38-40. Hier fällt auf, daß politischer Monarchismus mit kirchlicher Hierarchie in Verbindung gebracht werden konnte, wobei ohne Zweifel die politische Idealvorstellung auch auf die Kirche übertragen wurde. Solches Denken ist im 16. Jh. noch frauenfeindlich. Die Ablehnung des allgemeinen Priestertums aller Getauften erscheint somit ideologisch, d.h. hier androzentrisch begründet.

40 Concilium Tridentinum VII/2 560.3-10; 559.29-560.8.

41 VII/2 566.18-24: Zit. Zeile 23f.

42 Der Theologe spielte in seinen Überlegungen auch auf den Ordo-Begriff Augustins an. Der »Ordo« sei eine Platzanweisung, bei der Gleiches und Verschiedenes je seinen Ort erhält (Ordo est parium dispariumque rerum sua cuique loca tribuens dispositio.), und Gott sei der gerechteste Ordner (Deus… iustissimus ordinator). Vgl. 566.10f mit Anm. 25 und 26.

43 Concilium Tridentinum VII/2 469.4-42. Gegen die augustinische Version, wonach die Schlüssel der gesamten Kirche anvertraut worden seien, führte der Konzilstheologe aus, einem Gemeinwesen werde das zugeschrieben, was ihre obersten Vertreter tun (vgl. 470.13-21). Obwohl er die augustinische Tradition bestens kennt, versucht er sie nun–sehr im Gegensatz zum 15. Jh.–aristotelisch umzukehren, indem das Gemeinwesen von den Amtsträgern und nicht umgekehrt die Amtsträger vom Gemeinwesen her bestimmt werden. In der dritten Periode heißt es –nach einer Protokollnotiz–einmal lapidar: »Es ist notwendig, daß in jeder Gesamtheit von Menschen (in qualibet universitate) die einen befehlen, die anderen gehorchen.« Concilium Tridentinum IX 19.27f. (Ordo sei ein Attribut des Göttlichen, heißt es zuvor.)

44 Aufschlußreich ist diesbezüglich das gesamte Votum des Jesuitengenerals Laynez. Nur die päpstliche Gewalt komme Kraft göttlichen Rechts (iure divino) unmittelbar von Gott, die der Bischöfe hingegen nicht. Vgl. Concilium Tridentinum 96.14-38. bes. 21f.

45 Der Beschlußtext der Sessio XXIII über das Sakrament des Ordo hat es in Kapitel 4 ausdrücklich aufgenommen. Vgl. COD 473.6f.

46 Bei einem Franziskanertheologen (Visdomini), der sich vor allem mit Calvin auseinandersetzte, wird dies besonders deutlich. Concilium Tridentinum VII/2, 448f. In die Enge getrieben, wie sich die Salbung mit Öl denn in der Schrift begründen lasse, führte Visdomini aus, das Zeichen (figura) des Öles sei aus dem Alten Testament, dessen »Kraft« (virtus) aber stamme aus dem Neuen Testament. Die Sakramente seien nicht jüdisch, sondern christlich. (457.22-28) Im übrigen verblieb er bei der These, daß das Priestertum vor allem um des Opfers willen da sei: »Wenn Volk, dann Gesetz: wenn Gesetz dann Religion; wenn Religion dann Opfer, wenn Opfer, dann Priestertum.« (Si populus est, lex est; si lex est, religio est: si religio est, sacrificium est: si sacrificium est, sacerdotium est. 458.6f.) Den Fragen eines offenen oder geheimen Antijudaismus im 16. Jh. kann ich hier nicht nachgehen.

47 Zwei im Original erhaltene Voten der Anfangszeit dieser Debatte markieren die kontroversen Standpunkte. Es sind die Voten des Erzbischofs von Granada, der als einer der wenigen auf allen drei Konzilsperioden anwesend war, und des Bischofs von Rossano, des späteren Papstes Urban VII. Vgl. Ott, Weihesakrament 122-124. Granada erinnerte sich der früheren Debatte in Trient und forderte deshalb auch jetzt einen Canon, der das »ius divinum« des Bischofsamtes und dessen Unterscheidung vom Priesteramt lehren solle, wie es in der zweiten Periode eigentlich schon beschlossene Sache gewesen sei. Vgl. Concilium Tridentinum IX 49.1f. mit Bezug auf Concilium Tridentinum VII/1 461. Demgegenüber trat Rossano, wie bereits angedeutet (vgl. oben Anm. 31) für die Einheit des Amtes ein und stellte das »ius divinum« des Bischofsamtes in Frage. Er forderte aber umso entschiedener die Residenz der Bischöfe und der Leutepriester oder Pfarrer ein. Sie sei »Basis und Fundament einer wirklichen Reform (»basis et fundamentum verae et realis reformationis«). Concilium Tridentinum IX 249.13-22. Zit. Zeile 16f.

48 »Das Konzil verzichtete darauf, die Frage nach dem Verhältnis des Episkopats zum päpstlichen Primat wie auch die andere nach dem sakramentalen Charakter der Bischofskonsekration zu entscheiden, und ließ der Kirche 400 Jahre Zeit, diese schwierigen und hart umstrittenen Probleme theologisch neu zu durchdenken.« Jedin IV/2 77. Allzu stramme Verfechter tridentinischer Geschlossenheit werden dies nicht gerne zur Kenntnis nehmen.

49 Jedin IV/2 76f.

50 Jedin IV/2 74 f. Die Finanzierbarkeit dieser neuen Einrichtungen stellte ohnehin ein viel diskutiertes Problem dar. Im übrigen griff man auf einen Text des englischen Kardinals Pole zurück, der 1556 auf einer Londoner Synode angenommen worden war. 73f.

51 Schon in der zweiten Sitzungsperiode hatte man sich im Zusammenhang mit der Ehedebatte vorgenommen, im Anschluß daran Virginität und Priesterzölibat zu behandeln. Dazu sollte es aber nicht mehr kommen. Vgl. Jedin III 157 mit Anm. 34. In der dritten Periode taucht ein ausführlicheres Votum wieder erst im Kontext der Ehelehre auf. Der spanische Dominikaner Johannes Ludena hielt den Zölibat nicht für göttliches Recht, sonst hätte es in den Anfangszeiten keine verheirateten Priester geben dürfen. Man könne jedoch nicht behaupten, die Kirche habe aus dem Rat ein Gesetz gemacht, weil ja niemand zum Empfang der Priesterweihe oder zum Ordensstand verpflichtet sei. Priesterstand und Ehe würden sich gegenseitig nicht ausschließen, wohl aber Ordensstand und Ehe.

Ein jüngst in das Konzil eingebrachter Artikel, der eine Sonderregelung für Deutschland vorsah, nämlich verheiratete Priester vom Zölibat zu dispensieren oder Verheiratete zu ordinieren, käme nach Johannes Ludena–als partielle Dispens–faktisch einer Auflösung des Zölibatgesetzes gleich. Aber der spanische Theologe wußte auch, daß derzeit nur wenige Priester enthaltsam lebten. Es fehle ihnen der Wille dazu. Und Ludena setze darauf, daß eine bessere Auswahl und Ausbildung auch zu einer anderen Praxis führe.
Demgegenüber äußerte ein Dominikanertheologe, bei Priestermangel sei die Erhaltung eines Landes im Glauben wichtiger als die Aufrechterhaltung des Zölibatsgesetzes. Wenigstens zum Predigen sollte man verheiratete Priester zulassen. Vgl. Jedin IV/2 100f.

52 Diesbezüglich bleiben die Überlegungen des Johannes von Segovia zur Basler Geschäftsordnung bis heute höchst bedenkenswert. Vgl. Verständigung in der Kirche 48-57. Kirchliche Über-Ich-Probleme treten m.E. dort als bedrohlich auf, wo man sich der theologischen Argumentation entzieht. Wenn es kein Ringen um Überzeugung durch theologischen Diskurs gäbe, wäre sanfte oder rohe Gewalt die lauernde Gefahr für eine Gemeinschaft von Glaubenden. Dies wäre weder zum Wohl des einzelnen noch der Gemeinschaft. Mit der gelegentlichen Polemik Drewermanns im Klerikerbuch gegen diskursive Theologie habe ich meine Probleme. Ich weiß aber auch, daß theologische Argumentation ohne Lebens- und Erfahrungsbasis menschenverachtend werden kann. Diesbezüglich weiß ich mich mit Drewermann sehr einig.

Norbert Mette: Von der Priesterkirche zur priesterlichen Gemeinde

1 Zitiert nach: Tage intensiven Gesprächs. Abschlußansprache Papst Johannes Paul II. bei der Begegnung mit den deutschen Bischöfen, in: L'Osservatore Romano. Wochenausgabe in deutscher Sprache, Nr. 46 vom 17.11.1989, 11 f, hier 1.

2 A. Lorscheider, Die Neudefinition der Gestalt des Bischofs inmitten des armen und gläubigen Volkes, in: Concilium 20 (1984), 477-479, hier: 479.

3 Vgl. H. Legrand, Die Gestalt der Kirche, in: P. Eicher (Hrsg.), Neue Summe Theologie, Bd. 3, Freiburg 1989, 87-181.

4 Vgl. zum folgenden ebd. 126-132, 146-151, 163-166.

5 Ebd. 163 f.

6 Ebd. 163.

7 Vgl. H.-M. Barth, Einander Priester sein, Göttingen 1990.

8 Vgl. L. Karrer, Aufbruch der Christen. Das Ende der klerikalen Kirche, München 1989, 47 f.

9 Vgl. H.J. Pottmeyer, Der eine Geist als Prinzip der Einheit der Kirche in Vielfalt, in: PThI 5 (1985) 253-284, bes. 258 ff.

10 Vgl. auch H. Legrand, a.a.O., 118 ff; L. Karrer, a.a.O., 44 ff; W. Beinert, Was gilt der Laie in der Kirche?, in: TdZ 205 (1987), 363-378.

11 Vgl. Die Priesterbildung unter den derzeitigen Verhältnissen. Lineamenta zur Bischofssynode, Bonn o.J. (1989). Dazu: Stellungnahme des Beirates der deutschsprachigen Pastoraltheologen zur Bischofssynode 1990 »Die Priesterbildung unter den derzeitigen Verhältnissen«, in: Orientierung 54 (1990) 109-111.

12 H. Frankemölle, Gemeinschaft der Glaubenden auf dem Weg, in: Orientierung 51 (1987) 57-60, hier 58.

13 E. Drewermann, »An ihren Früchten sollt ihr sie erkennen«, Olten 1988.

14 Vgl. R. Carpentier, Evangelische Räte, in: SM I, 1240-1245.

15 Vgl. P. M. Zulehner, Leibhaftig glauben. Lebenskultur nach dem Evangelium, Freiburg 1983.

16 Vgl. F. Kamphaus, Was Dir zum Frieden dient, Freiburg 1983, 59 f.

17 J. Kard. Ratzinger, Zur Lage des Glaubens, München 1985, 63.

18 Ebd. 35; ebd. 117 f.

19 Vgl. Dokument der III. Generalversammlung des Laiteinamerikanischen Episkopates, Die Evangelisierung Lateinamerikas in Gegenwart und Zukunft, in: Die Kirche Lateinamerikas, Bonn o.J., 135-355, hier: 166 (Nr. 97 f).

20 Zitiert nach: Ausbildung und Status der Laien-Mitarbeiter. Zusammenfassung des Statements von Erzbischof Gilberto Augustoni, Sekretär der Kongregation für den Klerus, in: L'Osservatore Romano, a.a.O., 10.

21 R.M. Bucher, Das entscheidende Amt, in: PThI 9 (1989), 263-294, hier: 271.

22 Vgl. ebd. 275 ff. auch U. Ruh, Priester in einer veränderten Situation, in: LS 41 (1990) 119-124.

23 K. Rahner, Weihe im Leben und in der Reflexion der Kirche, in: Schriften XIV, 113-131, hier: 130; vgl. auch ders., Pastorale Dienste und Gemeindeleitung, in: ebd. 132-147.

24 Vgl. dazu P. Hoffmann (Hrsg.), Priesterkirche, Düsseldorf 1987.

25 Vgl. R.M. Bucher, a.a.O., 285 ff.

26 Vgl. ebd. 292 ff.

27 Vgl. ausführlicher R. von Kessel, Gemeinde am Leben, Freiburg 1990.

28 A.E. Carr, Frauen verändern die Kirche, Gütersloh 1990, 53.

29 Ebd. 50 f.

30 Stellungnahme des Beirats der deutschsprachigen Pastoraltheologen., a.a.O., 110.–Vgl. auch H. Stenger (Hrsg.), Eignung für die Berufe der Kirche, Freiburg 1988.

31 E. Drewermann, Kleriker, Olten 1989, 735.

Ludwig Mödl: Kirchenbindung und Glaubensfreiheit

1 Die Gesichtspunkte sind aus der Rezeptionsforschung übernommen und haben den Vorteil, daß sie die Bereitschaft eines Menschen, Informationen in sich einzubinden, nicht nur psychologisch, sondern auch sozio-kulturell in den Blick nehmen lassen. Dadurch können sie auch etwas über die Gemeinschaftsbindung aussagen. Vgl. H. Breit, Die Predigt im Blickfeld der Rezeptionsforschung, in: J. Rolloff (Hrsg.), Die Predigt als Kommunikation, Stuttgart 1973, 31-34.

2 Vgl. E. Drewermann, Kleriker, Psychogramm eines Ideals, Olten und Freiburg i.Br. 1989, 47-83.
3 Vgl. ebd. 169-224.
4 Vgl. ebd. 225-271.
5 Vgl. ebd. 426-479.
6 Vgl. ebd. 226-228; 369-425
7 Vgl. M. Tigges, Geistliche Gemeinschaften und Bewegungen, in: Ch. Schütz (Hrsg.), Praktisches Lexikon der Spiritualität, Freiburg-Basel-Wien 1988, 473-483; P. Zulehner, Basisgemeinden, in: ebd. 103-105.
8 Vgl. Drewermann, a.a.O.,118-154.
9 Vgl. A. Rotzetter, Tätigkeit-Tun, in: Praktisches Lexikon der Spiritualität, a.a.O., 1252-1254.
10 Vgl. F.X. Kaufmann, Gesellschaft-Kirche, in: P. Eicher (Hrsg.), Neues Handbuch theologischer Grundbegriffe, Bd. 2, München 1984, 65-80
11 Ebd. 78.
12 Vgl. K. Rahner, Strukturwandel der Kirche als Aufgabe und Chance, Freiburg-Basel-Wien, [9]1989; P. Zulehner, Pastoraltheologie, Bd. 2, Gemeindepastoral, Düsseldorf 1989, 70; 143-172.
13 Vgl. H. Schilling, Kritische Thesen zur Gemeindekirche, in: Diakonia. Internationale Zeitschrift für die Praxis der Kirche, 6 (1975) 73-94.

Wolfgang Teichert: Die öffentliche Meinung

1 Vergleiche dazu die noch immer gültige Arbeit von Hans Joachim Dörger: Religion als Thema in Spiegel, Zeit und Stern, Hamburg 1973.